NomosStudienbuch

Prof. Dr. Georg Hermes | Prof. Dr. Franz Reimer [Hrsg.]

Landesrecht Hessen

Studienbuch

9. Auflage

Prof. Dr. Georg Hermes, Goethe-Universität Frankfurt a.M. | **Prof. Dr. Stefan Kadelbach**, Goethe-Universität Frankfurt a.M. | **Prof. Dr. Klaus Lange**, Justus-Liebig-Universität Gießen | **Prof. Dr. Franz Reimer**, Justus-Liebig-Universität Gießen | **Prof. Dr. Ute Sacksofsky**, M.P.A. (Harvard), Goethe-Universität Frankfurt a.M., Vizepräsidentin des Staatsgerichtshofes des Landes Hessen | **Prof. Dr. Dres. iur. h.c. Michael Stolleis**, MPI für europäische Rechtsgeschichte, Goethe-Universität Frankfurt a.M.

Die Deutsche Nationalbibliothek verzeichnet diese Publikation in
der Deutschen Nationalbibliografie; detaillierte bibliografische
Daten sind im Internet über http://dnb.d-nb.de abrufbar.

ISBN 978-3-8487-3237-1 (Print)
ISBN 978-3-8452-7590-1 (ePDF)

9. Auflage 2019
© Nomos Verlagsgesellschaft, Baden-Baden 2019. Gedruckt in Deutschland. Alle Rechte, auch die des Nachdrucks von Auszügen, der fotomechanischen Wiedergabe und der Übersetzung, vorbehalten.

Vorwort

Das vorliegende Lehrbuch wendet sich an Studierende der Rechtswissenschaft und Rechtsreferendare in Hessen. Es hat zum Ziel, die für die juristische Ausbildung relevanten landesrechtlichen Besonderheiten auf dem Gebiet des Verwaltungs- und Verfassungsrechts systematisch darzustellen und dabei die erforderlichen Bezüge zum Bundes- und Europarecht aufzuzeigen.

Für die 9. Auflage wurden die Beiträge umfassend aktualisiert. Die zahlreichen Neuregelungen, die der Hessische Landtag am Ende der 19. Wahlperiode verabschiedet hat, sind berücksichtigt. Hervorzuheben ist dabei die Neufassung der Hessischen Bauordnung. Die vom Landtag verabschiedeten Änderungen der Landesverfassung sind, da sie der anstehenden Volksabstimmung unterliegen (Art. 123 Abs. 2 HV), noch nicht eingearbeitet. Nach Fertigstellung der Manuskripte erschien das Werk von Gornig/Horn/Will, Öffentliches Recht in Hessen, das in dieser Auflage unseres Studienbuchs nur noch punktuell berücksichtigt werden konnte.

Unser Dank gilt den Mitarbeiterinnen und Mitarbeitern der beteiligten Lehrstühle, in Frankfurt/M. insbesondere Herrn Matthias Gegenwart. Über Anregungen und Kritik betreffend das Werk insgesamt oder einzelne seiner Beiträge freuen sich Herausgeber wie Autoren gleichermaßen.

Frankfurt a.M. / Gießen, Juli 2018   *Georg Hermes, Franz Reimer*

Inhalt

Vorwort 5

§ 1 Die Entstehung des Landes Hessen und seiner Verfassung 17
    I. Das Land 17
        1. Der geschichtliche Faktor 17
        2. Landesgeschichte bis zum 20. Jahrhundert 18
            a) Die Entwicklung im Alten Reich 19
            b) Das 19. Jahrhundert 20
            c) Hessen-Nassau und Volksstaat Hessen 1919–1945 24
    II. „Groß-Hessen" und seine Verfassung 26
        1. Der Wiederaufbau der Verwaltung 26
        2. Die Gründung von „Groß-Hessen" 26
        3. Die Entstehung der Verfassung 28

§ 2 Verfassungsrecht 33
    I. Systematische Einordnung 33
        1. Besonderheiten des Landesverfassungsrechts 33
        2. Entstehung und Entwicklung der hessischen Verfassung 34
        3. Überblick 35
    II. Bundesrechtlicher Rahmen für Landesverfassungen 36
        1. Kompetenz zur Verfassungsgebung 36
        2. Einschränkungen durch die Homogenitätsklausel 37
        3. Einschränkungen durch weitere grundgesetzliche Normen 38
        4. Bundesrecht bricht Landesrecht 38
        5. Fortgeltung von Grundrechten 39
    III. Grundrechte 40
        1. Überblick über den 1. Hauptteil 40
        2. Grundrechte und Staatszielbestimmungen 40
        3. Allgemeine Grundrechtslehren 41
        4. Bundes- und Landesgrundrechte im Vergleich 42
            a) Inhaltsgleich 42
            b) Geringerer Grundrechtsschutz 43
            c) Weitergehender Grundrechtsschutz 44
            d) Adäquate Problembeschreibung 45
        5. Geltung 46
            a) Leitentscheidung des Bundesverfassungsgerichts 48
            b) Kritik 50
    IV. Staatsorganisation 52
        1. Kennzeichnung 52
        2. Landtagswahlen 53
        3. Landtag 54

	4. Landesregierung	55
	5. Gesetzgebung	56
V.	Verfassungsgerichtsbarkeit	57
	1. Zusammensetzung	57
	2. Zuständigkeiten	58
	a) Grundrechtsklagen	58
	b) Normenkontrollen	61
	c) Verfassungsstreitigkeiten	62
	3. Prüfungsmaßstab	62
	4. Landesanwaltschaft	64
VI.	Schlussbemerkung	66
VII.	Anhang 1: Prüfungsschema zur Zulässigkeit einer Verfassungsstreitigkeit	66
VIII.	Anhang 2: Prüfungsschemata zur Grundrechtsklage	67

§ 3 Allgemeines Landesverwaltungsrecht … 70

I.	Allgemeines Verwaltungsrecht und Landesrecht	70
II.	Verwaltungsorganisation	71
	1. Systematische Einordnung	71
	a) Verfassungsrechtliche Grundlagen	71
	b) Rechtsgrundlagen der Verwaltungsorganisation und die Rolle der Gemeinden und Kreise	73
	2. Die unmittelbare Landesverwaltung	76
	a) Verbliebene Landesbehörden der unteren Stufe	77
	b) Die Mittelstufe	77
	c) Die oberen Landesbehörden	79
	d) Die obersten Landesbehörden und die Regierungsebene	79
	e) Sonstige Einrichtungen und Landesbetriebe	83
	f) Aufsicht und Weisung in der unmittelbaren Landesverwaltung	83
	3. Einfluss des Landes bei Erfüllung staatlicher Aufgaben durch die Gemeinden und Landkreise	85
	4. Die mittelbare Landesverwaltung	87
	5. Landesverwaltung in Privatrechtsform	89
III.	Besonderheiten des Verwaltungs- und Widerspruchsverfahrens	91
	1. Allgemeines Verwaltungsverfahren (Anwendungsbereich des HVwVfG)	91
	2. Die Verwaltungszustellung	93
	3. Das Widerspruchsverfahren	93
	a) Funktion, Bedeutung und Rechtsgrundlagen	93
	b) Der Wegfall des Vorverfahrens nach § 16 a HessAGVwGO	94
	c) Die Zuständigkeit zur Entscheidung über den Widerspruch	95
	d) Besonderheiten des Widerspruchsverfahrens nach §§ 7 ff. AGVwGO	96

	IV. Die Verwaltungsvollstreckung	96
	1. Verwaltungsvollstreckung nach dem HVwVG und nach anderen Regelungen	97
	2. Allgemeine Vollstreckungsregeln	98
	3. Die Vollstreckung von Geldforderungen	99
	4. Die Vollstreckung von Verpflichtungen zu einer Handlung, Duldung oder Unterlassung	99
	5. Rechtsschutz, Einstellung und Aufhebung der Vollstreckung	101
	V. Verwaltungsprozessrecht	101

§ 4 Kommunalrecht 103

	I. Kommunalrecht und Kommunen in Hessen	103
	II. Die grundsätzliche Rechtsstellung der Gemeinden	104
	1. Die gemeindliche Selbstverwaltungsgarantie	104
	a) Grundlagen	104
	b) Institutionelle Rechtssubjektsgarantie der Gemeinden	106
	c) Institutionelle Garantie der gemeindlichen Selbstverwaltung im engeren Sinne	106
	d) Subjektives Recht auf gemeindliche Selbstverwaltung	113
	e) Finanzverfassungsrechtliche Garantien	114
	2. Weitere Grundsatzfragen der gemeindlichen Rechtsstellung	115
	a) Die Gemeinde im Spannungsfeld von Staat und Gesellschaft, Grundrechtsfähigkeit	115
	b) Die Gemeinden als Teil der Länder	117
	c) Pflicht des Staates zu gemeindefreundlichem und der Gemeinden zu staatsfreundlichem Verhalten	117
	d) Die Gemeinden im Europarecht	118
	III. Einwohner und Bürger	118
	IV. Die Gemeindevertretung	119
	1. Rechtsstellung der Gemeindevertretung	119
	a) Kommunalverfassungsrechtliche Einordnung	119
	b) Wahl der Gemeindevertretung	120
	c) Aufgaben der Gemeindevertretung	121
	2. Innere Organisation der Gemeindevertretung	122
	a) Vorsitz	122
	b) Verfahren	124
	c) Fraktionen	125
	d) Ausschüsse	127
	3. Der Gemeindevertreter	128
	a) Grundsätzliche Rechtsstellung	128
	b) Ausschluss wegen Interessenwiderstreits	129
	c) Vertretungsverbot, Treupflicht	132
	d) Verschwiegenheitspflicht	133

V.	Der Gemeindevorstand	133
	1. Zusammensetzung	133
	2. Aufgaben des Gemeindevorstands	134
VI.	Der Bürgermeister	139
	1. Wahl und Abwahl	139
	2. Kompetenzen des Bürgermeisters	139
VII.	Besondere Formen der Bürgerbeteiligung	141
	1. Beteiligungsmöglichkeiten zugunsten spezifischer Belange	141
	2. Allgemeine Beteiligungsmöglichkeiten ohne rechtsverbindliche Außenwirkung	142
	3. Bürgerbegehren und Bürgerentscheid	142
VIII.	Kommunalverfassungsstreit	144
IX.	Die gemeindlichen Aufgabenarten	146
X.	Das Satzungsrecht der Gemeinden	148
XI.	Die gemeindlichen öffentlichen Einrichtungen	150
XII.	Die wirtschaftliche Betätigung der Gemeinden	154
XIII.	Haushalt und Finanzen der Gemeinden	157
	1. Der Gemeindehaushalt	157
	2. Einnahmen der Gemeinden	159
XIV.	Die Aufsicht über die Gemeinden	161
	1. Aufsicht als Schutz und Kontrolle	161
	2. Rechtsaufsicht	162
	3. Fachaufsicht und Sonderaufsicht	166
XV.	Die Landkreise	167
	1. Die grundsätzliche Rechtsstellung der Landkreise	167
	2. Der Kreistag	168
	3. Der Kreisausschuss	168
	4. Der Landrat als Behörde der Landesverwaltung	168
	5. Aufgaben des Landkreises	170
	6. Kreisfinanzen	171
XVI.	Interkommunale Zusammenarbeit	173
	1. Überblick	173
	2. Die kommunale Arbeitsgemeinschaft	174
	3. Der Zweckverband	174
	4. Die öffentlich-rechtliche Vereinbarung	175
	5. Gemeindeverwaltungsverband und Verwaltungsgemeinschaft	176
	6. Die gemeinsame kommunale Anstalt	176
	7. Spezialgesetzliche Kooperationsformen	176
	8. Die Kommunalen Spitzenverbände	177
XVII.	Klausurhinweise	178
	1. Die Gemeinde als Klägerin	178
	2. Die Gemeinde als Beklagte	179
	3. Kommunalverfassungsstreitigkeiten	180

§ 5	Polizeirecht	182
	I. Systematische Einordnung	182
	1. Begriff von Polizei und Polizeirecht	182
	2. Europarechtliche, bundesstaatliche und rechtsstaatliche Aspekte des Polizeirechts	185
	a) Europarecht	185
	b) Bundesstaatliche Kompetenzordnung im Polizeirecht	186
	c) Rechtsstaatliche Vorgaben für das Polizeirecht	187
	3. Präventives Handeln	189
	a) Präventives und repressives Handeln	189
	b) Abgrenzungsprobleme	190
	c) Insbesondere: Straftatenbekämpfung und -vorbeugung	191
	4. Polizeiliche Aufgaben, Befugnisse und Zuständigkeiten	192
	II. Materielles Polizeirecht	193
	1. Typische Grundstruktur der polizeilichen Befugnisnormen (Übersicht)	194
	2. Schutzgüter	194
	a) Öffentliche Sicherheit	194
	b) Öffentliche Ordnung	197
	3. Gefahr	199
	a) Grundfragen	199
	b) Konkrete und abstrakte Gefahr	201
	c) Besondere Gefahrbegriffe	202
	d) Gefahrqualifikationen	204
	4. Verantwortlichkeit	205
	a) Grundfragen	205
	b) Verhaltensverantwortlichkeit	206
	c) Zustandsverantwortlichkeit	209
	d) Unmittelbare Ausführung einer Maßnahme	211
	e) Inanspruchnahme einer nicht verantwortlichen Person	212
	f) Verantwortlichkeit von Hoheitsträgern	213
	g) Verantwortlichkeit aufgrund Rechtsnachfolge	214
	5. Ermessen und Verhältnismäßigkeit	217
	a) Grundfragen	217
	b) Entschließungs- und Auswahlermessen	217
	c) Ermessensgrenzen, Verhältnismäßigkeit, Grundrechtsbetroffenheit	218
	d) Ermessensreduzierung auf Null, Anspruch auf polizeiliches Tätigwerden	219
	e) Insbesondere: Auswahlermessen bei mehreren Verantwortlichen	220
	6. Einzelne Befugnisnormen	221
	a) Befragung und Auskunftspflicht	221
	b) Identitätsfeststellung	222

  c) Erkennungsdienstliche Maßnahmen 223
  d) Vorladung 224
  e) Platzverweisung, Aufenthaltsverbot, Kontaktverbot 225
  f) Elektronische Fußfessel 227
  g) Gewahrsam 227
  h) Durchsuchung von Personen und Sachen 229
  i) Betreten und Durchsuchung von Wohnungen 229
  j) Sicherstellung 230
  k) Datenerhebung und -verarbeitung 231
  l) Generalklausel 234
 III. Formelles Polizeirecht 235
  1. Rechtsformen des Polizeihandelns 235
   a) Verwaltungsakt und Realakt 236
   b) Gefahrenabwehrverordnung 237
  2. Organisation und Zuständigkeiten 241
   a) Grundfragen 241
   b) Behördenorganisation 242
   c) Zuständigkeiten 244
  3. Verfahren 245
 IV. Zwang 246
  1. Grundfragen 246
  2. Normales Vollstreckungsverfahren 247
   a) Vollstreckungsfähigkeit des Verwaltungsaktes 247
   b) Mögliche Adressaten von Vollstreckungsmaßnahmen 247
   c) Verfahren der Zwangsanwendung 248
   d) Einzelne Zwangsmittel 249
  3. Verwaltungszwang ohne vorausgehenden Verwaltungsakt 250
   a) Unterschiede zum normalen Vollstreckungsverfahren 250
   b) Abgrenzung zur unmittelbaren Ausführung 250
 V. Schadensausgleich und Kostenersatz 251
  1. Entschädigungsvoraussetzungen und entschädigungsberechtigte
   Personen 252
   a) Rechtmäßige Inanspruchnahme einer nicht verantwortlichen
    Person 252
   b) Polizeihelfer 252
   c) Rechtswidrige polizeiliche Maßnahmen 253
   d) Weitergehende Ersatzansprüche, insbesondere aus Amtshaftung 253
  2. Nicht entschädigungsberechtigte Personen und Zweifelsfälle 253
   a) Rechtmäßig in Anspruch genommener Verantwortlicher 253
   b) Ansprüche bei Anscheinsgefahr und Gefahrenverdacht 253
  3. Anspruchsinhalt und -geltendmachung 254
  4. Rückgriffsanspruch gegen Verantwortliche 255
  5. Kostenersatz 255

		VI. Klausurhinweise	257
		1. Prüfung der Rechtmäßigkeit polizeilichen Handelns (Grundfall)	258
		2. Weitere Fallgestaltungen (Überblick)	260
§ 6	Bau- und Planungsrecht		262
	I.	Systematische Einordnung	262
		1. Funktionen: Planung und Gefahrenabwehr	262
		2. Verfassungsrechtliche Kompetenzordnung	263
		a) Gesetzgebungskompetenzen	263
		b) Verwaltungskompetenzen	265
		c) Stellung der Gemeinden	265
		3. Bau- und Planungsrechtsnormen im Überblick	266
		4. Baurecht und andere „öffentlich-rechtliche Vorschriften"	268
	II.	Planungsrecht	270
		1. Baurecht und Planungsrecht	271
		2. Raumordnung, Landes- und Regionalplanung	271
		a) Raumordnungsgesetz des Bundes	272
		b) Landesentwicklungsplan	273
		c) Regionalpläne	275
		3. Bedeutung des Landesrechts für das Bauplanungsrecht	277
		a) Inhalt und Rechtsform des Bebauungsplans	278
		b) Zuständigkeit und Verfahren der Bauleitplanung	279
		c) Bindung an Ziele der Raumordnung	282
		d) Fehlerfolgen	282
		e) Vorhaben im Innenbereich	283
		f) Vorhaben im Außenbereich	284
		4. Fachplanungsrecht	285
	III.	Grundzüge des materiellen Bauordnungsrechts	286
		1. Anwendungsbereich, Begriffe und allgemeine Anforderungen	286
		2. Anforderungen an das Grundstück und seine Bebauung	288
		a) Eignung des Grundstücks für eine Bebauung	288
		b) Abstandsflächen	289
		c) Baulast	290
		3. Anforderungen an die baulichen Anlagen	290
		a) Baugestaltung	290
		b) Bauausführung, Bauprodukte und -arten	291
		c) Stellplätze und Garagen	292
	IV.	Die behördliche Durchsetzung des Baurechts	294
		1. Die Bauaufsichtsbehörden, ihre Aufgaben und Befugnisse	295
		2. Präventive Kontrolle durch Baugenehmigungsverfahren	296
		a) Grundsätzlich genehmigungsbedürftige Vorhaben	297
		b) Genehmigungsfreistellungen und ihre Einschränkungen	298
		c) Prüfungsumfang	302

	d) Verwaltungsverfahren	304
	e) Inhalt der Baugenehmigung	308
	f) Wirkungen der Baugenehmigung	310
	g) Bauvorbescheid und Teilbaugenehmigung	312
	3. Repressive Kontrolle und Durchsetzung des Baurechts	314
	a) Informationsbeschaffung	315
	b) Vorläufige Maßnahmen	315
	c) Endgültige Maßnahmen	316
	d) Generalklausel	318
	e) Rechtmäßigkeitsanforderungen (Adressat, Ermessen, Verhältnismäßigkeit, Bestandsschutz)	318
	V. Rechtsschutzfragen und Klausurhinweise	322
	1. Rechtsschutz des Bauherrn	322
	a) Ablehnung des Bauantrags	322
	b) Rechtsschutz gegen Eingriffsverfügungen	324
	2. Rechtsschutz des Nachbarn	324
	a) Privates und öffentliches Nachbarrecht	324
	b) Zum Begriff des „Nachbarn"	325
	c) Nachbarschützende Normen	326
	d) Verwaltungsgerichtliche Durchsetzung	330
	3. Rechtsschutz gegen Bebauungspläne	332
	4. Rechtsschutz der Gemeinde	333

§ 7 Umweltrecht 336

	I. Systematische Einordnung	336
	1. Grundbegriffe	336
	2. Prinzipien	338
	3. Instrumente	340
	a) Planung	340
	b) Direkte Verhaltenssteuerung	341
	c) Indirekte Verhaltenssteuerung	344
	d) Staatliche Eigenvornahme	346
	4. Rechtsquellen	346
	5. Vollzug und Behördenorganisation	350
	II. Besonderes Umweltrecht	352
	1. Naturschutz	353
	a) Vorgaben	353
	b) Landschaftsplanung	355
	c) Eingriffe in Natur und Landschaft	356
	d) Schutz von Flächen, Arten und Biotopen	359
	e) Zuständigkeit, Verfahren, Rechtsschutz	361
	2. Gewässerschutz	364
	a) Vorgaben	364

		b) Gewässernutzung	365
		c) Wasserwirtschaftliche Planung und Wasserschutzgebiete	368
		d) Zuständigkeiten	369
	3.	Abfallentsorgung	369
		a) Vorgaben	369
		b) Abfallbegriff, Grundsätze, Grundpflichten	370
		c) Organisation der Abfallentsorgung	371
		d) Abfallwirtschaftsplanung	373
		e) Zuständigkeiten	373
	4.	Immissionsschutz	374
	5.	Bodenschutz	376
III.	Klausurhinweise		378

Stichwortverzeichnis 381

§ 1 Die Entstehung des Landes Hessen und seiner Verfassung

von *Michael Stolleis*

Literatur *H. Berding* (Hg.), Die Entstehung der Hessischen Verfassung von 1946: eine Dokumentation, Wiesbaden [Historische Kommission für Nassau] 1996; *L. Bergsträsser*, Zeugnisse zur Entstehungsgeschichte des Landes Hessen, VjHZG 5 (1957) 397-416; *P. Cancik*, Die Verfassungsentwicklung in Hessen, in: JöR NF 51 (2003) 271-299; *K. E. Demandt*, Geschichte des Landes Hessen, 2. Aufl. Kassel/Basel 1972 (Nachdruck 1980); *W. L. Dorn*, Zur Entstehungsgeschichte des Landes Hessen, VjHZG 6 (1958) 191-196; *H. Eichel – K. P. Möller* (Hg.), 50 Jahre Verfassung des Landes Hessen. Eine Festschrift, Wiesbaden 1997; *E. Grothe*, Verfassungsgebung und Verfassungskonflikt. Das Kurfürstentum Hessen in der ersten Ära Hassenpflug 1830-1837, Berlin 1996; *T. Haren*, Der Volksstaat Hessen 1918/1919. Hessens Weg zur Demokratie, Berlin 2003; *B. Heidenreich – K. Böhme* (Hg.), Hessen, Verfassung und Politik, Stuttgart 1997; *B. Heidenreich/A. Röming* (Hg.), Das Land Hessen. Geschichte - Gesellschaft - Politik, Stuttgart 2014; *F.-L. Kroll*, Geschichte Hessens, München 2006; *W. A. Kropat*, Hessen in der Stunde Null 1945/1947. Politik, Wirtschaft und Bildungswesen in Dokumenten, Wiesbaden 1979; *W. Mühlhausen*, Hessen 1945–1950. Zur politischen Geschichte eines Landes in der Besatzungszeit, Frankfurt a.M. 1985; *J. Rückert*, 50 Jahre Hessische Verfassung, KritV 1996, 116 ff; *M. Will*, Die Entstehung der Verfassung des Landes Hessen von 1946, Tübingen 2009.

I. Das Land

1. Der geschichtliche Faktor

Das heutige **Bundesland Hessen** ist am 19. September 1945 zusammen mit „Württemberg-Baden" und „Bayern" durch die **amerikanische Militärregierung** geschaffen worden.[1] Der neue Staat umfasste nach dem Wortlaut der Proklamation General Eisenhowers „Kurhessen und Nassau (ausschließlich der zugehörigen Exklaven und der Kreise Oberwesterwald, Unterwesterwald, Unterlahn und Sankt Goarshausen) und Hessen-Starkenburg, Oberhessen und den östlich des Rheines gelegenen Teil von Rheinhessen" (Art. I). Bereits die Namen dieser Gebiete zeigen, dass die wichtigsten Elemente des Landes schon durch die Geschichte ihre Zusammengehörigkeit gefunden hatten. Hessen kann deshalb nur in einem formalen Sinn als Gründung der Besatzungsmacht bezeichnet werden. 1

Ein „**Großhessen**" als territoriale Einheit war nicht nur in der Weimarer Republik angestrebt worden,[2] es hatte im Kern vielmehr schon in ähnlicher Form spätestens im 16. Jahrhundert existiert, und es war in der bewegten Geschichte seiner einzelnen Teile (Hessen-Kassel bzw. Kurhessen, Hessen-Darmstadt, Nassau, Katzenelnbogen, Wittgenstein, Diez, Runkel, Limburg, Eppstein, Solms, Ziegenhain, Kurmainz, Waldeck, Hanau, Frankfurt u. a.) zunehmend auch als Einheit empfunden worden. Die „landsmannschaftliche Verbundenheit, die geschichtlichen und kulturellen Zusammenhänge", auf die Art. 29 Abs. 1 GG auch in der Neufassung von 1994 verweist, erwiesen 2

---

1 Proklamation Nr. 2 Militärregierung – Amerikanische Zone v. 19. September 1945, ABl. MilReg Deutschl. Ausg. S. 2. Die Proklamation fand in Frankfurt im Gebäude der IG-Farben statt, heute Universitäts-Hauptgebäude.

2 *F. A. Medicus*, Reichsreform und Länderkonferenz. Die Beratungen und Beschlüsse der Länderkonferenz und ihrer Ausschüsse, Berlin 1930; *F. Poetzsch-Heffter*, Grundgedanken der Reichsreform, Berlin 1931; *W. Apelt*, Geschichte der Weimarer Verfassung, München 1964, 386 ff (398); Verfassungsausschuß der Länderkonferenz, Berlin 1929/1930; *L. Biewer*, Reichsreformbestrebungen in der Weimarer Republik, Frankfurt a.M. u.a. 1980.

sich 1945 als stark genug, um als Fundament eines in sich geschlossenen Bundeslandes zu dienen. Die Besatzungsmacht vollzog, angeregt von Politikern und unterstützt von der Bevölkerung, was geschichtlich längst angelegt war.³

3   Dabei wurde allerdings nicht die Kontinuität eines älteren geschlossenen Staates wiederhergestellt, wie dies etwa in Bayern geschah, sondern es wurden historisch zusammengehörende Teile erstmals unter einem Staatsdach vereint. Deutlicher als anderswo sind deshalb auch die historischen Fugen und Risse erkennbar: Die Grenzen der Landkreise und Regierungsbezirke sowie vor allem die Grenzen der katholischen Bistümer und der evangelischen Landeskirchen orientieren sich an **alten dynastischen Grenzen**. Auch der überlieferte Nord-Süd-Gegensatz zwischen Hessen-Kassel und Hessen-Darmstadt ist in mancherlei Gestalt noch spürbar. Außerdem hat sich in Frankfurt bis heute ein – vor allem kulturell geprägtes – städtisches Sonderbewusstsein erhalten.

4   Gleichwohl sind die Integration der einzelnen Landesteile in einen Staat und die Ausbildung eines **partikularen Staatsbewusstseins**, soweit sich ein solches in der Bundesrepublik überhaupt entfalten konnte, längst vollzogen. Niemand hegt ernsthaft separatistische Gedanken. Auch die Wiedereingliederung der an Rheinland-Pfalz abgegebenen nassauischen Gebietsteile, des linksrheinischen Rheinhessens oder der von Baden-Württemberg regierten Stadt Bad Wimpfen ist heute kein Thema mehr.⁴

5   Die historische Bedingtheit der Staatsgrenzen Hessens, die Verflochtenheit seiner Bewohner in eine Geschichte, die nach ihrer stärksten politischen Kraft „hessisch" genannt wird, sowie die Umstände der Gründung des Staates im Jahre 1945 machen es notwendig, den **historischen Faktor** im Staats- und Verwaltungsrecht zu unterstreichen. Die Entwicklungsgeschichte bietet nicht nur den einfachsten Weg zur Erklärung der einzelnen Elemente eines Gemeinwesens, sie leistet auch gewisse prognostische Hilfen; denn erfahrungsgemäß sind historisch gewachsene Strukturen, einschließlich der Mentalitäten und Vorurteile, zählebig. Wer sie verändern möchte, sollte, um seinen Kräftebedarf abschätzen zu können, den Blick in die Geschichte nicht verschmähen.

2. Landesgeschichte bis zum 20. Jahrhundert

6   Die **komplizierte Geschichte** der einzelnen heute vom Land Hessen umschlossenen weltlichen und geistlichen Herrschaften, Städte, Klein- und Mittelstaaten kann hier nur in knappster Form wiedergegeben werden.⁵

---

3   W.-H. *Struck*, Zur ideenpolitischen Vorbereitung des Bundeslandes Hessen seit dem 19. Jahrhundert, in: Hess. Jhb. f. Landesgesch. 1970, 282–324.
4   Zu den Versuchen südhessischer Gemeinden, zu Baden-Württemberg zu gelangen, vgl. BVerfGE 5,58. Die 1956 in Montabaur und Rheinhessen durchgeführten Volksbegehren (vgl. BVerfGE 13,54–97) führten 1975 zu Volksentscheiden (Bundesanz. Nr. 34/1975 v. 19.2.1975), wobei zu demjenigen über Montabaur nochmals das BVerfG zu entscheiden hatte (BVerfGE 42,53). – Zum staatsrechtlichen Kuriosum Bad Wimpfen vgl. *K. W. Platz*, in: DÖV 1966, 181–186.
5   K. E. *Demandt*, Hessen, in: A.Erler/E.Kaufmann (Hg.), Handwörterbuch zur Deutschen Rechtsgeschichte (HRG), Bd. II, Berlin 1978, Sp. 127–138 (Lit.); *ders.*, Geschichte des Landes Hessen, 2. Aufl., Kassel-Basel 1972; O. R. *Kissel*, Neuere Territorial- und Rechtsgeschichte des Landes Hessen, 1961; W. A. *Kropat* (Anm. 1), mit Literaturangaben zur Nachkriegsgeschichte.

I. Das Land

a) Die Entwicklung im Alten Reich

Ausgangspunkt für die Entstehung einer einheitlichen Landesherrschaft in Hessen war der **Aufstieg der hessischen Landgrafen im 13. Jahrhundert**.[6] 1247 trennte sich die damals noch kleine Herrschaft Hessen von der Landgrafschaft Thüringen[7] und weitete ihren territorialen Einflussbereich in mühsamen Kämpfen, vor allem mit dem Erzbistum Mainz,[8] rasch aus.[9] Nachdem in der Mitte des 14. Jahrhunderts noch einmal erhebliche Schwierigkeiten mit Mainz und dem landsässigen Adel aufgetreten waren, setzte im 15. Jahrhundert eine Periode großer Erfolge ein. Die Mainzer Ansprüche wurden endgültig verdrängt (1427), die Grafschaft Ziegenhain kam hinzu (1450) und Nieder- und Oberhessen wurden vereinigt, wobei Kassel allmählich Marburg an Bedeutung überrundete. Schließlich gelang, gegen den Widerstand der Grafen von Nassau, mit dem Erwerb der Grafschaft Katzenelnbogen (1479)[10] die besonders bedeutsame **Expansion** an den Rhein und nach Süden in den Darmstädter Raum.

Parallel zu dieser äußeren Abrundung bildeten sich im Innern allmählich zentrale Verwaltungsstrukturen, Kanzlei und Kassenwesen sowie ein einheitliches Recht. Aus der Vielzahl einzelner Rechtstitel entstanden Bündel von Hoheitsrechten, die sich wiederum in einer langen Entwicklung zur **Landeshoheit** (dominium terrae, summa potestas, Souveränität) zusammenfügten. Als ihre Hauptpunkte galten Gesetzgebung, Gerichtsbarkeit, Polizei (innere Verwaltung), Militärgewalt und Besteuerungsrecht.[11] Vorläufiger Höhepunkt dieses Prozesses war die Herrschaft Philipps des Großmütigen (1504–1567), unter der sich Hessen anschickte, zu einem bedeutenden Mittelstaat des Reiches zu werden.

Mit dem Tode Philipps brach diese Linie allerdings ab. Die **Herrschaft teilte sich** durch Erbfall, wenn man die kurzlebigen Gebilde Hessen-Marburg und Hessen-Rheinfels beiseite lässt, in **Hessen-Kassel** und **Hessen-Darmstadt**. Diese Teilung sollte sich als historisch äußerst folgenreich erweisen. Erst 1945 wurde sie wieder überwunden.

Zunächst blieben jedoch institutionelle Gemeinsamkeiten, die die beiden Linien aneinander banden, so etwa die Landstände, die hessische Ritterschaft und das Revisions- und Oberappellationsgericht in Kassel. Sie konnten aber auf die Dauer nicht verhindern, dass sich Hessen-Kassel und Hessen-Darmstadt entfremdeten und im Dreißig-

---

6 Grundsätzlich hierzu *Th. Mayer*, Über Entstehung und Bedeutung der älteren deutschen Landgrafschaften, 1938, in: *ders.*, Mittelalterliche Studien, Darmstadt, 1963, 187-201; *K. E. Demandt* (Anm. 5), 169 ff.; eine genaue „Übersicht der Territorialveränderungen" seit dem 13. Jh. findet sich bei *P. Roth – V. v. Meiborn*, Kurhessisches Privatrecht, Marburg 1858, § 2.
7 *H. Patze*, Die Entstehung der Landesherrschaft in Thüringen, 1. Teil, Köln-Graz 1962; *ders.*, Geschichte Thüringens, Köln-Wien 1974.
8 *M. Stimmig*, Die Entstehung des weltlichen Territoriums des Erzbistums Mainz, Darmstadt 1915.
9 *M. Eisenträger/E. Krug*, Territorialgeschichte der Kasseler Landschaft, Marburg 1935.
10 *K. E. Demandt* (Anm. 5), 207 ff; *B. Diestelkamp*, Das Lehnrecht der Grafschaft Katzenelnbogen (13. Jahrhundert bis 1479), Aalen 1969; *ders.*, Grafschaft Katzenelnbogen, in: HRG Bd. II (1978), 663-671; *H. Maulhardt*, Die wirtschaftlichen Grundlagen der Grafschaft Katzenelnbogen im 14. und 15. Jh., Darmstadt und Marburg 1980.
11 *K. Krüger*, Finanzstaat Hessen 1500-1567: Staatsbildung im Übergang vom Domänenstaat zum Steuerstaat, Marburg 1980.

§ 1 Die Entstehung des Landes Hessen und seiner Verfassung

jährigen Krieg heftig befehdeten. Im westfälischen Frieden des Jahres 1648 stabilisierte sich diese **Trennung**.

11 **Hessen-Kassel** nahm nun als kleiner Mittelstaat an der deutschen Geschichte des späten 17. und des 18. Jahrhunderts teil, ohne viel eigene Politik treiben zu können. Am Ende lehnte es sich stark an Preußen an, allerdings nicht an dessen aufgeklärte Seiten. Kurz vor dem Zusammenbruch des Alten Reichs in den napoleonischen Kriegen gelang es Hessen-Kassel, die schon bedeutungslos gewordene Kurwürde zu erlangen (1803). Drei Jahre später kam die Katastrophe, die den Kurfürsten ins Exil trieb (1806). An seiner Stelle bestieg Napoleons Bruder Jérôme in Kassel den Thron des neu geschaffenen Königreichs Westfalen.[12]

12 In noch geringerem Maße war **Hessen-Darmstadt** in der Lage, staatlich selbständig zu handeln. Es erlitt mehrfach Kriegsschäden und endete, trotz einer Kulturblüte unter der bedeutenden Landgräfin Karoline, in Misswirtschaft und Verschuldung. Bereits 1798 war der politisch-militärische Tiefpunkt erreicht. Die Zugehörigkeit zum Rheinbund (1806) führte allerdings bald wieder nach oben, äußerlich dokumentiert durch die Benennung „Großherzogtum", durch Erlangung der vollen Souveränität und durch territoriale Erweiterung.

13 Auch die Fürsten von Nassau-Usingen und Nassau-Weilburg[13] gehörten zu den Gewinnern der napoleonischen „Flurbereinigung" zwischen 1803 und 1806. Nachdem sie zunächst durch ehemals geistliche Gebiete für linksrheinische Verluste entschädigt wurden (Reichsdeputationshauptschluß 1803),[14] schlossen sich die beiden Linien zusammen und bildeten 1806 das neue souveräne **Herzogtum Nassau**.[15] Es schwenkte 1813 zur antinapoleonischen Koalition über und wurde 1815 Mitglied des Deutschen Bundes, wobei es sich nochmals vorteilhaft arrondierte.

b) Das 19. Jahrhundert

14 Dem **Deutschen Bund** schlossen sich ebenso Hessen-Kassel („Kurhessen"), Hessen-Darmstadt, die Nebenlinie Hessen-Homburg, das Fürstentum Waldeck und die freie Stadt Frankfurt an.[16] Sie spielten dort angesichts der Dominanz von Österreich und Preußen keine große Rolle, beschäftigten aber wegen ihrer Verfassungsprobleme und ihrer inneren Unruhen mehrfach die deutsche Politik. Hessen-Kassel und Hessen-Darmstadt galten als **reaktionär regierte Länder**,[17] die der außerordentlichen **Verarmung** ihrer Bevölkerung nicht Herr zu werden vermochten. Hunger und politischer Druck führten zu Auswanderungswellen nach Amerika, was einen noch schwereren Aderlass bedeutete als die berüchtigten „Soldatenverkäufe" des 18. Jahrhunderts.

---

12 *H. Berding*, Napoleonische Herrschafts- und Gesellschaftspolitik im Königreich Westfalen 1807–1813, Göttingen 1973.
13 Zur Entwicklung *K. E. Demandt* (Anm. 5), 367–435.
14 Text bei *E. R. Huber*, Dokumente zur deutschen Verfassungsgeschichte, Bd. I, Stuttgart 1961, 1–26.
15 *W.-H. Struck*, Die Gründung des Herzogtums Nassau, in: Herzogtum Nassau 1806–1866. Politik, Wirtschaft, Kultur, Wiesbaden 1981, 1–17.
16 Zur Verwaltungsgeschichte dieser Staaten *Th. Klein*, in: K.G.A. Jeserich – H.Pohl – G.Chr.v.Unruh (Hg.), Deutsche Verwaltungsgeschichte Bd.II, Stuttgart 1984, 645 ff.
17 Vgl. *G. W. Pedlow*, The Nobility of Hesse-Kassel. Family, Land and Office, 1770–1870, J. Hopkins Univ. Baltimore 1979; *ders.*, The survival of the Hessen nobility, Princeton 1988; *E. W. Budach*, Das Fürstentum Waldeck in der Zeit des Deutschen Bundes, jur. Diss. Kiel 1973.

Das **Herzogtum Nassau** wurde bis etwa 1820 liberal regiert,[18] reformiert und zu 15
einem modernen Staat ausgebildet. Es bekam schon 1814 eine Verfassung. Die darin
vorgesehene Deputiertenversammlung trat aber erst 1818 zusammen. 1819 endete die
liberale Linie. Nassau passte sich Metternichs Politik an. Mit kurzen Unterbrechungen
1830 und 1848[19] wurde diese konservative Politik gegen eine liberal gesinnte Gesellschaft durchgehalten. 1866 stand Nassau auf der Seite Österreichs, wurde **von Preußen annektiert** und mit Kurhessen zur preußischen Provinz Hessen-Nassau zusammengelegt.[20]

In ähnlicher Weise entwickelte sich im 19. Jahrhundert auch **Hessen-Darmstadt**. Es 16
gab sich 1820 eine Verfassung mit einem sehr engen indirekten Wahlrecht[21] und
musste sich ebenfalls der restaurativen österreichischen Linie anpassen. Eine eigene
Außenpolitik war kaum möglich. Die Innenpolitik blieb reaktionär und schürte revolutionären Widerstand (Georg Büchner, Friedrich Ludwig Weidig), der sich allerdings
nicht durchsetzen konnte.[22] Dem liberalen Zwischenspiel unter dem Ministerium
Heinrich von Gagern (1848) folgte mit dem hochkonservativen Ministerium Dalwigk
wieder die bisherige Politik.[23] Hessen-Darmstadts Regierung war isoliert, hilflos gegenüber der Massenauswanderung, und setzte politisch auf Österreich. Das führte
1866 zum Verlust der Selbständigkeit. Hessen-Darmstadt musste dem Norddeutschen
Bund beitreten, eine Entschädigung zahlen und wurde von Preußen militärisch entmachtet.

Hessen-Kassel wurde nach 1815 demonstrativ im alten Stil regiert („Zopf-Zeit").[24] 17
1816 kam es wegen der Verfassungsgebung zum Bruch mit den Landständen. Der
Kurfürst widersetzte sich konstitutionellen Bindungen und beschränkte sich auf ein
nach preußischem Vorbild formuliertes Organisationsedikt (1821). Die Juli-Revolution von 1830 führte dann zu erheblichen inneren Unruhen. Sie entstanden aus der allgemein missbilligten Misswirtschaft und Korruption, aus der Not der Bauern und des
Mittelstandes sowie aus dem öffentlichen Ärgernis der kurfürstlichen Mätresse. Drohungen mit Bundestruppen von außen und das Zugeständnis einer Verfassung beschwichtigten den Aufstand. Die am 5. Januar 1831 in Kraft getretene Verfassung[25]
legte den üblichen Dualismus zwischen Monarch und Ständeversammlung zugrunde,
war aber radikaler als andere vormärzliche Verfassungen, da sie keine zweite Kammer

---

18 N. *Zabel*, Räumliche Behördenorganisation im Herzogtum Nassau (1806–1866), Wiesbaden 1981; W. *Schüler*, Wirtschaft und Gesellschaft im Herzogtum Nassau, in: Nass. Annalen 91 (1980), 131–144.
19 E. R. *Huber*, Deutsche Verfassungsgeschichte seit 1789, Bd. II, Stuttgart 1960, 516, W. *Schüler*, Die Revolution von 1848/49, in: Herzogtum Nassau (Anm. 15), 19–35.
20 W. A. *Kropat*, Das Ende des Herzogtums (1850–1866), in: Herzogtum Nassau (Anm. 15), 37–52.
21 H. *Andres*, Die Einführung des konstitutionellen Systems im Großherzogtum Hessen, Berlin 1908; E. R. *Huber*, Deutsche Verfassungsgeschichte, Bd. I, Stuttgart 1957, 335 f; K. *Lüderssen*, K. L. W. v. Grolmann, in: HRG Bd. I, Berlin 1971, Sp. 1808–1814 m.w. Nachw.
22 Zum allmählichen Übergang auf den Rechtsstaat vgl. K. H. *Acker*, Verwaltungskontrolle in Hessen-Darmstadt 1770–1835, jur. Diss. Frankfurt a.M. 1983.
23 E. R. *Huber*, Deutsche Verfassungsgeschichte (Anm. 19), Bd. II, 514; Bd. III, 199 ff.
24 W. *Speitkamp*, Restauration als Transformation. Untersuchungen zur kurhessischen Verfassungsgeschichte 1813–1830, Darmstadt-Marburg 1986; *Grothe*, 1996.
25 R. *Polley*, Die Kurhessische Verfassung von 1831, Marburg 1981, K. E. *Demandt* (Anm. 5), 551 f; E. R. *Huber*, Deutsche Verfassungsgeschichte (Anm. 19), Bd. II, 68 ff, R. *Bovensiepen*, Sylvester Jordan, in: J. *Schnack*, Lebensbilder aus Kurhessen und Waldeck, 1830–1930, Bd. III, Marburg 1955, 163–186.

§ 1 Die Entstehung des Landes Hessen und seiner Verfassung

vorsah, der Ständeversammlung auch das Gesetzesinitiativrecht zubilligte, das Institut der Ministeranklage und einen ausformulierten Grundrechtskatalog, allgemeine Wehrpflicht und Vereidigung des Heeres auf die Verfassung (!) kannte.

18   Die Regierung unter Minister Ludwig Hassenpflug[26], dem Schwager der Gebrüder Grimm, versuchte jedoch, diese Verfassung zu unterlaufen. Schon 1832 kam es zum ersten **Verfassungskonflikt**; der Landtag wurde mehrmals aufgelöst. Gegen Hassenpflug wurden Ministeranklagen erhoben. Budgetstreitigkeiten und kirchenpolitische Auseinandersetzungen kamen hinzu, so dass Hassenpflug 1837 zurücktreten musste, ohne dass sich jedoch die Politik insgesamt änderte. Die liberale Regierung, die im Gefolge der Revolution von 1848 ans Ruder kam, blieb auch hier relativ wirkungslos.

Die restaurative Gegenbewegung brachte sogar Hassenpflug erneut ins Amt (1850). Er trieb das Land nun durch offenen Verfassungsbruch in den Konflikt.[27] Es kam zur Erklärung des Kriegszustandes und zur Auflehnung des gesamten Staatsapparates gegen die Regierung, die unter österreichischem Schutz den Bundestag zu Hilfe rief. Nachdem das ganze Heer den Gehorsam verweigerte, wurde die kurhessische Frage zur Machtprobe zwischen Österreich und Preußen. Schließlich führten bayerische Truppen („Strafbayern") die Bundesexekution aus, die Regierung wurde wieder in den Sattel gesetzt und konnte sich durch harte Unterdrückungsmaßnahmen noch einmal stabilisieren. Sogar das bis dahin standhafte Oberappellationsgericht in Kassel und die Armee beugten sich. In der Folgezeit wurde die Verfassung von neuem missachtet und 1852 im Zusammenwirken mit dem Deutschen Bund durch eine oktroyierte Verfassung ersetzt.[28] Alle liberalen und auf stärkere Parlamentarisierung zielenden Ansätze waren in ihr beseitigt. So stand die ganze letzte Phase der Existenz Kurhessens unter dem unglücklichen Zeichen des „Verfassungskonflikts". Es ist kein Zufall, dass aus diesem Umfeld das berühmte Buch „Der Rechtsstaat" (Kassel 1864) von Otto Bähr erwachsen ist.

19   Obwohl Hassenpflug 1855 endgültig ausschied, lösten sich die Differenzen nicht. Die Liberalen versuchten Preußen zu gewinnen und behaupteten ab 1859 die Ungültigkeit der Verfassung von 1852. Da sich Preußen mit dieser Ansicht identifizierte, zog ein neuer Konflikt herauf. Der Kurfürst oktroyierte 1860 eine neue, ohne Mitwirkung der Stände revidierte, Verfassung. Drei Auflösungen der zweiten Kammer folgten (1861/62). Inzwischen verstärkte sich der Druck Preußens und des Deutschen Bundes auf die Regierung, die Verfassung von 1831 wieder in Kraft zu setzen. 1862 geschah dies endlich, um den Einmarsch Preußens abzuwenden. Doch rückten schließlich 1866 preußische Truppen in Hessen ein. Der Kurfürst geriet in Gefangenschaft. Kurhessen wurde annektiert und mit Nassau, Frankfurt und der Landgrafschaft Hessen-Homburg zur **preußischen Provinz Hessen-Nassau** vereinigt. Nach anfänglichen

---

26   R. *Friderici*, Ludwig Hassenpflug, in: *J. Schnack*, Lebensbilder (Anm. 25), Bd. IV, 101–121.
27   W. E. *Kellner*, Verfassungskämpfe und Staatsgerichtshof in Kurhessen, Marburg 1965; M. *Bullik*, Staat und Gesellschaft im hessischen Vormärz, Köln 1972; E. *Grothe*, 1996.
28   E. R. *Huber*, Deutsche Verfassungsgeschichte (Anm. 19), Bd. II, 930; vgl. daneben M. *Bürsch*, Kleinstaatliche Verfassung zwischen Vormärz und Reaktion. Studien zur Entstehung der waldeckisch-pyrmontischen Verfassungsurkunden von 1849 und 1852, jur. Diss. Kiel 1970.

Schwierigkeiten, besonders in Frankfurt,[29] wurde die Verbindung mit Preußen als vorteilhaft empfunden, zumindest aber akzeptiert.[30] Auch die Dynastie fand sich schließlich damit ab.

Die **Reichsstadt Frankfurt** verlor ihre Selbständigkeit mit der Gründung des Rheinbundes. In der Rheinbundakte vom 12. Juli 1806 bekam der Fürstprimas Karl-Theodor von Dalberg Stadt und Gebiet Frankfurt „en toute propriété et souveraineté" (Art. 22). Die Stadt wurde Hauptstadt des Rheinbundes und des Großherzogtums Frankfurt (1810–1813), zu dem auch die Fürstentümer Hanau und Aschaffenburg und der größere Teil des Fürstentums Fulda gehörten.[31] Ähnlich wie im Königreich Westfalen wurden Reformen eingeleitet, der Code Napoléon eingeführt (1811) und eine Verfassung erlassen (1810). Nach der Niederlage Napoleons wurde Frankfurt zunächst als Generalgouvernement zwangsverwaltet und dann ab dem 1. Januar 1814 als freie Stadt mit der alten reichsstädtischen Verfassung wiederhergestellt. Zusammen mit den freien Städten Lübeck, Bremen und Hamburg wurde es Mitglied des Deutschen Bundes, dessen Bundesversammlung von 1815 bis 1866 in Frankfurt ihren Sitz erhielt. Dadurch war Frankfurt wenigstens äußerlich die **politische Zentrale Deutschlands**. Was der Stadt an eigenständiger politischer Macht fehlte, ersetzte sie durch ihre Entwicklung zum Banken- und Handelszentrum.

20

Frankfurts Verfassung, festgelegt in der sog. **Constitutions-Ergänzungsakte** vom 19. Juli/18. Oktober 1816, war ein Kompromiss zwischen altständisch-patrizischen Vorstellungen und den Postulaten der modernen Verfassungsbewegung. Aber weder Gewaltenteilung noch bürgerliche Gleichheit hatten sich durchsetzen lassen.[32]

21

Als Sitz der Bundesversammlung wurde Frankfurt Schauplatz des gegen den Deutschen Bund gerichteten „**Frankfurter Wachensturms**",[33] dessen Fehlschlag zu einer demütigenden Belegung Frankfurts mit Bundestruppen führte (1833–1842). Hier konzentrierten sich naturgemäß auch die **Ereignisse der Jahre 1848/49**. Abgesehen davon, dass Frankfurt selbst von der Revolution erfasst wurde,[34] traten hier Vorparlament und Nationalversammlung zusammen, begannen die neuen Reichsorgane zuarbeiten, ereignete sich der Frankfurter Aufstand und der Abgeordnetenmord (16.-18. September 1848), wurde der preußische König Friedrich Wilhelm IV. zum Kaiser gewählt und wurde schließlich nach dem Scheitern der Revolution der Deutsche Bund im September 1850 wieder eröffnet.

22

---

29 W. *Forstmann*, Frankfurt am Main in Wilhelminischer Zeit 1866-1918, in: Frankfurter Historische Kommission (Hg.), Frankfurt am Main. Die Geschichte der Stadt in neun Beiträgen, Sigmaringen 1991, 349-422.
30 Details zur Integration von Hessen-Nassau in die preußische Monarchie bei L. v. *Rönne*, Das Staatsrecht der preußischen Monarchie, Bd. IV (Verwaltungsrecht), 4. Aufl. Leipzig 1883/84; C. *Bornhak*, Preußisches Staatsrecht, Bd. IV (Verwaltungsrecht), Freiburg i.Br. 1890; H. *Schulze*, Das preußische Staatsrecht, Bd. 2, Leipzig 1877; R. *Graf Hue de Grais*, Handbuch der Verfassung und Verwaltung in Preußen und im Deutschen Reiche, Berlin 1881; K. *Parey*, Handbuch des preußischen Verwaltungsrechts, 2 Bde., Berlin 1887; G. A. *Grotefend*, Lehrbuch des preußischen Verwaltungsrechts, 2 Bde., Berlin 1890/1892.
31 P. *Darmstaedter*, Das Großherzogtum Frankfurt, Frankfurt a.M. 1901.
32 R. *Koch*, Grundlagen bürgerlicher Herrschaft. Verfassungs- und sozialgeschichtliche Studien zur bürgerlichen Gesellschaft in Frankfurt am Main 1612–1866, Wiesbaden 1983.
33 E. R. *Huber* (Anm. 19), Bd. II, 164 ff.
34 E. R. *Huber* (Anm. 19), Bd. II, 523 ff.

§ 1 Die Entstehung des Landes Hessen und seiner Verfassung

Am 16. Juli 1866 gingen die eigenstaatlichen Rechte Frankfurts auf Preußen über. Seine innerstädtischen Verhältnisse wurden durch das preußische Gemeindeverfassungsgesetz vom 25. März 1867 bestimmt.[35] Die Erhaltung der bisherigen Strukturen und die wirtschaftlichen Vorteile machten Frankfurt den Übergang leichter.[36]

23 Von 1866 an ist die Geschichte des heutigen hessischen Raums entweder preußisch oder doch stark **von Preußen bestimmt**. Die Verwaltung der Provinz **Hessen-Nassau** gliederte sich schnell in die preußische Verwaltung ein.[37] 1885 erhielt sie eine Provinzialordnung und 1897 eine Städteordnung sowie eine Landgemeindeordnung.[38] Wirtschaftlich lag der Schwerpunkt der Provinz im Rhein-Main-Gebiet.[39] Insbesondere **Frankfurt** entwickelte sich um 1900 zu einem Wirtschafts- und Verkehrszentrum. Kurz vor dem Weltkrieg, im Sommer 1914, erhielt die Frankfurter Universität, eine städtische Gründung, noch das Gründungsprivileg.[40]

24 Das Großherzogtum **Hessen-Darmstadt** orientierte nach 1866 seine Politik an Preußen. Die nationalliberale Partei blieb bis zum Ende führend,[41] was Auswirkungen insbesondere auf den Kulturkampf hatte.[42] Im Übrigen erlangte Hessen-Darmstadt keine politische Bedeutung mehr. Eine gut geordnete Verwaltung,[43] glanzvolle Verbindungen zum russischen Zarenhaus und eine **kulturelle Blüte** im Darmstädter Jugendstil kompensierten dies in gewisser Weise.[44]

c) Hessen-Nassau und Volksstaat Hessen 1919–1945

25 Die Revolution von 1918/19 stürzte mit anderen Monarchien auch die preußische und die hessen-darmstädtische. Kaiser Wilhelm II. dankte am 9. November 1918 auch als preußischer König ab,[45] und in Darmstadt verzichtete Großherzog Ernst Ludwig auf den Thron, nachdem der Übergang zur Republik vollzogen war. Am 12. Dezember 1919 wurde die Verfassung für den neuen „**Volksstaat Hessen**" beschlossen, am 3. November 1920 die preußische.[46]

---

35 GS 401.
36 *R. Koch*, Ständische Repräsentation oder liberale Repräsentativverfassung? Die Constitutions-Ergänzungs-Acte der freien Stadt Frankfurt als historischer Kompromiß, Zeitschr. f. histor. Forschung 5 (1978), 187 ff; *W. A. Kropat*, Frankfurt zwischen Provinzialismus und Nationalismus. Die Eingliederung der „Freien Stadt" in den preußischen Staat (1866–1871), Frankfurt a.M. 1971; *W. Klötzer*, Das Wilhelminische Frankfurt, in: Archiv für Frankfurts Geschichte und Kunst, 53 (1973) 161–182.
37 *K. Müller*, Preußischer Adler und hessischer Löwe. Hundert Jahre Wiesbadener Regierung 1866–1966, Wiesbaden 1966.
38 Provinzialordnung Hessen-Nassau v. 8. Juni 1885, GS 242; Städteordnung v. 4. August 1897, GS 254 (ohne Frankfurt); Landgemeindeordnung v. 4. August 1897, GS 301.
39 *A. Anderhut*, Verwaltung im Regierungsbezirk Wiesbaden 1866–1885, Wiesbaden 1977.
40 *R. Wachsmuth*, Die Gründung der Universität Frankfurt, Frankfurt a.M. 1929; *H. Achinger*, Wilhelm Merton und seine Zeit, Frankfurt a.M. 1965, 214 ff; *P. Kluke*, Die Stiftungsuniversität Frankfurt a.M. 1914–1932, Frankfurt a.M. 1972; *N. Hammerstein*, Die Johann Wolfgang Goethe-Universität Frankfurt am Main, Bd. I, 1914–1950, Neuwied und Frankfurt a.M. 1989.
41 *E. R. Huber* (Anm. 19), Bd. IV, 418 ff.
42 *E. R. Huber* (Anm. 19), Bd. IV, 763 ff, 812 f; *K. E. Demandt* (Anm. 5) 599 ff.
43 *Th.Klein*, in: Deutsche Verwaltungsgeschichte Bd. III, 799–804 m. w. Nachw.
44 *E. G. Franz* (Hg.), Erinnertes. Aufzeichnungen des letzten Großherzogs Ernst Ludwig von Hessen und bei Rhein, Darmstadt 1988.
45 *E. R. Huber* (Anm. 19), Bd. V, 1978, 682 ff.
46 *H. Gmelin*, Verfassungsentwicklung und Gesetzgebung in Hessen 1913–1919, JöR 9 (1920), 204 ff; *ders.*, Die hessische Verfassung und Gesetzgebung von 1920, JöR 10 (1921), 301; *O. Koellreutter*, Die neuen Landesverfassungen, in: *Anschütz-Thoma* (Hg.), Handbuch des Deutschen Staatsrechts, Bd. I, Tübingen 1930,

In beiden Landesteilen dominierte parteipolitisch die **SPD**. Sie lag bereits 1919 weit vorn und konnte diese Stellung bis 1928 unangefochten bewahren. Die von ihr bestimmten Provinzialverwaltungen bzw. Regierungen waren loyal gegenüber der preußischen und der Reichsregierung und sie versuchten, auf ihre Weise mit den lokalen Schwierigkeiten der jungen Republik fertig zu werden.[47] Außer den allgemeinen Problemen der Nachkriegszeit, Inflation und Arbeitslosigkeit, waren es nach der Besetzung des linken Rheinufers durch alliierte Truppen besonders die auf eine „Rheinische Republik" zielenden und von Frankreich unterstützten **separatistischen Putschversuche**, die zu innenpolitischer Unruhe führten.[48] Da diesen Versuchen der Rückhalt in der Bevölkerung fehlte, brachen sie aber schnell zusammen.

Kaum zeichnete sich nach diesen Schwierigkeiten eine Phase der Konsolidierung ab (1924–1928),[49] als Weltwirtschaftskrise und Massenarbeitslosigkeit auch in Hessen-Nassau und im Volksstaat Hessen die NSDAP nach oben brachten.[50] Von 3,6 % (1928) steigerte sie sich in Hessen-Nassau auf 43,6 % bzw. 41,2 % (1932) und 49,4 % (5. März 1933), während die SPD von 32,2 % (1928) auf 18,7 % absank (5. März 1933). Die gleiche Entwicklung zeigte sich in Hessen-Darmstadt.

Mit der **Machtübernahme der Nationalsozialisten** begannen die für das Regime typischen Auseinandersetzungen zwischen Partei und Staat, die mit der faktischen Durchsetzung der Gauleiter in Kassel und in Frankfurt endeten.[51] Die preußische Provinzialverwaltung von Hessen-Nassau verlor entsprechend an Gewicht; die noch 1944 vorgenommene Teilung in zwei Provinzen (Kurhessen, Nassau) ging folgenlos im Krieg unter. „Eine eigene hessische Geschichte dieser Jahre gibt es nicht".[52] Es gab zwar lokale Ereignisse, Widerstand und Verfolgung[53] ebenso wie begeisterte Gefolgschaft, aber **keine hessische Eigenstaatlichkeit** mehr. Alle Verwaltung war Reichsverwaltung, die wesentlichen Fragen entschied Berlin. Auch die NS-Ideologie der „Volksgemeinschaft" war Sonderentwicklungen und historischen Eigentümlichkeiten nicht günstig.

Nimmt man zu diesen „Modernisierungseffekten wider Willen" die Kriegsverwüstungen und die nach 1945 einsetzende Durchmischung der Bevölkerung mit Flüchtlingen

---

138-146; Texte bei *F. Wittreck* (Hg.), Weimarer Landesverfassungen, Tübingen 2004, 250 ff Siehe auch *T. Haren*, Der Volksstaat Hessen 1918/1919. Hessens Weg zur Demokratie, Berlin 2003.

47 *K. E. Demandt* (Anm. 5), 605; *H. Gmelin*, Die Entwicklung des öffentlichen Rechts in Hessen von 1923 bis Ende 1928, JöR 17 (1929), 172-200; *M. Köhler*, „Im Sinne der allgemeinen Gerechtigkeit". Die Verfassung des Volksstaates Hessen 1919, in: Heidelreich – Böhme, 223-257; Stolleis, Bd. 3 (1999) 141 m.w.Nachw.
48 *E. R. Huber* (Anm. 19), Bd. V, 1128 ff.
49 *H. Gmelin* (Anm. 46).
50 *K. E. Demandt* (Anm. 5), 605 f; *D. Rebentisch*, Kommunalpolitik, Konjunktur und Arbeitsmarkt in der Endphase der Weimarer Republik, in: *R. Morsey* (Hrsg.), Verwaltungsgeschichte. Aufgaben, Zielsetzungen, Beispiele, Berlin 1977, 107 ff, *E. Schön*, Die Entstehung des Nationalsozialismus in Hessen, Meisenheim a. Gl. 1972.
51 *D. Rebentisch*, Der Gau Hessen-Nassau und die nationalsozialistische Reichsreform, in: Nass. Annalen 89 (1978), 128-162; *ders.*, Nationalsozialistische Revolution, Parteiherrschaft und totaler Krieg in Hessen (1933–1945), in: *U. Schultz* (Hrsg.), Die Geschichte Hessens, Stuttgart 1983, 233-250; *P. Hüttenberger*, Die Gauleiter, Stuttgart 1969; *P. Diehl-Thiele*, Partei und Staat im Dritten Reich, München 1969; *R.Zibell*, Jakob Sprenger. NS-Gauleiter und Reichstatthalter in Hessen, Darmstadt und Marburg 1999.
52 *K. E. Demandt* (Anm. 5), 596.
53 Heimatgeschichtlicher Wegweiser zu Stätten des Widerstands und der Verfolgung, Bd. 1 Hessen, Köln 1984. Vgl. auch die Antwort der Landesregierung auf die Anfrage der GRÜNEN betr. Konzentrationslager und andere Lager des NS-Regimes in Hessen v. 3.12.1984, Drucks. 11/2581.

hinzu,[54] dann liegt auf der Hand, dass nach der Kapitulation an eine Wiederherstellung der alten dynastischen Gebilde Kurhessen, Nassau und Hessen-Darmstadt nicht zu denken war. Das Fürstentum (später Freistaat) Waldeck war ohnehin schon 1929 in den preußischen Staatsverband eingegliedert worden.[55] Zwischen dem 23. März und dem 4. April 1945 besetzten **amerikanische Truppen** das Land. Die **Militärregierung** übernahm „die höchste gesetzgebende, rechtsprechende und vollziehende Machtbefugnis und Gewalt in dem besetzten Gebiet".[56]

II. „Groß-Hessen" und seine Verfassung

1. Der Wiederaufbau der Verwaltung

29 Die Wahrnehmung erster **Staatsfunktionen** in einer Zeit der Zerstörung und allgemeiner politischer Lähmung[57] begann in der notdürftig agierenden Verwaltung und Justiz hinter der alliierten Front[58] sowie, nach der Besetzung des ganzen Landes, in den Provinzialverwaltungen.

30 So erhielt in der Provinz Starkenburg **Prof. Dr. Ludwig Bergsträsser** am 21. April 1945 provisorische Regierungsbefugnisse, die am 3. Juni auf Oberhessen ausgedehnt wurden. Ab 8. August erstreckte sich die Zuständigkeit auf das Gebiet des ehemaligen Volksstaats Hessen rechts des Rheins, und die Zivilverwaltung konnte den Namen „Deutsche Regierung des Landes Hessen" führen.[59]

Ähnlich entwickelten sich die Dinge in den Provinzen Nassau und Kurhessen, in denen es ab 1. Mai bzw. 10. Mai 1945 provisorische deutsche Verwaltungsbefugnisse für den Regierungspräsidenten in Wiesbaden und für den Ober- und Regierungspräsidenten in Kassel gab.[60]

2. Die Gründung von „Groß-Hessen"

31 Nach Lage der Dinge waren die **Vorstellungen der Amerikaner** für die staatliche Neugliederung des westlichen Deutschlands maßgebend. Vollständig gilt dies für den Bereich ihrer eigenen Besatzungszone. Dort hatten sie sich aus grundsätzlichen und aus praktischen Erwägungen für einen Aufbau von unten nach oben, d.h. von der Kom-

---

54 P. *Waldmann*, Die Eingliederung der ostdeutschen Vertriebenen in die westdeutsche Gesellschaft, in: *Becker-Stammen-Waldmann*, Vorgeschichte der Bundesrepublik Deutschland, München 1979, 163 ff (181 ff); P. *Kluke*, Das Land Hessen, in: E. *Stein* (Hrsg.), 30 Jahre Hessische Verfassung, Wiesbaden 1976, 21 ff.
55 *Huber* (Anm. 19), Bd. VI, 849.
56 So die Proklamation Nr. 1 der Militärregierung Deutschland, o. Datum, Text bei W. A. *Kropat*, Dok. 6.
57 Hierzu P. *Kluke* (Anm. 54) 11 ff; W. A. *Kropat*, Hessen zwischen Kapitulation und Währungsreform (1945–1948), in: J. *Schissler* (Hg.), Politische Kultur und politisches System in Hessen, Frankfurt a.M. 1981, 93–111.
58 M. *Stolleis*, Besatzungsherrschaft und Wiederaufbau deutscher Staatlichkeit 1945–1949, in: J. Isensee – P. Kirchhof (Hg.), Handbuch des Staatsrechts, Bd. I, 3. Aufl. Heidelberg 2003, § 7.
59 L. *Bergsträsser*, Zeugnisse zur Entstehungsgeschichte des Landes Hessen, VjHZG 5 (1957) 397-476; zu seiner Person vgl. E. *Fehrenbach*, Ludwig Bergsträsser, in: H. U. *Wehler* (Hrsg.), Deutsche Historiker VII, Göttingen 1980, 101–117.
60 W. A. *Kropat*, 9 ff; K. E. *Demandt* (Anm. 5), 608. Zur Entwicklung in Rheinland-Pfalz vgl. U. *Springorum*, Entstehung und Aufbau der Verwaltung in Rheinland-Pfalz nach dem zweiten Weltkrieg (1945–1947), Berlin-München 1982.

munal- bis zur Landesebene entschieden.⁶¹ Erkundigungen des amerikanischen Beauftragten, Walter L. Dorn, ergaben ein historisch begründetes **„gesamthessisches Bewußtsein"**. Die schon in der Weimarer Zeit verfolgten Pläne zur Bildung eines „Groß-Hessens" kamen zutage, so dass der einzuschlagende Weg bald relativ klar schien. Anders als in Baden, in der Pfalz, in Oldenburg oder in Lippe zeigte sich in Hessen kein Unmut der Bevölkerung über die neue Lösung. Die endliche Verschmelzung von Hessen-Nassau und Hessen-Darmstadt wurde akzeptiert.

Am 19. September 1945 wurde die **Gründung des neuen Staates** durch die Proklamation Nr. 2 vollzogen.⁶² Eine Woche später ließen die Amerikaner die Tätigkeit von Parteien offiziell zu,⁶³ und am 16. Oktober wurde das Land im Landeshaus in Wiesbaden feierlich konstituiert.⁶⁴ Es bestand nun aus dem alten Kurhessen, dem um vier Landkreise reduzierten Nassau und dem ebenfalls um vier Landkreise reduzierten Hessen-Darmstadt.⁶⁵ Erster Ministerpräsident war der von den Amerikanern eingesetzte parteilose Jurist **Prof. Dr. Karl Geiler** aus Heidelberg.⁶⁶ Er bildete eine Landesregierung⁶⁷ und berief als Vorparlament einen „beratenden Landesausschuß" aus je 12 Vertretern von CDU, SPD, LDP (heute F.D.P.) und KPD. Ein provisorisches Staatsgrundgesetz des Staates Groß-Hessen vom 22. November 1945⁶⁸ erklärte Hessen zum Glied eines künftigen demokratischen Gesamtdeutschlands und verlieh dem Ministerpräsidenten umfassende Legislativ- und Exekutivbefugnisse im Rahmen des Spielraums, den die Besatzungsmacht gewährte.⁶⁹

Als Grundlage für die ersten Gemeinde- und Kreistagswahlen im Januar und im April 1946⁷⁰ ergingen ein Gemeindewahlgesetz,⁷¹ eine Gemeindeordnung,⁷² eine Kreisordnung⁷³ und ein Kreiswahlgesetz.⁷⁴ Ein halbes Jahr später wurde auf der Grundlage ei-

---

61 *J. Gimbel*, Amerikanische Besatzungspolitik 1945–1949, Frankfurt a.M. 1968; *C. F. Latour/Th. Vogelsang*, Okkupation und Wiederaufbau. Die Tätigkeit der Militärregierung in der amerikanischen Besatzungszone Deutschlands 1944–1947, Stuttgart 1973, 98 ff; *M. E. Foelz-Schroeter*, Föderalistische Politik und nationale Repräsentation 1945–1946. Westdeutsche Länderregierungen, zonale Bürokratien und politische Parteien im Widerstreit, Stuttgart 1974; *W. L. Dorn*, Die Debatte über die amerikanische Besatzungspolitik für Deutschland (1944–45), VjHZG 6 (1958), 60-77; Zur Entstehungsgeschichte des Landes Hessen, VjHZG 6 (1958), 191-196; *ders.*, Inspektionsreisen in der US-Zone. Notizen, Denkschriften und Erinnerungen, hrsgg. v. *L. Niethammer*, Stuttgart 1973; *S. L. Wahrhaftig*, In jenen Tagen. Marginalien zur Führungsgeschichte eines deutschen Bundeslandes (Hessen), in: Frankfurter Hefte 1970, 785, 863; 1971, 93 ff *W. Mühlhausen*, Die Entscheidungen der amerikanischen Besatzungsmacht zur Gründung des Landes Hessen, in: Nass. Annalen 96 (1985) 197 ff.
62 Vgl. Anm. 1.
63 *W. A. Kropat*, 68.
64 Umfassend nun sowohl *H. Berding* (Hg.), Die Entstehung der Hessischen Verfassung von 1946: eine Dokumentation, Wiesbaden [Historische Kommission für Nassau] 1996; als auch *M. Will*, Die Entstehung der Verfassung des Landes Hessen von 1946, Tübingen 2009.
65 Die abgetrennten Teile kamen als Regierungsbezirke Montabaur und Rheinhessen zu Rheinland-Pfalz. Siehe oben Anm. 4.
66 *K. Duden*, Karl Geiler, in: Neue Deutsche Biographie 6 (1964) 151; *W. Mühlhausen*, Karl Geiler und Christian Stock. Hessische Ministerpräsidenten im Wiederaufbau, Marburg 1999; *ders.* Karl Geiler und die Universität Heidelberg 1920–1953, in: Nassauische Annalen 110 (1999) 315–344.
67 Ihre Mitglieder bei *W. A. Kropat*, 28. Zu K. Geiler vgl. *E. Wolf*, JZ 1953, 518 f.
68 GVBl. für Groß-Hessen 1945, Nr. 3, S. 23; *O. R. Kissel*, a.a.O. S. 109.
69 *A. Arndt*, Die Staats- und verwaltungsrechtliche Entwicklung in Groß-Hessen, DRZ 1946, 185–188.
70 *W. A. Kropat*, 90 ff.
71 Gemeindewahlgesetz v. 21. Dezember 1945.
72 Gemeindeordnung v. 21. Dezember 1945.
73 Kreisordnung v. 24. Januar 1946.
74 Kreiswahlgesetz v. 7. März 1946.

nes Landeswahlgesetzes vom 16. Mai 1946[75] am 30. Juni 1946 eine verfassungsberatende **Groß-Hessische Landesversammlung** gewählt. Die SPD erhielt dabei 42, die CDU 35, die KPD 7 und die LDP 6 Mandate.[76]

3. Die Entstehung der Verfassung

34 Die Initiative, eine **Landesverfassung** zu schaffen, kam zwar von der amerikanischen Militärregierung,[77] aber sie traf auf eine entsprechende deutsche Bereitschaft sowie auf Vorarbeiten, die z.T. schon vor 1945 begonnen worden waren[78].

35 Die **Motive**, eine wirkliche Verfassung und nicht nur ein Organisationsstatut anzustreben, waren komplex. Das Organisationsstatut hatte zwar den Vorteil, umstrittene Fragen für die Zukunft offen zu halten und einer gesamtdeutschen Entwicklung nicht durch partikularistische Verfestigung entgegenzustehen. Die voll ausgebildete Verfassung entsprach aber mehr dem föderalistischen und dem demokratischen Grundgedanken eines Aufbaus von unten nach oben, und sie bot auch eher Schutz gegenüber den Zugriffen der Besatzungsmacht. Auch nachdem sich eine Mehrheit gegen das Organisationsstatut ausgesprochen hatte, tauchte dieser Gedanke in Form eines „Staatsgrundgesetzes" bei der CDU noch einmal auf, als diese in zentralen Fragen von SPD und KPD überstimmt zu werden drohte.

36 Die nun im März 1946 einsetzenden Beratungen verliefen auf mehreren Ebenen und in Stufen. Als innerster Kern kann eine vom Ministerpräsidenten am 26. Februar eingesetzte vorbereitende **Verfassungskommission** gelten.[79] Sie holte über Fragebogen Stellungnahmen zu den Grundtendenzen der künftigen Verfassung ein und beriet einen Entwurf ihres Mitglieds Walter Jellinek. Dabei standen die Sicherung der Grundrechte,[80] der politische Willensbildungsprozess und der institutionelle Aufbau des Landes sowie die Festlegung von Grundpositionen im Bildungsbereich und in der Wirtschafts- und Sozialordnung im Vordergrund. Am 18. Juni 1946 legte die Kommission einen **Verfassungsentwurf** vor.[81]

Inzwischen gab es auch vorbereitende Voten und Diskussionsentwürfe der Parteien,[82] die vor bzw. während der Arbeit der nun dominierenden verfassungsberatenden **Landesversammlung** erschienen. In dieser Versammlung bündelten sich jetzt die Bestrebungen der politischen Kräfte und deren Fühlungnahmen mit der Besatzungsmacht.[83] Von zentraler Bedeutung wurde insbesondere der am 15. Juli 1946 eingesetzte Verfas-

---

75 Landeswahlgesetz v. 16. Mai 1946, GVBl. für Groß-Hessen 1946, Nr. 18–20, S. 139.
76 Die Ergebnisse der Wahlen bis 1989 in: *A. Behr, G. Breit, H. Lilge, J. Schissler*, Wahlatlas Hessen, 3. Aufl. Braunschweig 1989.
77 OMGUS-Direktive v. 4. Februar 1946, vgl. *Latour/Vogelsang* (Anm. 61), 115.
78 Einzelheiten bei *Will*, 2009.
79 Mitglieder bei *W. v. Brünneck*, Die Verfassung des Landes Hessen vom 1. Dezember 1946, JöR NF 3 (1954) 213–270 (217); *W. A. Kropat*, 111.
80 *W. Jellinek*, Grundrechte und Gesetzesvorbehalt, DRZ 1946, 4–6, *ders.*, Die Verfassung des Landes Hessen, DRZ 1947, 4–8.
81 Veröffentlicht in Kassel-Sandershausen 1946. Einzelheiten bei *W. v. Brünneck* (Anm. 78), 218 f.
82 *F. H. Caspary*, Vom Werden der Verfassung in Hessen. Aus den Verhandlungen des Verfassungs-Ausschusses der verfassungsberatenden Landesversammlung Groß-Hessen, Offenbach 1946; *U. Noack/P. Kremer*, Der Königsteiner Entwurf der Verfassung einer konstitutionellen Demokratie in Hessen, Juli 1946; *A. M. Euler*, Entwurf einer Verfassung für Hessen, 1946.
83 *W. A. Kropat*, 111 ff.

sungsausschuss. Er umfasste 29 Abgeordnete (SPD 13, CDU 10, KPD 3, LPD 3) und war durch seinen Vorsitzenden Bergsträsser mit der vorbereitenden Verfassungskommission verknüpft. Der Entwurf vom 18. Juni 1946 wurde zugrunde gelegt, aber bald völlig umgestaltet.

Die im Verfassungsausschuss und dann bei den drei Lesungen des Entwurfs in der Landesversammlung zwischen Juli und Oktober 1946 geführten Diskussionen sind ein Spiegelbild der tragenden Strömungen und politischen Kräfteverhältnisse der unmittelbaren Nachkriegszeit. Die Differenzen begannen bei der Frage, in welcher Weise man auf die Erfahrungen mit dem NS-Staat reagieren solle.[84] **SPD und KPD** drängten auf konsequente Parlamentarisierung, Einkammersystem, weitgehende Mitbestimmung,[85] Sozialisierung wichtiger Produktionsbereiche, Einheitssozialversicherung, Modernisierung und Säkularisierung des Bildungswesens sowie Trennung von Staat und Kirche.[86] Demgegenüber neigte die **CDU** zu einem Zweikammersystem, zum Einbau von minderheitsschützenden Verfassungselementen, zu einer stärkeren Betonung der liberalen Grundrechtstradition und des Föderalismus, schließlich zu einer Aufwertung der Elternrechte in einem christlich fundierten Erziehungswesen und zu einer engen Kooperation mit den Kirchen auf dem Boden der Gleichrangigkeit.[87]

Die LPD, deren Position insgesamt noch schwach war, verfocht wie die CDU die Idee einer zweiten Kammer und den Schutz von „Freiheit und Eigentum", setzte sich aber viel entschiedener als die CDU gegen jede Art von Wirtschaftslenkung und Sozialisierung, gegen Formen direkter Demokratie und für eine konsequente Trennung von Staat und Kirche ein.[88] Die KPD war sich in der Grundlinie mindestens taktisch mit der SPD einig, nuancierte ihre Position aber in Einzelpunkten schärfer. Erst als sich die SPD und CDU am 30.9./1.10.1946 im Wege gegenseitigen Nachgebens zu dem sog. **Verfassungskompromiss** zusammengefunden hatten,[89] traten die Differenzen zwischen SPD und KPD im Bereich der Wirtschafts- und Sozialverfassung sowie im Staatskirchenrecht zutage.

Der Gang der Debatten liegt trotz hastiger Beratungen und mangelhafter protokollarischer Überlieferung[90] relativ offen. Nach einer orientierenden 1. Lesung begann die Kleinarbeit im **Verfassungsausschuss**. Damit wurden auch die Differenzen zwischen den Parteien deutlicher. Im wesentlichen ging es um die Ausgestaltung des parlamen-

---

84 Vgl. die Parteiprogramme im hessischen Raum bei W. A. Kropat, 81 ff; H. Lilge, Die politische Entwicklung des Landes Hessen, in E. Stein (Anm. 54), 56 ff; M. Dörr, Restauration oder Demokratisierung? Zur Verfassungspolitik in Hessen 1945–1946, Zeitschr. für Parlamentsfragen 1971, 99-122; H. K. Rupp, Sozialismus und demokratische Erneuerung. Die ersten Konzeptionen der Parteien in den Westzonen nach 1945, Köln 1974.
85 W. A. Kropat, 264 ff.
86 G. A. Zinn/A. Arndt, Entwurf einer Verfassung des Landes Hessen, Juli 1946. Siehe hierzu meinen Beitrag in der 2. Aufl. dieses Buches (1986).
87 U. Noack/P. Kremer (Anm. 81); zur Programmatik umfassend nunmehr H. Rüschenschmidt, Gründung und Anfänge der CDU in Hessen, Marburg 1981.
88 A. M. Euler (Anm. 81).
89 W. v. Brünneck (Anm. 78), 231.
90 W. v. Brünneck (Anm. 78), 223.

tarischen Systems (Ein- oder Zweikammersystem, Staatspräsident,[91] Ministerverantwortlichkeit, Misstrauensvotum), um die Garantien der richterlichen Unabhängigkeit und des Berufsbeamtentums und um drei wichtige Abschnitte der Verfassung: Abschnitt III enthielt die wirtschaftspolitischen Grundregeln (Streikrecht, Mitbestimmung, soziale Sicherung, Sozialisierung), Abschnitt IV die Beziehungen zwischen Staat und Kirche und Abschnitt V das Schulwesen (Erziehungsziele, Konfessions- oder Simultanschule, Privatschulwesen, Religionsunterricht). Im Verlauf der Diskussionen bildeten sich zwei politische Blöcke (SPD-KPD und CDU-LDP), deren Konfrontation den Fortgang zu lähmen drohte. Nachdem der Gedanke, sich nun doch auf ein Organisationsstatut zu beschränken, nicht akzeptiert wurde, lag die Lösung im erwähnten Verfassungskompromiss, der KPD und LPD praktisch an den Rand drängte. Die CDU erreichte dabei erhebliche Zugeständnisse im Bereich der Arbeits- und Wirtschaftsverfassung, und sie stimmte der Sofortsozialisierung zu, nachdem die chemische Großindustrie herausgenommen worden war. Außerdem gelang es ihr, im Staatskirchenrecht und in der Bildungsverfassung[92] traditionelle kirchliche Positionen zu sichern bzw. offen zu halten. Der SPD gelang es, die Grundlinie eines sozial orientierten Interventionsstaates durchzusetzen, die Sofortsozialisierung (Art. 41 Abs. 1 HV) und die Bodenreform zu erhalten, die Gemeinschaftsschule als Regelschule vorzusehen und im Staatskirchenrecht nicht hinter den Stand von 1919 zurückzufallen. Verlierer war vor allem die LPD, die deshalb auch am Ende nicht zustimmte.

40 Der zur Endabstimmung anstehende Entwurf war ein politisches und ideelles „sowohl als auch", mit dem die weit überwiegende Mehrheit zufrieden sein konnte. Wo der Konsens noch fehlte, sorgten die engen äußeren Bedingungen, vor allem die direkt und indirekt vermittelten **inhaltlichen Vorgaben der Militärregierung** und der von ihr ausgeübte **Zeitdruck**, für wenigstens formale Einigung und dilatorische Kompromisse. Man hatte das Gefühl, einen akzeptablen Anfang gemacht zu haben. Nachdem während der dritten Lesung am 29.10.1946 noch das Genehmigungsschreiben von General Clay eintraf,[93] das kleine Änderungen vorsah (Art. 17, 29, 36, 123, 130) und eine separate Abstimmung über die Sozialisierung verlangte, wurde der Entwurf mit 82 Ja-Stimmen (SPD, CDU, KPD) gegen 6 Nein-Stimmen (LPD) und 2 Enthaltungen angenommen.

41 Der darauf folgende **Volksentscheid** über die Annahme der Verfassung am 1. Dezember 1946 ergab 76,8 % Ja-Stimmen. Die Sozialisierung gem. Art. 41 HV wurde mit 71,9 % Ja-Stimmen gebilligt. Gleichzeitig fanden die ersten hessischen Landtagswahlen[94] statt, bei denen noch 5,3 % der Wähler als NS-Belastete nicht wahlberechtigt

---

91 Um eine Rückkehr zur Monarchie durch Staatsstreich auszuschließen, wurde Angehörigen ehemaliger regierender Häuser der Weg in die Landesregierung versperrt (Art. 101 Abs. 3 HV), eine Regelung, die inzwischen als ungültig anzusehen ist (Art. 3 Abs. 3, 31 GG). A. A. *Zinn-Stein*, Art. 101 HV.
92 *C. Kuhlmann*, Schulreform und Gesellschaft in der Bundesrepublik Deutschland 1946–1966, Stuttgart 1970; *W. Schultze*, Das Bildungskonzept der hessischen Verfassung und seine Verwirklichung im Schulwesen und in der Lehrerausbildung, in: *E. Stein* (Anm. 54), 230–252.
93 Abgedruckt bei *W. A. Kropat*, 146 ff, Dok. 91.
94 Ergebnisse bei *H. Lilge* (Anm. 83) sowie *G. Strecker*, Der Hessische Landtag. Beispiel des deutschen Nachkriegsparlamentarismus, Bad Homburg v.d.H. Berlin-Zürich, 1966; *J. Strelitz*, 30 Jahre Hessischer Landtag, in: *E. Stein* (Anm. 54), 101 ff.

waren. Erster frei gewählter Ministerpräsident wurde der Sozialdemokrat **Christian Stock** (1947–1951).[95]

Die Verfassung trat demgemäß am 1. Dezember in Kraft und wurde am 11. Dezember 1946 verkündet. Sie ist „**die älteste der heute geltenden Landesverfassungen**" der Bundesrepublik.[96] Ihre Schöpfer haben das Verfahren der Verfassungsänderung bewusst erschwert (Art. 123 HV). Doch ist dies nicht der eigentliche Grund, warum es seither nur zu wenigen Änderungen gekommen ist. Zum einen wurde die ursprüngliche Festlegung auf das Verhältniswahlrecht beseitigt,[97] zum andern wurden aktives und passives Wahlalter herabgesetzt.[98] Die dritte, nunmehr stärker gestaltende Verfassungsänderung erfolgte 1991. Durch sie wurde das „Staatsziel Umweltschutz" in die Verfassung aufgenommen (Art. 26 a HV) und die Direktwahl der Oberbürgermeister, Bürgermeister und Landräte eingeführt (Art. 138, 161 HV). 2002 wurde das Staatsziel „Sport" eingefügt (Art. 62 a HV), die Wahlperiode auf 5 Jahre verlängert und zum Schutz der kommunalen Finanzen das sog. Konnexitätsprinzip festgelegt (Art. 137 Abs. 6 HV). Schließlich einigte man sich im März 2011 auf eine mit dem Grundgesetz (Art. 109 Abs. 3 GG) abgestimmte sog. Schuldenbremse (Art. 141 HV), die dann 2013 durch ein Ausführungsgesetz konkretisiert wurde. Diese Änderungen ergaben jedoch keine wirkliche Verfassungsreform.

42

Dass die längst überfällige Modernisierung der Verfassung nicht zustande kam, lag weniger an verfassungsimmanenten Gründen, sondern an der für das Land typischen wechselseitigen Blockade des bürgerlichen und des sozialdemokratischen Lagers. Auch eine 2002–2005 eingesetzte Kommission des Landtags, die den Auftrag hatte, einen Entwurf zur Modernisierung der Verfassung vorzulegen, scheiterte daran. Alle Beteiligten wissen, dass die Verfassung, je länger desto mehr, durch Vorgaben des Bundesrechts (Art. 31 GG), durch Rechtsprechung und Gesetzgebung, durch Verträge des Staatskirchenrechts sowie durch Europarecht (Art. 23 GG) Geltungseinbußen erlitten hat und in einem veränderten Umfeld steht. Im November 2015 wurde eine neue Verfassungsenquête beschlossen. Ihre Ergebnisse – fünfzehn verfassungsändernde Gesetze – sind im Mai 2018 vom Landtag beschlossen worden, die nach Art. 123 HV erforderliche Volksabstimmung findet am 28. Oktober 2018 statt.

43

Besonders deutlich zeigt sich die **Diskrepanz zwischen Verfassungstext und Verfassungswirklichkeit** auf dem Gebiet des Staatskirchenrechts.[99] Die Normen der Verfassung (Art. 1, 9, 48–54, 57, 58, 60 Abs. 2, 3 HV) sind nicht nur durch das Staatskirchenrecht des Grundgesetzes (Art. 4, 140 GG) und die Rechtsprechung des Bundesverfassungsgerichts außer Kraft gesetzt oder in ihrer Bedeutung verändert worden, sondern auch durch die vom Land abgeschlossenen staatskirchenrechtlichen Verträge. So

44

---

95 *Mühlhausen* (Anm. 66).
96 *Chr. Pestalozza*, Verfassungen der deutschen Bundesländer, 10. Aufl. München 2014, RdNr. 24 (Einführung).
97 Gesetz v. 22. Juli 1950, GVBl. 131 (Art. 75, 137).
98 Gesetz v. 23. März 1970, GVBl. 1, 281 (Art. 73, 75). Zu beiden Verfassungsänderungen vgl. *R. Gross*, Die Entwicklung des Hessischen Verfassungsrechts, JöR NF 21 (1972) 310, 316. Der aktuelle Stand bei *A. Wettlaufer*, Zur Verfassungsreform in Hessen, in: JöR NF 66 (2018) 565 ff.
99 Vgl. hierzu meine Darstellung in der 2. Auflage dieses Buches (1986). Eine umfassende Einführung bieten *A. v. Campenhausen – H. de Wall*, Staatskirchenrecht, 4. Aufl. München 2006.

gibt es je ein Vertragswerk mit den Evangelischen Landeskirchen[100] (1960), mit den Katholischen Bistümern[101] (1963, 1974) sowie mit den Jüdischen Kultusgemeinden[102] (1986). In ihnen sind u. a. Fragen der Theologenausbildung, des Schulwesens, der Krankenhaus- und Anstaltsseelsorge, der Staatsleistungen und der Baulasten sowie Verfahrensfragen geregelt. Außer dem genannten Verfassungs- und Vertragsrecht hat sich in den vergangenen Jahrzehnten auch die gesellschaftliche Wirklichkeit tiefgreifend verändert. Neben den genannten Religionsgesellschaften stehen zahlreiche christliche Freikirchen und muslimische Gemeinden, aber auch Weltanschauungsgruppen mit teilweise unscharfen Übergängen zum kommerziellen Bereich. Deshalb bereitet die Umsetzung des klassischen, an den herkömmlichen „Volkskirchen" entwickelten Normbestandes auf die neuen Sachverhalte gewisse Schwierigkeiten. Das zeigt sich etwa bei der Umsetzung des sog. Öffentlichkeitsauftrags der Kirchen im Rundfunkrecht, im Schulwesen (Schultypen, Schulgebet, Religionsunterricht) sowie im praktisch sehr bedeutsamen Bereich der Sozialarbeit (Sozial- und Jugendhilfe, Kindergärten, Krankenhäuser, Behindertenhilfe, Pflege).

---

100 Gesetz zu dem Vertrag des Landes Hessen mit den Evangelischen Landeskirchen in Hessen vom 10. Juni 1960, GVBl 1960, 54 (m. Anlage).
101 Gesetz zu dem Vertrag des Landes Hessen mit den Katholischen Bistümern in Hessen vom 4. Juli 1963, GVBl 1963, 102; Gesetz zu dem Vertrag zur Ergänzung des Vertrags des Landes Hessen mit den Katholischen Bistümern in Hessen vom 4. September 1974, GVBl 1974, 388.
102 Gesetz zu dem Vertrag zwischen dem Land Hessen und dem Landesverband der Jüdischen Gemeinden in Hessen – Körperschaft des öffentlichen Rechts – vom 1. Dezember 1986, GVBl 1986, 395.

§ 2 Verfassungsrecht

von *Ute Sacksofsky*

Literatur Landesrechtliche Literatur: *v. Brünneck*, Die Verfassung des Landes Hessen vom 1.12.1946, JöR 3 (1954), S. 213; *Günther*, Verfassungsgerichtsbarkeit in Hessen, Kommentar zum Gesetz über den Staatsgerichtshof, Baden-Baden 2004; *Hinkel/Schmitt/Kallert/Braun*, Verfassung des Landes Hessen, Kommentar, 2. Aufl. Wiesbaden 2018 (im Erscheinen); *Löhr*, Die Rechte des Menschen in der Verfassung des Landes Hessen im Lichte des Grundgesetzes, Frankfurt am Main 2007; *Kadelbach*, Zu viel Verfassungsrecht? Die Hessische Verfassung im föderalen System Europas, DÖV 2017, 81; *Müller-Franken*, Landesgrundrechte in Hessen, § 251, in Handbuch der Grundrechte Bd. VIII S. 291ff, Heidelberg 2017; *Sacksofsky*, Hessische Landesverfassung und Staatsgerichtshof, in *Schroeder/Neumann (Hrsg.)*, Politik und Regieren in Hessen, Wiesbaden 2016, S. 11; *Schrodt*, Die Rechtsprechung des Hessischen Staatsgerichtshofs zu den Grundrechten der Hessischen Verfassung, Frankfurt am Main 1984; *Zinn/Stein* (Hrsg.), Die Verfassung des Landes Hessen, Kommentar, Bad Homburg 1954, 1963, 2 Ordner (Stand 1999).

Allgemeine Literatur: *Baldus*, Landesverfassungsrecht und Bundesverfassungsrecht – Wie fügt sich das Gegenstrebige?, in Die Verfassungsgerichte der Länder Brandenburg, Mecklenburg-Vorpommern, Sachsen, Sachsen-Anhalt und Thüringen (Hrsg.), 20 Jahre Verfassungsgerichtsbarkeit in den neuen Ländern, Berlin 2014, S. 19; *Dreier*, Grundrechtsschutz durch Landesverfassungsgerichte, Berlin 2000; *Jutzi*, Landesverfassungsrecht und Bundesrecht. Kollisionslagen und Geltungsprobleme, exemplifiziert an sozialen und wirtschaftlichen Bestimmungen des Landesverfassungsrechts, Berlin 1982; *Lange*, Das Bundesverfassungsgericht und die Landesverfassungsgerichte, in Badura/Dreier (Hrsg.), Festschrift 50 Jahre Bundesverfassungsgericht, Band I, Tübingen 2001, S. 289; *Menzel*, Landesverfassungsrecht – Verfassungshoheit und Homogenität im grundgesetzlichen Bundesstaat, Stuttgart 2002; *Möstl*, Landesverfassungsrecht – zum Schattendasein verurteilt? Eine Positionsbestimmung im bundesstaatlichen und supranationalen Verbund, AöR 130 (2005), S. 350; *Ott*, Landesgrundrechte in der bundesstaatlichen Ordnung, Würzburg 2001; *Rippberger*, Zur Frage der Kompetenz der Landesverfassungsgerichte zur Überprüfung formellen und materiellen Bundesrechts, München 2006; *Rozek*, Landesverfassungsgerichtsbarkeit, Landesgrundrechte und die Anwendung von Bundesrecht, AöR 119 (1994), S. 450; *Sacksofsky*, Landesverfassung und Grundgesetz – am Beispiel der Verfassungen der neuen Bundesländer, NVwZ 1993, S. 235; *Starck/Stern* (Hrsg.), Landesverfassungsgerichtsbarkeit, Band I-III, Baden-Baden 1983; *Starck*, Verfassungsgerichtsbarkeit der Länder, § 130, in Isensee/Kirchhof (Hrsg.), Handbuch des Staatsrechts, Band VI, 2008; *Wermeckes*, Der erweiterte Grundrechtsschutz in den Landesverfassungen – zu Erscheinungsformen, Wirksamkeit und Bestand weitergehender Landesgrundrechte im Bundesstaat des Grundgesetzes, Baden-Baden 2000.

I. Systematische Einordnung

1. Besonderheiten des Landesverfassungsrechts

In der juristischen Ausbildung wie auch in der politischen Diskussion wird Verfassungsrecht häufig mit dem Verfassungsrecht des Bundes gleichgesetzt. Dazu trägt wesentlich die Rechtsprechung des Bundesverfassungsgerichts bei: In über 140 Bänden werden verfassungsrechtliche Fragen umfassend erörtert. Doch neben dem Grundgesetz gibt es die **Hessische Verfassung**, neben dem Bundesverfassungsgericht den **Hessischen Staatsgerichtshof**. Schon die vielfältige Spruchpraxis des Hessischen Staatsgerichtshofs zeigt, dass Landesverfassungsrecht für die Rechtspraxis von Bedeutung ist.

Der Beitrag richtet sich an Personen, die sich nicht zum allerersten Mal in ihrem Leben mit Verfassungsrecht beschäftigen, sondern die Verfassungsrecht über das Grundgesetz kennen (und lieben?) gelernt haben. Das Grundgesetz und die Rechtsprechung des Bundesverfassungsgerichts bilden gewissermaßen die Folie, vor der das hessische Verfassungsrecht betrachtet wird; dadurch wird es auch möglich, auf besonders examensrelevante Probleme einzugehen. Drei Leitfragen stehen im Mittelpunkt:

- Was ist im hessischen Verfassungsrecht grundsätzlich anders geregelt als im Grundgesetz?
- Welche Teile des Landesverfassungsrechts gelten überhaupt?
- Wo spielt Landesverfassungsrecht angesichts des Bundesverfassungsrechts tatsächlich eine wichtige Rolle bzw. wo könnte es sie in der Zukunft spielen?

2. Entstehung und Entwicklung der hessischen Verfassung

3   Die Hessische Verfassung trat am 1. Dezember 1946 in Kraft. Sie stammt aus der Zeit vor der Verabschiedung des Grundgesetzes und ist die **älteste**, heute noch in Kraft befindliche Landesverfassung in Deutschland; zur Entstehungsgeschichte vgl. § 1. Sie ist seit ihrer Entstehung nur fünf Mal geändert worden. Dies ist – selbst in Anbetracht der generell seltenen Änderungen von Verfassungen – außerordentlich wenig; zum Vergleich: Das Grundgesetz wurde trotz seiner zweieinhalb Jahre späteren Entstehung bereits über 60 Mal geändert. Auch inhaltlich betrafen die Änderungen zwar wichtige, aber doch nur isolierte Punkte: 1950 wurde die Festlegung auf das Verhältniswahlrecht abgeschafft (Art. 75 Abs. 1, Abs. 3 S. 2 HV)[1] und 1970 das Wahlalter auf 18 Jahre für das aktive bzw. 21 Jahre für das passive Wahlrecht herabgesetzt (Art. 73 Abs. 1, 75 Abs. 2 HV).[2] 1991 wurde das Staatsziel Umweltschutz verfassungsrechtlich verankert (Art. 26a HV) und die Direktwahl der Oberbürgermeister, Bürgermeister und Landräte eingeführt (Art. 138 HV).[3] Im Jahr 2002 wurde der Sport als Staatsziel aufgenommen (Art. 62a HV), die Wahlperiode des Landtags auf fünf Jahre verlängert (Art. 79 S. 1 HV) und die Finanzausstattung der Kommunen verbessert (Art. 137 Abs. 6 HV).[4] Schließlich ist 2011 in Art. 141 HV eine Schuldenbremse in die Verfassung aufgenommen worden.[5] In den ersten siebzig Jahren ihres Bestehens waren alle Versuche einer umfassenden Verfassungsreform gescheitert, aktuell ist jedoch eine Reihe von Änderungen aussichtsreich. Die Fraktionen der CDU, der SPD, Bündnis 90/Die Grünen und der FDP haben sich auf diverse Änderungen geeinigt. Diese betreffen – neben einzelnen anderweitigen Veränderungen – ganz überwiegend Staatsziele; von einer grundlegenden Überarbeitung kann auch bei dieser Verfassungsreform nicht gesprochen werden. Die Änderungen sollen noch im Jahr 2018 beschlossen werden.

4   Doch auch ein Erfolg der geplanten Verfassungsänderungen für 2018 ändert nichts daran, dass die Hessische Verfassung nur selten geändert worden ist. Wie lässt sich die geringe Zahl von Verfassungsänderungen erklären? Vorrangig ist das Verfahren der Verfassungsänderung in Hessen dafür verantwortlich. Dabei spricht der erste An-

---

1 Gesetz vom 22.7.1950 (GVBl. I, 131). Gleichzeitig wurde Art. 137 HV geändert, der die Bindung des Kommunalwahlrechts an das Wahlsystem der Landtagswahl vorsah.
2 Gesetz vom 23.3.1970 (GVBl. I, 281).
3 Gesetz vom 20.3.1991 (GVBl. I, 102).
4 Gesetz vom 18.10.2002 (GVBl. I, 627).
5 Gesetz vom 29.4.2011 (GVBl. I, 182). Die erstmalige Anwendung dieser neuen Bestimmung ist in Art. 161 HV geregelt.

schein für eine relativ leichte Änderbarkeit der Hessischen Verfassung: Im Gegensatz zum Grundgesetz ist in Hessen bei **Verfassungsänderungen** keine Zwei-Drittel-Mehrheit im Parlament erforderlich, sondern es reicht nach Art. 123 Abs. 2 HV die absolute Mehrheit. Danach kann in Hessen die Regierungsmehrheit theoretisch allein, ohne sich mit der Opposition einigen zu müssen, Verfassungsänderungen durchsetzen. Doch muss in Hessen bei Verfassungsänderungen das Volk zustimmen, wobei die einfache Mehrheit der abgegebenen Stimmen genügt. Offensichtlich reicht schon der Umstand aus, dass das Volk überhaupt beteiligt werden muss, um von Änderungsvorschlägen Abstand zu nehmen. Es scheint zu riskant für die Parteien, Fraktionen oder die Regierung, Verfassungsänderungen zu initiieren, die möglicherweise abgelehnt würden. Es mag daher kein Zufall sein, dass die meisten der für 2018 geplanten Änderungen die Einführung neuer Staatsziele beinhalten; hier ist die Wahrscheinlichkeit, dass das Volk ablehnend votiert, relativ gering: Wer wird sich schon gegen die Stärkung von Kinderrechten, die Förderung der Infrastruktur, die stärkere Berücksichtigung der Nachhaltigkeit oder die Förderung des Ehrenamts stark machen? Hingegen sind die Eingriffe der geplanten Reform in den Bestand der Hessischen Verfassung marginal. So bleibt es dabei, dass die Hessische Verfassung als vorgrundgesetzliche Verfassung eine Vielzahl von Normen enthält, die angesichts der Entwicklung unter dem Grundgesetz obsolet, widersprüchlich oder einfach merkwürdig erscheinen. Die Staatspraxis scheint damit gut leben zu können, für Juristinnen und Juristen macht dies das Leben indes nicht einfach.

3. Überblick

Die Hessische Verfassung ist eine **echte Vollverfassung**. Sie enthält staatsorganisationsrechtliche Regelungen ebenso wie Grundrechte und Staatsziele. Dies ist für Landesverfassungen nicht selbstverständlich. Manche Landesverfassungen, insbesondere die aus den fünfziger Jahren des 20. Jh. stammenden Verfassungen wie etwa diejenigen von Hamburg und Schleswig-Holstein sowie Niedersachsen bis 1993, beschränken sich auf ein reines Organisationsstatut und verzichten (fast) völlig auf Grundrechte.

5

Der **Grundrechtsteil** der Hessischen Verfassung ist weit umfangreicher als der des Grundgesetzes. Neben den primär abwehrrechtlich konzipierten Grundrechten enthält die Hessische Verfassung einen umfassenden gesellschaftsgestaltenden, Staatsziele und grundrechtliche Leistungsansprüche sowie Teilhaberechte enthaltenden Teil. Sie orientiert sich an der Weimarer Reichsverfassung von 1919 (WRV), betont aber stärker die subjektiven Rechte, auch die sozialen Rechte des Menschen. So hat sie, wie das Grundgesetz, die beiden Hauptteile im Vergleich zur WRV umgestellt. Sie beginnt im ersten Hauptteil mit den Rechten des Menschen und lässt erst dann den Aufbau des Landes Hessen folgen.

6

Der Grundrechtskatalog sowie die wirtschafts- und sozialverfassungsrechtlichen Bestimmungen lassen deutlich erkennen, wie man sich nach dem Ende der nationalsozialistischen Schreckensherrschaft ein „demokratisches Gemeinwesen" (Präambel) vorstellte. Die Hessische Verfassung enthält beispielsweise viele Schutzrechte für die Arbeitnehmerinnen und Arbeitnehmer (Art. 27 ff. HV), Sozialisierungsvorschriften

7

(Art. 40 ff. HV) und ein generelles Verbot wirtschaftlichen Machtmissbrauchs (Art. 39 HV). Bei diesem Teil, der im Grundgesetz fast vollkommen fehlt, ist allerdings fraglich, inwieweit er heute noch Wirkung entfaltet. Dass die Hessische Verfassung in den gesellschaftsgestaltenden Teilen so weit über das GG hinausreicht, liegt vor allem daran, dass das GG als „Provisorium" gedacht war und die Teilung Deutschlands nicht auf ewig verfestigen sollte. In diesem Sinne ist die Hessische Verfassung mit ihren umfangreichen Regelungen der „Normalfall" einer Verfassung. Lediglich durch die Einbindung Hessens in die bundesstaatliche Ordnung der Bundesrepublik wurden diese Regelungen erheblich in ihrer rechtlichen Wirkung reduziert (vgl. Rn. 26 ff.).

II. Bundesrechtlicher Rahmen für Landesverfassungen

8   Nur gültiges Landesverfassungsrecht kann Wirkung in der Praxis entfalten. Zunächst ist daher zu klären, wann Landesverfassungsrecht gilt. Dies kann vor allem in Konstellationen mit bundesrechtlichem Bezug zweifelhaft sein, da sich Landesverfassungsrecht in den Rahmen des Bundesrechts einordnen muss. Die sich aus dem Verhältnis von Bundesrecht und Landesverfassungsrecht ergebenden Probleme sind schwierig und hoch umstritten.

1. Kompetenz zur Verfassungsgebung

9   Woraus ergibt sich die Kompetenz des Landes zum Erlass einer Verfassung? Man könnte geneigt sein, zur Beantwortung dieser Frage auf Art. 70 ff. GG zurückzugreifen. Dafür könnte sprechen, dass nach Art. 123 HV Verfassungsänderungen ausdrücklich „im Wege der Gesetzgebung" geschehen (parallel Art. 79 Abs. 1 GG). Doch ist der Schluss von dem Charakter einer Verfassungsänderung auf denselben Charakter der Verfassungsgebung nicht zwingend; der Akt der Verfassungsgebung ist – im Gegensatz zur Verfassungsänderung – noch nicht durch (verfassungs-)gesetzliche Regelungen gebunden. Eine Kontrollüberlegung zeigt, dass eine Unterwerfung der Länder unter die Kompetenzaufteilung der Art. 70 ff. GG für die Verfassungsgebung nicht zutreffen kann. Wären die Länder beim Erlass von Bestimmungen auf der Ebene des Verfassungsrechts an Art. 70 ff. GG gebunden, dürften sie Verfassungsbestimmungen von vornherein nur in den Bereichen erlassen, die nicht in die ausschließliche Kompetenz des Bundes fallen. Des Weiteren müssten die Länder das gesamte einfache Recht des Bundes beachten.

Beispiel:
Art. 7 HV schützt Deutsche vor Auslieferung an eine fremde Macht. Wäre das Land bei der Verfassungsgebung an die Kompetenzverteilung der Art. 70 ff. GG gebunden, dürfte diese Vorschrift nicht in die Verfassung aufgenommen werden, da die Auslieferung nach Art. 73 Abs. 1 Nr. 3 GG in die ausschließliche Kompetenz des Bundes fällt, so dass die Länder nach Art. 71 GG ohne ermächtigendes Bundesgesetz keine Befugnis zur Gesetzgebung hätten.

10   Eine solche Interpretation wird dem **Bundesstaatsprinzip** nicht gerecht: „Kein Land muss eine Amputation von Staatsfundamentalnormen durch den Gesamtstaat hinnehmen mit der Folge, dass seine Verfassung in Wahrheit ein Verfassungstorso wird".[6]

---

6 BVerfGE 36, 342, 361.

Der Bundesstaat wird traditionell gekennzeichnet als eine staatsrechtliche Verbindung von Staaten in der Weise, dass sowohl die Gliedstaaten als auch der Bund Staatsqualität besitzen.[7] Das Recht, sich eine Verfassung zu geben, die sog. Verfassungshoheit, kann daher nicht aus einer Ermächtigung seitens des Bundes abgeleitet werden, sondern ergibt sich unmittelbar aus dem Charakter der Länder als Gliedstaaten. Die Art. 70 ff. GG grenzen Gesetzgebung nur für das einfache Recht ab, auf dem Gebiet des Verfassungsrechts sind beide Ebenen – jeweils für ihren Bereich – voll zuständig.

2. Einschränkungen durch die Homogenitätsklausel

Die Kompetenz des Landesverfassungsgebers ist jedoch nicht unbegrenzt. Die Homogenitätsklausel des Art. 28 Abs. 1 S. 1 GG nennt zentrale Grundprinzipien, die die Landesverfassungen respektieren müssen. Danach muss die verfassungsmäßige Ordnung in den Ländern den Grundsätzen des republikanischen, demokratischen und sozialen Rechtsstaates entsprechen. Zudem müssen nach Art. 28 Abs. 1 S. 2 GG die Volksvertretungen in Ländern, Kreisen und Kommunen aus allgemeinen, unmittelbaren, freien, gleichen und geheimen Wahlen hervorgegangen sein. Die Einschränkungen sind sehr weitmaschig. Sie lassen den Ländern erheblichen Spielraum, da eine Bindung nur an die in Art. 28 Abs. 1 S. 1 GG genannten „Grundsätze" besteht. Als „Grundsätze" gelten lediglich diejenigen Bestandteile der Prinzipien, die auch über die Ewigkeitsklausel des Art. 79 Abs. 3 GG geschützt sind. 11

Praktisch ergeben sich derzeit keine Probleme, da die Hessische Verfassung diesen Grundsätzen unstreitig genügt, sie überwiegend gar ausdrücklich enthält. So bestimmt Art. 65 HV, dass Hessen eine **demokratische und parlamentarische Republik** ist. Von den in Art. 28 Abs. 1 S. 2 GG aufgeführten Wahlgrundsätzen nennt Art. 73 Abs. 2 HV für den Landtag vier; allein die freie Wahl ist dort nicht erwähnt. Da aber Art. 72 HV die Abstimmungsfreiheit garantiert, kann man die Freiheit der Wahl als dort miterfasst oder implizit in Art. 73 HV mitgewährleistet sehen. Für die Gemeinden und Landkreise ist das Wahlrecht zur Volksvertretung in der Verfassung nicht geregelt – lediglich für die (Ober)Bürgermeister und Landräte in Art. 138 HV; die Regelungen in § 29 Abs. 2 HGO i.V.m. § 1 Abs. 1 Hess. KommunalwahlG und § 21 Abs. 1 HKO entsprechen aber wiederum den Grundsätzen des Art. 28 Abs. 1 S. 2 GG. 12

Dennoch sind Konflikte auch im Bereich der Homogenitätsklausel nicht von vornherein ausgeschlossen. Jedenfalls der verfassungsändernde Gesetzgeber ist an Art. 28 I GG gebunden und von daher in seiner Kompetenz zur Verfassungsänderung nicht unbeschränkt. Zwar scheint es wenig wahrscheinlich, dass Hessen plötzlich zum Königreich erklärt werden soll, aber weniger unwahrscheinliche Konflikte wären denkbar. 13

---

7 Siehe etwa: BVerfGE 1, 14, 34; 36, 342, 360 f.

Beispiel:

Der verfassungsändernde Gesetzgeber erweitert das Wahlrecht zum Landtag auf hier seit mindestens zehn Jahren legal ansässige Ausländer. Nach der – freilich umstrittenen – Rechtsprechung des Bundesverfassungsgerichts liegt hierin ein Verstoß gegen das Demokratieprinzip.[8]

3. Einschränkungen durch weitere grundgesetzliche Normen

14 Über Art. 28 Abs. 1 GG hinaus müssen Landesverfassungen die unmittelbar für das Land geltenden Grundgesetznormen beachten. Landesverfassungsnormen, die im Widerspruch zu solchen Normen stehen, sind nichtig. Solche Normen gibt es freilich nur wenige. Konfliktpotential ist daher vorwiegend theoretischer Natur.

Beispiel:

Einen solchen Widerspruch zu Normen des Grundgesetzes hat der Staatsgerichtshof (irrtümlich) in einer frühen Entscheidung zwischen Art. 17 Abs. 2 HV und Art. 18 S. 2 GG angenommen. Nach der erstgenannten Vorschrift ist der Staatsgerichtshof, nach letzterer das Bundesverfassungsgericht für die Entscheidung über den Tatbestand der Grundrechtsverwirkung zuständig, weswegen Art. 17 Abs. 2 HV durch Art. 18 S. 2 GG in Verbindung mit Art. 31 GG aufgehoben sei.[9] Diese Schlussfolgerung überzeugt nicht. Denn die Bestimmungen haben einen unterschiedlichen Regelungsgehalt. Zum einen bezieht sich Art. 18 GG auf die Grundrechte des Grundgesetzes und Art. 17 HV auf die Grundrechte nach der HV. Zudem schließt Art. 17 Abs. 1 HV die Berufung auf Grundrechte nur in einem konkreten Einzelfall aus, während das BVerfG gemäß Art. 18 GG die Verwirkung eines Grundrechts allgemein und auf Dauer aussprechen kann.

4. Bundesrecht bricht Landesrecht

15 Grundsätzlich ist **Art. 31 GG** die wichtigste Norm, die das Verhältnis von Bundesrecht und Landesrecht regelt. Art. 31 GG dient der Lösung von Normkollisionen zwischen ansonsten gültigem Bundesrecht und Landesrecht. Im Konfliktfall setzt sich das Bundesrecht durch. Art. 31 GG kommt also nur dann zur Anwendung, wenn gültiges Bundesrecht (etwa kompetenzgemäß erlassenes) mit ansonsten gültigem Landesverfassungsrecht kollidiert.

Eine Normkollision besteht in Anlehnung an die Rechtsprechung des BVerfG dann, wenn zwei Normen auf einen Sachverhalt anwendbar sind und bei ihrer Anwendung zu verschiedenen Ergebnissen führen.[10] Ein nur potentieller Konflikt reicht nicht aus, es kommt vielmehr auf die Divergenz im Ergebnis an. Durch die Konfliktlösungsnorm des Art. 31 GG soll vermieden werden, dass sich ein Normadressat widersprechenden Normbefehlen gegenübersieht. Kann er beiden Normbefehlen gleichzeitig genügen, besteht kein Bedürfnis nach der Lösung einer „Kollision". Dies wäre etwa der Fall, wenn eine zwingende Vorschrift und eine Ermessensvorschrift zusammentreffen. Solange der Befehl der zwingenden Vorschrift Ergebnis der Ermessensausübung sein kann, ist ein Konflikt nicht ersichtlich. Eine Normkollision besteht daher nur dann, wenn ein bundesrechtliches Gebot mit einem landesrechtlichen Verbot oder vice versa zusammentrifft.

---

8 BVerfGE 83, 37; StGH Bremen v. 31.1.2014, NVwZ-RR 2014, 497; a.A. Sondervotum *Sacksofsky*, StGH Bremen v. 31.1.2014, NVwZ-RR 2014, 497, 502 ff.; *Bryde*, JZ 1989, 257; *Hanschmann*, ZParl 40 (2009), 37.
9 StGH, NJW 1951, 734.
10 BVerfGE 26, 16, 135 f.; 36, 342, 363.

Beispiel:

Das dem Wortlaut nach uneingeschränkt angelegte Aussperrungsverbot des Art. 29 Abs. 5 HV kollidiert mit der in Art. 9 Abs. 3 GG grundgesetzlich garantierten Koalitionsfreiheit, die – in manchen Konstellationen – die Möglichkeit der Aussperrung verlangt.[11]

Liegen die Voraussetzungen einer Normkollision vor, stellt sich die Frage nach der Rechtsfolge. Ganz überwiegend wird „brechen" im Sinne des Art. 31 GG so verstanden, dass Kollisionen zur **Nichtigkeit** der landesrechtlichen Norm führen. Diese Auffassung ist für Vorschriften der Landesverfassung abzulehnen. Nichtigkeit mag die Rechtsfolge bei der Kollision einfachen Landesrechts mit Bundesrecht sein; für das Landesverfassungsrecht passt es nicht. „Brechen" kann nämlich auch anders interpretiert werden. Art. 31 GG will sicherstellen, dass sich die bundesrechtliche Norm gegenüber der landesrechtlichen im Ergebnis durchsetzt. Dafür reicht die Annahme eines **Anwendungsvorrangs** aus, wie er bei Konflikten von nationalem und europäischem Recht bekannt ist. Relevant wird die Unterscheidung zwischen Nichtigkeit und Anwendungsvorrang bei späteren Änderungen des Bundesrechts.[12]

16

Wegen der besonderen Bedeutung des Landesverfassungsrechts ist Art. 31 GG so zu verstehen, dass die kollidierende Landesverfassungsnorm nicht aufgehoben, sondern lediglich im konkreten Fall verdrängt wird. Ein solches Verständnis des Art. 31 GG für den Fall des Landesverfassungsrechts respektiert die Verfassungshoheit des Landes, ohne den Kompetenzbereich des Bundesgesetzgebers zu beeinträchtigen. Es hat zur Folge, dass die Verfassungsautonomie eines Landes allein durch das Grundgesetz, insbesondere Art. 28 Abs. 1 GG, beschränkt ist, nicht hingegen ihre Reichweite von der gesamten Bundesrechtsordnung, die sich ja schnell ändern kann, abhängt. Die Eingebundenheit in die durch die Bundesverfassung vorgegebene Ordnung ist als Kennzeichen des Bundesstaates selbstverständlich. Die Bindung schon der verfassungsgebenden bzw. der verfassungsändernden Gewalt im Land an das gesamte Bundesrecht lässt sich mit der Eigenstaatlichkeit der Länder nicht vereinbaren. Zudem berücksichtigt die Annahme der Nichtigkeit nicht den Umstand der erschwerten Abänderbarkeit der Verfassung. Wird etwa ein Bundesgesetz aufgehoben oder geändert, würde – bei Nichtigkeit – eine ihm widersprechende Landesnorm nicht wieder aufleben. Bei der Setzung einfachen Rechts ist dies legitim, da gleiche Mehrheiten den Erlass wie die Aufhebung eines Gesetzes beschließen können. Bei einer Norm der Hessischen Verfassung wäre dies anders. Eine Verfassungsänderung ist nur unter erschwerten Bedingungen möglich: Art. 123 Abs. 2 HV verlangt neben einer absoluten Mehrheit im Landtag die Zustimmung bei einer Volksabstimmung.

5. Fortgeltung von Grundrechten

Eine besondere Regelung zur Fortgeltung von landesverfassungsrechtlichen Grundrechten enthält **Art. 142 GG**. Danach bleiben „ungeachtet" des Art. 31 GG Grundrechte in Landesverfassungen auch insoweit in Kraft, als sie in Übereinstimmung mit Grundrechten des Grundgesetzes stehen. Den Sinn dieser Vorschrift, die erkennbar als

17

---

11 Vgl. BAGE 58, 138, 155 f.
12 Ausführlich dazu: *Bernhardt/Sacksofsky*, in *Kahl/Waldhoff/Walter* (Hrsg.), Bonner Kommentar zum Grundgesetz, Heidelberg 188. Aktualisierung 2017, Art. 31 GG Rn. 60 ff.

Ausnahmebestimmung zu Art. 31 GG gedacht war, erhellt die Entstehungsgeschichte. Früher war die Frage umstritten, ob Art. 31 GG auch inhaltsgleiches Landesrecht bricht. Ohne diesen Streit im Parlamentarischen Rat endgültig beizulegen, wollte man jedenfalls für die Grundrechte in Landesverfassungen klarstellen, dass sie weiter in Kraft bleiben. Inzwischen hat das BVerfG geklärt, dass Art. 31 GG eine Normkollision voraussetzt, mithin inhaltsgleiches Landesrecht ohnehin nicht berührt.[13] Dogmatisch streng genommen erschöpft sich die Funktion des Art. 142 GG damit in der Klarstellung.[14] Doch zeigt Art. 142 GG in großer Deutlichkeit, welche Wertschätzung Landesverfassungen – und insbesondere deren Grundrechte – nach der Konzeption des Grundgesetzes genießen. In diesem Sinne kann Art. 142 GG als Interpretationsprinzip verstanden werden: für eine Auslegung von Vorschriften mit Blick auf eine möglichst große Eigenständigkeit der Länder und auf eine Stärkung der Stellung des Einzelnen. Im Zweifel sollen daher Auslegungen gewählt werden, die die Wirkkraft von Landesgrundrechten erhalten oder erhöhen.

III. Grundrechte

1. Überblick über den 1. Hauptteil

18 Der Grundrechtsteil der Hessischen Verfassung (1. Hauptteil: Rechte des Menschen) ist weit umfangreicher als der des Grundgesetzes.[15] Er ist in sechs Abschnitte gegliedert. Der I. Abschnitt, betitelt „Gleichheit und Freiheit", enthält viele der traditionellen Freiheitsrechte, die sich auch in den Art. 1–19 GG finden sowie eine gleichheitsrechtliche Garantie, die die Hessische Verfassung sogar in Art. 1 HV an den Anfang stellt. Der II. Abschnitt befasst sich mit Grenzen und Sicherung der Menschenrechte und enthält neben einigen allgemeinen Vorschriften vor allem strafrechtlich und strafprozessual relevante Garantien, wie sie das Grundgesetz in den Justizgrundrechten der Art. 101, 103 und 104 GG garantiert. Der III. Abschnitt, der im Grundgesetz keine Entsprechung findet, befasst sich mit sozialen Rechten und Pflichten, der IV. Abschnitt mit dem Religionsverfassungsrecht, der V. Abschnitt überwiegend mit Erziehung und Bildung. Der VI., nur aus Art. 63 HV bestehende, Abschnitt enthält allgemeine Bestimmungen für alle Grundrechte.

2. Grundrechte und Staatszielbestimmungen

19 Zwar enthält der erste Hauptteil die weitaus meisten Grundrechte, doch – wie im Grundgesetz – ist auf die Überschriften der Verfassung kein Verlass. Weder finden sich alle Grundrechte zwingend im ersten Hauptteil, noch stehen dort nur Grundrechte.

Beispiel:
Das Widerstandsrecht ist in Art. 147 HV gewährleistet und wird vom Staatsgerichtshof dennoch als Grundrecht angesehen.[16] Darüber hinaus finden sich bspw. die meisten Staatsziele im ersten Hauptteil, wie der Umweltschutz (Art. 26a HV), der Denkmal- und Landschaftsschutz (Art. 62 HV) sowie der Sport (Art. 62a HV).

---

13 BVerfGE 36, 342.
14 Ausführlich zu Bedeutung und Gehalt des Art. 142 GG: *Sacksofsky* (Fn. 12), Art. 142 GG Rn. 9 ff.
15 Ausführlich zu den Landesgrundrechten in Hessen: *Müller-Franken*, in *Merten/Papier* (Hrsg.), Handbuch der Grundrechte, Heidelberg 2017, § 251.
16 StGH v. 2.4.1979 – P.St. 872; v. 30.12.1981 – P.St. 926.

Es ist daher bei jeder Vorschrift der Verfassung zu prüfen, ob es sich um ein Grund- 20
recht oder ein Staatsziel handelt. Als Grundrechte sind dabei Rechte des Einzelnen zu
verstehen, die sich gegen den Staat richten. Der Ort, an dem die Vorschrift geregelt ist,
kann nur als systematisches Argument herangezogen werden. Insbesondere bei sozialen Grundrechten ist jeweils zu untersuchen, wie weit der Verpflichtungscharakter
einer Norm reicht.

Beispiel:
Seinem Wortlaut nach ist das **Recht auf Arbeit** in Art. 28 Abs. 2 HV unbedingt formuliert. Nähme man den Wortlaut ernst, wäre der Staat verpflichtet, jedem Menschen einen Arbeitsplatz zu verschaffen. Dies übersteigt die staatlichen Möglichkeiten in einem freien Wirtschaftssystem, so dass das Recht auf Arbeit lediglich eine objektiv-rechtliche Staatszielbestimmung darstellt. Hingegen ist die Garantie des Art. 28 Abs. 3 HV, der Anspruch auf den notwendigen Unterhalt bei unverschuldeter Arbeitslosigkeit gibt, ersichtlich unmittelbar gegen den Staat gerichtet und auch einklagbar. Hätte der Bund seine Kompetenz nach Art. 74 Abs. 1 Nr. 7 GG (öffentliche Fürsorge) nicht ausgeübt, müsste aufgrund der Landesverfassung das Land das Existenzminimum gewährleisten.

3. Allgemeine Grundrechtslehren

Ähnlich wie das Grundgesetz in Art. 19 GG enthält auch die Hessische Verfassung 21
eine allgemeine Bestimmung, die für alle Grundrechte der Landesverfassung gilt.
Art. 63 HV enthält

- die Wesensgehaltsgarantie (Art. 63 Abs. 1 HV),
- das Zitiergebot (Art. 63 Abs. 2 HV, „ausdrücklich"),
- das Verbot des Einzelfallgesetzes (Art. 63 Abs. 2 HV, „allgemeinverbindliche Anordnung").

All diese Normen unterscheiden sich in ihrer Auslegung nicht wesentlich von den Vorschriften des Grundgesetzes und weisen damit auch die mit ihnen verbundene geringe Durchschlagskraft auf.

Das **Bestimmtheitsgebot** wird in Hessen mangels ausdrücklicher Regelung wie im 22
Grundgesetz aus dem Rechtsstaatsprinzip abgeleitet, und die Rechtsweggarantie des
Art. 19 Abs. 4 GG findet ihre Entsprechung in Art. 2 Abs. 3 HV.

Hingegen fehlt in der Hessischen Verfassung eine Art. 19 Abs. 3 GG entsprechende Er- 23
streckung der Grundrechtsfähigkeit auf **juristische Personen**. Doch wird diese vom
Staatsgerichtshof anerkannt, soweit sich die juristischen Personen „im Hinblick auf
die hinter der rechtsfähigen Vereinigung stehenden Personen und die Tatsache, dass
diese in dieser Rechtsform gesamthänderisch verbunden nach außen in Erscheinung
treten, in einer grundrechtstypischen Gefährdungslage befinden".[17] Ob diese Voraussetzungen vorliegen, ist für jedes Grundrecht gesondert zu prüfen; die Kriterien ähneln
denen, die das BVerfG aufstellt. Da der Hessischen Verfassung die Beschränkung auf
inländische juristische Personen fehlt, können auch ausländische juristische Personen
Grundrechtsschutz in Anspruch nehmen.

---

17 StGH, P.St. 1296, StAnz. 1999, 1790; vgl. auch schon ESVGH 23, 147, 150 ff.

24 Die **unmittelbare Bindung** des Gesetzgebers, des Richters und der Verwaltung durch die Grundrechte wird in Art. 26 HV dem Wortlaut nach nur auf die Grundrechte des I. und II. Abschnitts bezogen;[18] Art. 63 HV legt den Vorrang der Verfassung aber implizit zugrunde, so dass man auch nach der Hessischen Verfassung eine Bindung des Gesetzgebers an alle Grundrechte annehmen kann.

25 Die von Art. 26 HV erfassten Grundrechte werden sogar mit einer Ewigkeitsgarantie, ähnlich Art. 79 Abs. 3 GG, versehen (Art. 26 Halbs. 1 HV, „unabänderlich").

4. Bundes- und Landesgrundrechte im Vergleich

26 Angesichts der umfangreichen Grundrechtsrechtsprechung des Bundesverfassungsgerichts und des noch umfassenderen Grundrechtsteils der Hessischen Verfassung kann es hier nicht darum gehen, den Vergleich der Grundrechte im Einzelnen durchzuführen.[19] Stattdessen kann nur ein systematisierender Zugriff erfolgen.

27 Beim Vergleich von Bundes- und Landesgrundrechten werden traditionell drei Gruppen unterschieden: gleich viel, weniger oder mehr Schutz durch die Landesverfassung.

a) Inhaltsgleich

28 Die Feststellung inhaltsgleicher Grundrechte stellt sich als besonders schwierig dar. Denn Inhaltsgleichheit bedeutet nicht Identität des Wortlauts. Der Gehalt eines Grundrechts erschließt sich nicht nur aus dem Wortlaut, sondern wird durch weitere Auslegungsmethoden, wie etwa Entstehungsgeschichte, Systematik und Teleologie bestimmt; diese können zu landesspezifisch unterschiedlichen Bedeutungen führen. Daher ist es durchaus vorstellbar, dass einem Landesgrundrecht, obwohl es eine identische Formulierung aufweist, eine vom Bundesgrundrecht verschiedene Bedeutung zukommt. Ebenso ist der umgekehrte Fall denkbar: Einem Grundrecht der Hessischen Verfassung kann, auch wenn es anders formuliert ist als das entsprechende Bundesgrundrecht, derselbe Bedeutungsgehalt wie letzterem zugeschrieben werden.

Beispiele:
Die Hessische Verfassung normiert in Art. 3 den Schutz der Ehre als eigenständiges Grundrecht. Ein solches Recht auf Achtung und Schutz der persönlichen Ehre ist auf grundgesetzlicher Ebene nicht gesondert normiert, wird aber durch das allgemeine Persönlichkeitsrecht aus Art. 2 Abs. 1 i.V.m. Art. 1 Abs. 1 GG eingeräumt.

Die Hessische Verfassung normiert in Art. 1 HV die Gleichheit aller Menschen „ohne Unterschied des Geschlechts". Eine dem Art. 3 Abs. 2 S. 2 GG entsprechende Regelung fehlt. Dennoch hat der Staatsgerichtshof einen Förderauftrag, gerichtet auf die Herstellung tatsächlicher Gleichstellung der Frauen, anerkannt und betont, dass von ihrem sachlichen Gehalt her beide Verfassungsnormen übereinstimmen.[20]

---

18 Nach dem Wortlaut „diese Grundrechte" ist nicht einmal ganz klar, ob sich dies nur auf die Grundrechte des II. Abschnitts oder auch auf die des I. Abschnitts bezieht. Die systematische Stellung könnte für eine Beschränkung auf Art. 19 bis 25 HV sprechen, die enge Verknüpfung beider Abschnitte (sichtbar insbesondere in Art. 17 und 18 HV) spricht eher für eine Ausweitung auch auf die Grundrechte der Art. 1 bis 16 HV.
19 Dazu *Löhr*, Die Rechte des Menschen in der Verfassung des Landes Hessen im Lichte des Grundgesetzes, 2007.
20 StGH, P.St. 1202, StAnz. 1997, 1447, 1454.

b) Geringerer Grundrechtsschutz

Geringerer Grundrechtsschutz in Landesverfassungen ist dann anzunehmen, wenn die 29
Hessische Verfassung Grundrechte des Grundgesetzes überhaupt nicht, mit engerem
Schutzbereich, engerem Gewährleistungsgehalt, weiterer Einschränkbarkeit oder für
einen kleineren Personenkreis vorsieht.

Beispiel:
Nach Art. 18 HV können die Kunstfreiheit und die Freiheit der Lehre – abweichend von Art. 5
Abs. 3 GG – durch Gesetze zum Schutze der Jugend eingeschränkt werden.

Vielfach wird davon gesprochen, dass die Grundrechte des Grundgesetzes einen 30
„Mindeststandard" darstellen, hinter den Landesverfassungen nicht zurückgehen dürfen. So wird teils angenommen, engere Grundrechtsbestimmungen widersprechen dem
Grundgesetz und treten damit außer Kraft[21] oder sie müssen auf den grundgesetzlichen Standard „aufgefüllt" werden.[22]

Beispiel:
Der Berliner Verfassungsgerichtshof ordnete die Einstellung des Strafverfahrens gegen Erich
Honecker an, weil es gegen die Menschenwürde verstoße, wenn der Angeklagte den Ausgang
des Verfahrens vermutlich nicht mehr erleben werde.[23] Da die Berliner Verfassung eine Menschenwürdegarantie nicht enthält, berief sich das Gericht auf ein „Hineinwirken" des Grundgesetzes.[24]

Beide Vorstellungen treffen indes nicht zu. Ein Auffüllen eines engeren Landesgrund- 31
rechts auf den grundgesetzlichen Standard ließe sich nur dann begründen, wenn das
Grundgesetz den Ländern vorschriebe, die Grundrechte des Grundgesetzes in ihre Verfassung aufzunehmen. Dies ist jedoch nicht der Fall; die Minimalanforderungen ergeben sich abschließend aus Art. 28 Abs. 1 GG. Aber auch die zweite These – engere
Landesgrundrechte träten außer Kraft – kann nicht überzeugen. Denn bei einem engeren Grundrecht liegt eine Kollision im Sinne des Art. 31 GG regelmäßig nicht vor.

Beispiel:
Wäre etwa die Versammlungsfreiheit im Grundgesetz als Menschenrecht, in der Hessischen Verfassung hingegen als Deutschenrecht ausgestaltet, bestünde keine Kollision zwischen beiden. Es
hätte lediglich die Konsequenz, dass Ausländer sich bei Verletzungen ihrer Versammlungsrechte
allein an das BVerfG wenden könnten, während Deutsche zusätzlich noch den Staatsgerichtshof
anrufen könnten. Dies ist aber kein Kollisionsfall.

Im Ergebnis ist für geringere Gewährleistungen in Landesverfassungen festzuhalten, 32
dass sie – soweit es nicht zur Kollision mit Bundesverfassungsrecht kommt – ebenso
von Art. 142 GG erfasst werden und in Kraft bleiben wie Mehrgewährleistungen.[25]
Dies bewirkt insgesamt keinen geringeren materiellen Grundrechtsschutz auf Landesebene. Denn der Landesgesetzgeber ist wegen Art. 1 Abs. 3 GG ebenso wie der Bundesgesetzgeber an den (stärkeren) Grundrechtsstandard des Grundgesetzes gebunden.

---

21 Vgl. BVerfGE 42, 312, 325.
22 Siehe z.B. *Dennewitz*, DÖV 1949, 341, 342.
23 LVerfGE 1, 56.
24 Dies erklärt sich allerdings eher durch die Besonderheiten der Menschenwürde als durch die allgemeine These, alle Grundrechte des Grundgesetzes müssten auch in der Landesverfassung gewährleistet werden.
25 BVerfGE 96, 345, 365.

Im Ergebnis hat das „schwächere" Landesgrundrecht daher allein prozessuale Konsequenzen. Bei einem Akt der Landesstaatsgewalt, der zwar ein Bundesgrundrecht, nicht aber ein (engeres) Landesgrundrecht verletzt, könnte eine Aufhebung allein im Wege der bundesverfassungsgerichtlichen Kontrolle erreicht werden, während ein Verfahren vor dem Landesverfassungsgericht erfolglos bleiben müsste.

c) Weitergehender Grundrechtsschutz

33 Unter erweiterten Grundrechtsschutz kann man Grundrechte, für die es im Grundgesetz keine Entsprechung gibt, ebenso fassen wie solche, deren Schutzbereich erweitert oder deren Gewährleistung verstärkt beziehungsweise deren Begrenzbarkeit beschränkt wird. Außerdem erfasst sind solche Grundrechte, die für einen größeren Personenkreis Schutz bieten oder den Kreis der Grundrechtsverpflichteten gegenüber dem als Referenzpunkt dienenden Bundesgrundrecht vergrößern. Zur Illustration sollen eine Reihe von Beispielen aus der Hessischen Verfassung genannt werden:

- **Keine Entsprechung:** Art. 59 Abs. 1 S. 1 HV statuiert die Unentgeltlichkeit des Unterrichts an allen öffentlichen Schulen sowie Hochschulen. Dabei handelt es sich um ein unmittelbar geltendes Recht.[26] Da Art. 59 Abs. 1 S. 4 HV eine Ausnahme nur für wirtschaftlich Leistungsfähige zulässt, sind allgemeine Studiengebühren in Hessen unzulässig; der Staatsgerichtshof sah dies freilich anders.[27]
- **Schutzbereich erweitert:** Nach der Rechtsprechung des Staatsgerichtshofes gewährt das elterliche Erziehungsrecht des Art. 55 S. 1 HV im Bereich schulischer Ausbildung einen gegenüber dem entsprechenden grundgesetzlichen Recht des Art. 6 Abs. 2 GG weiterreichenden Grundrechtsschutz.[28] Art. 6 Abs. 2 GG verleiht nach der Rechtsprechung des BVerfG den Eltern kein Recht zur Bestimmung der organisatorischen Gliederung der Schule, der inhaltlichen Festlegung der Ausbildungsgänge, der Unterrichtsziele und Unterrichtsstoffe.[29] Dagegen ergibt sich nach der Rechtsprechung des Staatsgerichtshofes aus Art. 55 S. 1 HV ein Recht auf eine bestimmte inhaltliche Festlegung des Ausbildungsgangs bis hin zu einem Recht auf ein bestimmtes Fächerangebot. Diese Erweiterung des Schutzbereiches gegenüber dem Grundgesetz folge aus der Formulierung der Erziehungsziele „Gemeinsinn, leibliche, geistige und seelische Tüchtigkeit", welche durch Art. 56 Abs. 4, 5 HV noch vertieft würden.[30]
- **Gewährleistung verstärkt:** Gegenüber Art. 104 Abs. 2 S. 2, Abs. 3 S. 1 GG verkürzt Art. 19 Abs. 2 S. 1 Hs. 1 HV die Frist, innerhalb derer ein Festgenommener dem Richter vorzuführen ist, auf 24 Stunden. Dagegen muss ein wegen des Verdachts einer strafbaren Handlung vorläufig Festgenommener gemäß Art. 104 Abs. 3 S. 1 GG erst am Ende des Tages nach seinem Ergreifen dem Richter vorgeführt werden und könnte demnach im Unterschied zur insoweit günstigeren hessischen Bestimmung im Extremfall 24 Stunden länger in Gewahrsam gehalten werden. Die Aus-

---

26 StGH, P.St. 812, StAnz. 1977, 110, 114.
27 StGH, P.St. 2133, P.St. 2158, StAnz. 2008, 1960, 1971 ff.; so wie hier die abweichende Meinung der Richter Lange, Falk, Giani, Klein und von Plottnitz (StGH, P.St. 2133, P.St. 2158, StAnz. 2008, 1960, 1983 ff.).
28 StGH, NJW 1982, 1381.
29 BVerfGE 34, 165, 182 f.
30 StGH, NJW 1982, 1381, 1383.

gestaltung durch den einfachen Bundesgesetzgeber in Gestalt der §§ 128 Abs. 1 S. 1, 115 Abs. 2, 115 a StPO entspricht der grundgesetzlichen Regelung. Die verstärkte Gewährleistung der Hessischen Verfassung steht indes nicht in Widerspruch zu Bundesrecht. Denn Art. 104 Abs. 2 GG ist nicht so zu verstehen, dass er es dem Gesetzgeber versagt, die Maximalfrist des Grundgesetzes zu verkürzen. Vielmehr soll Art. 104 Abs. 2 GG lediglich eine verfassungskräftige Maximalfrist setzen, die nicht überschritten werden darf. Eine Kollision mit einfachem Bundesrecht ist ebenfalls zu verneinen. Denn eine Beachtung der Frist des Art. 19 Abs. 2 Hs. 1 HV ist ohne Verletzung des Bundesrechts möglich und die Bestimmungen der StPO sind im Hinblick auf für den Tatverdächtigen günstigere Regelungen nicht als abschließend zu werten.

- **Schutz für größeren Personenkreis:** Das Recht auf Freizügigkeit, das im Grundgesetz Deutschen vorbehalten ist, ist in Art. 6 HV als Jedermann-Grundrecht ausgestaltet.

d) Adäquate Problembeschreibung

Die traditionelle Beschreibung der unterschiedlichen Problemkonstellationen erfasst in vielem nicht mehr die eigentliche Problematik des Verhältnisses von Landesgrundrechten und Bundesgrundrechten.

34

Zum einen: Was theoretisch fast mathematisch präzise klingt, ist bei näherem Hinsehen weitaus schwieriger. Denn das einzelne Grundrecht hat keinen objektiv feststehenden Inhalt, sondern es erfährt erst durch Interpretation seinen eigentlichen Gehalt. Damit kommt der Interpret ins Spiel. Selbst für den einzelnen Interpreten ist es schon sehr schwierig, die unzähligen potentiellen Konfliktfälle in den Blick zu nehmen (daran scheiterten bereits viele Gesetzesvorhaben); immerhin ließe sich da aber ein konsistentes Vergleichssystem noch vorstellen. Bei Analysen juristischer Normen ist es jedoch wenig ertragreich, eine Literaturmeinung unter vielen als „richtige" Interpretation darzustellen. Für die tatsächliche Wirksamkeit kommt dem verbindlich auslegenden Interpreten, d.h. dem letztinstanzlichen Gericht, besondere Bedeutung zu: für die Hessische Verfassung dem Staatsgerichtshof. Damit wird die Lage aber noch komplexer. Denn der Staatsgerichtshof entscheidet wie jedes Gericht jeweils nur punktuell, und es besteht noch nicht einmal die Garantie, dass – zumal angesichts wechselnder Besetzungen der Richterbank – eine einmal geäußerte Rechtsauffassung unverändert bleibt. Da man beim Vergleich zwischen Bundes- und Landesgrundrecht den Gehalt des Bundesgrundrechts ebenfalls einbeziehen müsste, wäre auch die Rechtsprechung des BVerfG zu berücksichtigen.

Zum anderen basiert die traditionelle Einteilung auf einem Verständnis der Grundrechte als Abwehrrechte des Bürgers gegenüber dem Staat. Nur im Rahmen dieses Verständnisses können Landesgrundrechte im Verhältnis zu Bundesgrundrechten schlicht als Minder- und Mehrgewährleistungen beschrieben werden. Sobald aber einbezogen wird, dass Grundrechte nicht nur im Ausnahmefall, sondern häufig **mehrpolige Verhältnisse** betreffen, zeigt sich die Unterkomplexität der bisherigen Einteilung. So kann eine Mindergewährleistung für einen Grundrechtsberechtigten gleichzeitig eine Mehrgewährleistung für einen anderen Grundrechtsberechtigten darstellen. Ge-

35

nießt etwa ein Anlagenbetreiber geringeren Grundrechtsschutz, indem höhere Umweltanforderungen an ihn gestellt werden, nützt dies den betroffenen Anwohnern und erhöht die Wirksamkeit ihres grundrechtlich geschützten Rechts auf Gesundheit.

Beispiel:
Nach Art. 59 Abs. 2 HV steht der Hochschulzugang jedermann offen und ist ungeachtet der Staatsangehörigkeit lediglich abhängig von der Eignung des Schülers. Dagegen gehört der Hochschulzugang auf Ebene des Grundgesetzes zu den Gewährleistungsgehalten des ausschließlich Deutschen vorbehaltenen Grundrechts der Berufsfreiheit aus Art. 12 Abs. 1 GG i.V.m. Art. 3 Abs. 1 GG und dem Sozialstaatsprinzip.[31] Die besondere Problematik einer landesgrundrechtlichen Erweiterung des Hochschulzugangs auf Ausländer und Staatenlose besteht darin, dass aufgrund von Kapazitätsengpässen der Hochschulen ein Hochschulzugangsrecht für diese Personengruppen dasselbe Recht von Deutschen zumindest faktisch verkürzen kann.[32]

5. Geltung

36   Bei Grundrechten in Landesverfassungen stellt sich jeweils die Frage, ob sie gelten, nichtig sind oder im konkreten Fall von Bundesrecht verdrängt werden. Dies verlangt, die oben geführte allgemeine Erörterung der bundesrechtlichen Regelungen (vgl. Rn. 8 ff.) konkret auf Grundrechte zu beziehen.

37   Nach der hier vertretenen Auffassung, die als Rechtsfolge eines „Brechens" nach Art. 31 GG lediglich einen Anwendungsvorrang annimmt, könnte ein Fall der Nichtigkeit eines Landesgrundrechts nur eintreten, wenn das landesverfassungsrechtliche Grundrecht unmittelbar gegen Vorschriften des Grundgesetzes verstieße. Ein solcher Widerspruch ist aber im Verhältnis von Bundes- und Landesgrundrechten außerordentlich selten, da Grundrechte kaum einmal unmittelbare Beschränkungen anordnen, sondern nur, beispielsweise durch Gesetzesvorbehalt, die Möglichkeit von Einschränkungen vorsehen.

Beispiel:
Auf den ersten Blick könnte man eine solche Normenkollision mit der Folge der Nichtigkeit im Hinblick auf Art. 21 Abs. 1 S. 2 HV annehmen, der die Verurteilung zum Tode bei besonders schweren Verbrechen zulässt. Demgegenüber erklärt Art. 102 GG die Todesstrafe für abgeschafft. Doch in Wahrheit liegt hier keine Normkollision vor.[33] Art. 21 Abs. 1 S. 2 HV ermöglicht die Verhängung der Todesstrafe lediglich und beschränkt sie auf bestimmte Fälle, er verlangt sie nicht, womit dem grundgesetzlichen Verbot auch kein landesrechtliches Gebot gegenüber steht. Aus praktischer Bedeutungslosigkeit folgt nicht Nichtigkeit.

38   Liegt keine Kollision mit einer grundgesetzlichen Vorschrift vor, ist weiter zu prüfen, ob die Geltung des Landesgrundrechts durch Bundesrecht ausgeschlossen ist. Hier sind zwei Fälle zu unterscheiden. Zum einen kann eine bundesrechtliche Norm direkt einem landesverfassungsrechtlichen Grundrecht entgegenstehen. Dann ist die Folge eindeutig: Das Bundesrecht verdrängt das Landesgrundrecht.

---

31   BVerfGE 33, 303, 331 ff.
32   In diesem Sinne: VGH Kassel, NVwZ 1988, 855.
33   Entnähme man Art. 21 Abs. 1 S. 2 HV die Verpflichtung des Gesetzgebers – etwa für Mord – die Todesstrafe vorzusehen, so handelte es sich nicht um ein Grundrecht, da es im Recht des Einzelnen gegenüber dem Staat ginge. Grundrechtlichen Charakter trägt Art. 21 Abs. 1 S. 2 HV nur insoweit, als die Vorschrift eine Verurteilung zum Tode nur unter einschränkenden Bedingungen (nämlich bei besonders schweren Verbrechen) zulässt.

III. Grundrechte

Beispiel:

Art. 6 HV garantiert die Aufenthalts- und Niederlassungsfreiheit für jedermann. Hiermit kollidiert die Regelung der „Residenzpflicht" für Asylbewerber nach § 56 AsylG, wonach sich Ausländer während des Asylverfahrens im Bezirk der für sie zuständigen Ausländerbehörde aufzuhalten haben. Auch in Hessen sind Ausländer nach Art. 31 GG an die räumliche Beschränkung nach dem AsylG gebunden.

Sehr viel schwieriger ist die Situation jedoch, wenn die Geltung von Landesgrundrechten bei der Anwendung von Bundesrecht zu erörtern ist. 39

Beispiel:

In einem mietrechtlichen Verfahren vor dem Amtsgericht Frankfurt wies das Gericht entgegen § 139 Abs. 2 ZPO nicht auf einen Gesichtspunkt hin, den eine Partei erkennbar übersehen oder für unerheblich gehalten hatte, obwohl es seine Entscheidung darauf stützen wollte. Fraglich war, ob bei dieser Anwendung bundesrechtlich geregelten Verfahrensrechts auch Landesgrundrechte berücksichtigt werden können. Der Hessische Staatsgerichtshof hat diese Frage in seiner neueren Rechtsprechung bejaht und in dem Verstoß gegen die Hinweispflicht aus § 139 Abs. 2 ZPO eine Verletzung des rechtlichen Gehörs nach Art. 3 HV i.V.m. dem Rechtsstaatsprinzip bejaht.[34]

Dass sich besondere Probleme im Zusammenhang mit der Ausführung und Anwendung von Bundesrecht stellen, kann nicht überraschen. Denn einerseits ist inzwischen unstreitig, dass Landesgerichte und Landesverwaltung als Landesstaatsgewalt handeln, auch wenn sie Bundesrecht ausführen oder anwenden;[35] sie sind demnach grundsätzlich auch an die Landesverfassung gebunden. Andererseits aber ist der Bundesgesetzgeber – ebenso unstreitig – an Landesverfassungen nicht gebunden, so dass das Bundesrecht selbst den Landesgrundrechten nicht entsprechen muss. Zudem genießt das Bundesrecht nach Art. 31 GG Vorrang vor Landesrecht. 40

Wie dieses Dilemma aufzulösen ist, hat die Landesverfassungsgerichte von Anfang an beschäftigt. Denn in einem föderativen System wie dem der Bundesrepublik, das die Gesetzgebungskompetenz überwiegend dem Bund, die Ausführung der Gesetze aber überwiegend den Ländern zuweist, tritt dieses Problem aus strukturellen Gründen häufig auf. Gekleidet wird das Problem zumeist in seine prozessuale Seite: als Frage nach dem Prüfungsrecht der Landesverfassungsgerichte. Doch der Sache nach besteht kein Unterschied. Wenn ein Landesgrundrecht im bundesrechtlichen Kontext gilt, kann das Landesverfassungsgericht am Maßstab der Landesverfassung prüfen; ist das Landesgrundrecht durch Bundesrecht verdrängt, steht es als Maßstab dem Landesverfassungsgericht nicht zur Verfügung. Während das Problem in den ersten Jahren der Bundesrepublik nur selten offensiv angegangen wurde, wurde die Brisanz im Laufe der neunziger Jahre immer deutlicher, zumal verschiedene Landesverfassungsgerichte sehr unterschiedliche Haltungen dazu einnahmen.[36] 41

Die Rechtsprechung des Hessischen Staatsgerichtshofes war zunächst sehr restriktiv. Er war der Auffassung, dass es ihm wegen Art. 31 GG versagt sei, die Anwendung von Bundesrecht zu überprüfen.[37] Er könne daher Gerichtsentscheidungen nur dann 42

---

34 StGH, P.St. 2069, StAnz. 2007, 300.
35 BVerfGE 96, 345, 366.
36 Ausführlich dazu *Sacksofsky* (Fn. 12), Art. 142 GG Rn. 86 ff.
37 ESVGH 34, 12, 16; 40, 75; NVwZ 1994, 64.

überprüfen, wenn das Gericht Landesrecht zugrunde gelegt habe; dass die Entscheidungen in einem bundesgesetzlich geregelten Verfahren ergangen seien, habe dann freilich nicht die Unzulässigkeit der Grundrechtsklage zur Folge.[38] Die Überprüfung der Anwendung von Bundesrecht sei nur dann möglich, wenn das Gericht sich bei der angegriffenen Entscheidung von willkürlichen Erwägungen habe leiten lassen und sich damit außerhalb jeder Rechtsanwendung gestellt habe. Dann habe das Gericht seiner Entscheidung in Wahrheit überhaupt kein Bundesrecht zugrunde gelegt.[39] Damit waren – bis auf geringe Ausnahmen – sämtliche Grundrechtsklagen gegen Entscheidungen der ordentlichen, der Finanz-, der Arbeits- und der Sozialgerichte von vornherein unzulässig.

43 Der Staatsgerichtshof hat diese frühere Rechtsprechung infolge einer 1997 ergangenen Leitentscheidung des BVerfG (dazu Rn. 44 ff.) zur Frage der Prüfungskompetenz der Landesverfassungsgerichte inzwischen aufgegeben.[40] Er versuchte zunächst hinhaltenden Widerstand zu leisten, indem er zwar die Entscheidung des BVerfG akzeptierte, eine anhängige Grundrechtsklage bis zur Entscheidung des BVerfG aber aussetzte.[41] Mittlerweile jedoch entscheidet der Staatsgerichtshof Grundrechtsklagen unter Verwendung der Bundesverfassungsgerichts-Entscheidung regelmäßig durch.[42] Nicht zuletzt hierauf ist der rapide Zuwachs an Eingängen beim Staatsgerichtshof zurückzuführen. Während in den ersten 50 Jahren des Bestehens des Staatsgerichtshofs im Durchschnitt jährlich etwa 26 Verfahren anhängig gemacht wurden, waren es in den Jahren 1999 bis 2003 jeweils über 100 Eingänge; derzeit liegen die Eingangszahlen durchschnittlich bei etwa 50 Verfahren pro Jahr.

a) Leitentscheidung des Bundesverfassungsgerichts

44 Im Jahr 1997 bejahte das Bundesverfassungsgericht eine Prüfungskompetenz der Landesverfassungsgerichte bei inhaltsgleichen Grundrechten in bundesrechtlich geregelten Verfahren. Zur Begründung führte das Gericht an, dass die Grundrechte nicht nur bei der Schaffung einer Norm und ihrer Kontrolle, sondern auch bei der Anwendung im konkreten Einzelfall eine Rolle spielen. Für diesen letzten Fall sei dann nur der Hoheitsträger verantwortlich, der das Recht anzuwenden, nicht aber auch der Bundesgesetzgeber, der ein verfassungskonformes Gesetz geschaffen habe. Bestehe für die Richter eines Landes Veranlassung, bei ihrer Verfahrensgestaltung Grundrechte eigenverantwortlich und unabhängig von der Umsetzung der Grundrechtsbindung durch den Bundesgesetzgeber zur Geltung zu bringen, so seien sie dabei gemäß Art. 20 Abs. 3 GG an die Grundrechte des Bundes ebenso gebunden wie an die gemäß Art. 142, 31 GG auch anwendbaren Landesgrundrechte. Ein Konflikt aus dieser gleichzeitigen Bindung des Richters an Landes- und Bundesgrundrechte könne nicht entstehen, weil die

---

[38] ESVGH 40, 1, 3.
[39] StGH, P.St. 1076, StAnz. 1989, 1661, 1663.
[40] StGH, P.St. 1299, StAnz. 1998, 3404.
[41] StGH, NJW 1999, 49; heute hat sich diese Variante durch die Änderung des § 43 Abs. 1 S. 2 StGHG durch Gesetz v. 22.12.2000 (GVBl. I S. 585) erledigt (dazu unten Rn. 81).
[42] Nachweise siehe Fn. 80.

Anwendung der – inhaltsgleichen – Grundrechte im konkreten Fall zu demselben Ergebnis führen müsse.[43]

Von diesen Grundsätzen ausgehend, leitete das Bundesverfassungsgericht im Weiteren drei Einschränkungen ab. 45

- Eine Landesverfassungsbeschwerde ist unzulässig, wenn schon ein Bundesgericht den Streitgegenstand des Ausgangsverfahrens rechtlich geprüft hat. Denn dann, wenn die Entscheidung eines Landesgerichtes durch ein Bundesgericht in der Sache ganz oder teilweise bestätigt worden sei oder dann, wenn eine Entscheidung des Landesgerichts nach einer Zurückverweisung unter Bindung an die Maßstäbe des Bundesgerichts ergangen sei, beruhe die Beschwer des Betroffenen nicht mehr auf der Ausübung der Staatsgewalt des Landes.[44]
- Eine Landesverfassungsbeschwerde ist unzulässig vor Erschöpfung des Rechtswegs. Denn die Aufhebung von Entscheidungen der Fachgerichte des Landes durch ein Landesverfassungsgericht „berühre" die Bundeskompetenz zur Regelung des Verfahrens. Die Verfassungsbeschwerde zum Landesverfassungsgericht sei daher etwa auch dann ausgeschlossen, wenn ein gegen die angegriffene Entscheidung des Gerichts des Landes statthaftes Rechtsmittel nicht eingelegt oder als unzulässig verworfen, oder ein solches Rechtsmittel schon nicht zugelassen worden sei, weil der Beschwerdeführer den Zulässigkeitsanforderungen hierfür nicht entsprochen habe.
- Es ist nur Raum für die Beachtung inhaltsgleicher Landesgrundrechte. Dies führt zu einer mehrstufigen Prüfung durch das Landesverfassungsgericht, die das Bundesverfassungsgericht im Einzelnen vorzeichnet.[45]
    - **Ist der Anwendungsfall für ein Landesgrundrecht begründet?** Damit meint das Bundesverfassungsgericht die Prüfung, ob überhaupt bundesrechtlich Raum für die Anwendung von Landesgrundrechten besteht.[46]
    - Zu welchem Ergebnis hätte die Anwendung des betroffenen Grundrechts des Grundgesetzes in dem Fall des Ausgangsverfahrens führen müssen?
    - Führt das gerügte Landesverfassungsrecht im zu entscheidenden Fall zu demselben Ergebnis wie das Grundgesetz?
    - Sei dies zu bejahen, so stehe fest, dass es sich um ein inhaltsgleiches Landesgrundrecht handele, das zu beachten war und Prüfungsmaßstab einer zulässigen Verfassungsbeschwerde sein könne. Zugleich stehe aber auch das Ergebnis der landesverfassungsgerichtlichen Überprüfung fest: Halte die angegriffene Entscheidung grundrechtlichen Maßstäben stand, genüge sie auch der inhaltsgleichen landesverfassungsrechtlichen Gewährleistung; verletze sie hingegen grundgesetzliche Grundrechte, so verstoße sie auch gegen entsprechende inhaltsgleiche Landesgrundrechte und könne vom Landesverfassungsgericht aufgehoben werden.

---

43 BVerfGE 96, 345, 366 ff.
44 BVerfGE 96, 345, 371.
45 BVerfGE 96, 345, 373 f.
46 Dies ergibt sich aus dem Rückverweis auf C.I.2., BVerfGE 96, 345, 373.

- Sei das Landesverfassungsgericht der Auffassung, das dem Grundrecht des Grundgesetzes entsprechende Landesverfassungsrecht führe in der konkreten Fallgestaltung nicht zu demselben Ergebnis, weil es etwa abweichend vom Grundgesetz auszulegen sei, so sei die landesverfassungsrechtliche Gewährleistung nicht inhaltsgleich; an ihr könne die Anwendung von bundesrechtlichem Verfahrensrecht nicht gemessen werden. Die Verfassungsbeschwerde zum Landesverfassungsgericht mit der Rüge der Verletzung dieser Gewährleistung sei unzulässig.

46 Schließlich sichert das Bundesverfassungsgericht die Ergebnisgleichheit der Prüfung prozessual dadurch ab, dass es klarstellt, das Landesverfassungsgericht sei bei der Prüfung der Vorfrage, zu welchen Ergebnissen die Anwendung des Grundgesetzes im Falle des Ausgangsverfahrens führen müsse, im Rahmen des § 31 BVerfGG an die Rechtsprechung des Bundesverfassungsgerichts gebunden. Dieser Bindung genüge es, wenn es die Auslegungsfrage gemäß Art. 100 Abs. 3 Alt. 1 GG dem Bundesverfassungsgericht vorlege.[47]

b) Kritik

47 Auf den ersten Blick könnte die Entscheidung des Bundesverfassungsgerichts als Sieg der Länder erscheinen: Auch bei der Anwendung von Bundes-(Verfahrens-)Recht können die Landesverfassungsgerichte grundsätzlich Akte der Landesgerichte am Maßstab der Landesverfassung überprüfen. Dieser Beschluss ist daher teilweise als Stärkung der Landesverfassungsgerichte gepriesen worden.[48]

48 Doch ein Sieg liegt nur vordergründig vor: Zwar dürfen die Landesverfassungsgerichte mehr prüfen als vorher zum Teil vertreten wurde, aber sie dürfen in dieser Prüfung nichts **Eigenständiges** mehr machen. Indem das Bundesverfassungsgericht die Inhaltsgleichheit von Bundes- und Landesgrundrechten mit Ergebnisgleichheit gleichsetzt, müssen – und können – die Landesverfassungsgerichte lediglich die Rechtsprechung des Bundesverfassungsgerichts nachvollziehen und im konkreten Fall anwenden. Sollten sie aber irgendetwas Neues oder Anderes entwickeln wollen, sind sie nach Auffassung des Bundesverfassungsgerichts verpflichtet, dies zunächst nach **Art. 100 Abs. 3 GG** dem Bundesverfassungsgericht zur Billigung vorzulegen; ansonsten sind sie – wie das Bundesverfassungsgericht ausdrücklich feststellte – der Bindungswirkung des Art. 31 GG unterworfen.

49 Eine solche Kompetenzverteilung läuft der föderalen Idee, die die Eigenständigkeit der Länder stärken will, diametral entgegen. Eigenständigkeit bedeutet notwendigerweise die Möglichkeit zu autonomer Entscheidung, d.h. die Möglichkeit der verschiedenen Reaktion auf gestellte Fragen. Von „getrennten Verfassungsräumen", von denen das Bundesverfassungsgericht sonst so gerne mit Blick auf die Länder und den Bund spricht,[49] ist nichts mehr zu entdecken. Im Gegenteil: Die Landesverfassungsgerichte sind zu **Vollzugsorganen** des Bundesverfassungsgerichts degradiert worden. Diesem

---

47 BVerfGE 96, 345, 374 f.
48 *Tietje*, AöR 124 (1999), 282, 288.
49 BVerfGE 4, 178, 189; 6, 376, 382; 22, 267, 270; 36, 342, 357; 41, 88, 118 f.; StGH, NJW 1982, 1381, 1382.

Verhältnis entspricht auch die Form der Entscheidung, nämlich die detaillierte Vorgabe der einzelnen Prüfungsschritte. Statt Förderung der föderalen Vielfalt hat das Bundesverfassungsgericht durch die Entscheidung vom 15. Oktober 1997 die „Gleichschaltung" der Landesverfassungsgerichte bewirkt.[50]

Freilich kann unter der Rubrik „Inhaltsgleichheit" manch Eigenständiges versteckt werden. Doch ist dies ein ausgesprochen indirekter Weg, der kaum zu empfehlen ist. Das Bundesverfassungsgericht hat jedenfalls – mit seiner Betonung der **Bindungswirkung** und der Pflicht zur Vorlage nach Art. 100 Abs. 3 GG – alles unternommen, um auch solche versteckten Pfade zu versperren. 50

Als Hauptursache der Entscheidung des Bundesverfassungsgerichts erscheint denn auch weniger die Stärkung der Bundesstaatlichkeit als die Entlastung des Bundesverfassungsgerichts selbst. Verfassungsbeschwerden wegen Verletzung des rechtlichen Gehörs machen einen erheblichen Anteil aller Verfassungsbeschwerden aus; diese können nach der neuen Rechtsprechung auf die Landesverfassungsgerichte verlagert werden. Doch ist dies problematisch. Denn die Landesverfassungsgerichte funktionieren nach anderen Bedingungen als das Bundesverfassungsgericht: Sie haben zumeist ehrenamtlich tätige Richter und nur wenige Mitarbeiter,[51] sind also kaum imstande, eine mögliche Flut an Gehörsrügen zu bewältigen. Hinzu kommt der bundesstaatliche Aspekt. Statt „oberstes Verfassungsorgan innerhalb der Verfassungsordnung" des Landes, entsprechend dem Bundesverfassungsgericht in der Verfassungsordnung der Bundesrepublik, wie das Bundesverfassungsgericht früher formulierte,[52] werden die Landesverfassungsgerichte zu „dislozierten Kammern" des Bundesverfassungsgerichts und stehen unter „Karlsruher Kuratel".[53] 51

Wie aber stellt sich die Wirkung von Landesgrundrechten bei der Anwendung von Bundesrecht richtigerweise dar? Die Verwaltung und die Fachgerichte bleiben auch bei der Ausführung von Bundesrecht Organe des Landes und deshalb der Bindung an das Landesrecht unterworfen. Soweit das Bundesrecht also die landesverfassungsrechtlichen Vorschriften nicht im konkreten Fall verdrängt, ist die Bindung an die Landesverfassung wirksam. Im Ausgangspunkt ist dem Bundesverfassungsgericht daher zuzustimmen: Wegen des Vorrangs des Bundesrechts nach Art. 31 GG ist im jeweiligen Einzelfall zu prüfen, ob und inwieweit die bundesrechtliche Regelung Spielräume für die Berücksichtigung von Landesgrundrechten offen lässt. Nur soweit solche Spielräume bestehen, ist die Landesstaatsgewalt an die Vorschriften der Landesverfassung gebunden. Dies muss dann aber für alle Landesgrundrechte gelten, die mit Bundesrecht nicht kollidieren und nicht nur für die, die zu gleichen Ergebnissen führen wie die Grundrechte des Grundgesetzes.[54] 52

---

50 *Wieland*, in Dreier (Hrsg.), Grundgesetz-Kommentar, Band III, 2. Aufl., Tübingen 2008, Art. 100 GG Rn. 37; kritisch auch: *Lange*, NJW 1998, 1278; *Dreier*, Grundrechtsschutz durch Landesverfassungsgerichte, S. 28, 34 ff.; *Huber*, in Sachs (Hrsg.), Grundgesetz, 8. Aufl., München 2018, Art. 142 GG Rn. 5.
51 Gerade diesen Gesichtspunkt hob der damalige Präsident des Hessischen Staatsgerichtshofs, *Lange*, kritisch hervor, NJW 1998, 1278, 1281.
52 BVerfGE 36, 342, 357.
53 *Wieland*, in Dreier (Fn. 50), Art. 100 Rn. 37; *Dreier*, Grundrechtsschutz durch Landesverfassungsgerichte, S. 34 ff.
54 Ausführlich dazu *Sacksofsky* (Fn. 12), Art. 142 GG Rn. 110 ff.

53 Auf der europäischen Ebene werden Grundrechte durch zwei unterschiedliche Rechtsregime gewährleistet: die Europäische Menschenrechtskonvention und die EU-Grundrechte-Charta. Diese sind selbstverständlich für die Rechtslage in Hessen ebenfalls verbindlich. Im Einzelnen treten aber auch in diesem Bereich die Grundprobleme der Verhältnisse unterschiedlicher Normebenen im Mehrebenensystem auf, die sich mit einfachen Konstruktionen von Vorrangregelungen nicht mehr lösen lassen. Häufig wird daher von einem „Verfassungsgerichtsverbund", bestehend aus Europäischem Gerichtshof für Menschenrechte, Europäischem Gerichtshof und Bundesverfassungsgericht gesprochen;[55] auch die Landesverfassungsgerichte gehören zu diesem Verfassungsgerichtsverbund.

IV. Staatsorganisation

54 Zwingender Bestandteil jeder Landesverfassung ist die Organisation der Staatsgewalt. Die staatlichen Organe müssen bestimmt, ihre Zusammensetzung geregelt, ihre Zuständigkeiten geklärt und die Kontrolle ihres Handelns festgelegt werden.

1. Kennzeichnung

55 Nach Art. 65 HV ist Hessen eine demokratische und parlamentarische Republik; dabei fällt die besondere Hervorhebung des **parlamentarischen Charakters** im Vergleich zu anderen Landesverfassungen und dem Grundgesetz auf. Doch kann diese normative Hervorhebung des Parlaments nicht darüber hinwegtäuschen, dass sich in der Verfassungswirklichkeit die Gewichte stark zugunsten der Landesregierungen verschoben haben. Dies liegt zum Teil an strukturellen Gründen, die auch im Bund zu beobachten sind. Die immer stärker werdende Bedeutung von Informationsmöglichkeiten und zugleich die für Abgeordnete kaum zu bewältigende Überflutung mit Information sorgen für ein Übergewicht der Regierung. Da die Regierung von der Parlamentsmehrheit getragen wird, wird die parlamentarische Kontrolle des Regierungshandelns häufig eher von der Opposition wahrgenommen, die aber naturgemäß im Parlament in der Minderheit und damit in ihrer Handlungsfähigkeit eingeschränkt ist. Bestärkt wird diese generelle Tendenz durch spezifische, auf die Situation eines Landes bezogene Umstände. Im deutschen Bundesstaat liegt das Übergewicht der Gesetzgebungskompetenzen beim Bund, während den Ländern dem Grundsatz nach die Verwaltung zugewiesen ist. Selbst die – in Deutschland starke – Beteiligung der Länder an der Gesetzgebung des Bundes nützt den Landtagen nur wenig; der Bundesrat besteht allein aus Mitgliedern der Landesregierung.

56 Als landesverfassungsrechtliche Besonderheit ist des Weiteren der starke Ausbau der **Volksgesetzgebung** hervorzuheben (vgl. Rn. 70 f.).

57 Der Grundsatz der Gewaltenteilung ist in der Hessischen Verfassung nicht ausdrücklich genannt. Doch liegt der Gedanke der **Gewaltenteilung** ersichtlich auch der Hessischen Verfassung zugrunde, wie die Überschriften des Zweiten Hauptteils erkennen

---

55 *Voßkuhle*, NVwZ 2010, 1; *Ludwigs/Sikora*, JuS 2017, 385.

lassen (darunter: VI. Die Gesetzgebung, VII. Die Rechtspflege, IX. Die Staats- und die Selbstverwaltung).

Gilt schon das Grundgesetz als **völkerrechtsfreundlich**, so geht die Hessische Verfassung darüber noch hinaus. Während Art. 25 GG nur die allgemeinen Regeln des Völkerrechts als Bestandteil des Bundesrechts mit Vorrang vor den Gesetzen anerkennt, gilt dies nach Art. 67 HV für alle Regeln des Völkerrechts. Auch in der Verurteilung von Kriegen geht die Hessische Verfassung über andere Regelungen hinaus: Art. 69 Abs. 1 S. 2 HV ächtet den Krieg und Absatz 2 erklärt jede Handlung, die mit der Absicht vorgenommen wird, einen Krieg vorzubereiten, für verfassungswidrig. Freilich haben diese Regelungen kaum noch praktische Wirkung, da die auswärtigen Angelegenheiten, wie auch die Verteidigung, nach Art. 73 Abs. 1 Nr. 1 GG in der ausschließlichen Kompetenz des Bundes liegen. 58

2. Landtagswahlen

Die Hessische Verfassung selbst enthält – wie das Grundgesetz – nur wenige Vorschriften über das **Wahlrecht**. In seiner ursprünglichen Fassung sah Art. 75 HV zwar ein reines Verhältniswahlrecht vor, seit 1950 überlässt auch die Hessische Verfassung dem Gesetzgeber die Ausgestaltung des Wahlsystems; der Hauptteil der Regelungen zum Wahlrecht findet sich im Landtagswahlgesetz. Zwei Besonderheiten auf Verfassungsebene sind hervorzuheben: Zum einen wird das passive Wahlrecht nach Art. 75 Abs. 2 HV erst ab der Vollendung des einundzwanzigsten Lebensjahres gewährt, während im Bund die Wählbarkeit mit der Erreichung der Volljährigkeit beginnt (Art. 38 Abs. 2 Hs. 2 GG); der Versuch einer Änderung des Art. 75 Abs. 2 HV scheiterte 1995 in der Volksabstimmung. Zum anderen enthält die Hessische Verfassung ausdrücklich die Möglichkeit einer Sperrklausel: Nach Art. 75 Abs. 3 S. 2 HV darf diese allerdings nicht höher als 5% sein. 59

Inzwischen ist das Wahlrecht in Hessen dem Bundestagswahlrecht weitgehend angeglichen. Der Hessische Landtag besteht nach § 1 Abs. 1 LWG grundsätzlich aus 110 Abgeordneten (ohne Überhangmandate). Auch bei dem hessischen Wahlsystem handelt es sich um eine mit Elementen der Personenwahl verbundene **Verhältniswahl** (§§ 6 ff. LWG); für erzielte Überhangmandate erfolgt ein Ausgleich (§ 10 Abs. 5 LWG). Die Stimmenverhältnisse der Abgeordneten im Hessischen Landtag entsprechen daher stets dem Stimmenverhältnis der abgegebenen Landesstimmen. Trotz dieser starken Ausrichtung auf das Verhältniswahlrecht ist die **Wahlkreiseinteilung** nicht unerheblich. Die Wahlgleichheit verlangt nicht nur, dass die einzelnen Wähler eine gleiche Chance der Einflussnahme auf die parteipolitische Zusammensetzung des Landtags insgesamt haben, sondern sie müssen auch die gleiche Chance haben, konkret auf die Bestimmung des einzelnen Abgeordneten Einfluss zu nehmen. 60

Hinsichtlich der **Wahlperiode** bestehen drei gewichtige Unterschiede gegenüber der Situation im Bund: Zum Ersten beträgt die Wahlperiode in Hessen seit der Verfassungsänderung 2002 **fünf** und nicht wie im Bund nur vier Jahre (Art. 79 S. 1 HV). Zum Zweiten ist die Wahlperiode in Hessen **starr** auf 5 Jahre festgelegt, während die Wahlperiode des Bundestages flexibel gestaltet ist: Die Wahlperiode des alten Landtags en- 61 det schlicht durch Zeitablauf, während die Wahlperiode des alten Bundestages mit dem Zusammentritt eines neuen Bundestages endet (Art. 39 Abs. 1 S. 2 GG). Zum Dritten gibt die Hessische Verfassung nur vor, dass Neuwahlen vor Ablauf der Wahlperiode stattfinden müssen (Art. 79 S. 2 HV), statt – wie etwa in Art. 39 Abs. 1 S. 3 GG – einen genauen Zeitraum für Wahlen zu bestimmen. So kann es immer wieder zu Streitigkeiten über die Festlegung des **Wahltermins** kommen.[56] Ein zu früher Wahltermin kollidiert mit dem Demokratieprinzip, ein zu später Termin würde zu einer „parlamentslosen Zeit" führen und aus diesem Grunde verfassungswidrig sein.

62 Während im Bund die Wahlprüfung Sache des Bundestages ist, ist in Hessen für die Wahlprüfung ein nach Art. 78 Abs. 3 HV, §§ 1, 2 Wahlprüfungsgesetz zu bildendes Wahlprüfungsgericht zuständig, das mit den Präsidentinnen und Präsidenten des VGH und des OLG sowie drei Abgeordneten des Hessischen Landtags besetzt ist. Nach überkommener Rechtslage wurde die Entscheidung dieses Gremiums über die Gültigkeit oder Ungültigkeit einer Wahl rechtskräftig; ein Rechtsweg gegen diese Entscheidung war nicht eröffnet. Das Bundesverfassungsgericht hat anlässlich eines Normenkontrollantrags der Hessischen Landesregierung festgestellt, dass die in § 17 Wahlprüfungsgesetz a.F. angeordnete Rechtsfolge eines rechtskräftigen Urteils nur von Gerichten im Sinne des Art. 92 GG herbeigeführt werden kann und die Vorschrift für nichtig erklärt.[57] Der Gesetzgeber hat auf dieses Urteil hin die Möglichkeit einer Wahlprüfungsbeschwerde zum Staatsgerichtshof nach § 52 StGHG gegen den Beschluss im Wahlprüfungsverfahren eingeführt.

3. Landtag

63 Die Regelung des **Parlamentsrechts** erfolgt in der Hessischen Verfassung – ähnlich wie im Grundgesetz – recht lückenhaft; erst durch die parlamentarischen Geschäftsordnungen ergibt sich ein umfassenderes Bild. Insbesondere erwähnt die Hessische Verfassung, insoweit noch älteren Vorstellungen verhaftet, Parteien und Fraktionen überhaupt nicht (im Bund gibt es immerhin Art. 21 GG). Interessanterweise verzichtet aber die Hessische Verfassung anders als das Grundgesetz in Art. 38 GG auf die Erwähnung des freien Mandats; Art. 77 HV nennt Abgeordnete lediglich als Vertreter des ganzen Volkes. Obwohl diese Formulierung der Weimarer Reichsverfassung entspricht (Art. 21 S. 1 WRV), fehlt die in Weimar in Satz 2 erfolgende Festlegung des freien Mandats. Dies kann man als indirekte Anerkennung der Rolle der Parteien und Fraktionen deuten.

64 Eine Stärkung der Rechte der Opposition gegenüber dem Grundgesetz beinhaltet Art. 92 Abs. 1 S. 1 HV. Der Landtag hat demnach auf Antrag von einem Fünftel der gesetzlichen Mitgliederzahl die Pflicht, **Untersuchungsausschüsse** einzusetzen; nach Art. 44 Abs. 1 S. 1 GG besteht eine solche Verpflichtung des Bundestages erst auf Antrag eines Viertels seiner Mitglieder. Streitigkeiten über die Rechte der Einsetzungs-

---

56 Dazu *Sacksofsky*, Rechtsgutachten zu den verfassungsrechtlichen Grenzen für die Bestimmung des Wahltermins für die Wahlen zum 19. Hessischen Landtag, 2012, http://www.jura.uni-frankfurt.de/44353150/Gutachten-Wahltermine-Oktober-2012.pdfm (letzter Zugriff: 31.01.2018); *Günther*, LKRZ, 2013, 89; *Grzeszick*, LKRZ 2013, 401.
57 BVerfGE 103, 111, 136 ff.

minderheit beschäftigten den Hessischen Staatsgerichtshof auch in jüngerer Zeit immer wieder.[58]

Verfassungspolitisch sinnvoller als das Grundgesetz erkennt die Hessische Verfassung ein Recht des Landtags zur **Selbstauflösung** an. Damit bleiben die unwürdigen Schauspiele inszenierter Vertrauensfragen, in denen das Vertrauen absprachegemäß versagt wird – wie bei den Bundeskanzlern Kohl und Schröder – erspart. Das Quorum (Mehrheit der gesetzlichen Zahl der Mitglieder) erscheint allerdings zu niedrig, um zu verhindern, dass sich die Mehrheit einen ihr günstig erscheinenden Wahltermin „aussucht". 65

4. Landesregierung

Die Landesregierung besteht nach Art. 100 HV aus dem **Ministerpräsidenten** und den Ministern. Ein dem Bundespräsidenten vergleichbares eigenes Amt eines Staatsoberhauptes kennt die Hessische Verfassung nicht. Die dem Bundespräsidenten auf der Bundesebene obliegenden Aufgaben nimmt auf Landesebene überwiegend der Ministerpräsident neben seiner Funktion als Regierungschef wahr (Doppelfunktion). So vertritt der Ministerpräsident das Land Hessen nach außen (Art. 103 Abs. 1 HV) und ihm steht das Begnadigungsrecht zu. Auch fertigt der Ministerpräsident die Gesetze aus und verkündet sie (Art. 120 HV); der Staatsgerichtshof gesteht dem Ministerpräsidenten dabei ein materielles Prüfungsrecht zu.[59] 66

Im Rahmen des Vertretungsrechts des Ministerpräsidenten ist dieser auch für den Abschluss von **Staatsverträgen** zuständig. Staatsverträge können zwischen Bundesländern, zwischen Land und Bund, mit auswärtigen Staaten (beachte: Art. 32 Abs. 3 GG) und mit Kirchen geschlossen werden. In der Staatspraxis sind Staatsverträge besonders bedeutsam als Instrument der Koordination im kooperativen Bundesstaat. Das Land Hessen hat seit seinem Bestehen über einhundert Staatsverträge abgeschlossen.[60] Nach Art. 103 Abs. 2 HV bedürfen Staatsverträge der Zustimmung des Landtags. Von dem Begriff des Staatsvertrages i.S.d. Art. 103 Abs. 2 HV sind sog. Verwaltungsabkommen auszunehmen, die weder Rechte und Pflichten für Rechtssubjekte begründen noch in das Etatrecht des Landtags eingreifen; diese können auch ohne Zustimmung des Landtags geschlossen werden.[61] In welcher Form die Zustimmung des Landtags zu erfolgen hat, regelt die HV nicht ausdrücklich, so dass – im Ausnahmefall – auch eine Zustimmung durch Beschluss erfolgen kann. Jedenfalls wenn Rechte und Pflichten für Bürger oder Aufgaben kommunaler Selbstverwaltungskörperschaften betroffen sind, bedarf es eines Gesetzes.[62] 67

Die Stärkung des Parlaments zeigt sich bei der Bestimmung der **Minister**. Anders als im Bund, wo Ernennung und Entlassung von Ministern vollkommen dem Bundes- 68

---

58 StGH, P.St. 2431, NVwZ 2017, 1673; P.St. 2323, DVBl. 2012, 169; P.St. 2290, LKRZ 2011, 391; P.St. 1297, DVBl. 1999, 711.
59 StGH, P.St. 62, StAnz. 1950, Beilage, 41, 44.
60 Sie sind aufgeführt im Anhang zum Fortführungsnachweis Hessen, https://www.rv.hessenrecht.hessen.de/lexsoft/default/hessenrecht_rv.html#docid:7375172 (letzter Zugriff 31.1.2018).
61 Ausführlich dazu Groß, in Zinn/Stein (Hrsg.), Art. 103 HV, Rn. 7 ff.
62 Ausführlich dazu Groß, in Zinn/Stein (Hrsg.), Art. 103 HV, Rn. 7 ff.

kanzler überlassen wird, kann in Hessen die Landesregierung die Geschäfte erst übernehmen, nachdem der Landtag ihr durch besonderen Beschluss das Vertrauen ausgesprochen hat (Art. 101 Abs. 4 HV). Bei der Entlassung von Ministern ist sogar nach Art. 112 HV die Zustimmung des Landtags erforderlich.

69 Die Regelung des **Misstrauensvotums** in Art. 114 Abs. 1 Alt. 1 HV weicht von Art. 67 GG, der nur ein konstruktives Misstrauensvotum zulässt, ab. Der Landtag kann dem Ministerpräsidenten durch ausdrücklichen Beschluss sein Vertrauen entziehen. Ein entsprechender Antrag kann bereits von einem Sechstel der gesetzlichen Zahl der Abgeordneten gestellt werden, Art. 114 Abs. 2 HV.

5. Gesetzgebung

70 Regelfall der Gesetzgebung ist auch in Hessen die **Gesetzgebung** durch den Landtag (Art. 116 Abs. 2 HV). Daneben sieht die Hessische Verfassung in Art. 116 Abs. 1 a) HV aber auch die Möglichkeit eines Volksentscheids vor. Der Verfahrensablauf von Volksbegehren und **Volksentscheid** ist in Art. 124 HV geregelt. Das Gesetz über Volksbegehren und Volksentscheid (VuVG) schaltet dem Volksbegehren einen weiteren Verfahrensschritt vor: das Zulassungsverfahren. Eingeleitet wird das Verfahren der Volksgesetzgebung durch einen schriftlichen Antrag auf Zulassung des Volksbegehrens beim Landeswahlleiter, der von 2 % der Stimmberechtigten unterzeichnet sein muss, § 2 Abs. 1 Nr. 2 VuVG. Mit dem Antrag muss ein vollständig ausgearbeiteter Gesetzentwurf vorgelegt werden, Art. 124 Abs. 1 S. 2 HV. Eine sachliche Beschränkung erfährt das Volksbegehren durch Art. 124 Abs. 1 S. 3 HV, wonach Haushaltsplan, Abgabengesetze und Besoldungsordnungen nicht Gegenstand eines Volksbegehrens sein können. Gibt die Landesregierung gemäß § 3 Abs. 3 VuVG innerhalb eines Monats dem Zulassungsantrag statt, wird das Volksbegehren nach Veröffentlichung im Staatsanzeiger durchgeführt. Verweigert die Landesregierung die Zulassung, können die Vertrauenspersonen Beschwerde beim Staatsgerichtshof einlegen, § 4 S. 2 VuVG. Dabei wird die Zulässigkeit des Volksbegehrens in zweifacher Hinsicht geprüft: Zum einen ist zu klären, ob die Zulassungsvoraussetzungen für ein Volksbegehren gegeben sind, zum anderen, ob der vorgelegte Gesetzentwurf verfassungsmäßig ist. Diese vorbeugende Normenkontrolle, die stattfindet, bevor das Volk überhaupt gefragt wurde, wird vor allem mit rechtsökonomischen Gründen gerechtfertigt. Da der Staatsgerichtshof die Verfassungsmäßigkeit auch von durch Volksentscheid zustande gekommenen Gesetzen prüfen könne (Art. 131 Abs. 1 HV), sei es ökonomischer, diese Kontrolle vorab durchzuführen. Durch eine solche Vorabkontrolle werden die plebiszitären Elemente beschnitten. Jedoch ist zu bedenken, dass es sehr schwierig ist, sich nachträglich gegen eine Entscheidung des Volkes, des Souveräns in der Demokratie, zu stellen.

71 Ist das Volksbegehren infolge der Unterstützung durch ein Fünftel der Stimmberechtigten (Art. 124 Abs. 1 S. 1 HV) zustande gekommen, hat die Landesregierung den Gesetzentwurf unter Darlegung ihres Standpunktes dem Landtag zu unterbreiten, Art. 124 Abs. 2 S. 1 HV. Bei Nichtübernahme des Gesetzentwurfs durch den Landtag wird ein **Volksentscheid** durchgeführt. Dieser wird nach Art. 124 Abs. 3 S. 2 HV

durch die Mehrheit der abgegebenen Stimmen entschieden. Das Zulassungsquorum für ein Volksbegehren wurde in Hessen bislang zweimal erreicht, zu einem Volksentscheid ist es noch nicht gekommen.[63]

V. Verfassungsgerichtsbarkeit

Verfassungsgericht des Landes Hessen ist der **Staatsgerichtshof**.[64] Er hat seinen Sitz in Wiesbaden. Wie beim Bundesverfassungsgericht auf Bundesebene sind Zuständigkeiten und Zusammensetzung zum Teil auf Verfassungsebene (Art. 130 bis 133 HV), zum Teil im einfachen Gesetz geregelt. Parallel zum BVerfGG gibt es in Hessen das StGHG, das Näheres zu Zuständigkeiten und Zusammensetzung, vor allem aber das Verfassungsprozessrecht, regelt.

1. Zusammensetzung

Gemäß Art. 130 Abs. 1HV besteht der Staatsgerichtshof aus 11 **Mitgliedern**, und zwar fünf richterlichen und sechs weiteren Mitgliedern, die vom Landtag gewählt werden. Die fünf richterlichen Mitglieder werden vom Landtag nach den §§ 2 Abs. 1, 5 StGHG auf sieben Jahre in geheimer Wahl durch einen Landtagsausschuss gewählt. Erforderlich ist eine Zweidrittelmehrheit, § 5 Abs. 7 S. 2 StGHG. Demgegenüber werden die sechs weiteren Mitglieder zu Beginn jeder Legislaturperiode vom Landtag gewählt. Dies geschieht im Wege der Verhältniswahl nach starren Listen, die von den Fraktionen im Landtag eingereicht werden können (§ 6 StGHG). Dies unterscheidet sich deutlich von der Besetzung des Bundesverfassungsgerichts: Dort werden die Richterinnen und Richter nach §§ 4 ff. BVerfGG von Bundestag und Bundesrat mit Zweidrittelmehrheit auf 12 Jahre gewählt und eine Wiederwahl ist ausgeschlossen. Das hessische Modell macht die Besetzung des Staatsgerichtshofes in hohem Maße von politischen Veränderungen abhängig. Auch ist die Wiederwahl der Richter nicht ausgeschlossen, was sich negativ auf ihre Unabhängigkeit auswirken kann. Vorteil dieses **Wahlmodells** ist jedoch, dass die Diversität der Richter größer sein kann als im Bund; denn die im Bund erforderliche Zweidrittelmehrheit ermöglicht anderen Parteien ein „Mitspracherecht" bei der Auswahl der Richter. Im Bund ist es aufgrund dessen bereits mehrfach vorgekommen, dass Proteste einer Partei zur Verhinderung bestimmter Kandidaten führten, für die eigentlich die andere Partei gemäß der gemeinsamen Absprachen vorschlagsberechtigt war. Nach dem hessischen Modell bestimmen demgegenüber ausschließlich die jeweiligen Fraktionen darüber, wen sie vorschlagen wollen.

72

73

---

[63] Der Antrag auf Zulassung des Volksbegehrens zur Einführung der Briefwahl (StAnz. 1966, 1160) führte zwar zur Zulassung des Volksbegehrens; das Volksbegehren kam aber wegen zu geringer Beteiligung nicht zustande (StAnz. 1966, 1473). Die Ablehnung des Antrages auf Zulassung des Volksbegehrens zur Startbahn West durch die Landesregierung wegen Verstoßes gegen Art. 87 d und 85 GG wurde vom StGH bestätigt: StGH, P.St. 947, StAnz. 1982, 240. Beim Antrag auf Zulassung des Volksbegehrens zur Wiedereinführung des Buß- und Bettages als gesetzlichem Feiertag (StAnz. 1998, 2891) wurde das Quorum für ein Volksbegehren nicht erreicht.
[64] Zu seiner Bedeutung aus politikwissenschaftlicher Perspektive: *Koch-Baumgarten*, Der Staatsgerichtshof in Hessen zwischen unitarischem Bundesstaat, Mehrebenensystem und Landespolitik, in *Reutter* (Hrsg.), Landesverfassungsgerichte, Wiesbaden 2017, S. 175-198.

2. Zuständigkeiten

74 Die Aufgabe des Staatsgerichtshofes besteht darin, einen institutionell verselbständigten gerichtlichen Schutz der Verfassung zu gewährleisten. Die in Hessen zur Verfügung stehenden Verfahren sind dabei typisch für Verfassungsgerichte. Auch die Hessische Verfassung kennt Verfassungsbeschwerden, die in Hessen **Grundrechtsklagen** heißen, abstrakte und konkrete Normenkontrollen, Organstreitigkeiten, die in Hessen als „**Verfassungsstreitigkeiten**" bezeichnet werden, sowie weitere – in der Praxis weniger relevante – Verfahren. Dabei ähneln sich das Verfassungsprozessrecht des Bundes und das des Landes Hessen stark. Wie im Bund sind die einzelnen Verfahrensarten zum Teil auf Verfassungsebene (Art. 115, 131, 132, 133, 146 HV), vor allem aber auf einfachgesetzlicher Ebene, dem Staatsgerichtshofsgesetz (StGHG), geregelt. In Verfahren, die Volksbegehren und Volksentscheid betreffen, finden sich Regelungen auch im Gesetz über Volksbegehren und Volksentscheid (VuVG).

75 Nach § 26 Abs. 1 StGHG kann der Staatsgerichtshof im Streitfall einen Zustand für eine sechs Monate nicht übersteigende Frist vorläufig regeln. Ein Antrag auf **einstweilige Anordnung** ist in allen Verfahrensarten zulässig.[65]

Die wichtigsten Verfahrensarten sind Grundrechtsklage, Normenkontrollverfahren und Verfassungsstreitigkeiten.

a) Grundrechtsklagen

76 Entsprechend der Verfassungsbeschwerde zum Bundesverfassungsgericht kann nach § 43 Abs. 1 S. 1 StGHG den Staatsgerichtshof anrufen, wer geltend macht, durch die öffentliche Gewalt in einem durch die Verfassung des Landes Hessen gewährten Grundrecht verletzt zu sein.

77 Die **Zulässigkeitsvoraussetzungen** einer Grundrechtsklage stimmen im Wesentlichen mit denjenigen zur Erhebung einer Verfassungsbeschwerde vor dem Bundesverfassungsgericht überein. Hinsichtlich des Beschwerdegegenstandes ist aber zu berücksichtigen, dass als Akte der öffentlichen Gewalt nur Maßnahmen und Entscheidungen der Landesstaatsgewalt – nicht hingegen der Bundesstaatsgewalt – in Betracht kommen. Dies ergibt sich aus der Trennung der Verfassungsräume von Bund und Ländern. Bei gerichtlichen Entscheidungen ist Prüfungsgegenstand allein die Entscheidung des höchsten in der Sache zuständigen Gerichts des Landes Hessen.[66] Wie sich aus § 44 Abs. 1 S. 3 StGHG ergibt, sind Klagen gegen Entscheidungen von Bundesgerichten als unzulässig zu verwerfen. Als Beschwerdegegenstand kommt auch ein gesetzgeberisches Unterlassen in Betracht, soweit sich aus der Hessischen Verfassung eine ausdrückliche Pflicht zum Handeln ableiten lässt.[67]

78 Will ein Einzelner einen Akt der Landesstaatsgewalt angreifen, kann er zwischen der Verfassungsbeschwerde zum Bundesverfassungsgericht und der Grundrechtsklage zum Staatsgerichtshof wählen. Doch kann er sich zumeist nicht an beide Gerichte in der

---

65 StGH, P.St. 1043, StAnz. 1986, 1159, 1161.
66 StGH, P.St. 1351, StAnz. 2000, 2281.
67 StGH, ESVGH 26, 18, 20.

gleichen Sache wenden, da die Grundrechtsklage zum Staatsgerichtshof nach § 43 Abs. 1 S. 2 StGHG unzulässig ist, sobald er Verfassungsbeschwerde zum Bundesverfassungsgericht erhoben hat. Dies ist keine Subsidiarität im vollen Sinne, denn die bloße Möglichkeit der Verfassungsbeschwerde zum Bundesverfassungsgericht hindert die Anrufung des Staatsgerichtshofes nicht; erst die tatsächlich erhobene Verfassungsbeschwerde schließt die Grundrechtsklage aus. Das Verfassungsprozessrecht des Bundes kennt eine entsprechende Einschränkung nicht. Theoretisch wäre es daher denkbar, dass ein Beschwerdeführer zunächst Grundrechtsklage zum Staatsgerichtshof und erst nach deren Verwerfung Verfassungsbeschwerde zum Bundesverfassungsgericht erhebt. Doch wird diese Möglichkeit zumeist an der Monatsfrist des § 93 Abs. 1 BVerfGG scheitern. Eine Sonderregelung enthält § 43 Abs. 1 S. 3 StGHG: Gewährleistet die Hessische Verfassung weiterreichende Grundrechte als das Grundgesetz, ist auch eine gleichzeitige Verfassungsbeschwerde zum Bundesverfassungsgericht und Grundrechtsklage zum Staatsgerichtshof zulässig.

Beispiel:

A ist Studentin an einer hessischen Universität und wird auf Grundlage eines fiktiven Studiengebührengesetzes zu Studiengebühren in Höhe von EUR 5.000 herangezogen. Ihre verwaltungsgerichtliche Klage dagegen wird letztinstanzlich verworfen. Sie kann sowohl Grundrechtsklage zum Staatsgerichtshof als auch Verfassungsbeschwerde zum Bundesverfassungsgericht einlegen. Denn Art. 59 HV gewährleistet weiterreichenden Grundrechtsschutz als Art. 12 GG.[68] Ist A hingegen ein Studienplatz versagt worden, weil die Kapazität erschöpft sei, darf sie grundsätzlich zwar auch wählen, ob sie sich an das Bundesverfassungsgericht oder den Staatsgerichtshof wendet. Doch sobald sie beim Bundesverfassungsgericht Verfassungsbeschwerde erhoben hat, wird die Grundrechtsklage unzulässig.

In Anlehnung an die Rechtsprechung des Bundesverfassungsgerichts verlangt auch der Staatsgerichtshof für die **Antragsbefugnis**, dass der Antragsteller selbst, unmittelbar und gegenwärtig betroffen ist.[69] Eine besondere Bedeutung kommt diesen Voraussetzungen nur bei Grundrechtsklagen gegen Rechtsnormen zu. Dabei genügen mittelbar-faktische Beeinträchtigungen durch eine gesetzliche Regelung nicht den Anforderungen an die Antragsbefugnis.[70] Schwierigkeiten beim Nachweis einer eigenen und gegenwärtigen Betroffenheit treten zudem auf, wenn sich die Grundrechtsklage auf eine zukünftige Grundrechtsbeeinträchtigung bezieht. Für Vorfeld- und Vorsorgemaßnahmen hat das Bundesverfassungsgericht insoweit die Anforderungen an die Darlegungslast deutlich reduziert und lässt im Ergebnis die bloß abstrakte Möglichkeit der Betroffenheit genügen.[71] Diesem Ansatz ist der Staatsgerichtshof in seiner Entscheidung zu einer Grundrechtsklage gegen die Rasterfahndung nach § 26 HSOG nicht gefolgt und hat eine Vergleichbarkeit mit den vom Bundesverfassungsgericht entschiedenen Fällen zur akustischen Wohnraumüberwachung und zur Telekommunikationsüberwachung abgelehnt.[72]

79

---

68 Vgl. aber die restriktive Entscheidung des Staatsgerichtshofs (P.St. 2133, P.St. 2158, StAnz. 2008, 1960, 1971 ff.); kritisch dazu bei Fn. 27.
69 StGH, P.St. 539, StAnz. 1970, 342, 344.
70 StGH, P.St. 651, StAnz. 1974, 452, 455.
71 BVerfGE 113, 348, 363 f.; vgl. auch BVerfGE 109, 279, 308.
72 StGH, NVwZ 2006, 685.

80 Die Grundrechtsklage kann erst erhoben werden, wenn der Rechtsweg vor den jeweiligen Fachgerichten erschöpft ist, § 44 Abs. 1 Satz 1 StGHG. Einerseits soll damit die **Subsidiarität** des verfassungsgerichtlichen Rechtsschutzes gesichert werden, andererseits stellt der Gesetzgeber hierdurch sicher, dass durch die Zuständigkeit des Staatsgerichtshofes nicht der bundesrechtlich vorgesehene Instanzenzug verändert wird. Zur Erschöpfung des Rechtsweges muss deshalb mit den jeweiligen Rechtsmitteln Berufung und Revision nicht nur der Rechtsweg vor der Landesgerichtsbarkeit ausgeschöpft werden, sondern auch der im gesetzlichen Instanzenzug eröffnete Rechtsweg zu den zuständigen Bundesgerichten. Es darf nach den jeweiligen Prozessordnungen keine Möglichkeit der Anrufung eines Gerichts mehr bestehen.[73]

81 Die **Frist** zur Erhebung der Grundrechtsklage regelt § 45 StGHG. Danach ist die Grundrechtsklage innerhalb eines Monats einzureichen. Die Frist beginnt mit der schriftlichen Bekanntgabe der vollständigen Entscheidung des höchsten in der Sache zuständigen Gerichts des Landes Hessen an die antragstellende Person. Ein Problem ergibt sich aus der Kombination von §§ 44 und 45 StGHG im Hinblick auf Entscheidungen, in denen der Rechtsweg auch zu Bundesgerichten eröffnet wird. In diesen Fällen scheint die Grundrechtsklage praktisch ausgeschlossen, da sie entweder an mangelnder Rechtswegerschöpfung oder an dem Ablauf der Frist scheitert. Ein solches Ergebnis, das den Rechtsschutz der Bürger aushebelt, ist nicht tragbar. Ein Abweichen von dem klaren Wortlaut des § 45 Abs. 1 StGHG ist aber aus Gründen der Rechtssicherheit problematisch, so dass eher Modifikationen bei der Subsidiarität, die ohnehin in Fällen des § 44 Abs. 2 StGHG nicht in vollem Umfang durchschlägt, vorzunehmen sind.[74] Die Rechtswegerschöpfung ist daher lediglich als Voraussetzung für die Entscheidung des Staatsgerichtshofs, aber nicht für die Erhebung der Grundrechtsklage zu verstehen.[75] Damit wäre für den Fristbeginn, wie der Wortlaut des § 45 Abs. 1 StGHG vorsieht, die Bekanntgabe der Entscheidung des höchsten in der Sache zuständigen hessischen Gerichtes ausschlaggebend; zur Entscheidung kommt es jedoch erst, wenn der Rechtsweg auch zu den Bundesgerichten erschöpft ist. Die Fristen werden nach den Vorschriften des BGB berechnet (§ 25 Abs. 1 StGHG).

Beispiel:
A wird mit Urteil vom 28.08.2018, bekannt gegeben am 31.08.2018, letztinstanzlich verurteilt. Wie lange hat sie Zeit, gegen das Urteil Grundrechtsklage zu erheben? Die Frist beginnt mit der Bekanntgabe (§ 45 Abs. 1 S. 2 StGHG), wobei dieser Tag nicht mitgerechnet wird (§ 187 Abs. 1 BGB). Die Frist würde nach § 188 Abs. 2 Alt. 1. BGB am 31.09. enden, verkürzt sich aber auf den 30.09.2018 wegen § 188 Abs. 3 BGB. Da der 30.09.2018 ein Sonntag ist, endet die Frist nach § 25 Abs. 1 S. 2 StGHG mit Ablauf des 1.10.2018.

---

73 StGH, P.St. 1351, StAnz. 2000, 2281.
74 Im Ergebnis – jedenfalls für den Fall der außerordentlichen Beschwerde – für eine strikte Anwendung der Frist: StGH, P.St. 1351, StAnz. 2000, 2281; P.St. 1585, StAnz. 2003, 922. Anders: BayVerfGH, BayVBl. 2002, 365; RhPfVerfGH, AS 27, 199, 202. Doch stellt sich für diese beiden Gerichte das Problem nicht in der gleichen Schärfe, da die jeweiligen Prozessordnungen den Fristbeginn auf die letztinstanzliche Entscheidung generell und nicht auf die Entscheidung des höchsten in der Sache zuständigen Gerichts des Landes beziehen.
75 *Günther*, Verfassungsgerichtsbarkeit in Hessen, § 44 Rn. 24, § 45 Rn. 5.

Bei Grundrechtsklagen gegen Rechtsnormen besteht nach § 45 Abs. 2 StGHG eine Frist von einem Jahr.

Im Unterschied zur Verfassungsbeschwerde im Bund, die keinen **Beschwerdegegner** 82 kennt, ist die Grundrechtsklage in Hessen gegen den Träger der Organe oder Behörden zu richten, die eine Grundrechtsverletzung begangen haben (§ 43 Abs. 3 StGHG).

Seit 1994 kennt Hessen auch eine **kommunale Verfassungsbeschwerde**, bezeichnet als 83 kommunale Grundrechtsklage. Die Kommunen haben anders als eine Einzelperson keine Wahl, ob sie den Staatsgerichtshof oder das Bundesverfassungsgericht anrufen wollen. Gemeinden und Gemeindeverbände müssen sich bei Verletzungen ihres Selbstverwaltungsrechts durch Landesrecht an den Staatsgerichtshof wenden. Dies ergibt sich aus Art. 93 Abs. 1 Nr. 4 b GG, § 91 S. 2 BVerfGG, wonach eine kommunale Verfassungsbeschwerde beim Bundesverfassungsgericht unzulässig ist, wenn wegen Verletzung der kommunalen Selbstverwaltungsgarantie durch Landesrecht ein Landesverfassungsgericht angerufen werden kann.

b) Normenkontrollen

Das Hessische Verfassungsprozessrecht kennt wie der Bund zwei Formen der **Nor-** 84 **menkontrolle**: die abstrakte (Art. 131 Abs. 1 Alt. 1 HV, §§ 39, 40 StGHG) und die konkrete (Art. 133 HV, § 41 StGHG). Bei der Normenkontrolle reicht die Prüfungskompetenz des Staatsgerichtshofs weiter als im Bund: Während das Verwerfungsmonopol des Bundesverfassungsgerichts auf Gesetze im formellen Sinn beschränkt ist, kann der Staatsgerichtshof nach Art. 132 HV ein Gesetz oder eine Rechtsverordnung der Landesregierung oder eines Landesministers für unvereinbar mit der Verfassung erklären. Verordnungen sonstiger Verwaltungsträger sowie Satzungen sind nicht Gegenstand des Verfahrens der abstrakten Normenkontrolle.[76] Eine vorbeugende Normenkontrolle gegenüber künftigen Entscheidungen ist unzulässig.[77]

Die **abstrakte Normenkontrolle** ist in Hessen in Art. 131 Abs. 1 Alt. 1 HV sowie in 85 §§ 39, 40 StGHG geregelt. Eine Besonderheit gegenüber dem Verfahren der abstrakten Normenkontrolle vor dem Bundesverfassungsgericht (Art. 93 Abs. 1 Nr. 2 GG, §§ 76 ff. BVerfGG) besteht im deutlich größeren Kreis der Antragsberechtigten. Während auf Bundesebene nur die Bundesregierung, die Landesregierungen sowie ein Viertel der Mitglieder des Bundestages ein Antragsrecht besitzen, sieht Art. 131 Abs. 2 HV ein Antragsrecht eines Hundertstels aller Stimmberechtigten des Volkes,[78] eines Zehntels der gesetzlichen Zahl der Mitglieder des Landtags sowie des Ministerpräsidenten vor. Darüber hinaus ergibt sich aus § 39 Abs. 2 StGHG i.V.m. § 19 Abs. 2 Nr. 4, 7, 8 StGHG auch ein Antragsrecht der Fraktionen des Landtags, der Landesanwaltschaft sowie des Rechnungshofes. Das Gesetz über den Staatsgerichtshof geht insoweit über den Kreis der in Art. 131 Abs. 2 HV genannten Antragsberechtigten hinaus. Diese einfach-gesetzliche Erweiterung hat der Staatsgerichtshof ausdrücklich für verfassungs-

---

76 StGH, ESVGH 20, 217, 226. Zum Rechtsschutz gegen untergesetzliches Landesrecht: *Detterbeck*, in *Demel* (Hrsg.), Auf festem Fundament. Festschrift für Christean Wagner zum 70. Geburtstag, Berlin 2013, S. 275.
77 StGH, ESVGH 35, 73, 73.
78 Dies kommt nur selten vor, war aber beispielsweise im Verfahren zur Verfassungsmäßigkeit des Hessischen Studienbeitragsgesetzes der Fall: StGH, P.St. 2133, P.St. 2158, StAnz. 2008, 1960.

konform erklärt,[79] was jedoch zweifelhaft ist: Angesichts dessen, wie stark die abstrakte Normenkontrolle in die Kompetenzen des Landtags eingreift, spricht viel für eine Beschränkung der Antragsberechtigten auf die in der Verfassung Genannten.[80] Das Antragsrecht der Landesanwaltschaft folgt unmittelbar aus deren verfassungsrechtlicher Funktion als öffentlicher Kläger,[81] weswegen sie unabhängig vom Verständnis des Art. 131 Abs. 2 HV gegeben ist.[82]

c) Verfassungsstreitigkeiten

86 Für **Verfassungsstreitigkeiten** oberster Landesorgane in Hessen ist der Staatsgerichtshof nach Art. 131 Abs. 1 Alt. 4 HV, § 42 StGHG zuständig. Ziel des Verfahrens der Verfassungsstreitigkeit ist aber nicht eine allgemeine Verfassungskontrolle, sondern allein der Schutz bedrohter oder verletzter Kompetenzen des Antragstellers. Der Antragsteller muss auch selbst Träger der in Anspruch genommenen Rechte sein;[83] eine Prozessstandschaft wie § 64 Abs. 1 BVerfGG („das Organ, dem er angehört") kennt das Hessische Verfassungsprozessrecht nicht.

Beispiel:
Eine Gruppe von mehr als einem Zehntel der Abgeordneten ist zwar grundsätzlich nach Art. 131 Abs. 2 HV antragsberechtigt. Doch fehlt den Abgeordneten die Antragsbefugnis, um Rechte des Landtags geltend zu machen.[84]

87 Gemäß Art. 93 Abs. 1 Nr. 4 GG ist daneben das Bundesverfassungsgericht zuständig, soweit das Landesrecht für verfassungsrechtliche Streitfragen innerhalb eines Landes ganz oder teilweise keinen anderen Rechtsweg vorsieht.[85] Eine Lücke im landesverfassungsgerichtlichen Schutz besteht bezüglich einzelner Abgeordneter. Zwar sind diese nach Art. 77 HV mit eigenen Rechten ausgestattet, besitzen aber gemäß § 42 Abs. 2 StGHG keine Antragsberechtigung. Soweit es landesintern um den Status einzelner Abgeordneter geht, ist damit das Bundesverfassungsgericht gemäß Art. 93 Abs. 1 Nr. 4 GG zuständig.

3. Prüfungsmaßstab

88 Der Grundsatz ist einfach: Prüfungsmaßstab des Hessischen Staatsgerichtshofs ist allein die **Hessische Verfassung**. Der Staatsgerichtshof betont, dass Vorschriften des Grundgesetzes sowie des einfachen Bundesrechts grundsätzlich nicht zum Prüfungsmaßstab des Staatsgerichtshofes gehören. Es folge aus der Verfassungsautonomie der Länder, dass Landesverfassungsgerichte sich bei der Prüfung auf die Vereinbarkeit eines Staatsaktes mit der Landesverfassung beschränken.[86]

---

79 StGH, P.St. 2133, P.St. 2158, StAnz. 2008, 1960, 1970 f.
80 So auch *Günther*, Verfassungsgerichtsbarkeit in Hessen, § 19 Rn. 18 ff.
81 StGH, P.St. 1023, StAnz. 1986, 1089, 1095.
82 *Günther*, Verfassungsgerichtsbarkeit in Hessen, § 19 Rn. 28.
83 Fraktionen des Hessischen Landtags können sich hierbei nur auf Rechte aus dem parlamentarischen Raum berufen: StGH, P.St. 2319, StAnz. 2013, 1364, 1368 f.
84 StGH, P.St. 789, StAnz. 1978, 1683, 1687.
85 Nach BVerfG, NVwZ 2013, 1468, 1471 gilt auch, wenn die Landesverfassungsgerichtsbarkeit „zur Gewährleistung eines effektiven Schutzes des betreffenden Rechts" aus prinzipiellen bundesstaatlichen Gründen, namentlich bei einem potenziellen Verfassungsverstoß eines Bundesorgans, nicht in der Lage ist.
86 StGH, P.St. 1713, StAnz. 2004, 2097, 2112.

Dieser Grundsatz ist jedoch komplexer, als die – an sich richtigen – Ausführungen vermuten lassen.[87] So stellt sich beispielsweise die Frage, ob vor dem Hessischen Staatsgerichtshof gerügt werden kann, dass für ein Landesgesetz die Kompetenz des Landesgesetzgebers nach Art. 70 ff. GG gefehlt habe.

89

Beispiel:
Im Rahmen einer kommunalen Grundrechtsklage wurde gerügt, dass die Regionalplanung in Hessen nach § 2 Abs. 1 Nr. 1 PlanVG und § 13 HLPG sich nicht im Rahmen der bundesgesetzlichen Regelung des § 9 Abs. 6 ROG a.F. halte. Fraglich ist, ob der Staatsgerichtshof eine solche kompetenzrechtliche Prüfung vornehmen kann.

Dafür könnte sprechen, dass sich die Hessische Verfassung in Art. 153 HV selbst in den Rahmen des Bundesrechts gestellt und einen Vorrang für Bundesrecht (entsprechend dem Art. 31 GG) normiert habe (Art. 153 Abs. 2 HV). (Bundesstaatlich) kompetenzwidriges Landesrecht verstoße damit auch gegen die Landesverfassung. Eine solche Auslegung ist indes nicht zwingend und auch nicht geraten. Zwar erkennt Art. 153 HV den Vorrang des Bundesrechts an, daraus folgt aber nicht zwingend, dass auch das Land über die Einhaltung der bundesstaatlichen Kompetenzordnung wachen muss. Dies kann getrost der Verantwortung des Bundes, insbesondere des Bundesverfassungsgerichts überantwortet werden.

In der Entscheidung zum Ballungsraumgesetz hat der Staatsgerichtshof ausgeführt, dass er „die Vereinbarkeit hessischen Landesrechts mit **Bundesrecht** nicht zu überprüfen" habe.[88] In dieser Allgemeinheit kann dies allerdings nicht aufrechterhalten werden: Die Gültigkeit der landes**verfassungsrechtlichen** Norm, die den Prüfungsmaßstab darstellen soll, muss der Staatsgerichtshof durchaus prüfen. Denn sonst könnte es geschehen, dass der Staatsgerichtshof ein Landesgesetz für verfassungswidrig wegen Verstoßes gegen eine landesverfassungsrechtliche Norm erklärt, obwohl Bundesrecht die Anwendung der landesverfassungsrechtlichen Norm ausschließt.

90

Beispiel:
In seiner alten Fassung legte das Hessische Beamtengesetz in § 7 Abs. 1 Nr. 1 HBG a.F. fest, dass in ein Beamtenverhältnis nur berufen werden darf, wer Deutscher im Sinne des Art. 116 GG ist. Der argentinische Staatsangehörige K wendet sich, nachdem ihm die Berufung in ein Beamtenverhältnis in Hessen trotz Eignung verwehrt wurde, an den Staatsgerichtshof. In seiner Grundrechtsklage beruft er sich auf Art. 134 HV, der festlegt, dass *jeder* Zugang zu öffentlichen Ämtern hat, wenn er die nötige Eignung besitzt. Unter Nichtbeachtung bundesrechtlicher Regelungen würde der Staatsgerichtshof § 7 Abs. 1 Nr. 1 HBG a.F. wegen Verstoßes gegen die Hessische Verfassung für nichtig erklären. Dies würde im Ergebnis der Regelung in § 7 Abs. 1 Nr. 1 BeamtStG widersprechen, die gemäß § 1 BeamtStG auch für die Beamten der Länder gilt.

Im Sinne einer Vorfrage hat der Staatsgerichtshof also durchaus zu klären, ob die Norm der Landesverfassung, die er als Maßstab heranziehen will, auch angesichts des gesamten Bundes- und Europarechts Gültigkeit besitzt.

Nicht weiterführend ist hingegen die vielfach verwendete Rede vom „Hineinwirken" des Bundesrechts. Das Bundesverfassungsgericht hat dem Grundgesetz teilweise „ungeschriebene Bestandteile der Landesverfassung" entnommen.[89] Diese Formulierung

91

---

87 Ausführlich dazu: *Sacksofsky*, in *Diwell* (Hrsg.), Chancen, Möglichkeiten und Risiken der Rechtsprechung, Köln 2007, S. 21.
88 StGH, P.St. 1713, StAnz. 2004, 2097, 2126; anders noch: StGH, P.St. 947, StAnz. 1982, 240 (hierbei handelte es sich allerdings nur um eine Vorabkontrolle im Rahmen eines Volksbegehrens); offengelassen in StGH, P.St. 1202, StAnz. 1997, 1447, 1452 f.; vgl. auch BVerfGE 60, 175, 205.
89 BVerfGE 1, 208, 233; 85, 353, 359.

kann indes nicht überzeugen, denn grundgesetzliche Normen sind Bestandteil der Landesverfassungen nur dann, wenn sie inkorporiert sind.

Beispiel:
Eine solche Inkorporationsklausel enthält Art. 4 Abs. 1 Verf. NRW: Die im Grundgesetz festgelegten Grundrechte und staatsbürgerlichen Rechte sind Bestandteil dieser Verfassung und unmittelbar geltendes Landesrecht.

92 Im Hinblick auf den Prüfungsmaßstab besonders problematisch ist die Wirkung von Landesgrundrechten bei der **Anwendung von Bundesrecht**. Hier hat der Staatsgerichtshof – wie bereits oben Rn. 44 ff. ausführlich erörtert – die Vorgaben des Bundesverfassungsgerichts bei der Geltung von Landesgrundrechten in bundesrechtlich geregelten Verfahren übernommen. Danach müsste der Staatsgerichtshof nicht nur Bundesrecht, sondern auch das Ergebnis nach den Grundrechten des Grundgesetzes prüfen. Der Staatsgerichtshof hat diese Aufgabe akzeptiert.[90] Nach der hier vertretenen Auffassung ist das vom Bundesverfassungsgericht für die Landesverfassungsgerichte aufgestellte Prüfprogramm jedoch abzulehnen, da es dogmatisch nicht überzeugen kann und die Eigenständigkeit der Landesverfassungsgerichte nicht hinreichend respektiert (vgl. oben Rn. 47 ff.). Hiernach ist zwischen der Prüfungskompetenz von (Landes-)Fachgerichten und der Prüfungskompetenz von Landesverfassungsgerichten allerdings zu differenzieren. Denn diese ist nicht zwingend identisch, wie schon der lange währende parallele Streit über das Verhältnis von Fachgerichtsbarkeit und Bundesverfassungsgericht lehrt. Richtigerweise ist die Auslegung des Bundesrechts primär Sache der Fachgerichte. Das Landesverfassungsgericht kann diese Auslegung lediglich auf die Verletzung „spezifischen Landesverfassungsrechts" kontrollieren.[91] Es kann insbesondere überprüfen, ob das Fachgericht die grundsätzliche Möglichkeit der Einwirkung von Landesgrundrechten auf die Anwendung von Bundesrecht verkannt und damit nicht geprüft hat, ob die bundesrechtliche Norm Raum für die Einwirkung von Landesgrundrechten lässt. Zudem kann es – sollte die Möglichkeit der Einwirkung von Landesgrundrechten auf den zu entscheidenden Fall bejaht worden sein – die Richtigkeit der inhaltlichen Auslegung der Landesgrundrechte überprüfen. Hingegen ist die Frage der Richtigkeit der Auslegung einer bundesrechtlichen Norm aus bundesrechtlicher Sicht auch über bundesrechtlich vorgesehene Rechtsschutzmöglichkeiten zu erreichen, sei es durch Revision zu den Bundesgerichten oder durch Einlegung einer Verfassungsbeschwerde beim Bundesverfassungsgericht; für diese Fragen ist das Landesverfassungsgericht nicht zuständig.

4. Landesanwaltschaft

93 Einmalig unter den Ländern und dem Bund kennt Hessen die **Landesanwaltschaft** beim Hessischen Staatsgerichtshof. Sie nimmt gemäß § 10 StGHG die in Art. 130 Abs. 1 S. 2 HV umschriebene Funktion des öffentlichen Klägers wahr. Der öffentliche Kläger soll nach der Rechtsprechung des Staatsgerichtshofes „[…] ohne persönliche Betroffenheit, ohne Eingliederung in die Behördenhierarchie und abgehoben vom lan-

---

90 StGH, P.St. 1299, StAnz. 1999, 2380; P.St. 1302, StAnz. 2000, 1840; P.St. 1887, StAnz. 2005, 1752; P.St. 1927, StAnz. 2005, 743; P.St. 1999, StAnz. 2006, 1097; P.St. 2069, StAnz. 2007, 300.
91 StGH, P.St. 1169, StAnz. 1996, 1437 f

despolitischen Kräftefeld kraft seines eigenen öffentlichen Amtes ... nach seiner unabhängigen Beurteilung des Gemeinwohls [...] zur Wahrung und richtigen Anwendung der Verfassung"[92] beitragen. Zur Erfüllung dieser Aufgaben im Verfassungsprozess steht der Landesanwaltschaft ein umfassendes Antrags- und Beteiligungsrecht zu, §§ 19 Abs. 2 Nr. 7, 21 StGHG. Damit kann die Landesanwaltschaft Antragsteller in deren Verfahren unterstützen und aus eigener Initiative tätig werden, wenn sich niemand sonst zu einem Antrag veranlasst sieht. Ihre Entscheidungen trifft die Landesanwaltschaft **unabhängig** und in eigener Verantwortung. Entscheidungsmaßstab der Landesanwaltschaft ist neben der Verfassung einzig ihr pflichtgemäßes Ermessen. Eine Amtspflicht zur verfassungsgerichtlichen Kontrolle staatlicher Maßnahmen oder aber zur Reaktion auf Verfassungsverstöße besteht nicht.[93]

Gebildet wird die Landesanwaltschaft aus der Landesanwältin oder dem Landesanwalt sowie einem Stellvertreter und wird vom Landtag für die Dauer der Legislaturperiode gewählt, § 10 Abs. 1 S. 4 StGHG. 94

Nicht zu verwechseln ist die Institution der Landesanwaltschaft in Hessen mit dem Generalanwalt beim Europäischen Gerichtshof sowie den Vertretern des öffentlichen Interesses in den Bundesländern. Zwar sind auch die Generalanwälte beim Europäischen Gerichtshof unabhängig, doch beschränkt sich deren Aufgabe auf die Unterstützung der Richter beim EuGH, indem sie einen Vorschlag für ein Urteil in Form begründeter Schlussanträge unterbreiten; eigenständige Antrags- und Initiativrechte stehen den Generalanwälten nicht zu. Die Vertreter des öffentlichen Interesses in den Bundesländern können nach § 36 VwGO bei den Verwaltungsgerichten und Oberverwaltungsgerichten bestellt werden. In Bayern trägt der Vertreter des öffentlichen Interesses den Namen Landesanwalt und ist mit der Stellvertretung des Landes sowie der Behörden beauftragt. Die Landesanwaltschaft in Bayern unterliegt – und hierin besteht der grundlegende Unterschied zur Landesanwaltschaft in Hessen – den Weisungen der Staatsregierung und wirkt lediglich als Vertreter des öffentlichen Interesses im verwaltungsgerichtlichen, nicht aber im verfassungsgerichtlichen Verfahren mit. Hessen hat von der Möglichkeit der Bestellung eines Vertreters des öffentlichen Interesses keinen Gebrauch gemacht. 95

Besonders wichtig ist die Funktion der Landesanwaltschaft in Verfahren, in denen keiner der ansonsten berufenen Antragsteller eine abstrakte Normenkontrolle einleitet.[94] 96

Beispiel:
In Hessen bestand über Jahrzehnte eine verfassungswidrige Wahlkreiseinteilung, in der einige Wahlkreise mehr als doppelt so groß waren wie andere. Alle Versuche von Wahlberechtigten, dies im Wege der Wahlprüfung anzugreifen, scheiterten an der Mandatsrelevanz.[95] Erst auf

---

92 StGH, P.St. 1023, StAnz. 1986, 1089, 1096.
93 *Günther*, Verfassungsgerichtsbarkeit in Hessen, § 10 Rn. 5.
94 Das Hessische Personalvertretungsgesetz von 1985 (StGH, P.St. 1023, StAnz. 1986, 1089) sowie das Gesetz zur Sicherung der staatlichen Neutralität von 2004 (StGH, NVwZ 2008, 199) wurden auf Antrag der Landesanwaltschaft überprüft.
95 StGH, P.St. 998, StAnz. 1985, 734 und StGH P.St. 1872, StAnz. 2004, 1799.

einen Normenkontrollantrag der Landesanwältin hin reagierte der Gesetzgeber, um einer (sehr wahrscheinlichen) Verurteilung zuvorzukommen und änderte die Wahlkreiseinteilung.[96]

VI. Schlussbemerkung

97 In einer klassisch gewordenen Formulierung beschrieb der Richter des U.S. Supreme Court *Brandeis* den Sinn des Föderalismus: „It is one of the happy incidents of the federal system that a single courageous state may, if its citizens choose, serve as a laboratory; and try novel social and economic experiments without risk to the rest of the country."[97] Zu diesem „Laboratorium" können auch die Landesverfassungen und Landesverfassungsgerichte beitragen. Auch sie sind dazu aufgerufen, **föderale Vielfalt** zu gewährleisten. Vielfalt setzt aber voraus, dass die Landesverfassungsgerichte die Landesverfassung eigenständig auslegen, statt dem Sog der Rechtsprechung des Bundesverfassungsgerichts zum Grundgesetz automatisch zu folgen. Dies ist ihnen vor allem in den Bereichen möglich, in denen die Länder auch die Gesetzgebungskompetenz haben. Dieser Bereich ist freilich – auch nach der Föderalismusreform 2006 – immer noch relativ gering. Doch möglicherweise sind auch hier neue Entwicklungen denkbar. Nachdem viele Kompetenzen vom Bund zur Europäischen Union wandern, wird die Notwendigkeit, überschaubaren Einheiten substantielle Kompetenzen zuzuweisen, größer. Denn je mehr Bürgerinnen und Bürger die Chance sehen, auf politische Entscheidungen tatsächlich Einfluss nehmen zu können, desto eher kann Politikverdrossenheit entgegengewirkt werden. Und tatsächlichen Einfluss haben die Einzelnen in kleinen Einheiten eher als in großen.

VII. Anhang 1: Prüfungsschema zur Zulässigkeit einer Verfassungsstreitigkeit

1. Zuständigkeit
   Art. 131 Abs. 1 HV, §§ 15 Nr. 4, 42 Abs. 1 StGHG
2. Streitgegenstand
   § 42 Abs. 3 und 5 StGHG
3. Antragsberechtigung
   Art. 131 Abs. 2 HV, § 42 Abs. 2 S. 1 StGHG
4. Antragsbefugnis
   § 42 Abs. 3 StGHG
5. Antragsgegner
   § 42 Abs. 2 S. 3 StGHG i.V.m. S. 1
6. Form
   § 19 Abs. 1 S. 1 StGHG
7. Frist: keine

---

96 Gesetz zur Änderung des Landtagswahlgesetzes und des Hessischen Abgeordnetengesetzes vom 15.12.2005 (GVBl. I, 839).
97 New State Ice v. *Liebmann*, 285 U.S. 262, 311 (1932) – abw. *M. J. Brandeis*.

VIII. Anhang 2: Prüfungsschemata zur Grundrechtsklage

Vorbemerkung für die Gliederungsebenen der Zulässigkeit: Die fett gedruckten Gliederungspunkte sind stets bei der Prüfung zu erwähnen, die normal gedruckten Punkte nur dann, wenn der jeweilige Sachverhalt Anlass zu einer näheren Erörterung gibt.

A. **Grundrechtsklage gegen ein letztinstanzliches Urteil bei der Anwendung von Landesrecht**
I. **Zulässigkeit**
   1. **Grundrechtsfähigkeit**, Art. 131 Abs. 3 HV i.V.m. §§ 43 Abs. 1, 19 Abs. 2 Nr. 9 StGHG
   2. **Prozessfähigkeit**
   3. **Beschwerdegegenstand**, § 43 Abs. 1 StGHG
   4. **Antragsbefugnis**, § 43 Abs. 1, 2 StGHG
   5. **Rechtswegerschöpfung**, § 44 Abs. 1 StGHG
   6. **Keine Erhebung einer Beschwerde zum Bundesverfassungsgericht in derselben Sache**, § 43 Abs. 1 S. 2 StGHG oder Ausnahme nach § 43 Abs. 1 S. 3 StGHG
   7. Subsidiarität
   8. **Form**, §§ 19 Abs. 1 S. 1, 43 Abs. 2 StGHG
   9. **Frist**, § 45 Abs. 1 StGHG
II. **Begründetheit**
   1. **Prüfungsmaßstab**
      a) Verletzung spezifischen Landesverfassungsrechts
      b) Im Übrigen: Nur Vorschriften der Hessischen Verfassung
   2. **Verfassungsmäßigkeit des dem Urteil zugrunde liegenden Landesrechts** (zu den Details dieser Prüfung siehe Schema C)
   3. **Grundrechtsverletzung durch die Anwendung des Gesetzes**

B. **Grundrechtsklage gegen ein letztinstanzliches Urteil bei der Anwendung von Bundesrecht (nach den Vorgaben des BVerfG)**
I. **Zulässigkeit**
   1. **Grundrechtsfähigkeit**, Art. 131 Abs. 3 HV i.V.m. §§ 43 Abs. 1, 19 Abs. 2 Nr. 9 StGHG
   2. **Prozessfähigkeit**
   3. **Beschwerdegegenstand**, § 43 Abs. 1 StGHG
   4. **Antragsbefugnis**, § 43 Abs. 1, 2 StGHG
   5. **Rechtswegerschöpfung**, § 44 Abs. 1 StGHG
      § 44 Abs. 1 S. 3 StGHG: Die Klage ist unzulässig, wenn nach der jeweiligen Prozessordnung noch eine Revisionsentscheidung eines Bundesgerichts herbeigeführt werden kann oder das höchste in der Sache zuständige Gericht des Landes Hessen die Revision nicht zulässt bzw. ein Bundesgericht die Zuständigkeit in der Sache bejaht hat.
   6. **Keine parallele Erhebung einer Beschwerde zum Bundesverfassungsgericht**, § 43 Abs. 1 S. 2 StGHG oder Ausnahme nach § 43 Abs. 1 S. 3 StGHG
   7. **BVerfG: Unzulässigkeit, wenn schon ein Bundesgericht den Streitgegenstand des Ausgangsverfahrens rechtlich geprüft hat**

8. Subsidiarität
9. Form, §§ 19, 43 Abs. 2 StGHG
10. **Frist, § 45 Abs. 1 StGHG**

II. Begründetheit
1. Prüfungsmaßstab
   a) Verletzung spezifischen Landesverfassungsrechts
   b) Im Übrigen: Nur Vorschriften der Hessischen Verfassung
2. Können Landesgrundrechte angewendet werden?
   (nach Bundesverfassungsgericht)
   – Zu welchem Ergebnis hätte die Anwendung des betroffenen Grundrechts des Grundgesetzes führen müssen?
   – Führt das gerügte Landesgrundgrundrecht zu demselben Ergebnis wie das Grundgesetz?
   falls ja: Inhaltsgleichheit, das Landesgrundrecht ist zulässiger Prüfungsmaßstab
   falls nein: keine Inhaltsgleichheit, das Landesgrundrecht ist kein zulässiger Prüfungsmaßstab

C. Grundrechtsklage gegen ein formelles Landesgesetz
I. Zulässigkeit
1. Grundrechtsfähigkeit, Art. 131 Abs. 3 HV i.V.m. §§ 43 Abs. 1, 19 Abs. 2 Nr. 9 StGHG
2. Prozessfähigkeit
3. **Beschwerdegegenstand, § 43 Abs. 1 StGHG**
4. **Antragsbefugnis, § 43 Abs. 1, 2 StGHG**
   a) **Selbstbetroffenheit**
   b) **Gegenwärtige Betroffenheit**
   c) **Unmittelbare Betroffenheit**
5. Keine Erhebung einer Beschwerde zum Bundesverfassungsgericht in derselben Sache, § 43 Abs. 1 S. 2 StGHG oder Ausnahme nach § 43 Abs. 1 S. 3 StGHG
6. Subsidiarität
7. Form, §§ 19, 43 Abs. 2 StGHG
8. **Frist, § 45 Abs. 2 StGHG**

II. Begründetheit
1. Prüfungsmaßstab: Nur Vorschriften der Hessischen Verfassung
2. Formelle Verfassungsmäßigkeit des Landesgesetzes
   – Gesetzgebungsverfahren
   – nicht: Kompetenz nach Art. 70 ff GG
3. Materielle Verfassungsmäßigkeit des Landesgesetzes
   a) Vorklärung: Ist die als Prüfungsmaßstab heranzuziehende Norm des Landesverfassungsrechts gültig?
      – Verstoß gegen Art. 28 Abs. 1 GG
      – Verstoß gegen sonstiges Bundesverfassungsrecht

- Verstoß gegen sonstiges Bundesrecht
- Verstoß gegen Europarecht
b) Verstößt das Gesetz gegen die Landesverfassungsnorm?

§ 3 Allgemeines Landesverwaltungsrecht

von *Georg Hermes*[1]

Literatur *Bull/Mehde*, Allgemeines Verwaltungsrecht, 9. Aufl. 2015; *Erichsen* (Hrsg.), Allgemeines Verwaltungsrecht, 15. Aufl. 2015; *Faber*, Verwaltungsrecht, 4. Aufl. 1995; *Fehling/Kastner/ Störmer* (Hrsg.), Verwaltungsrecht, 4. Aufl. 2016; *Koch/Rubel/Heselhaus*, Allgemeines Verwaltungsrecht, 3. Aufl. 2003; *Knack* (Hrsg.), Verwaltungsverfahrensgesetz, 10. Aufl. 2014; *Kopp/ Ramsauer*, Verwaltungsverfahrensgesetz, 18. Aufl. 2017; *Maurer/Waldhoff*, Allgemeines Verwaltungsrecht, 19. Aufl. 2017; *Peine*, Allgemeines Verwaltungsrecht, 11. Aufl. 2015; *Pietzner/Ronellenfitsch*, Das Assessorexamen im öffentlichen Recht, 13. Aufl. 2014; *Schmidt*, Staats- und Verwaltungsrecht, 3. Aufl. 1999; *Stelkens/Bonk/Sachs*, Verwaltungsverfahrensgesetz, 9. Aufl. 2018.

I. Allgemeines Verwaltungsrecht und Landesrecht

1   Das Verwaltungsrecht als das spezifisch auf die Verwaltung bezogene Recht wird systematisch eingeteilt in das Besondere Verwaltungsrecht (z.B. Bau-, Umwelt- oder Schulrecht) und das Allgemeine Verwaltungsrecht. Dieses Allgemeine Verwaltungsrecht umfasst als „vor die Klammer gezogener" allgemeiner Teil diejenigen Regeln, Grundsätze und Elemente, die allen Gebieten des Besonderen Verwaltungsrechts gemeinsam sind. Obwohl in der praktischen Anwendung das Verwaltungsverfahrensgesetz des Landes dominiert, wird das **Allgemeine Verwaltungsrecht** in Lehre und Forschung als **„Bundesrecht"** oder jedenfalls als länderübergreifend einheitliches[2] „gemeindeutsches" Recht behandelt, weil seine verfassungsrechtlich angeleiteten Prinzipien identisch und die Kodifikation in den Verwaltungsverfahrensgesetzen des Bundes und der Länder weitgehend wortgleich sind. Deshalb kann hier auf die Lehrbücher zum Allgemeinen Verwaltungsrecht verwiesen und der nachfolgende Überblick auf wichtige **landesrechtliche Besonderheiten** beschränkt werden. Allerdings sollte man sich bei diesem Vorgehen Klarheit über die Hintergründe verschaffen: Da es sich bei dem Besonderen (Fach-)Verwaltungsrecht teilweise um Bundes- und teilweise um Landesrecht handelt, gehört auch das Allgemeine Verwaltungsrecht rechtssystematisch sowohl zum Landes- als auch zum Bundesrecht und wird darüber hinaus in vielfältiger Weise durch das Unionsrecht beeinflusst und überlagert.[3] Für eine Kodifikation des Allgemeinen Verwaltungsrechts, die auch die Verwaltungstätigkeit der Länder erfasst, fehlt dem Bund eine ausdrückliche Gesetzgebungskompetenz. Bundesgesetzlich kann das Allgemeine Verwaltungsrecht – insbesondere in Gestalt des VwVfG des Bundes – deshalb nur als „Annex" zu den jeweiligen Fachgesetzgebungskompetenzen des Bundes (mit-)geregelt werden. Allerdings gelten dabei die Besonderheiten des Art. 84 Abs. 1 GG, wonach selbst dann, wenn der Bund von seiner Gesetzgebungskompetenz

---

[1] Für wertvolle Unterstützung bei der Vorbereitung der Neuauflage danke ich *Matthias Gegenwart* und *Jessica Rudolph*.
[2] Bund und Länder bemühen sich kontinuierlich um die Gewährleistung der Einheitlichkeit des Verwaltungsverfahrensrechts durch „Gleichklang" zwischen dem VwVfG des Bundes und den Landesverwaltungsverfahrensgesetzen. Weil das HVwVfG nicht dynamisch auf das VwVfG des Bundes in seiner jeweiligen Fassung verweist, sondern nach Bedarf angepasst werden muss, ist die Wortlautidentität zwischen HVwVfG und VwVfG allerdings keineswegs sicher und bedarf jeweils der konkreten Nachprüfung.
[3] S. nur *Maurer/Waldhoff*, Allgemeines Verwaltungsrecht, § 4 Rn. 70 ff.; *Kadelbach*, Allgemeines Verwaltungsrecht unter europäischem Einfluss, 1999; *Ruffert*, Europäisiertes Allgemeines Verwaltungsrecht im Verwaltungsverbund, Die Verwaltung 41 (2008), 543 ff.

für ein bestimmtes Fachverwaltungsrecht Gebrauch macht, die Länder die Behördenorganisation und das Verwaltungsverfahren regeln. Das ist der Grund dafür, dass das hessische Landesverwaltungsverfahrensgesetz (HVwVfG) für die gesamte Verwaltungstätigkeit der Behörden des Landes und der juristischen Personen des öffentlichen Rechts unter der Aufsicht des Landes Hessen auch dann Anwendung findet, wenn sie Bundesrecht vollziehen (näher unten Rn. 49 ff.).

II. Verwaltungsorganisation

Die Vielfalt der Verwaltungsaufgaben kann nur arbeitsteilig durch eine Vielzahl öffentlicher Stellen wahrgenommen werden. Dies erfordert eine rechtliche Ordnung, die die Wahrnehmung der verschiedenen Aufgaben einer politischen Ebene (EU, Bund, Länder, Kreise, Gemeinden) zuordnet, auf der jeweiligen Ebene die handelnden Organisationseinheiten (Rechtsträger, Organe, Behörden) konstituiert und ihre innere Struktur bestimmt und schließlich die rechtlichen Beziehungen dieser Organisationseinheiten zueinander und ihre Einbindung in das jeweilige politische Gemeinwesen regelt. Diese Ordnungsaufgabe erfüllt das Verfassungsrecht (**Staatsorganisationsrecht**) nur teilweise, indem es die Grundregeln für die Verteilung der Verwaltungsaufgaben zwischen Union, Bund, Ländern und Kommunen festlegt, auf der jeweiligen Ebene die (Staats-)Organe konstituiert und ansonsten Grundprinzipien der Verwaltungsorganisation enthält, die näherer gesetzlicher Ausformung durch das **Verwaltungsorganisationsrecht** fähig und bedürftig sind. Der folgende Abschnitt gibt deshalb auf der Basis der verfassungsrechtlichen Vorgaben eine Übersicht über die Grundzüge des Verwaltungsorganisationsrechts in Hessen.

2

1. Systematische Einordnung

a) Verfassungsrechtliche Grundlagen

Das **Grundgesetz** trifft für die Verwaltungsorganisation im Verfassungsraum der Länder – also für die Verwaltungsorganisation der Länder als solche wie auch für die des kommunalen Bereichs – keine unmittelbaren organisatorischen Festlegungen. Daran zeigt sich, dass das Grundgesetz den Ländern Organisationsautonomie einräumt. Es beschränkt sich vielmehr auf generelle Vorgaben, denen die Verwaltungsorganisation im Verfassungsraum der Länder entsprechen muss. Aus der in Art. 28 Abs. 1 GG enthaltenen Verpflichtung der Länder auf das **Demokratieprinzip**,[4] wonach jede Ausübung staatlicher Gewalt demokratisch legitimiert sein muss, folgt für das Verwaltungsorganisationsrecht der Länder, dass es die Ausübung von (Landes-) Staatsgewalt auf das Parlament und damit auf das Landesvolk als dem Legitimationssubjekt zurückführen muss. Art. 28 Abs. 1 S. 2 u. Abs. 2 GG verpflichtet die Länder außerdem zu einer bestimmten Organisation des kommunalen Bereichs (dazu § 4 Rn. 6 ff.). Ferner setzt das Grundgesetz offensichtlich voraus, dass die Verwaltungsorganisation der Länder zumindest in ihrer Grundstruktur dem traditionellen **hierarchischen Muster des Verwaltungsaufbaus** mit Über- bzw. Nachordnungsverhältnissen zwischen den Be-

3

---

4 Zu dem durch Art. 28 Abs. 1 S. 1 GG geforderten „Mindestmaß an Homogenität" vgl. *Dreier*, in: ders. (Hrsg.), GG-Kommentar, Bd. II, 3. Aufl. 2015, Art. 28 Rn. 44 ff.

hörden entspricht. Art. 84 Abs. 3 S. 2 GG etwa spricht von den „obersten Landesbehörden" und von den ihnen „nachgeordneten Behörden" des Landes. Die Art. 85 Abs. 2 S. 3 und Art. 108 Abs. 2 S. 3 GG gehen davon aus, dass es im Land „Mittelbehörden" gibt. Ansonsten geht das GG in seinen grundlegenden Organisationsnormen davon aus, dass der tatsächliche **Schwerpunkt der Verwaltungstätigkeit bei den Ländern und ihren Kommunen** liegt. Zu nennen sind hier Art. 30 GG, die Restriktionen für den Aufbau eines Verwaltungsapparates des Bundes in Art. 87 Abs. 3 GG und die Grundregel des Art. 83 GG, wonach nicht der Bund, sondern die Länder die Bundesgesetze ausführen.[5]

4 Jenseits dieser wenigen Vorgaben des Grundgesetzes ist die **Organisationsautonomie der Länder** sogar in den Fällen stark ausgestaltet, in denen sie nicht ihr jeweiliges Landesrecht, sondern Bundesgesetze als eigene Angelegenheiten ausführen.[6] Zwar sieht das Grundgesetz in **Art. 84 Abs. 1** die Möglichkeit des Bundes vor, auf die Verwaltungsorganisation der Länder einzuwirken. Nach dieser Vorschrift können Bundesgesetze, die die Länder nach Art. 83 GG als eigene Angelegenheiten ausführen (Regelfall), auch die Einrichtung der Behörden und das Verwaltungsverfahren dieser Behörden regeln. Allerdings steht den Ländern seit der Föderalismusreform I im Regelfall das Recht zu, von diesen bundesgesetzlichen Vorgaben abzuweichen. Der Bund kann dieses Abweichungsrecht der Länder mit Zustimmung des Bundesrates nur im „Ausnahmefall" und nur für Regelungen des Verwaltungsverfahrens ausschließen und muss außerdem ein „besonderes Bedürfnis nach bundeseinheitlicher Regelung" nachweisen. Das Abweichungsrecht der Länder im Hinblick auf die Verwaltungsorganisation kann der Bundesgesetzgeber also nicht sperren.

5 Die **hessische Landesverfassung (HV)** trifft keine detaillierten Regelungen über die Verwaltungsorganisation des Landes. Sie enthält aber einige wichtige Vorgaben. Dem die Landesregierung behandelnden V. Abschnitt des zweiten Hauptteils lassen sich zunächst nur Aussagen über den Aufbau der Regierungsebene (dazu im einzelnen unten Rn. 25 ff.) entnehmen. Aus dem in Art. 102 S. 2 HV etablierten Ressortprinzip lässt sich allerdings für die Verwaltungsorganisation des Landes ableiten, dass die Behörden der Landesverwaltung den Ministerien des Landes nach fachlicher Zuständigkeit nachgeordnet sein müssen. Die fachlichen Zuständigkeiten der Ministerien ergeben sich aus dem in Art. 104 Abs. 2 S. 1 HV vorgesehenen Beschluss der Landesregierung.[7] Ansonsten findet sich ebenfalls im zweiten Hauptteil der Abschnitt IX über die „Staats- und die Selbstverwaltung". Für die Selbstverwaltung der Gemeinden ist Art. 137 Abs. 3 S. 1 HV die zentrale Norm dieses Abschnitts. Sie überträgt den Gemeinden eigene Aufgaben zur selbständigen Erledigung. Die gemeindliche Selbstver-

---

[5] Dass sie die Landesgesetze ausführen, folgt aus Art. 30 GG.
[6] Gem. Art. 83 GG ist dies der Regelfall, während die Ausführung von Bundesgesetzen durch die Länder im Auftrag des Bundes die Ausnahme darstellt.
[7] Siehe zuletzt den Beschluss über die Zuständigkeit der einzelnen Ministerinnen und Minister nach Art. 104 Abs. 2 der Verfassung des Landes Hessen v. 18.3.2014, GVBl. S. 82. Er gewährt auch einen Überblick über die Behördenorganisation, nämlich darüber, welche Behörden den Ministerien unmittelbar nachgeordnet sind und über welche Stellen eine vom jeweiligen Ministerium auszuübende Aufsicht besteht.

waltung steht insofern selbständig neben dem Landesbereich und gehört, soweit eigene Aufgaben erfüllt werden, nicht zur mittelbaren Landesverwaltung.

Über diese Regelungen der gemeindlichen Selbstverwaltung hinaus wird für den Bereich der Landesverwaltung eine für das hessische Verwaltungsorganisationsrecht prägende Festlegung getroffen: Nach **Art. 137 Abs. 1 S. 1 HV** muss **jede örtliche Verwaltung** unabhängig davon, ob die jeweilige Aufgabe eine staatliche oder eine gemeindliche ist, von gemeindlichen Behörden erledigt werden. Eine anderweitige Zuweisung der Verwaltung auf Ortsstufe ist nach Art. 137 Abs. 1 S. 2 HV nur zulässig, wenn ein dringendes öffentliches Interesse an einer solchen Zuweisung besteht. Die Schaffung von Landesverwaltung auf der Ortsstufe – also die Schaffung unterer staatlicher Verwaltungsbehörden – wird damit zur rechtfertigungsbedürftigen Ausnahme. 6

Diese Regelfallkompetenz der Gemeinden bedeutet aber nicht, dass das Land auf die Art und Weise der Erledigung staatlicher Aufgaben durch die gemeindliche Verwaltung (bzw. durch die Kreisverwaltung, wenn den Kreisen Aufgaben zur Erledigung übertragen werden) keinen inhaltlichen Einfluss ausüben könnte. Das Land kann sich nämlich nach **Art. 137 Abs. 4 HV** über das Recht zur Erteilung von (fachaufsichtlichen) Anweisungen Einflussmöglichkeiten gegenüber den jeweiligen Behörden der Gemeinden oder der Kreise vorbehalten, die über die sonst dem Staat gegenüber den Gemeinden zustehende Rechtsaufsicht (Art. 137 Abs. 3 S. 2 HV) hinausgehen. In Frage kommen allgemeine Weisungsrechte, aber auch Weisungsrechte für den Einzelfall (dazu genauer unten Rn. 31). Ansonsten äußert sich die Landesverfassung weder ausdrücklich zur Frage, ob das Organisationsrecht des Landes dem Vorbehalt des Gesetzes unterfällt, noch sieht sie – weitergehend – obligatorisch ein allgemeines Landesorganisationsgesetz vor. 7

b) Rechtsgrundlagen der Verwaltungsorganisation und die Rolle der Gemeinden und Kreise

Auf der Ebene des einfachen Landesrechts existiert denn auch **kein allgemeines Organisationsgesetz**. Lediglich im „Gesetz über die Regierungspräsidien und Regierungsbezirke des Landes Hessen"[8] wird die Einteilung des Landes Hessen in drei räumlich näher definierte Regierungsbezirke mit den drei **Regierungspräsidien** (Darmstadt, Gießen, Kassel) als Behörden der allgemeinen Landesverwaltung festgelegt (näher dazu unten Rn. 15). Sachliche oder örtliche Zuständigkeitszuweisungen an die Regierungspräsidien enthält dieses Gesetz allerdings nicht. Es beschränkt sich darauf, neben der Einteilung der Regierungsbezirke die Funktion des Regierungspräsidiums als „Behörde der allgemeinen Landesverwaltung" und die Vertretung der Landesregierung durch das Regierungspräsidium in den ihm übertragenen Angelegenheiten zu normieren (§ 1). Außerdem kann die Landesregierung Verwaltungsbefugnisse, die nach dem Gesetz Ministerinnen oder Ministern zustehen, durch Rechtsverordnung auf ein oder mehrere Regierungspräsidien übertragen (§ 3). Aufschluss über die Organisation der hessischen Landesverwaltung erhält man in Hessen daher nur über die einzelnen **Gesetze und Verordnungen des Besonderen Verwaltungsrechts**. Diese sind in Hessen *se-* 8

---

8 Vom 16.9.2011 (GVBl. I, S. 420).

des materiae der Regelungen über die Zuständigkeiten der einzelnen Behörden und ihre Über- bzw. Nachordnungsverhältnisse. Wegen Art. 84 Abs. 1 GG gilt dies regelmäßig auch dann, wenn es um den Vollzug von Bundesgesetzen geht. Die Frage nach der zuständigen Behörde für den Vollzug eines Bundesgesetzes muss also regelmäßig mit Hilfe des einschlägigen Landesgesetzes oder der einschlägigen Landes-Rechtsverordnung beantwortet werden.

Beispiel:
Die Zuständigkeit für den Vollzug der Titel I bis IV der Gewerbeordnung (Bundesgesetz) liegt nach § 1 Abs. 1 Nr. 1 der hessischen „Verordnung über Zuständigkeiten nach der Gewerbeordnung, dem Hessischen Gaststättengesetz und dem Hessischen Spielhallengesetz" vom 20.6.2002 (GVBl. I, S. 395) beim Gemeindevorstand.

9 Wie im Zusammenhang mit den landesverfassungsrechtlichen Vorgaben für die Verwaltungsorganisation bereits hervorgehoben wurde, sind für die Erledigung staatlicher Aufgaben auf der untersten Stufe der Verwaltung regelmäßig die Gemeinden oder Kreise zuständig. Bevor auf diese wegen Art. 137 Abs. 4 HV durch Gesetz oder Verordnung erfolgende Einbeziehung der Gemeinden und Kreise in die Erledigung staatlicher Vollzugsaufgaben näher einzugehen ist, bedarf es einer Klarstellung: Nicht in allen Fällen, in denen kommunale Verwaltung durch Bundes- oder Landesgesetze geregelt wird, muss es sich um die Betrauung mit der Wahrnehmung einer staatlichen Vollzugsaufgabe handeln. Gegenstand staatlicher Gesetze kann nämlich auch die **Ausgestaltung von Selbstverwaltungsrechten** sein, die den Gemeinden über ihren verfassungsrechtlichen Status zukommen. Die Bauleitplanung etwa ist von Verfassungs wegen eine den Gemeinden obliegende Selbstverwaltungsaufgabe („Planungshoheit"), so dass die Regeln des Baugesetzbuches über die Bauleitplanung gesetzliche Ausgestaltungen der kommunalen Selbstverwaltung sind. Von einer Einbeziehung der Gemeinden in die Erledigung staatlicher Vollzugsaufgaben kann deswegen im Zusammenhang mit der Ausführung staatlicher Gesetze nur dann die Rede sein, wenn die ausgeführten Gesetze sich nicht als Konkretisierung oder Ausgestaltung von Selbstverwaltungsrechten darstellen.

10 Im Einzelnen beruht die Einbeziehung der Gemeinden in die Erledigung staatlicher Vollzugsaufgaben (siehe dazu auch § 4 Rn. 109 ff.) in diesem Sinne auf folgenden normativen Grundlagen: Soweit es sich bei den zu vollziehenden Gesetzen um **Landesgesetze** handelt, muss das Land nach Art. 137 Abs. 1 S. 2 HV vorbehaltlich eines dringenden öffentlichen Interesses an einer anderweitigen Zuweisung den Vollzug den **Gemeinden zur Erledigung übertragen**. Soweit es sich bei den zu vollziehenden Gesetzen um **Bundesgesetze** handelt, war vor der Föderalismusreform problematisch, ob der Bund selbst nach Art. 84 Abs. 1 GG festlegen durfte, dass die Gemeinden seine Gesetze ausführen, oder ob er dies der Bestimmung der Länder nach Maßgabe des jeweils maßgeblichen Landesverfassungsrechts überlassen musste.[9] Nunmehr klärt Art. 84 Abs. 1 S. 7 GG diese Frage dahingehend, dass eine Übertragung durch Bundesgesetz

---

9 So bestimmte z. B. § 96 Abs. 1 S. 1 des bis 2004 geltenden Bundessozialhilfegesetzes die kreisfreien Städte und Landkreise zu örtlichen Trägern der Sozialhilfe; zur Problematik vgl. die Hinweise bei *Hermes*, in: Dreier, GG-Kommentar, Bd. III, 3. Aufl. 2018, Art. 84 Rn. 71.

unzulässig ist. Deshalb richtet sich die Frage, wer in Hessen Bundesrecht ausführt, nach Art. 137 Abs. 1 S. 2 HV. Das Land muss also auch die Ausführung der Bundesgesetze vorbehaltlich eines dringenden öffentlichen Interesses an einer anderweitigen Zuweisung den Gemeinden übertragen. Soweit spezialgesetzlich eine Zuständigkeit nicht ausdrücklich bestimmt ist, erfolgt die Zuweisung durch die Landesregierung im Wege einer Rechtsverordnung (§ 1 ZustG[10]).

Nachdem im Jahre 2005 die **Einbeziehung der Gemeinden und Landkreise in die Erledigung** staatlicher Aufgaben neu geregelt wurde[11], gibt es zwei typisierte Formen dieser Einbeziehung, denen auch jeweils unterschiedliche staatliche Weisungsrechte entsprechen (dazu näher unten Rn. 36 ff.): **Aufgaben zur Erfüllung nach Weisung** (§§ 4 Abs. 1 HGO, 4 Abs. 1 HKO) und **Auftragsangelegenheiten** (§§ 4 Abs. 2 HGO, 4 Abs. 2 HKO).

11

Beispiele:
Zu den Aufgaben, die den (großen, über 50.000 Einwohner) Gemeinden zur Erfüllung nach Weisung übertragen sind, gehören beispielsweise:

die Bauaufsicht (§ 60 Abs. 1 S. 2 HBO)

der Naturschutz (§ 1 Abs. 3 S. 1 HAGBNatSchG)

die Gewässeraufsicht (§ 64 Abs. 3 HWG)

die Gefahrenabwehr durch Behörden der allgemeinen Verwaltung (§ 82 Abs. 1 S. 1 HSOG)

das Meldewesen (§ 2 Abs. 1 S. 1 HMG).

Als Auftragsangelegenheiten wurden vor allem die Aufgaben der örtlichen Ordnungsbehörden und Kreisordnungsbehörden übertragen (§ 85 Abs. 1 S. 2 HSOG, s.u. Rn. 37). Durch Gesetz können weitere Aufgaben als Auftragsangelegenheit übertragen werden. Bei Auftragsangelegenheiten wird nicht die Gemeinde (oder der Landkreis) als solche, sondern der Bürgermeister (bzw. der Landrat) als einzelnes Organ in Anspruch genommen. Die Aufgabenwahrnehmung steht dann nach dem Willen des Gesetzes „in alleiniger Verantwortung" des Bürgermeisters, sie erfolgt also ohne Kontrolle durch die Gemeindevertretung nach § 50 HGO. Lediglich die Zuständigkeit der Gemeindevertretung und des Gemeindevorstands in haushalts- und personalrechtlichen Angelegenheiten und die Bestimmungen des § 71 HGO über die Abgabe von Verpflichtungserklärungen sollen unberührt bleiben.

Die sog. **Organleihe** als ein im hessischen Recht auf der unteren Stufe der unmittelbaren Landesverwaltung früher häufig anzutreffendes verwaltungsorganisationsrechtliches Phänomen ist bis auf ganz wenige Ausnahmen (s. die nachfolgenden Beispiele) inzwischen weitgehend obsolet. Das Land „lieh" sich danach ein **Organ des Kreises oder der Gemeinde** für die Wahrnehmung einer bestimmten staatlichen Verwaltungsaufgabe „aus" mit der Folge, dass das Organ dann bei Wahrnehmung dieser Funktion für das Land handelte. Diese Organleihe wurde in den entsprechenden Gesetzestexten sprachlich dadurch zum Ausdruck gebracht, dass nicht – wie dies bei der heutigen Ka-

12

---

10 Gesetz zur Bestimmung von Zuständigkeiten v. 3.4.1998 (GVBl. I, S. 98).
11 Durch das Gesetz zur Kommunalisierung des Landrats sowie des Oberbürgermeisters als Behörden der Landesverwaltung v. 21.3.2005 (GVBl. I, S. 229).

tegorie der Auftragsangelegenheiten der Fall ist – nur ein bestimmtes Organ der Gemeinden oder der Kreise benannt wird, das mit dem Vollzug eines Gesetzes betraut wird, sondern darüber hinaus noch der Zusatz „als Behörde der Landesverwaltung" angefügt wurde (bspw. § 85 Abs. 1 Nr. 3 HSOG a. F.; § 146a HGO a.F.). Daraus wurde entnommen, dass das Organ in diesem Falle nicht für die Gemeinde oder den Kreis tätig wird, deren Organ es ist, sondern unmittelbar für das Land, das damit zur Zurechnungskörperschaft für entsprechendes Verwaltungshandeln wurde. Eine verwaltungsgerichtliche Klage war deswegen im Falle der Organleihe gegen das Land zu richten, nicht gegen die Selbstverwaltungskörperschaft. Demgegenüber sind heute **verwaltungsgerichtliche Klagen** nach § 78 Abs. 1 Nr. 1 VwGO **gegen die Selbstverwaltungsträger** zu richten, auf die Differenzierung zwischen Aufgaben zur Erfüllung nach Weisung und Auftragsangelegenheiten kommt es dabei nicht an. Hiervon gibt es nur noch ganz wenige Ausnahmen.

Beispiele:
Die Aufsicht über die Gemeinden mit weniger als 50 000 Einwohnern wird auch heute noch gem. § 136 Abs. 3 HGO von den Landräten im Wege der Organleihe für das Land ausgeübt.

Gleiches gilt für die Aufsicht über Zweckverbände, wenn ausschließlich der Aufsicht des Landrates unterstehende Gemeinden Verbandsmitglieder sind, § 35 Abs. 2 Nr. 1 KGG.

Dritte Ausnahme ist die Stellung des Landrats als Vorsitzender des Widerspruchausschusses nach §§ 7 ff. AGVwGO (vgl. § 7 Abs. 2 Nr. 2 AGVwGO, dazu unten Rn. 63).

Die Stellung, die der Landrat in seiner Funktion „als Behörde der Landesverwaltung" innehat, ist in § 55 HKO genauer definiert.

2. Die unmittelbare Landesverwaltung

13 Unter dem Begriff der unmittelbaren Landesverwaltung werden diejenigen Verwaltungseinheiten zusammengefasst, deren Verwaltungshandeln ohne „Zwischenschaltung" eines weiteren Verwaltungsträgers dem Land zugerechnet wird.[12] Die unmittelbare Landesverwaltung war bis 2005 im Grundsatz **dreistufig** aufgebaut und gliederte sich in Behörden

- der unteren Stufe (Ortsstufe: Landrat und Oberbürgermeister als Behörden der Landesverwaltung, untere Fachverwaltungsbehörden wie z.B. Schulämter),
- der mittleren Stufe (Regierungspräsidien, Sonderbehörden der Mittelstufe wie z.B. das Hessische Landesamt für Straßen- und Verkehrswesen) und
- der obersten Stufe (Ministerien).

Nach der Kommunalisierung der unteren Stufe (s.o. Rn. 11) ist die Grundstruktur der hessischen Landesverwaltung inzwischen überwiegend **zweistufig**: Unterhalb des jeweils zuständigen Ministeriums[13] bildet das Regierungspräsidium nunmehr die unterste Stufe der allgemeinen Landesverwaltung, weshalb es in § 1 des Gesetzes über die Regierungspräsidien zutreffend nicht mehr als „Mittelbehörde" sondern als (die) „Behörde der allgemeinen Landesverwaltung" bezeichnet wird. Im Zuge der durch eine

---

12 Zum Komplementärbegriff der mittelbaren Landesverwaltung genauer unten Rn. 40.
13 Dazu, dass Ministerien nur ausnahmsweise Verwaltungsaufgaben im engeren Sinne (Einzelentscheidungen mit Außenwirkung) wahrnehmen, s.u. Rn. 24.

II. Verwaltungsorganisation

„Straffung der Behördenorganisation" (Verschlankung, Zentralisierung, Aufgabenabbau) geprägten Verwaltungsstrukturreform[14] ist die Tendenz zu einem zweistufigen Aufbau der unmittelbaren Landesverwaltung auch bei verschiedenen Fachverwaltungen zu beobachten.

Beispiele:
Das Landesamt für Straßen- und Verkehrswesen und die Ämter für Straßen- und Verkehrswesen wurden durch das Gesetz zur Neuordnung von Behörden der Hessischen Straßen- und Verkehrsverwaltung vom 16.12.2011 (GVBl. I, S. 817) zu einer oberen Straßenbaubehörde mit der Bezeichnung „Hessen Mobil – Straßen- und Verkehrsmanagement" zusammengelegt.

Ebenso sei auf die umstrittene Eingliederung der Staatlichen Schulämter in ein neu geschaffenes Landesschulamt durch das Gesetz zur Neuordnung der Hessischen Schulverwaltung vom 27.9.2012 (GVBl. S. 299) hingewiesen, die dann durch das Gesetz zur Neustrukturierung der hessischen Bildungsverwaltung vom 24. März 2015 (GVBl. S. 118) wieder rückgängig gemacht wurde.

a) Verbliebene Landesbehörden der unteren Stufe

Vor diesem Hintergrund bestehen in Hessen nur noch wenige **untere Landesbehörden**, deren Errichtung nach Art. 137 Abs. 1 S. 2 HV besonders rechtfertigungsbedürftig ist. Dazu gehören neben dem bereits erwähnten Landrat als Behörde der Landesverwaltung (s.o. Rn. 12) z. B. die Polizeipräsidien (§§ 91 Abs. 2 Nr. 2 lit. a, 94 HSOG), die Ämter für Bodenmanagement (§ 4 Abs. 2 Nr. 3 Hess. Gesetz über das öffentliche Vermessungs- und Geoinformationswesen), die Forstämter (§ 23 Abs. 2 Nr. 3 HWaldG), die Staatsanwaltschaften bei den Landgerichten (§§ 141 ff. GVG) oder die Finanzämter (§§ 2 Abs. 1 Nr. 4, 17 des Finanzverwaltungsgesetzes des Bundes[15]).

14

b) Die Mittelstufe

Die Mittelstufe der Verwaltung, die wegen der Kommunalisierung der unteren Verwaltungsebene (s.o. Rn. 11 f.) im Regelfall die unterste Ebene der dezentralen unmittelbaren Landesverwaltung darstellt, ist in Hessen wie in den meisten Bundesländern außer den Stadtstaaten dadurch charakterisiert, dass die Verwaltungsfunktionen weitgehend auf eine einheitliche Behörde konzentriert sind. Diese Behörde ist in Hessen, wie das „Gesetz über die Regierungspräsidien und Regierungsbezirke des Landes Hessen"[16] sich in § 1 ausdrückt, das **Regierungspräsidium** als „Behörde der allgemeinen Landesverwaltung". Rechtliche Grundlage der Zuständigkeitskonzentration sind, in Ermangelung eines allgemeinen Landesorganisationsgesetzes, die einzelnen Gesetze und Verordnungen des Besonderen Verwaltungsrechts, die dem Regierungspräsidium Zuständigkeiten als Mittelbehörde im Verwaltungsaufbau zuschreiben.

15

Beispiele:
So macht etwa § 85 Abs. 1 Nr. 2 HSOG die Regierungspräsidien zu Bezirksordnungsbehörden, die zwischen dem Innenministerium als Landesordnungsbehörde und den Landräten/Oberbürgermeistern als Kreis- sowie den Bürgermeistern als örtliche Ordnungsbehörden angesiedelt sind.

---

14 Zusammenfassend etwa der Gesetzentwurf der Landesregierung für ein Drittes Gesetz zur Verwaltungsstrukturreform, LT-Drs. 16/3878, S. 24.
15 Verfassungsrechtliche Grundlage für eine zwingende bundesgesetzliche Regelung ist Art. 108 Abs. 2, Abs. 5 S. 2 GG.
16 Verkündet als Art. 1 des Gesetzes über die Regierungspräsidien und Regierungsbezirke des Landes Hessen und zur Änderung anderer Rechtsvorschriften v. 16.9.2011 (GVBl. I, S. 420).

Nach § 60 Abs. 1 S. 1 Nr. 2 HBO ist das Regierungspräsidium obere Bauaufsichtsbehörde, die zwischen dem zuständigen Ministerium (für Wirtschaft, Energie, Verkehr und Landesentwicklung) und dem Gemeindevorstand/Kreisausschuss (untere Bauaufsichtsbehörde) die Funktion der mittleren Stufe erfüllt.

Aus dieser Zuständigkeitskonzentration folgt ein **weit gespanntes Spektrum verschiedenster sachlicher Zuständigkeiten** der Regierungspräsidien. Dies zeigt sich deutlich bei der Betrachtung der Organisationspläne der Regierungspräsidien. So weist das Regierungspräsidium Darmstadt nach seinem Organisationsplan vom Dezember 2017 Abteilungen auf, die sich mit Gesundheit, Integration, Ausländerwesen (Abteilung II), Regionalplanung, Bauwesen, Wirtschaft, Verkehr (Abteilung III), Arbeitsschutz und Umwelt (Abteilungen IV in Darmstadt, Frankfurt und Wiesbaden), sowie mit Landwirtschaft, Weinbau, Forsten, Natur- und Verbraucherschutz beschäftigen. Außerdem weist es eine (Zentral-)Abteilung u. a. für Organisation und Informationstechnologie, Personal, Finanzen und Justiziariat auf. Wie bereits aus dieser Auflistung ersichtlich, untergliedern sich die Regierungspräsidien intern nach sachlichen Zuständigkeiten in **Abteilungen**. Diese wiederum sind intern ebenfalls nach eng umgrenzten sachlichen Zuständigkeiten in **Dezernate** untergliedert. Die Leiter der Regierungspräsidien, die Regierungspräsidenten, sind politische Beamte.[17] Örtlich zuständig für Süd-Hessen ist das Regierungspräsidium in Darmstadt, für den westlichen Teil Mittel-Hessens das Regierungspräsidium in Gießen und für Nord-Hessen und das Fuldaer Gebiet das Regierungspräsidium in Kassel.[18]

16 Zu den typischen Mittelstufenfunktionen der Regierungspräsidien gehörte bis 2005 ihre Tätigkeit als **Widerspruchsbehörde** nach § 73 Abs. 1 S. 2 Nr. 1 VwGO. Diese Aufgabe ist durch § 16 a Abs. 4 AGVwGO[19] **abgeschafft** worden. Nach dieser Vorschrift ist die Behörde, die den Verwaltungsakt erlassen oder diesen abgelehnt hat, auch für die Entscheidung über den Widerspruch zuständig, wenn die nächsthöhere Behörde das Regierungspräsidium ist.[20] Von dieser Abschaffung des Devolutiveffekts erhoffte sich der Landesgesetzgeber einen Beitrag zur mittelfristigen Einsparung von 908 Stellen bei den Regierungspräsidien.[21] Allerdings wurde auf diese Weise die vorgelagerte Rechtsschutzfunktion des Widerspruchsverfahrens[22] weitgehend entwertet, weil vieles dafür spricht, dass die Ausgangsbehörde im Widerspruchsverfahren geneigt sein wird, ihre ursprüngliche Entscheidung zu bestätigen.

17 Eine neue Aufgabe ist den Regierungspräsidien durch die EU-Dienstleistungsrichtlinie (2006/123/EG) zugewachsen, die in Art. 6 die Mitgliedstaaten zur Schaffung von sog. Einheitlichen Ansprechpartnern verpflichtet. Die in den §§ 71 a ff. HVwVfG näher geregelte verfahrensrechtliche Koordinierungsfunktion der einheitlichen Stelle wurde

---

17 Siehe § 7 Abs. 1 Nr. 2 Hessisches Beamtengesetz (HBG) v. 27.5.2013 (GVBl. S. 218); auch sie können also wie Staatssekretäre (§ 7 Abs. 1 Nr. 1 HBG) bei einem Regierungswechsel in den einstweiligen Ruhestand versetzt werden.
18 Gesetzliche Grundlage der örtlichen Zuständigkeit der Regierungspräsidien ist § 3 HVwVfG i.V.m. § 2 des Gesetzes über die Regierungspräsidien und Regierungsbezirke.
19 Eingefügt durch Art. 1 des Dritten Gesetzes zur Verwaltungsstrukturreform v. 17.10.2005 (GVBl. I, S. 674).
20 Näher dazu unten Rn. 62.
21 Zur Begründung von § 16 a Abs. 4 AGVwGO s. LT-Drs. 16/3878, S. 1 f., 24 ff.
22 Verfassungsrechtlich geboten ist das Widerspruchsverfahren durch Art. 19 Abs. 4 GG nicht; so BVerfGE 69, 1 (48) m.w.N.

durch das Gesetz über den Einheitlichen Ansprechpartner Hessen (EAHG) den drei Regierungspräsidien zugewiesen.[23] Werden sie in dieser Funktion tätig, tragen sie gem. § 1 Abs. 1 EAHG den Zusatz „**Einheitlicher Ansprechpartner Hessen (EAH)**".

Neben den Regierungspräsidien als den allgemeinen Behörden der Landesverwaltung gibt es aus den bereits erwähnten Gründen (s.o. Rn. 13) nur noch wenige **Sonderbehörden der Mittelstufe**. Sie haben mit den sogleich zu behandelnden oberen Landesbehörden gemeinsam, dass von ihnen nur jeweils eine mit Zuständigkeit für das gesamte Landesgebiet existiert. Die Sonderbehörden der Mittelstufe unterscheiden sich aber von den oberen Landesbehörden dadurch, dass ihnen weitere (untere) Behörden nachgeordnet sind. 18

Beispiele:
Sonderbehörden der Mittelstufe sind z.B. die Oberfinanzdirektion Frankfurt am Main mit den nachgeordneten Finanzämtern als örtliche Behörden (§ 2 Abs. 1 Nr. 3, 4 FVG), sowie das Hessische Landesamt für Bodenmanagement und Geoinformation.[24]

c) Die oberen Landesbehörden

Obwohl ihre Bezeichnung dies nahe legen könnte, sind die **oberen Landesbehörden** den Mittelbehörden nicht übergeordnet. Es handelt sich vielmehr um Sonderbehörden für solche speziellen Aufgaben, die keine Verwaltung „vor Ort" erfordern, aber dennoch von den Ministerien nicht sinnvoll wahrgenommen werden können und deshalb aus der Ministerialverwaltung ausgegliedert sind.[25] Die oberen Landesbehörden unterscheiden sich von den Mittelbehörden dadurch, dass ihnen **keine Behörden nachgeordnet sind**. Die oberen Landesbehörden werden nämlich für ihren Aufgabenbereich mit örtlicher Zuständigkeit für das gesamte Landesgebiet unmittelbar nach außen tätig. 19

Beispiele:
Obere Landesbehörden sind etwa:
das Landesamt für Verfassungsschutz (§ 1 Abs. 1 VerfSchutzG HE)
das Landeskriminalamt (§ 91 Abs. 2 Nr. 2 lit. b, 92 HSOG)
das Statistische Landesamt (§ 2 Abs. 1 S. 1 HessLStatG)
das Landesamt für Umwelt und Geologie (§ 1 LUG-ErrichtungsG).

d) Die obersten Landesbehörden und die Regierungsebene

aa) Die Ministerien. Die Ministerien stehen als **oberste Landesbehörden** an der Spitze der Behördenhierarchie der unmittelbaren Landesverwaltung. Die Ministerien stellen deshalb den Ausgangspunkt der Nachordnungsverhältnisse dar, die von ihnen entweder zu den oberen Landesbehörden oder über die Mittelbehörden zu den Unterbehörden führen. Geleitet werden die Ministerien von einer **Ministerin** oder einem **Minister**. 20

---

23 Näher dazu *Sicko*, LKRZ 2010, 331 ff.
24 Die Bezeichnung als „obere Kataster- und Vermessungsbehörde" in § 4 Abs. 2 Nr. 2 des Hessischen Gesetzes über das öffentliche Vermessungs- und Geoinformationswesen v. 6.9.2007 (HVGG; GVBl. I, S. 548), ist im Hinblick auf die funktionale Einordnung als Mittelbehörde in der dreigliedrigen Verwaltungshierarchie unschädlich.
25 Die Zuordnung der Landesoberbehörden zu den Ministerien bzw. zum Ministerpräsidenten ergibt sich aus dem Beschluss der Landesregierung nach Art. 104 Abs. 2 HV; s.o. Fn. 7.

Anders als auf Bundesebene[26] existiert in Hessen kein Gesetz, das den Rechtsstatus der Minister näher ausgestaltet.[27] Der Status der Minister nach der HV unterscheidet sich gleichwohl nicht wesentlich vom Status der Minister auf Bundesebene. Insbesondere sind die Minister auch nach der HV keine (zur Neutralität verpflichteten und dem Disziplinarrecht unterworfenen) Beamten.[28]

21 Nach der zentralen Vorschrift des Art. 102 S. 2 HV leitet jeder Minister innerhalb der vom Ministerpräsidenten festgelegten Richtlinien der Regierungspolitik „den ihm anvertrauten **Geschäftszweig** selbständig und unter eigener Verantwortung gegenüber dem Landtage". Mit dem Begriff „Geschäftszweig" sind sachlich umschriebene Verwaltungsgebiete (Ressorts) gemeint, womit der gesamte auf diesem Sachgebiet tätige Verwaltungsapparat des Landes einem Ministerium nachgeordnet wird. Die Zuordnung der Sachbereiche, auf denen die Verwaltung tätig ist, zu den Geschäftsbereichen der einzelnen Ministerien erfolgt vorbehaltlich fachgesetzlicher Regelungen, die bestimmte Bereiche mit Ausschließlichkeitswirkung einzelnen Ministerien zuordnen,[29] durch den in Art. 104 Abs. 2 S. 1 HV vorgesehenen Beschluss der Landesregierung, also des Kollegialorgans.[30] Der Beschluss zählt bei jedem Geschäftsbereich alle Sachangelegenheiten auf, deren Verwaltung ausschließlich dem jeweiligen Ministerium zugeordnet ist. Außerdem werden die den Ministerien unmittelbar nachgeordneten Behörden und Stellen aufgezählt. Schließlich finden sich hier die Organisationen, gegenüber denen eine vom jeweiligen Ministerium auszuübende Rechtsaufsicht, gelegentlich auch eine Fachaufsicht oder Dienstaufsicht besteht. Die Aufzählung der nachgeordneten Behörden und der Stellen, gegenüber denen Aufsichtsrechte bestehen, ergibt insgesamt eine bis auf die Landesunterbehörden fast lückenlose Darstellung der Verwaltungseinheiten, die im Lande Hessen existieren. Die Zahl der Ministerien ist weder durch die Verfassung noch durch Gesetz festgelegt. Sie obliegt ebenso wie der Zuschnitt der Geschäftsbereiche der Entscheidung der jeweiligen Regierung,[31] die dabei neben sachlichen Notwendigkeiten der zu verwaltenden Sachbereiche auch auf Koalitionsvereinbarungen Rücksicht nehmen darf. Daraus folgt eine gewisse Unbeständigkeit der Zahl der Ministerien und des Zuschnitts ihrer Geschäftsbereiche sowie der Bezeichnungen.

22 Dem Minister steht bei der Wahrnehmung seiner Leitungsaufgabe ein **Ministerbüro** zur Seite. In der ministeriumsinternen Hierarchie unmittelbar unter dem Minister steht der **Staatssekretär**. Er hält dem Minister das Ministerium als Apparat zur Verfügung. Im Verhinderungsfalle vertritt er den Minister als Ressortleiter. Staatssekretäre

---

26 S. das Gesetz über die Rechtsverhältnisse der Mitglieder der Bundesregierung v. 27.7.1971 (BGBl. I, S. 1166).
27 In Hessen existiert lediglich ein Gesetz über die Bezüge der Mitglieder der Landesregierung v. 27.7.1993 (GVBl. I, S. 339).
28 Näheres zum Status der Minister nach dem GG bzw. dem Gesetz über die Rechtsverhältnisse der Mitglieder der Bundesregierung bei *Hermes*, in: Dreier, GG-Kommentar, Bd. II, 3. Aufl. 2015, Art. 62 Rn. 23.
29 S. etwa § 91 Abs. 2 Nr. 1 HSOG. – Wenn gesetzliche Regelungen dieser Art existieren, so ist die Landesregierung deswegen verpflichtet, ein Ministerium zu schaffen, dessen Bezeichnung zwar nicht mit der in der gesetzlichen Regelung genannten identisch sein muss, aber eine eindeutige Zuordnung ermöglichen muss.
30 Vgl. zuletzt den Beschluss der Landesregierung aus dem Jahr 2014 (s.o. Fn. 7).
31 Diese Kompetenz besteht nur vorbehaltlich bisher nicht praktisch gewordener Ingerenzrechte des Landtages: Nach Art. 104 Abs. 2 S. 2 HV kann der Landtag verlangen, dass der ihm vorzulegende Beschluss geändert oder ganz außer Kraft gesetzt wird.

sind politische Beamte.[32] Sie können also bei einem Regierungswechsel gegen einen der neuen Mehrheit oder dem neuen Minister nahestehenden Beamten ausgewechselt werden; eine Möglichkeit, von der in der Praxis fast immer Gebrauch gemacht wird.

Die größten organisatorischen Untergliederungen des Ministeriums heißen **Abteilungen**. Sie werden von Abteilungsleitern im Range eines Ministerialdirigenten geleitet. Die Aufteilung eines Ministeriums in Abteilungen folgt in der Regel grob den einzelnen Sachbereichen, die von einem Ministerium verwaltet werden. Außerdem hat jedes Ministerium eine Abteilung, die sich mit seinen inneren Angelegenheiten befasst. Die nach den Abteilungen nächstkleinere Untergliederung des Ministeriums sind die **Referate**, aus denen die Abteilungen sich zusammensetzen. Ihnen stehen Referatsleiter im Range eines Ministerialrates oder Regierungsdirektors vor.[33] Die Referate sind ebenfalls für bestimmte sachlich umschriebene Verwaltungsaufgaben zuständig. 23

Zu den **Verwaltungsfunktionen** der Ministerien als obersten Landesbehörden gehören neben der Aufsicht über die nachgeordneten Behörden die Beobachtung der tatsächlichen und rechtlichen Entwicklung in den einzelnen Feldern ihres Geschäftsbereichs, die Vorbereitung und Vorlage von Gesetz- oder Verordnungsentwürfen an die Regierung und der Vorschlag für Personalentscheidungen an die Regierung. In begrenztem Maße gehören dazu auch Einzelentscheidungen mit unmittelbarer Außenwirkung wie etwa Planfeststellungsbeschlüsse[34] oder Subventionsentscheidungen. 24

bb) Die Landesregierung. Die Ministerien erfüllen aber nicht nur Verwaltungsfunktionen, sondern auch **Regierungsfunktionen**. Die Minister sind nämlich nach Art. 100 HV neben dem Ministerpräsidenten auch Mitglieder der **Landesregierung**, also des Kollegialorgans der Regierungsebene. Eine präzise materielle Beschreibung und Abgrenzung der damit angesprochenen beiden Staatsfunktionen „Regierung" und „Verwaltung" ist wohl nicht möglich. Mag man die Regierungsfunktion mit „Staatsleitung" und einer entsprechenden planerisch-konzeptionellen Tätigkeit noch einigermaßen präzise definieren können, so ist die Verwaltungsfunktion mit „Gesetzesvollzug" jedenfalls unzureichend umschrieben: „Verwaltung" bedeutet nicht selten gesetzesfreies oder gesetzlich nur schwach gesteuertes Handeln, so dass eigene Zwecksetzungen verfolgt und – insoweit der Funktion „Regierung" vergleichbar – leitend-planerische Tätigkeit entfaltet werden kann.[35] Im Hinblick auf die hessische Rechtslage ist außerdem nicht zu verkennen, dass die Regierung als Verfassungsorgan auch eher als „Verwaltung" zu beschreibende Funktionen wahrnimmt. So kann das Kollegium nach Art. 107 HV unmittelbar auf die Verfassung gestützt die zur Ausführung eines Gesetzes erforderlichen **Rechts- und Verwaltungsvorschriften** erlassen, soweit das Gesetz diese Aufgaben nicht einzelnen Ministern zuweist. Durch Gesetz kann der Regierung 25

---

32 S. § 7 Abs. 1 Nr. 1 HBG.
33 Gelegentlich sind Referate zu Referatsgruppen zusammengefasst, die dann durch leitende Ministerialräte geführt werden. Die Rangbezeichnungen werden nach § 58 HBG durch den zuständigen Minister festgesetzt, wobei sich dieser im Regelfall an die im HBesG (bzw. in den in dessen Anlage I enthaltenen Besoldungsordnungen A und B) vorgegebenen Bezeichnungen halten wird.
34 S. etwa § 1 Abs. 2 Nr. 1 der Luftverkehrszuständigkeits-Verordnung v. 6.10.2011 (GVBl. I, S. 526), der das für den Luftverkehr zuständige Ministerium zur Planfeststellungsbehörde für den Flughafen Frankfurt macht.
35 S. hierzu näher *Hermes* (Fn. 28), Art. 62 Rn. 24 ff.

nach Art. 118 HV, anders als dies Art. 80 GG regelt, die Befugnis zum Erlass von Verordnungen „über bestimmte einzelne Gegenstände" übertragen werden. Schließlich ernennt nach Art. 108 HV die Landesregierung grundsätzlich die Landesbeamten (vgl. allerdings die abweichenden Regeln in § 9 HBG[36]).

26 Was die **rechtlichen Bindungen und die gerichtliche Kontrolle** betrifft, bestehen zwischen beiden Funktionen keine wesentlichen Unterschiede. Für die Bindung an die Grundrechte ist es irrelevant, ob Regierungs- oder Verwaltungshandeln vorliegt, da Art. 26 HV beides unter den Oberbegriff „Verwaltung" fasst. Die verwaltungsgerichtliche Kontrolle unterscheidet ebenfalls nicht nach Tätigkeit von Regierung oder Verwaltung, sondern nimmt nur die Verfassungsakte aus der Zuständigkeit der Verwaltungsgerichte heraus (§ 40 Abs. 1 S. 1 VwGO).

27 cc) **Ministerpräsident und Staatskanzlei.** Die intern wie ein Ministerium in Abteilungen und Referate gegliederte **Hessische Staatskanzlei** ist das Führungsinstrument des Ministerpräsidenten in seiner Funktion als Spitze der Landesregierung (s. Art. 102, 103 HV). Die Aufgaben der Staatskanzlei sind dementsprechend hauptsächlich[37] auf die politische Führungsfunktion des Ministerpräsidenten bezogen. Ihr kommt – der Richtlinienkompetenz des Ministerpräsidenten entsprechend – eine Koordinierungsfunktion zu. Dies zeigt sich besonders an der für die Koordination zuständigen Abteilung K der Staatskanzlei, deren Aufgabe es ist, die Tätigkeiten der Ministerien zu koordinieren und die jeweilige Spitze des Hauses in allen Fragen der Landespolitik zu beraten. Dieser Aufgabe entsprechend ist die Abteilung K der Staatskanzlei so aufgebaut, dass sich in ihren Referaten die einzelnen Ministerien des Landes widerspiegeln (daher die gebräuchliche Bezeichnung „Spiegelreferate").

28 dd) **Andere Oberste Landesbehörden.** Neben den Ministerien als den klassischen obersten Landesbehörden und der Hessischen Staatskanzlei hat der Gesetzgeber einige andere **Institutionen** außerhalb **der Regierungsebene zu obersten Landesbehörden** erklärt. Alle diese Institutionen zeichnen sich dadurch aus, dass sie selbst keinem Ministerium nachgeordnet sind.[38] Ihnen sind außerdem auch keine anderen Behörden nachgeordnet.

Beispiele:
Gemäß § 1 Abs. 1 HRHG[39] ist der Hessische Rechnungshof oberste Landesbehörde. Ebenso der Hessische Datenschutzbeauftragte gemäß § 8 Abs. 1 HDSIG.

Wegen ihrer unabhängigen Stellung werden die Kanzlei des Landtages und der Landesanwalt bei dem Staatsgerichtshof des Landes Hessen wie oberste Landesbehörden behandelt.[40]

---

36 Danach kann die Landesregierung die Ernennungsbefugnis auf die zuständige Ministerin bzw. den zuständigen Minister übertragen und diese(n) ermächtigen, die Ernennungsbefugnis weiter auf nachgeordnete Behörden zu übertragen.
37 Sie führt auch die laufenden Geschäfte der Landesregierung.
38 Sie sind eine Sonderform der ministerialfreien Verwaltung.
39 Gesetz über den Hessischen Rechnungshof v. 18.6.1986 (GVBl. I, S. 157).
40 Die weisungsunabhängige Stellung der Landesanwaltschaft beim Staatsgerichtshof ergibt sich aus § 10 Abs. 7 StGHG.

e) Sonstige Einrichtungen und Landesbetriebe

Neben dem dargestellten System der unmittelbaren Landesverwaltung gibt es zahlreiche **Einrichtungen** als Untergliederungen des Landes. Sie unterstehen ebenfalls einem Ministerium und üben regelmäßig keine hoheitlichen Verwaltungsfunktionen gegenüber dem Bürger aus. Als nicht rechtsfähige Verwaltungseinrichtungen des Landes gehören sie zur unmittelbaren Landesverwaltung, da ihr Handeln dem Land unmittelbar zugerechnet wird.

29

Beispiele:
Zu nennen sind etwa die Polizeiakademie Hessen (§§ 91 Abs. 2 Nr. 2 e), 95 Abs. 2 HSOG), das Hessische Landesarchiv, die Staatliche Vogelschutzwarte für Hessen, Rheinland-Pfalz und Saarland, Kulturinstitutionen wie das Hessische Landesmuseum in Darmstadt und die Verwaltung der Schlösser und Gärten.

Zunehmende Bedeutung unter den sonstigen Einrichtungen der Landesverwaltung kommt den in § 26 LHO geregelten **Landesbetrieben** zu. Soweit sie nicht als zentralisierter Dienstleister für andere Verwaltungseinheiten tätig sind (so z.B. die Hessische Zentrale für Datenverarbeitung, HZD), sind sie – je nach Aufgabe in unterschiedlichem Ausmaß – erwerbswirtschaftlich ausgerichtet und werden kaufmännisch geführt. Deshalb verfügen sie über erhebliche Autonomie, was sich daran zeigt, dass sie einen Wirtschaftsplan aufstellen und im Haushaltsplan des Landes nur die Zuführungen oder die Ablieferungen veranschlagt werden. Während Landesbetriebe organisationsrechtlich der unmittelbaren Landesverwaltung zuzurechnen sind, ist ihr funktionaler Standort zwischen Hoheitsaufgaben einerseits und unternehmerischer Tätigkeit Privater andererseits anzusiedeln. Sie lassen sich deshalb teilweise als „mildere" Form der Privatisierung deuten.

30

Beispiele:
der Landesbetrieb Bau und Immobilien Hessen mit zahlreichen Niederlassungen
der „Landesbetrieb Landwirtschaft Hessen"
der Landesbetrieb „HessenForst".[41]

f) Aufsicht und Weisung in der unmittelbaren Landesverwaltung

Wesentliches Kennzeichen der durch die dargestellten Nachordnungsverhältnisse zum Ausdruck gebrachten Behördenhierarchie der unmittelbaren Landesverwaltung ist, dass den übergeordneten Behörden gegenüber den **nachgeordneten Behörden** bestimmte **Kontroll- und Steuerungsbefugnisse** zukommen. Art und Umfang dieser Rechte sind innerhalb der unmittelbaren Landesverwaltung zumeist aus allgemeinen Prinzipien des Organisationsrechts abzuleiten. Ausdrückliche gesetzliche Regelungen sind zwar gegenüber den allgemeinen Prinzipien vorrangig, jedoch sind spezifisch und ausschließlich auf den Bereich der unmittelbaren Landesverwaltung bezogene gesetzliche Aufsichtsregeln praktisch eher selten. Solche Regelungen finden sich aber bei der Einbeziehung der Gemeinden in die Erledigung staatlicher Vollzugsaufgaben (dazu so-

31

---

41 Da diese Einrichtungen jeweils einem Ministerium nachgeordnet sind, sind sie in dem Beschluss der Landesregierung (s.o. Fn. 7) aufgelistet, und zwar bei den einzelnen Ministerien unter dem Gliederungspunkt „Unmittelbar nachgeordnet".

gleich Rn. 36 ff.). Zu den allgemeinen Prinzipien des Aufsichtsrechts gehört, dass innerhalb der Hierarchie der unmittelbaren Landesverwaltung den übergeordneten Behörden gegenüber den ihnen nachgeordneten Behörden die Fach- und die Rechtsaufsicht zukommt.[42]

32 **Rechtsaufsicht** bedeutet, dass die übergeordneten Behörden das Verwaltungshandeln der ihnen nachgeordneten Behörden auf seine Übereinstimmung mit dem jeweils maßgeblichen Recht überprüfen und für den Fall eines Rechtsverstoßes die Korrektur des Verwaltungshandelns anmahnen bzw. zu ihr anweisen dürfen, wenn die nachgeordnete Behörde die Korrektur verweigert. Zum einen kann damit eine die Verwaltungsgerichte entlastende verwaltungsinterne Kontrolle geleistet werden. Zum anderen ist nicht zu verkennen, dass sich im parlamentarischen Regierungssystem die jeweilige Regierungspolitik zu einem nicht geringen Teil in Gesetzen ausdrückt, so dass die Rechtsaufsicht auch ein Mittel ist, mit dessen Hilfe die nachgeordneten Behörden in politischer Hinsicht „auf Linie" gebracht werden können.

33 Die **Fachaufsicht** ist hingegen das Rechtsinstitut, mit dessen Hilfe die Regierungspolitik auch dann gegenüber „unwilligen" nachgeordneten Behörden durchgesetzt werden kann, wenn sie (noch) keinen Ausdruck in Gesetzen gefunden hat: Gegenstand der Fachaufsicht ist die Wahrnehmung von Entscheidungsspielräumen durch nachgeordnete Behörden, die auf gesetzlich eingeräumten Ermessens- oder Beurteilungsspielräumen beruhen und darüber hinaus im Bereich der „gesetzesfreien" Verwaltung bestehen. Geht die Ausübung dieser Entscheidungsspielräume nicht mit den politischen Vorstellungen der übergeordneten Behörden und letztlich des Ministers konform, so haben diese im Rahmen der Fachaufsicht die Befugnis, auch dieses Verwaltungshandeln der nachgeordneten Behörden zu monieren bzw. diese zur Korrektur anzuweisen. Eine **Selbstvornahme** durch übergeordnete Behörden mit Wirkung nach außen gehört hingegen weder zu den allgemeinen aufsichtlichen Befugnissen der Rechts- noch der Fachaufsicht. Die Aufsichtsbefugnisse sind reine Rechtsinstitute des staatlichen „Innenrechts".

34 Die **Sanktion bei Nichtbeachtung** von aufsichtlichen Weisungen erfolgt folgerichtig über das Beamtenrecht (Disziplinarrecht) bzw. das öffentliche Dienstrecht.[43] Aus demselben Grund können verhaltenslenkende (norminterpretierende oder ermessensleitende) Verwaltungsvorschriften, bei denen es sich entgegen der wohl noch h.M. um Regelungsphänomene mit Außenwirkung handelt,[44] nicht auf die Rechts- bzw. die Fachaufsicht als Rechtsgrundlage[45] zurückgeführt werden.[46]

---

42 Zu den Aufsichtsmitteln als Ausdruck des Hierarchieprinzips und ihrer Ableitung aus dem Demokratieprinzip s. *Dreier*, Hierarchische Verwaltung im demokratischen Staat, 1991, S. 287 ff., m.w.N.
43 Wenn Gesetze Selbsteintrittsrechte übergeordneter Behörden vorsehen, wie etwa § 88 Abs. 1 S. 1 HSOG, handelt es sich dabei demnach nicht um Rechtsinstitute des Aufsichtsrechts, sondern um Sonderregeln der instanziellen Zuständigkeit für außenwirksames Verwaltungshandeln.
44 So schon *Schmidt*, Gesetzesvollziehung durch Rechtssetzung, 1975, S. 114 ff.; s. hierzu auch *Bogdandy*, Gubernative Rechtssetzung, 2000, S. 477 ff. m.w.N.
45 Ausführlich zur Rechtsgrundlage für den Erlass von Verwaltungsvorschriften *Ossenbühl*, in: Isensee/Kirchhof, HdbStR Bd. 5, 3. Aufl. 2007, § 104 Rn. 76 ff.
46 Ihrer Konzeption nach sind die dargestellten Ingerenzrechte der Fach- und der Rechtsaufsicht sicherlich geeignet, Regierungspolitik gesetzesakzessorisch oder gesetzesfrei durchzusetzen. Dass dies in der Realität hin-

Nur gegenüber den **unmittelbar** nachgeordneten (also in der Hierarchie genau eine 35
Stufe tiefer angesiedelten) Behörden besteht neben der Rechts- und der Fachaufsicht
zusätzlich die **Dienstaufsicht** als die Aufsicht sowohl über das Personal und die Personalentscheidungen als auch über den Dienstbetrieb.[47] Dass Fachaufsicht und Dienstaufsicht nicht notwendig zusammenfallen müssen, zeigen die für die Regierungspräsidien getroffenen Regelungen: Sie unterstehen in fachaufsichtlicher Hinsicht den für
das jeweilige Verwaltungsgebiet sachlich zuständigen Ministerien, während die
Dienstaufsicht über die Regierungspräsidien ausschließlich vom Ministerium des Innern und für Sport ausgeübt wird.[48]

3. Einfluss des Landes bei Erfüllung staatlicher Aufgaben durch die Gemeinden und Landkreise

Sind die Gemeinden (nach Art. 137 Abs. 1 S. 1 HV) oder die Landkreise (nach 36
Art. 137 Abs. 2 HV) in die Erledigung staatlicher Vollzugsaufgaben einbezogen, so bedeutet dies nicht, dass ihnen gegenüber deswegen automatisch eine **Fachaufsicht des Landes** besteht. Nach **Art. 137 Abs. 4 HV** bedarf der Vorbehalt fachaufsichtlicher Befugnisse vielmehr einer **besonderen Regelung**. Auf dieser Grundlage hat sich der Gesetzgeber im Jahre 2005 in § 4 HGO und § 4 HKO auf zwei Typen aufsichtlicher Einbindung festgelegt, die den Typen der Heranziehung von Gemeinden/Landkreisen
bzw. deren Organen zur Erledigung staatlicher Aufgaben entsprechen.[49] Bei den **Aufgaben, die zur Erfüllung nach Weisung übertragen** werden, bestimmt das übertragende Gesetz die Voraussetzungen und den Umfang des Weisungsrechts. Die Weisungen
werden für den Regelfall in §§ 4 HGO, 4 HKO auf allgemeine Anordnungen beschränkt. In **Auftragsangelegenheiten** können die Fachaufsichtsbehörden dem ihrer
Aufsicht unterstellten Bürgermeister (Oberbürgermeister) oder Landrat hingegen regelmäßig Weisungen auch im Einzelfall erteilen. Von „den Umständen des Einzelfalls"
wird es abhängig gemacht, ob die Aufsichtsbehörden die Befugnisse der ihrer Aufsicht
unterstellten Behörde selbst ausüben dürfen (Selbstvornahme, s. § 4 Abs. 3 HGO, § 4
Abs. 3 HKO).

Beispiele: 37
Ein Beispiel für eine Einbeziehung der Gemeinden in die Erledigung staatlicher Aufgaben in Form
einer **Auftragsangelegenheit** bietet das HSOG im Bereich der **allgemeinen Ordnungsverwaltung**:
Soweit in § 85 Abs. 1 Nr. 3 HSOG die Oberbürgermeister kreisfreier Städte und die Landräte als
Kreisordnungsbehörden in die Durchführung des HSOG einbezogen sind, statuiert § 87 Abs. 1
HSOG das fachaufsichtliche Einzelweisungsrecht.

Ein Beispiel für die Einbeziehung der Gemeinden in die Erledigung staatlicher Aufgaben in Gestalt der Aufgabe zur **Erfüllung nach Weisung** bietet die **HBO**: § 61 Abs. 7
HBO sieht die Möglichkeit vor, den unteren Bauaufsichtsbehörden allgemeine fachaufsichtliche Weisungen sowie Weisungen für den Einzelfall zu erteilen, wenn gegen
höherrangiges Recht oder gegen allgemeine Weisungen verstoßen wird. Damit wird

---
gegen stets und auch mit der erforderlichen Breitenwirkung gelingt, erscheint angesichts beschränkter Kapazitäten in den übergeordneten Behörden, namentlich den Ministerien, beinahe ausgeschlossen.
47 Zur Dienstaufsicht s. auch *Maurer/Waldhoff*, Allgemeines Verwaltungsrecht, § 22 Rn. 31 f.
48 Dies ergibt sich aus dem Beschluss der Landesregierung nach Art. 104 Abs. 2 HV (Fn. 7).
49 S. dazu bereits oben Rn. 11; Einzelheiten unten § 4 Rn. 109 ff.

auf das Regel-Ausnahme-Verhältnis zwischen nur allgemeinen fachaufsichtlichen Weisungen und Weisungen für den Einzelfall rekurriert, das die §§ 4 HGO, 4 HKO für die Aufgaben zur Erfüllung nach Weisung statuieren.

38 Eine ihrer Rechtsgrundlage nach fachaufsichtlich motivierte **Weisung**[50] staatlicher Aufsichtsbehörden gegenüber Selbstverwaltungsträgern oder ihren Organen, wenn diesen eine staatliche Aufgabe zur Erfüllung nach Weisung übertragen ist, stellt **keinen Verwaltungsakt** dar. Grund ist die materielle Einbeziehung in den staatlichen Verwaltungsapparat, die durch den Vorbehalt der Fachaufsicht als hierarchietypisches Weisungsrecht zum Ausdruck kommt. Deswegen fehlt fachaufsichtlich motivierten Akten die intendierte Außenwirkung und damit die Verwaltungsaktqualität.[51] Konsequenz der Annahme, das fachaufsichtliche Weisungsrecht werde im Wege eines Verwaltungsaktes umgesetzt, wäre im Übrigen, dass der Kommune die Beteiligtenrechte der §§ 9 ff. HVwVfG zukämen. Die Aufsichtsbehörde müsste also etwa vor der Ausübung des Weisungsrechts die Gemeinde oder den Landkreis anhören (§ 28 HVwVfG) oder Akteneinsicht gewähren (§ 29 HVwVfG). Die Gemeinde oder der Landkreis könnte gegen fachaufsichtliche Weisungen Widerspruch (§ 68 VwGO) mit der Rechtsfolge aufschiebender Wirkung einlegen (§ 80 Abs. 1 S. 1 VwGO), so dass die sofortige Umsetzung der Weisung nur über eine gesondert rechtfertigungsbedürftige Anordnung nach § 80 Abs. 2 S. 1 Nr. 4 VwGO erreicht werden könnte. Dies alles widerspräche jedoch der notwendigen Effektivität eines hierarchietypischen Weisungsrechts wie der Fachaufsicht.[52] Es besteht also ein Unterschied zwischen den Maßnahmen der Fachaufsicht und denen der Kommunalaufsicht, die Verwaltungsakte darstellen (s. dazu § 4 Rn. 157).

39 Die durch fachaufsichtliche Weisungsrechte zum Ausdruck gebrachte Einordnung von Gemeinden und Kreisen in die staatliche Verwaltungshierarchie erlaubt auch die Ableitung, dass im **Widerspruchsverfahren nach der VwGO** nicht der Selbstverwaltungsträger über den Widerspruch zu entscheiden hat, sondern die staatliche (Fach-)Aufsichtsbehörde. Denn (nur) die Fachaufsicht erlaubt es diesen Behörden, über Recht- und Zweckmäßigkeit von Verwaltungsakten der unteren Behörden zu entscheiden,

---

50 Es gibt auch staatliche Aufsichtsakte gegenüber Gemeinden, die nach ihrer Rechtsgrundlage eine Doppelnatur haben, also nicht allein fachaufsichtlich motiviert sind. Dies ist etwa bei der Weisung nach § 44 Abs. 1 S. 2 StVO der Fall, da solche Weisungen wegen der Gemengelage gefahrenabwehrrechtlicher und planungsrechtlicher Motivation straßenverkehrsrechtlicher Anordnungen die Gemeinde in ihrer Planungshoheit betreffen können. S. hierzu BVerwG NVwZ 1995, 910.
51 Dies gilt auch dann, wenn die fachaufsichtlich motivierte Weisung den durch Art. 28 Abs. 2 S. 1 GG geschützten Bereich der Gemeinde betrifft. Auch in diesem Fall bedeutet die fachaufsichtliche Motivation der Weisung, dass sie nicht auf Außenwirkung gerichtet ist. Im Übrigen führt die Annahme, eine fachaufsichtliche Maßnahme sei ein Verwaltungsakt, wenn sie in Selbstverwaltungsangelegenheiten eingreift, zu der eigenartigen Annahme, dass ein Verwaltungsakt dann vorliegt, wenn die Weisung rechtswidrig ist, und damit dazu, dass die Rechtsschutzform (Anfechtungsklage) von dem Ergebnis des Rechtsschutzverfahrens abhängig gemacht wird.
52 Dies führt aber nicht dazu, dass der Gemeinde oder dem Landkreis gegen rechtswidrige Weisungen der Fachaufsicht kein verwaltungsgerichtlicher Rechtsschutz offen steht. Sie können im Wege der allgemeinen Leistungsklage auf Rücknahme der ihrer Ansicht nach rechtswidrigen fachaufsichtlichen Weisung durch das Land klagen, wobei sich die Klagebefugnis daraus ergibt, dass das Recht der Gemeinden und Kreise, die in den ihnen ausgeteilten staatlichen Gesetzen enthaltenen Gestaltungsspielräume eigenverantwortlich auszufüllen (Art. 137 Abs. 1 S. 1, Abs. 2 HV), nur unter dem Vorbehalt rechtmäßiger fachaufsichtlicher Weisungen steht (Art. 137 Abs. 4 HV).

wie § 68 Abs. 1 S. 1 VwGO es für das Widerspruchsverfahren vorsieht. Das HSOG als ein Gesetz, das die Fachaufsicht über die in Form der Auftragsangelegenheit in die Erledigung staatlicher Aufgaben einbezogenen Gemeinden kennt, enthält in diesem Sinne die ausdrückliche Erklärung, dass „die zunächst zuständige Aufsichtsbehörde" die „nächsthöhere Behörde" im Sinne des § 73 Abs. 1 S. 2 Nr. 1 VwGO ist (§ 86 Abs. 5 HSOG). Eine entsprechende Regelung findet sich in § 83 Abs. 3 HSOG für die Behörden der allgemeinen Verwaltung in ihrer Eigenschaft als Gefahrenabwehrbehörden. Besteht nur eine Rechtsaufsicht, existiert dementsprechend keine nächsthöhere Behörde. § 73 Abs. 1 S. 2 Nr. 3 VwGO macht deshalb in diesen Fällen die Selbstverwaltungsbehörde selbst zur Widerspruchsbehörde.

4. Die mittelbare Landesverwaltung

Der Begriff der **„mittelbaren" Landesverwaltung** bringt zum Ausdruck, dass das Land als Verwaltungsträger nicht nur durch seine eigenen, ihm als juristischer Person zuzurechnenden rechtlich unselbständigen Verwaltungseinheiten – unmittelbar – Verwaltung betreibt. Vielmehr gibt es darüber hinaus im Verfassungsraum des Landes außer dem kommunalen Bereich, der einen Sonderstatus innehat (dazu oben Rn. 8 ff., 36 ff. sowie § 4 Rn. 6 ff.), noch andere Verwaltungseinheiten, die zwar auf das Land als „Muttergemeinwesen" zurückzuführen sind, aber dennoch rechtlich selbständig sind und insoweit selbst Zurechnungssubjekte von Verwaltungshandeln sind. Diese Verwaltungseinheiten sind deshalb – wie auch das Land selbst – juristische Personen des öffentlichen Rechts, als solche Verwaltungsträger und im Klagefalle Klagegegner. 40

Folgende Typen solcher Verwaltungseinheiten sind der Konzeption nach zu unterscheiden: Die **Körperschaft** des öffentlichen Rechts zeichnet sich dadurch aus, dass sie mitgliedschaftlich verfasst und meist Trägerin von Selbstverwaltungsaufgaben ist. Die **Anstalt** des öffentlichen Rechts wird – zurückgehend auf Otto Mayer[53] – als eine Einheit sächlicher und personeller Mittel verstanden, die einem bestimmten Nutzerkreis zur Verfügung gestellt wird. Der Anstaltsbegriff ist historisch auf das Verhältnis des Nutzers zur Verwaltungseinheit hin gedacht und diente allein auf dieses Verhältnis bezogen zur Entwicklung des Zugangsanspruches und des Begriffs der Anstaltsgewalt als der Befugnis der Verwaltungseinheit, dieses Verhältnis einseitig zu regeln. Neben Körperschaften und Anstalten gibt es noch **Stiftungen** des öffentlichen Rechts als verselbständigte Vermögensmassen. Versteht man den Begriff der mittelbaren Landesverwaltung in einem weiteren, nicht auf juristische Personen des öffentlichen Rechts beschränkten Sinne, so gehören hierher schließlich auch die Verwaltungseinheiten, die als juristische Personen des privaten Rechts organisiert sind (s. unten Rn. 46 ff.). 41

Da die Gesichtspunkte, die diese Definitionen jeweils in den Vordergrund stellen, auf unterschiedlichen Ebenen liegen, ist es möglich, dieselbe Organisation unter verschiedenen Aspekten mehr als einem dieser Typen zuzuordnen und sie so gleichzeitig beispielsweise als Anstalt und als Körperschaft zu begreifen. 42

---

53 Deutsches Verwaltungsrecht, Bd. 2, 3. Aufl. 1924.

Beispiel:

Ein Beispiel liefern die **Universitäten**[54]: Die Studierenden als Nutzer des anstaltlich verfassten Bereichs der Universitäten sind außerhalb des reinen Nutzungsverhältnisses zusammen mit den Hochschullehrern (diese als Teil der personellen Mittel der Anstalt) und anderen Mitgliedern körperschaftlich organisiert und verwalten sich insoweit selbst.

Der so zu erklärende Doppelstatus der Universitäten führt zu der Notwendigkeit, den Bereich der originären Hochschulangelegenheiten von dem Bereich der anstaltlichen Verwaltung abzugrenzen. Konsequenzen der Zuordnung einer Angelegenheit zu einem der beiden Bereiche betreffen vor allem die Einflussmöglichkeiten des Landes, die bei der anstaltlichen Verwaltung größer sind als bei den originären Hochschulangelegenheiten. Die Notwendigkeit weitgehender Selbstverwaltung der originären Hochschulangelegenheiten ist Folge der nach Art. 5 Abs. 3 GG gewährleisteten Freiheit der Wissenschaft und Lehre. Quantitativ stellt der Hochschulbereich den bedeutendsten Komplex mittelbarer Landesverwaltung dar. Ihm sind die Universitäten in Frankfurt am Main, Marburg, Gießen, Darmstadt und Kassel, sowie drei Kunsthochschulen[55] und fünf Fachhochschulen zuzurechnen, vgl. § 2 Abs. 1 HHG.[56]

43 Neben dem universitären Bereich von Bedeutung sind im Bereich der mittelbaren Landesverwaltung vor allem die **Kammern**. Diese sind in Form von Körperschaften organisierte Selbstverwaltungsorganisationen der Freiberufler und des Gewerbes, des Handwerks und der Wirtschaft. Im Bereich der freien Berufe gibt es für die Heilberufe die Kammern der Ärzte, Zahnärzte, Tierärzte und Apotheker[57], für die rechtsberatenden Berufe die Kammern der Anwälte, der Notare und der Steuerberater, als weitere Kammer freiberuflich Tätiger die Architektenkammer. Im Bereich von Gewerbe, Handwerk und Wirtschaft existieren die Handwerkskammern, die Ingenieurkammer, die Kursmaklerkammer und die Industrie- und Handelskammern. Es besteht gesetzlich angeordnete Zwangsmitgliedschaft. Die Kammern finanzieren sich über Beiträge ihrer Mitglieder. Der Sinn dieser Form der Selbstverwaltung besteht darin, die Wahrnehmung aller Verwaltungsaufgaben, die im Zusammenhang mit Berufsrecht sowie Aus- und Weiterbildung stehen, den Betroffenen als denjenigen zu übertragen, die aufgrund ihrer Sachnähe die größte Sachkompetenz besitzen. Die Kammern haben darüber hinaus die Aufgabe, die Interessen ihrer Mitglieder gegenüber dem Land zu vertreten. Die körperschaftliche Organisation bedeutet, dass die Willensbildung und damit die Politik der einzelnen Kammern durch die Mitglieder bestimmt werden, die ihrerseits die Organe der Kammern wählen. Diese Kammern beruhen zu einem nicht geringfügigen Teil auf Bundesrecht.

44 Der **Hessische Rundfunk** ist ebenfalls dem Bereich der mittelbaren Landesverwaltung zuzuordnen. Er ist eine **Anstalt des öffentlichen Rechts** im Verfassungsraum des Landes Hessen.[58] Daneben gibt es eine Fülle weiterer **Körperschaften** wie die kassenärztli-

---

54 Sonderregeln gelten für die Universität Frankfurt am Main, die in eine Stiftungsuniversität umgewandelt wurde; vgl. §§ 81-89 HessHochschulG.
55 Unter diesen gelten nach dem am 1. Januar 2019 in Kraft tretenden § 90 HessHochSchulG (GVBl. 2017, 482) Sonderregeln für die Hochschule für Bildende Künste – Städelschule.
56 Zu diesem Bereich gehören auch die Studentenwerke, die Anstalten des öffentlichen Rechts sind.
57 Vgl. § 1 Heilberufsgesetz i.d.F. v. 7.2.2003 (GVBl. I, S. 66).
58 § 1 Abs. 1 des Gesetzes über den Hessischen Rundfunk v. 2.10.1948 (GVBl., S. 123).

che Vereinigung Hessen[59] oder die Wasser- und Bodenverbände.[60] Hinzu kommen **Stiftungen** des öffentlichen Rechts wie die Hessische Stiftung Friedens- und Konfliktforschung oder die Stiftung Hessischer Naturschutz.[61]

Alle **Organisationen der mittelbaren Landesverwaltung beruhen auf Gesetz.** Welche Befugnisse die einzelnen Institutionen haben, folgt aus den jeweiligen Gesetzen selbst oder den auf ihrer Grundlage etwa von den Körperschaften selbst beschlossenen Satzungen. Wenn gesetzlich nichts anderes bestimmt ist, unterstehen die juristischen Personen der mittelbaren Landesverwaltung ausschließlich der Rechtsaufsicht des Landes, die durch das jeweils nach dem Geschäftsbereich zuständige Ministerium ausgeübt wird. Das Land kann sich aber gesetzlich auch eine Fachaufsicht, ja sogar eine Dienstaufsicht vorbehalten. 45

Beispiel:
Der Landeswohlfahrtsverband Hessen regelt seine Angelegenheiten grundsätzlich durch Satzung, § 3 Abs. 1 des Gesetzes über den Landeswohlfahrtsverband Hessen. Gemäß § 17 Abs. 2 dieses Gesetzes übt das für kommunale Angelegenheiten zuständige Ministerium die allgemeine Rechtsaufsicht nach den Vorschriften der HGO aus. Bei der Erfüllung von Weisungsaufgaben (so die Aufgaben des Integrationsamtes gemäß § 2 Abs. 1 S. 2) unterliegt der Landeswohlfahrtsverband der Fachaufsicht des zuständigen Fachministeriums, § 17 Abs. 1.

Eine Ausnahme bildet allerdings der Hessische Rundfunk, der wegen der Rundfunkfreiheit (Art. 5 Abs. 1 GG) staatsfrei sein muss und deshalb keiner Staatsaufsicht unterliegen darf.[62]

5. Landesverwaltung in Privatrechtsform

Schließlich können staatliche Aufgaben auch von **privatrechtlich organisierten Einheiten** wahrgenommen werden. Insoweit gewinnt die Privatisierungsdiskussion zunehmende Bedeutung auch für das Organisationsrecht. Nur die sog. materielle Privatisierung[63] bedeutet den völligen Rückzug des Staates aus der Erledigung einer Aufgabe und ihre Überantwortung an den gesellschaftlichen Bereich. Dagegen bedeutet die hier interessierende privatrechtliche Organisation der öffentlichen Hand[64] zunächst lediglich einen Formenwechsel: Die öffentliche Hand bleibt (durch gesellschaftsrechtliche Beteiligung) weiterhin in die Aufgabenerledigung eingeschaltet, allerdings nicht mehr in Organisationsformen des öffentlichen sondern des privaten Rechts (formelle Privatisierung). 46

Die **Kehrseite** der damit regelmäßig erzielten Flexibilisierung ist, dass auf diese Weise **die Erledigung staatlicher Aufgaben in einer Grauzone** angesiedelt wird, auf deren rechtsstaatliche und demokratische Durchformung das geltende Verfassungs- und Ver- 47

---

59 Gesetz über die Kassenärztliche Vereinigung Hessen und die Kassenzahnärztliche Vereinigung Hessen vom 22.12.1953 (GVBl., S. 206), geändert durch Gesetz v. 14.12.2009 (GVBl. I, S. 662).
60 Rechtsgrundlage ist das (Bundes-)Gesetz über Wasser- und Bodenverbände.
61 Zuständig für die Anerkennung einer Stiftung als eine solche des öffentlichen Rechts ist, soweit die Stiftung des öffentlichen Rechts nicht durch Gesetz konstituiert wird (vgl. z.B. § 81 HessHochschulG), gem. § 3 HessStiftG die Landesregierung.
62 Vgl. § 1 Abs. 1 S. 2 RundfunkG.
63 Zum Begriff *Schoch*, DVBl. 1994, 962; *Ziekow*, Öffentliches Wirtschaftsrecht, 4. Aufl., § 8.
64 Oft auch als „Organisationsprivatisierung" bezeichnet; etwa von *Schoch* (Fn. 64) und *Ziekow* (Fn. 64).

waltungsrecht nicht eingerichtet ist: Auf verfassungsrechtlicher Ebene zeigt sich dies insbesondere bei den Fragen, ob derartigen privatrechtlich organisierten Verwaltungseinheiten Grundrechtsfähigkeit zukommt, ob sie bei ihrem privatrechtlichen Handeln an die Grundrechte gebunden sind,[65] ob die Verteilung der Verwaltungskompetenzen zwischen Bund, Ländern und Gemeinden auch auf diese privatrechtlich organisierte Tätigkeit Anwendung findet[66] und inwieweit sich die „Mutterkörperschaft" mit Hilfe gesellschaftsrechtlicher Instrumente „von innen" oder mittels hoheitlicher oder vertraglicher Kontrollinstrumente „von außen" maßgeblichen Einfluss auf die Aufgabenwahrnehmung vorbehalten muss.[67] Insbesondere im Hinblick auf die letztgenannte Frage erscheinen aus der Perspektive des Verwaltungsorganisationsrechts die derzeit überwiegend praktizierten bescheidenen Einwirkungsinstrumente des Gesellschaftsrechts im Vergleich zu dem Aufsichts- und Weisungsinstrumentarium der öffentlich-rechtlich organisierten Verwaltung als problematisch. Der dahinter stehende – nicht weniger problematische – Grund dürfte sein, dass sich die Verwaltungsträger in privater Rechtsform nicht nur organisatorisch verselbstständigt haben, sondern dass auch die von ihnen wahrzunehmende öffentliche Aufgabe zunehmend aus dem Blick geraten und die reine Gewinnerzielungsfunktion in den Vordergrund getreten ist.

48 Suchte man bei den nachfolgend **beispielhaft aufgezählten Beteiligungen des Landes Hessen an privatrechtlichen Organisationen** genauer nach dem erforderlichen öffentlichen Zweck und den Instrumenten seiner Durchsetzung, so könnten sich einige von ihnen als unzulässig erweisen. Die wirtschaftlich bedeutenderen Beteiligungen des Landes Hessen reichen nach der Übersicht des Finanzministeriums (Stand 1.3.2018)[68] von der 31,31-prozentigen Beteiligung an der Fraport AG Frankfurt Airport Services Worldwide (FAG) über die 40-prozentige Beteiligung an der Messe Frankfurt GmbH, die 100-prozentige Beteiligung an der Hessischen Landesbahn GmbH (HLB), die ebenfalls 100-prozentige Beteiligung an der Hessischen Staatsweingüter GmbH Kloster Eberbach, die 50-prozentige Beteiligung an der documenta und Museum Fridericianum Veranstaltungsgesellschaft mbH, bis hin zur 65-prozentigen Beteiligung an der Welterbe Grube Messel GmbH. Die Beispiele zeigen, dass es häufig an der schon aus demokratischen Gründen erforderlichen Transparenz des öffentlichen Zweckes fehlt, den das Land mit der Beteiligung verfolgt.

---

65 Zur (zu verneinenden) Grundrechtsfähigkeit privatrechtlicher Organisationsformen und zur (zu bejahenden) Grundrechtsbindung bei ihrem „verwaltungsprivatrechtlichen" Handeln vgl. nur *Dreier*, in: ders. (Hrsg.), GG-Kommentar, Bd. I, 3. Aufl. 2013, Art. 1 III Rn. 66 ff., Art. 19 III Rn. 69 ff. m.w.N.; begrüßenswert klar dazu das Fraport-Urteil des Bundesverfassungsgerichts, BVerfGE 128, 226, U. v. 22.2.2011 – 1 BvR 699/06.
66 Vgl. dazu nur die Nachweise bei *Oebbecke*, in: HdBStR VI, 3. Aufl. 2008, § 136 Rn. 7.
67 Vgl. dazu etwa *Spannowsky*, DVBl. 1992, 1072 ff.
68 Siehe dazu die Übersicht des Hessischen Finanzministeriums (www.hmdf.hessen.de) unter dem Stichwort „Beteiligungen des Landes".

III. Besonderheiten des Verwaltungs- und Widerspruchsverfahrens

1. Allgemeines Verwaltungsverfahren (Anwendungsbereich des HVwVfG)

Das Landesverwaltungsverfahrensrecht, dessen allgemeiner Teil im Hessischen Verwaltungsverfahrensgesetz (HVwVfG) normiert ist,[69] wird hier nicht weiter behandelt, weil es weitgehend wortlautidentisch mit dem Verwaltungsverfahrensgesetz des Bundes (VwVfG) ist und deshalb auf die allgemeinen Lehrbücher zum Allgemeinen Verwaltungsrecht verwiesen werden kann (s.o. Rn. 1). Klarheit muss allerdings über den **Anwendungsbereich des HVwVfG** herrschen. Die insoweit einschlägigen Regelungen in §§ 1, 2 HVwVfG sind selbstverständlich nicht wortgleich mit den Regelungen in §§ 1, 2 VwVfG und bedürfen hier deshalb einiger Hinweise. 49

Bei der Bestimmung des Anwendungsbereichs nimmt § 1 HVwVfG Bezug auf alle Behörden des Landes, der Gemeinden und Gemeindeverbände (Kreise) sowie der sonstigen der Aufsicht des Landes unterstehenden Körperschaften, Anstalten und Stiftungen des öffentlichen Rechts und erfasst damit die gesamte Verwaltungsorganisation auf Landesebene mit Ausnahme der Verwaltungseinheiten in privater Rechtsform. Was die gesetzesvollziehende „**Verwaltungstätigkeit**" dieser Behörden angeht, so ist zunächst darauf hinzuweisen, dass darunter insbesondere auch der Vollzug von **Bundesrecht durch hessische Behörden fällt**. Die Gesetzgebungskompetenz des Landes zur Regelung des Verwaltungsverfahrens auch in diesem Bereich der Verwaltungstätigkeit[70] ergibt sich nach der Föderalismusreform aus der Abweichungskompetenz der Länder aus Art. 84 Abs. 1 S. 2 GG. Der „Anwendungsverzicht", den § 1 Abs. 3 VwVfG (Bund) auch nach der Föderalismusreform bestimmt, ist damit überflüssig.[71] 50

Der in § 1 Abs. 2 HVwVfG definierte Begriff der **Behörde** ist denkbar weit. Zu beachten ist vor allem, dass er erheblich über den organisationsrechtlichen Behördenbegriff hinausgeht, weil er nicht nur Organe von Verwaltungsträgern erfasst, die mit der (transitorischen) Wahrnehmung von Rechten ihres Verwaltungsträgers für diesen befasst sind, sondern auch Verwaltungsträger selbst und sogar einzelne Amtsträger – also jede Stelle, von der Verwaltungshandeln ausgehen kann. 51

Den Anwendungsbereich des HVwVfG einschränkende Wirkung hat allerdings das Merkmal der **öffentlich-rechtlichen** Verwaltungstätigkeit. Die Regeln des HVwVfG können deshalb nicht direkt auf die sog. fiskalischen Hilfsgeschäfte[72] und auf er- 52

---

[69] Weil die Verwaltungsverfahrensgesetze der Länder im Wesentlichen gleichlautend sind, wird das Verwaltungsverfahrensrecht als Teil des Allgemeinen Verwaltungsrechts in den Lehrbüchern ohne spezifischen Bezug zum Landesrecht behandelt; s. z. B. *Maurer/Waldhoff*, Allgemeines Verwaltungsrecht, § 19.
[70] Soweit die Länder Landesgesetze ausführen, kommt ihnen die Gesetzgebungskompetenz für das Verwaltungsverfahren und die Organisation der Behörden unproblematisch aus Art. 30, 70 Abs. 1 GG zu.
[71] Diese Vorschrift nimmt die in § 1 Abs. 1 Nr. 2 und Abs. 2 VwVfG enthaltene Geltungsanordnung zurück, indem sie bestimmt, dass das VwVfG jedenfalls dann keine Anwendung findet, wenn die Länder – wie es auch Hessen getan hat – die öffentlich-rechtliche Verwaltungstätigkeit in einem eigenen Verwaltungsverfahrensgesetz kodifiziert haben. Verständlich ist diese Regelung nur vor dem Hintergrund des Art. 84 Abs. 1 GG a. F. und der Gesetzgebungsgeschichte des VwVfG (dazu genauer *Schmitz*, in: Stelkens/Bonk/Sachs, VwVfG, § 1 Rn. 32).
[72] Allerdings gelten im Bereich des staatlichen Auftragswesens Normen, die das Verfahren und die materiellen Kriterien der Vergabe – orientiert an den Zwecken der Förderung des Wettbewerbs, der Wirtschaftlichkeit und der Haushaltsführung – speziell regeln und in diesem Rahmen die Gleichbehandlung aller Bieter sicherstellen. Dazu m.w.N. *Hermes*, JZ 1997, 906 ff.

werbswirtschaftliche Tätigkeit der öffentlichen Hand angewendet werden. Im Bereich des sog. Verwaltungsprivatrechts wird hingegen eine analoge Anwendung einzelner Regelungen des HVwVfG in Betracht gezogen.[73]

53 Eine weitere wichtige Einschränkung seines Anwendungsbereichs folgt daraus, dass das HVwVfG zum größten Teil nur auf solche öffentlich-rechtlichen Behördentätigkeiten Anwendung findet, die unter den in § 9 HVwVfG definierten Begriff des **Verwaltungsverfahrens** fallen, also auf den Erlass eines Verwaltungsaktes oder auf den Abschluss eines öffentlich-rechtlichen Vertrages gerichtet sind. Nur die Regeln über die örtliche Zuständigkeit (§ 3) und die Amtshilfe (§§ 4–8) gelten auch für die sonstige öffentlich-rechtliche Verwaltungstätigkeit.[74] Auf diese Weise fallen aus dem Anwendungsbereich der allgemeinen Verfahrensgrundsätze (§§ 9–34) andere öffentlich-rechtliche Handlungsformen des Außenrechts und alle verwaltungsinternen Vorgänge heraus. Hinter der Herausnahme der verwaltungsinternen Vorgänge aus dem Anwendungsbereich stand der Gedanke, die rechtliche Struktur des verwaltungsinternen Bereichs sei noch nicht hinreichend analysiert, so dass eine gesetzliche Regelung mehr schaden als nutzen und vor allem der in diesem Bereich erforderlichen Flexibilität des Verwaltungshandelns im Wege stehen könne. Dies ist im Auge zu behalten, wenn man Rechtsinstitute des Verwaltungsverfahrensrechts trotz des Ausschlusses ihrer unmittelbaren Anwendung im verwaltungsinternen Bereich analog anwenden will. Eine solche Anwendung kann also nur dann in Frage kommen, wenn eine Vergleichbarkeit der verwaltungsinternen Rechtslage mit der durch das jeweilige Rechtsinstitut des HVwVfG geregelten gegeben ist und Flexibilitätsanforderungen der Anwendung nicht entgegenstehen.[75] Bei der analogen Anwendung von Regeln des HVwVfG auf andere öffentlich-rechtliche Handlungsformen als den Verwaltungsakt und den öffentlich-rechtlichen Vertrag sind gleichermaßen die jeweiligen Besonderheiten zu beachten.

54 Schließlich steht die Geltungsanordnung des § 1 Abs. 1 HVwVfG unter dem Vorbehalt, dass nicht Rechtsvorschriften des Landes inhaltsgleiche oder entgegenstehende Bestimmungen enthalten. Das HVwVfG tritt allerdings nur zurück, „soweit" gleichlautendes oder abweichendes Landesrecht besteht. Ein vollständiger Anwendungsausschluss ist daher über diese Klausel nicht möglich. Aber auch punktuelle Regeln in Spezialgesetzen schließen eine ergänzende Heranziehung des HVwVfG nur aus, wenn in der Spezialregel eine abschließende Regelung gesehen werden kann. Entstehungsgeschichtlich ist diese **Subsidiaritätsklausel** auf die Befürchtung zurückzuführen, das Gesetz könne in bestehende Normgefüge einbrechen, ohne dass dies wegen der Fülle der bestehenden Normen immer erkannt werde. Rechtsbereinigungen, die die Bedeutung der Subsidiaritätsklausel im Interesse eines einheitlichen verwaltungsverfahrensrechtlichen Regelungsansatzes reduzieren, sind nicht nur auf Bundesebene singulär und auf

---

73 Für das VwVfG vgl. die Nachweise bei *Schmitz*, in: Stelkens/Bonk/Sachs, VwVfG, § 1 Rn. 116 ff.
74 Gleiches gilt für die Regelungen über die ehrenamtliche Tätigkeit und die Ausschüsse (§§ 81–93). Die Vorschriften über das förmliche Verwaltungsverfahren (vgl. § 63 HVwVfG) finden ohnehin nur aufgrund ausdrücklicher gesetzlicher Anordnung Anwendung. Das in §§ 72 ff. HVwVfG geregelte Planfeststellungsverfahren ist ein besonderes Verwaltungsverfahren, das ebenfalls auf den Erlass eines Verwaltungsaktes (Planfeststellungsbeschluss, Plangenehmigung) gerichtet ist.
75 Zu diesen Fragen *Meyer*, in: Meyer/Borgs, Verwaltungsverfahrensgesetz, § 43 Rn. 33.

Landesebene spärlich und punktuell geblieben, sondern es ist auch eine Tendenz zu beobachten, immer dort, wo man meist aus kurzsichtigem Aktionismus „Handlungsbedarf" sieht, gegenüber den VwVfGen spezielles Verwaltungsverfahrensrecht neu zu schaffen.[76] Dies galt in letzter Zeit insbesondere für das Recht der Planfeststellung. Allerdings sind diese neuen speziellen Regelungen jüngst in die meisten VwVfGe, darunter auch in das HVwVfG, übernommen worden.[77]

Zuletzt ist auf die in § 2 HVwVfG normierten **Ausnahmen vom Anwendungsbereich** 55 hinzuweisen.

Beispiele:
Hervorzuheben ist § 2 Abs. 2 Nr. 1 HVwVfG, der einen Anwendungsausschluss für Verwaltungsverfahren bestimmt, in denen Rechtsvorschriften der Abgabenordnung (AO) anzuwenden sind. Da nach § 4 KAG für die Erhebung kommunaler Abgaben eine Reihe von Vorschriften der AO gelten, findet das HVwVfG auf diese Verwaltungstätigkeit keine Anwendung.

Wichtig ist auch § 2 Abs. 2 Nr. 3 HVwVfG. Die Vorschrift betrifft das vom Land auszuführende Sozialgesetzbuch des Bundes, dessen Vollzug sich nach dem X. Buch des SGB richtet.

Nach § 2 Abs. 3 Nr. 2 HVwVfG gelten nur bestimmte Vorschriften des Gesetzes „bei Leistungs-, Eignungs- und ähnlichen Prüfungen von Personen". So sind die Vorschriften über die Anhörung Beteiligter (§ 28 HVwVfG) und das Begründungserfordernis (§ 39 HVwVfG) nicht anwendbar.

§ 2 Abs. 3 Nr. 3 HVwVfG schließt explizit die Anwendung von § 20 Abs. 1 Nr. 2 HVwVfG aus und erlaubt somit das Tätigwerden von Schulleitern und Lehrern in Verwaltungsverfahren, in denen ein von ihnen unterrichteter Schüler Beteiligter und zugleich ihr Angehöriger ist.

2. Die Verwaltungszustellung

Das Zustellungsverfahren in Verwaltungsangelegenheiten richtet sich für alle Behör- 56 den des Landes, der Gemeinden, der Gemeindeverbände (Kreise) und der sonstigen unter Aufsicht des Landes stehenden Körperschaften, Anstalten und Stiftungen des öffentlichen Rechts nach dem **Hessischen Verwaltungszustellungsgesetz**. Seit der Novelle durch das Gesetz zur Änderung verwaltungsvollstreckungsrechtlicher und anderer Rechtsvorschriften vom 19. November 2008[78] beschränkt sich das Hessische Verwaltungszustellungsgesetz allerdings im Wesentlichen darauf, dynamisch auf die §§ 2 bis 10 des **Verwaltungszustellungsgesetzes des Bundes** zu verweisen.[79] Wie das Bundesgesetz in § 1 Abs. 2 erklärt auch das Hessische Verwaltungszustellungsgesetz in seinem § 2 eine Zustellung nur dann für erforderlich, wenn dies explizit durch Rechtsvorschrift oder behördliche Anordnung bestimmt ist.

3. Das Widerspruchsverfahren
a) Funktion, Bedeutung und Rechtsgrundlagen

Das Widerspruchsverfahren nimmt eine **Zwischenposition** zwischen **Verwaltungsver-** 57 **fahren** und **Verwaltungsprozess** ein. Das Verwaltungsverfahren endet (vgl. § 9 HVwVfG) mit Erlass eines Verwaltungsaktes, mit Abschluss eines öffentlich-rechtlichen

---

76 Beispiele dafür bieten die verschiedenen „Beschleunigungsgesetze" für Infrastrukturvorhaben; dazu *Steinberg/Wickel/Müller*, Fachplanungsrecht, 4. Aufl. 2012, § 1 Rn. 183 ff.
77 S. dazu *Neumann/Külpmann*, in: Stelkens/Bonk/Sachs, § 72 Rn. 15 ff. m.w.N.
78 Art. 5 (GVBl. I, S. 970).
79 S. dazu etwa *Maurer/Waldhoff*, Allgemeines Verwaltungsrecht, § 9 Rn. 76.

Vertrages oder aber durch Einstellung.[80] Vor der verwaltungs*gerichtlichen* Überprüfung der Behördenentscheidung über den Erlass oder die Versagung eines Verwaltungsaktes ist grundsätzlich[81] ein (*behördliches*) Vorverfahren vorgesehen (§§ 68 ff. VwGO).

58 Diesem Vorverfahren kommen dabei im Wesentlichen drei Funktionen zu: Zum einen soll der Verwaltung die Möglichkeit gegeben werden, die Recht- und Zweckmäßigkeit ihres Handelns erneut zu überprüfen (**Selbstkontrolle der Verwaltung**). Zum anderen sollen die Verwaltungsgerichte entlastet werden, indem auf einer vorgeschalteten Überprüfungsebene durch eine überzeugendere Begründung des Ausgangsbescheids oder aber durch Abhilfe den Interessen des Widerspruchsführers Rechnung getragen wird (**Entlastung der Verwaltungsgerichte**). Schließlich sollen durch das Widerspruchsverfahren die Rechtsschutzmöglichkeiten des Bürgers erweitert werden. Auf kostengünstigem Wege kann er eine Überprüfung der Recht- und Zweckmäßigkeit einer Behördenentscheidung veranlassen, ohne direkt Klage vor dem Verwaltungsgericht erheben zu müssen (**Rechtsschutzfunktion**).

59 Das Vorverfahren als eigenständiges Verwaltungsverfahren ist nicht in den Verwaltungsverfahrensgesetzen des Bundes und der Länder sondern in der VwGO geregelt. Dieser Regelungsstandort ergibt sich daraus, dass die Durchführung eines Vorverfahrens Voraussetzung für ein Sachurteil im Rahmen einer Anfechtungs- oder Verpflichtungsklage ist (§ 68 Abs. 1 S. 1 VwGO). Auf diese enge Verknüpfung mit dem Verwaltungsprozess stützt sich die **Gesetzgebungskompetenz des Bundes** für dieses Verwaltungsverfahren[82]: Sie soll sich aus der konkurrierenden Zuständigkeit des Bundes für „das gerichtliche Verfahren" gem. Art. 74 Abs. 1 Nr. 1 GG ergeben.[83] Da das Vorverfahren in den §§ 68 ff. VwGO jedoch **nicht abschließend** geregelt ist,[84] können die Länder gem. Art. 72 Abs. 1 GG ergänzende gesetzliche Regelungen treffen.[85] Der hessische Landesgesetzgeber hat von dieser Kompetenz mit dem AGVwGO Gebrauch gemacht.

b) Der Wegfall des Vorverfahrens nach § 16 a HessAGVwGO

60 In § 68 Abs. 1 S. 2 VwGO hat der Bundesgesetzgeber den Ländern ausdrücklich die Möglichkeit eröffnet, in weiteren als den dort geregelten Fällen durch Gesetz vom Erfordernis der Durchführung eines Widerspruchsverfahrens abzusehen. Hessen hatte von dieser Möglichkeit zunächst nur punktuell Gebrauch gemacht und in § 16 a AGVwGO[86] für einige wenige Bereiche den Wegfall des Vorverfahrens angeordnet. Nach nur einem Jahr wurde diese Regelung jedoch umfassend ausgedehnt: Zum Zwe-

---

80 Zu den wichtigsten Einstellungsgründen vgl. *Schwarz*, in: Fehling/Kastner/Störmer, Verwaltungsrecht, § 9 VwVfG Rn. 72 ff.
81 Zu den Ausnahmen sogleich unten, Rn. 60 f.
82 Eine Regelung des Verwaltungsverfahrens ist grds. gem. Art. 30, 84 Abs. 1 S. 1 GG den Ländern vorbehalten.
83 So BVerfGE 35, 65 (72); *Wittreck*, in: Dreier, GG-Kommentar, Bd. II 3. Aufl. 2015, Art. 74 Rn. 23. *Kastner*, in: Fehling/Kastner/Störmer, Verwaltungsrecht, § 68 VwGO Rn. 11, sieht eine Kompetenz des Bundes zumindest kraft Sachzusammenhangs.
84 Im Übrigen sind die Vorschriften der VwGO, des HVwVfG (insb. §§ 79, 80 HVwVfG) und des AGVwGO anzuwenden.
85 Vgl. BVerfGE 35, 65 (75).
86 Durch Gesetz v. 15.6.2001 (GVBl. I, S. 266).

cke der Beschleunigung und Vereinfachung von Verwaltungsverfahren sowie generell zur Entlastung der Verwaltung wurde im Rahmen des Ersten[87] und des Dritten Gesetzes zur Verwaltungsstrukturreform[88] der Wegfall des Vorverfahrens in einer Vielzahl von Fällen festgelegt. Dem Gesetz wurde ein umfassender nach Sachbereichen untergliederter **Katalog** von behördlichen Entscheidungen als Anlage beigefügt, bei denen gemäß § 16a Abs. 1 AGVwGO ein Widerspruchsverfahren entfällt.[89] Dabei wird weitgehend statisch auf Entscheidungen nach einem Gesetz in der explizit bezeichneten Fassung verwiesen, teilweise aber auch dynamisch auf Entscheidungen in einem bestimmten Rechtsgebiet nach dem jeweils geltenden Recht.[90] Trotz dieser zahlreichen Ausnahmen bleibt jedoch in wichtigen Bereichen wie dem Baurecht oder dem Polizei- und Ordnungsrecht weiterhin die Durchführung eines Widerspruchsverfahrens erforderlich.

Über die Anlage hinaus ist gegen Verwaltungsakte, die das **Regierungspräsidium** erlassen oder abgelehnt hat,[91] ein Vorverfahren gemäß § 16a Abs. 2 S. 1 AGVwGO regelmäßig unstatthaft, wenn nicht eine Ausnahme nach Satz 2 vorliegt. Neben der verfassungsgerichtlich gebotenen Ausnahme hinsichtlich berufsbezogener Prüfungen entfällt demnach ein Vorverfahren ebenfalls nicht, wenn dessen Durchführung ausdrücklich angeordnet ist (z.B. durch § 54 Abs. 2 S. 1 Beamtenstatusgesetz des Bundes). Absatz 3 schließlich dehnt den Wegfall des Vorverfahrens auch auf **Nebenbestimmungen** und **Maßnahmen der Verwaltungsvollstreckung** aus, sofern ein Fall der Absätze 1 oder 2 vorliegt. 61

c) Die Zuständigkeit zur Entscheidung über den Widerspruch

Nach dem in der VwGO normierten Grundsatz entscheidet zunächst die Ausgangsbehörde, ob sie den Widerspruch für zulässig[92] und begründet hält. Ist dies der Fall, so erlässt sie einen Abhilfebescheid, § 72 VwGO. Hält die Ausgangsbehörde den Widerspruch dagegen für unzulässig oder unbegründet, so entscheidet die Widerspruchsbehörde über den Widerspruch und erlässt gem. § 73 Abs. 1 S. 1 VwGO einen (ablehnenden oder stattgebenden) Widerspruchsbescheid. Widerspruchsbehörde ist dabei gem. § 73 Abs. 1 S. 2 Nr. 1, 1. Hs. VwGO grundsätzlich die **nächsthöhere Behörde** (sog. **Devolutiveffekt**), wenn nicht die nächsthöhere Behörde eine oberste Bundes- oder Landesbehörde ist (§ 73 Abs. 1 S. 2 Nr. 2 VwGO) oder eine Selbstverwaltungsangelegenheit vorliegt (§ 73 Abs. 1 S. 2 Nr. 3 VwGO). Um die jeweils zuständige Widerspruchsbehörde (nächsthöhere Behörde) zu bestimmen, müssen in Hessen die für die jeweilige Materie einschlägigen Gesetze bzw. Verordnungen zu Rate gezogen werden, aus der sich der Behördenaufbau z.B. der Bauaufsichtsbehörden (§ 60 Abs. 1 HBO), 62

---

[87] GVBl. I 2002, S. 342.
[88] GVBl. I 2005, S. 674.
[89] Die Anlage wurde u.a. durch Gesetz v. 29.11.2010 (GVBl. I, S. 421), durch Gesetz vom 18.12.2017 (GVBl. S. 467) und zuletzt durch Gesetz vom 28.5.2018 (GVBl. S. 184) erweitert.
[90] VGH Kassel, DÖV 2009, 686.
[91] Die Bestimmung des § 16a Abs. 2 AGVwGO wurde inhaltsgleich aus dem baden-württembergischen Landesrecht übernommen. Die dortige Regelung wurde nach einer Untersuchung der Widerspruchsverfahren durch eine Managementberatungsgesellschaft eingeführt.
[92] Die Zulässigkeit des Widerspruchs wird zwar nicht explizit in § 72 VwGO erwähnt, ist aber als denknotwendige Voraussetzung anerkannt, vgl. BVerwGE 101, 64 (67).

der allgemeinen Ordnungsbehörden (§ 85 Abs. 1 HSOG), der Wasser- (§ 64 Abs. 1 HWG) oder der Denkmalschutzbehörden (§ 3 HDSchG) ergeben. Um Verwaltungsreformen in den Ländern zu erleichtern und um Schwierigkeiten auszuräumen, die die Einordnung von Aufgaben zur Erfüllung nach Weisung (vgl. § 4 Abs. 1 HGO, § 4 Abs. 1 HKO) unter den Begriff der Selbstverwaltungsangelegenheiten i.S.d. § 73 Abs. 1 S. 2 Nr. 3 VwGO bereitete,[93] schuf der Bundesgesetzgeber eine Möglichkeit zum Ausschluss des Devolutiveffektes in § 73 Abs. 1 S. 3 VwGO[94]: Durch Gesetz – insbesondere durch Landesgesetz – kann demnach bestimmt werden, dass die Ausgangsbehörde zugleich auch Widerspruchsbehörde ist. Hessen hat mit § 16a Abs. 4 AGVwGO[95] von dieser Ermächtigung umfassend Gebrauch gemacht und für alle Fälle, in denen die nächsthöhere Behörde das Regierungspräsidium oder die Wirtschafts- und Infrastrukturbank Hessen ist, die Zuständigkeit zur Entscheidung über den Widerspruch der **Ausgangsbehörde** zugewiesen (zu den Hintergründen s. Rn. 16). Insbesondere bei Weisungsaufgaben und Auftragsangelegenheiten, die durch Landräte, Kreisausschüsse und Oberbürgermeister und Magistrate der Städte mit mehr als 50.000 Einwohnern wahrgenommen werden, sind also Ausgangs- und Widerspruchsbehörde in Hessen identisch. Eine dem Widerspruchsbescheid vorausgehende Nichtabhilfeentscheidung ist in diesen Fällen nicht erforderlich.[96]

d) Besonderheiten des Widerspruchsverfahrens nach §§ 7 ff. AGVwGO

63 Gem. § 73 Abs. 2 VwGO bleiben (landesrechtliche) Regelungen über die Beteiligung von Ausschüssen und Beiräten am Vorverfahren durch die Vorschriften der VwGO unberührt. In Hessen wurden Ausschüsse bereits 1949 – also mehr als zehn Jahre vor dem Inkrafttreten der VwGO – geschaffen und auch weiterhin in den §§ 7 ff. AGVwGO beibehalten. Diese **Ausschüsse** sind bei den Städten mit mehr als 30.000 Einwohnern und bei den Landräten als Behörden der Landesverwaltung angesiedelt (§ 7 Abs. 2 AGVwGO). In den in § 7 AGVwGO genannten Fällen sollen sie vor einer Entscheidung über den Widerspruch als unparteiische (vgl. die Regelungen zur Zusammensetzung in § 10 AGVwGO, insbes. Abs. 3) Schlichtungsinstanz fungieren. Sie bieten dem Widerspruchsführer Gelegenheit zur mündlichen Darlegung seiner Auffassung (§ 7 Abs. 1 AGVwGO) und sollen nach Erörterung der Sach- und Rechtslage auf eine gütliche Erledigung des Widerspruchs hinwirken (§ 12 Abs. 1 S. 1 AGVwGO). Die Ergebnisse der Anhörung zusammen mit einer Empfehlung des Ausschusses werden der Ausgangsbehörde vorgelegt (§ 12 Abs. 2 AGVwGO) und können somit bei der Entscheidung über eine etwaige Abhilfe Berücksichtigung finden.

IV. Die Verwaltungsvollstreckung

64 Neben dem Verwaltungsverfahrensrecht ist auch das Recht der Verwaltungsvollstreckung landesgesetzlich geregelt und bedarf hier näherer Erläuterung. Gestaltende und feststellende Verwaltungsakte können die mit ihrer Regelung bezweckte Wirkung

---

93 Vgl. BT-Drs. 14/640, S. 11; insoweit gleichlautend bereits der Bundesratsantrag BR-Drs. 831/97.
94 Art. 15 des Zweiten Gesetzes zur Erleichterung der Verwaltungsreform in den Ländern (2. Zuständigkeitslockerungsgesetz) v. 3.5.2000 (BGBl. I, S. 632).
95 Eingefügt durch das Dritte Gesetz zur Verwaltungsstrukturreform v. 17.10.2005 (GVBl. I, S. 674).
96 BVerwGE 70, 4 (12).

durch sich selbst realisieren, da die Wirkung sich bei diesen Verwaltungsakten in der Feststellung oder Veränderung der Rechtslage erschöpft, die Wirkung also eine rein normative ist. Diese Verwaltungsakte werden daher auch „self-executing" genannt.

Beispiele:
Die Ernennung (§ 9 HBG), Beförderung und Entlassung eines Beamten ist gestaltender Verwaltungsakt; ebenso die Abordnung oder die Versetzung, nicht jedoch die bloße Umsetzung innerhalb einer Behörde.
Bei Vorliegen der Voraussetzungen des § 22 Abs. 1–3 des Beamtenstatusgesetzes[97] wird die oberste Dienstbehörde zwar einen Verwaltungsakt hinsichtlich der Entlassung des Beamten erlassen, dieser ist dann jedoch wegen der Entlassung kraft Gesetzes bloß feststellender Natur.

Anders liegt es bei Verwaltungsakten, die ein **Gebot oder ein Verbot** zum Inhalt haben, da sie eine Veränderung in der tatsächlichen Welt intendieren, die nur durch tatsächliche Akte bewirkt werden kann: Ein Gebot muss befolgt werden; sein Adressat muss sich so verhalten, wie es das Gebot von ihm verlangt. Befolgt er das Gebot nicht, so muss es zwangsweise durchgesetzt werden. Diese zwangsweise **Durchsetzung** von Verpflichtungen zu einer Geldleistung, zu einer sonstigen Handlung, einer Duldung oder Unterlassung – also den möglichen Regelungsgegenständen gebietender Verwaltungsakte, nach denen die Vollstreckungsregeln differenzieren – nennt man Verwaltungsvollstreckung, wenn sie nicht durch die Justiz, sondern **durch die Verwaltung selbst** erfolgt.

1. Verwaltungsvollstreckung nach dem HVwVG und nach anderen Regelungen

In § 1 Abs. 1 HVwVG ist zunächst allgemein festgelegt, dass sich diese Verwaltungsvollstreckung nach dem HVwVG richtet. § 1 Abs. 2 HVwVG enthält die Einschränkung, dass sich die zwangsweise Durchsetzung **polizeilicher und ordnungsbehördlicher**[98] **Gefahrenabwehrverfügungen**[99] nicht nach dem HVwVG richtet. Diese werden nach den §§ 47 ff. HSOG vollstreckt (s. dazu § 5 Rn. 232 ff.). Auch soweit Hessen Bundesrecht ausführt und das Bundesrecht – anders als etwa die Abgabenordnung[100] oder das AufenthG mit den Regelungen über die Abschiebung (§§ 58 ff. AufenthG) – keine eigenen Vollstreckungsregeln kennt, richtet sich die Verwaltungsvollstreckung nach dem HVwVG. Dies wird für den Bereich des SGB X durch dessen § 66 Abs. 3 S. 1 ausdrücklich klargestellt. Darüber hinaus ist in § 1 Abs. 3 HVwVG ausdrücklich vorgesehen, dass dieses Gesetz oder sonstige spezielle Normen des Landesrechts bundesrechtliche Vorschriften für die Vollstreckung für anwendbar erklären können.

65

---

97 Vom 17.6.2008 (BGBl. I, S. 1010).
98 Für Verfügungen der Landkreise oder Gemeinden bleibt es bei der Anwendung des HVwVG, wenn sie gem. § 2 S. 2 und 3 HSOG als Behörden der allgemeinen Verwaltung auf dem Gebiet der Gefahrenabwehr tätig werden.
99 Für Verwaltungsakte der Polizei- und der Ordnungsbehörden, mit denen eine Geldleistung gefordert wird, gilt das HVwVG nach § 1 Abs. 2 S. 2 HVwVG.
100 S. § 249 ff. AO. Wohl aber gilt das HVwVG für kommunale Abgaben, da § 4 Abs. 1 Nr. 6 KAG nur § 261 AO, also nur die Regelung über die Niederschlagung, für anwendbar erklärt.

2. Allgemeine Vollstreckungsregeln

66 Wie sich aus § 2 HVwVG ergibt, ist **Voraussetzung der Verwaltungsvollstreckung** zunächst ein nach den Regeln des § 43 HVwVfG wirksamer Verwaltungsakt.[101] Seine Rechtswidrigkeit hindert die Vollstreckung deswegen nach den allgemeinen Regeln nur dann, wenn sie nach § 44 HVwVfG zur Nichtigkeit führt.[102] Weitere Voraussetzung für die Vollstreckung ist, dass der Verwaltungsakt seinem Inhalt nach vollstreckungsfähig ist, dass also die geforderte Geldleistung, die Handlung, Duldung oder Unterlassung hinreichend bestimmt ist. Außerdem muss der Verwaltungsakt nach § 2 HVwVG vollstreckbar sein. Das ist der Fall, wenn der Verwaltungsakt unanfechtbar geworden ist, weil die Fristen der §§ 70, 58 oder 74 VwGO verstrichen sind, oder wenn er nach § 80 Abs. 2 VwGO sofort vollziehbar ist. Vollstreckt werden kann gem. § 4 Abs. 2 HVwVG nur gegen den Adressaten. Tritt eine Rechtsnachfolge in die Verpflichtung ein, so kann nach § 4 Abs. 3 HVwVG die Vollstreckung gegen den Rechtsnachfolger erst beginnen oder fortgesetzt werden, wenn die Vollstreckung dem Rechtsnachfolger nach §§ 18, 69 HVwVG angedroht worden ist.

67 **Vollstreckungsbehörde** ist bei Verwaltungsakten, die keine Geldleistungspflicht zum Gegenstand haben, gem. § 68 Abs. 1 HVwVG die Behörde, die den Verwaltungsakt erlassen hat. Sie vollstreckt auch Widerspruchsbescheide der nächsthöheren Behörde. Vollstreckungsbehörden für Geldleistungs-Verwaltungsakte sind gem. § 15 Abs. 1 HVwVG die Finanzämter, wenn es um Geldleistungen an das Land geht. Auf das Vollstreckungsverfahren finden dann die Regeln der Abgabenordnung Anwendung.[103] Entsprechende Verwaltungsakte zugunsten der Gemeinden und Landkreise werden gem. § 16 HVwVG durch deren Kassen nach den §§ 17 a ff. HVwVG vollstreckt.[104] Werden Vollstreckungsmaßnahmen außerhalb der örtlichen Zuständigkeit der Vollstreckungsbehörde erforderlich, so muss nach § 5 Abs. 1 HVwVG um Amtshilfe der örtlich zuständigen Vollstreckungsbehörde ersucht werden. Eine Reihe von Vollstreckungsmaßnahmen können nur Vollziehungsbeamte durchführen, die gem. § 6 Abs. 2 HVwVG von der Vollstreckungsbehörde durch schriftlichen Auftrag zu legitimieren sind. Nach § 7 Abs. 1 HVwVG hat z.B. nur der Vollziehungsbeamte ein Zutrittsrecht zur Wohnung, zu den Betriebsräumen und zum sonstigen Besitztum des Vollstreckungsschuldners und das Recht zur Durchsuchung. Er kann sich nach § 8 HVwVG der Unterstützung der Polizeibehörden bedienen. Der in § 12 HVwVG geregelte

---

101 Mit Ausnahme der nach § 66 HVwVG vollstreckbaren privilegierten bürgerlich-rechtlichen Forderungen öffentlich-rechtlicher Körperschaften; bei ihnen ersetzt die Zahlungsaufforderung den Verwaltungsakt (§ 66 Abs. 3 HVwVG).
102 S. etwa VG Gießen, HGZ 2009, 61. Einen weiteren Fall eines Vollstreckungshindernisses regelt § 3 Abs. 4 S. 1 letzter Hs. HVwVG mit einem Verbot der Vollstreckung eines wirksamen Verwaltungsaktes, der auf einer gerichtlichen Entscheidung für ungültig erklärten Rechtsgrundlage beruht. Allerdings wiederholt diese Vorschrift nur, was bundesrechtlich bereits durch § 47 Abs. 5 S. 3 iVm. § 183 S. 2 VwGO geregelt ist.
103 S. § 15 Abs. 1 S. 2 HVwVG.
104 Im übrigen gelten differenzierte Regeln für Verwaltungsakte des Landrats als Behörde der Landesverwaltung (§ 15 Abs. 2), für Bußgeldbescheide des Regierungspräsidenten wegen Ordnungswidrigkeiten nach § 24 und § 24 a StVO (§ 15 Abs. 3), für Gemeinden ohne eigene Vollziehungsbeamte oder Vollstreckungsstellen (§ 16 Abs. 2) und für Vollstreckung zugunsten anderer juristischer Personen des öffentlichen Rechts (§ 17). Weitere Differenzierungen finden sich in den §§ 62 bis 65 HVwVG für den Landeswohlfahrtsverband, für den Ausgleichsfond im Sinne des § 350 b LAG, für die Berufskammern nach dem Steuerberatungsgesetz, für Religionsgemeinschaften sowie die Börse.

Rechtsweg für Streitigkeiten aus dem Vollstreckungsverhältnis ist uneinheitlich: Wenn die Vollstreckungsbehörden gehandelt haben, sind die Verwaltungsgerichte, wenn ordentliche Gerichte oder der Gerichtsvollzieher gehandelt haben, die ordentlichen Gerichte zuständig.

3. Die Vollstreckung von Geldforderungen

Geldforderungen zugunsten des Landes, der Gemeinden und Kreise sowie der anderen unter der Aufsicht des Landes stehenden juristischen Personen des öffentlichen Rechts, die durch Verwaltungsakt festgesetzt sind und deren Vollstreckung sich nach dem HVwVG richtet, werden nach den **allgemeinen Regeln der** §§ **1 bis 14 HVwVG** und nach den **Spezialvorschriften der** §§ **15 bis 65 HVwVG** vollstreckt.[105] Dem Geldleistungs-Verwaltungsakt sind nach § 18 Abs. 2 HVwVG unter bestimmten Bedingungen Selbstberechnungserklärungen bzw. Beitragsnachweisungen gleichgestellt und § 18 Abs. 3 HVwVG sieht von dem Erfordernis der Festsetzung durch Verwaltungsakt bei Nebenleistungen ab, wenn die Vollstreckung wegen der Hauptleistung eingeleitet und bei deren Anforderung auf die Nebenleistungen hingewiesen worden ist. § 18 Abs. 1 HVwVG stellt über § 2 HVwVG hinausgehende Voraussetzungen für eine rechtmäßige Vollstreckung auf. Danach muss der Geldleistungs-Verwaltungsakt dem Vollstreckungsschuldner zugestellt werden, die Geldleistung fällig, die Vollstreckung durch Mahnung nach § 19 HVwVG mit Fristsetzung angedroht worden und diese Frist verstrichen sein. Die Pflicht zur Mahnung kann nach § 19 Abs. 3 und 4 HVwVG in bestimmten Fällen entfallen. Unter Einbeziehung insbesondere von Vorschriften der ZPO enthalten die §§ 21 bis 26 HVwVG Sonderregelungen über die Vollstreckung gegen Ehegatten, Lebenspartnerinnen und -partner, Nießbraucher, Erben, Personenvereinigungen und juristische Personen des öffentlichen Rechts sowie in sonstigen Fällen beschränkter Haftung. Bei unzumutbaren Härten, an deren Vorliegen nach dem Wortlaut des § 29 Abs. 1 HVwVfG hohe Anforderungen zu stellen sind, hat die Vollstreckungsbehörde auf Antrag die Vollstreckung einzustellen. Die §§ 30 bis 57 HVwVG regeln die Vollstreckung in das bewegliche, die §§ 58 und 59 HVwVG die Vollstreckung in das unbewegliche Vermögen.

68

4. Die Vollstreckung von Verpflichtungen zu einer Handlung, Duldung oder Unterlassung

Verwaltungsakte, die eine Handlung mit Ausnahme einer Geldleistung, eine Duldung oder eine Unterlassung fordern, werden nach den **allgemeinen Regeln der** §§ **1 bis 14 HVwVG** und nach den **Spezialvorschriften der** §§ **68 bis 79 HVwVG** vollstreckt. Vollstreckungsbehörde ist gem. § 68 Abs. 1 HVwVG auch im Widerspruchsverfahren die Ursprungsbehörde. Zunächst bedarf es nach § 69 Abs. 1 Nr. 1 HVwVG grundsätzlich der schriftlichen **Androhung** der Vollstreckung, wobei das dabei anzuwendende „bestimmte Zwangsmittel" Bestandteil der Androhung sein muss. Als Zwangsmittel

69

---

[105] Privilegierte privatrechtliche Geldforderungen der öffentlichen Hand im Sinne des § 66 Abs. 1 HVwVG werden nach denselben Regeln vollstreckt. Eine Mahnung (Zahlungsaufforderung) muss aber in jedem Falle erfolgen (§ 66 Abs. 3 HVwVG). Der Schuldner hat in diesen Fällen allerdings nach § 67 HVwVG die Möglichkeit, durch Einwendungen gegen die Forderung die Vollstreckung zu stoppen und den Gläubiger zur Klage zu zwingen, wenn dieser die Forderung durchsetzen will.

kennt das Gesetz in § 74 HVwVG die Ersatzvornahme anstelle des Vollstreckungsschuldners, die Erwirkung von Duldung und Unterlassung bei Zuwiderhandlung gegen eine entsprechende Pflicht nach § 75 HVwVG, das Zwangsgeld nach § 76 HVwVG mit Ersatzzwanghaft nach § 76 a HVwVG, die Wegnahme einer beweglichen Sache nach § 77 HVwVG, die Zwangsräumung nach § 78 HVwVG und die Vorführung nach § 79 HVwVG. Das **Bestimmtheitserfordernis** bei der Zwangsmittelandrohung hat die Funktion, dem Pflichtigen klarzumachen, mit welcher konkreten Maßnahme er zu rechnen hat, wenn er der Verpflichtung nicht nachkommt. Deshalb gehört zur Androhung der Ersatzvornahme auch eine vorläufige Veranschlagung der Kosten (§ 74 Abs. 3 HVwVG).[106] Gegen das Bestimmtheitserfordernis wird etwa verstoßen, wenn zur Durchsetzung mehrerer Gebote ein einheitliches Zwangsgeld angedroht wird. Die Notwendigkeit der Androhung entfällt vor allem bei dringlichen Maßnahmen der Gefahrenabwehr nach § 72 HVwVG.[107] Die Androhung kann mit dem Verwaltungsakt verbunden werden, wie § 69 Abs. 2 HVwVG zeigt. In jedem Falle muss sie nach § 69 Abs. 1 Nr. 3 u. Abs. 2 HVwVG zugestellt werden.[108] Erfolgt die Androhung eines Zwangsmittels nach dem Erlass des zu vollstreckenden Verwaltungsakts, so ist sie ein eigenständiger Verwaltungsakt,[109] da sie mit der Festlegung des konkreten Zwangsmittels für die Pflichtigen eine Regelung im Sinne des § 35 HVwVfG trifft. Wird die Androhung mit dem zu vollstreckenden Verwaltungsakt verbunden, so handelt es sich hingegen wegen der Festsetzung beider Regelungen in demselben Verwaltungsverfahren um eine zweite Regelung in einem Verwaltungsakt.[110] In der Androhung muss dem Pflichtigen gem. § 69 Abs. 1 Nr. 2 u. Abs. 2 HVwVG eine zumutbare **Frist zur Erfüllung seiner Verpflichtung** gesetzt werden, die zugleich so zu bemessen ist, dass der Pflichtige noch rechtzeitig vor Ablauf der Frist Rechtsschutz gegen den zu vollstreckenden Verwaltungsakt, wenn der dagegen statthafte Rechtsbehelf noch nicht verfristet ist, und die Androhung erlangen kann. Die Norm verlangt aber nicht, dass die Frist mindestens die Rechtsbehelfsfrist umfasst. Es genügt, wenn der Pflichtige hinreichend Zeit erhält, Rechtsbehelfe einzulegen. Das erfolglose Verstreichen der Frist ist nach § 69 Abs. 1 Nr. 4 HVwVG weitere Voraussetzung für die Vollstreckung. Auch hinsichtlich der Frist gilt für Maßnahmen der Gefahrenabwehr eine Ausnahme nach

---

[106] Entgegen VG Frankfurt, B. v. 3.7.2014 – 8 L 1965/14, BeckRS 2015, 45697, Rn. 10, meint der „Kostenbetrag" aber nur die (für den Adressaten ansonsten unvorhersehbaren) Kosten insbesondere für die Einschaltung privater Dritter und nicht die in der Verwaltungskostenordnung bestimmten (und für den Adressaten vorhersehbaren) Gebühren und Auslagen.

[107] § 72 HVwVG enthält noch weitere erhebliche Erleichterungen der Vollstreckung bei Gefahrenabwehr-Verwaltungsakten. Zu beachten ist aber, dass auch hier ein wirksamer Verwaltungsakt Voraussetzung für die Vollstreckung ist. Deshalb hat die nach § 72 HVwVG erleichterte Vollstreckung nichts mit der „unmittelbaren Ausführung einer Maßnahme" im Sinne von § 8 HSOG zu tun. Zu beachten ist außerdem, dass das HVwVG nach § 1 Abs. 2 nicht für ordnungs- und polizeibehördliche Gefahrenabwehrverfügungen gilt. Außerdem ist eine Androhung unter bestimmten Voraussetzungen bei wiederholten Zwangsmittelfestsetzungen nicht erforderlich (§ 76 Abs. 3 HVwVG).

[108] Zustellungsprobleme können bei Ehegatten (VGH, U. v. 29.5.1985, NVwZ 1986, 138: jedem Ehegatten ist zuzustellen, wenn keine Bevollmächtigung vorliegt) und bei Miteigentümern (VGH, B. v. 25.1.1985, NJW 1985, 2492) auftreten.

[109] Siehe VGH, B. v. 8.8.1994, HessVGRspr. 1994, 83 ff.

[110] Zur Frage, ob die Setzung einer („materiell-rechtlichen") Frist im Regelungsteil der jeweiligen Verfügung die Setzung einer vollstreckungsrechtlichen Frist überflüssig machen kann, oder ob eine vollstreckungsrechtliche Frist auf jeden Fall gesondert zu setzen ist, s. VGH, NVwZ-RR 1998, 76, und VGH, B. v. 12.3.1996 - 14 TG 84/96.

§ 72 HVwVG. § 70 HVwVG stellt Auswahl und Anwendung des Zwangsmittels unter den Grundsatz der Verhältnismäßigkeit.[111] § 71 HVwVG erlaubt die wiederholte Anwendung von Zwangsmitteln, nicht jedoch die Anwendung mehrerer Zwangsmittel gleichzeitig; er verbietet die Anwendung, wenn die zu erzwingende Leistung dem Pflichtigen unmöglich ist.

5. Rechtsschutz, Einstellung und Aufhebung der Vollstreckung

Ist der zu vollstreckende **Verwaltungsakt bestandskräftig** geworden, so bildet er ungeachtet seiner möglichen Rechtswidrigkeit eine taugliche Grundlage für die Vollstreckung. Gegen Vollstreckungsmaßnahmen kann deshalb nur mit der Behauptung, die Art und Weise der Vollstreckung sei rechtswidrig, vorgegangen werden. **Einwendungen gegen den zu vollstreckenden Verwaltungsakt** selbst können nur dann erhoben werden, wenn sie auf neuen Tatsachen beruhen, die die Aufrechterhaltung des Verwaltungsakts rechtswidrig machen und insoweit einen Anspruch auf Aufhebung des Verwaltungsakts nach § 48 HVwVfG begründen. Außerdem ist die Ausdehnung des Rechtsschutzes gegen die Vollstreckungsmaßnahmen auf die Frage nach dem Fortbestand des zugrundeliegenden Verwaltungsaktes nur dann gerechtfertigt, wenn die neuen Tatsachen nicht mehr in dem gegen den Verwaltungsakt statthaften Rechtsbehelfsverfahren vorgebracht werden konnten, weil die entsprechenden Fristen zum Zeitpunkt des Auftretens dieser Tatsachen bereits verstrichen waren. Die Klageart und damit u. U. die Notwendigkeit eines Vorverfahrens hängt von der Handlungsform der Vollstreckungsmaßnahme ab. Bei Verwaltungsakten ist zu beachten, dass nach § 16 AGVwGO der Rechtsbehelf gegen Vollstreckungsmaßnahmen keine aufschiebende Wirkung hat[112] (s.u. Rn. 73).

V. Verwaltungsprozessrecht

Das Verwaltungsprozessrecht hat der Bundesgesetzgeber auf der Grundlage seiner konkurrierenden Gesetzgebungskompetenz aus Art. 74 I Abs. 1 Nr. 1 GG umfassend geregelt, so dass die Regelungen der **VwGO** grundsätzlich als abschließend zu betrachten sind und den Ländern keinen Raum für ergänzende Regelungen lassen. Allerdings enthalten eine Reihe von Vorschriften der VwGO explizite **Öffnungsklauseln zugunsten des Landesrechts**, von denen das Land Hessen Gebrauch gemacht hat. Soweit diese Öffnungsklauseln sich auf das Widerspruchsverfahren beziehen, wurde auf die landesrechtlichen Besonderheiten bereits hingewiesen (s.o. Rn. 60 bis 63).

Eine weitere wichtige Öffnungsklausel betrifft die **verwaltungsgerichtliche Normenkontrolle**, die bundesrechtlich in § 47 Abs. 1 Nr. 1 VwGO nur gegen Satzungen, die nach den Vorschriften des Baugesetzbuchs erlassen worden sind, sowie gegen Rechtsverordnungen auf Grund des § 246 Abs. 2 BauGB vorgesehen ist, während § 47 Abs. 1 Nr. 2 VwGO den Ländern die Möglichkeit eröffnet, auch andere im Rang unter dem Landesgesetz stehenden Rechtsvorschriften zum Gegenstand der verwaltungs-

---

111 Kritisch zur Zwangsgeldpraxis *Dünchheim*, NVwZ 1996, 117 ff.
112 Eine Vollstreckungsmaßnahme liegt nach der Auffassung des VGH, NVwZ-RR 1998, 534, auch in der Anforderung der für eine Ersatzvornahme vorläufig veranschlagten Kosten vor.

gerichtlichen Normenkontrolle zu machen. Von dieser Möglichkeit hat der hessische Landesgesetzgeber mit § 15 AGVwGO Gebrauch gemacht. Das bedeutet, dass in Hessen die Normenkontrolle gem. § 47 Abs. 1 Nr. 2 VwGO i.V.m. § 15 AGVwGO gegen alle Rechtsvorschriften statthaft ist, die dem Landesrecht zuzurechnen sind und im Rang unter den Landesgesetzen stehen. Dazu zählen zunächst alle **Rechtsverordnungen und Satzungen**, die von Organen des Landes Hessen oder von Körperschaften, Anstalten oder Stiftungen des öffentlichen Rechts erlassen wurden, die der Aufsicht des Landes Hessen unterstehen. Dies gilt auch dann, wenn Rechtsgrundlage der Rechtsverordnung oder Satzung Bundesrecht ist, weil es für deren Qualifikation als Bundes- oder Landesrecht nicht auf die Rechtsgrundlage, sondern auf die Zuordnung des normsetzenden Organs zum Land Hessen ankommt. Neben „formellen" Rechtsvorschriften, die im zugrundeliegenden Gesetz ausdrücklich als Rechtsverordnung oder Satzung qualifiziert werden (und auf deren „wahren" Rechtsnormcharakter es dann für die Statthaftigkeit der Normenkontrolle nicht ankommt), gehören auch „materielle" Landesrechtsnormen im Rang unter dem Landesgesetz zu den Rechtsvorschriften, gegen die eine Normenkontrolle statthaft ist. Dazu gehören etwa die in einem Regionalplan enthaltenen **Ziele der Raumordnung** im Sinne des § 3 Nr. 2 ROG,[113] weil sie den Charakter von Außenrechtsvorschriften haben, obwohl weder der Bundes- noch der Landesgesetzgeber für den Regionalplan eine Rechtssatzform vorgibt.[114]

73 Schließlich ist die landesrechtliche Abweichungsmöglichkeit zu erwähnen, die die **aufschiebende Wirkung von Widerspruch und Anfechtungsklage** gegen Verwaltungsakte nach § 80 Abs. 1 S. 1 VwGO betrifft. Diese aufschiebende Wirkung entfällt bundesrechtlich in den Fällen des § 80 Abs. 2 VwGO, kann aber auf Antrag nach Maßgabe des § 80 Abs. 5 VwGO gerichtlich wiederhergestellt oder erstmalig angeordnet werden. Durch Landesrecht kann gem. § 80 Abs. 2 S. 1 Nr. 3 und S. 2 VwGO der Wegfall der aufschiebenden Wirkung eines Rechtsbehelfs in weiteren Fällen geregelt werden. Zwecks Steigerung der Wirksamkeit der Verwaltungsvollstreckung[115] hat Hessen von dieser Befugnis in **§ 16 AGVwGO** Gebrauch gemacht: Rechtsbehelfe gegen **Vollstreckungsmaßnahmen** oder –kostenbescheide haben keine aufschiebende Wirkung.

---

113 S. dazu § 6 Rn. 28.
114 Dazu etwa VGH Kassel, U. v. 17. 3. 2011 - 4 C 883/10.N (juris), Rn. 25 m.w.N.
115 LT-Drs. IV/939, S. 2551. Zur Verwaltungsvollstreckung siehe bereits oben Rn. 64 ff.

§ 4 Kommunalrecht

von *Klaus Lange*

Literatur Landesrechtliche Literatur: *Bennemann u.a.*, Hessische Gemeindeordnung, Kommunalverfassungsrecht Hessen, Lsbl.; *Bennemann*, Gesetz über kommunale Gemeinschaftsarbeit, Kommunalverfassungsrecht Hessen, Lsbl.; *Birkenfeld*, Kommunalrecht Hessen, 6. Aufl. 2016; *Borchmann u.a.*, Hessische Landkreisordnung, Kommunalverfassungsrecht Hessen, Lsbl.; *Borchmann/Breithaupt/Kaiser*, Kommunalrecht in Hessen, 3. Aufl. 2006; *Groß*, Kommunalrecht, in: Hermes/Groß (Hrsg.), Landesrecht Hessen. Studienbuch, 7. Aufl. 2011, S. 97 ff.; *Hillgardt/Ruder u.a.*, Hessische Landkreisordnung, 2012; *Meyer*, Kommunalrecht, in: Meyer/Stolleis (Hrsg.), Staats- und Verwaltungsrecht für Hessen, 5. Aufl. 2000, S. 169 ff.; *Rauber u.a.*, Hessische Gemeindeordnung, 3. Aufl. 2017; *Schmidt/Kneip*, Hessische Gemeindeordnung – Kommentar, 2. Aufl. 2008; *Schneider/Dreßler/Rauber/Risch*, Hessische Gemeindeordnung – Kommentar, Lsbl.

Allgemeine Literatur: *Brüning*, § 64 Kommunalverfassung, in: Ehlers/Fehling/Pünder (Hrsg.), Besonderes Verwaltungsrecht, Bd. 3, 3. Aufl. 2013, S. 1 ff.; *Burgi*, Kommunalrecht, 5. Aufl. 2015; *Lange*, Kommunalrecht, 2013 (unter eingehender Berücksichtigung auch des hessischen Landesrechts); *Mann*, Teil 1: Kommunalrecht, in: Erbguth/Mann/Schubert, Besonderes Verwaltungsrecht, 12. Aufl. 2015, S. 3 ff.; *Mann/Püttner* (Hrsg.), Handbuch der kommunalen Wissenschaft und Praxis, 3. Aufl., Bd. 1, 2007; Bd. 2, 2011; *Röhl*, Erstes Kapitel: Kommunalrecht, in: Schoch (Hrsg.), Besonderes Verwaltungsrecht, 15. Aufl. 2013, S. 9 ff.; *Thorsten Ingo Schmidt*, § 65 Kommunale Zusammenarbeit, in: Ehlers/Fehling/Pünder (Hrsg.), Besonderes Verwaltungsrecht, Bd. 3, 3. Aufl. 2013, S. 76 ff.; *ders.*, Kommunalrecht, 2. Aufl. 2014; *Haack*, § 1 Kommunalrecht, in: Steiner/Brinktrine (Hrsg.), Besonderes Verwaltungsrecht, 9. Aufl. 2018, S. 1 ff.; *Suerbaum*, § 13 Kommunale und sonstige öffentliche Unternehmen, in: Ehlers/Fehling/Pünder (Hrsg.), Besonderes Verwaltungsrecht, Bd. 1, 3. Aufl. 2012, S. 338 ff.

I. Kommunalrecht und Kommunen in Hessen

Das **Kommunalrecht** regelt die Rechtsstellung der kommunalen Gebietskörperschaften einschließlich ihrer inneren Organisation sowie grundsätzlichen Aufgaben, Rechte und Pflichten. Fachspezifische Regelungen der kommunalen Aufgaben wie das Baurecht oder das Umweltrecht gehören allerdings nicht mehr zum Kommunalrecht, das durch sie überfrachtet würde, sondern bilden besondere Rechtsgebiete. 1

Kommunale Gebietskörperschaften sind die Gemeinden und Landkreise (§ 1 Abs. 2 HGO; § 1 Abs. 1 S. 1 HKO). Als Gebietskörperschaften werden sie bezeichnet, weil sie öffentlichrechtliche Körperschaften sind, bei denen die Mitgliedschaft sich nach der Zugehörigkeit zu einem bestimmten Gebiet richtet: Mitglieder der Gemeinde sind die Einwohner des Gemeindegebiets, Mitglieder des Landkreises die Einwohner des Kreisgebiets. 2

Das Kommunalrecht fällt nach Art. 70 Abs. 1 S. 1 GG in die Gesetzgebungskompetenz der Länder. Die Rechtsverhältnisse der hessischen Gemeinden sind in der Hessischen Gemeindeordnung (HGO) in der Fassung vom 7. März 2005 (GVBl I S. 142), zuletzt geändert durch Gesetz vom 28. Mai 2018 (GVBl S. 247) geregelt. Die entsprechenden Regelungen für die Landkreise finden sich in der Hessischen Landkreisordnung (HKO) in der Fassung vom 7. März 2005 (GVBl. I S. 183), zuletzt geändert durch Gesetz vom 20. Dezember 2015 (GVBl. S. 618). Hinzu kommt eine Reihe von wichtigen landesrechtlichen Nebengesetzen wie u.a. das Kommunalwahlgesetz 3

(KWG)¹, das Gesetz über kommunale Abgaben (KAG)² und das Gesetz über kommunale Gemeinschaftsarbeit (KGG)³. Auf sie wird im jeweiligen sachlichen Zusammenhang eingegangen werden.

4   Von wenigen gemeindefreien Gebieten (§ 15 Abs. 2 HGO) – vor allem den im Eigentum des Landes stehenden drei großen Forstgutsbezirken Kaufunger Wald, Reinhardswald und Spessart – abgesehen, gehört jeder Teil des Landes zu einer **Gemeinde**. Städte sind Gemeinden, denen diese Bezeichnung nach bisherigem Recht zusteht oder von der Landesregierung verliehen wird, weil sie nach Einwohnerzahl, Siedlungsform und Wirtschaftsverhältnissen „städtisches Gepräge tragen" (§ 13 Abs. 1 HGO). Besondere rechtliche Folgen außer für die Benennung ihrer Organe (§ 9 HGO) sind mit dieser Bezeichnung allerdings nicht verbunden. **Landkreise**, von denen es in Hessen 21 gibt (vgl. Gesetz über die Regierungspräsidien und Regierungsbezirke des Landes Hessen vom 16. September 2011 (GVBl. I S. 420), umfassen jeweils das Gebiet einer Anzahl von Gemeinden und nehmen, grob gesagt, über die Kraft der einzelnen Gemeinde hinausgehende Aufgaben wahr. Nur die fünf **kreisfreien Städte** Darmstadt, Frankfurt am Main, Kassel, Offenbach am Main und Wiesbaden gehören keinem Landkreis an und erfüllen für ihr Gemeindegebiet selbst die sonst von den Landkreisen erledigten Aufgaben. Eine Zwischenstellung haben die weiteren sieben Städte mit mehr als 50 000 Einwohnern Bad Homburg, Fulda, Gießen, Hanau, Marburg, Rüsselsheim und Wetzlar. Sie sind zwar kreisangehörig, haben aber insofern einen **Sonderstatus**, als ihnen ein Teil der Kreisaufgaben übertragen ist wie z.B. die Aufgaben der unteren Bauaufsichtsbehörde (§ 60 Abs. 1 S. 1 Nr. 1. a) HBO) und sie auch sonst verschiedenen Sonderregelungen unterliegen.

5   Im Zentrum des Kommunalrechts steht die Gemeinde. Nach der Landkreisordnung sind die für die Gemeinden geltenden Normen auf die Landkreise weitgehend entsprechend anwendbar, so dass für die Landkreise nur auf die vom Gemeinderecht abweichenden Bestimmungen näher eingegangen zu werden braucht.

II. Die grundsätzliche Rechtsstellung der Gemeinden
1. Die gemeindliche Selbstverwaltungsgarantie
a) Grundlagen

6   Die Gemeinden und die gemeindliche Selbstverwaltung sind zentrale Elemente demokratischer Selbstbestimmung. In den Worten des Bundesverfassungsgerichts hat der Verfassungsgeber die Rechtsstellung der Gemeinden im Vertrauen darauf geregelt, dass die Gemeinden im Sinne eines „Aufbaues der Demokratie von unten nach oben" Keimzelle der **Demokratie** und am ehesten diktaturresistent seien. Die Zurückhaltung, die der Verfassungsgeber bei der Zulassung unmittelbar-demokratischer Elemente auf Bundesebene geübt habe, werde auf der örtlich bezogenen Ebene der Gemeinden ergänzt durch eine mit wirklicher Verantwortlichkeit ausgestattete Einrichtung der Selbstverwaltung, durch die den Bürgern eine wirksame Teilnahme an den Angelegen-

---

1 In der Fassung v. 7.3.2005 (GVBl. I S. 197), zuletzt geändert durch Gesetz v. 20.12.2015 (GVBl. S. 618).
2 In der Fassung v. 24.3.2013 (GVBl. S. 134), zuletzt geändert durch Gesetz v. 28.5.2018 (GVBl. S. 247).
3 V. 16.12.1969 (GVBl. I S. 307), zuletzt geändert durch Gesetz v. 20.12.2015 (GVBl. S. 618).

heiten des Gemeinwesens ermöglicht werde.[4] § 1 HGO greift diese Konzeption auf mit den Worten: „Die Gemeinde ist die Grundlage des demokratischen Staates. Sie fördert das Wohl ihrer Einwohner in freier Selbstverwaltung durch ihre von der Bürgerschaft gewählten Organe". Freilich ist die Gemeinde nicht nur Keimzelle der Demokratie oder Grundlage des demokratischen Staates, sondern selbst eine Form gelebter Demokratie, wie auch in dem Zusammenhang der Wahl von Volksvertretungen in den Gemeinden und Kreisen und der Gewährleistung ihrer Selbstverwaltung mit der Festlegung auf das Demokratieprinzip in Art. 28 GG zum Ausdruck kommt.

Art. 28 Abs. 2 GG und Art. 137 HV enthalten eine Garantie der kommunalen Selbstverwaltung. Speziell die **gemeindliche Selbstverwaltung** wird in Art. 28 Abs. 2 Satz 1 GG sowie Art. 137 Abs. 1, 3 HV garantiert. Nach Art. 28 Abs. 2 S. 1 GG muss den Gemeinden das Recht gewährleistet sein, alle Angelegenheiten der örtlichen Gemeinschaft im Rahmen der Gesetze in eigener Verantwortung zu regeln. Art. 137 Abs. 1 HV zufolge sind die Gemeinden in ihrem Gebiet unter eigener Verantwortung die ausschließlichen Träger der gesamten örtlichen öffentlichen Verwaltung. Sie können jede öffentliche Aufgabe übernehmen, soweit sie nicht durch ausdrückliche gesetzliche Vorschrift anderen Stellen im dringenden öffentlichen Interesse ausschließlich zugewiesen ist. Art. 137 Abs. 3 S. 1 HV bestätigt die eigenverantwortliche Aufgabenwahrnehmung der Gemeinden durch die Feststellung, dass den Gemeinden das Recht der Selbstverwaltung ihrer Angelegenheiten vom Staat gewährleistet werde. Wenn Art. 137 Abs. 3 S. 2 HV bestimmt, dass die Aufsicht des Staates sich darauf beschränkt, dass die Verwaltung der Gemeinden (und Gemeindeverbände, dazu Rn. 156) im Einklang mit den Gesetzen geführt wird, so wird damit nur verdeutlicht, dass Selbstverwaltung der Gemeinden bedeutet, dass der Staat sich nicht mit Zweckmäßigkeitserwägungen in deren Aufgabenwahrnehmung einmischen darf, sondern sich auf eine bloße Gesetzmäßigkeitskontrolle zu beschränken hat.

7

Zumeist wird, wenn es um die verfassungsrechtliche Garantie der gemeindlichen Selbstverwaltung geht, Art. 28 Abs. 2 S. 1 GG herangezogen. Das ist insoweit nachvollziehbar, als diese Norm das Minimum an kommunaler Selbstverwaltung zum Ausdruck bringt, das den Kommunen in den Ländern gewährleistet sein muss, und außerdem nicht nur, was nach ihrem Wortlaut nahelege, als Verpflichtung der Länder verstanden wird, den Gemeinden mindestens das dort bezeichnete Recht der Selbstverwaltung zu gewährleisten, sondern selbst als unmittelbare Gewährleistung eines solchen Rechts.[5] Andererseits wird **Art. 28 Abs. 2 S. 1 GG** ganz überwiegend, und zwar sowohl nach seinem Wortlaut als auch nach seinem Sinn zu Recht, als **Mindestgarantie** gemeindlicher Selbstverwaltung interpretiert, die es nicht verbietet, den Gemeinden durch einfaches Bundesgesetz, Landesverfassungsrecht oder einfaches Landesgesetz mehr an Selbstverwaltungsaufgaben einzuräumen oder andere Aufgaben zu übertragen.[6] Es spricht vieles dafür, dass **Art. 137 Abs. 1, 3 HV** im Einklang hiermit die

8

---

4 BVerfGE 79, 127, 149 f.
5 BVerwGE 31, 263, 264; BVerwG, NJW 1976, 2175; *Mann*, in: Bonner Kommentar, Art. 28 Rn. 144, 152 ff.; *Dreier*, in: ders. (Hrsg.), GG, Bd. 2, 3. Aufl. 2015, Art. 28 Rn. 94 ff.; *Schenke* (Hrsg.), VwGO, 23. Aufl. 2017, § 42 Rn. 138.
6 BVerwG, NVwZ 1998, 952; OVG Münster, DVBl 2008, 919, 922.

kommunale **Selbstverwaltung stärker schützt** als Art. 28 Abs. 2 S. 1 GG, indem er ihren Schutzbereich weiter fasst (Rn. 15). Deshalb sollte, wenn eine Verletzung des gemeindlichen Selbstverwaltungsrechts in Hessen zu prüfen ist, primär eine Verletzung des Art. 137 Abs. 1, 3 HV untersucht werden.

9   In ihrer grundsätzlichen Struktur stimmen Art. 28 Abs. 2 S. 1 GG und Art. 137 Abs. 1, 3 HV allerdings überein. Sie enthalten vor allem eine institutionelle Garantie, d.h. sie garantieren eine Einrichtung im Bereich des öffentlichen Rechts, indem sie bestimmen, dass es gemeindliche Selbstverwaltung geben muss. Das geht nicht ohne Gemeinden. Die Garantie der Existenz von Gemeinden, die deshalb unweigerlich Bestandteil der gemeindlichen Selbstverwaltungsgarantie ist, wird oft als **institutionelle Rechtssubjektgarantie** bezeichnet. Die zugunsten der Gemeinden ausgesprochene Gewährleistung eigenverantwortlicher Regelung ihrer Angelegenheiten kann dann eigentlich nur als **institutionelle Garantie gemeindlicher Selbstverwaltung im engeren Sinne** bezeichnet werden. Zusammen mit der institutionellen Rechtssubjektsgarantie der Gemeinden bildet sie die **institutionelle Garantie gemeindlicher Selbstverwaltung im weiteren Sinne**. Außerdem gewähren sowohl Art. 28 Abs. 2 S. 1 GG als auch Art. 137 Abs. 1, 3 HV den Gemeinden ein **subjektives Recht auf Selbstverwaltung**, kraft dessen sie sich gegen rechtswidrige Eingriffe in ihre Selbstverwaltung zur Wehr setzen können.

b) Institutionelle Rechtssubjektsgarantie der Gemeinden

10 Mit Gemeinden, deren Bestand durch die institutionelle Rechtssubjektsgarantie gewährleistet ist, können nur die Einrichtungen gemeint sein, die man bei Schaffung der verfassungsrechtlichen Garantien unter dieser Bezeichnung kannte. Damit ist der Bestand von Gemeinden verfassungsrechtlich garantiert, die rechtsfähige öffentlichrechtliche Gebietskörperschaften sind, welche aus den Einwohnern des der Gemeinde nach geltendem Recht zugeordneten Gebiets bestehen.

11 Dass die so verstandenen Gemeinden nicht abgeschafft werden können, steht der Auflösung einzelner Gemeinden oder Änderungen ihres Gebiets nicht entgegen. Gemeinden sind verfassungsrechtlich nur **institutionell, aber nicht individuell** gewährleistet.[7] Es gehört indessen zum verfassungsrechtlich garantierten Kernbereich der kommunalen Selbstverwaltung, dass Bestandsänderungen und Gebietsänderungen von Gemeinden nur aus Gründen des öffentlichen Wohls und nach vorheriger Anhörung der betroffenen Gebietskörperschaften zulässig sind.[8]

c) Institutionelle Garantie der gemeindlichen Selbstverwaltung im engeren Sinne

12 Im Mittelpunkt der verfassungsrechtlichen gemeindlichen Selbstverwaltungsgarantie steht die institutionelle Garantie der gemeindlichen Selbstverwaltung im engeren Sinne. Probleme werfen die Abgrenzung der Aufgaben, auf welche diese Garantie sich bezieht, sowie die Interpretation des Rechts zur eigenverantwortlichen Regelung (dieser Aufgaben) auf.

---

[7] BVerfGE 50, 50.
[8] BVerfGE 50, 5; 86, 90, 107; 107, 1, 24. Hierzu §§ 16 f. HGO.

II. Die grundsätzliche Rechtsstellung der Gemeinden

aa) **Aufgabenbezug.** Art. 28 Abs. 2 S. 1 GG bezieht das Selbstverwaltungsrecht der Gemeinden auf „**alle Angelegenheiten der örtlichen Gemeinschaft**". Unter den von ihm auch als Angelegenheiten des örtlichen Wirkungskreises bezeichneten Angelegenheiten der örtlichen Gemeinschaft versteht das Bundesverfassungsgericht „solche Aufgaben, die das Zusammenleben und -wohnen der Menschen vor Ort betreffen oder einen spezifischen Bezug darauf haben".[9] Grundgesetzlich ist das gemeindliche Selbstverwaltungsrecht danach auf Angelegenheiten beschränkt, die sich von anderen dadurch unterscheiden, dass sie einen besonderen Bezug auf die Einwohner gerade der Gemeinde haben, um die es jeweils geht. Dabei soll aber den historischen Erscheinungsformen der Selbstverwaltung Rechnung getragen werden, so dass es darauf ankommt, ob eine Aufgabe für das Bild der typischen Gemeinde charakteristisch ist. Neuentwicklungen infolge veränderter Rahmenbedingungen sollen dadurch allerdings nicht ausgeschlossen werden. Nicht zu den Angelegenheiten der örtlichen Gemeinschaft gehören Rechte und Interessen lediglich einzelner Gemeindeeinwohner und Belange allein einer über die örtliche Gemeinschaft hinausgehenden Allgemeinheit.[10]

13

Beispiel:
Wenn eine Gemeinden sich gegen eine Stationierung von Atomwaffen in ihrem Gebiet ausspricht und dies nicht nur mit überörtlichen Gesichtspunkten begründet, nimmt sie nach Auffassung des Bundesverwaltungsgerichts grundsätzlich eine Angelegenheit der örtlichen Gemeinschaft wahr.[11] Ohne Auseinandersetzung mit dieser Rechtsprechung sehr viel enger VGH Kassel, wonach die Stadt Frankfurt a.M. kritische Äußerungen ihrer Umweltdezernentin zur Errichtung eines Braunkohlekraftwerks im Stadtgebiet widerrufen musste, weil die Prüfung der Umwelteinwirkungen der Anlage und die Entscheidung über deren Zulässigkeit gesetzlich dem Regierungspräsidium zugewiesen seien, welches die Anlage genehmigt hatte.[12]

Ob eine Aufgabe zu den Angelegenheiten der örtlichen Gemeinschaft gehört, kann von Gemeinde zu Gemeinde – insbesondere je nach deren Größe – unterschiedlich sein. Ein maßgebliches Beurteilungskriterium ist die Frage, ob die Gemeinde den Anforderungen gewachsen ist, die an eine ordnungsgemäße Aufgabenerfüllung zu stellen sind.[13] Hieran fehlt es aber nicht schon dann, wenn der Staat einer Gemeinde unzureichende finanzielle Mittel zur Verfügung stellt. Der spezifische Bezug einer Aufgabe zur örtlichen Gemeinschaft wird nicht dadurch ausgeschlossen, dass die Angelegenheit neben spezifisch örtlichen Aspekten auch solche Seiten besitzt, hinsichtlich derer sie von überörtlichem Interesse ist. Bei der Beurteilung, ob eine Aufgabe zu den Angelegenheiten der örtlichen Gemeinschaft gehört, wird dem Gesetzgeber ein Einschätzungsspielraum zugestanden, der ihm eine Typisierung ermöglicht.[14]

14

Art. 137 Abs. 1 S. 1 HV enthält eine dem Art. 28 Abs. 2 S. 1 GG entsprechende Beschränkung der gemeindlichen Selbstverwaltungsgarantie nicht, da er die Gemeinden in ihrem Gebiet zu eigenverantwortlichen ausschließlichen Trägern der **gesamten örtlichen öffentlichen Verwaltung** erklärt. „Örtliche" öffentliche Verwaltung bedeutet

15

---

9 BVerfGE 138, 1 (16, Rn. 45); BVerfG, Urt. v. 21.11.2017 – 2 BvR 2177/16 –, Rn. 70.
10 Vgl. BVerwGE 84, 209, 213; BVerwG, NVwZ 2000, 560, 562.
11 BVerwGE 87, 228; BVerwG, NVwZ 1991, 684. Vgl. auch BVerfGE 8, 122, 134.
12 VGH Kassel, Beschl. v. 16.09.2011 – 8 B 1595/11 –, juris, Rn. 9.
13 BVerfGE 79, 127, 153; 83, 363, 383 f.
14 BVerfGE 79, 127, 153 f.; 110, 370, 400 f.

nicht mehr, als dass es um die am Ort stattfindende Verwaltung geht. Eine Beschränkung auf Verwaltungsaufgaben der „örtlichen Gemeinschaft" geht daraus nicht hervor. Das wird durch Art. 137 Abs. 1 S. 2 HV bestätigt, wonach die Gemeinden jede öffentliche Aufgabe übernehmen können, soweit sie nicht durch ausdrückliche gesetzliche Vorschrift anderen Stellen im dringenden öffentlichen Interesse ausschließlich zugewiesen ist. Die gemeindliche Selbstverwaltungsgarantie erstreckt sich in Hessen daher auf alle im Gemeindegebiet anfallenden öffentlichen Aufgaben, ohne dass es sich um Angelegenheiten der örtlichen Gemeinschaft handeln muss.[15] Das Recht der Selbstverwaltung ihrer – so definierten – Angelegenheiten wird den Kommunen in Art. 137 Abs. 3 S. 1 HV ausdrücklich bestätigt. § 1 Abs. 1 S. 2, § 2 S. 1 HGO greifen diese landesverfassungsrechtlichen Vorgaben auf.

16 bb) **Eigenverantwortliche Regelung.** Die eigenverantwortliche Regelungsbefugnis schützt sowohl die Befugnis der Gemeinde zu entscheiden, **ob** eine Angelegenheit überhaupt geregelt wird, ob die Gemeinde sich einer Aufgabe also überhaupt annimmt oder sich mit ihr gar nicht befasst, als auch das Recht zu entscheiden, **wie** eine Angelegenheit geregelt wird.

17 Das Recht zur Entscheidung über das „Ob" der Aufgabenwahrnehmung, also über die Aufgaben, deren sich die Gemeinde überhaupt annimmt, bedeutet nicht, dass eine Gemeinde von der Ausübung ihres Selbstverwaltungsrechts gänzlich absehen darf. Staatsrechtliche Kompetenznormen haben immer auch einen Verpflichtungsgehalt, es handelt sich bei ihnen um „berechtigende Pflichten."[16] Eine gänzliche oder weitgehende Nichtausübung des gemeindlichen Selbstverwaltungsrechts wäre auch unvereinbar damit, dass das gemeindliche Selbstverwaltungsrecht nur im öffentlichen Interesse wahrgenommen werden darf (vgl. § 1 Abs. 1 S. 2 HGO). Dadurch wird aber nur ein äußerster Rahmen der Ausübung des gemeindlichen Selbstverwaltungsrechts gebildet, innerhalb dessen den Gemeinden schon in Anbetracht der Knappheit der verfügbaren Ressourcen ein weiter Entscheidungsspielraum bleibt.

Beispiel:
Das BVerwG hat die Privatisierung des Offenbacher Weihnachtsmarkts für unzulässig erklärt, weil „die Entledigung von Aufgaben wie traditionsreichen, kulturellen und sozialen Weihnachtsmärkten, die zu den Angelegenheiten des örtlichen Wirkungskreises gehören, (...) inhaltlich zu einer unzulässigen Selbstbeschränkung der kommunalen Selbstverwaltung" führe.[17] Mit dieser Entscheidung dürften allerdings die den Gemeinden kraft ihres Selbstverwaltungsrechts zustehenden Handlungsmöglichkeiten übermäßig beschnitten worden sein.[18]

18 Die Freiheit der Gemeinden bei der Entscheidung über das „**Wie**", also die Art und Weise der Aufgabenwahrnehmung wird zwar keineswegs abschließend, aber doch für wichtige Bereiche unter dem Begriff der sog. **Gemeindehoheiten** zusammengefasst.

---

15 Dafür, dass Art. 137 HV den Gemeinden das Selbstverwaltungsrecht nicht nur für Angelegenheiten der örtlichen Gemeinschaft, sondern für sämtliche im Gemeindegebiet anfallenden öffentlichen Aufgaben gewährleistet, StGH, DVBl 1999, 1725, 1726; *Meyer*, S. 184; *Groß*, Rn. 28; *Burgi*, § 7 Rn. 7 f.; *Görisch/Weigel*, LKRZ 2012, 212, 214. Dagegen und für eine Interpretation des Art. 137 HV im Sinne des Art. 28 Abs. 2 S. 1 GG BVerfGE 8, 122, 134; *Schneider/Dreßler/Rauber/Risch*, §§ 1, 2 Rn. 4.
16 *Nierhaus*, FS Friauf, 1996, S. 233, 247; *Ehlers*, Festgabe Schlebusch, 2006, S. 185, 188.
17 BVerwG, NVwZ 2009, 1305, 1307.
18 Ablehnend auch *Ehlers*, DVBl 2009, 1456; *Schoch*, DVBl 2009, 1533, *Kahl/Weißenberger*, LKRZ 2010, 81.

II. Die grundsätzliche Rechtsstellung der Gemeinden

Zu diesen Gemeindehoheiten soll die gemeindliche **Gebietshoheit** gehören. Die gemeindliche Gebietshoheit wird definiert als die Befugnis, im Gemeindegebiet Hoheitsgewalt gegen jedermann auszuüben.[19] Richtig daran ist, dass zur eigenverantwortlichen Regelungskompetenz der Gemeinden die Befugnis zu hoheitlichem, d.h. öffentlichrechtlichem Handeln gehört. Zu Eingriffen in Freiheit und Eigentum bedürfen die Gemeinden nach dem Vorbehalt des Gesetzes aber jeweils einer besonderen gesetzlichen Grundlage. Außerdem ist ihre Befugnis zu öffentlichrechtlichem Handeln auf die Wahrnehmung der ihnen zugänglichen Aufgaben beschränkt, also auf der Grundlage allein des Art. 28 Abs. 2 S. 1 GG auf Angelegenheiten des örtlichen Wirkungskreises. Weniger missverständlich als der Begriff Gebietshoheit ist danach wohl der Begriff **Verwaltungshoheit**. Das Recht zur öffentlichrechtlichen Regelung ihrer Angelegenheiten schließt, sofern nicht wie im Bereich der Eingriffsverwaltung nach dem Vorbehalt des Gesetzes eine besondere gesetzliche Ermächtigungsgrundlage erforderlich ist, das Recht zu exekutivischen Einzelfallregelungen durch den Erlass von Verwaltungsakten oder den Abschluss öffentlichrechtlicher Verträge ein. Wenn der Gemeinde schon solche exekutivischen Regelungsbefugnisse gewährleistet sind, müssen ihr darüber hinaus erst recht und im Einklang mit dem historischen Bild gemeindlicher Selbstverwaltung die rechtlich weniger verbindlichen exekutivischen Handlungsformen wie privatrechtliche Handlungen und Realakte einschließlich der Abgabe ihren Aufgabenbereich betreffender politischer Erklärungen zu Gebote stehen.

19

Zu den Gemeindehoheiten wird weiterhin die **Satzungshoheit** gerechnet, die schon als Bestandteil der Gebietshoheit angesehen werden könnte. Sie ist die Befugnis zum eigenverantwortlichen Erlass allgemeiner Regelungen in Form von Satzungen (Dazu Rn. 114 ff.). Soweit Satzungen in Grundrechte eingreifen, bedarf es freilich wieder einer speziellen gesetzlichen Ermächtigung.

20

Von einiger praktischer Bedeutung ist auch die gemeindliche **Planungshoheit**. Sie umfasst das Recht der Gemeinde zur Planung und Regelung der Bodennutzung – unter städtebaulichen und sonstigen Gesichtspunkten des öffentlichen Interesses – in ihrem Gebiet. Einschränkungen der gemeindlichen Planungshoheit durch überörtliche Planungen – z.B. Errichtung eines Truppenübungsplatzes, Planfeststellungsbeschluss für Autobahn, Zulassung einer Abweichung vom Regionalplan zugunsten einer anderen Gemeinde –, welche eine hinreichend bestimmte gemeindliche Planung nachhaltig stören oder wesentliche Teile des Gemeindegebiets einer durchsetzbaren Planung entziehen, sind nur zulässig, wenn bestimmte formelle und materielle Voraussetzungen erfüllt sind. Der VGH Kassel hat offengelassen, ob eine Rechtsverletzung der Gemeinde durch eine überörtliche Planung nur in Betracht kommt, wenn die überörtliche Planung eine hinreichend bestimmte örtliche Planung nachhaltig stört. Eine gemeindliche Planung sei jedenfalls nicht erst dann hinreichend konkretisiert, wenn sie das Stadium eines verbindlichen Bauleitplans erreicht hat. Vielmehr könnten auch auf andere Weise dokumentierte örtliche Planungsvorstellungen Bedeutung erlangen.[20] Formell setzt

21

---

19 Vgl. *Dreier*, in: ders. (Hrsg.), GG, Bd. 2, 3. Aufl. 2015, Art. 28 Rn. 121; *Löwer*, in: v. Münch/Kunig (Hrsg.), GG, 6. Aufl. 2012, Art. 28 Rn. 75; *Ipsen*, in: Mann/Püttner, Bd. 1, § 24 Rn. 11. S.a. BVerfGE 52, 95, 117 f.
20 VGH Kassel, NVwZ 2010, 1165, 1168.

die Zulässigkeit einer Beschränkung der gemeindlichen Planungshoheit voraus, dass die Gemeinde bezüglich des ihre Planungshoheit beeinträchtigenden Vorhabens angehört worden ist.[21] Materiellrechtlich sind die von der gemeindlichen Planungshoheit umfassten Belange in die einer sie beeinträchtigenden Maßnahme zugrunde liegende Ermessens- bzw. Abwägungsentscheidung als relevante öffentliche Belange einzubeziehen.[22] Gegen Eingriffe in ihre Planungshoheit, welche diese Voraussetzungen nicht erfüllen, hat die Gemeinde einen auf ihr Selbstverwaltungsrecht gestützten Abwehranspruch.[23]

22 Zu den Gemeindehoheiten gehören schließlich die Organisations-, Personal- und Finanzhoheit. Die gemeindliche **Organisationshoheit** ist die Befugnis zu eigenverantwortlicher Ausgestaltung der inneren Organisation der Gemeinde. Dazu zählen besonders die eigenverantwortliche Besetzung der Gemeindeorgane und die Festlegung der Abläufe und Entscheidungszuständigkeiten für die Wahrnehmung der Aufgaben.[24] Aufgrund ihrer Organisationshoheit darf die Gemeinde ihre Aufgaben auch durch rechtlich verselbstständigte Organisationseinheiten öffentlichrechtlicher oder privatrechtlicher Art durchführen lassen.

Beispiel:
Darf eine Gemeinde den Erlass von Abwassergebührenbescheiden und deren Versendung einer von ihr gegründeten Stadtwerke GmbH übertragen? Die Versendung schon. Nach dem Vorbehalt des Gesetzes für Eingriffe in Freiheit und Eigentum den Erlass von Gebührenbescheiden aber nicht, solange dafür keine besondere gesetzliche Ermächtigung vorliegt.[25]

Die gemeindliche **Personalhoheit** ist die Befugnis zu eigenverantwortlicher Ausgestaltung des gemeindlichen Personalwesens. Sie umfasst vor allem die Befugnis, das Personal, insbesondere die Gemeindebeamten, auszuwählen, anzustellen, zu befördern und zu entlassen.[26] Zu ihr gehört die Dienstherrnfähigkeit der Gemeinde. Die gemeindliche **Finanzhoheit** ist die Befugnis zu eigenverantwortlicher gemeindlicher Einnahmen- und Ausgabenwirtschaft.[27] Auch die durch Art. 28 Abs. 2 S. 3 GG bestätigte und verstärkte Gewährleistung einer finanziellen Mindestausstattung muss als in der gemeindlichen Selbstverwaltungsgarantie enthalten angesehen werden, ist doch eine eigenverantwortliche Aufgabenwahrnehmung, ja schon die Existenz von Gemeinden im historisch überkommenen Sinn, ohne sie nicht möglich.[28]

23 **cc) Gesetzliche Einschränkbarkeit der gemeindlichen Selbstverwaltung im Grundsatz.** Nach Art. 28 Abs. 2 S. 1 GG ist das Selbstverwaltungsrecht der Gemeinden nur „im Rahmen der Gesetze" gewährleistet. Diese Beschränkung bezieht sich nach allgemeiner Auffassung sowohl auf die Aufgaben, derer sich die Gemeinde annehmen darf,

---

21 BVerfGE 56, 298, 320.
22 BVerwGE 74, 124, 132 ff.; 90, 96, 100. Des Näheren *Lange*, Kap. 1 Rn. 118 ff.
23 Zum mit der Planungshoheit verwandten gemeindlichen Selbstgestaltungsrecht und dem Recht auf Erhaltung der existentiellen Grundlage der Gemeinde *Lange*, Kap. 1 Rn. 71 f., 118 ff.
24 Vgl. BVerfGE 91, 228, 236.
25 VGH Kassel, NVwZ 2010, 1254, 1255.
26 Vgl. BVerfGE 91, 228, 245.
27 Vgl. BVerfGE 26, 228, 244; 83, 363, 386.
28 Vgl. BVerwG, NVwZ 2013, 1078, 1078 Rn. 11. Des Näheren dazu unten Rn. 32 ff.

als auch auf die Art und Weise der zulässigen Aufgabenwahrnehmung.[29] In der Hessischen Verfassung wird eine Beschränkbarkeit der gemeindlichen Selbstverwaltung ausdrücklich nur in Art. 137 Abs. 1 S. 2 hinsichtlich der Aufgaben genannt, denen eine Gemeinde sich widmen darf. Dass die in der Hessischen Verfassung garantierte gemeindliche Selbstverwaltung durch Gesetz auch hinsichtlich der Art und Weise der gemeindlichen Aufgabenwahrnehmung eingeschränkt werden kann, wird aus der Erwähnung der Gesetze in Art. 137 Abs. 3 S. 2 HV zu schließen sein, wonach die Aufsicht des Staates sich darauf beschränkt – aber immerhin eben auch darauf bezieht –, dass die Verwaltung der Gemeinden (und Gemeindeverbände) im Einklang mit den Gesetzen geführt wird. Dass mit diesen Gesetzen nur Gesetze nach Art. 137 Abs. 1 S. 2 HV gemeint wären, die bestimmte Aufgaben dem Staat vorbehalten, liegt schon deshalb fern, weil man davon, dass eine Verwaltung im Einklang mit den Gesetzen geführt wird, kaum schon dann reden würde, wenn sie sich auf ihren Zuständigkeitsbereich beschränkt, sondern eher dann, wenn die Art und Weise ihrer Aufgabenwahrnehmung den Gesetzen entspricht. Aber auch die historische Tradition der gemeindlichen Selbstverwaltung spricht dafür, dass die Staatsaufsicht sich auf die Rechtmäßigkeit der Art und Weise gemeindlicher Aufgabenwahrnehmung erstreckt.[30] Dafür, dass in Hessen von dieser Tradition hätte abgerückt werden sollen, gibt es keine Anhaltspunkte. Wenn der hessische Verfassungsgeber aber davon ausging, dass die Staatsaufsicht die Art und Weise gemeindlicher Aufgabenwahrnehmung auf ihre Vereinbarkeit mit den Gesetzen kontrollieren soll, dann muss er zugleich von der Zulässigkeit von Gesetzen ausgegangen sein, welche die Art und Weise gemeindlicher Aufgabenwahrnehmung regeln.[31] In diesem Sinne bestimmt auch § 3 S. 2 HGO, dass Eingriffe in die Rechte der Gemeinden nur durch Gesetz zulässig sind.

Unter Gesetzen, durch welche die gemeindliche Selbstverwaltung eingeschränkt werden kann, werden nicht nur formelle, also im förmlichen parlamentarischen Gesetzgebungsverfahren beschlossene, Gesetze, sondern auch **untergesetzliche Normen** wie insbesondere **Rechtsverordnungen** verstanden.[32] Für Art. 28 Abs. 2 S. 1 GG liegt das deshalb nahe, weil Rechtsverordnungen jedenfalls insofern zum Rahmen der Gesetze gehören, als sie nur auf einer gesetzlichen Grundlage erlassen werden dürfen. Hinsichtlich Art. 137 HV wäre kein Sinn darin erkennbar, dass die Staatsaufsicht die Vereinbarkeit der gemeindlichen Verwaltung nur mit formellen Gesetzen, nicht aber etwa mit Rechtsverordnungen zu prüfen haben sollte. § 3 S. 3 HGO geht denn auch ausdrücklich von der Einschränkbarkeit gemeindlicher Selbstverwaltung durch Verordnungen zur Durchführung von Gesetzen aus. Dass die gesetzlichen Ermächtigungsgrundlagen für Rechtsverordnungen, die das gemeindliche Selbstverwaltungsrecht einschränken, den Bestimmtheitsanforderungen des Art. 80 Abs. 1 S. 2 GG genügen müssen, gilt wegen des darauf beschränkten Anwendungsbereichs des Art. 80 Abs. 1 S. 2 GG nur für bundesgesetzliche Ermächtigungen. Für landesgesetzliche Ermächtigungsgrundlagen zu Rechtsverordnungen leitet das Bundesverfassungsgericht aber das glei-

24

---

29 Vgl. BVerfGE 79, 127, 143 ff.; 107, 1, 12.
30 Vgl. *Kahl*, Die Staatsaufsicht, 2000, S. 112 ff.
31 Ebenso StGH, NVwZ-RR 2004, 713, 715 im Anschluss an *Meyer*, S. 184.
32 Vgl. BVerfGE 56, 298, 309; 107, 1, 22 f.

che Bestimmtheitserfordernis aus den auch für die Bundesländer geltenden Grundsätzen des rechtsstaatlichen und demokratischen Verfassungssystems (Art. 28 Abs. 1 S. 1 GG) ab.³³

25 dd) **Grenzen der gesetzlichen Einschränkbarkeit.** Ein **Kernbereich** gemeindlicher Selbstverwaltung ist dem gesetzgeberischen Zugriff nach ganz h.M. allerdings überhaupt verschlossen.³⁴ Darüber, was zu diesem unantastbaren Kernbereich gehört, herrscht freilich wenig Klarheit. Nach dem Rastede-Beschluss des Bundesverfassungsgerichts bedeutet der Kernbereichsschutz, dass der Wesensgehalt der gemeindlichen Selbstverwaltung nicht ausgehöhlt werden darf. Bei der Bestimmung des Kernbereichs sei besonders der geschichtlichen Entwicklung Rechnung zu tragen. Zum Wesensgehalt der gemeindlichen Selbstverwaltung gehöre – nach Art. 28 Abs. 2 S. 1 GG – jedenfalls die Befugnis der Gemeinde, sich aller Angelegenheiten der örtlichen Gemeinschaft, die nicht durch Gesetz bereits anderen Trägern öffentlicher Verwaltung übertragen seien, ohne besonderen Kompetenztitel anzunehmen („Universalität" des gemeindlichen Wirkungskreises). Große praktische Bedeutung scheint der Kernbereich bzw. Wesensgehalt der gemeindlichen Selbstverwaltung bislang nicht gehabt zu haben, da Eingriffe in ihn höchst selten festgestellt worden sind.³⁵

26 Von großer praktischer Bedeutung ist aber die Frage, wie weit gesetzliche Einschränkungen der gemeindlichen Selbstverwaltung außerhalb des Kernbereichs – oft als **Randbereich** bezeichnet – gehen können. Hier sind sowohl der Entzug gemeindlicher Aufgaben als auch die Einschränkung gemeindlicher Eigenverantwortlichkeit nur aus Gründen des Gemeinwohls zulässig.

27 Art. 28 Abs. 2 S. 1 GG enthält ein Aufgabenverteilungsprinzip hinsichtlich der Angelegenheiten der örtlichen Gemeinschaft zugunsten der Gemeinden, das einen **Aufgabenentzug** nur aus Gründen erlaubt, welche gegenüber diesem Aufgabenverteilungsprinzip überwiegen. Das ist vor allem dann der Fall, wenn anders die ordnungsgemäße Aufgabenerfüllung nicht sicherzustellen wäre. Das bloße Ziel der Verwaltungsvereinfachung reicht demgegenüber nicht aus. Auch Gründe der Wirtschaftlichkeit und Sparsamkeit der öffentlichen Verwaltung rechtfertigen einen Aufgabenentzug nicht schon allein für sich, sondern erst, wenn ein Belassen der Aufgabe bei den Gemeinden zu einem unverhältnismäßigen Kostenanstieg führen würde. Sowohl hinsichtlich der Frage, ob eine Aufgabe zu den Angelegenheiten der örtlichen Gemeinschaft gehört, also auch bei der Frage, ob die einen Aufgabenentzug tragenden Gründe gegenüber dem verfassungsrechtlichen Aufgabenverteilungsprinzip überwiegen, räumt das Bundesverfassungsgericht dem Gesetzgeber einen Beurteilungsspielraum ein.³⁶ Art. 137 HV beschränkt die Selbstverwaltungsgarantie zwar nicht auf Angelegenheiten der örtlichen Gemeinschaft, weist aber ansonsten eine ähnliche Struktur auf, da den Gemeinden nach Art. 137 Abs. 1 S. 2 HV Aufgaben durch den Gesetzgeber nur entzogen werden dürfen, indem sie anderen Stellen im dringenden öffentlichen Interesse ausschließlich

---

33 BVerfGE 41, 251, 266; 58, 257, 277; 73, 388, 400.
34 BVerfGE 79, 127, 146; 103, 332, 365; StGH, NVwZ-RR 2004, 713, 717.
35 S. des Näheren *Lange*, Kap. 1 Rn. 93 ff.
36 BVerfGE 79, 127, 150 ff.

zugewiesen werden. Auch hinsichtlich des Bestehens eines solchen dringenden öffentlichen Interesses kommt dem Gesetzgeber ein Beurteilungsspielraum zu.[37]

Gesetzliche **Einschränkungen gemeindlicher Eigenverantwortlichkeit** müssen – was, nach allerdings umstrittener Auffassung, auch für den Aufgabenentzug gelten muss – dem Übermaßverbot genügen. Sie müssen also zur Erreichung der mit ihnen verfolgten Gemeinwohlziele geeignet und erforderlich sowie im engeren Sinne verhältnismäßig (angemessen, zumutbar) sein.[38]

d) Subjektives Recht auf gemeindliche Selbstverwaltung

Art. 28 Abs. 2 S. 1 GG begründet nach ganz herrschender Meinung auch ein Recht jeder einzelnen Gemeinde auf Selbstverwaltung. Nichts anderes kann für Art. 137 HV gelten, in dessen Abs. 3 es ausdrücklich heißt, dass den Gemeinden (und Gemeindeverbänden) „das Recht der Selbstverwaltung" vom Staat gewährleistet werde. Gegen rechtswidrige Einschränkungen ihres Aufgabenbereiches oder ihrer Eigenverantwortlichkeit kann sich jede Gemeinde unter Berufung auf dieses Recht erfolgreich verteidigen. Allerdings ist das gemeindliche Selbstverwaltungsrecht entgegen dem Verständnis, das noch Art. 184 Buchst. a) und b) der Paulskirchenverfassung sowie Art. 127 WRV zugrunde lag, kein Grundrecht. Die gemeindliche Selbstverwaltungsgarantie steht weder im Grundrechtsteil des Grundgesetzes noch ist sie auch nur in Art. 93 Abs. 1 Nr. 4a GG unter den grundrechtsgleichen Rechten aufgeführt. Auch die gemeindliche Selbstverwaltungsgarantie des Art. 137 Abs. 1, 3 HV befindet sich nicht in dem Hauptteil über die Rechte des Menschen, sondern dem über den Aufbau des Landes.

Im Verwaltungsprozess vermittelt der Gemeinde das – nicht nur verfassungsrechtlich, sondern auch einfachgesetzlich (§ 1 Abs. 1 S. 2, § 2 S. 1 HGO) normierte – Selbstverwaltungsrecht die Klagebefugnis. Aber auch gegen Rechtsnormen, die das verfassungsrechtlich gewährleistete gemeindliche Selbstverwaltungsrecht verletzen, können sich die Gemeinden zur Wehr setzen. Nach Art. 93 Abs. 1 Nr. 4b GG entscheidet das Bundesverfassungsgericht über Verfassungsbeschwerden von Gemeinden und Gemeindeverbänden wegen Verletzung des Rechts auf Selbstverwaltung nach Art. 28 GG durch ein Gesetz, wozu wiederum alle Arten untergesetzlicher Normen einschließlich insbesondere Rechtsverordnungen gehören, die Außenwirkung gegenüber einer Kommune entfalten.[39] Wegen des Sachzusammenhangs und im Interesse einer endgültigen Ausräumung von Zweifeln sieht das Bundesverfassungsgericht Gemeinden (und Gemeindeverbände) als befugt an, mit der **kommunalen Verfassungsbeschwerde** die Unvereinbarkeit eines Gesetzes auch mit einer anderen Norm des Grundgesetzes als dem Art. 28 GG dann zu rügen, wenn diese Norm ihrem Inhalt nach das verfassungsrechtliche Bild der Selbstverwaltung mitzubestimmen geeignet ist. Als solche Normen hat es u.a. Art. 70 GG, wonach Gemeindeangelegenheiten grundsätzlich zur Gesetzge-

---

37 StGH, NVwZ-RR 2004, 713, 718.
38 Vgl. BVerfGE 103, 332, 366 f.; BVerwGE 118, 181, 185. In dieser Richtung auch StGH, NVwZ-RR 2004, 713, 715, wonach Art. 137 HV nur diejenigen gesetzlichen Vorgaben zulässt, die der Gesetzgeber zur Wahrung der jeweiligen Gemeinwohlbelange für geboten halten darf.
39 BVerfGE 26, 228, 236; 76, 107, 114.

bungskompetenz der Länder gehören, angesehen sowie Art. 106 Abs. 5, 6 S. 2 GG hinsichtlich der Finanzausstattung der Gemeinden und ihres Hebesatzrechts, das Bundesstaatsprinzip, soweit geltend gemacht wurde, dass dieses einen unmittelbaren Durchgriff des Bundes auf die Gemeinden verbiete, und nicht zuletzt das Demokratieprinzip.[40]

31 Die kommunale Verfassungsbeschwerde zum Bundesverfassungsgericht ist nach Art. 93 Abs. 1 Nr. 4 b GG bei Landesgesetzen allerdings nur zulässig, soweit nicht Beschwerde zum Landesverfassungsgericht erhoben werden kann. Dieser Subsidiaritätsgrundsatz findet jedoch keine Anwendung, soweit die landesverfassungsrechtliche Garantie der kommunalen Selbstverwaltung hinter dem Gewährleistungsniveau des Art. 28 Abs. 2 GG zurückbleibt.[41] In Hessen ist eine Beschwerde zum Landesverfassungsgericht möglich. Nach § 46 des Gesetzes über den Staatsgerichtshof (StGHG) können Gemeinden und Gemeindeverbände die Grundrechtsklage mit der Behauptung erheben, dass Landesrecht die Vorschriften der Verfassung des Landes Hessen über das Recht der Selbstverwaltung verletzt. Die Zulässigkeitsvoraussetzungen dieser **kommunalen Grundrechtsklage** sind, soweit nicht wie in § 43 Abs. 1 S. 3 StGHG etwas anderes geregelt ist, prinzipiell die gleichen wie für die allgemeine Grundrechtsklage nach §§ 43 ff. StGHG.[42] Die Zulässigkeitsvoraussetzung der unmittelbaren Betroffenheit und der Grundsatz der Subsidiarität der Grundrechtsklage verpflichten allerdings nicht, zunächst gegen etwaige Einzelvollzugsakte der für verfassungswidrig gehaltenen Norm vorzugehen. Da die kommunale Grundrechtsklage nur gegen Rechtsnormen zulässig ist, muss ein Antragsteller nur solche Vollzugsakte abwarten, die in Form von Rechtsnormen ergehen.[43] Der Hessische Staatsgerichtshof geht ersichtlich wie das Bundesverfassungsgericht davon aus, dass als Verletzung des Rechts der Selbstverwaltung nach § 46 StGHG auch die Verletzung von Normen der Hessischen Verfassung gerügt werden kann, die ihrem Inhalt nach das verfassungsrechtliche Bild der Selbstverwaltung mitzubestimmen geeignet sind.[44] Nicht übersehen werden darf bei alledem, dass sowohl die – gegen hessisches Landesrecht mithin entfallende – kommunale Verfassungsbeschwerde zum Bundesverfassungsgericht als auch die kommunale Grundrechtsklage zum Hessischen Staatsgerichtshof nur gegen Rechtsnormen, nicht aber gegen Einzelakte statthaft ist.

e) Finanzverfassungsrechtliche Garantien

32 Nach Art. 28 Abs. 2 S. 3 GG umfasst die Gewährleistung der Selbstverwaltung auch die Grundlagen der finanziellen Eigenverantwortung. Zu diesen Grundlagen gehört eine den Gemeinden mit Hebesatzrecht zustehende wirtschaftskraftbezogene Steuerquelle. Art. 106 Abs. 5, 5 a GG sichert den Gemeinden einen Anteil am Aufkommen der Einkommensteuer und der Umsatzsteuer zu. Das Aufkommen der Grundsteuer und der Gewerbesteuer, der sog. Realsteuern, steht den Gemeinden nach Art. 106

---

40 S. im Einzelnen *Lange*, Kap. 1 Rn. 144 f.
41 BVerfG, Urt. v. 21.11.2017 – 2 BvR 2177/16 –, juris, Rn. 50.
42 StGH, LKRZ 2012, 323, 324.
43 StGH, LKRZ 2013, 375, 377.
44 So wurde in StGH, LKRZ 2012, 323 auf eine kommunale Grundrechtsklage hin die Vereinbarkeit einer Rechtsverordnung mit der Konnexitätsregelung des Art. 137 Abs. 6 S. 2 HV geprüft.

Abs. 6 S. 1 GG grundsätzlich allein zu; allerdings sind Bund und Länder durch eine Gewerbesteuerumlage an dem Aufkommen der Gewerbesteuer beteiligt (Art. 106 Abs. 6 S. 4, 5 GG i.V.m. § 6 GemFinRefG). Durch ihr Recht, die Hebesätze der Grund- und Gewerbesteuer festzusetzen (Art. 106 Abs. 6 S. 2 GG), können die Gemeinden über die Höhe dieser Steuern selbst wesentlich mitbestimmen. Außerdem steht den Gemeinden nach Art. 106 Abs. 6 S. 1 GG das Aufkommen der örtlichen Verbrauch- und Aufwandsteuern zu, soweit die Landesgesetzgebung es nicht den Gemeindeverbänden, also vor allem den Landkreisen, zuweist. Einfachgesetzlich ist den Gemeinden auch die Ausgestaltung dieser Steuern überlassen.[45]

Deutlicher als Art. 28 Abs. 2 S. 3 GG bestimmt Art. 137 Abs. 5 HV: „Der Staat hat den Gemeinden und Gemeindeverbänden die zur Durchführung ihrer eigenen und der übertragenen Aufgaben erforderlichen Geldmittel im Wege des Lasten- und Finanzausgleichs zu sichern. Er stellt ihnen für ihre freiwillige öffentliche Tätigkeit in eigener Verantwortung zu verwaltende Einnahmequellen zur Verfügung". Aus der kommunalen Selbstverwaltungsgarantie des Art. 137 Abs. 1, 3 S. 1 HV i.V.m. Art. 137 Abs. 5 HV folgt ein Anspruch der Gemeinden gegen das Land auf eine solche angemessene Finanzausstattung. Deren Garantie verlangt jedenfalls, dass die Kommunen in der Lage sind, neben Pflichtaufgaben auch ein Mindestmaß an freiwilligen Selbstverwaltungsaufgaben wahrzunehmen. Über die Mindestausstattung hinaus haben die Kommunen einen von der Finanzkraft des Landes abhängigen weitergehenden Anspruch auf Finanzausstattung.[46] Ein diesen Anforderungen genügender Finanzausgleich setzt voraus, dass der Gesetzgeber den durch Aufgabenbelastung und Finanzkraft vorgezeichneten Bedarf der Kommunen ermittelt.[47]

33

Unabhängig von dem Anspruch auf angemessene Finanzausstattung und damit auch von der Finanzkraft der Kommunen verpflichtet Art. 137 Abs. 6 HV das Land dann, wenn die Übertragung neuer oder die Veränderung bestehender eigener oder übertragener Aufgaben (durch das Land) zu einer Mehrbelastung oder Entlastung der Gemeinden oder Gemeindeverbände in ihrer Gesamtheit führt, zur Schaffung eines entsprechenden Ausgleichs. Dieses sog. Konnexitätsprinzip stellt also nicht auf die Belastung oder Entlastung einzelner Gemeinden, sondern auf die der Gesamtheit der Gemeinden ab. Unter „entsprechendem" Ausgleich ist ein Ausgleich in voller Höhe der Be- bzw. Entlastung zu verstehen. Der Ausgleich hat zeitnah zu erfolgen. Er braucht jedoch nicht schon in dem Gesetz oder der Rechtsverordnung geregelt zu werden, die eine zu einer Mehrbelastung führende Aufgabenübertragung enthält.[48]

34

2. Weitere Grundsatzfragen der gemeindlichen Rechtsstellung
a) Die Gemeinde im Spannungsfeld von Staat und Gesellschaft, Grundrechtsfähigkeit

Die Gemeinde ist dem Staat nicht, wie insbesondere im 19. Jahrhundert und teilweise noch auf der Basis naturrechtlicher Anschauungen nach dem Zweiten Weltkrieg ver-

35

---

45 Dazu unten Rn. 142.
46 Des Näheren *Lange*, Kap. 15 Rn. 180 ff.
47 StGH, LKRZ 2013, 375, 375 f. (Leitsätze 1-3).
48 Vgl. StGH, LKRZ 2012, 323. Eingehend *Lange*, Kap. 15 Rn. 218 ff.

treten wurde, naturrechtlich vorgegeben, sondern durch den Staat geschaffen und durch ihn mit Rechtsmacht ausgestattet. Sie besitzt vom Staat, dem sie eingegliedert ist, abgeleitete Hoheitsmacht. Insofern ist sie eine staatliche Einrichtung. Die Gemeinde unterscheidet sich aber von der Staatsverwaltung durch staatliche Behörden fundamental dadurch, dass in ihr die gesellschaftlichen Kräfte, nämlich die Gemeindebürger, einen ungleich größeren Einfluss haben als in staatlichen Behörden.[49] An die Stelle der behördentypischen Weisungsabhängigkeit gegenüber höheren Behörden tritt hier die Abhängigkeit von den Gemeindebürgern und den von ihnen gewählten Repräsentanten.[50] Gemeindliche Selbstverwaltung lässt sich daher weder einseitig dem Staat noch einseitig „der Gesellschaft" zuordnen. Sie erfüllt ihren Sinn gerade dadurch, dass sie über staatlich abgeleitete hoheitliche Macht in besonders unmittelbarer gesellschaftlicher Verantwortung verfügt und damit die spezifischen Möglichkeiten nutzen kann, aber auch die spezifischen Konflikte austragen muss, die sich aus dieser Position im Spannungsfeld von Staat und Gesellschaft ergeben.[51]

36 Anders als von erheblichen Teilen der Literatur[52] und anders auch als vom Bayerischen Verfassungsgerichtshof[53] wird die **Grundrechtsfähigkeit** der Gemeinden vom Bundesverfassungsgericht abgelehnt.[54] Die Rechtsprechung des Hessischen Staatsgerichtshofs geht in die gleiche Richtung.[55] Gegen die Grundrechtsfähigkeit der Gemeinden spricht, dass die Gemeinden auch in ihrem Selbstverwaltungsbereich auf ein Handeln im öffentlichen Interesse beschränkt sind, was sie von privaten Grundrechtsträgern prinzipiell unterscheidet. Außerdem wäre es widersinnig, den Gemeinden gegen Verletzungen etwa eines Eigentums- oder Meinungsfreiheitsgrundrechts einen stärkeren Rechtsschutz, nämlich die Verfassungsbeschwerde bzw. in Hessen Grundrechtsklage auch gegen Akte der Exekutive und der Rechtsprechung zuzubilligen, als sie ihn gegen Verletzungen des für sie existentiellen Selbstverwaltungsrechts genießen. Soweit es zur Realisierung des gemeindlichen Selbstverwaltungsrechts gehört, können die Gemeinden sich zum Schutz etwa ihres Vermögens – wenn auch nicht jeder einzelnen vermögenswerten Rechtsposition –, ihrer Wirtschaftstätigkeit oder ihrer Meinungsäußerungen sowie gegen Willkür aber auf ihr Selbstverwaltungsrecht berufen.[56] Hinsichtlich des Gebots des gesetzlichen Richters und des Anspruchs auf rechtliches Gehör stehen juristischen Personen des öffentlichen Rechts und damit auch den Gemeinden ohnehin die grundrechtsähnlichen Rechte der Art 101 Abs. 1 S. 2 und 103 Abs. 1 GG zu.[57] Der Schutz der Rechtsweggarantie des Art. 19 Abs. 4 GG dürfte den Ge-

---

49 Vgl. BVerfGE 107, 1, 11 f.
50 In diesem Sinne auch BVerfGE 79, 127, 149 f. Vgl. § 1 Abs. 1 HGO.
51 *Lange*, Kap. 2 Rn. 70.
52 Vgl. *Kingreen/Poscher*, Grundrechte. Staatsrecht II, 32. Aufl. 2016, Rn. 176 ff.; *Wieland*, in: Dreier (Hrsg.), GG, Bd. 1, 3. Aufl. 2013, Art. 14 Rn. 85 f.
53 Vgl. BayVerfGH, BayVBl. 1976, 589, 591; 1984, 655, 655 ff.; 1993, 177, 178.
54 Vgl. BVerfGE 26, 228, 244; 61, 82, 103 ff.; BVerfG, DVBl 2008, 593, 594.
55 Vgl. StGH, ESVGH 23, 147, 150 ff.
56 Vgl. BVerfG (2. Kammer des Zweiten Senats), NVwZ 1999, 520, 521; (1. Kammer des Zweiten Senats), DVBl 1995, 286, 290.
57 BVerfGE 61, 82, 104 f.

meinden ebenfalls zukommen, soweit sie Verletzungen ihres Selbstverwaltungsrechts geltend machen.[58]

b) Die Gemeinden als Teil der Länder

Die Gemeinden sind Bestandteile der Bundesländer.[59] Das folgt nicht nur aus der Regelung der gemeindlichen Selbstverwaltung im II. Abschnitt des Grundgesetzes, der die Überschrift „Der Bund und die Länder" trägt, sondern auch daraus, dass der Begriff „Länder" im Grundgesetz mehrfach[60] unter Einschluss der Kommunen gebraucht wird. 37

Seit der Einfügung der Art. 84 Abs. 1 S. 7 und Art. 85 Abs. 1 S. 2 in das Grundgesetz im Rahmen der Föderalismusreform 2006 dürfen Gemeinden und Gemeindeverbänden **Aufgaben nicht mehr durch Bundesgesetz übertragen** werden. Aufgaben können ihnen also nur noch durch die Länder übertragen werden mit der Folge, dass die Länder aufgrund des landesverfassungsrechtlich geregelten Konnexitätsprinzips (Rn. 34) grundsätzlich zu einem finanziellen Ausgleich verpflichtet sind. Allerdings gilt Recht, welches als Bundesrecht erlassen worden ist, aber wegen Art. 84 Abs. 1 S. 7, Art. 85 Abs. 1 S. 2 GG nicht mehr als Bundesrecht erlassen werden könnte, nach Art. 125 a Abs. 1 S. 1 GG als Bundesrecht fort, solange es nicht nach Art. 125 a Abs. 1 S. 2 GG durch Landesrecht ersetzt worden ist.[61] 38

c) Pflicht des Staates zu gemeindefreundlichem und der Gemeinden zu staatsfreundlichem Verhalten

Aus der Einordnung der Gemeinden in die Rechtssphäre der Länder folgt, dass sich im Rahmen des Grundsatzes der Bundestreue der Bund auch gemeindefreundlich verhalten muss und die Gemeinden als Teil des jeweiligen Landes dem Bund gegenüber bundesfreundlich handeln müssen.[62] Im Verhältnis von Land und Gemeinden wird aber ein Grundsatz gemeindefreundlichen bzw. landesfreundlichen Verhaltens nur sehr zurückhaltend Anwendung finden können. Zwar haben Land und Gemeinden in der Verfassung ihre gemeinsame Grundlage, so dass sie, wenn sie nicht zu ihren eigenen Konstitutionsprinzipien in Widerspruch geraten wollen, jeweils an der Erhaltung und Funktionsfähigkeit des anderen interessiert sein müssen. Daraus folgt, dass sie sich nicht negativ, behindernd, sondern positiv, fördernd gegenüberstehen sollen. Rechtspflichten lassen sich daraus aber nur sehr eingeschränkt ableiten. Vor allem müssen solche Rechtspflichten gegenüber bestehenden Rechtsnormen zurücktreten. Auch können daraus keine Einschränkungen der gemeindlichen Selbstverwaltung abgeleitet werden, die nach der Verfassung dem Gesetzgeber vorbehalten sind.[63] 39

---

58 BVerfG (1. Kammer des Zweiten Senats), NVwZ 2007, 1176, 1177, lässt offen, ob juristische Personen des öffentlichen Rechts im Hinblick auf Art. 19 Abs. 4 GG beschwerdefähig sind.
59 Vgl. BVerfGE 39, 96, 109; 83, 363, 375; 86, 148, 215.
60 Vgl. Art. 30, 35, 83 GG.
61 Näher zur Problematik *Lange*, Kap. 2 Rn. 86 ff.
62 Vgl. BVerwGE 82, 266, 268 ff.
63 Auch hierzu des Näheren *Lange*, Kap. 2 Rn. 91 ff.

d) Die Gemeinden im Europarecht

40 Auf europäischer Ebene wurde die kommunale Selbstverwaltung bereits in der **Europäischen Charta der kommunalen Selbstverwaltung** vom 15.10.1985[64] festgeschrieben.[65] Mit dem Vertrag von Lissabon hat sie auch im **Unionsvertrag** Anerkennung gefunden. Nach Art. 4 Abs. 2 EUV achtet die Union die jeweilige nationale Identität der Mitgliedstaaten, „die in ihren grundlegenden politischen und verfassungsmäßigen Strukturen einschließlich der **regionalen und lokalen Selbstverwaltung** zum Ausdruck kommt". Diese Bestimmung wird flankiert durch Art. 5 Abs. 3 EUV, wonach das **Subsidiaritätsprinzip** auch den Vorrang der Aufgabenwahrnehmung durch die Mitgliedstaaten auf regionaler oder lokaler Ebene einschließt, und unterstrichen durch den in Art. 1 EUV verankerten Grundsatz der **Bürgernähe**.

41 Verfahrensrechtlich werden kommunale Belange in der Europäischen Union gerade auch durch den **Ausschuss der Regionen** vertreten, der sich aus Vertretern der regionalen und lokalen Gebietskörperschaften zusammensetzt und beratende Funktionen wahrnimmt.[66] Zur Wahrung seiner Rechte kann er nach Art. 263 Abs. 3 AEUV mit der Nichtigkeitsklage den **Gerichtshof der Europäischen Union** anrufen. Nach Art. 8 des Protokolls (Nr. 2) über die Anwendung der Grundsätze der Subsidiarität und der Verhältnismäßigkeit[67] kann er dort auch Klage erheben bei Verletzungen des Subsidiaritätsprinzips durch Gesetzgebungsakte, für deren Erlass die Anhörung des Ausschusses der Regionen nach dem Vertrag über die Arbeitsweise der Europäischen Union vorgeschrieben ist.

42 Kommunale Gebietskörperschaften können gegen an sie gerichtete oder sie unmittelbar und individuell betreffende Handlungen sowie gegen Rechtsakte mit Verordnungscharakter, die sie unmittelbar betreffen und keine Durchführungsmaßnahmen nach sich ziehen, nach Art. 263 Abs. 4 AEUV ebenfalls Nichtigkeitsklage vor dem Gerichtshof der Europäischen Union erheben. Gemeinden haben allerdings kein Recht auf Individualbeschwerde nach Art. 34 EMRK zum **Europäischen Gerichtshof für Menschenrechte**. Das gilt auch bei Geltendmachung eines Verfahrensrechts wie des Rechts auf gerichtliche Entscheidung innerhalb angemessener Frist nach Art. 6 Abs. 1 EMRK.[68]

III. Einwohner und Bürger

43 Die Gemeinden bestehen aus ihren Einwohnern und es gibt sie um ihrer Einwohner willen. **Einwohner** ist nach § 8 Abs. 1 HGO, wer in der Gemeinde seinen Wohnsitz hat. Dass die Gemeinden für ihre Einwohner da sind, kommt besonders deutlich in § 19 f. HGO zum Ausdruck, wonach die Gemeinden die Aufgabe haben, die für ihre Einwohner erforderlichen öffentlichen Einrichtungen bereitzustellen, (§ 19 Abs. 1 HGO) und die Einwohner zur Benutzung der öffentlichen Einrichtungen der Gemein-

---

[64] Vgl. Bundesgesetz v. 22.1.1987 (BGBl. II S. 65). Die Charta ist am 1.9.1988 in Kraft getreten, s. Bekanntmachung v. 15.6.1988 (BGBl. II S. 653).
[65] Hierzu und zum Folgenden *Lange*, Kap. 1 Rn. 164 ff.
[66] Art. 300 Abs. 1, 3, Art. 307 AEUV.
[67] ABl. 2007 Nr. C 306/150.
[68] EGMR (II. Sektion), NVwZ 2011, 479.

de berechtigt sind (§ 20 Abs. 1 HGO). Im Gegenzug sind die Einwohner verpflichtet, die Gemeindelasten zu tragen (§ 20 Abs. 1 HGO). Damit ist vor allem die Zahlung von Abgaben, d.h. Steuern, Gebühren und Beiträgen, gemeint.[69] Hierfür bedarf es nach dem Vorbehalt des Gesetzes freilich ohnehin einer speziellen gesetzlichen Grundlage. Diese findet sich insbesondere im Gesetz über kommunale Abgaben.

Bürger der Gemeinde sind nach § 8 Abs. 2 HGO die wahlberechtigten Einwohner. **Wahlberechtigt** sind Deutsche und Unionsbürger (Staatsangehörige eines der übrigen Mitgliedstaaten der Europäischen Union mit Wohnsitz in Deutschland), die das achtzehnte Lebensjahr vollendet haben und seit mindestens drei Monaten in der Gemeinde ihren Wohnsitz haben (§ 30 Abs. 1 HGO). Die Bürger der Gemeinde nehmen nach § 29 Abs. 1 HGO durch die **Wahl der Gemeindevertretung und des Bürgermeisters** sowie durch **Bürgerentscheide** an der Verwaltung der Gemeinde teil. Diesen Rechten der Bürger entspricht auf der anderen Seite ihre Pflicht, eine **ehrenamtliche Tätigkeit** für die Gemeinde zu übernehmen (§ 21 Abs. 1 S. 2 HGO). Abgelehnt werden kann dies nur, wenn ein wichtiger Grund vorliegt. Fälle, in denen ein wichtiger Grund immer anzunehmen ist, nennt in einer nicht abschließenden Aufzählung § 23 Abs. 2 HGO. Die Formulierung des § 23 Abs. 1 S. 2 HGO, wonach die für die Berufung zu ehrenamtlicher Tätigkeit zuständige Stelle – grundsätzlich der Gemeindevorstand (§ 21 Abs. 2 S. 1 HGO) – darüber entscheidet, ob ein wichtiger Grund vorliegt, bedeutet nur, dass ohne deren dahingehende Entscheidung nicht vom Vorliegen eines wichtigen Grundes ausgegangen werden kann. Gerichtlicher Rechtsschutz gegen die Entscheidung der zuständigen Stelle wird dadurch nicht ausgeschlossen. Ehrenamtlich Tätige haben Anspruch auf Ersatz von Verdienstausfall und Fahrtkosten. Darüber hinaus kann ihnen eine Aufwandsentschädigung gewährt werden (§ 27 HGO).[70] Sie unterliegen einer Reihe von Pflichten – Verschwiegenheitspflicht, Mitwirkungsverbot bei Interessenwiderstreit, Treuepflicht – (§§ 24–26 HGO), die wegen ihrer besonderen Bedeutung für Gemeindevertreter, auf die sie auch anwendbar sind (§ 35 Abs. 2 S. 1 HGO), im Zusammenhang mit diesen behandelt werden sollen (Rn. 71 ff.).

IV. Die Gemeindevertretung

1. Rechtsstellung der Gemeindevertretung

a) Kommunalverfassungsrechtliche Einordnung

Die rechtlichen Regelungen über die Organisation der Gemeinde, also ihre Organe, deren Zuständigkeiten und Befugnisse sowie deren Verfahren, werden als **Kommunalverfassungsrecht** bezeichnet. Im Mittelpunkt der Kommunalverfassung steht in Hessen die **Gemeindevertretung**, die in anderen Ländern zumeist als Gemeinderat oder Rat bezeichnet wird. In Städten führt sie die Bezeichnung **Stadtverordnetenversammlung**. Sie ist das **oberste Organ** der Gemeinde (§ 9 Abs. 1 HGO). Ihr steht als weiteres Organ der Gemeinde der kollegial gestaltete, also aus mehreren Personen bestehende **Gemeindevorstand** gegenüber, der die laufende Verwaltung besorgt. Er führt in Städten die Bezeichnung **Magistrat** (§ 9 Abs. 2 HGO). Die Hessische Gemeindeordnung

---

69 Hierzu Rn. 137 ff. und eingehend *Lange*, Kap. 15.
70 Dazu eingehend *Lange*, Kap. 5 Rn. 94 ff.

trennt in einer wenig übersichtlichen Weise die Vorschriften über die Mitglieder dieser Organe von denen über die Organe selbst. So enthalten die §§ 35 bis 38 HGO Bestimmungen über die Gemeindevertreter und die §§ 39 bis 47 HGO solche über Bürgermeister und Beigeordnete (also die Mitglieder des Gemeindevorstands). Ihnen folgen erst in §§ 49 bis 63 HGO Vorschriften über die Gemeindevertretung und in §§ 65 bis 77 HGO solche über den Gemeindevorstand. Dieser seltsamen Aufteilung muss man sich bei der Benutzung der Hessischen Gemeindeordnung bewusst sein.

b) Wahl der Gemeindevertretung

46 Die **Zahl** der Mitglieder der Gemeindevertretung, also der **Gemeindevertreter**, bestimmt sich gemäß § 38 HGO grundsätzlich nach der Zahl der Einwohner der Gemeinde. Die Skala reicht von 15 Gemeindevertretern in Gemeinden bis zu 3 000 Einwohnern bis zu 105 Gemeindevertretern in Gemeinden mit über 1 Million Einwohnern, die es in Hessen freilich nicht gibt. Die Gemeindevertreter werden von den Bürgern nach den Bestimmungen der §§ 29 ff. HGO und des Hessischen Kommunalwahlgesetzes für fünf Jahre (§ 36 S. 1 HGO) gewählt. Wie in Art. 28 Abs. 1 S. 2 GG gefordert, muss die **Wahl** nach § 1 Abs. 1 KWG frei, allgemein, geheim, gleich und unmittelbar sein. Sie erfolgt nach den Grundsätzen einer **mit einer Personenwahl verbundenen Verhältniswahl** (§ 1 Abs. 1 KWG).

47 Der Wahl liegen Wahlvorschläge zugrunde, die von Parteien oder Wählergruppen eingereicht werden können und Bewerber in einer erkennbaren Reihenfolge enthalten müssen (§§ 10 f. KWG). Wird nur ein Wahlvorschlag zugelassen, so wird die Wahl nach den Grundsätzen der Mehrheitswahl durchgeführt (§ 1 Abs. 2 KWG). Um eine **Verhältniswahl** handelt es sich ansonsten insofern, als jedem Wahlvorschlag so viele Sitze zugeteilt werden, wie ihm im Verhältnis der auf ihn entfallenden Stimmenzahl zur Gesamtstimmenzahl aller an der Sitzverteilung teilnehmenden Wahlvorschläge zustehen. Im Einzelnen bestimmt sich die Sitzverteilung nach dem System **Hare-Niemeyer**. Danach erhält jeder Wahlvorschlag zunächst so viele Sitze, wie sich für ihn ganze Zahlen ergeben. Sind danach noch Sitze zu vergeben, so sind sie in der Reihenfolge der höchsten Zahlenbruchteile, die sich nach der bezeichneten Berechnung ergeben, auf die Wahlvorschläge zu verteilen. Über die Zuteilung des letzten Sitzes entscheidet bei gleichen Zahlenbruchteilen das vom Wahlleiter zu ziehende Los (§ 22 Abs. 3 KWG).

48 Die Verbindung der Verhältniswahl mit der **Personenwahl** ergibt sich daraus, dass jeder Wähler so viele Stimmen hat, wie Gemeindevertreter zu wählen sind, und er diese Stimmen auf die Bewerber eines Wahlvorschlags oder unterschiedlicher Wahlvorschläge verteilen kann (§ 1 Abs. 4 KWG). Gibt der Wähler einem Bewerber mehrere Stimmen, so spricht man von „**Kumulieren**". Dabei sind ihm nach § 1 Abs. 4 S. 2 KWG allerdings insofern Grenzen gesetzt, als er einem Bewerber nicht mehr als drei Stimmen geben kann. Die Verteilung von Stimmen auf mehrere Wahlvorschläge wird als „**Panaschieren**" bezeichnet. Dieser Möglichkeit des Wählers, sich nicht nur für einen Wahlvorschlag, sondern für bestimmte Bewerber zu entscheiden, wird dadurch Rechnung getragen, dass die einem Wahlvorschlag zugefallenen Sitze den Bewerbern in der

Reihenfolge der Stimmenzahl zugewiesen werden. Bei gleicher Stimmenzahl entscheidet die Reihenfolge der Benennung im Wahlvorschlag (§ 22 Abs. 4 a KWG).

Entscheidungen und Maßnahmen, die sich unmittelbar auf das Wahlverfahren beziehen, können nur auf dem im Kommunalwahlgesetz und in der Kommunalwahlordnung vorgesehenen Wege angefochten werden (§ 28 KWG). Fehler bei der Vorbereitung oder Durchführung der Wahl können daher – von Sonderregelungen wie Rechtsbehelfen gegen Unrichtigkeiten des Wählerverzeichnisses (§ 13 KWO) abgesehen – grundsätzlich erst nach Abschluss der Wahl im **Wahlprüfungsverfahren** geltend gemacht werden.[71] Gegen die Gültigkeit der Wahl kann jeder Wahlberechtigte Einspruch erheben. Über den Einspruch hat die neue Gemeindevertretung zu beschließen. Gegen deren Beschluss steht den Beteiligten und der Aufsichtsbehörde die Klage im **Verwaltungsstreitverfahren** zu (§§ 25 ff. KWG). 49

c) Aufgaben der Gemeindevertretung

Die Gemeindevertretung trifft nach § 9 Abs. 1 S. 2 HGO die **wichtigen Entscheidungen** und **überwacht die gesamte Verwaltung**. Eine Konkretisierung dieser Befugnisse findet sich allerdings erst in §§ 50 f. HGO. Da die Gemeinde und mit ihr die Gemeindevertretung zwar auch Satzungen erlässt, weithin aber Verwaltungsaufgaben wahrnimmt, kann die Gemeindevertretung nicht als Gesetzgebungsorgan bezeichnet werden. Aufgrund ihrer unmittelbaren Wahl durch die Bürger wird ihr aber ein **parlamentsähnlicher Charakter** zugebilligt werden können.[72] Deshalb ist es nicht ausgeschlossen, je nach Problemlage parlamentarische Rechtsgrundsätze und Verfahren auf sie anzuwenden. 50

Nach § 50 Abs. 1 HGO **beschließt die Gemeindevertretung** über die, also **über alle, Angelegenheiten der Gemeinde,** soweit sich aus der HGO nichts anderes ergibt. Etwas anderes ergibt sich insbesondere aus § 66 HGO, wonach dem Gemeindevorstand die laufende Verwaltung der Gemeinde vorbehalten ist. Etwas anderes ergibt sich aber auch schon aus § 50 Abs. 1 S. 2 HGO. Danach kann die Gemeindevertretung die Beschlussfassung über bestimmte Angelegenheiten oder bestimmte Arten von Angelegenheiten auf den Gemeindevorstand oder einen bestimmten Ausschuss übertragen. Das gilt jedoch nicht für die in § 51 HGO aufgeführten Angelegenheiten. Zu diesen in die **ausschließliche Zuständigkeit der Gemeindevertretung** fallenden Angelegenheiten gehören u.a. der Erlass, die Änderung und die Aufhebung von Satzungen, die Errichtung, Erweiterung, Übernahme und Veräußerung von öffentlichen Einrichtungen und wirtschaftlichen Unternehmen sowie Beteiligungen von größerer Bedeutung an diesen, die - was gelegentlich übersehen wird – Führung eines Rechtsstreits von größerer Bedeutung und der Abschluss von Vergleichen, soweit es sich nicht um Geschäfte der laufenden Verwaltung handelt. Auch die Entscheidung über die Übernahme neuer 51

---

[71] Zum weiten Umfang der dem Wahlprüfungsverfahren vorbehaltenen Maßnahmen und Entscheidungen VGH Kassel, LKRZ 2012, 327, 329. Zur Exklusivität des Wahlprüfungsverfahrens bei Kommunalwahlen vgl. auch VGH Kassel, Beschl. v. 22.9.2017 – 8 B 1916/17 –, juris, Rn. 14.
[72] Vgl. *Meyer,* S. 197; *Dolderer,* DÖV 2009, 146, 147 ff. *Ott,* Der Parlamentscharakter der Gemeindevertretung, 1994, qualifiziert die Gemeindevertretung als Parlament.

Aufgaben, für die keine gesetzliche Verpflichtung besteht, fällt hierunter.[73] Ist die Zuständigkeit der Gemeindevertretung fraglich, empfiehlt es sich, zunächst zu prüfen, ob es sich um eine der in § 51 HGO aufgeführten Angelegenheiten handelt. Denn dann ist die Gemeindevertretung auf jeden Fall zuständig und es bedarf keiner Untersuchung mehr, ob die Angelegenheit nach anderen Normen wie dem § 66 HGO oder auf Grund einer Übertragung durch die Gemeindevertretung nach § 50 Abs. 1 S. 2 HGO in die Zuständigkeit eines anderen Organs fällt.

52 Auch die Überwachung der Verwaltung durch die Gemeindevertretung erfährt in § 50 Abs. 2 HGO eine Konkretisierung. Danach **überwacht die Gemeindevertretung die gesamte Verwaltung** der Gemeinde mit Ausnahme der Erfüllung der Auftragsangelegenheiten im Sinne des § 4 Abs. 2 HGO und die Geschäftsführung des Gemeindevorstands, insbesondere die Verwendung der Gemeindeeinnahmen. Sie kann zu diesem Zweck in bestimmten Angelegenheiten vom Gemeindevorstand in dessen Amtsräumen **Einsicht in die Akten** durch einen von ihr gebildeten oder bestimmten Ausschuss verlangen. Mit der Bildung ist die Einrichtung eines eigens dafür neu geschaffenen Akteneinsichtsausschusses gemeint, mit der Bestimmung die Entscheidung, dass ein schon bestehender Ausschuss über seine anderen Aufgaben hinaus als Akteneinsichtsausschuss tätig wird.[74] Über die Möglichkeit der Akteneinsicht hinaus erfolgt die Überwachung durch Ausübung des **Fragerechts zu den Tagesordnungspunkten** in den Sitzungen der Gemeindevertretung, durch **schriftliche Anfragen** und aufgrund eines Beschlusses der Gemeindevertretung durch **Übersendung von Ergebnisniederschriften** der Sitzungen des Gemeindevorstands an den Vorsitzenden der Gemeindevertretung und die Vorsitzenden der Fraktionen. Der Gemeindevorstand ist verpflichtet, Anfragen der Gemeindevertreter und der Fraktionen zu beantworten. Aus dieser gesetzlichen Auflistung der Überwachungsmittel ist zu schließen, dass der Katalog der zulässigen Überwachungsmittel der Gemeindevertretung damit abschließend beschrieben ist. Andere Überwachungsmittel stehen der Gemeindevertretung nicht zur Verfügung, soweit sie nicht ausdrücklich gesetzlich zugelassen sind.[75] Allerdings hat der Gemeindevorstand die Gemeindevertretung über die wichtigen Verwaltungsangelegenheiten laufend zu unterrichten und ihr wichtige Anordnungen der Aufsichtsbehörde mitzuteilen (§ 50 Abs. 3 HGO).

2. Innere Organisation der Gemeindevertretung
a) Vorsitz

53 Der Vorsitzende der Gemeindevertretung (in Städten Stadtverordnetenvorsteher, § 49 S. 2 HGO) wird von der Gemeindevertretung aus ihrer Mitte gewählt (§ 57 Abs. 1 S. 1 HGO).

54 Er beruft die Gemeindevertretung ein, so oft die Geschäfte es erfordern, mindestens sechsmal im Jahr. Sie muss unverzüglich einberufen werden, wenn ein Viertel der Ge-

---
73 Zu den Rechtsfolgen unzuständigen Handelns der Gemeindevertretung s.u. Rn. 62.
74 Vgl. *Schneider/Dreßler/Rauber/Risch*, § 50 Rn. 3. Aufschlussreich zum Akteneinsichtsausschuss VG Gießen, Beschl. v. 27.03.2015 – 8 L 37/15.GI .
75 Trotz des Gesetzeswortlauts und mit wenig konsistenter Begründung offener für weitere Überwachungsformen *Bennemann*, in: ders. u.a., § 50 Rn. 54.

meindevertreter, der Gemeindevorstand oder der Bürgermeister unter Angabe der zur Verhandlung zu stellenden Gegenstände es verlangt und die Verhandlungsgegenstände zur Zuständigkeit der Gemeindevertretung und der Gemeinde gehören. Die **Einberufung der Gemeindevertretung** erfolgt unter Angabe der Gegenstände der Verhandlung. Zwischen dem Zugang der Ladung und dem Sitzungstag müssen grundsätzlich mindestens drei Tage liegen. Über Angelegenheiten, die nicht auf der Einladung zu der Sitzung verzeichnet sind, kann nur verhandelt und beschlossen werden, wenn zwei Drittel der gesetzlichen Zahl der Gemeindevertreter dem zustimmen (§ 56 Abs. 1, § 58 HGO).

Der Vorsitzende setzt die **Tagesordnung** und den Zeitpunkt der Sitzung im Benehmen mit dem Gemeindevorstand fest; es genügt also, dass er diesen vorher informiert und ihm Gelegenheit zur Stellungnahme gibt. Unter den Voraussetzungen, unter denen nach § 56 Abs. 1 S. 2 HGO die Gemeindevertretung unverzüglich einzuberufen ist, ist der Vorsitzende verpflichtet, die zur Verhandlung zu stellenden Gegenstände bei der Aufstellung der Tagesordnung zu berücksichtigen. Im Übrigen hat er die Anträge einzelner Gemeindevertreter und Fraktionen auf die Tagesordnung zu setzen, die bis zu einem bestimmten, in der Geschäftsordnung der Gemeindevertretung festzulegenden Zeitpunkt vor der Sitzung bei ihm eingehen (§ 58 Abs. 5 HGO). Aus § 56 Abs. 1 S. 2 HGO folgt, dass ein Verhandlungsgegenstand, um auf die Tagesordnung gesetzt werden zu können, sowohl in die Verbandskompetenz der Gemeinde als auch in die Organkompetenz der Gemeindevertretung fallen muss. Insofern steht dem Vorsitzenden ein Prüfungsrecht zu.[76]

55

Der Vorsitzende **leitet die Verhandlungen** der Gemeindevertretung, sorgt für die Einhaltung der **Sitzungsordnung** (s. auch § 60 HGO) und übt hinsichtlich des Sitzungssaals das **Hausrecht** aus (§ 58 Abs. 4 S. 1 HGO). **Ordnungsmittel**, die von der Befugnis zur Verhandlungsleitung umfasst werden und deshalb keiner besonderen gesetzlichen Grundlage bedürfen, sind der Sachruf und der Wortentzug. Der **Sachruf** dient dazu, Redner, die vom Verhandlungsgegenstand abschweifen, zur Sache zu rufen. Der **Wortentzug** kommt nach erfolglosem Sachruf in Betracht. Zu den Ordnungsmitteln, die dem Vorsitzenden der Gemeindevertretung ohne besondere gesetzliche Ermächtigung zustehen, gehört auch die **Rüge** oder Mahnung als präventiver Hinweis, die Gepflogenheiten in den Verhandlungen der Gemeindevertretung zu beachten. Ordnungsmittel, die nicht nur bereits bestehende Pflichten der Gemeindevertreter konkretisieren, sondern zusätzlich in die Rechtsstellung der Gemeindevertreter eingreifen, bedürfen hingegen einer normativen Grundlage mindestens in Form einer auf gesetzlicher Ermächtigung beruhenden Satzung. Wenn § 60 Abs. 1 S. 2 HGO bestimmt, dass die Geschäftsordnung für Zuwiderhandlungen gegen ihre Bestimmungen **Geldbußen** bis zum Betrage von 50 Euro und bei mehrmals wiederholten Zuwiderhandlungen, insbesondere bei wiederholtem ungerechtfertigtem Fernbleiben, den **Ausschluss** auf Zeit vorsehen kann, so werden solche Geschäftsordnungsregelungen daher der Satzungsform bedürfen.[77]

56

---

76 Vgl. auch VGH Kassel, LKRZ 2008, 420, 421.
77 *Lange*, Kap. 7 Rn. 98 ff. m.N. und Darlegungen im Einzelnen.

b) Verfahren

57 **aa) Geschäftsordnung.** Die Gemeindevertretung regelt ihre inneren Angelegenheiten wie die Aufrechterhaltung der Ordnung, die Form der Ladung, die Sitz- und Abstimmungsordnung durch eine **Geschäftsordnung** (§ 60 Abs. 1 HGO). Sofern sie nicht in Satzungsform erlassen werden, sind Geschäftsordnungen bloßes **Innenrecht**, das lediglich Rechte und Pflichten der Mitglieder der Gemeindevertretung und im Rahmen der Ordnung der Sitzungen der Gemeindevertretung auch der Personen, die daran teilnehmen, begründet. Maßnahmen der Gemeindevertretung, die dagegen verstoßen, sind deshalb nicht auch im Außenverhältnis – also außerhalb des Innenverhältnisses der Gemeindevertretung – rechtswidrig.[78] Sie rechtfertigen also weder ein kommunalaufsichtliches Einschreiten noch eine verwaltungsgerichtliche Klage. Überraschenderweise wendet die Rechtsprechung § 47 Abs. 1 Nr. 2 VwGO unmittelbar statt nur analog oder im Wege der Rechtsfortbildung auf sie an.[79] Das Ergebnis, dass ihre Überprüfung im **Normenkontrollverfahren** beantragt werden kann, sofern landesrechtlich Normenkontrollverfahren nach § 47 Abs. 1 Nr. 2 VwGO überhaupt vorgesehen sind, überzeugt freilich.

58 **bb) Öffentlichkeit.** Die Gemeindevertretung fasst ihre Beschlüsse grundsätzlich **in öffentlicher Sitzung** (§ 52 Abs. 1 S. 1 HGO). Deshalb muss auch dafür gesorgt werden, dass die Sitzungen an einem Ort stattfinden, der allgemein zugänglich ist. Nach § 52 Abs. 3 HGO kann die Hauptsatzung bestimmen, dass in öffentlichen Sitzungen **Film- und Tonaufnahmen** durch die Medien mit dem Ziel der Veröffentlichung zulässig sind. Fehlt es an einer dahingehenden Bestimmung in der Hauptsatzung, sind solche Aufnahmen unzulässig.[80]

59 Für einzelne Angelegenheiten kann die Gemeindevertretung die Öffentlichkeit ausschließen (§ 52 Abs. 1 S. 2 HGO). In Anbetracht der Bedeutung, welche die öffentliche Information der Bürger im Lichte des Demokratieprinzips hat, kommt ein **Ausschluss der Öffentlichkeit** aber nur in Betracht, wenn das öffentliche Wohl oder das berechtigte Interesse eines Einzelnen es verlangt. Das gilt etwa für eine Beratung über Vertragsverhandlungen, wenn die öffentliche Beratung die Verhandlungsposition der Gemeinde schwächen kann, oder dann, wenn im Verlauf der Sitzung persönliche oder wirtschaftliche Verhältnisse zur Sprache kommen können, an deren Kenntnisnahme kein berechtigtes Interesse der Allgemeinheit bestehen kann und deren Bekanntgabe dem Einzelnen nachteilig sein könnte.

60 **cc) Beschlussfähigkeit.** Die Gemeindevertretung ist **beschlussfähig**, wenn mehr als die Hälfte der gesetzlichen Zahl der Gemeindevertreter (dazu § 38 HGO) anwesend ist. Der Vorsitzende stellt die Beschlussfähigkeit bei Beginn der Sitzung fest. Die Beschlussfähigkeit gilt so lange als vorhanden, bis das Gegenteil auf Antrag festgestellt wird (§ 53 Abs. 1 HGO). Wenn es in § 53 Abs. 1 S. 3 HGO heißt, der Antragsteller zähle zu den anwesenden Gemeindevertretern, so soll damit verhindert werden, dass

---

[78] Zu Ausnahmen *Lange*, Kap. 7 Rn. 10 f., 13.
[79] BVerwG, NVwZ 1988, 1119, 1120; VGH Kassel, LKRZ 2007, 262, 263; Urt. v. 3.5.2007 – 8 N 2474/06 –, juris, Rn. 13.
[80] VGH Kassel, LKRZ 2014, 22, 24 f.

ein Gemeindevertreter die Feststellung der Beschlussunfähigkeit beantragt und sodann, indem er den Sitzungsraum verlässt, diese Beschlussunfähigkeit selbst herbeiführt.[81]

Das Gesetz statuiert zwei **Ausnahmen** von den grundsätzlichen Voraussetzungen der Beschlussfähigkeit. Ist eine Angelegenheit wegen Beschlussunfähigkeit der Gemeindevertretung zurückgestellt worden und tritt die Gemeindevertretung zur Verhandlung über denselben Gegenstand zum zweiten Mal zusammen, ist sie ohne Rücksicht auf die Zahl der Erschienenen beschlussfähig (§ 53 Abs. 2 HGO). Das Gleiche gilt (§ 53 Abs. 3 HGO), wenn bei mehr als der Hälfte der Gemeindevertreter ein gesetzlicher Grund ihrer Anwesenheit entgegensteht (vgl. § 35 Abs. 2 S. 1 i.V.m. § 25 HGO). 61

dd)) Fehlerfolgen. Verfahrensfehlerhafte und aus anderen Gründen **rechtswidrige Beschlüsse** der Gemeindevertretung werden von der h.M. nicht nur hinsichtlich Satzungen und Rechtsverordnungen, bei denen die Rechtswidrigkeit anerkanntermaßen zur Nichtigkeit führt, sondern grundsätzlich als unwirksam angesehen. Eine Ausnahme wird im Wesentlichen nur für Verfahrensfehler gemacht, die das Verfahrensergebnis nicht beeinflusst haben können. Dazu gehören insbesondere Verstöße gegen sog. Ordnungsvorschriften, d.h. Verfahrensvorschriften, deren Einhaltung für das Verfahrensergebnis unerheblich ist. Überzeugend ist die grundsätzliche Beurteilung rechtswidriger Gemeindevertretungsbeschlüsse als unwirksam jedoch nicht. Sie ist bereits mit der Möglichkeit des Bürgermeisters zu Widerspruch und Beanstandung von Gemeindevertretungsbeschlüssen (§ 63 Abs. 1, 2 HGO) unvereinbar. Schon die Befristung von Widerspruch und Beanstandung und deren aufschiebende Wirkung setzen voraus, dass rechtswidrige Gemeindevertretungsbeschlüsse grundsätzlich wirksam sind. Etwas anderes wird wie nach § 44 HVwVfG nur gelten können, wenn ein Gemeindevertretungsbeschluss offensichtlich an einem besonders schwerwiegenden Fehler leidet.[82] Nichts anderes kann für Wahlen durch die Gemeindevertretung gelten. Darauf, dass auch sie trotz Rechtswidrigkeit gültig sein können, weist nicht zuletzt § 55 Abs. 6 HGO hin, wonach jeder Gemeindevertreter gegen die Gültigkeit von Wahlen, die von der Gemeindevertretung durchgeführt worden sind, Widerspruch erheben kann, diese Möglichkeit aber auf einen Monat nach Bekanntgabe des Wahlergebnisses befristet ist. Wenn rechtswidrige Wahlen ohnehin ungültig wären, ließe sich dieser Regelung kaum ein Sinn abgewinnen. 62

c) Fraktionen

Gemeindevertreter können sich zu einer Fraktion zusammenschließen (§ 36a Abs. 1 S. 1 HGO). Ein solcher Zusammenschluss ist darauf gerichtet, die Vorstellungen und Aktivitäten von Gemeindevertretern mit gemeinsamen politischen Grundanschauungen besser aufeinander abzustimmen und ihnen unter Nutzung der in der Geschäftsordnung der Gemeindevertretung eröffneten Rechte von Fraktionen und im arbeitstei- 63

---

81 Zur Problematik VGH Kassel, NVwZ-RR 2010, 696, 697.
82 *Lange*, Kap. 7 Rn. 220 ff. m.N.

ligen Zusammenwirken zu besserer Wirksamkeit zu verhelfen.[83] In Hessen muss eine Fraktion aus **mindestens zwei Gemeindevertretern** bestehen (§ 36 a Abs. 1 S. 4 HGO). Eine höhere Fraktionsmindeststärke kann in der Geschäftsordnung der Gemeinde festgelegt werden (§ 36 a Abs. 1 S. 3 HGO). Dabei sind allerdings insbesondere das Willkürverbot und das Demokratieprinzip, das seinerseits Minderheitenschutz und Chancengleichheit umfasst, zu beachten.[84] Entfällt in einer kleineren Gemeinde auf eine Partei oder Wählergruppe nur ein Sitz in der Gemeindevertretung, hat der entsprechende Gemeindevertreter auch dann die Rechte einer Fraktion, wenn es nicht zu einer Fraktionsbildung kommt (Ein-Personen-Fraktion, § 36 b HGO). Fraktionen wirken bei der Willensbildung und Entscheidungsfindung in der Gemeindevertretung mit, sie können ihre Auffassung insoweit auch öffentlich darstellen (§ 36 a Abs. 3 HGO). Die Gemeinde kann den Fraktionen Mittel aus ihrem Haushalt zu den sächlichen und personellen Aufwendungen für die Geschäftsführung gewähren (§ 36 a Abs. 4 HGO).

Beispiel:
Darf eine Gemeinde Fraktionen aus Vertretern erkennbar verfassungsfeindlicher Parteien von Zuwendungen ausschließen, welche sie Fraktionen zur Geschäftsführung grundsätzlich gewährt? Dem VGH Kassel[85] zufolge darf sie es nicht, weil Art. 3 Abs. S. 1 GG eine Ungleichbehandlung wegen politischer Anschauungen verbietet. Dieses Diskriminierungsverbot werde erst durch ein Parteiverbot nach Art. 21 Abs. 2 GG durchbrochen, das hier nicht vorliege, sich aber ohnehin nur gegen die dem gesellschaftlichen Bereich zuzuordnenden Parteien richte und nicht gegen Fraktionen als Zusammenschluss von Gemeindevertretern und damit Teil des staatlichen Bereichs. Wegen dieses Status der Fraktionen und damit ihrer mangelnden Grundrechtsfähigkeit dürfte hier allerdings entgegen dem VGH Kassel Art. 3 GG nicht unmittelbar, sondern nur als Bestandteil des Rechtsstaatsgebots zur Anwendung kommen.[86] Dessen Zweck, den Fraktionen eine eigenständige Arbeit zu ermöglichen, reicht indessen aus, damit das Gleichheitsgebot insofern als organschaftliches Recht im Kommunalverfassungsstreit eingeklagt werden kann (Rn. 107).

64 Fraktionsmitglieder unterliegen im Hinblick auf ihr freies Mandat keinem **Fraktionszwang**, bei dem die unerwünschte Mandatsausübung eines Fraktionsmitglieds mit negativen Rechtsfolgen sanktioniert wird, die nicht lediglich dessen Position in seiner Fraktion oder Partei betreffen. Demgegenüber wird **Fraktionsdisziplin** im Sinne einer freiwilligen Übernahme der Auffassung der Fraktionsmehrheit durch das einzelne Fraktionsmitglied als zulässig angesehen. Nach überzeugender Auffassung hat kein Gemeindevertreter Anspruch auf Aufnahme in eine Fraktion. Im Interesse ihrer Arbeitsfähigkeit muss die Fraktion selbst entscheiden können, wen sie aufnehmen will. Ein **Fraktionsausschluss** wird hingegen wegen der damit verbundenen erheblichen Reduzierung der Einflussmöglichkeiten des Betroffenen nur nach dessen Anhörung und aus wichtigem Grund für zulässig erachtet. Rechtfertigen lässt sich diese unterschiedli-

---

83 Vgl. BVerwGE 90, 104, 105. Ähnlich *Hubert Meyer*, Recht der Ratsfraktionen, 9. Aufl. 2017, S. 44 ff. (Tz. 2.1). Von der Notwendigkeit gemeinsamer politischer Grundanschauungen geht auch VGH Kassel, NVwZ 1990, 391, 392, aus.
84 Vgl. VGH Kassel, NVwZ 1984, 54; 1991, 1105, 1106.
85 VGH Kassel, Urt. v. 5.4.2017 – 8 C 459/17.N – juris, Rn. 38 ff. Das Urteil ist ergangen, bevor die Neufassung des Art. 21 Abs. 3 Satz 1 GG in Kraft trat, wonach verfassungsfeindliche Parteien von staatlicher Finanzierung ausgeschlossen sind. Aber auch diese Regelung betrifft Parteien und nicht Fraktionen. Außerdem entscheidet über einen solchen Ausschluss nach Art. 21 Abs. 4 GG das Bundesverfassungsgericht. Ohne eine solche Entscheidung kann ein Ausschluss selbst politischer Parteien von staatlicher Finanzierung nicht auf Art. 21 Abs. 3 GG gestützt werden.
86 Vgl. BVerwGE 143, 240 (242 Rn. 15); *Heusch*, NVwZ 2017, 1325 (1328).

che Beurteilung wohl nur damit, dass mit dem Ausschluss jemandem eine bereits erworbene Position entzogen wird, vor deren Erlangung die Fraktion immerhin prüfen und verneinen konnte, ob er zu ihr passt. Rechtsstreitigkeiten über einen Fraktionsausschluss sind nach richtiger Auffassung im Kommunalverfassungsstreitverfahren vor den Verwaltungsgerichten auszutragen, weil Fraktionen **Teile der Gemeindevertretung** sind, zu denen deren Mitglieder sich **öffentlichrechtlich** zusammengeschlossen haben.[87]

d) Ausschüsse

Die Gemeindevertretung kann zur Vorbereitung ihrer Beschlüsse Ausschüsse aus ihrer Mitte bilden. Ein Finanzausschuss ist zu bilden. Soweit ihre Aufgaben nicht für unübertragbar erklärt sind (§ 51 HGO), kann die Gemeindevertretung Ausschüssen Angelegenheiten auch widerruflich zur endgültigen Beschlussfassung übertragen (§ 62 Abs. 1 HGO). 65

Dem Bundesverwaltungsgericht zufolge verlangt die in Art. 20 Abs. 1, 2 GG getroffene und nach Art. 28 Abs. 1 S. 2 GG auch für die Gemeinden geltende Grundentscheidung für die Prinzipien der Volkssouveränität und Demokratie, dass die Gemeindevertretung nicht nur in ihrem Plenum, sondern auch in den Ausschüssen die Gemeindebürger repräsentiere. Deshalb müsse jeder Ausschuss in seiner Zusammensetzung die Zusammensetzung des Plenums, gemessen an der Größe der Fraktionen, widerspiegeln (Spiegelbildlichkeitsprinzip).[88] Dem entspricht die in § 55 Abs. 1 S. 1 Alt. 1 HGO vorgesehene Besetzung der Ausschüsse nach den Grundsätzen der Verhältniswahl ebenso wie die nach § 62 Abs. 2 S. 1 Hs. 1 HGO stattdessen mögliche Beschlussfassung der Gemeindevertretung, dass sich Ausschüsse nach dem Stärkeverhältnis der Fraktionen zusammensetzen. Für mit dem Spiegelbildlichkeitsprinzip unvereinbar hat das Bundesverwaltungsgericht allerdings die Auffassung des VGH Kassel erklärt, wonach mehrere Fraktionen der Gemeindevertretung, die sich zu einer auf Dauer angelegten Zusammenarbeit zusammengeschlossen hatten, einen gemeinsamen Wahlvorschlag machen dürften, um nach der Mehrheitsklausel des § 22 Abs. 4 KWG einen zusätzlichen Ausschusssitz zu erlangen.[89] Das Spiegelbildlichkeitsprinzip bezieht sich nach dem Verständnis des Bundesverwaltungsgerichts auf die einzelnen Fraktionen.[90] Einer verfassungskonformen Auslegung im Sinne des so verstandenen Spiegelbildlichkeitsprinzips bedarf hinsichtlich Ausschusswahlen § 55 Abs. 2 S. 1 HGO, wonach dann, wenn sich alle Gemeindevertreter bei einer Wahl, die nach den Grundsätzen der Verhältniswahl vorzunehmen wäre, auf einen einheitlichen Wahlvorschlag geeinigt haben, der einstimmige Beschluss der Gemeindevertretung über die Annahme dieses Wahlvorschlags ausreichend ist. Das kann nur gelten, wenn der Wahlvorschlag dem Stärkeverhältnis der Fraktionen in der Gemeindevertretung entspricht. Fraktionen, 66

---

87 Vgl. VGH Kassel, NVwZ 1990, 391. Im Einzelnen *Lange*, Kap. 6 Rn. 22 ff.
88 BVerwGE 119, 305, 308; BVerwG, NVwZ-RR 2010, 818, 819. Nach BVerwG, NVwZ-RR 2010, 818, 820, gilt das aber nicht für die Wahl der ehrenamtlichen Mitglieder des Gemeindevorstands, der kein von der Gemeindevertretung abgeleitetes Vertretungsorgan, sondern ein Verwaltungsorgan sei. Eingehend zum Spiegelbildlichkeitsprinzip *Lange*, Kap. 6 Rn. 108, 118 ff.
89 VGH Kassel, NVwZ-RR 2008, 807.
90 BVerwG, NVwZ 2010, 834, 836 Rn. 22.

auf die bei der Ausschussbesetzung kein Sitz entfallen ist, sind berechtigt, für diesen Ausschuss einen Gemeindevertreter mit beratender Stimme zu entsenden (§ 62 Abs. 4 S. 2 HGO).

67 Auf die Verfahrensweise der Ausschüsse finden die Vorschriften über die Gemeindevertretung weitgehend entsprechende Anwendung (§ 62 Abs. 5 S. 1 HGO). Demgemäß finden die Ausschusssitzungen grundsätzlich öffentlich statt (§ 62 Abs. 5 S. 1 i.V.m. § 52 Abs. 1 HGO). An nichtöffentlichen Sitzungen können auch die Gemeindevertreter als Zuhörer teilnehmen, die dem Ausschuss nicht angehören (§ 62 Abs. 4 S. 3 HGO). Die Ausschüsse können Vertreter derjenigen Bevölkerungsgruppen, die von ihrer Entscheidung vorwiegend betroffen werden, und Sachverständige zu den Beratungen zuziehen (§ 62 Abs. 6 HGO).

3. Der Gemeindevertreter

a) Grundsätzliche Rechtsstellung

68 Die Gemeindevertreter – in Städten: Stadtverordnete (§ 49 S. 2 HGO) –, also die Mitglieder der Gemeindevertretung bzw. Stadtverordnetenversammlung, sind die von den Bürgern gemäß Art. 28 Abs. 1 Satz 2 GG auf der gemeindlichen Ebene gewählten **Volksvertreter**. Auf ihrer Eigenschaft als Volksvertreter beruht es, dass das Bundesverfassungsgericht in einer umstrittenen Entscheidung aus dem Jahr 1990 davon ausging, dass das Wahlrecht auch in der Gemeinde im Interesse der Einheitlichkeit der demokratischen Legitimationsgrundlage im Staatsaufbau Deutschen vorbehalten sei.[91] Dass inzwischen nicht nur Deutsche, sondern alle **Unionsbürger**, also Angehörige eines Mitgliedstaates der Europäischen Union, mit Wohnsitz in Deutschland in der Gemeinde wahlberechtigt sind (§ 30 Abs. 1 S. 1 Nr. 1 HGO), ist durch die Einfügung des jetzigen Satzes 3 in Art. 28 Abs. 1 GG ermöglicht worden. Mit dieser Verfassungsänderung wurde den europarechtlichen Vorgaben zum Kommunalwahlrecht von Unionsbürgern des durch den Vertrag von Maastricht[92] neueingefügten Art. 8 b Abs. 1 EGV – heute Art. 22 Abs. 1 AEUV – Rechnung getragen, deren Konkretisierung die Richtlinie 94/80/EG des Rates[93] diente. Dem Charakter der Gemeindevertreter als Volksvertreter entspricht es, dass sie in Hessen nicht grundsätzlich als ehrenamtlich Tätige – die durch Organe der Gemeinde bestellt, nicht aber durch Volkswahl bestimmt werden – qualifiziert werden, sondern nur einzelne Bestimmungen über ehrenamtlich Tätige auf sie für anwendbar erklärt werden (§ 35 Abs. 2 HGO: nur ehrenamtlich Tätige im Sinne der §§ 24 bis 26 und des § 27).

69 Dem Status der Gemeindevertreter als Volksvertreter entspricht ihr **freies Mandat**: Sie üben ihre Tätigkeit nach ihrer freien, nur durch die Rücksicht auf das Gemeinwohl bestimmten Überzeugung aus und sind an Aufträge und Wünsche der Wähler nicht gebunden (§ 35 Abs. 1 HGO). Das freie Mandat der Gemeindevertreter wird noch verstärkt durch die Vorschriften zur **Sicherung der Mandatsausübung** (§ 35 a HGO). Danach darf niemand gehindert werden, sich um ein Mandat als Gemeindevertreter

---

91 BVerfGE 83, 37. Zur Kritik daran vgl. *Stöcker*, Der Staat 30 (1991), 259 m.w.N.; *Zuleeg*, KritV 2000, 419.
92 Vertrag über die Europäische Union (EUV) vom 7.2.1992 (BGBl. II S. 1253).
93 v. 19.12.1994, ABl. L 368 v. 31.12.1994, S. 38.

zu bewerben oder es auszuüben. Benachteiligungen am Arbeitsplatz im Zusammenhang mit der Bewerbung um ein Mandat oder der Ausübung eines Mandats sind unzulässig. Diese Bestimmungen werden durch eine Reihe in dieselbe Richtung gehender konkreterer Normen flankiert. Gerade auch Gemeindevertreter haben Anspruch auf **Ersatz von Verdienstausfall** und **Fahrkostenerstattung**; darüber hinaus kann ihnen eine **Aufwandsentschädigung** gewährt werden (§ 35 Abs. 2 S. 1 in Verbindung mit § 27 HGO).[94]

Wie die Wählbarkeit von Parlamentsabgeordneten in Bund und Ländern kann auch die Wählbarkeit von Gemeindevertretern nach Art. 137 Abs. 1 GG gesetzlich beschränkt werden. Das ist durch die **Inkompatibilitätsregelung** des § 37 HGO geschehen. Danach können insbesondere hauptamtliche Beamte und haupt- und nebenberufliche Angestellte der Gemeinde selbst nicht Gemeindevertreter sein. 70

Beispiel:
Darf ein Bürgermeister auf der Liste seiner Partei bei der Wahl zur Gemeindevertretung kandidieren? Ja, die Inkompatibilität seines Amtes mit dem Mandat als Gemeindevertreter schränkt seine Wählbarkeit nicht ein. Er muss nur den Inkompatibilitätsgrund beseitigt, also hier sein Amt als Bürgermeister aufgegeben haben, bevor er als Gemeindevertreter tätig wird.[95] Deshalb führt nach umstrittener, aber überwiegender Auffassung auch die Scheinkandidatur eines Bürgermeisters, der gar nicht die Absicht hat, ein Mandat anzunehmen, aber mittels seiner Popularität „seiner" Partei durch seine Kandidatur zusätzliche Stimmen verschaffen will, nicht zur Ungültigkeit des Wahlvorschlags[96] und nicht zur Beurteilung als unzulässige Wahlbeeinflussung.[97] Insbesondere die mit Scheinkandidaturen verbundene Wählertäuschung sollte den Gesetzgeber allerdings dazu veranlassen, wie nach Art. 21 Abs. 2 Nr. 4 des Bayerischen Gemeinde- und Landkreiswahlgesetzes a. F. Scheinkandidaturen nach Möglichkeit zu verhindern.

b) Ausschluss wegen Interessenwiderstreits

Andere Regelungen unterscheiden sich deutlich von den für Parlamentsabgeordnete geltenden. Der wesentliche Grund dürfte darin liegen, dass Gemeindevertreter eben nicht nur legislatorische, sondern gerade auch exekutivische Aufgaben wahrnehmen, bei denen sie, zumal in Anbetracht der begrenzten Größe der Gemeinden, sehr viel mehr mit konkreten Einzelproblemen konfrontiert sind, die auch sie selbst oder ihnen nahestehende Personen betreffen können. Um danach nicht ganz fernliegende Interessenkollisionen zu bewältigen, bestimmt § 25 HGO, dass niemand in haupt- oder ehrenamtlicher Tätigkeit in einer Angelegenheit beratend oder entscheidend mitwirken darf, wenn er durch die Entscheidung in der Angelegenheit einen unmittelbaren Vorteil oder Nachteil erlangen kann. Das Gleiche gilt in einer Reihe im Einzelnen aufgeführter Fälle, in denen die Entscheidung Dritten, mit denen der Ausgeschlossene besonders verbunden ist, einen solchen Vor- oder Nachteil bringen kann. Hierzu gehören z.B. Angehörige, die in § 25 Abs. 5 HGO eigens definiert sind. § 25 HGO hat einen weit umfassenderen Adressatenkreis als nur die Gemeindevertreter und für die 71

---

94 Eingehend hierzu *Lange*, Kap. 5 Rn. 94 ff.
95 Einzelheiten hierzu in § 23 Abs. 2 S. 2, 3 KWG.
96 Dazu *Bennemann*, in: ders. u.a., § 37 Rn. 8.
97 VGH Kassel, DÖV 1970, 643, 644 f.; DVBl 1980, 66, 67 f. A. A. *Lange*, DÖV 2018, 457.

Gemeindevertreter gilt er auch nur aufgrund des § 35 Abs. 2 S. 1 HGO. Er ist aber gerade für Gemeindevertreter von großer Bedeutung.[98]

72 Vor- und Nachteile im Sinne des § 25 HGO werden sehr weit verstanden. Neben rechtlichen können wirtschaftliche Interessen einen Vor- oder Nachteil begründen. Es sollen aber auch familiäre, wissenschaftliche, ethische, religiöse und ideelle Interessen in Betracht kommen. Der Vor- oder Nachteil braucht nicht einzutreten. Es genügt die konkrete Möglichkeit im Sinne einer hinreichenden Wahrscheinlichkeit seines Eintritts.

73 Umstritten ist die Frage, wann der möglicherweise eintretende Vor- oder Nachteil im Sinne des Gesetzes **unmittelbar** ist. Der VGH Kassel hat bis zu einer Änderung seiner Rechtsprechung im Jahr 2013 die Auffassung vertreten, dass der durch eine Entscheidung möglicherweise bewirkte Vor- oder Nachteil dann unmittelbar sei, wenn die Entscheidung **ohne Hinzutreten eines weiteren Umstandes** eine natürliche oder juristische Person direkt berühre.[99] Es ist jedoch wenig überzeugend, dass das Hinzutreten eines weiteren Ereignisses wie des Erlasses eines Abgabenbescheids der Unmittelbarkeit eines Vor- oder Nachteils selbst dann soll entgegenstehen können, wenn dieses Ereignis zwangsläufig zu erwarten ist. Diesem mehr formalen Verständnis wird überwiegend ein an dem materiellen Gesichtspunkt eines individuellen Sonderinteresses orientiertes Verständnis gegenübergestellt und inzwischen auch vom VGH Kassel vertreten. Danach ist ein unmittelbarer Vorteil oder Nachteil zu bejahen, wenn ein Gemeindevertreter aufgrund besonderer persönlicher Beziehungen zu dem Gegenstand der Beschlussfassung ein **individuelles Sonderinteresse** an der Entscheidung hat, das zu einer Interessenkollision führen kann und die Besorgnis einer von dem individuellen Sonderinteresse beeinflussten Stellungnahme und Stimmabgabe rechtfertigt.[100]

74 Dass es für den Ausschluss wegen Interessenwiderstreits auf das Vorliegen eines solchen Sonderinteresses ankommt, wird durch § 25 Abs. 1 S. 2 HGO bestätigt, wonach Satz 1, der den Ausschluss vorsieht, nicht gilt, wenn jemand an der Entscheidung lediglich als **Angehöriger einer Berufs- oder Bevölkerungsgruppe** beteiligt ist, deren gemeinsame Interessen durch die Angelegenheit berührt werden. Damit wird dem Umstand Rechnung getragen, dass Kommunalpolitik weitgehend in der Entscheidung für oder gegen bzw. dem Ausgleich zwischen Interessen verschiedener Einwohnergruppen besteht und die Zugehörigkeit zu einer dieser Gruppen der Mitwirkung an Entscheidungen der Gemeindevertretung deshalb sinnvollerweise nicht entgegenstehen kann. Zu der im Einzelfall schwierigen Abgrenzung hat der VGH Kassel ausgeführt, dass als Bevölkerungsgruppe eine größere Anzahl von Gemeindeeinwohnern anzusehen ist, die ein gemeinsames, d.h. im Wesentlichen identisches, Interesse oder Interessenbündel verbindet. Demgemäß ist eine Gruppe umso eher anzunehmen, je allgemeiner und abstrakter die Merkmale der Personengruppe sind und je größer die Zahl der Interessenträger in der Gemeinde ausfällt. Sind die Folgen einer bestimmten Entscheidung dage-

---

98 Eingehend zum Ausschluss von Gemeindevertretern wegen Interessenwiderstreits *Lange*, Kap. 5 Rn. 44 ff.
99 VGH Kassel, NVwZ 1982, 44, 45; NVwZ-RR 1993, 94, 97.
100 In diesem Sinne OVG Lüneburg, NVwZ 1982, 44; VGH Mannheim, NVwZ-RR 1993, 504 und nunmehr VGH Kassel, Urt. v. 28.11.2013 – 8 A 865/12 – juris, Rn. 26 f.

gen von vornherein ohne weiteres individualisierbar, scheidet die Annahme einer Gruppe aus.[101]

Beispiel:
Bei Zugrundelegung des formalen Unmittelbarkeitskriteriums ist eine Mitwirkung Betroffener beim Erlass von Beitragssatzungen wie einer Kanalanschlussbeitragssatzung oder Wasserbeitragssatzung zulässig, da die Beitragspflicht erst durch den Erlass eines Heranziehungsbescheides aktualisiert wird.[102] Nach dem Sonderinteresse-Ansatz gilt das Gleiche, da die Betroffenen zu einer Bevölkerungsgruppe mit dem gemeinsamen Interesse an einer möglichst geringen Beitragsbelastung gehören.[103] Demgegenüber hat ein Gemeindevertreter auf der Grundlage des formalen Unmittelbarkeitskriteriums einen unmittelbaren Vor- oder Nachteil zu erwarten, wenn er bei der Beschlussfassung über einen sein Grundstück betreffenden Bebauungsplan mitwirkt; denn die im Bebauungsplan enthaltenen Regelungen wirken überwiegend als Festsetzungen unmittelbar rechtsgestaltend, ohne der Vermittlung durch einen Verwaltungsakt zu bedürfen.[104] Auch hier kommt der Sonderinteresse-Ansatz zu dem gleichen Ergebnis. Die Begründung besteht jedoch darin, dass ein Bebauungsplan regelmäßig nur einen überschaubaren Kreis von Grundstückseigentümern und jeden davon in spezifischer Weise betrifft.[105]

In Wirklichkeit schließen sich der formale Unmittelbarkeits- und der Sonderinteresse-Ansatz freilich nicht aus. Dass mit Vor- und Nachteilen hier – ganz unabhängig vom Begriff der Unmittelbarkeit – nur die Befriedigung bzw. Schädigung eines individuellen Sonderinteresses des Betroffenen gemeint ist, versteht sich von selbst. Den Gemeindevertretern geht es bei ihren auf das Wohl der Gemeinde zielenden Entscheidungen notwendigerweise regelmäßig auch um das eigene Wohl als Bürger der Gemeinde. Sollte dieser Umstand ihrer Mitwirkung an Entscheidungen entgegenstehen, wäre kommunale Selbstverwaltung kaum möglich. Das aber kann mit den Ausschlussvorschriften nicht beabsichtigt sein. Das Unmittelbarkeitskriterium grenzt das Mitwirkungsverbot noch zusätzlich ein. Nicht von ihm erfasst sein sollen danach Entscheidungen, an denen ein Sonderinteresse eines Gemeindevertreters besteht, wenn sich aus ihnen selbst noch kein Vor- oder Nachteil ergibt, sondern der Eintritt eines solchen Vor- oder Nachteils erst von weiteren Entscheidungen abhängt, die durch die vorangegangene Entscheidung nicht schon präjudiziert sind. Als hinreichend präjudizierend für die Entscheidung der Gemeindevertretung und damit vom Ausschluss wegen Interessenwiderstreits erfasst werden Entscheidungen in vorbereitenden Ausschüssen angesehen.[106] 75

Wer annehmen muss, weder beratend noch entscheidend mitwirken zu dürfen, hat dies vorher dem Vorsitzenden des Organs oder Hilfsorgans, dem er angehört oder für das er die Tätigkeit ausübt, **mitzuteilen** (§ 25 Abs. 4 S. 1 HGO). Ob ein Widerstreit der Interessen vorliegt, entscheidet nach § 25 Abs. 3 HGO dieses Organ oder Hilfsorgan. Bejaht es einen Interessenwiderstreit zu Unrecht, so kann sich der Betroffene wegen der damit verbundenen Verletzung seines freien Mandats im Kommunalverfassungsstreit dagegen verwaltungsgerichtlich zur Wehr setzen. 76

---

101 VGH Kassel, Urt. v. 28.11.2013 – 8 A 865/12 – juris, Rn. 28.
102 So VGH Kassel, NVwZ 1982, 44, 45.
103 Vgl. VGH Mannheim, ESVGH 28, 63, 64.
104 VGH Kassel, NVwZ 1982, 44, 45.
105 Vgl. VGH Mannheim, DVBl 1965, 366, 367.
106 VGH Kassel, NVwZ-RR 1996, 72, 73.

77 Wer wegen Interessenwiderstreits ausgeschlossen ist, darf bei der Beratung auch nicht schweigend anwesend sein, weil schon das die Willensbildung beeinflussen kann, sondern hat den **Beratungsraum zu verlassen** (§ 25 Abs. 4 S. 2 HGO). Die Auffassung, dass der Ausgeschlossene bei öffentlichen Sitzungen auch nicht in dem für die Zuhörer bestimmten Teil des Sitzungsraums bleiben darf,[107] dürfte durch den Gesetzeswortlaut nicht gedeckt sein und in einer auf der anderen Seite die Belange demokratischer Öffentlichkeit unterschätzenden Weise die Einflussmöglichkeiten aus dem Zuhörerraum überschätzen.

78 Beschlüsse, die unter **Verletzung des Mitwirkungsverbots** des § 25 HGO zustande kommen, sind nach § 25 Abs. 6 HGO zwar grundsätzlich unwirksam, ohne dass es darauf ankäme, ob die Mitwirkung des Ausgeschlossenen für das Abstimmungsergebnis entscheidend war. Sie gelten jedoch sechs Monate nach der Beschlussfassung oder, wenn eine öffentliche Bekanntmachung erforderlich ist, sechs Monate nach dieser als wirksam zustande gekommen, wenn nicht vorher der Gemeindevorstand oder der Bürgermeister widersprochen oder die Aufsichtsbehörde sie beanstandet hat. Die Wirksamkeit tritt allerdings nicht gegenüber demjenigen ein, der vor Ablauf der Sechsmonatsfrist ein Rechtsmittel eingelegt oder ein gerichtliches Verfahren anhängig gemacht hat, wenn in dem Verfahren der Mangel festgestellt wird.

c) Vertretungsverbot, Treupflicht

79 Nach § 35 Abs. 2 S. 1 in Verbindung mit § 26 HGO dürfen Gemeindevertreter **Ansprüche Dritter gegen die Gemeinde nicht geltend machen**, wenn der Auftrag mit den Aufgaben ihrer Tätigkeit als Gemeindevertreter im Zusammenhang steht. Das gilt nur dann nicht, wenn sie als gesetzliche Vertreter handeln. Auch mit diesem Vertretungsverbot soll die Gemeindevertretung von allen Einflüssen und schon dem äußeren Eindruck von Einflüssen freigehalten werden, die eine unparteiische Mandatsausübung gefährden könnten. Das Vertretungsverbot beschränkt sich seinem eindeutigen Wortlaut nach auf die Geltendmachung von Ansprüchen, also des Rechts, von der Gemeinde ein bestimmtes Tun oder Unterlassen zu verlangen. Mit der Auffassung, dass das Vertretungsverbot auch die Geltendmachung bloßer Interessen anderer, also von Anliegen, auf deren Befriedigung kein Rechtsanspruch geltend gemacht wird, umfasse,[108] wird der Wortlaut dieser Einschränkung der kommunalen Selbstverwaltung überdehnt, obwohl der Gesetzgeber ihn leicht um die Geltendmachung von Interessen hätte ergänzen können.

80 Die Erstreckung des § 26 HGO auf Gemeindevertreter durch § 35 Abs. 2 S. 1 HGO bezieht sich nicht auf dessen Sätze 1 und 2. Denn diese Sätze gelten ausdrücklich nur für Ehrenbeamte, § 35 Abs. 2 S. 1 HGO bezeichnet die Gemeindevertreter aber lediglich als ehrenamtlich Tätige im Sinne des § 26 HGO. Es wäre jedoch verfehlt, aus der Unanwendbarkeit des § 26 S. 1 HGO, wonach Ehrenbeamte eine besondere Treupflicht gegenüber der Gemeinde haben, zu folgern, dass Gemeindevertreter keiner be-

---

107 So VGH Kassel, HessVGRspr. 1971, 30; NVwZ 1988, 1155, 1156; *Unger*, in: Bennemann u.a., § 25 Rn. 98.
108 So *Unger*, in: Bennemann u.a., § 26 Rn. 18, unter Bezugnahme auf einen Beschluss des VGH Kassel vom 15.11.1979 – II TI 90/79.

sonderen Treuepflicht gegenüber der Gemeinde unterlägen. Nicht nur das Vertretungsverbot des § 26 S. 3 HGO, auf welches der Begriff der Treu(e)pflicht oft zu Unrecht reduziert wird, sondern auch andere Pflichten der Gemeindevertreter deuten auf ein – allerdings nicht aus § 26 S. 1 HGO abzuleitendes, sondern dem Status des Gemeindevertreters immanentes – grundsätzliches **besonderes Treueverhältnis** zwischen Gemeindevertreter und Gemeinde hin, dem dann freilich auch eine Treupflicht der Gemeinde gegenüber dem Gemeindevertreter entnommen werden muss.[109]

d) Verschwiegenheitspflicht

Für die Gemeindevertreter gilt auch die Verschwiegenheitspflicht, der ehrenamtlich Tätige unterliegen (§ 35 Abs. 2 S. 1 in Verbindung mit § 24 HGO). Danach haben sie über die Angelegenheiten, die ihnen bei ihrer Tätigkeit als Gemeindevertreter bekannt geworden sind, auch nach Beendigung dieser Tätigkeit, Verschwiegenheit zu bewahren. Ausgenommen sind Mitteilungen im dienstlichen Verkehr oder über Tatsachen, die offenkundig sind oder ihrer Bedeutung nach keiner Geheimhaltung bedürfen. Offenkundig sind Tatsachen, die jedermann, d.h. nicht nur ein beschränkter Personenkreis, kennt oder doch in Erfahrung bringen kann. Ihrer Bedeutung nach keiner Geheimhaltung bedürfen Tatsachen, deren Bekanntgabe weder der Gemeinde noch einem Dritten zum Nachteil gereichen kann.[110] Verstöße gegen die Verschwiegenheitspflicht sind ebenso wie solche gegen das Vertretungsverbot des § 26 HGO Ordnungswidrigkeiten, die mit einer Geldbuße bis zu eintausend Euro geahndet werden können (§ 24a HGO).

81

V. Der Gemeindevorstand

1. Zusammensetzung

Der Gemeindevorstand bzw. in Städten Magistrat, der nach § 9 Abs. 2 HGO die laufende Verwaltung besorgt, besteht aus dem **Bürgermeister als Vorsitzendem, dem Ersten Beigeordneten und weiteren Beigeordneten** (§ 65 Abs. 1 HGO). Die Mitglieder des Gemeindevorstands dürfen nicht gleichzeitig Gemeindevertreter sein (§ 65 Abs. 2 HGO). Ursprünglich wurden alle Mitglieder des Gemeindevorstands von der Gemeindevertretung gewählt. Dadurch spiegelte der Gemeindevorstand in einer demokratischen Repräsentationsvorstellungen besonders gut entsprechenden Weise die Zusammensetzung der Gemeindevertretung und damit das in der Wahlentscheidung zum Ausdruck kommende Meinungsspektrum der Bürgerschaft. Diese charakteristische Ausprägung der Magistratsverfassung ist durchbrochen worden mit der Einführung der der Süddeutschen Ratsverfassung entsprechenden Direktwahl des Bürgermeisters. Der Bürgermeister wird seitdem wie die Gemeindevertretung von den Bürgern der Gemeinde gewählt (§ 39 Abs. 1a HGO). Das hat zwar selbstverständlich auch im Demokratieprinzip seine Grundlage, führt aber dazu, dass der Gemeindevorstand nicht mehr notwendigerweise die Zusammensetzung der Gemeindevertretung widerspiegelt.

82

---

109 Ausführlicher dazu *Lange*, Kap. 5 Rn. 11 ff., 167 ff.
110 Hierzu im Einzelnen, zum demokratisch gebotenen restriktiven Auslegung der Verschwiegenheitspflicht der Gemeindevertreter und zur unbefugten Verwertung der Kenntnis von geheim zu haltenden Angelegenheiten *Lange*, Kap. 5 Rn. 150 ff.

83 Die **Beigeordneten** werden nach wie vor **von der Gemeindevertretung gewählt** (§ 39 a Abs. 1 S. 1 HGO). In jeder Gemeinde sind mindestens zwei Beigeordnete zu bestellen. Beigeordnete sind grundsätzlich **ehrenamtlich** tätig. Die Hauptsatzung kann aber bestimmen, dass eine höhere Zahl an Beigeordneten zu wählen ist und welche Beigeordnetenstellen **hauptamtlich** zu verwalten sind. Die Zahl der hauptamtlichen Beigeordneten darf die der ehrenamtlichen nicht übersteigen (§ 44 Abs. 2 HGO). Die ehrenamtlichen Beigeordneten werden von der Gemeindevertretung für die Dauer von deren Wahlzeit (§ 39 a Abs. 2 S. 2 HGO) nach den Grundsätzen der Verhältniswahl gewählt (§ 55 Abs. 1, 4 HGO) und spiegeln damit die Zusammensetzung der Gemeindevertretung ziemlich genau. Dagegen wird jeder hauptamtliche Beigeordnete auf die Dauer von sechs Jahren (§ 39 a Abs. 2 S. 1 HGO) nach Stimmenmehrheit gewählt; gewählt ist danach grundsätzlich jeweils derjenige Bewerber, für den mehr als die Hälfte der gültigen Stimmen abgegeben ist (§ 55 Abs. 1 S. 1, Abs. 5 HGO). Der Erste Beigeordnete vertritt den Bürgermeister, wenn dieser verhindert ist (§ 47 S. 1 HGO). In Gemeinden mit mehr als 50 000 Einwohnern, in denen der Bürgermeister die Amtsbezeichnung Oberbürgermeister führt, ist die Amtsbezeichnung des Ersten Beigeordneten Bürgermeister (§ 45 Abs. 1 S. 1 HGO). Gegen die Gültigkeit von Wahlen durch die Gemeindevertretung kann jeder Gemeindevertreter innerhalb eines Monats Widerspruch bei dem Vorsitzenden der Gemeindevertretung erheben. Über den Widerspruch entscheidet die Gemeindevertretung. Danach besteht die Möglichkeit, das Verwaltungsgericht anzurufen. Die Klage ist gegen die Gemeindevertretung zu richten (§ 55 Abs. 6 HGO).

84 Hauptamtliche Beigeordnete können auf Antrag mindestens der Hälfte der Gemeindevertreter von der Gemeindevertretung mit einer Zweidrittelmehrheit **vorzeitig abberufen** werden. Über die Abberufung ist im Abstand von mindestens vier Wochen zweimal zu beraten und abzustimmen. In Gemeinden mit mehr als 50 000 Einwohnern genügt innerhalb von sechs Monaten nach Beginn der Wahlzeit der Gemeindevertretung statt einer Zweidrittelmehrheit sogar die einfache Mehrheit der Gemeindevertretung (§ 76 Abs. 1, 2 HGO). Damit soll die Angleichung der Besetzung der häufig mehreren hauptamtlichen Beigeordnetenstellen an die neue Zusammensetzung der Gemeindevertretung erleichtert werden. Die Abwahl hauptamtlicher kommunaler Wahlbeamter ist im Interesse eines dem Demokratieprinzip entsprechenden Mindestmaßes an Gleichgestimmtheit zwischen Gemeindevertretung bzw. Bürgern und Verwaltungsspitze mit der durch die hergebrachten Grundsätze des Berufsbeamtentums im Sinne des Art. 33 Abs. 5 GG geforderten Sicherung der Unabhängigkeit des Beamten vereinbar, solange der Wahlbeamte im Abwahlfall ausreichend versorgt und, insbesondere durch wiederholte Entscheidungen, Vorsorge gegen eine übereilte Abwahl getroffen ist.[111]

2. Aufgaben des Gemeindevorstands

85 Der Gemeindevorstand ist die **Verwaltungsbehörde** der Gemeinde. Er besorgt nach den Beschlüssen der Gemeindevertretung im Rahmen der bereitgestellten Mittel die **laufende Verwaltung** der Gemeinde (§ 66 Abs. 1 S. 1, 2 HGO). § 66 Abs. 1 S. 3 HGO

---

111 BVerfG (3. Kammer des Zweiten Senats), NVwZ 1994, 473, 474; BVerwGE 81, 318, 324 f.

listet beispielhaft, also nicht abschließend, eine Reihe von Aufgaben des Gemeindevorstands auf. Zu ihnen gehören u.a. die Ausführung der Gesetze und der in deren Rahmen erlassenen Weisungen der Aufsichtsbehörde, die Vorbereitung und Ausführung der Beschlüsse der Gemeindevertretung, die Erledigung der dem Gemeindevorstand nach der Gemeindeordnung obliegenden und der ihm von der Gemeindevertretung allgemein oder im Einzelfall zugewiesenen Gemeindeangelegenheiten sowie die Vertretung der Gemeinde. Hinzu kommen weitere Kompetenzen wie die gesondert geregelte Zuständigkeit des Gemeindevorstands, die **Gemeindebediensteten einzustellen**, zu befördern und zu entlassen (§ 73 Abs. 1 S. 1 HGO).[112] Der Gemeindevorstand hat die Bürger in geeigneter Form, insbesondere durch öffentliche Rechenschaftsberichte, über wichtige Fragen der Gemeindeverwaltung zu unterrichten und das Interesse der Bürger an der Selbstverwaltung zu pflegen (§ 66 Abs. 2 HGO). Verbindlich gemeinte Handlungsaufträge der Gemeindevertretung im Zuständigkeitsbereich des Gemeindevorstands sind – anders als bloße „Appellbeschlüsse" – unzulässig.[113] Zur dauernden Verwaltung oder Beaufsichtigung einzelner Geschäftsbereiche sowie zur Erledigung vorübergehender Aufträge kann der Gemeindevorstand **Kommissionen** bilden, die ihm unterstehen. Die Kommissionen bestehen aus dem Bürgermeister, weiteren Mitgliedern des Gemeindevorstands, Mitgliedern der Gemeindevertretung und, falls dies zweckmäßig erscheint, aus sachkundigen Einwohnern (§ 72 HGO).

Zur **laufenden Verwaltung** kann eine Angelegenheit nur dann gerechnet werden, wenn sie nicht so wichtig ist, dass sie einer Entscheidung der Gemeindevertretung bedarf. Die Gemeindevertretung als für die wichtigen Angelegenheiten zuständig anzusehen, entspricht einer systematischen ebenso wie teleologischen Auslegung des § 66 Abs. 1 S. 2 im Zusammenhang mit § 9 Abs. 1 HGO, wonach die Gemeindevertretung das oberste Organ der Gemeinde ist und die wichtigen Entscheidungen trifft. Zu den wichtigen Angelegenheiten, die als Gegenstück zur laufenden Verwaltung in die Kompetenz der Gemeindevertretung und gerade nicht des Gemeindevorstands fallen, gehören Angelegenheiten, die unter finanziellen, wirtschaftlichen oder anderen Aspekten wie solchen der Stadtentwicklung oder der Befriedigung essentieller lokaler Anliegen für die Gemeinde von Bedeutung sind. Ob sie das sind, kann nach Größe, Umfang der Verwaltungstätigkeit und Finanzkraft der Gemeinde von Gemeinde zu Gemeinde variieren. Geschäfte, die ihrer Natur nach im gewöhnlichen Betriebsablauf regelmäßig wiederkehren und nach feststehenden Grundsätzen in eingefahrenen Gleisen erledigt zu werden pflegen, gehören danach im Allgemeinen zur laufenden Verwaltung. Die Bedeutung einer Angelegenheit für die Gemeinde hängt allerdings weitgehend von der Einschätzung durch die jeweilige Gemeindevertretung ab. Bei der Beurteilung der Frage, ob eine Angelegenheit wichtig ist, wird der Gemeindevertretung daher ein erheblicher, gerichtlich und kommunalaufsichtlich nicht überprüfbarer Beurteilungsspielraum zugestanden werden müssen. Dieser Beurteilungsspielraum rechtfertigt es auch, dass die Gemeindevertretung Wertgrenzen festsetzt, nach denen sich die Zugehörigkeit

86

---

112 Zum subsidiären Widerspruchs- und Beanstandungsrecht des Gemeindevorstands s. u. Rn. 96.
113 VGH Kassel, Urt. v. 15.1.1980 – II OE 70/78 –, juris, Rn. 27 f.; LKRZ 2008, 420, 421.

zu den Angelegenheiten der laufenden Verwaltung richtet. Im Zweifel ist von der Zuständigkeit der Gemeindevertretung auszugehen.[114]

87 Rechtliche Probleme wirft die **Vertretungsbefugnis** des Gemeindevorstands – als Gegenstück seiner Verpflichtung zur Vertretung der Gemeinde (§ 66 Abs. 1 S. 3 Nr. 7 HGO) – auf. Nach § 71 HGO vertritt der Gemeindevorstand die Gemeinde. Erklärungen der Gemeinde werden im Namen des Gemeindevorstands durch den Bürgermeister oder dessen allgemeinen Vertreter (dazu § 47 HGO), innerhalb der einzelnen Arbeitsgebiete durch die dafür eingesetzten Beigeordneten abgegeben. Der Gemeindevorstand kann auch andere Gemeindebedienstete mit der Abgabe von Erklärungen beauftragen (§ 71 Abs. 1 HGO). Bei amtlichen Äußerungen eines Mitglieds des Gemeindevorstands sind das Neutralitätsgebot und das Sachlichkeitsgebot zu beachten. Dem Neutralitätsgebot widerspricht es, wenn Amtsträger sich in amtlicher Funktion – etwa, aber nicht nur im Hinblick auf Wahlen – mit politischen Parteien oder Wahlbewerbern identifizieren und sie unter Einsatz staatlicher Mittel unterstützen oder bekämpfen. Das Sachlichkeitsgebot erfordert, dass mitgeteilte Tatsachen zutreffend wiedergegeben werden, Werturteile nicht auf sachfremden Erwägungen beruhen und den sachlich gebotenen Rahmen nicht überschreiten sowie auf einem im Wesentlichen zutreffenden und zumindest sachgerecht gewürdigten Tatsachenkern beruhen. Auch dürfen sie nicht unverhältnismäßig sein. Personen, welche durch Verstöße hiergegen in ihrem allgemeinen Persönlichkeitsrecht oder wie insbesondere politische Parteien in ihrem Recht auf Chancengleichheit verletzt werden, können sich auf der Grundlage des gewohnheitsrechtlich anerkannten öffentlichrechtlichen Folgenbeseitigungs- bzw. Abwehr- und Unterlassungsanspruchs dagegen zur Wehr setzen.[115] Die Wirksamkeit von rechtsverbindlichen Außenvertretungsakten wird außer in Fällen grober Missachtung der gemeindlichen Kompetenzverteilung nicht beeinträchtigt, wenn ein zur ordnungsgemäßen Willensbildung erforderlicher Beschluss der Gemeindevertretung nicht gefasst worden oder zwar ergangen ist, aber der Außenvertretungsakt mit ihm nicht im Einklang steht.[116]

88 Besondere Anforderungen gelten mit bestimmten Ausnahmen für Erklärungen, durch welche die Gemeinde verpflichtet werden soll. Dazu gehören privatrechtliche und öffentlichrechtliche Verträge, mit denen gemeindliche Verpflichtungen begründet werden sollen, aber auch öffentlichrechtliche Zusicherungen i.S.d. § 38 HVwVfG oder sonstige öffentlichrechtliche Zusagen. Sie bedürfen der Schriftform oder müssen in elektronischer Form mit einer dauerhaft überprüfbaren qualifizierten elektronischen Signatur versehen sein. Sie sind nur rechtsverbindlich, wenn sie vom Bürgermeister oder seinem allgemeinen Vertreter sowie von einem weiteren Mitglied des Gemeindevorstands unterzeichnet sind (§ 71 Abs. 2 S. 1, 2 HGO). Auch der Bürgermeister kann danach nicht allein, sondern nur mit einem weiteren Mitglied des Gemeindevorstands unterzeichnen.[117] Die besonderen Anforderungen an gemeindliche **Verpflichtungser-**

---

114 Zu alledem eingehender und m.w.N. *Lange*, Kap. 8 Rn. 91 ff. Vgl. auch OLG Frankfurt, Urt. v. 30.09.2015 – 19 U 19/15 –, juris, Rn. 24.
115 VGH Kassel, Beschl. v. 11.7.2017 – 8 B 1144/17 –, juris, Rn. 20, 30, 32, 34.
116 Dazu im Einzelnen *Lange*, Kap. 8 Rn. 166 ff.
117 *Unger*, in: Bennemann u.a., § 71 Rn. 25 ff.

klärungen gelten nach § 71 Abs. 2 S. 3 HGO allerdings nicht für Geschäfte der **laufenden Verwaltung**, die für die Gemeinde von nicht erheblicher Bedeutung sind, sowie für Erklärungen, die ein für das Geschäft oder für den Kreis von Geschäften ausdrücklich Beauftragter abgibt, wenn die Vollmacht in der Form nach § 71 Abs. 2 S. 1, 2 HGO erteilt ist. Die hier vorausgesetzte Unterteilung der Geschäfte der laufenden Verwaltung danach, ob sie für die Gemeinde von erheblicher Bedeutung sind oder nicht, wirft in Anbetracht dessen, dass die Geschäfte der laufenden Verwaltung gerade durch das Fehlen einer erheblichen Bedeutung definiert sind, Schwierigkeiten auf. Gleichwohl wird nach dem Gesetzeswortlaut hier ebenso wie nach § 70 Abs. 2 HGO eine Differenzierung nach der Bedeutung auch noch innerhalb der Angelegenheiten der laufenden Verwaltung vorgenommen werden müssen.

Verpflichtungserklärungen, welche ohne die erforderliche Unterzeichnung der beiden vertretungsberechtigten Personen abgegeben worden sind, sind nach § 71 Abs. 2 S. 2 HGO **nicht rechtsverbindlich**. Nach h.M. handelt es sich allerdings, wenn die vertragliche Verpflichtungserklärung einer Gemeinde nur von einem Gesamtvertreter unterzeichnet worden ist, lediglich um eine schwebende Unwirksamkeit, die durch eine nachträgliche Genehmigung behoben werden kann, wobei die Genehmigung nach Auffassung des VGH Kassel wiederum den Voraussetzungen des § 71 Abs. 2 S. 1, 2 HGO genügen muss.[118] Es erscheint indessen schon zweifelhaft, ob der Begriff der mangelnden Rechtsverbindlichkeit überhaupt die Annahme einer schwebenden Unwirksamkeit zulässt oder nicht vielmehr das endgültige Fehlen rechtlicher Wirksamkeit zum Ausdruck bringt. Außerdem dürfte das Erfordernis der Unterzeichnung durch zwei Personen – was zumeist übergangen wird – nicht nur eine Vertretungsregelung, sondern zugleich eine Formvorschrift sein. Eine Heilung der Verletzung von Formvorschriften ist mangels einer dahingehenden gesetzlichen Bestimmung nicht möglich. 89

Zur definitiven **Unwirksamkeit** muss deshalb auch ein Verstoß gegen das Schriftformerfordernis des § 71 Abs. 2 S. 1 HGO führen. Der BGH versteht bei privatrechtlichen Verpflichtungserklärungen von Gemeinden zwar selbst das **Schriftformerfordernis** als **Vertretungsregelung**, weil die Länder keine Gesetzgebungskompetenz für den Erlass privatrechtlicher Formvorschriften hätten (vgl. auch Art. 55 EGBGB), und der VGH Kassel hat sich ihm im Ergebnis für öffentlichrechtliche Verpflichtungserklärungen angeschlossen.[119] Abgesehen davon, dass damit offensichtlichen Formvorschriften ihr Charakter als Formvorschriften abgesprochen wird und das Bestreiten der Gesetzgebungskompetenz der Länder den Umstand unzureichend berücksichtigt, dass die in Rede stehenden nur für kommunale Verpflichtungserklärungen geltenden Regelungen ihre Kompetenzgrundlage in der Gesetzgebungskompetenz der Länder für das Kommunalrecht finden, kommt der BGH dann aber doch zu ganz ähnlichen Ergebnissen wie hier, weil er – wenig konsequent – die Rechtsfolgen der Verletzung des Schrift- 90

---

118 VGH Kassel, NVwZ 1997, 618, 619; OLG Frankfurt, Urt. v. 13.10.2014 – 1 U 25/13 –, juris, Rn. 39 f. – die grundsätzliche Möglichkeit der Genehmigung offenlassend; *Unger*, in: Bennemann u.a., § 71 Rn. 55 f. Zur Heilung durch nachträgliche Zustimmung der Gemeindevertretung unten Rn. 91.
119 VGH Kassel, NVwZ 1997, 618, 619.

formerfordernisses wie die Rechtsfolgen der Verletzung von Formvorschriften behandelt, da die Rechtsfolgen der Verletzung von Vertretungsregelungen hierauf nicht passten.[120]

91 Nach der Rechtsprechung des BGH kann eine Gemeinde sich auf die Verletzung der vom BGH als Vertretungsregelungen verstandenen Formvorschriften indessen im Hinblick auf den Grundsatz von **Treu und Glauben** ausnahmsweise in zwei Fällen nicht berufen. Ein derartiger Ausnahmefall kommt einmal dann in Betracht, wenn die Nichtigkeitsfolgen für den Vertragsgegner zu schlechthin unerträglichen Ergebnissen führen und ein notwendiger Ausgleich mit anderen rechtlichen Mitteln nicht zu erreichen ist. Zum anderen kann es der Gemeinde nach § 242 BGB verwehrt sein, sich auf die Verletzung der gesetzlichen Formvorschriften zu berufen, wenn das nach der Gemeindeordnung für die Willensbildung zuständige Gemeindeorgan (je nachdem also die Gemeindevertretung oder der Gemeindevorstand) den Abschluss des Verpflichtungsgeschäfts gebilligt hat.[121] Denn bei einer Beschlussfassung durch die Gemeindevertretung wäre das zur Außenvertretung berufene Organ verpflichtet, dessen Beschluss auszuführen, bei einer Beschlussfassung durch den Gemeindevorstand würde es sich bei unterbleibender Ausführung zu seinem eigenen Verhalten in Widerspruch setzen. Es liegt nahe, unter diesen Umständen der Gemeinde auch die Berufung auf das Fehlen der formbezogenen Voraussetzungen des § 71 Abs. 2 S. 1, 2 HGO zu verwehren.

92 Bei **Studien- und Examensarbeiten** dürfte es sich empfehlen, der h.M. in modifizierter Form zu folgen:

- Wird eine gemeindliche Verpflichtungserklärung bei einem Vertragsschluss statt von den vorgeschriebenen beiden Gemeindevorstandsmitgliedern nur von einem abgegeben, so kann der Mangel durch eine den Anforderungen des § 71 Abs. 2 S. 1, 2 HGO genügende Genehmigung geheilt werden. Dass mit der fehlenden Unterschrift des zweiten Gesamtvertreters auch ein Formfehler vorliegt, bleibt unerwähnt. Andere Möglichkeiten zur Heilung einer in dieser Weise fehlerhaften Vertretung gibt es nicht.
- Fehlende Schriftform dürfte entgegen der Rechtsprechung kein Vertretungs-, sondern ein Formmangel sein, Sie führt im Ergebnis übereinstimmend mit dem Bundesgerichtshof zur Nichtigkeit der gemeindlichen Verpflichtungserklärung. In den beiden eben genannten Ausnahmefällen kann der Berufung der Gemeinde auf einen solchen Formfehler jedoch entgegengehalten werden, dass sie gegen Treu und Glauben verstoße und daher eine unzulässige Rechtsausübung darstelle.

---

120 BGH, NJW 2001, 2626, 2628, wonach die Behebung des Fehlens der vorgeschriebenen handschriftlichen Unterzeichnung nur durch Neuvornahme unter Einhaltung der Förmlichkeiten vorstellbar ist. A.A. VGH Kassel, NVwZ 1997, 618, 620, der die verfehlte Einordnung des Schriftformerfordernisses als Vertretungsregelung ernst nimmt und die Heilung eines Schriftformmangels durch Genehmigung des Gemeindevorstands für möglich hält.
121 BGH, NJW 1995, 3389, 3390. Ebenso im Ergebnis VGH Kassel, NVwZ 1997, 618, 619, der für diesen Fall von einer *Heilung* von Verfahrensverstößen spricht.

VI. Der Bürgermeister

1. Wahl und Abwahl

Der Bürgermeister – in Gemeinden mit mehr als 50 000 Einwohnern Oberbürgermeister (§ 45 Abs. 1 S. 1 HGO) – wird von den Bürgern der Gemeinde in allgemeiner, unmittelbarer, freier, gleicher und geheimer Wahl für eine Amtszeit von sechs Jahren gewählt (§ 39 Abs. 1 a S. 1, Abs. 3 S. 1 HGO; seine Direktwahl ist bereits in Art. 138 HV verankert). Wählbar sind Deutsche und Unionsbürger, die am Wahltag das 18. Lebensjahr vollendet haben (§ 39 Abs. 2 S. 1 HGO), die Höchstaltersgrenze ist entfallen. Die Wahl ist nach den Grundsätzen der Mehrheitswahl durchzuführen. Gewählt ist, wer mehr als die Hälfte der gültigen Stimmen erhalten hat. Entfällt auf keinen Bewerber mehr als die Hälfte der gültigen Stimmen, findet eine Stichwahl unter den zwei Bewerbern statt, welche bei der ersten Wahl die höchste Stimmenzahl erreicht haben (§ 39 Abs. 1 a S. 2, 3, Abs. 1 b S. 1 HGO). Der Bürgermeister ist grundsätzlich hauptamtlich tätig (§ 44 Abs. 1 HGO). Der Unterschied seiner Amtszeit von der fünfjährigen Wahlzeit der Gemeindevertreter soll eine gewisse Unabhängigkeit, sachbezogene Eigenständigkeit und Kontinuität seiner Arbeit zum Ausdruck bringen. Gleichwohl kann der Bürgermeister von den Bürgern der Gemeinde vorzeitig abgewählt werden. Voraussetzung ist allerdings, dass die Gemeindevertretung auf Antrag von mindestens der Hälfte der gesetzlichen Zahl ihrer Mitglieder mit einer Mehrheit von mindestens zwei Dritteln die Einleitung des Abwahlverfahrens beschließt und die Bürger sich mit der Mehrheit der gültigen Stimmen für die Abwahl entscheiden, sofern diese Mehrheit mindestens 30% der Wahlberechtigten beträgt (§ 76 Abs. 4 HGO).[122]

93

2. Kompetenzen des Bürgermeisters

Der Bürgermeister ist zwar kein eigenständiges Gemeindeorgan (vgl. § 9 HGO), sondern Teil des Gemeindevorstands. Er hat aber durchaus eigene Kompetenzen, die seit Einführung seiner Direktwahl durch die Bürger noch verstärkt worden sind. Er ist **Vorsitzender** des Gemeindevorstands (§ 65 Abs. 1 HGO) und dort stimmberechtigt. Seiner Stimme kommt allerdings nur in einem einzigen Fall rechtlich besondere Bedeutung zu: Bei Stimmengleichheit gibt sie den Ausschlag (§ 68 Abs. 2 S. 2, 3 HGO). Der Bürgermeister bestimmt, für welche **Aufgaben** die einzelnen **Beigeordneten** zuständig sind (§ 70 Abs. 1 S. 3 HGO), wobei ehrenamtlichen Beigeordneten eher selten ein eigenes, kleines Ressort zugewiesen wird. Er bereitet die Beschlüsse des Gemeindevorstands vor und führt sie aus, soweit nicht Beigeordnete mit der Ausführung beauftragt sind. Soweit nicht aufgrund gesetzlicher Vorschrift oder Weisung des Bürgermeisters oder wegen der Bedeutung der Sache der Gemeindevorstand im Ganzen zur Entscheidung berufen ist, werden die laufenden Verwaltungsangelegenheiten von dem Bürgermeister und den zuständigen Beigeordneten selbstständig erledigt. **In dringenden Fällen** kann der Bürgermeister, wenn die vorherige Entscheidung des Gemeindevorstands nicht eingeholt werden kann, die erforderlichen Maßnahmen von sich aus anordnen (§ 70 Abs. 2, 3 HGO).

94

---

122 Für die Verfassungsmäßigkeit der Abwahl gilt Entsprechendes wie für die Abberufung hauptamtlicher Beigeordneter, dazu oben Rn. 84.

95 Der Bürgermeister leitet und beaufsichtigt den Geschäftsgang der gesamten Verwaltung der Gemeinde und sorgt für den geregelten Ablauf der Verwaltungsgeschäfte (§ 70 Abs. 1 S. 2 HGO). Er ist Dienstvorgesetzter aller Beamten und Arbeitnehmer der Gemeinde mit Ausnahme der Beigeordneten (§ 73 Abs. 2 S. 1 HGO).

96 Eine wichtige Rolle spielt der Bürgermeister im System der gemeindeinternen Kontrollen von **Widerspruch und Beanstandung**. Verletzt ein **Beschluss der Gemeindevertretung** das Recht, so hat ihm der Bürgermeister zu widersprechen. Ist er nicht rechtswidrig, gefährdet er aber das Wohl der Gemeinde, so kann – nicht muss! – der Bürgermeister ihm widersprechen. Der spätestens innerhalb von zwei Wochen auszusprechende Widerspruch hat aufschiebende Wirkung, d.h. aus dem betroffenen Beschluss der Gemeindevertretung müssen und dürfen keine Folgerungen gezogen werden, insbesondere ist er nicht durch den Gemeindevorstand auszuführen. Über die Angelegenheit ist in einer neuen Sitzung der Gemeindevertretung nochmals zu beschließen. Verletzt auch der neue Beschluss das Recht, so muss der Bürgermeister ihn spätestens innerhalb einer Woche beanstanden.[123] Für den Fall, dass der neue Beschluss rechtmäßig ist, aber das Wohl der Gemeinde gefährdet, ist eine Beanstandung nicht vorgesehen. Auch die Beanstandung hat aufschiebende Wirkung. Um die Aufhebung der Beanstandung zu erreichen und ihren Beschluss umsetzen lassen zu können, bleibt der Gemeindevertretung nur die verwaltungsgerichtliche Klage gegen den Bürgermeister (§ 63 Abs. 1, 2 HGO).[124] Der VGH Kassel hält bislang die Anfechtungsklage für die richtige Klageart,[125] obwohl es sich mangels Außenwirkung der Beanstandung um einen Kommunalverfassungsstreit handelt, in dem die Anfechtungsklage nicht als statthafte Klageart angesehen wird. Gerade § 63 Abs. 2 S. 4, 5 HGO spricht dafür, im Kommunalverfassungsstreit die auf Aufhebung einer Maßnahme gerichtete kassatorische Gestaltungsklage als statthaft anzusehen.[126] Die aufschiebende Wirkung von Widerspruch und Beanstandung kann entsprechend § 80 Abs. 2 Nr. 3, Abs. 5 VwGO durch das Gericht beseitigt werden.[127] Macht der Bürgermeister von Widerspruch und Beanstandung keinen Gebrauch, so geht das Recht hierzu nach Ablauf der für den Bürgermeister geltenden Fristen auf den Gemeindevorstand über (§ 63 Abs. 4 HGO). Zur Annahme einer Beschränkung des übergegangenen Rechts auf die Kontrolle allein von Rechtsverletzungen der Gemeindevertretung besteht kein Anlass,[128] zumal dem Gemeindevorstand das uneingeschränkte Widerspruchs- und Beanstandungsrecht schon zustand, bevor es mit Einführung der Direktwahl des Bürgermeisters zu dessen Stärkung primär dem Bürgermeister zugewiesen wurde.

97 In gleicher Weise ist ein Widerspruch des Bürgermeisters vorgesehen gegen rechtswidrige bzw. das Wohl der Gemeinde gefährdende **Beschlüsse des Gemeindevorstands**

---

123 Da für diese gemeindeinternen Kontrollmaßnahmen jedenfalls primär der Bürgermeister zuständig ist, hat das VG Gießen, LKRZ 2013, 330, eine Beanstandung, die der Bürgermeister unter dem Briefkopf des Magistrats abgegeben hatte, als rechtswidrig aufgehoben.
124 Zur Problematik der Klageart *Lange*, Kap, 8 Rn. 137f.
125 VGH Kassel, NVwZ-RR 1996, 409; Urt. v. 9.2.2012 – 8 A 2043/10 –, juris, Rn. 48. Allerdings offengelassen in VGH Kassel, LKRZ 2014, 154, 154f.
126 Dazu *Lange*, Kap. 10 Rn. 47f.
127 VG Kassel, NVwZ-RR 2001, 466.
128 A.A. *Groß*, Rn. 183, im Anschluss an Hans Meyer.

(§ 74 HGO). Findet die strittige Angelegenheit in einer nochmaligen Beschlussfassung des Gemeindevorstands nicht ihre Erledigung, so steht dem Bürgermeister aber keine Beanstandungsmöglichkeit zu Gebote, sondern er kann lediglich innerhalb einer Woche die Entscheidung der Gemeindevertretung beantragen.

VII. Besondere Formen der Bürgerbeteiligung
1. Beteiligungsmöglichkeiten zugunsten spezifischer Belange

Die Hessische Gemeindeordnung sieht inzwischen eine Reihe besonderer Beteiligungsformen für die Gemeindebürger vor. Der Geltendmachung spezifischer Belange von Ortsteilen (Ortsbezirken) dienen die Ortsbeiräte, der Einbringung spezifischer Belange ausländischer Einwohner die Ausländerbeiräte. Sehr offen formuliert § 4c HGO, dass die Gemeinde bei Planungen und Vorhaben, die die Interessen von Kindern und Jugendlichen berühren, diese in angemessener Weise beteiligen und hierzu über die in dem Gesetz vorgesehene Beteiligung der Einwohner hinaus geeignete Verfahren entwickeln und durchführen soll. 98

In den Gemeinden können durch Beschluss der Gemeindevertretung Ortsbezirke gebildet werden. Für jeden Ortsbezirk ist gleichzeitig mit den Wahlen der Gemeindevertreter ein **Ortsbeirat** zu wählen. Der Ortsbeirat ist zu allen wichtigen Angelegenheiten, die den Ortsbezirk betreffen, zu hören, insbesondere zum Entwurf des Haushaltsplans. Er hat ein Vorschlagsrecht in allen Angelegenheiten, die den Ortsbezirk betreffen. Die Gemeindevertretung kann dem Ortsbeirat bestimmte Angelegenheiten widerruflich zur endgültigen Entscheidung übertragen. Dem Ortsbeirat sind die zur Erledigung seiner Aufgaben erforderlichen Mittel zur Verfügung zu stellen. Der Ortsbeirat wählt aus seiner Mitte einen Vorsitzenden, der die Bezeichnung **Ortsvorsteher** trägt. Wenn die Gemeinde im Ortsbezirk eine Außenstelle der Gemeindeverwaltung einrichtet, was ihr unbenommen ist, so kann sie dem Ortsvorsteher die Leitung der Außenstelle übertragen (§§ 81 f. HGO). 99

In Gemeinden mit mehr als 1 000 gemeldeten ausländischen Einwohnern ist ein **Ausländerbeirat** einzurichten, in anderen Gemeinden kann er eingerichtet werden. Seine Mitglieder werden von den ausländischen Einwohnern gewählt. Der Ausländerbeirat vertritt die Interessen der ausländischen Einwohner der Gemeinde. Er berät die Organe der Gemeinde in allen Angelegenheiten, die ausländische Einwohner betreffen. Der Gemeindevorstand hat den Ausländerbeirat rechtzeitig über alle Angelegenheiten zu unterrichten, deren Kenntnis zur Erledigung seiner Aufgaben erforderlich ist. Der Ausländerbeirat hat ein Vorschlagsrecht in allen Angelegenheiten, die ausländische Einwohner betreffen. Er ist in allen wichtigen Angelegenheiten dieser Art zu hören. Gemeindevertretung und Gemeindevorstand können, Ausschüsse der Gemeindevertretung müssen in ihren Sitzungen den Ausländerbeirat zu den Tagesordnungspunkten hören, die Interessen der ausländischen Einwohner berühren. Dem Ausländerbeirat sind die zur Erledigung seiner Aufgaben erforderlichen Mittel zur Verfügung zu stellen (§§ 84 ff. HGO). 100

2. Allgemeine Beteiligungsmöglichkeiten ohne rechtsverbindliche Außenwirkung

101 Zur Unterrichtung der Bürger über wichtige Angelegenheiten der Gemeinde soll mindestens einmal im Jahr eine **Bürgerversammlung** abgehalten werden, zu der auch nicht wahlberechtigte Einwohner zugelassen werden können. Sie wird vom Vorsitzenden der Gemeindevertretung – dies im Benehmen mit dem Gemeindevorstand – einberufen und von ihm geleitet. Der Gemeindevorstand nimmt an den Bürgerversammlungen teil und muss dort jederzeit gehört werden (§ 8 a HGO).

102 Alle anderen Gemeindeordnungen ermöglichen einen Bürger- oder Einwohnerantrag, mit dem die Bürger bzw. die Gemeindeeinwohner die Gemeindevertretung und in manchen Bundesländern auch andere Gemeindeorgane verpflichten können, eine im Antrag genannte, in deren Zuständigkeit fallende Angelegenheit innerhalb einer bestimmten Frist zu behandeln. Allein in Hessen existiert diese Beteiligungsform nicht.[129]

3. Bürgerbegehren und Bürgerentscheid

103 Mit dem **Bürgerentscheid** haben die Bürger die Möglichkeit, über wichtige Angelegenheiten der Gemeinde selbst zu entscheiden (§ 8 b Abs. 1 HGO). Die Vorschriften über den Bürgerentscheid fanden bis 2015 entsprechende Anwendung im Ortsbezirk (§ 82 Abs. 6 S. 1 HGO a.F.). Die Beschränkung auf **wichtige Angelegenheiten** dürfte ihren Grund darin finden, dass es sich um Angelegenheiten handeln muss, die in die Zuständigkeit der Gemeindevertretung oder ihrer Ausschüsse fallen (§ 8 b Abs. 2 Nr. 1 HGO), und die Gemeindevertretung nach § 9 Abs. 1 S. 2 HGO die wichtigen Entscheidungen trifft. Versuche einer darüber hinausgehenden Definition der Wichtigkeit von Angelegenheiten versprechen wenig Erfolg.[130] Bestimmte Materien sind nach § 8 b Abs. 2 HGO allerdings einem Bürgerentscheid entzogen (**Negativkatalog**). So kann ein Bürgerentscheid nicht stattfinden über Weisungsaufgaben und Aufgaben, die kraft Gesetzes dem Gemeindevorstand oder dem Bürgermeister obliegen. Ausgeschlossen ist er u.a. auch über Fragen der inneren Organisation der Gemeindeverwaltung, die Rechtsverhältnisse der Gemeindevertreter, der Mitglieder des Gemeindevorstands und der sonstigen Gemeindebediensteten, die Haushaltssatzung und Entscheidungen im Rahmen der Bauleitplanung mit Ausnahme des Aufstellungsbeschlusses nach § 2 Abs. 1 BauGB. Kommunalverfassungsrechtliche Grundentscheidungen wie die Bestimmung der Anzahl der hauptamtlichen Beigeordneten werden nicht zu den danach einem Bürgerentscheid entzogenen Fragen der inneren Organisation gezählt, sondern können Gegenstand eines Bürgerentscheids sein;[131] ausdrücklich ausgenommen von einem Bürgerentscheid ist inzwischen allerdings die Frage, ob die Stelle des Bürger-

---

[129] U. a. die Einführung eines solchen Bürgerantrags durch eine Bürgerbeteiligungssatzung der Stadt Gießen ist von der Kommunalaufsicht beanstandet worden, da die Möglichkeiten der Bürgerbeteiligung landesgesetzlich abschließend geregelt seien. Das VG Gießen hat diese Beanstandung durch Urt. v. 2.3.2018 – 8 K 4523/15.GI – gebilligt. Ob die landesrechtlichen Regelungen der Bürgerbeteiligung verfassungskonform als abschließend und in dem Sinne verstanden werden dürfen, dass sie darüber hinausgehende kommunale Beteiligungsmöglichkeiten ausschließen, wird freilich davon abhängen, ob es hinreichende Gemeinwohlgründe gibt, welche die darin liegende Beschränkung der gemeindlichen Selbstverwaltung (Organisationshoheit) rechtfertigen können. Das erscheint zweifelhaft.
[130] Vgl. VGH Kassel, NVwZ 1996, 722, 723; NVwZ-RR 2000, 451, 452 f.
[131] VGH Kassel, NVwZ-RR 2004, 281, 282 f.

VII. Besondere Formen der Bürgerbeteiligung

meisters ehrenamtlich verwaltet werden soll. Ein Bürgerentscheid über die Anzahl der hauptamtlichen Beigeordneten scheitert auch nicht daran, dass ein Bürgerentscheid über die Mitglieder des Gemeindevorstands nach § 8 b Abs. 2 Nr. 3 HGO unzulässig ist. Denn das ist er erst dann, wenn er sich auf bestimmte Personen bezieht.[132] Die Unzulässigkeit von Bürgerentscheiden über die Haushaltssatzung bezieht sich nur auf Bürgerentscheide, die unmittelbar den Beschluss oder die Änderung der Haushaltssatzung als Ganzes oder über einzelne Haushaltsposten zum Gegenstand haben. Allein der Umstand, dass eine Maßnahme hohe Kosten verursacht und sich damit mittelbar auf den Haushalt auswirkt, macht einen Bürgerentscheid hierüber nicht unzulässig.[133] Ob Grundsatzentscheidungen wie die, ob die Gemeinde in einem bestimmten Bereich eine Gewerbeansiedlung zulassen will, und Maßnahmen, die nur der Verwirklichung einer in Gang gesetzten Bauleitplanung dienen, Entscheidungen im Rahmen der Bauleitplanung sind, die nach § 8 b Abs. 2 Nr. 5 a HGO einem Bürgerentscheid entzogen sind, ist umstritten.[134]

Die Durchführung eines Bürgerentscheids setzt, was zunächst der einzig mögliche Weg zu ihm war, voraus, dass der Bürgerentscheid von einer nach der Größe der Gemeinde variierenden Zahl von Bürgern – in Gemeinden bis zu 50 000 Einwohnern mindestens 10% der bei der letzten Gemeindewahl amtlich ermittelten Zahl der wahlberechtigten Einwohner – beantragt wird (**Bürgerbegehren**). Inzwischen kann aber auch die Gemeindevertretung mit mindestens zwei Dritteln ihrer gesetzlichen Mitgliederzahl anstelle einer eigenen Entscheidung die Durchführung eines Bürgerentscheids beschließen (**Vertreterbegehren**). Wenn ein Bürgerbegehren sich gegen einen Beschluss der Gemeindevertretung richtet (kassatorisches Bürgerbegehren), muss es innerhalb von acht Wochen nach Bekanntgabe des Beschlusses eingereicht sein. Das Bürgerbegehren muss die zu entscheidende Frage, eine Begründung und einen nach den gesetzlichen Bestimmungen durchführbaren Vorschlag für die Deckung der Kosten der verlangten Maßnahme enthalten sowie bis zu drei Vertrauenspersonen bezeichnen, die zur Entgegennahme von Mitteilungen und Entscheidungen der Gemeinde sowie zur Abgabe von Erklärungen gegenüber dem Gemeindevorstand ermächtigt sind. Ein Bürger- oder Vertreterbegehren darf nur Angelegenheiten zum Gegenstand haben, über die innerhalb der letzten drei Jahre nicht bereits ein Bürgerentscheid durchgeführt worden ist. Über die **Zulässigkeit** eines Bürgerbegehrens entscheidet die Gemeindevertretung. Der Bürgerentscheid entfällt, wenn die Gemeindevertretung die Durchführung der mit dem Bürgerbegehren verlangten Maßnahmen beschließt. Bei einem Bürgerentscheid ist die gestellte Frage in dem Sinne entschieden, in dem sie von der Mehrheit der gültigen Stimmen beantwortet wurde, sofern diese Mehrheit mindestens 25%, in Gemeinden mit mehr als 50 000 Einwohnern 20% und in Gemeinden mit mehr als 100 000 Einwohnern 15% der Stimmberechtigten beträgt. Wird diese Mehrheit nicht erreicht, hat

104

---

[132] VGH Kassel, NVwZ-RR 2004, 281.
[133] Deshalb konnte nach VG Gießen, Beschl. v. 21.2.2012 – 8 L 204/12.GI –, juris, Rn. 83 ff., die Frage einer Kreditaufnahme für geplante Investitionsmaßnahmen (hier für eine Landesgartenschau) Gegenstand eines Bürgerentscheids sein.
[134] Bejahend *VG Kassel*, LKRZ 2013, 203. Dagegen *Kramer/Cosovic*, LKRZ 2013, 184, 188 f. Weitere Nachw. bei *Lange*, Kap. 9 Rn. 98.

die Gemeindevertretung die Frage zu entscheiden. Der Bürgerentscheid, der die erforderliche Mehrheit erhalten hat, hat die Wirkung eines endgültigen Beschlusses der Gemeindevertretung. Die Gemeindevertretung kann ihn frühestens nach drei Jahren abändern (§ 8 b HGO). Gegen den Bürgerentscheid sind Widerspruch und Beanstandung durch den Bürgermeister bzw. den Gemeindevorstand ebenso unzulässig wie eine kommunalaufsichtliche Beanstandung (§ 8 b Abs. 7 S. 3 HGO).

105 Erklärt die Gemeindevertretung ein Bürgerbegehren für unzulässig, so kann nach der Rechtsprechung des VGH Kassel jeder Mitunterzeichner – zu denen im Allgemeinen auch die Vertrauenspersonen gehören werden – **Klage** erheben.[135] Der VGH Kassel hält die Feststellungsklage für die statthafte Klageart, hat aber inzwischen zu Recht die Verpflichtungsklage für erwägenswert erachtet.[136] Selbst ein für zulässig erklärtes kassatorisches Bürgerbegehren entfaltet allerdings keine Sperrwirkung gegen die Umsetzung des angegriffenen Beschlusses.[137] Umso wichtiger ist insofern die Möglichkeit **vorläufigen Rechtsschutzes**. Nach Auffassung des VGH Kassel können die zur Einreichung eines Bürgerbegehrens berechtigten Bürger, soweit nicht überwiegende Belange entgegenstehen und soweit ihnen anderenfalls ein Rechtsverlust droht, weil durch den Vollzug eines Beschlusses der Gemeindevertretung irreversible Verhältnisse geschaffen würden, sogar schon vor Einreichung eines Bürgerbegehrens eine einstweilige Anordnung dahingehend erwirken, dass der Vollzug eines Beschlusses der Gemeindevertretung bis zum Ablauf der Frist unterbleibt, in welcher gegen den Beschluss ein Bürgerbegehren eingereicht werden kann.[138]

VIII. Kommunalverfassungsstreit

106 Für Streitigkeiten zwischen Gemeindeorganen wie Gemeindevertretung und Gemeindevorstand oder zwischen Gemeindeorganen und Teilen von ihnen wie Gemeindevertretung und Gemeindevertretern ist zu Recht das Interesse an einer verwaltungsgerichtlichen Klärung und damit eine verwaltungsgerichtliche Klagemöglichkeit anerkannt. Die Besonderheit eines solchen Kommunalverfassungsstreits besteht darin, dass er Rechtsbeziehungen innerhalb ein und derselben (juristischen) Person betrifft, während das gesetzlich geregelte verwaltungsgerichtliche Verfahren im Allgemeinen auf die Rechtsbeziehungen zwischen zwei oder mehr Personen abstellt. Deshalb können im Kommunalverfassungsstreit die Normen der VwGO vielfach nur analog oder im Wege der Rechtsfortbildung angewandt werden.

107 Die Problematik beginnt schon mit der **Beteiligungsfähigkeit**. Die Beteiligungsfähigkeit von Organen oder Organteilen im Kommunalverfassungsstreit lässt sich nur im Wege der Rechtsfortbildung aus dem Sinn des § 61 Nr. 2 VwGO ableiten, nach dem

---

135 VGH Kassel, DVBl 2000, 928, 930.
136 VGH Kassel, LKRZ 2009, 66, 67. Für die Statthaftigkeit der Feststellungsklage ebenfalls VG Kassel, LKRZ 2013, 203, 204. Ohne zu bedenken, dass die Entscheidung der Gemeindevertretung über die Zulässigkeit eines Bürgerbegehrens einen Verwaltungsakt darstellt und neben der danach statthaften Verpflichtungsklage nach § 43 Abs. 2 S. 1 VwGO kein Raum für eine Feststellungsklage ist. Zu einer Verpflichtungsklage inzwischen mindestens tendierend VG Darmstadt, Urt. v. 18.11.2015 – 3 K 1/15.DA –, juris, Rn. 42 f. Zur Problematik *Lange*, Kap. 9 Rn. 122, 145 ff.
137 VGH Kassel, LKRZ 2009, 62, 64.
138 VGH Kassel, DÖV 1994, 270; NVwZ 1996, 721.

Vereinigungen beteiligungsfähig sind, soweit ihnen – nach überzeugender h.M. hinsichtlich des konkreten Streitgegenstandes – ein Recht zustehen kann. Dabei kommt es nicht auf den Begriff „Vereinigungen" an, sondern auf den dem § 61 Nr. 2 VwGO zugrunde liegenden Rechtsgedanken, dass Rechte gerichtlich durchsetzbar sein sollen, und deshalb auf die Ausstattung mit eigenen Rechten. Um die Möglichkeit, eigene Rechte durchzusetzen, geht es im Kommunalverfassungsstreit gerade. Deshalb kann auch ein einzelner Gemeindevertreter hier beteiligungsfähig sein. Eben die Ausstattung mit eigenen Rechten wirft im Kommunalverfassungsstreit allerdings Schwierigkeiten auf. Denn Rechte gibt es nach herkömmlicher Auffassung nur zwischen mehreren Rechtssubjekten, also im Außenverhältnis. Will man Rechtsschutz im Kommunalverfassungsstreit überhaupt zulassen, dann muss man konsequenterweise den Begriff des subjektiven Rechts für den Kommunalverfassungsstreit in einem weiteren Sinne verstehen. Deshalb ist inzwischen anerkannt, dass Normen, die lediglich die innere Organisation der Gemeinde regeln, subjektive Rechte i.S.d. § 61 Nr. 2 VwGO oder zumindest diesen gleichzusetzende Rechtspositionen von Organen und Organteilen begründen, wenn sie nicht nur den reibungslosen Funktionsablauf sichern sollen, nicht nur Ordnungscharakter haben, sondern gerade (auch) den spezifischen Interessen oder Aufgaben der betreffenden Organe oder Organteile zu dienen bestimmt sind.[139] Überzeugend ist darauf abgestellt worden, ob einem Funktionssubjekt ein eigener Anteil an der Entscheidungsbildung zugedacht ist, der auch im Verhältnis zu anderen soll durchgesetzt werden können.[140] Zur Abgrenzung einerseits gegenüber Kompetenzen, die im Kommunalverfassungsstreitverfahren nicht einklagbar sind, und andererseits gegenüber subjektiven Rechten im Verhältnis einer Person zu einer anderen kann hier sinnvoll von **organschaftlichen Rechten oder Organrechten** gesprochen werden. Zu ihnen gehört beispielsweise das Recht der Gemeindevertreter auf Teilnahme an den Beratungen und Abstimmungen der Gemeindevertretung. Die Prozessfähigkeit beurteilt sich, soweit erforderlich, konsequenterweise in Anknüpfung an § 62 Abs. 3 VwGO; der einzelne beteiligungsfähige Gemeindevertreter muss selbstverständlich selbst als im Kommunalverfassungsstreit prozessfähig angesehen werden. Klagen sind nicht gegen die Gemeinde, sondern gegen das jeweils in Anspruch genommene Organ zu richten.

Als **Klagearten** sind nach h.M. im Kommunalverfassungsstreitverfahren (neben der Normenkontrollklage nach § 47 VwGO, mit der auch die Gültigkeit von Geschäftsordnungen der Gemeindevertretung soll zur Überprüfung gestellt werden können) allein die allgemeine Leistungsklage und die Feststellungsklage statthaft. Anfechtungs- und Verpflichtungsklage sollen ausgeschlossen sein, weil sie sich auf begriffsnotwendig nach außen gerichtete Verwaltungsakte beziehen, Kommunalverfassungsstreitigkeiten aber das Innenverhältnis der Kommune betreffen. Bedauerlicherweise hat sich auch eine kassatorische Gestaltungsklage, mit der ähnlich der Anfechtungsklage die gerichtliche Aufhebung einer angegriffenen Maßnahme erreicht werden könnte, nicht

108

---

139 Vgl. VGH Mannheim, NVwZ 1984, 664.
140 *Erichsen/Biermann*, Jura 1997, 157, 159. Vgl. auch VGH Kassel, Beschl. v. 19.5.2017 – 8 B 764/17 –, juris, Rn. 17 f. zum Recht des einzelnen Mitglieds des Magistrats bzw. Kreisausschusses auf regelmäßig nichtöffentliche Sitzung des Magistrats bzw. Kreisausschusses.

durchgesetzt.[141] Wegen der Klagebefugnis kann auf die sinnvollerweise bereits bei der Beteiligungsfähigkeit anzustellenden, zumeist aber erst bei der Klagebefugnis angestellten Erwägungen zu einem organschaftlichen Recht des Klägers Bezug genommen werden.

IX. Die gemeindlichen Aufgabenarten

109 Die in den Bundesländern vorzufindenden gemeindlichen Aufgabenarten lassen sich nach zwei Konzepten unterscheiden: dem traditionellen dualistischen und dem neueren monistischen Aufgabenmodell. Nach dem **dualistischen Aufgabenmodell** nehmen die Gemeinden einerseits Selbstverwaltungsaufgaben wahr und andererseits ihnen übertragene staatliche Aufgaben, die sog. **Auftragsangelegenheiten**, hinsichtlich deren sie unbeschränkt Weisungen der zuständigen staatlichen Stellen unterworfen sind. Nach dem **monistischen Aufgabenmodell** gibt es nur eine gemeindliche Aufgabenart, nämlich Selbstverwaltungsaufgaben. Allerdings kann sich der Staat hinsichtlich bestimmter Aufgaben gesetzlich ein Weisungsrecht vorbehalten, dessen Umfang im Gesetz festzulegen ist. Solche Aufgaben werden als **Weisungsaufgaben** bezeichnet. Das monistische Aufgabenmodell folgt dem sog. Weinheimer Entwurf, der im Juli 1948 in Weinheim an der Bergstraße auf einer Tagung der Vertreter der kommunalen Spitzenverbände und der Innenminister fast aller Länder der Westzonen erarbeitet wurde. Es liegt im Prinzip auch der Hessischen Gemeindeordnung zugrunde (§§ 1 f., 4 Abs. 1 HGO).

110 Die gemeindlichen **Selbstverwaltungsaufgaben** (§ 2 S. 1 HGO) sind in ihrer reinen, uneingeschränkten Form dadurch gekennzeichnet, dass die Gemeinde eigenverantwortlich, d.h. ohne an Weisungen gebunden zu sein, darüber entscheidet, ob und ggf. wie sie sie wahrnimmt. Zu diesen freiwilligen Selbstverwaltungsaufgaben werden beispielsweise die Gewährung von Zuwendungen an Vereine, Maßnahmen der Wirtschaftsförderung und – wenig überzeugend – überwiegend auch der Betrieb gemeindlicher öffentlicher Einrichtungen gerechnet.[142] Im Rahmen seiner durch Art. 28 Abs. 2 S. 1 GG, Art. 137 Abs. 3 S. 2 HV, § 2 S. 1 HGO gewährleisteten Befugnis, der gemeindlichen Selbstverwaltung einen Rahmen zu setzen, kann der Gesetzgeber die gemeindliche Eigenverantwortlichkeit allerdings sowohl hinsichtlich des „Ob" als auch hinsichtlich des „Wie" der Aufgabenwahrnehmung einschränken. Das „Ob" der gemeindlichen Selbstverwaltung schränkt er ein, wenn er die Gemeinden verpflichtet, bestimmte Aufgaben wahrzunehmen, ohne ihnen vorzuschreiben, in welcher Weise sie dabei vorgehen sollen. Solche **Pflichtaufgaben** oder genauer **pflichtigen Selbstverwaltungsaufgaben** können den Gemeinden nur durch Gesetz auferlegt werden.[143] Zu ihnen gehören etwa die Bauleitplanung (§ 2 Abs. 1 S. 1 BauGB), abfallrechtliche Entsorgungsaufgaben (§ 1 HAKrWG), die Abwasserbeseitigung (§ 37 Abs. 1 HWG) oder der Bau und die Unterhaltung von Gemeindestraßen (§§ 9, 43 HStrG). Auch die Bereitstellung öffentlicher Einrichtungen (§ 19 Abs. 1 HGO) wird bei grundsätzlicher Aner-

---

141 Zu alledem im Einzelnen *Lange*, Kap. 10 Rn. 41 ff.
142 Des Näheren *Lange*, Kap. 13 Rn. 32 ff.
143 Wofür gesetzlich hinreichend ermächtigte Rechtsverordnungen ausreichen. Vgl. oben Rn. 24 und zu § 3 S. 1 HGO *Steiß*, in: Bennemann u.a., § 3 Rn. 7.

kennung eines weiten gemeindlichen Ausgestaltungsspielraums richtigerweise zu den gemeindlichen Pflichtaufgaben gerechnet werden müssen.

Zusätzlich zum „Ob" schränkt der Gesetzgeber das „Wie" gemeindlicher Selbstverwaltung ein, wenn er den Gemeinden nach § 4 Abs. 1 HGO Aufgaben zur Erfüllung nach Weisung (**Weisungsaufgaben**) überträgt.[144] Das Gesetz hat die Voraussetzungen und den Umfang eines solchen Weisungsrechts zu regeln. Die Weisungen sollen sich auf allgemeine Anordnungen beschränken und in der Regel nicht in die Einzelausführung eingreifen. Weisungsaufgaben sind in Hessen etwa die Bauaufsicht in bestimmten Gemeinden (§ 52 Abs. 1 HBO) sowie bestimmte abfallrechtliche Überwachungsaufgaben (§ 20 Abs. 1 S. 1, Abs. 4 HAKrWG). Nach wohl überwiegender Ansicht sind Weisungsaufgaben staatliche Aufgaben, was etwa für die Anwendung des § 73 Abs. 1 S. 2 Nr. 3 VwGO von Bedeutung ist. Wie das mit dem Sinn von Weisungsaufgaben vereinbar sein soll, ist unerfindlich. Ihm dürfte allein ihre Qualifizierung als Selbstverwaltungsaufgaben entsprechen.[145]

111

Inzwischen hat der hessische Gesetzgeber allerdings das auf eine Stärkung gemeindlicher Selbstverwaltung zielende monistische Aufgabenmodell des Weinheimer Entwurfs durchbrochen, indem er **Auftragsangelegenheiten** in die Gemeindeordnung eingefügt hat. Nach § 4 Abs. 2 HGO nehmen die Bürgermeister und Oberbürgermeister die Aufgaben der örtlichen Ordnungsbehörden und Kreisordnungsbehörden als Auftragsangelegenheit wahr. Ihnen können durch Gesetz weitere Aufgaben als Auftragsangelegenheit übertragen werden. In Auftragsangelegenheiten können die Fachaufsichtsbehörden dem ihrer Aufsicht unterstellten Bürgermeister bzw. Oberbürgermeister **Weisungen auch im Einzelfall** erteilen. Wenn es im Einzelfall erforderlich ist, können die Aufsichtsbehörden hier auch im Wege des **Selbsteintritts** die Befugnisse der ihrer Aufsicht unterstellten Behörde ausüben (§ 4 Abs. 3 HGO). Damit ist ein Element aus der von den Weisungsaufgaben ganz verschiedenen Vorstellungswelt der Übertragung staatlicher Aufgaben auf die Gemeinden in die monistische Struktur des hessischen Gemeinderechts, das nur gemeindliche Aufgaben kennt, implantiert worden. Das ist strukturell sehr wenig befriedigend. Gegen die Rechtswirksamkeit der Einfügung der Auftragsangelegenheiten in die Gemeindeordnung ist allerdings grundsätzlich nichts einzuwenden. Denn die Gemeindeordnung kann durch neuere Gesetze geändert werden. Außerdem dürfte der Gesetzgeber nicht gehindert sein, dem Staat bei Weisungsaufgaben gesetzlich ein uneingeschränktes Weisungsrecht einzuräumen. In einem solchen Fall löst sich der Unterschied von Auftragsangelegenheiten und Weisungsaufgaben auf. Daran zeigt sich, dass Weisungsaufgaben und Auftragsangelegenheiten miteinander nicht unvereinbar sind und ihr Nebeneinander in ein und derselben Gemeindeordnung nicht ausgeschlossen ist. Zweifelhaft ist indessen die Vereinbarkeit der Übertragung von Auftragsangelegenheiten unmittelbar auf Bürgermeister und Ober-

112

---

144 Auch hierfür reichen gesetzlich hinreichend ermächtigte Rechtsverordnungen. S. oben Rn. 24 und zu § 4 Abs. 1 HGO *Schneider/Dreßler/Rauber/Risch*, § 4 Erl. 3 a).
145 Eingehend hierzu *Lange*, Kap. 11 Rn. 44 ff.

bürgermeister mit Art. 137 Abs. 4 HV, der nur eine Übertragung auf Gemeinden und Gemeindeverbände oder ihre Vorstände vorsieht.[146]

113 Rechtsschutzmöglichkeiten gegen inhaltlich rechtswidrige Weisungen stehen den Gemeinden bei Weisungsaufgaben, solange sich die Weisungen im Rahmen der gesetzlichen Weisungsbefugnis halten, und bei Auftragsangelegenheiten nicht zu Gebote. Das ist gerade auch im Hinblick darauf, dass Weisungsaufgaben und selbst Auftragsangelegenheiten von den Gemeinden im eigenen Namen wahrgenommen werden und Klagen gegen eine auf einer rechtswidrigen staatlichen Weisung beruhende gemeindliche Maßnahme folglich gegen die Gemeinde zu richten sind, nicht unproblematisch. Die dennoch allgemein angenommene Bindung der Gemeinden bei der Wahrnehmung von Auftragsangelegenheiten und selbst Weisungsaufgaben auch an inhaltlich rechtswidrige Weisungen lässt sich nur mit einem durchaus diskussionswürdigen Bemühen um einen möglichst wirksamen staatlichen Einfluss erklären.[147]

X. Das Satzungsrecht der Gemeinden

114 Gemeinden haben schon aufgrund des ihnen verfassungsrechtlich gewährleisteten **Selbstverwaltungsrechts** das Recht, Rechtsnormen in Form von Satzungen zu erlassen. § 5 Abs. 1 S. 1 HGO bleibt dahinter sogar noch zurück, indem er die Satzungsbefugnis auf die Angelegenheiten der örtlichen Gemeinschaft bezieht. Er wird verfassungskonform so interpretiert werden müssen, dass er sich auf alle Selbstverwaltungsangelegenheiten bezieht, die den Gemeinden nach Art. 137 Abs. 1, 3 HV zustehen.[148] Satzungen müssen sich im Rahmen höherrangigen Rechts wie u.a. formeller Gesetze und auch Rechtsverordnungen halten. Zu **Grundrechtseingriffen** ermächtigen die allgemeinen Ermächtigungen der Kommunen zum Satzungserlass nicht. Die grundlegenden Regelungen hierfür müssen nach der sog. Wesentlichkeitstheorie in einem formellen Gesetz getroffen werden. Dies ist denn auch beispielsweise für die Einführung eines Anschluss- und Benutzungszwangs in § 19 Abs. 2 HGO, für die Erhebung kommunaler Abgaben in §§ 1 ff. KAG und für die Aufstellung von Bebauungsplänen in §§ 1, 8 ff. BauGB geschehen.

115 Zum Erlass bestimmter Satzungen sind die Gemeinden verpflichtet. Zu diesen **Pflichtsatzungen** gehören die **Hauptsatzung** (§ 6 HGO) und die **Haushaltssatzung** (§ 94 HGO). In der Hauptsatzung regelt die Gemeinde im Rahmen der gesetzlichen Vorschriften u.a. die Form ihrer öffentlichen Bekanntmachungen (§ 7 Abs. 3 HGO), eine über die Mindestzahl hinausgehende Zahl von Beigeordneten und eine eventuelle hauptamtliche Verwaltung von Beigeordnetenstellen (§ 44 HGO), die Organisation von Ortsbeiräten (§ 82 Abs. 1 S. 3 HGO) und die Einrichtung von Ausländerbeiräten (§ 84 Abs. 2; § 85 S. 2 HGO). In gemeindlichen Satzungen können Zuwiderhandlungen gegen Gebote oder Verbote mit Geldbuße bedroht werden (§ 5 Abs. 2 HGO).

116 Satzungen sind auszufertigen und öffentlich bekanntzumachen (§ 5 Abs. 3 S. 1 HGO). Ohne Erfüllung dieser beiden Voraussetzungen wird eine Satzung nicht wirksam. **Aus-**

---

146 Dagegen *Groß*, Rn. 67. A.A. VGH Kassel, ESVGH 21, 74, 78.
147 Hierzu im Einzelnen *Lange*, Kap. 11 Rn. 35 ff., 54 ff.
148 S. oben Rn. 15.

fertigung ist die Herstellung der Originalurkunde der Satzung durch handschriftliche Unterzeichnung des Satzungstextes, wie er von der Gemeindevertretung beschlossen wurde. Mit ihr wird bestätigt, dass der Inhalt der Urkunde mit dem Beschluss des Normgebers übereinstimmt. Zuständig für die Ausfertigung ist der Bürgermeister oder sein Vertreter (§ 66 Abs. 1 S. 3 Nr. 2, § 71 Abs. 1 HGO). Die Form der **öffentlichen Bekanntmachung** richtet sich nach § 7 HGO, der Verordnung über öffentliche Bekanntmachungen der Gemeinden und Landkreise (BekVO) sowie der Hauptsatzung. Nach § 7 S. 2 BekVO sind gesetzlich vorgeschriebene Genehmigungen zugleich mit der Satzung öffentlich bekanntzumachen.

Vielfach haben Verfahrensfehler in der Vergangenheit dazu geführt, dass Satzungen für nichtig erachtet wurden, und damit die Rechtssicherheit sowohl zu Lasten der Bürger als auch zu Lasten der Gemeinden erheblich beeinträchtigt.[149] Um diese Folgen von Verfahrensfehlern einzudämmen, sieht § 5 Abs. 4 S. 1 HGO vor, dass die **Verletzung bestimmter Verfahrensvorschriften** – insbesondere über die Beschlussfähigkeit und die Einberufung der Gemeindevertretung sowie die Beteiligung von Orts- und Ausländerbeiräten – für die Rechtswirksamkeit von Satzungen **unbeachtlich** ist, wenn sie nicht innerhalb von sechs Monaten nach der öffentlichen Bekanntmachung der Satzung schriftlich unter Bezeichnung der Tatsachen, die eine solche Rechtsverletzung begründen können, gegenüber der Gemeinde geltend gemacht worden ist. Wird der Fehler rechtzeitig gerügt, so kann sich jedermann auch nach Ablauf der Frist auf ihn berufen und die Satzung bleibt unwirksam. Die besonderen Vorschriften über die Folgen von Verstößen gegen den Ausschluss wegen Interessenwiderstreits (§ 25 Abs. 6 HGO), Widerspruch und Beanstandung durch den Bürgermeister oder den Gemeindevorstand (§§ 63, 74 HGO) sowie die kommunalaufsichtliche Beanstandung (§ 138 HGO) bleiben von der Heilungsvorschrift des § 5 Abs. 4 S. 1 HGO unberührt, sind also ohne Rücksicht auf sie anwendbar (§ 5 Abs. 4 S. 2 HGO).

117

Eine Heilung materiell rechtswidriger Satzungen ist grundsätzlich nicht möglich. Eine ähnliche Wirkung kann allerdings dadurch erzielt werden, dass die Gemeinde anstelle der materiell rechtswidrigen und deshalb nichtigen Satzung eine neue, fehlerfreie Satzung mit Wirkung für die Vergangenheit erlässt. Eine solche Möglichkeit eröffnet § 3 Abs. 1 KAG. Danach kann eine Abgabensatzung mit rückwirkender Kraft erlassen werden, wenn das rückwirkende Inkrafttreten durch sachliche Erwägungen gerechtfertigt und für die Abgabepflichtigen voraussehbar und zumutbar ist. Die **Rückwirkung** darf einen Zeitraum von sechs Monaten allerdings nicht überschreiten. Ohne dass es einer Prüfung dieser Voraussetzungen bedarf und ohne diese zeitliche Begrenzung kann eine Abgabensatzung nach § 3 Abs. 2 KAG mit rückwirkender Kraft erlassen werden, wenn – und das betrifft gerade die Fälle der Ersetzung einer fehlerhaften Abgabensatzung – sie eine Satzung ohne Rücksicht auf deren Rechtswirksamkeit aus-

118

---

149 Des Näheren zu den Folgen einer Rechtswidrigkeit von Satzungen – grundsätzlich Nichtigkeit, bei Verfahrensfehlern von Satzungen, die über längere Zeit als rechtmäßig angesehen und angewandt worden sind, aber nur, wenn die Verfahrensfehler evident sind – *Lange*, Kap. 12 Rn. 28 ff., sowie *ders.*, DVBl 2017, 928.

drücklich ersetzt, die eine gleiche oder eine gleichartige Abgabe regelt.[150] Die Rückwirkung kann in diesen Fällen bis zu dem Zeitpunkt ausgedehnt werden, zu dem die ersetzte Satzung in Kraft getreten war oder in Kraft treten sollte; allerdings darf sie nicht über einen Zeitraum von 15 Jahren hinausgehen. Sie darf sich nur auf solche Bestimmungen der neuen Abgabensatzung beziehen, durch welche die Abgabepflichtigen nicht schlechter gestellt werden als nach der ersetzten Satzung.[151]

XI. Die gemeindlichen öffentlichen Einrichtungen

119 Zu den zentralen Funktionen der Gemeinden gehört die Vorhaltung öffentlicher Einrichtungen. Nach § 19 Abs. 1 HGO hat die Gemeinde die Aufgabe, in den Grenzen ihrer Leistungsfähigkeit die für ihre Einwohner erforderlichen wirtschaftlichen, sozialen, sportlichen und kulturellen öffentlichen Einrichtungen bereitzustellen. Unter öffentlichen Einrichtungen in diesem Sinne versteht der VGH Kassel Personen- und Sachgesamtheiten, welche die Gemeinde der Öffentlichkeit gewidmet hat.[152] Das heißt, sie müssen der Benutzung durch grundsätzlich (mindestens) alle Gemeindeeinwohner gewidmet sein, für die eine Benutzung nach dem Zweck der Einrichtung in Betracht kommt. Mit der **Widmung** wird der Zweck der Einrichtung einschließlich des Benutzerkreises festgelegt. Die Widmung ist eine Allgemeinverfügung i.S.d. § 35 S. 2 HVwVfG. Sie kann auch konkludent dadurch erfolgen, dass die Gemeinde eine Einrichtung unter Umständen in Dienst stellt, die darauf hinweisen, dass sie prinzipiell von allen Gemeindeeinwohnern soll benutzt werden können.

Beispiel:

In einem Beschluss des VG Gießen ging es um ein Verbot entgeltlicher Schwimmkurse in einem städtischen Hallenbad. Das VG entnahm eine konkludente Widmung des Hallenbades der Verwaltungspraxis. Danach wurde die Benutzung des Hallenbades zu den üblichen Benutzungszeiten für gewerblichen Schwimmunterricht von der Widmung nicht erfasst. Gewerblichen Schwimmlehrern wurde die Nutzung des Hallenbades vielmehr nur zu beschränkten Zeiten und nach Zuteilung von Kontingenten in Form von Bahnbenutzung usw. zur Verfügung gestellt. Wenn das VG formulierte, die Antragsgegnerin (Stadt, Stadtwerke) habe daher rechtsfehlerfrei gegenüber dem Antragsteller (Schwimmlehrer) eine Benutzung des Hallenbades zu gewerblichen Zwecken von einer zuvor eingeholten Erlaubnis abhängig machen können, ist das insofern etwas schief ausgedrückt, als die Sondernutzung einer öffentlichen Einrichtung ohnehin einer Erlaubnis bedarf. Die gewerbliche Nutzung des Hallenbades ohne Erlaubnis durfte die Antragsgegnerin nach der zutreffenden Auffassung des Verwaltungsgerichts dem Antragsteller untersagen, auch wenn es dafür keine spezielle gesetzliche Ermächtigung gab. Ihr Recht hierzu dürfte

---

150 Nach VGH Kassel, LKRZ 2011, 219, 220, soll es sich bei der Ersetzung gemäß § 3 Abs. 2 KAG um einen Fall der unechten Rückwirkung handeln. Das ist nicht nachvollziehbar. Nach VGH Kassel, LKRZ 2013, 196, 197, soll dadurch selbst die rückwirkende Ersetzung einer Satzung erlaubt sein, die bereits durch eine auf sie folgende Satzung abgelöst worden ist, der (versehentlich) keine Rückwirkung beigelegt worden war. Das dürfte mit dem rechtsstaatlich gebotenen Schutz des Vertrauens der Abgabepflichtigen unvereinbar sein.

151 Zur Unterscheidung von § 3 Abs. 1 und 2 KAG VGH Kassel, LKRZ 2011, 64. VGH Kassel, LKRZ 2013, 196, 197 f., interpretiert § 3 Abs. 2 S. 3 KAG so, dass lediglich die Gesamtbelastung aller Abgabepflichtigen nicht erhöht werden darf. Auch das scheint mit dem rechtsstaatlichen Vertrauensschutz unvereinbar zu sein, wonach das Vertrauen des Einzelnen auf die Geltung der ihm jeweils normativ auferlegten Belastung, nicht aber das Vertrauen (?) einer anonymen Gesamtheit auf eine Gesamtbelastung schutzwürdig ist. Gleichwohl entspricht es der vom BVerwG gebilligten Rechtsprechung, nach welcher Betroffene im Fall rückwirkender Abgabensatzungen mit einer erhöhten Inanspruchnahme rechnen müssen; vgl. BVerwGE 67, 129, 132.

152 VGH Kassel, ESVGH 25, 59, 70.

aus der – vom Hausverbot bekannten – wohl am ehesten gewohnheitsrechtlich zu begründenden Befugnis zur Sicherung des störungsfreien Betriebs öffentlicher Einrichtungen folgen.[153]

Zu den gemeindlichen öffentlichen Einrichtungen gehören beispielsweise Verkehrs- und Versorgungsbetriebe, Kinderspielplätze, Kindergärten, Schulen, Büchereien, Theater, Stadthallen, Bäder, Krankenhäuser, Friedhöfe, Feuerwehren und Obdachlosenunterkünfte.[154] § 19 Abs. 1 HGO lässt den Gemeinden einen weiten Ermessensspielraum bei der Entscheidung darüber, wie sie der Aufgabe zur Bereitstellung öffentlicher Einrichtungen gerecht werden. Im Einzelfall kann er sich allerdings dazu verdichten, dass die Gemeinde zur Vorhaltung einer bestimmten öffentlichen Einrichtung verpflichtet ist.

Die Gemeinden haben die Wahl, ihre öffentlichen Einrichtungen in öffentlichrechtlicher **Organisationsform** (also etwa als nicht aus der Gemeindeverwaltung ausgegliederten Regiebetrieb oder als Eigenbetrieb nach dem Eigenbetriebsgesetz oder als rechtsfähige Anstalt des öffentlichen Rechts [§ 126 a HGO]) oder in privatrechtlicher Rechtsform (etwa als GmbH oder als Aktiengesellschaft) zu betreiben. Eine Gesellschaft des Privatrechts wie eine GmbH wird aber nur dann als gemeindliche öffentliche Einrichtung angesehen werden können, wenn sie nach dem Willen der Gemeinde zu dem von der Gemeinde verfolgten öffentlichen Zweck zur Verfügung steht und die Gemeinde die öffentliche Zweckbindung der Einrichtung nötigenfalls gegenüber der privatrechtlichen Betriebsgesellschaft durchzusetzen imstande ist. Entscheiden sich die Gemeinden für eine öffentlichrechtliche Organisationsform, haben sie immer noch die Wahl, das **Benutzungsverhältnis** zu den Benutzern der Einrichtung öffentlichrechtlich oder privatrechtlich auszugestalten. Im Zweifel kann von einem – auf die Tätigkeit der öffentlichen Hand besonders zugeschnittenen – öffentlichrechtlichen Benutzungsverhältnis ausgegangen werden. Indizien für eine privatrechtliche Ausgestaltung des Benutzungsverhältnisses sind eine Benutzungsregelung in Allgemeinen Geschäftsbedingungen, die Erhebung privatrechtlicher Entgelte und die Bezugnahme auf die ordentliche Gerichtsbarkeit. Das Benutzungsverhältnis einer privatrechtlich organisierten öffentlichen Einrichtung kann nur privatrechtlich sein, weil Privatpersonen ohne Beleihung keine öffentlichrechtlichen Handlungsformen zu Gebote stehen.

120

Die Einwohner der Gemeinde sind im Rahmen der bestehenden Vorschriften (also insbesondere der Widmung und der Benutzungsordnungen in Form von Satzungen oder Allgemeinverfügungen bzw. Allgemeinen Geschäftsbedingungen) berechtigt, die öffentlichen Einrichtungen der Gemeinde zu benutzen. Grundbesitzer und Gewerbetreibende, die nicht in der Gemeinde wohnen, aber hier Grundbesitz haben oder ihr Gewerbe betreiben (Forensen), sind in gleicher Weise berechtigt, die öffentlichen Einrichtungen zu benutzen, die in der Gemeinde für Grundbesitzer und Gewerbetreibende bestehen. Diese Vorschriften gelten entsprechend für juristische Personen und Personenvereinigungen (§ 20 HGO). Jedenfalls Nichteinwohner der Gemeinde dürften

121

---

153 VG Gießen, Beschl. v. 14.11.2011 – 8 L 3460/11.GI –, juris; dazu *Lange*, LKRZ 2013, 225, 228.
154 Entgegen VG Gießen, DVBl 2013, 800, 801, dürfte eine von der Kommune organisierte Fachtagung aber keine öffentliche Einrichtung sein können, da zu einer Einrichtung eine gewisse Eigenständigkeit und damit auch Dauerhaftigkeit gehört.

ihren **Benutzungsanspruch** unmittelbar aus der Widmung herleiten können, wenn eine gemeindliche öffentliche Einrichtung auch der Benutzung durch sie gewidmet ist[155]. Bei Einrichtungen in öffentlichrechtlicher Organisationsform, die nicht wie öffentliche Straßen im Gemeingebrauch stehen, setzt die Benutzung nach allerdings nicht durchweg überzeugender h.M. eine besondere **Zulassung** durch den Einrichtungsträger voraus. Eine solche Zulassung wird selbst dann angenommen und für erforderlich gehalten, wenn das Benutzungsverhältnis privatrechtlich ausgestaltet ist. Mit der sog. Zwei-Stufen-Theorie wird danach – oft nur konkludent – auf einer Stufe durch Verwaltungsakt über das „Ob" der Benutzung, also die Zulassung, entschieden, und auf einer anderen Stufe privatrechtlich über das „Wie" der Benutzung, also die Ausgestaltung des Benutzungsverhältnisses. Wird einem Gemeindeeinwohner die Benutzung der Einrichtung überhaupt verwehrt, so kommt als Rechtsschutzmöglichkeit demgemäß die Erhebung einer Verpflichtungsklage vor dem Verwaltungsgericht in Betracht. Wenn die öffentliche Einrichtung als juristische Person des Privatrechts, also etwa als GmbH, organisiert ist, tritt an die Stelle des Zulassungsanspruchs ein Verschaffungs- und Einwirkungsanspruch gegen die Gemeinde dahingehend, dass diese den Anspruch auf Benutzung der Einrichtung zu angemessenen Bedingungen durch Einwirkung auf den privaten Dritten mit geeigneten Mitteln sicherstellt.[156]

122 Die kommunalrechtliche Festlegung eines Benutzungsanspruchs wird durch manche anderen Rechtsgrundlagen eines Benutzungsanspruchs ergänzt und überlagert. So kann sich ein Benutzungsanspruch **politischer Parteien** – insbesondere hinsichtlich gemeindlicher Veranstaltungsräume wie Stadthallen – aus dem in Art. 21, 38 GG wurzelnden und in § 5 PartG einfachgesetzlich zum Ausdruck gebrachten Grundsatz der Chancengleichheit der politischen Parteien ergeben. § 5 PartG begründet allerdings keine unmittelbare Verpflichtung der Gemeinden, politischen Parteien öffentliche Einrichtungen zur Verfügung zu stellen, sondern nur ihre Verpflichtung zur Gleichbehandlung der Parteien in dem Falle, dass sie Parteien öffentliche Einrichtungen überhaupt zur Verfügung stellen.[157]

123 Zur Teilnahme an **Messen, Ausstellungen und Märkten** ist, sofern die Veranstaltung i.S.d. § 69 GewO „festgesetzt" worden ist, gemäß § 70 Abs. 1 GewO nach Maßgabe der für alle Veranstaltungsteilnehmer geltenden Bestimmungen jedermann berechtigt, der dem Teilnehmerkreis der festgesetzten Veranstaltung angehört. Entsprechendes gilt nach § 60 b GewO für **Volksfeste**. Eine solche Festsetzung von Volksfesten ist aber offenbar nicht die Regel.

124 Gerade bei Volksfesten – gleich, ob es sich um solche festgesetzten Veranstaltungen handelt oder nicht – stellt sich die Problematik der Zulassungskriterien, wenn die Zulassung wegen **begrenzter Kapazität** beschränkt werden muss. Bei der Auswahl von Schaustellern, die Zulassung zu einem festgesetzten oder einfach als gemeindliche öf-

---

155 Dafür, dass sich auch der Benutzungsanspruch der Einwohner bereits aus der Widmung ergibt und durch § 20 HGO nur bestätigt wird, zu Recht VGH Kassel, ESVGH 25, 59, 70.
156 Zu Einzelheiten *Lange*, Kap. 13 Rn. 42 ff.
157 *Lange*, Kap. 13 Rn. 48 f. m.N. aus der umfangreichen Rechtsprechung hierzu und weiteren Einzelheiten. Vgl. insbes. auch VGH Kassel, Beschl. v. 23.2.2018 – 8 B 23/18 , juris.

fentliche Einrichtung betriebenen Volksfest begehren, dessen Standplätze nicht für alle Bewerber ausreichen, ist in der Rechtsprechung jedenfalls in der Vergangenheit anerkannt gewesen, dass die Auswahl mindestens weitgehend nach dem Bekanntheits- und Bewährtheitsgrad der Bewerber vorgenommen werden darf. Ein Recht auf abwechselnde Berücksichtigung als gleichwertig anzusehender Betriebe oder auf Auslosung der zuzulassenden Unternehmen soll sich aus dem Gleichheitssatz nicht herleiten lassen. Inzwischen zeichnet sich allerdings ein Wandel in der Rechtsprechung dahingehend ab, dass das Kriterium „bekannt und bewährt" insbesondere gegenüber der Attraktivität von Ausstellern in den Hintergrund tritt. Lässt sich nach dem Kriterium der Attraktivität keine hinreichende Unterscheidung treffen, wird neben dem Kriterium „bekannt und bewährt" eine realistische Zugangschance für Neubewerber bestehen müssen.[158]

Spezialgesetzliche Anspruchsgrundlagen stellen auch die Normen dar, die Kindern einen Anspruch auf Förderung in Tageseinrichtungen für Kinder gewähren. So haben Kinder, welche das erste Lebensjahr vollendet haben, nach § 24 Abs. 2 SGB VIII bis zur Vollendung des dritten Lebensjahres **Anspruch auf Förderung in einer Tageseinrichtung** oder in Kindertagespflege. Ab Vollendung des dritten Lebensjahres bis zum Schuleintritt haben Kinder nach § 24 Abs. 3 SGB VIII Anspruch auf Förderung in einer Tageseinrichtung. Zur Erfüllung dieser Ansprüche sind gemäß § 3 Abs. 1, § 30 Abs. 1, 2 des Hessischen Kinder- und Jugendhilfegesetzbuchs (HKJGB) die Gemeinden verpflichtet. Ein Kind, dessen Rechtsanspruch nicht erfüllt wird, hat dem Bundesverwaltungsgericht zufolge in entsprechender Anwendung des § 36a Abs. 3 SGB VIII unter bestimmten Voraussetzungen einen Anspruch darauf, dass die Aufwendungen der Eltern für seine Unterbringung in einer privaten Kindertagesstätte ersetzt werden.[159]

125

Bei öffentlichem Bedürfnis kann die Gemeinde durch Satzung für die Grundstücke ihres Gebiets den Anschluss an Wasserleitung, Kanalisation, Straßenreinigung, Fernheizung und ähnliche der Volksgesundheit dienende Einrichtungen (Anschlusszwang) und die Benutzung dieser Einrichtungen und der Schlachthöfe (Benutzungszwang) vorschreiben (§ 19 Abs. 2 S. 1 HGO). Der **Anschlusszwang** verpflichtet dazu, die technischen Voraussetzungen zu schaffen oder schaffen zu lassen, welche die Benutzung der Einrichtung ermöglichen. Der **Benutzungszwang** verpflichtet zur Benutzung der Einrichtung und verbietet zugleich die Benutzung anderer demselben Zweck dienender Mittel (z.B. privater Brunnen- oder Schlachtanlagen). Dass die Gemeinde Einnahmen erzielen will, erfüllt noch nicht die Voraussetzung eines öffentlichen Bedürfnisses i.S.d. § 19 Abs. 2 S. 1 HGO. Ein solches öffentliches Bedürfnis kann vor allem, wenn auch nicht nur, an der Erhaltung der Volksgesundheit bestehen. Die Satzung kann **Ausnahmen** vom Anschluss- und Benutzungszwang zulassen. Sie kann den Zwang auf bestimmte Teile des Gemeindegebiets und auf bestimmte Gruppen von Grundstücken oder Personen beschränken (§ 19 Abs. 2 S. 2, 3 HGO). In die Satzungen aufgenommene **Beschränkungen** unterscheiden sich von dort zugelassenen Ausnahmen dadurch,

126

---

158 *Lange*, Kap. 13 Rn. 51 ff., 85 ff. m.N. Zur begrenzten Relevanz des Kriteriums „bekannt und bewährt" auch VG Darmstadt, Beschl. v. 29.06.2016 – 3 L 1154/16.DA –, juris, Rn. 22.
159 BVerwG, DVBl 2014, 307.

dass sie unmittelbar vom Anschluss- und Benutzungszwang freistellen, während Ausnahmen jeweils erst vom Gemeindevorstand ausgesprochen werden müssen.

XII. Die wirtschaftliche Betätigung der Gemeinden

127 Die Voraussetzungen gemeindlicher wirtschaftlicher Betätigung sind in §§ 121 ff. HGO geregelt. Unter wirtschaftlicher Betätigung in diesem Sinne ist – von bestimmten gesetzlichen Ausnahmen abgesehen – eine Betätigung zu verstehen, die auch von einem Privatunternehmen mit der Absicht der Gewinnerzielung betrieben werden könnte. Sie ist den Gemeinden grundsätzlich nur gestattet, wenn drei Voraussetzungen erfüllt sind. Erstens muss der **öffentliche Zweck** die Betätigung rechtfertigen (§ 121 Abs. 1 S. 1 Nr. 1 HGO). Allein fiskalische, auf Gewinnerzielung gerichtete Interessen reichen nicht aus, um diese Voraussetzung zu erfüllen. Ansonsten kommen alle öffentlichen Zwecke in Betracht, deren die Gemeinde sich annehmen darf, insbesondere, aber durchaus nicht nur, die Versorgung der Gemeindeeinwohner mit Lieferungen und Leistungen (z.B. mit Strom, Gas, Wasser, Verkehrsleistungen).

Beispiel:
Die Beurteilung des öffentlichen Zwecks für die Errichtung und Fortführung eines Gemeindeunternehmens ist nach Auffassung des Bundesverwaltungsgerichts der Beurteilung durch den Richter weitgehend entzogen. Im Grunde handele es sich um eine Frage sachgerechter Kommunalpolitik, die in starkem Maße von Zweckmäßigkeitsüberlegungen bestimmt werde. Auf dieser Grundlage ist die Betätigung einer Gemeinde im Bestattungswesen nicht nur als durch den in den überkommenen tatsächlichen Verhältnissen zum Ausdruck kommenden Wunsch eines beträchtlichen Teils der Einwohnerschaft gerechtfertigt angesehen worden, ein Gemeindeunternehmen mit Bestattungsaufgaben zu beauftragen, sondern auch durch den Schutz der Hinterbliebenen vor einer in einer besonderen seelischen Verfassung zu befürchtenden Überrumpelung durch private Bestattungsunternehmen mit unangemessenen Vertragsbedingungen und durch die nach dem Sachzusammenhang wünschenswerte Möglichkeit, sämtliche mit der Bestattung zusammenhängenden Geschäfte öffentlich- und privatrechtlicher Art in einer Hand erledigen zu lassen.[160]

Soweit dies mit der Erfüllung des öffentlichen Zwecks in Einklang zu bringen ist, sind wirtschaftliche Unternehmen der Gemeinden allerdings so zu führen, dass sie einen **Überschuss** für den Haushalt der Gemeinde abwerfen (§ 121 Abs. 8 S. 1 HGO). Zweitens muss eine gemeindliche wirtschaftliche Betätigung nach Art und Umfang in einem angemessenen Verhältnis zur **Leistungsfähigkeit** der Gemeinde und zum voraussichtlichen **Bedarf** stehen (§ 121 Abs. 1 S. 1 Nr. 2 HGO). Schließlich ist sie nur zulässig, wenn der Zweck nicht ebenso gut und wirtschaftlich durch einen privaten Dritten erfüllt wird oder erfüllt werden kann; diese **Subsidiaritätsklausel** gilt aus Bestandsschutzgründen allerdings nicht für Tätigkeiten, die schon vor dem 1. April 2004 ausgeübt wurden (§ 121 Abs. 1 S. 1 Nr. 3, S. 2 HGO). Zur Qualität der Zweckerfüllung, auf die hier abgestellt wird, gehört die dauerhafte und krisenfeste Aufgabenerfüllung zu sozial angemessenen Bedingungen, bei deren Beurteilung auch ökologische Gesichtspunkte zu berücksichtigen sein dürften. Eine Ausnahme von der Subsidiaritätsklausel gilt unter näher bezeichneten Voraussetzungen für bestimmte wirtschaftliche Betätigungen von Gemeinden im Energiebereich (§ 121 Abs. 1a HGO). Eine wirt-

---

160 BVerwGE 39, 329, 334 ff.

schaftliche Betätigung **außerhalb des Gemeindegebiets** setzt außerdem voraus, dass die berechtigten Interessen der betroffenen kommunalen Gebietskörperschaften gewahrt sind (§ 121 Abs. 5 Nr. 2 S. 1 HGO). Die Subsidiaritätsklausel des § 121 Abs. 1 S. 1 Nr. 3 HGO und die Sonderregelung für die Energieversorgung in § 121 Abs. 1a HGO sind nach der ausdrücklichen Vorschrift des § 121 Abs. 1b S. 1 HGO **drittschützend**, so dass Konkurrenten gegen deren Verletzung Klage erheben können. Bei einer wirtschaftlichen Betätigung außerhalb des Gemeindegebiets kann für die Verpflichtung, die berechtigten Interessen der betroffenen kommunalen Gebietskörperschaften zu wahren, nichts anderes gelten; die Einhaltung dieser Verpflichtung muss von betroffenen Gebietskörperschaften eingeklagt werden können.

Um die Informationsgrundlagen der Gemeinden zu verbessern und damit die Umsetzung der Zulässigkeitsvoraussetzungen gemeindlicher Wirtschaftsbetätigung zu fördern, ist die Gemeindevertretung vor der Entscheidung über die Errichtung, Übernahme oder wesentliche Erweiterung von wirtschaftlichen Unternehmen durch die Gemeinde sowie über eine unmittelbare oder mittelbare Beteiligung der Gemeinde auf der Grundlage einer Marktuntersuchung umfassend über Chancen und Risiken der beabsichtigten unternehmerischen Betätigung sowie über deren zu erwartende Auswirkungen auf das Handwerk und die mittelständische Wirtschaft zu unterrichten. Vor der Befassung in der Gemeindevertretung ist den örtlichen Handwerkskammern, Industrie- und Handelskammern sowie Verbänden Gelegenheit zur Stellungnahme zu geben, soweit ihr Geschäftsbereich betroffen ist. Die Stellungnahmen sind der Gemeindevertretung zur Kenntnis zu geben (§ 121 Abs. 6 HGO). Außerdem verpflichtet § 121 Abs. 7 HGO die Gemeinden, mindestens einmal in jeder Wahlzeit zu prüfen, inwieweit ihre wirtschaftliche Betätigung noch die Voraussetzungen des § 121 Abs. 1 HGO erfüllt und inwieweit die Tätigkeiten privaten Dritten übertragen werden können. Drittschützende Wirkung zugunsten privater Anbieter soll dem § 121 Abs. 7 HGO nicht zukommen[161]. Eindeutig erscheint das im Hinblick auf den drittschützenden Charakter des § 121 Abs. 1 S. 1 Nr. 3 und Abs. 1a HGO (§ 121 Abs. 1b S. 1 HGO) freilich nicht.

128

Bestimmte Tätigkeiten, die eigentlich unter den Begriff der wirtschaftlichen Betätigung fallen würden, gelten nach § 121 Abs. 2 HGO **nicht als wirtschaftliche Betätigung**. Dazu gehören erstens Tätigkeiten, zu denen die Gemeinden gesetzlich verpflichtet sind. Es wäre widersinnig, solche Tätigkeiten von den einschränkenden Voraussetzungen wirtschaftlicher Betätigung abhängig zu machen. Nicht als wirtschaftliche Betätigung gelten hiernach, zweitens, Tätigkeiten auf den Gebieten des Bildungs-, Gesundheits- und Sozialwesens, der Kultur, des Sports, der Erholung, der Abfall- und Abwasserbeseitigung sowie der Breitbandversorgung. Es kann davon ausgegangen werden, dass an ihnen ein generelles öffentliches Interesse besteht. Damit ist jedenfalls ein Großteil gemeindlicher öffentlicher Einrichtungen – deren Betrieb grundsätzlich zugleich unter die wirtschaftliche Betätigung der Gemeinden fallen kann – von der Bindung an die Voraussetzungen gemeindlicher wirtschaftlicher Betätigung ausgenom-

129

---

161 LT-Drucks. 16/2463, S. 60; *Zabel*, in: Bennemann u.a., § 121 Rn. 57.

men. Nicht als wirtschaftliche Betätigung gelten, drittens, Tätigkeiten zur Deckung des Eigenbedarfs der Gemeinde.

130 Eine wirtschaftliche Betätigung der Gemeinde verliert ihren Charakter ebenso wenig wie eine nichtwirtschaftliche Betätigung der Gemeinde dadurch, dass mit ihr eine sog. **Annextätigkeit** (Randnutzung) verbunden wird. Die Annextätigkeit nimmt vielmehr an der Zulässigkeit der Haupttätigkeit teil, ohne selbst deren Zulässigkeitsvoraussetzungen erfüllen zu müssen. Um eine Annextätigkeit handelt es sich insbesondere bei einer relativ unbedeutenden, untergeordneten Aktivität, die unmittelbar zur besseren Auslastung von Produktionsmitteln betrieben wird, wie etwa Werbebeschriftungen an öffentlichen Gebäuden und Fahrzeugen. Eine Leitlinie für die Beurteilung als Annextätigkeit gibt § 121 Abs. 4 Hs. 1 HGO. Ist eine Betätigung zulässig, so sind danach verbundene Tätigkeiten, die üblicherweise im Wettbewerb zusammen mit der Haupttätigkeit erbracht werden, ebenfalls zulässig. In § 121 Abs. 4 Hs. 2 HGO wird allerdings gleich hinzugefügt, dass mit der Ausführung dieser Tätigkeiten private Dritte beauftragt werden sollen, soweit das nicht unwirtschaftlich ist.

131 Die Rechtsformen, in denen Gemeinden sich wirtschaftlich betätigen können, sind vielfältig. Die einfachste öffentlichrechtliche Form ist der **Regiebetrieb**. Er ist weder rechtlich noch leitungsmäßig noch haushaltsrechtlich verselbstständigt, sondern wird als Abteilung der Verwaltung geführt und dürfte nur für wirtschaftliche Betätigungen von geringerer Bedeutung in Betracht kommen. Ein viel größeres Gewicht hat der **Eigenbetrieb**. Er ist zwar auch nicht rechtsfähig, so dass sein Handeln nicht ihn selbst, sondern die Gemeinde, die ihn führt, berechtigt und verpflichtet. Aber er ist nach § 127 HGO i.V.m. dem Eigenbetriebsgesetz so ausgestaltet, dass er über wirtschaftliche Selbstständigkeit verfügt. Die selbstständigste öffentlichrechtliche Organisationsform gemeindlicher Wirtschaftstätigkeit ist die **rechtsfähige Anstalt des öffentlichen Rechts** (§ 126 a HGO).

132 Die Gemeinde kann sich aber auch in der Form wirtschaftlich betätigen, dass sie eine Gesellschaft des Privatrechts gründet, die ihr allein gehört (**Eigengesellschaft**, § 125 Abs. 1 S. 1 HGO), oder sich an einer Gesellschaft des Privatrechts beteiligt (**Beteiligungsgesellschaft**, gemischtwirtschaftliches Unternehmen). In Betracht kommen allerdings nur solche Gesellschaftsformen, in denen sich die Haftung der Gemeinde begrenzen lässt, in der Praxis vor allem die GmbH, seltener die Aktiengesellschaft (vgl. auch § 122 Abs. 3 HGO). Das folgt aus den gesetzlichen Voraussetzungen der gemeindlichen Gründung von Gesellschaften, die auf den Betrieb eines wirtschaftlichen Unternehmens gerichtet sind, oder der gemeindlichen Beteiligung daran (§ 122 Abs. 1 HGO). Dazu gehört außer den allgemeinen Voraussetzungen einer gemeindlichen wirtschaftlichen Betätigung (§ 121 Abs. 1 HGO) die Begrenzung der Haftung und der Einzahlungsverpflichtung der Gemeinde auf einen ihrer Leistungsfähigkeit angemessenen Betrag. Nicht zuletzt muss die Gemeinde einen angemessenen Einfluss, insbesondere im Aufsichtsrat oder in einem entsprechenden Überwachungsorgan, erhalten (§ 122 Abs. 1 S. 1 Nr. 3 HGO).

Als Gesellschafter oder in ähnlicher Funktion wird die Gemeinde vom Gemeindevorstand **vertreten**. Das trägt dessen allgemeiner Außenvertretungsbefugnis Rechnung. Eine Besonderheit, die der Stärkung des Bürgermeisters durch seine Direktwahl entspricht, liegt allerdings darin, dass der Gemeindevorstand hier jedenfalls durch den Bürgermeister vertreten wird, der sich allerdings durch ein von ihm zu bestimmendes Mitglied des Gemeindevorstands vertreten lassen kann. Der Gemeindevorstand kann weitere Vertreter bestellen. Alle Vertreter des Gemeindevorstands sind an die **Weisungen** des Gemeindevorstands gebunden, soweit nicht Vorschriften des Gesellschaftsrechts dem entgegenstehen. Vorbehaltlich abweichender zwingender Rechtsvorschriften haben sie den Gemeindevorstand über alle wichtigen Angelegenheiten möglichst frühzeitig zu unterrichten und ihm auf Verlangen **Auskunft** zu erteilen (§ 125 Abs. 1 S. 1-5 HGO). Mit der ausdrücklichen Bindung der Vertreter an die Weisungen des Gemeindevorstands dürfte es nicht vereinbar sein, dass der VGH Kassel die Gemeindevertretung für berechtigt hält, dem Gemeindevorstand in wichtigen Angelegenheiten Vorgaben hinsichtlich des Inhalts dieser Weisungen zu machen.[162] Zu eng dürfte hingegen das VG Gießen den Auskunftsanspruch der Gemeindevertreter gegenüber dem die Gemeinde in der Gesellschafterversammlung einer GmbH vertretenden Gemeindevorstand verstehen, wenn es ihn auf das Tätigwerden des Gemeindevorstands in der GmbH beschränkt und nicht auch auf Informationen über die GmbH bezieht.[163] Entsprechendes wie für die Vertretung der Gemeinde in Gesellschaften gilt, wenn der Gemeinde das Recht eingeräumt ist, in den Vorstand, den Aufsichtsrat oder ein gleichartiges Organ einer Gesellschaft Mitglieder zu entsenden (§ 125 Abs. 2 S. 1 HGO).

XIII. Haushalt und Finanzen der Gemeinden

1. Der Gemeindehaushalt

Die Gemeinde hat für jedes Haushaltsjahr eine **Haushaltssatzung** zu erlassen. Sie enthält vor allem die Festsetzung des Haushaltsplans (§ 94 HGO). Der **Haushaltsplan** wiederum enthält alle im Haushaltsjahr für die Erfüllung der Aufgaben der Gemeinde voraussichtlich anfallenden Erträge und eingehenden Einzahlungen, entstehenden Aufwendungen und zu leistenden Auszahlungen sowie Verpflichtungsermächtigungen, also Verpflichtungen zur Leistung von Auszahlungen in künftigen Jahren für Investitionen und Investitionsförderungsmaßnahmen (§ 95 Abs. 2, § 102 Abs. 1 HGO). Die Terminologie zeigt schon, dass das kommunale Haushaltsrecht in Hessen inzwischen von der traditionellen kameralen Buchführung, die nur auf Einnahmen und Ausgaben abstellte, zur an kaufmännischen Grundsätzen orientierten doppelten Buchführung (**Doppik**) übergegangen ist (§ 92 Abs. 3 HGO), die u.a. besser über den Ressourcenverbrauch wie die Abnutzung von Gebäuden und die Anhäufung von Pensionsverpflichtungen informiert (hierzu im Einzelnen die Gemeindehaushaltsverordnung). Der Haushaltsplan ermächtigt den Gemeindevorstand, Aufwendungen und Auszahlungen zu leisten und Verpflichtungen einzugehen. Durch ihn werden Ansprüche oder Verbindlichkeiten aber weder begründet noch aufgehoben (§ 96 HGO). Der Haushalt soll

---

162 VGH Kassel, LKRZ 2008, 420, 421 f. Dazu kritisch *Lange*, Kap. 14 Rn. 242.
163 VG Gießen, Urt. v. 28.10.2009 – 8 K 1861/08.GI –, juris, Rn. 55. Kritisch dazu *Lange*, Kap. 14 Rn. 243.

in jedem Haushaltsjahr ausgeglichen sein (§ 92 Abs. 4 HGO). Wenn das nicht möglich ist, hat die Gemeindevertretung ein Haushaltssicherungskonzept zu beschließen (§ 92 Abs. 5 HGO).[164] Die Haushaltssatzung wird vom Gemeindevorstand vorbereitet und von der Gemeindevertretung beschlossen (§ 97 HGO). Sie ist – ggf. zusammen mit einem Haushaltssicherungskonzept – der Aufsichtsbehörde vorzulegen.

135 Die Gemeindeordnung enthält eine Reihe von Vorgaben für die gemeindliche Haushaltswirtschaft (§§ 92 ff. HGO). Nach § 92 Abs. 1, 2 HGO hat die Gemeinde ihre Haushaltswirtschaft so zu planen und **sparsam und wirtschaftlich** so zu führen, dass die **stetige Erfüllung ihrer Aufgaben** gesichert ist. Besonders hinsichtlich der Sparsamkeit und Wirtschaftlichkeit ihrer Haushaltsführung muss der Gemeinde aber ein erheblicher Beurteilungsspielraum zuerkannt werden. Eine engmaschige Kontrolle durch Gerichte oder Aufsichtsbehörden würde die gemeindliche Selbstverwaltungsgarantie entwerten.

136 § 93 Abs. 1 HGO verweist zunächst darauf, dass die Gemeinde Abgaben nach den gesetzlichen Vorschriften erhebt. Damit ist vor allem das Gesetz über kommunale Abgaben (KAG) – kurz: Kommunalabgabengesetz – gemeint. Nach § 93 Abs. 2 HGO hat die Gemeinde die zur Erfüllung ihrer Aufgaben erforderlichen Erträge und Einzahlungen, soweit vertretbar und geboten, aus **Entgelten** für ihre Leistungen zu beschaffen. Die Formulierung „soweit vertretbar und geboten" verweist auf einen materiellen Spielraum der Kommunen, der unter Respektierung der gemeindlichen Selbstverwaltungsgarantie nur „an den Grenzen" kontrolliert werden kann.[165] Im Übrigen hat sich die Gemeinde aus **Steuern** zu finanzieren, soweit die sonstigen Erträge und Einzahlungen nicht ausreichen. Mit diesen sonstigen Erträgen und Einzahlungen sind insbesondere Erträge und Einnahmen aus der **Nutzung des Gemeindevermögens**, u.a. wirtschaftlicher Unternehmen der Gemeinde, und **staatliche Zuweisungen** gemeint.[166] **Kredite** darf die Gemeinde nur aufnehmen, wenn eine andere Finanzierung nicht möglich ist oder wirtschaftlich unzweckmäßig wäre (§ 93 Abs. 3 HGO). Außerdem dürfen Kredite nur für Investitionen und Investitionsförderungsmaßnahmen sowie zur Umschuldung, also zur Ablösung anderer Kredite, aufgenommen werden (§ 103 Abs. 1 S. 1 HGO). Kredite müssen von **Kassenkrediten** unterschieden werden, mit denen die Erhaltung der kassenmäßigen Liquidität, also die rechtzeitige Leistung der Auszahlun-

---

164 Der Entschuldung von Kommunen durch Hilfen des Landes gegen die Verpflichtung der jeweiligen Kommune, zum nächstmöglichen Zeitpunkt einen dauerhaft ausgeglichenen Haushalt herbeizuführen, dient das Gesetz zur Sicherstellung der dauerhaften finanziellen Leistungsfähigkeit konsolidierungsbedürftiger Kommunen (Schutzschirmgesetz – SchuSG) v. 14.5.2012 (GVBl. S. 128), zuletzt geändert durch Art. 6 Gesetz v. 25.4.2018 (GVBl. S. 59). Das Entschuldungsprogramm ist durch Art. 1, 2 Gesetz v. 25.4.2018 (GVBl. S. 59) um das Projekt „Hessenkasse" ergänzt worden, das insbesondere die Tilgung von Kassenkrediten zum Gegenstand hat.
165 Nachw. bei *Lange*, Kap. 15 Rn. 66. Bei dieser Sicht erweist sich die Änderung des § 93 Abs. 2 HGO durch Gesetz vom 28.5.2018 (GVBl. S. 247), wonach Straßenbeiträge von der Verpflichtung zur vorrangigen Erhebung von Entgelten ausgenommen sind, als nur begrenzt bedeutsam, zumal sich an der Verpflichtung zur Herstellung eines ausgeglichenen Haushalts dadurch nichts ändert. Gleichwohl erleichtert sie es den Gemeinden, die Kosten des Um- und Ausbaus öffentlicher Straßen statt aus Beiträgen der Anlieger aus Steuermitteln zu finanzieren, sofern ihnen solche zur Verfügung stehen sollten. Vgl. zur Problematik das vor der Gesetzesänderung ergangene Urteil des VGH Kassel v. 12.1.2018 – 8 A 1485/13 –, juris, Rn. 42 ff.
166 *Rauscher*, in: Schneider/Dreßler/Rauber/Risch, § 93 Erl. II. 2.

gen, gesichert werden soll (§ 105 HGO), mit denen aber häufig Fehlbedarfe im Haushalt gedeckt worden sind, wofür sie nicht vorgesehen sind.[167]

2. Einnahmen der Gemeinden

Als originäre Einnahmen werden die Entgelte für gemeindliche Leistungen und die gemeindlichen Steuereinnahmen bezeichnet. Entgelte sind neben privatrechtlichen Gegenleistungen vor allem die sog. **Vorzugslasten**, nämlich Gebühren und Beiträge. Gemeindliche **Steuereinnahmen** betreffen die bereits erwähnten Steuerquellen.[168] Kommunale Abgaben, also die Gebühren, Beiträge und Steuern, welche die Gemeinden und die Landkreise erheben dürfen, dürfen, soweit gesetzlich nichts anderes bestimmt ist, nur aufgrund einer **Satzung** erhoben werden (§ 2 S. 1 KAG).

137

Gebühren als nicht-steuerliche Abgaben bedürfen zum Schutz der Abgabenschuldner einer besonderen sachlichen Rechtfertigung und müssen sich zudem ihrer Art nach von der Steuer unterscheiden.[169] Da Steuern gegenleistungsunabhängig sind, dürfen Kommunen außerhalb ihrer Kompetenz zur Steuernormsetzung Abgaben daher grundsätzlich[170] nur als Gegenleistung für eine von ihnen erbrachte Leistung erheben. Gebühren werden je nach der Art dieser Leistung als **Verwaltungsgebühren** und **Benutzungsgebühren** unterschieden. Verwaltungsgebühren können von den Gemeinden als Gegenleistung für Amtshandlungen oder sonstige Verwaltungstätigkeiten erhoben werden, die sie auf Veranlassung oder überwiegend im Interesse Einzelner vornehmen (§ 9 Abs. 1 KAG). Benutzungsgebühren können als Gegenleistung für die Inanspruchnahme kommunaler öffentlicher Einrichtungen (sofern das Benutzungsverhältnis öffentlichrechtlich geregelt ist) erhoben werden (§ 10 Abs. 1 S. 1 KAG). Eine Pflicht zur Erhebung von Gebühren ist gesetzlich nicht ausgesprochen. Dass von der Gebührenerhebung jedenfalls nicht uneingeschränkt abgesehen werden darf, ergibt sich aber aus § 93 Abs. 2 HGO.[171]

138

Verwaltungsgebühren sind nach dem Verwaltungsaufwand zu bemessen; das Interesse des Gebührenpflichtigen kann berücksichtigt werden (§ 9 Abs. 2 S. 2 KAG). Ähnlich sind Benutzungsgebühren nach Art und Umfang der Inanspruchnahme der Einrichtung zu bemessen (§ 10 Abs. 3 S. 1 KAG). Wenn die Anlegung eines solchen **Wirklichkeitsmaßstabs** besonders schwierig oder wirtschaftlich nicht vertretbar ist, kann ein **Wahrscheinlichkeitsmaßstab** gewählt werden, der nicht in einem offensichtlichen Missverhältnis zu der Inanspruchnahme stehen darf (§ 10 Abs. 3 S. 2 KAG). Diese Regelungen entsprechen dem **Äquivalenzprinzip** als abgabenrechtlicher Ausprägung des verfassungsrechtlichen Verhältnismäßigkeitsgrundsatzes, wonach der Wert der erbrachten Leistung nicht in einem groben Missverhältnis zu der Höhe der Abgabe stehen darf.[172] Allerdings dürfen im Rahmen des Verhältnismäßigkeitsgrundsatzes auch

139

---

167 Zu Rechnungslegung und Rechnungsprüfung *Lange*, Kap. 16 Rn. 116 ff.
168 Oben Rn. 32.
169 BVerfGE 93, 319, 342 f.; 108, 1, 16.
170 Eine Ausnahme bilden die sog. Sonderabgaben.
171 Vgl. VGH Kassel, NVwZ-RR 2012, 486; VG Darmstadt, Urt. v. 11.2.2010 – 3 K 743/08.DA –, juris, Rn. 26 ff.; LKRZ 2010, 194; VG Gießen, LKRZ 2010, 420; 2012, 59.
172 BVerwGE 118, 123, 125.

andere Gesichtspunkte berücksichtigt werden. Dementsprechend gestattet § 10 Abs. 4 KAG, dass bei der Bemessung von Benutzungsgebühren – außer für Einrichtungen mit Anschluss- und Benutzungszwang – sonstige Merkmale, insbesondere soziale Gesichtspunkte oder eine Ehrenamtstätigkeit, berücksichtigt werden können, wenn öffentliche Belange es rechtfertigen.

140 Während das Äquivalenzprinzip das Maß der Inanspruchnahme des einzelnen Gebührenschuldners regelt und Verfassungsrang besitzt, betrifft das **Kostendeckungsprinzip** das Verhältnis des gesamten Gebührenaufkommens eines Verwaltungszweigs bzw. einer öffentlichen Einrichtung zu dessen bzw. deren Gesamtkosten und es gilt nicht von Verfassungs wegen, sondern nur dort, wo dies gesetzlich vorgesehen ist. Dahingehende Bestimmungen enthalten §§ 9, 10 KAG. Nach § 9 Abs. 2 S. 1 KAG soll das Aufkommen an Verwaltungsgebühren die voraussichtlichen Kosten für den betreffenden Verwaltungszweig nicht übersteigen und in der Regel dessen Kosten decken. Ähnlich bestimmt § 10 Abs. 1 S. 2, 3 KAG, dass die Sätze von Benutzungsgebühren in der Regel so zu bemessen sind, dass die Kosten der Einrichtung gedeckt werden. Das Gebührenaufkommen soll die Kosten der Einrichtung nicht übersteigen. Soweit es sich um wirtschaftliche Unternehmen handelt, bleibt die Gewinnerzielungsmaxime des § 121 Abs. 8 HGO[173] allerdings unberührt (§ 10 Abs. 1 S. 4 KAG).

141 **Beiträge** unterscheiden sich von Gebühren dadurch, dass sie nicht für eine tatsächliche Leistung der Gemeinde erhoben werden, sondern für die bloße **Möglichkeit** der Inanspruchnahme einer Leistung der Gemeinde. So können die Gemeinden nach § 11 Abs. 1 KAG zur Deckung ihres Aufwands für die Herstellung, Anschaffung, Erweiterung und Erneuerung ihrer öffentlichen Einrichtungen Beiträge von den Grundstückseigentümern erheben, denen die Möglichkeit der Inanspruchnahme der Einrichtungen nicht nur vorübergehende Vorteile bietet. Auch hier gilt das verfassungsrechtlich vorgegebene Äquivalenzprinzip. Dementsprechend bestimmt § 11 Abs. 5 S. 1 KAG, dass die Beiträge nach den Vorteilen zu bemessen sind. § 11 Abs. 6 KAG nennt insbesondere, also nicht abschließend, mit der Art und dem Maß der baulichen oder sonstigen Nutzung des Grundstücks sowie den Grundstücksflächen Wahrscheinlichkeitsmaßstäbe hierfür, die miteinander verbunden werden können. Zu den wichtigen Beiträgen gehören die Erschließungsbeiträge. Deren bundesrechtliche Regelung in §§ 127 ff. BauGB gilt wegen des Wegfalls der Gesetzgebungskompetenz des Bundes nach Art. 125 a Abs. 1 GG nur fort, soweit die Länder keine abweichenden Regelungen erlassen.

142 Ein eigenes **Steuerfindungsrecht** im Sinne einer nicht auf gesetzlicher Delegation, sondern allein auf dem Selbstverwaltungsrecht beruhenden und insofern originären gemeindlichen Kompetenz zur Statuierung von Steuerpflichten haben die Gemeinden nicht[174]. An Steuererträgen steht ihnen aber außer den Anteilen am Aufkommen der **Einkommen- und Umsatzsteuer** vor allem das Aufkommen der **Grund- und Gewerbesteuer** zu. Die Höhe dieser **Realsteuern** können sie wesentlich mitbestimmen, weil ih-

---

173 S.o. Rn. 127.
174 Vgl. BVerwGE 6, 247, 250 f.; *Burgi*, § 18 Rn. 11.

nen durch Art. 106 Abs. 6 S. 2 GG das Recht eingeräumt ist, die Hebesätze der Grund- und Gewerbesteuer im Rahmen der Gesetze festzusetzen.[175] Den stärksten Einfluss auf die Ausgestaltung von Steuern haben die Gemeinden hinsichtlich der **örtlichen Verbrauch- und Aufwandsteuern**. Die Gesetzgebungskompetenz hierüber steht, soweit sie nicht bundesgesetzlich geregelten Steuern gleichartig sind, nach Art. 105 Abs. 2 a S. 1 GG den Ländern zu. Hessen hat durch §§ 7 f. KAG das Recht zur Erhebung solcher Steuern primär den Gemeinden übertragen. Zu den Verbrauchsteuern gehören etwa die Getränkesteuer und die Speiseeissteuer. Aufwandsteuern sind Steuern auf die in der Vermögens- oder Einkommensverwendung zum Ausdruck kommende besondere Konsumfähigkeit des Steuerpflichtigen und sollen einen besonderen Aufwand, der über die Befriedigung des allgemeinen Lebensbedarfs hinausgeht, erfassen. Beispiele sind die Hundesteuer, die Jagdsteuer, die Vergnügungsteuer einschließlich der Spielautomatensteuer, die Zweitwohnungsteuer und im Zuge der aus knappen Finanzen geborenen Kreativität bei der Suche nach möglichen neuen Aufwandsteuern neuerdings die Übernachtungsteuer sowie die Pferdesteuer.[176]

Beispiel:
Dabei wird es – in einem problematisch weitgehenden Maß – als unerheblich angesehen, ob der Aufwand im Einzelfall Ausdruck einer besonderen Leistungsfähigkeit ist. Deshalb hat der VGH Kassel die Festsetzung einer Zweitwohnungsteuer auf eine Wohnung für rechtmäßig erachtet, wenn der Inhaber der Wohnung zwungenermaßen in ein Pflegeheim umziehen musste und die Wohnung lediglich eine bescheidene Lebensführung ermöglicht.[177] Immerhin hat das Bundesverwaltungsgericht die Erhebung einer Übernachtungsteuer auf beruflich zwingend erforderliche Übernachtungen für unzulässig erklärt, weil solche Übernachtungen bei einer wertenden Beurteilung nicht der Verwendung, sondern der Erzielung von Einkommen dienten.[178]

Einen ganz wesentlichen Teil der gemeindlichen Einnahmen stellen Finanzzuweisungen des Landes dar. Auf die Zuweisungen im Rahmen des **kommunalen Finanzausgleichs** und die Ausgleichsleistungen im Rahmen des **Konnexitätsprinzips**, deren verfassungsrechtliche Grundlagen sowie damit verbundene Fragen ist oben bereits hingewiesen worden.[179]

143

XIV. Die Aufsicht über die Gemeinden

1. Aufsicht als Schutz und Kontrolle

Die Aufsicht des Staates schützt die Gemeinden in ihren Rechten und sichert die Erfüllung ihrer Pflichten (§ 11 HGO). Die **Schutzfunktion** berechtigt mangels entsprechender gesetzlicher Ermächtigungen allerdings nicht zu Eingriffen der Aufsichtsbehörden in das Selbstverwaltungsrecht der Gemeinden oder andere Rechte. Die Aufsichtsbehörden sind deshalb insofern weitgehend auf die Beratung der Gemeinden beschränkt. Die Schutzfunktion wirkt sich aber auch auf die Art und Weise aus, in der kontrollierende Aufsichtsmaßnahmen durchzuführen sind. So soll die Aufsicht nach § 135 S. 2 HGO so gehandhabt werden, dass die Entschlusskraft und die Verantwortungsfreu-

144

---
175 Zu alledem oben Rn. 32.
176 Dazu im Einzelnen *Lange*, Kap. 15 Rn. 25 ff.; *Thorsten Ingo Schmidt*, KommJur 2016, 361.
177 VGH Kassel, NVwZ-RR 2012, 157.
178 BVerwG, NVwZ 2012, 1407, 1408 f.
179 S. Rn. 33 f.

digkeit der Gemeinden nicht beeinträchtigt werden. Auch darüber hinaus ist die aufsichtsrechtliche Kontrolltätigkeit in einer Weise auszuüben, die der Schutzaufgabe entspricht. Im Sinne der Schutzfunktion hat der BGH der aufsichtsrechtlichen Kontrolle drittschützende Wirkung zugunsten der beaufsichtigten Gemeinden zugemessen mit der Folge, dass aus unzureichender staatlicher Kontrolle Amtshaftungsansprüche der Gemeinden nach Art. 34 GG i.V.m. § 839 BGB gegen die aufsichtführende Körperschaft resultieren können.[180]

Beispiel:
Eine sächsische Gemeinde schloss zum Neubau einer gemeindlichen Sporthalle einen Leasingvertrag, der, wie der Sächsische Rechnungshof später feststellte, unwirtschaftlich und im Vergleich zu einer Kreditfinanzierung zu teuer war. Der Landkreis als Kommunalaufsichtsbehörde genehmigte den Vertrag, der deshalb genehmigungsbedürftig war, weil die daraus resultierenden Zahlungsverpflichtungen wirtschaftlich einer Kreditaufnahme gleichkamen. Der BGH gab der Klage der Gemeinde gegen den Landkreis auf Ersatz des ihr durch den Vertrag entstandenen Schadens statt, weil mit der Erteilung der Genehmigung die aufsichtsbehördliche Schutzpflicht des Landkreises gegenüber der Gemeinde und damit eine der Gemeinde gegenüber obliegende Amtspflicht verletzt worden sei.[181]

145 Der **Kontrollaspekt** der staatlichen Aufsicht gliedert sich nach der im Allgemeinen verwendeten Terminologie in Rechtsaufsicht und Fachaufsicht. Die **Rechtsaufsicht** – oft auch als Kommunalaufsicht bezeichnet – erstreckt sich darauf, dass die Gemeinden im Einklang mit den Gesetzen verwaltet werden. **Fachaufsicht** ist die mit Weisungsbefugnissen ausgestattete Aufsicht über die Gemeinden, die sowohl eine Rechtmäßigkeits- als auch eine Zweckmäßigkeitskontrolle zum Inhalt hat. Da Selbstverwaltungsaufgaben gerade dadurch charakterisiert sind, dass ihre Wahrnehmung keinen zweckmäßigkeitsbezogenen staatlichen Weisungen unterliegt, kommen fachaufsichtliche Weisungen nur bei Auftragsangelegenheiten und Weisungsaufgaben in Betracht. Die Hessische Gemeindeordnung verwendet den Aufsichtsbegriff nur für die Rechtsaufsicht (s. insb. § 135 S. 1 HGO). Statt von Fachaufsicht wird hier nur von der Befugnis, Weisungen zu erteilen, gesprochen (vgl. § 4 HGO).

2. Rechtsaufsicht

146 **Aufsichtsbehörde** der Gemeinden ist grundsätzlich der Landrat als Behörde der Landesverwaltung,[182] obere Aufsichtsbehörde der Regierungspräsident. Bei Gemeinden mit mehr als 50 000 Einwohnern ist der Regierungspräsident Aufsichtsbehörde und der Minister des Innern obere Aufsichtsbehörde. Aufsichtsbehörde der Landeshauptstadt Wiesbaden und der Stadt Frankfurt am Main ist gleich der Minister des Innern. Der Minister des Innern ist stets auch oberste Aufsichtsbehörde (§ 136 HGO). Kommt die Aufsichtsbehörde einer Anweisung der höheren Aufsichtsbehörde nicht innerhalb einer bestimmten Frist nach, kann die höhere Aufsichtsbehörde anstelle der Aufsichtsbehörde deren Befugnisse nach den §§ 137 bis 140 HGO ausüben (§ 141 b: **Selbsteintrittsrecht** der höheren Aufsichtsbehörde).

---

180 BGHZ 153, 198, 202 ff.
181 S. Fn. 183.
182 Dazu Rn. 160.

XIV. Die Aufsicht über die Gemeinden

Die Aufsicht über die Gesetzmäßigkeit gemeindlichen Verhaltens erstreckt sich sowohl auf das privatrechtlich als auch das öffentlichrechtlich geregelte Verhalten der Gemeinden. Aus dem Zweck der Kommunalaufsicht folgt allerdings, dass von ihr **nur im öffentlichen Interesse** Gebrauch gemacht werden darf. Deshalb hat niemand einen **Rechtsanspruch auf Einschreiten** der Kommunalaufsichtsbehörden oder auch nur auf deren fehlerfreie Ermessensausübung.[183] Die zulässigen Aufsichtsmittel sind, soweit sie nicht lediglich beratenden oder sonstwie unterstützenden Charakter tragen, sondern in die gemeindliche Selbstverwaltung eingreifen, auf die gesetzlich vorgesehenen Maßnahmen beschränkt (**Numerus clausus der Aufsichtsmittel**). Man unterscheidet **präventive** und **repressive Aufsichtsmittel**. Mit präventiven Aufsichtsmitteln wie Genehmigungs- und Anzeigepflichten soll bereits im Vorfeld kommunalen Handelns die Gesetzmäßigkeit der Verwaltungstätigkeit garantiert werden. Repressive Aufsichtsmittel wie Beanstandungen, Anweisungen und Ersatzvornahme dienen hingegen der Reaktion auf ein bereits geschehenes rechtswidriges Handeln oder pflichtwidriges Unterlassen der Gemeinden. Die Auswahl unter den gesetzlich zugelassenen Aufsichtsmitteln steht, soweit gesetzlich nichts anderes bestimmt ist (vgl. zur Auflösung der Gemeindevertretung § 141a Abs. 1 HGO: „hat ... aufzulösen"), im Ermessen der Aufsichtsbehörde. Dabei sind allerdings die Grundsätze der **Verhältnismäßigkeit** und der mit der Schutzfunktion der Kommunalaufsicht einhergehenden **Gemeindefreundlichkeit** zu berücksichtigen. Eine Zwischenstellung nimmt das **Unterrichtungsrecht** der Aufsichtsbehörden nach § 137 HGO ein, das sich sowohl zu präventiven als auch zu repressiven Aufsichtszwecken eignet. Danach kann die Aufsichtsbehörde sich jederzeit über die Angelegenheiten der Gemeinde unterrichten; sie kann an Ort und Stelle prüfen und besichtigen, Berichte anfordern sowie Akten und sonstige Unterlagen einsehen. Sie kann an den Sitzungen der Gemeindevertretung, ihrer Ausschüsse, des Gemeindevorstands und des Ortsbeirats teilnehmen; sie kann auch verlangen, dass diese Organe und Hilfsorgane zur Behandlung einer bestimmten Angelegenheit einberufen werden.

147

Zu den wichtigsten repressiven Aufsichtsmitteln gehört das Recht der Aufsichtsbehörde, Beschlüsse und Anordnungen der Gemeindevertretung, ihrer Ausschüsse, des Gemeindevorstands und des Ortsbeirats, die das Recht verletzen, innerhalb von sechs Monaten nach der Beschlussfassung **aufzuheben** und zu verlangen, dass Maßnahmen, die aufgrund derartiger Beschlüsse getroffen worden sind, rückgängig gemacht werden (§ 138 HGO). Unter Beschlüssen werden in einem solchen Zusammenhang im Allgemeinen Entschließungen von Kollegialorganen, insbesondere der Gemeindevertretung, verstanden und unter Anordnungen Entschließungen einer Einzelperson.[184] Die Bezugnahme des § 138 HGO allein auf Kollegialorgane gibt keinen Anlass, die Rechtslage in Hessen anders zu beurteilen.[185] Denn für den Gemeindevorstand handeln durchaus Einzelpersonen (§ 71 HGO). Die Bezeichnung des in § 138 HGO vorgesehenen Aufsichtsmittels als **Beanstandung** ist allerdings verfehlt. Denn im Gegen-

148

---

183 *Schneider/Dreßler/Rauber/Risch*, § 135 Erl. 2.
184 S. die Nachweise bei *Lange*, Kap. 17 Fn. 157.
185 Für ein Verständnis von Beschlüssen und Anordnungen in dem bezeichneten Sinne denn auch *Schmidt*, in: Bennemann u.a., § 138 Rn. 23 f.

satz zu anderen Gemeindeordnungen[186] muss der Aufhebung hiernach gerade keine Beanstandung vorausgehen. Mit dem Verhältnismäßigkeitsgrundsatz ist das nur deshalb vereinbar, weil die Aufsichtsmittel nach §§ 138 ff. HGO Verwaltungsakte sind und die Aufsichtsbehörde deshalb vor Aufhebung einer gemeindlichen Entscheidung die Gemeinde nach § 28 HVwVfG anzuhören hat; jedenfalls dadurch erlangt die Gemeinde Kenntnis von den rechtlichen Bedenken der Aufsichtsbehörde. Die **Rückgängigmachung** einer Maßnahme, die aufgrund eines aufgehobenen Beschlusses getroffen worden ist, kann nur verlangt werden, wenn sie rechtlich zulässig und nicht etwa durch Vertrauensschutzgesichtspunkte ausgeschlossen ist (vgl. § 48 Abs. 2 HVwVfG). Richtiger **Adressat** der in §§ 138 ff. HGO genannten Aufsichtsmittel ist die Gemeinde und nicht das einzelne Gemeindeorgan, dessen Verhalten der Gemeinde zugerechnet wird.[187]

149 Während das „Beanstandungsrecht" als sog. negative Staatsaufsicht darauf abzielt, die Gemeinden zur bloßen Unterlassung rechtswidrigen Handelns und zur Behebung daraus erwachsener Folgen anzuhalten, gibt das **Anweisungsrecht** als sog. positive Staatsaufsicht der Aufsichtsbehörde die Möglichkeit, auf ein positives Handeln der Gemeinde hinzuwirken. So kann die Aufsichtsbehörde eine Gemeinde anweisen, innerhalb einer bestimmten Frist das Erforderliche zu veranlassen, wenn die Gemeinde die ihr gesetzlich obliegenden Pflichten oder Aufgaben nicht erfüllt (§ 139 HGO). Dies dürfte auch für mittelbare Gesetzesverstöße gelten, wie sie bei Nichterfüllung der gesetzlich vorgesehenen Pflichten vorliegen, die sich etwa aus Verträgen, Verwaltungsakten oder Urteilen ergeben, und – bei Vorliegen eines entsprechenden öffentlichen Interesses – entgegen einer verbreiteten Meinung auch für die Nichterfüllung privatrechtlicher Pflichten.[188]

150 Die in § 140 HGO geregelte **Ersatzvornahme** ermöglicht die Durchsetzung nicht befolgter Anweisungen. Kommt die Gemeinde einer Anweisung der Aufsichtsbehörde nicht innerhalb der ihr gesetzten Frist nach, so kann die Aufsichtsbehörde danach anstelle der Gemeinde das Erforderliche anordnen und auf deren Kosten selbst durchführen oder durch einen Dritten durchführen lassen. Die Ersatzvornahme hat rechtlich einen **Doppelcharakter**. Die mit ihr getroffene Maßnahme – etwa eine privatrechtliche Kündigung – hat den Rechtscharakter, den sie gehabt hätte, wenn die Gemeinde selbst tätig geworden wäre. Sie ist nach umstrittener, aber überzeugender Auffassung denn auch als Maßnahme der Gemeinde zu qualifizieren. Gegenüber der Gemeinde enthält die insofern als Verwaltungsakt zu qualifizierende Ersatzvornahme die Anordnung, sich diese Maßnahme als kommunalaufsichtliche Ersatzvornahme zurechnen zu lassen. Personen, die von den im Wege der Ersatzvornahme ergriffenen Maßnahmen betroffen sind, stehen regelmäßig nur die gegen diese Maßnahmen selbst zulässigen Rechtsbehelfe zu. Gegen die mit der Ersatzvornahme der Gemeinde gegen-

---

186 Dazu *Lange*, Kap. 17 Rn. 75 ff.
187 Zu alledem *Lange*, Kap. 17 Rn. 89, 97, 99 ff. Instruktiv VGH Kassel, Beschl. v. 17.06.2015 – 8 B 759/15.
188 Dazu im Einzelnen *Lange*, Kap. 17 Rn. 102 ff.

über ergangene Anordnung können sie sich grundsätzlich nicht zur Wehr setzen, da diese nicht sie, sondern allenfalls die Gemeinde in ihren Rechten verletzen kann.[189]

Beispiele:
Zur Beseitigung eines durch die öffentliche Bekanntmachung einer von ihr beanstandeten Satzung geschaffenen Rechtsscheins kann die Aufsichtsbehörde nach § 138 HGO auf Grund ihres Rechts auf Rückgängigmachung von Folgemaßnahmen von der Gemeinde verlangen, dass die infolge der Beanstandung des Satzungsbeschlusses eingetretene Unwirksamkeit der Satzung in derselben Weise öffentlich bekanntgemacht wird wie die Satzung selbst. Wegen der funktionalen Parallelität zur Anweisung kann auch ein solches Verlangen gemäß § 140 HGO im Wege der Ersatzvornahme durchgesetzt werden.[190]

Eine von der Kommunalaufsicht im Wege der Ersatzvornahme erlassene Abgabensatzung kann von dem betroffenen Bürger nicht gemäß § 43 Abs. 2 S. 2 VwGO mit der Klage auf Feststellung ihrer Nichtigkeit angegriffen werden, weil diese Vorschrift keine Rechtsnormen, sondern ausschließlich Verwaltungsakte betrifft. Sie kann von ihm nur zum Gegenstand eines Normenkontrollverfahrens gemäß § 47 VwGO gemacht oder mit der Klage gegen einen auf sie gestützten Abgabenbescheid einer inzidenten gerichtlichen Prüfung zugeführt werden.[191]

Die schärfsten und dementsprechend selten eingesetzten Aufsichtsmittel sind die **Bestellung eines Beauftragten** und die **Auflösung der Gemeindevertretung**. Wenn und solange der ordnungsmäßige Gang der Verwaltung der Gemeinde es erfordert und die Befugnisse der Aufsichtsbehörden nach den §§ 137 bis 140 HGO nicht ausreichen, kann die obere Aufsichtsbehörde nach § 141 HGO Beauftragte bestellen, die alle oder einzelne Aufgaben der Gemeinde auf ihre Kosten wahrnehmen. Nach § 141a HGO hat die Aufsichtsbehörde eine Gemeindevertretung aufzulösen, wenn diese dauernd beschlussunfähig ist. Die obere Aufsichtsbehörde kann überdies eine Gemeindevertretung auflösen, wenn eine ordnungsmäßige Erledigung der Aufgaben der Gemeinde auf andere Weise nicht gesichert werden kann. 151

Die Genehmigungspflichtigkeit gemeindlicher Maßnahmen ist im Zuge der Bemühungen um eine Entbürokratisierung der Verwaltung und die Vermeidung von Doppelarbeit stark reduziert worden. Soweit gemeindliche Maßnahmen noch genehmigungsbedürftig sind (vgl. etwa die Genehmigungsbedürftigkeit von Krediten und Kassenkrediten nach § 103 Abs. 2, 5, § 105 Abs. 2 HGO) werden sie – unbeschadet weiterer Wirksamkeitsvoraussetzungen – erst mit Genehmigungserteilung wirksam. Die **Genehmigung** gilt als erteilt, wenn die Aufsichtsbehörde nicht innerhalb von drei Monaten nach Eingang des Antrags die Genehmigung ablehnt oder dem Antragsteller schriftlich mitteilt, welche Gründe einer abschließenden Entscheidung über den Genehmigungsantrag entgegenstehen (§ 143 Abs. 1 HGO). Im Allgemeinen ist die Genehmigung zu erteilen, wenn die genehmigungsbedürftige gemeindliche Maßnahme rechtmäßig ist. Genehmigungen, deren Erteilung die Genehmigungsbehörde nicht nur von der Rechtmäßigkeit, sondern wegen der Berücksichtigungsbedürftigkeit überörtlicher Gesichtspunkte auch von der Zweckmäßigkeit der genehmigungsbedürftigen 152

---

189 Im Einzelnen *Lange*, Kap. 17 Rn. 107 ff. Dazu, dass eine kommunalaufsichtsrechtliche Ersatzvornahme nicht vorher anzudrohen ist, VGH Kassel, Urt. v. 12.1.2018 – 8 A 1485/13 –, juris, Rn. 81 ff.
190 VGH Kassel, Beschl. v. 17.06.2015 – 8 B 759/15 –, juris, Rn. 12 ff.
191 BVerwG, NVwZ-RR 1993, 513. Vgl. auch OVG Münster, NVwZ 1990, 187.

Maßnahme abhängig machen kann (kondominiale Genehmigungen), dürften zwar grundsätzlich zulässig sein, sind aber sehr selten.

153 § 142 HGO bestimmt, dass gegen Anordnungen der Aufsichtsbehörde die **Anfechtungsklage** nach Maßgabe der Verwaltungsgerichtsordnung gegeben ist. Wegen der abschließenden bundesgesetzlichen Regelung der statthaften Klagearten in §§ 42 f. VwGO kommt dieser Bestimmung zwar nur deklaratorische Bedeutung zu. Wegen der Verwaltungsaktsqualität aufsichtlicher Anordnungen gibt sie die Rechtslage jedoch zutreffend wieder. Entsprechend ist gegen die Versagung einer aufsichtlichen Genehmigung die Verpflichtungsklage gegeben. Dass es eines Vorverfahrens vor Erhebung einer Anfechtungsklage nicht bedürfe, ist § 142 HGO nicht zu entnehmen,[192] zumal die dortige Einschränkung „nach Maßgabe der Verwaltungsgerichtsordnung" § 68 VwGO mit umfasst, wonach vor Erhebung der Anfechtungsklage grundsätzlich ein Vorverfahren durchzuführen ist.

3. Fachaufsicht und Sonderaufsicht

154 Unter **Fachaufsicht** werden die in Weisungsaufgaben und Auftragsangelegenheiten bestehenden Weisungsbefugnisse verstanden, die nicht nur eine Rechtmäßigkeits-, sondern auch eine Zweckmäßigkeitskontrolle gemeindlichen Verhaltens zum Gegenstand haben (vgl. § 4 HGO). Sie ist im Wesentlichen auf das Steuerungsmittel der fachaufsichtlichen Weisung beschränkt. Hinzu kommt die Befugnis der Fachaufsichtsbehörden, sich im Benehmen mit den Aufsichtsbehörden nach § 136 HGO über Angelegenheiten der Gemeinden zu unterrichten, an Ort und Stelle zu prüfen und zu besichtigen sowie Berichte anzufordern, soweit ihnen nach besonderer gesetzlicher Vorschrift ein solches Recht zusteht. Nach der dem Schutz der Gemeinden vor unkoordinierten, den gemeindlichen Verhältnissen nicht hinreichend Rechnung tragenden Eingriffen dienenden **Schutzvorschrift** des § 145 S. 2 HGO sind andere Stellen als die Aufsichtsbehörden zu Eingriffen in die Gemeindeverwaltung nach §§ 137 bis 141 a HGO hingegen nicht befugt. Zur Durchsetzung fachaufsichtlicher Weisungen gegenüber Gemeinden, die ihnen nicht zu folgen bereit sind, sind die Fachaufsichtsbehörden daher auf die Amtshilfe der Aufsichtsbehörden nach § 136 HGO angewiesen.[193] Deren Kompetenz hierzu beruht auf § 135 S. 1 HGO; Gemeinden verhalten sich auch dann rechtswidrig, wenn sie die im Rahmen der Gesetze erteilten fachaufsichtlichen Weisungen nicht befolgen.

155 Der Begriff **Sonderaufsicht** wird zumeist als Sammelbegriff für Kontrollbefugnisse verwendet, die weder unter die Kommunalaufsicht noch unter die Fachaufsicht passen. Dazu gehört beispielsweise eine auf eine Rechtmäßigkeitskontrolle beschränkte und insofern der Kommunalaufsicht gleichartige Aufsicht, die sich von der Kommunalaufsicht dadurch unterscheidet, dass andere Behörden als die Kommunalaufsichtsbehörden für sie zuständig sind (vgl. §§ 49 f. HStrG).

---

192 Anders VG Gießen, LKRZ 2010, 265, 266.
193 Dazu des Näheren *Lange*, Kap. 17 Rn. 197 ff.

XV. Die Landkreise

1. Die grundsätzliche Rechtsstellung der Landkreise

Die grundsätzliche Rechtsstellung der Landkreise ergibt sich schon aus Art. 28 Abs. 2 S. 2 GG und Art. 137 Abs. 2, 3 HV. Nach Art. 28 Abs. 2 S. 2 GG haben auch die Gemeindeverbände im Rahmen ihres gesetzlichen Aufgabenbereiches nach Maßgabe der Gesetze das Recht der Selbstverwaltung. Ganz ähnlich bestimmt Art. 137 Abs. 2 HV, dass die Gemeindeverbände im Rahmen ihrer gesetzlichen Zuständigkeit die gleiche Stellung haben wie die Gemeinden, nach Art. 137 Abs. 3 HV ist auch ihnen das Selbstverwaltungsrecht gewährleistet. Als Hauptfall solcher **Gemeindeverbände** werden die Landkreise angesehen. Die Landkreise sind zwar im eigentlichen Sinn keine Gemeindeverbände, weil ihre Mitglieder nicht die kreisangehörigen Gemeinden sind, sondern die Kreiseinwohner, die denn auch ihre Vertreter im Kreistag wählen. Deshalb werden die Landkreise in § 1 Abs. 1 S. 1 HKO nicht nur als Gemeindeverbände, sondern richtiger primär als **Gebietskörperschaften** bezeichnet. Ihre Bezeichnung als Gemeindeverband erklärt sich vor allem aus der Tradition und daraus, dass der Landkreis das Gebiet mehrerer kreisangehöriger Gemeinden umfasst, mit denen er überdies in mehrfacher Weise – einerseits, indem er die kreisangehörigen Gemeinden bei der Erfüllung ihrer Aufgaben unterstützt, andererseits, indem diese den Kreis durch die Kreisumlage mitfinanzieren – verbunden ist (vgl. auch § 20 HKO). Dem entspricht es, dass die Landkreise auch als unechte Gemeindeverbände bezeichnet werden.[194] Dass gerade auch sie mit Gemeindeverbänden im Sinne des Art. 28 Abs. 2 S. 2 GG gemeint sind, liegt insbesondere bei einer systematischen Interpretation im Zusammenhang mit Art. 28 Abs. 1 S. 2 GG nahe, wo den Kreisen eine Bedeutung zugemessen wird, die es rechtfertigt, in ihnen wie in den Ländern und Gemeinden die Wahl von Volksvertretungen verfassungsrechtlich zu verankern. Es wäre hiernach schwer verständlich, wenn sie von der Verfassungsgarantie des Art. 28 Abs. 2 S. 2 GG ausgenommen wären.[195] Ähnliches gilt im Verhältnis von Art. 138 HV, der die Landräte ausdrücklich als Leiter der Gemeindeverbände erwähnt, zu Art. 137 HV.

Den Landkreisen kommt danach wie den Gemeinden von Verfassungs wegen eine institutionelle Rechtssubjektsgarantie, eine institutionelle Garantie der Selbstverwaltung auf Kreisebene und ein subjektives Recht auf Selbstverwaltung zu.[196] Der wesentliche **Unterschied zu den Gemeinden** besteht in den **Aufgaben** der Kreise und damit zugleich dem Umfang ihres Selbstverwaltungsrechts. Während den Gemeinden durch Art. 28 Abs. 2 S. 1 GG im Rahmen der Gesetze die Wahrnehmung aller Angelegenheiten der örtlichen Gemeinschaft in Selbstverwaltung garantiert ist und Art. 137 HV diese Garantie noch auf die gesamte örtliche öffentliche Verwaltung erstreckt, beschränkt sich die Zuständigkeit der Kreise nach Art. 28 Abs. 2 S. 2 GG, Art. 137 Abs. 2 HV auf die Aufgaben, die ihnen der Gesetzgeber zuweist. Dazu muss allerdings ein substantielles Maß an weisungsfreien Selbstverwaltungsaufgaben gehören, damit

---

194 *Schmidt-Aßmann/Röhl*, Erstes Kapitel: Kommunalrecht, in: Schmidt-Aßmann/Schoch (Hrsg.), Besonderes Verwaltungsrecht, 14. Aufl. 2008, Rn. 150.
195 *Lange*, Kap. 18 Rn. 2 ff. m.N.
196 Dazu oben Rn. 9 ff.

die verfassungsrechtliche Selbstverwaltungsgarantie nicht durch den Entzug von Aufgaben, auf die das Selbstverwaltungsrecht sich bezieht, unterlaufen werden kann.[197] Die einfachgesetzlichen Bestimmungen über die Landkreise entsprechen weitgehend den gemeinderechtlichen Normen, so dass hier nur auf landkreisspezifische Regelungen eingegangen zu werden braucht.

2. Der Kreistag

158 Organe des Landkreises sind der Kreistag und der Kreisausschuss (§ 8 HKO), die der Gemeindevertretung und dem Gemeindevorstand entsprechen. Der Kreistag wird von den wahlberechtigten Kreiseinwohnern auf fünf Jahre gewählt (§§ 21 ff. HKO). Die Rechtsstellung der Kreistagsabgeordneten und die Verfahrensweise des Kreistags entsprechen denen der Gemeindevertreter und der Gemeindevertretung (§§ 26 a ff., §§ 31 ff. HKO). Auch der Kreistag ist für die wichtigen Angelegenheiten des Landkreises zuständig und ein Teil seiner Zuständigkeiten ist nicht übertragbar. Er überwacht, mit Ausnahme der Erfüllung der Auftragsangelegenheiten im Sinne des § 4 Abs. 2 HKO, die gesamte Verwaltung des Landkreises und die Geschäftsführung des Kreisausschusses (§ 8 S. 1 Hs. 2, §§ 29 f. HKO).

3. Der Kreisausschuss

159 Dem Gemeindevorstand oder Magistrat auf der Ebene der Gemeinde entspricht auf Kreisebene der Kreisausschuss. Er besteht aus dem Landrat als Vorsitzenden, dessen Stellung insoweit der des Bürgermeisters entspricht, sowie dem Ersten und weiteren ehrenamtlichen Kreisbeigeordnete. Auch hier kann die Hauptsatzung jedoch bestimmen, dass die Stellen von Kreisbeigeordneten hauptamtlich zu verwalten sind (§ 36 HKO). Der Landrat wird von den wahlberechtigten Kreisangehörigen, also den wahlberechtigten Kreiseinwohnern (§ 7 HKO), auf sechs Jahre unmittelbar gewählt (Art. 138 HV, § 37 HKO), die Kreisbeigeordneten vom Kreistag (§ 37 a HKO). Der Landrat kann von den wahlberechtigten Kreisangehörigen abgewählt, hauptamtliche Kreisbeigeordnete können vom Kreistag vorzeitig abberufen werden (§ 49 HKO). Der Kreisausschuss besorgt die laufende Verwaltung und vertritt den Landkreis (§ 8 S. 2, §§ 41, 45 HKO).

4. Der Landrat als Behörde der Landesverwaltung

160 Der Landrat hat insoweit eine Doppelfunktion, als er neben seiner kommunalrechtlichen Funktion noch in **Organleihe** als Behörde der Landesverwaltung tätig ist (§ 55 HKO). Handelt er in dieser Rolle, wird seine Tätigkeit dem Land zugerechnet. Die so wahrgenommenen Aufgaben bleiben solche des Landes. Der Landrat untersteht als Behörde der Landesverwaltung dem Regierungspräsidenten und ist an dessen Weisungen gebunden, nicht aber an Weisungen von Organen des Landkreises. Klagen gegen das Verhalten des Landrats als Behörde der Landesverwaltung sind gegen das Land zu richten. Die Landkreise stellen für die Wahrnehmung der Aufgaben, die dem Landrat als Behörde der Landesverwaltung obliegen, die zur Aufgabenwahrnehmung erforder-

---

197 BVerfGE 119, 331, 353.

lichen Bediensteten und Einrichtungen zur Verfügung (§ 56 Abs. 1 HKO). Nach der weitgehenden Kommunalisierung früher vom Landrat als Behörde der Landesverwaltung wahrgenommener Aufgaben[198] ist dem Landrat in dieser Eigenschaft allerdings nur noch ein beschränkter Aufgabenkreis, vor allem die Kommunal- und Fachaufsicht über die kreisangehörigen Gemeinden, geblieben (§ 136 Abs. 3 HGO, § 55 Abs. 2 HKO).[199] Zwar nimmt der Landrat inzwischen in alleiniger Verantwortung auch die Aufgaben der Kreisordnungsbehörde als Auftragsangelegenheit wahr und ihm können durch Gesetz weitere Aufgaben als Auftragsangelegenheiten übertragen werden (§ 4 Abs. 2 HKO). Doch handelt er insoweit nicht als Behörde der Landesverwaltung, sondern in Erfüllung von Aufgaben des Kreises.

Für **Amtspflichtverletzungen** des Landrats bei seiner Tätigkeit als Behörde der Landesverwaltung dürfte der Landkreis haften,[200] weil er die Körperschaft ist, die den Amtsträger angestellt und ihm damit die Möglichkeit zur Amtsausübung eröffnet hat.[201] Dass die Aufgabenwahrnehmung des Landrats als Behörde der Landesverwaltung dem Land zugerechnet wird, ändert hieran ebenso wenig wie die – auch bei Auftragsangelegenheiten gegebene – insofern bestehende vollständige Bindung des Landrats an Weisungen staatlicher Behörden. Für Amtspflichtverletzungen der dem Landrat als Behörde der Landesverwaltung vom Landkreis zur Verfügung gestellten Mitarbeiter haftet nach der insofern klaren und auch überzeugenden höchstrichterlichen Rechtsprechung der Landkreis als Anstellungskörperschaft.[202] Allerdings wird der Landkreis nach § 56 Abs. 2 HKO durch das Land von der Haftung gegenüber Dritten aufgrund von Amtspflichtverletzungen der dem Landrat als Behörde der Landesverwaltung nach § 56 Abs. 1 HKO zur Verfügung gestellten Bediensteten **freigestellt**, soweit er nicht auf andere Weise Schadensersatz erlangen kann. Dadurch ändert sich für den Geschädigten nichts an der Haftung des Landkreises. Das Land ist aber dem Landkreis gegenüber verpflichtet, den Anspruch des Geschädigten zu erfüllen oder auf andere Weise, etwa durch Abschluss eines Vergleichs mit dem Geschädigten, dafür zu sorgen, dass der Landkreis nicht in Anspruch genommen wird. Dass die Freistellungsverpflichtung des Landes nach § 56 Abs. 2 HKO nur bei Amtspflichtverletzungen von Bediensteten bestehen soll, die der Landkreis dem Landrat als Behörde der Landesverwaltung zur Verfügung gestellt hat, nicht aber bei Amtspflichtverletzungen des Landrats als Behörde der Landesverwaltung selbst, lässt sich nur auf die hier abgelehnte Rechtsauffassung zurückführen, dass für Amtspflichtverletzungen des als Behörde der Landesverwaltung tätigen Landrats selbst das Land hafte. Wenn das, wie hier vertreten, nicht der Fall ist, entspricht nur eine Erstreckung des § 56 Abs. 2 HKO auf solche Amtspflichtverletzungen des Landrats selbst dem Sinn des § 56 Abs. 2 HKO und dem rechtsstaatlichen Willkürverbot.

161

---

198 Insb. Art. 1 § 1 Abs. 2 Gesetz zur Kommunalisierung des Landrats sowie des Oberbürgermeisters als Behörden der Landesverwaltung v. 21.3.2005 (GVBl. I S. 229).
199 Das ist in LT-Drucks. 16/3314, S. 22, hinsichtlich der Kommunalaufsicht damit begründet worden, dass die Kommunalaufsicht durch Art. 137 Abs. 3 S. 2 HV dem Staat zugeordnet sei. Dazu, dass dies auch ohne eine solche explizite Regelung gelten muss, *Lange*, Kap. 17 Rn. 17 ff.
200 A.A. *Maurer/Waldhoff*, Allgemeines Verwaltungsrecht, 19. Aufl. 2017, § 26 Rn. 45.
201 Vgl. BGHZ 87, 202, 204.
202 BGHZ 99, 326, 330 ff.; BGH, DÖV 2007, 386.

5. Aufgaben des Landkreises

162 Der Landkreis nimmt wie die Gemeinde **Selbstverwaltungsaufgaben, Weisungsaufgaben** (nach hier vertretener Auffassung als besondere Art der Selbstverwaltungsaufgaben[203]) und **Auftragsangelegenheiten** wahr. Schwierigkeiten bereitet die Abgrenzung der Selbstverwaltungsaufgaben wegen ihrer wenig präzisen gesetzlichen Bestimmung. Das gilt schon für die gesetzliche Maßgabe, dass die Landkreise sich auf diejenigen Aufgaben beschränken sollen, die der einheitlichen Versorgung und Betreuung der Bevölkerung des ganzen Landkreises oder eines größeren Teils des Landkreises dienen (§ 2 Abs. 1 S. 3 HKO). Größere Probleme wirft indessen das Verständnis jedenfalls einzelner Gruppen der den Landkreisen zugewiesenen Selbstverwaltungsaufgaben auf.

163 Zu den Selbstverwaltungsaufgaben des Landkreises gehören nach § 2 Abs. 1 S. 1 HKO, soweit die Gesetze nichts anderes bestimmen, diejenigen öffentlichen Aufgaben, die über die Leistungsfähigkeit der kreisangehörigen Gemeinden hinausgehen. Darunter werden Aufgaben verstanden werden müssen, die sich kraft Natur der Sache einer hinreichenden einzelgemeindlichen Wahrnehmung entziehen, weil sie sinnvoll nur vom Kreis für das Kreisgebiet in seiner Gesamtheit oder einen größeren Teil des Kreisgebiets erfüllt werden können. Zu diesen **übergemeindlichen Aufgaben** werden u.a. gerechnet die Überwachung der Luftverschmutzung, Bau und Unterhaltung von Kreisstraßen, die Organisation des ÖPNV, die regionale Wirtschaftsförderung, die Unterstützung regionalen Fremdenverkehrs und die Unterhaltung großflächiger Naturparks.[204] Zum Teil sind sie den Landkreisen spezialgesetzlich als Pflichtaufgabe zugewiesen (vgl. §§ 9, 41 Abs. 2 HStrG).

164 Wenn es in § 2 Abs. 1 S. 2 HKO weiter heißt, dass die Landkreise die kreisangehörigen Gemeinden in der Wahrnehmung ihrer Aufgaben **fördern**, so wird dies als Vorgabe einer grundsätzlichen gemeindefreundlichen Tendenz der Aufgabenwahrnehmung durch die Kreise und in Verbindung mit den weiteren allgemein anerkannten Kategorien von Selbstverwaltungsaufgaben der Kreise, nämlich den Ergänzungsaufgaben und den Ausgleichsaufgaben, verstanden werden müssen.[205]

165 Nach § 2 Abs. 1 S. 2 HKO ergänzen die Landkreise durch ihr Wirken die Selbstverwaltung der Gemeinden. Unter diesen **Ergänzungsaufgaben** werden solche Aufgaben der Landkreise verstanden, die zwar grundsätzlich von kreisangehörigen Gemeinden erfüllt werden könnten, deren Bewältigung einzelnen Gemeinden aber mangels hinreichender Leistungsfähigkeit nicht möglich ist (z.B. Schaffung und Unterhaltung von Alten- und Jugendheimen, Krankenhäusern, Musikschulen, Volkshochschulen, Sport- und Freizeitanlagen). Eine verfassungskonforme und dabei am Übermaßverbot orientierte sowie dem Förderprinzip des § 2 Abs. 1 S. 2 HKO Rechnung tragende Auslegung führt dazu, dass sich die Ergänzungskompetenz auf bloße Unterstützungsmaßnahmen für eine in der Hauptsache prinzipiell bei den Gemeinden bleibende Aufga-

---

203 S.o. Rn. 111.
204 *Lange*, Kap. 18 Rn. 62 ff.
205 Auch *Sommer*, in: Borchmann u.a., § 2 Erl. 3, entnimmt der Förderaufgabe keine darüber hinausgehende eigenständige Funktion.

benzuständigkeit beschränken muss. Sie darf nur so weit und so lange in Anspruch genommen werden, wie Gemeinden zur Aufgabenerfüllung nicht imstande sind.

§ 2 Abs. 1 S. 2 HKO erklärt es schließlich zur Kreisaufgabe, dass die Landkreise zu einem gerechten Ausgleich der unterschiedlichen Belastung der Gemeinden beitragen. Die Abgrenzung dieser **Ausgleichsaufgaben** von den Ergänzungsaufgaben ist nicht ganz einfach. Denn auch mit den Ausgleichsaufgaben unterstützt der Landkreis kreisangehörige Gemeinden mit geringer Leistungsfähigkeit, um auf diese Weise auf eine ausgeglichene Lastenverteilung und eine gleichmäßige Versorgung der Bevölkerung im Kreisgebiet hinzuwirken. Die Voraussetzungen, unter denen Ergänzungsaufgaben einerseits und Ausgleichsaufgaben andererseits wahrgenommen werden dürfen, unterscheiden sich daher nicht wesentlich. Ein Unterschied liegt jedoch darin, dass den Landkreisen bei Ausgleichsaufgaben noch mehr Zurückhaltung zugunsten der gemeindlichen Selbstverwaltung auferlegt ist als bei den Ergänzungsaufgaben. Während sie bei den Ergänzungsaufgaben auch nach außen selbst als Aufgabenträger auftreten, beschränken sie sich bei Ausgleichsaufgaben auf die Unterstützung von Gemeinden, die nach außen unverändert allein selbst Aufgabenträger bleiben. Die Aufgabe, welche der Landkreis mit der Erfüllung von Ausgleichsaufgaben unterstützt, verbleibt gänzlich in der Zuständigkeit der Gemeinde. Beispiele für Ausgleichsaufgaben sind Beratungs- und Planungshilfen, technische und organisatorische Unterstützung, verwaltungsmäßige Zusammenarbeit oder Kreisbeteiligungen an gemeindlichen Einrichtungen. Die Gewährung von Zuschüssen des Landkreises für bestimmte gemeindliche Zwecke wird als zulässige Ausgleichsaufgabe betrachtet, sofern sie auf die gleichmäßige Versorgung und Betreuung der Einwohner im Kreisgebiet abzielt.[206]

166

Wenn es für eine wirtschaftlich zweckmäßige Durchführung seiner Aufgaben erforderlich ist, kann der Landkreis Einrichtungen kreisangehöriger Gemeinden oder kreisangehöriger Zweckverbände in seine Zuständigkeit übernehmen (§ 19 Abs. 1 HKO). Zu dieser **Übernahmekompetenz** kommt noch eine **Kompetenz-Kompetenz** der Landkreise hinzu. Hat der Landkreis im Rahmen seines Wirkungsbereichs für einen bestimmten Zweck ausreichende Einrichtungen geschaffen oder von einer kreisangehörigen Gemeinde oder einem Zweckverband übernommen, so kann er beschließen, dass diese Aufgabe für den ganzen Landkreis oder einen Teil des Landkreises zu seiner ausschließlichen Zuständigkeit gehören soll (§ 19 Abs. 4 HKO). Voraussetzung ist jeweils ein mit der Mehrheit seiner Mitglieder gefasster Beschluss des Kreistags.

167

6. Kreisfinanzen

Bereits Art. 28 Abs. 2 S. 2, 3 GG gewährleistet auch den Landkreisen **Finanzautonomie** und eine **angemessene Finanzausstattung**. Deutlicher ist sie den Gemeindeverbänden wie den Gemeinden durch Art. 137 Abs. 5 HV garantiert. Desgleichen gilt die **Konnexitätsregelung** des Art. 137 Abs. 6 HV auch für die Landkreise.[207]

168

---

206 BVerwGE 101, 99, 110. Zu allem eingehend *Lange*, Kap. 18 Rn. 60 ff.
207 Vgl. oben Rn. 33 f.

169 Neben **Gebühren** und **Beiträgen** stehen den Landkreisen eigene Steuererträge nur in sehr begrenztem Maß zur Verfügung. Nach § 8 KAG können die Landkreise und die kreisfreien Städte eine **Jagd-** und eine **Fischereisteuer** sowie eine Steuer für die Errichtung, Erweiterung und Fortführung eines nach den Vorschriften des Hessischen Gaststättengesetzes betriebenen **Gaststättengewerbes** erheben. Den bedeutendsten Teil der Kreiseinnahmen bilden neben der Kreisumlage die **Finanzausgleichsleistungen** des Landes. Im Grundsatz verfassungsrechtlich abgesichert ist eine Zuweisung aus Landesmitteln bereits über Art. 106 Abs. 7 S. 1 GG. Danach fließt den Gemeinden und Gemeindeverbänden ein nicht näher bestimmter Prozentsatz vom Landesanteil am Gesamtaufkommen der Gemeinschaftsteuern, also nach Art. 106 Abs. 3 S. 1 GG der Einkommen-, Körperschaft- und Umsatzsteuer, zu. Die Höhe dieses Prozentsatzes ist allerdings ebenso der Entscheidung des Landesgesetzgebers überlassen wie die Frage, ob und inwieweit außerdem das Aufkommen der Landessteuern den Gemeindeverbänden zufließt (Art. 106 Abs. 7 S. 2 GG). Landesverfassungsrechtlich greift die Garantie des Art. 137 Abs. 5 S. 1 HV, wonach das Land den Gemeindeverbänden wie den Gemeinden die zur Durchführung ihrer eigenen und der übertragenen Aufgaben erforderlichen Geldmittel im Wege des Lasten- und Finanzausgleichs zu sichern hat.

170 Soweit die Finanzausgleichsleistungen und die sonstigen Erträge und Einzahlungen zum Ausgleich des Haushalts und zum Ausgleich von Fehlbeträgen aus Vorjahren nicht ausreichen, haben die Landkreise eine **Kreisumlage** von den kreisangehörigen Gemeinden zu erheben (§ 53 Abs. 2 HKO i.V.m. § 50 FAG[208]). Das BVerwG hat eine kommunalaufsichtliche Anweisung, mit der dem Landkreis Kassel wegen der Vorlage eines nicht ausgeglichenen Haushalts eine bestimmte Erhöhung der Kreisumlage aufgegeben worden war, als rechtmäßig beurteilt, dies aber in Anbetracht des grundsätzlichen Gestaltungsspielraums der Kommunen bei der Erreichung eines ausgeglichenen Haushalts damit begründet, dass im konkreten Fall eine Kreisumlageerhöhung nur noch kurze Zeit zulässig war.[209] Neben dem Einnahmezweck dient die Kreisumlage auch dem Finanzausgleich zwischen den kreisangehörigen Gemeinden. Das ist der Grund dafür, dass sich die Höhe der von der einzelnen Gemeinde zu entrichtenden Umlage nach den Steuerkraftmesszahlen und den Gemeindeschlüsselzuweisungen richtet (§ 50 Abs. 2 FAG). Die Kreisumlage darf nur zur Finanzierung von Aufgaben erhoben werden, welche die Landkreise wahrnehmen dürfen, und sie darf nicht höher sein als für die Aufgabenerfüllung erforderlich.[210] Bei der Festsetzung der Kreisumlage haben die Landkreise zwischen der Bedeutung der von ihnen jeweils wahrgenommenen Aufgabe einerseits und der über eine Finanzierung mittels der Kreisumlage dadurch verursachten Einschränkung der gemeindlichen Finanzhoheit andererseits abzuwägen. Sie haben darauf zu achten, dass den Gemeinden eine angemessene Finanzausstattung belassen wird und ihnen ein substantieller Finanzspielraum zu eigenverantwortlicher Wahrnehmung verbleibt.[211] Bei der gebotenen Abwägung wird dem Land-

---
208 Gesetz zur Regelung des Finanzausgleichs (Finanzausgleichsgesetz – FAG –) in der Fassung v. 23.7.2015 (GVBl. S. 298), zuletzt geändert durch Art. 3 Gesetz v. 25.11.2015 (GVBl. S. 414).
209 BVerwGE 152, 188 Leitsatz 2, Rn. 34 ff.
210 Hierzu und zu Fehlerfolgen *Lange*, Kap. 18 Rn. 102 ff.
211 BVerwGE 145, 378; VGH Kassel, NVwZ-RR 2000, 180, 181.

kreis aufgrund seines Selbstverwaltungsrechts jedoch ein beträchtlicher Spielraum zugebilligt.[212] Die Rechtsfolgen, die es für die Kreisumlage hat, wenn sie zur Finanzierung von Aufgaben erhoben wird, die nicht in die Zuständigkeit des Landkreises fallen, sind umstritten.

Beispiel:
Umfasst das Umlagesoll auch Ausgaben für landkreisfremde Ausgaben, so ist es nach Auffassung des VGH München rechtsfehlerhaft festgesetzt und die Haushaltssatzung ist insoweit grundsätzlich nichtig.[213] Überzeugender erscheint die Rechtsprechung des OVG Münster, der zufolge die zulässige Höhe der Umlage im Grundsatz nicht vom rechtlich korrekten Einnahme- und Ausgabeverhalten des Kreises abhängig ist. Danach kann einem Umlagebescheid grundsätzlich nicht entgegengehalten werden, mit der Abgabe werde ein unzulässiger Aufwand bestritten. Die Gemeinden haben hiernach vielmehr einen Abwehranspruch gegen eine auf ihre Kosten gehende rechtswidrige Aufgabenwahrnehmung des Kreises als solche.[214]

XVI. Interkommunale Zusammenarbeit
1. Überblick

Von den Kommunen zu bewältigende Probleme machen vielfach nicht an den Gemeinde- oder auch Kreisgrenzen halt. Das gilt beispielsweise für Verkehrs- nicht weniger als für Umweltprobleme und Fragen der geordneten Flächennutzung. Spricht schon das für eine interkommunale Zusammenarbeit, so wird diese erst recht dadurch nahegelegt, dass kommunale Leistungen bei ihrer gemeinsamen Erbringung durch mehrere Kommunen aufgrund der mit einem Größenzuwachs verbundenen Kostendegression kostengünstiger erbracht werden können. Die kommunale Selbstverwaltungsgarantie umfasst auch die sog. **Kooperationshoheit**, nämlich die Befugnis der Kommunen darüber zu befinden, ob eine bestimmte Aufgabe gemeinsam mit anderen Verwaltungsträgern wahrgenommen wird und ob zu diesem Zweck gemeinsame Institutionen gegründet werden.[215] § 1 KGG setzt diese verfassungsrechtliche Vorgabe mit der Bestimmung um, dass Gemeinden und Landkreise Aufgaben, zu deren Erfüllung sie berechtigt oder verpflichtet sind, gemeinsam wahrnehmen können, soweit dies nicht durch Gesetz ausgeschlossen ist. § 2 KGG benennt **abschließend** vier öffentlichrechtliche Formen, in denen eine solche kommunale Gemeinschaftsarbeit zulässig ist, soweit nicht durch Gesetz eine besondere ausschließliche Rechtsform für die Zusammenarbeit vorgeschrieben ist: Es sind die **kommunale Arbeitsgemeinschaft**, der **Zweckverband**, die **öffentlich-rechtliche Vereinbarung** und die **gemeinsame kommunale Anstalt**. Hinzu kommen als Sonderform des Zweckverbands der **Gemeindeverwaltungsver-**

171

---
212 Vgl. BVerwGE 101, 99, 109 f.
213 VGH München, NVwZ-RR 1993, 574. Ebenso *OVG Koblenz*, NVwZ-RR 1994, 274; *OVG Lüneburg*, Urt. v. 20.6.2017 – 10 LB 83/16 –, juris, Rn. 66. Nach VGH München, NVwZ-RR 2006, 350, müssen Fehler allerdings hingenommen werden, wenn sie sich um weniger als 1% auf den Umlagesatz ausgewirkt haben, weil es in Anbetracht des großen Umfangs des Kreishaushalts, bei dem sich Fehler nicht gänzlich vermeiden ließen, unverhältnismäßig wäre, schon bei geringen Fehlern die Rechtswidrigkeit und damit grundsätzlich die Nichtigkeit der gesamten Haushaltssatzung anzunehmen. Ähnlich SHOVG, NVwZ-RR 1995, 690, 695; ThürOVG, Urt. v. 18.12.2008 – 2 KO 994/06 –, juris, Rn. 51, und grundsätzlich OVG Lüneburg, Urt. v. 20.6.2017 – 10 LB 83/16 –, juris, Rn. 64. A.A. wegen der Gesetzesbindung von vollziehender Gewalt und Rechtsprechung *Lange*, DVBl 2017, 928, 934 f.
214 OVG Münster, DÖV 2005, 568, 569.
215 BVerfG (1. Kammer des Zweiten Senats), NVwZ 1987, 123, 124; BVerfGE 119, 331, 362; *Lange*, Kap. 19 Rn. 17 ff.

band und als spezielle Form der öffentlich-rechtlichen Vereinbarung die **Verwaltungsgemeinschaft** (§§ 30 ff. KGG). Die Befugnis zu interkommunaler Zusammenarbeit in privatrechtlicher Form bleibt ausdrücklich unberührt. Eine besondere Form interkommunaler Zusammenarbeit stellen die Kommunalen Spitzenverbände dar.

2. Die kommunale Arbeitsgemeinschaft

172 Gemeinden und Landkreise können durch Vereinbarung **kommunale Arbeitsgemeinschaften** bilden (§§ 3 f. KGG). An diesen Arbeitsgemeinschaften können auch sonstige juristische Personen des öffentlichen Rechts und des Privatrechts sowie natürliche Personen beteiligt werden. Die kommunale Arbeitsgemeinschaft ist die schwächste Form interkommunaler Zusammenarbeit auf dem Gebiet des öffentlichen Rechts. Sie ist keine juristische Person, ihre Bildung lässt die Zuständigkeit der Beteiligten unverändert. Sie dient lediglich der Beratung und Abstimmung von Angelegenheiten, die ihre Mitglieder gemeinsam berühren, und der Entwicklung von Lösungen für ein gemeinsames Vorgehen. Ihre Empfehlungen sind für die Beteiligten grundsätzlich nicht verbindlich. Die Beteiligten können aber vereinbaren, dass sie an Beschlüsse der kommunalen Arbeitsgemeinschaft gebunden sind, wenn die zuständigen Organe aller Beteiligten den Beschlüssen zugestimmt haben.

3. Der Zweckverband

173 Der **Zweckverband** ist demgegenüber eine besonders verfestigte Form kommunaler Gemeinschaftsarbeit. Gemeinden und Landkreise können sich zu Zweckverbänden zusammenschließen, um **einzelne Aufgaben**, zu deren Wahrnehmung sie berechtigt oder verpflichtet sind, gemeinsam zu erfüllen. Solche freiwillig gebildeten Zweckverbände werden als **Freiverbände** bezeichnet. Ihnen können auch andere juristische Personen des öffentlichen Rechts und des Privatrechts sowie natürliche Personen angehören (§ 5 KGG). Es gibt Zweckverbände außerdem als **Pflichtverbände**. Die obere Aufsichtsbehörde kann Gemeinden und Landkreise zur gemeinsamen Wahrnehmung von Aufgaben zu einem Zweckverband zusammenschließen – dann handelt es sich um einen Pflichtverband – oder einem bestehenden Zweckverband anschließen (**Pflichtanschluss**), wenn die Erfüllung dieser Aufgaben aus Gründen des öffentlichen Wohls dringend geboten ist und ohne den Zusammenschluss oder Anschluss nicht wirksam oder zweckmäßig erfolgen kann (§ 13 KGG).

174 Der Zweckverband ist eine – **rechtsfähige** – Körperschaft des öffentlichen Rechts. Er verwaltet seine Angelegenheiten im Rahmen der Gesetze unter eigener Verantwortung (§ 6 KGG). Die Rechtsverhältnisse des Freiverbands werden durch eine von den Beteiligten zu vereinbarende und aufsichtsbehördlicher Genehmigung bedürftige Verbandssatzung geregelt. Soweit nicht das Gesetz oder die Verbandssatzung etwas anderes bestimmt, sind auf den Zweckverband die für Gemeinden geltenden Vorschriften sinngemäß anzuwenden (§ 7 KGG). Das Recht und die Pflicht der in einem Zweckverband zusammengeschlossenen Gemeinden und Landkreise, die übertragenen Aufgaben zu erfüllen und die dazu notwendigen Befugnisse auszuüben, **gehen auf den Zweckverband über**. Der Zweckverband kann anstelle der Verbandsmitglieder nach den für die

übertragenen Aufgaben geltenden Vorschriften Satzungen erlassen sowie den Anschluss- und Benutzungszwang vorschreiben (§ 8 Abs. 1 KGG).

Oberstes Organ des Zweckverbands ist die **Verbandsversammlung**. Sie besteht aus mindestens einem Vertreter jedes Verbandsmitglieds und entscheidet über die ihr durch Gesetz und die Verbandssatzung zugewiesenen Aufgaben sowie über alle wichtigen Angelegenheiten des Verbands (§ 14 S. 1, § 15 KGG). Der **Verbandsvorstand** ist die Verwaltungsbehörde des Verbandes. Er besteht aus dem Verbandsvorsitzenden, dessen Stellvertreter und mindestens einem weiteren Mitglied (§ 14 S. 1, § 16 KGG). Deren Wahl bzw. Bestellung richtet sich nach der Verbandssatzung oder in analoger Anwendung nach der Gemeindeordnung.

175

Der Zweckverband kann nach den für die übertragenen Aufgaben geltenden abgaberechtlichen Vorschriften Gebühren und Beiträge erheben. Das Recht, Steuern zu erheben, steht ihm nicht zu. Soweit seine sonstigen Einnahmen nicht ausreichen, um seinen Finanzbedarf zu decken, erhebt er von den Verbandsmitgliedern eine Umlage, die **Verbandsumlage** (§§ 19 f. KGG).

176

4. Die öffentlich-rechtliche Vereinbarung

Gemeinden und Landkreise können aber auch **öffentlich-rechtliche Vereinbarungen** schließen. Eine solche öffentlich-rechtliche Vereinbarung ist ein öffentlichrechtlicher Vertrag, demzufolge eine der beteiligten Gebietskörperschaften einzelne Aufgaben der übrigen Beteiligten in ihre Zuständigkeit übernimmt, insbesondere den übrigen Beteiligten die Mitbenutzung einer von ihr betriebenen Einrichtung gestattet, oder sich verpflichtet, solche Aufgaben für die übrigen Beteiligten durchzuführen (§ 24 Abs. 1 KGG). Die öffentlich-rechtliche Vereinbarung, mit der eine Gebietskörperschaft Aufgaben der übrigen Beteiligten in ihre Zuständigkeit übernimmt, wird als **delegierende öffentlich-rechtliche Vereinbarung** bezeichnet. Sie führt dazu, dass das Recht und die Pflicht, die Aufgaben zu erfüllen, sowie grundsätzlich die zur Aufgabenerfüllung notwendigen Befugnisse auf die übernehmende Gebietskörperschaft übergehen. Auch der Übergang der Satzungsbefugnis der übrigen Beteiligten für deren Gebiet kann vereinbart werden. Die übernehmende Gemeinde nimmt die an sie delegierten Aufgaben im eigenen Namen wahr. Demgegenüber verpflichtet sich bei der **mandatierenden öffentlich-rechtlichen Vereinbarung** eine der beteiligten Gebietskörperschaften lediglich, einzelne Aufgaben der übrigen Beteiligten für diese durchzuführen. Die Rechte und Pflichten der übrigen Beteiligten als Träger der Aufgabe bleiben in diesem Fall unberührt. Die mandatierte Gebietskörperschaft handelt im Namen der übrigen Beteiligten; sie ist zwar entscheidungsbefugt, ihre Entscheidung wird aber den übrigen Beteiligten zugerechnet.[216]

177

Die öffentlich-rechtliche Vereinbarung kann aber auch als **Pflichtregelung** zustande kommen. Ist der Abschluss einer öffentlich-rechtlichen Vereinbarung zur Erfüllung von Aufgaben aus Gründen des öffentlichen Wohls dringend geboten und kann dies auf andere Weise nicht wirksam oder zweckmäßig geschehen, hat die obere Aufsichts-

178

---

216 *Lange*, Kap. 19 Rn. 72 ff.

behörde den Beteiligten eine Frist zum Abschluss der Vereinbarung zu setzen. Nach fruchtlosem Ablauf der Frist kann die obere Aufsichtsbehörde die erforderliche Regelung treffen, die wie eine Vereinbarung zwischen den Beteiligten wirkt (§ 29 KGG).

179 Die öffentlich-rechtliche Vereinbarung ist flexibler als der Zweckverband und kann deshalb den Interessen der Beteiligten besser angepasst werden. Außerdem hat sie den Vorzug, dass sie nicht zur Schaffung eines neuen Rechtsträgers und eines neuen Verwaltungsapparats mit zusätzlichen Kosten führt. Von der kommunalen Arbeitsgemeinschaft unterscheidet sie sich dadurch, dass sie auf ein Handeln nach außen und damit nicht nur auf Beratung, Planung und Koordination, sondern unmittelbar auf Aufgabenerfüllung gerichtet ist.[217]

5. Gemeindeverwaltungsverband und Verwaltungsgemeinschaft

180 Gemeinden können „zur Stärkung ihrer Verwaltungskraft" einen **Gemeindeverwaltungsverband** bilden. Der Gemeindeverwaltungsverband ist dem Zweckverband nachgebildet. Soweit nichts anderes bestimmt ist, gelten für ihn die Vorschriften über Zweckverbände. Dem Gemeindeverwaltungsverband können die verwaltungsmäßige Erledigung der Geschäfte der laufenden Verwaltung und die Kassen- und Rechnungsgeschäfte sowie die Veranlagung und Einziehung der gemeindlichen Abgaben übertragen werden. Es geht dabei aber nur um den technisch-verwaltungsmäßigen Vollzug; die Entscheidungsbefugnisse der verbandsangehörigen Gemeinden und ihrer Organe bleiben unberührt. Die Verbandssatzung kann bestimmen, dass die Gemeinden durch den Gemeindeverwaltungsverband weitere Aufgaben gemeinsam erfüllen (§ 30 KGG). Anstelle der Bildung eines Gemeindeverwaltungsverbandes können Gemeinden vereinbaren, dass eine Gemeinde die Aufgaben eines Gemeindeverwaltungsverbandes erfüllt. Diese tendenziell einfachere Kooperationsform wird als **Verwaltungsgemeinschaft** bezeichnet. Auf sie finden die Vorschriften über die öffentlich-rechtliche Vereinbarung Anwendung (§ 33 KGG). Gemeindeverwaltungsverband und Verwaltungsgemeinschaft können bei dauerhaft unzureichender Verwaltungskraft einzelner Gemeinden von der oberen Aufsichtsbehörde auch als **Pflichtverband** und **Pflichtgemeinschaft** gebildet werden (§ 34 KGG).

6. Die gemeinsame kommunale Anstalt

181 Zur gemeinsamen Aufgabenerfüllung können Gemeinden und Landkreise Unternehmen und Einrichtungen aber auch unter ihrer gemeinsamen Trägerschaft als – rechtsfähige – gemeinsame kommunale Anstalt errichten oder bestehende Regie- und Eigenbetriebe im Wege der Gesamtrechtsnachfolge in eine gemeinsame kommunale Anstalt umwandeln. Soweit nichts Abweichendes bestimmt ist, gilt für die gemeinsame kommunale Anstalt § 126 a HGO entsprechend (§§ 29 a f. KGG).

7. Spezialgesetzliche Kooperationsformen

182 Der **Landeswohlfahrtsverband Hessen** ist eine Körperschaft des öffentlichen Rechts, zu der die kreisfreien Städte und die Landkreise des Landes zusammengeschlossen

---

217 *Lange*, Kap. 19 Rn. 67.

sind. Rechtsgrundlage ist das Gesetz über den Landeswohlfahrtsverband Hessen[218]. Der Landeswohlfahrtsverband nimmt eine Reihe von sozialen Aufgaben wahr, ist Träger von Förderschulen und über die Vitos GmbH, deren Alleingesellschafter er ist, Träger von Kliniken insbesondere im psychiatrisch-psychotherapeutischen Bereich. Organe des Landeswohlfahrtsverbands sind die Verbandsversammlung, deren Mitglieder von den Stadtverordneten der kreisfreien Städte und den Kreistagsabgeordneten gewählt werden, und der von der Verbandsversammlung gewählte Verwaltungsausschuss. Ihre Kompetenzen sind denen von Kreistag und Kreisausschuss nachgebildet. Der Landeswohlfahrtsverband erhält finanzielle Zuweisungen vom Land. Soweit seine sonstigen Erträge und Einzahlungen nicht ausreichen, erhebt er eine Verbandsumlage von seinen Mitgliedern.

Der **Regionalverband FrankfurtRheinMain** ist ebenfalls eine Körperschaft des öffentlichen Rechts. Rechtsgrundlage des Regionalverbands FrankfurtRheinMain ist das Gesetz über die Metropolregion Frankfurt/Rhein-Main (MetropolG)[219]. Dem Verband gehören die Städte und Gemeinden an, deren Gebiete den Ballungsraum Frankfurt/Rhein-Main nach § 2 Abs. 1 MetropolG bilden; hinzu kommen etwa beitretende Gemeinden, die unmittelbar an das Gebiet des Ballungsraums angrenzen. Aufgaben des Regionalverbands sind die Flächennutzungsplanung und die Landschaftsplanung für das Gebiet des Ballungsraums. Darüber hinaus können ihm weitere Aufgaben übertragen werden, soweit sie für die Verwirklichung einer geordneten Entwicklung im Ballungsraum Frankfurt/Rhein-Main förderlich sind. Organe des Regionalverbands sind die Verbandskammer, die sich aus Vertretern der Mitglieder des Regionalverbands zusammensetzt, und der Regionalvorstand. Auch der Regionalverband FrankfurtRheinMain hat von seinen Mitgliedern eine Verbandsumlage zu erheben, soweit die Einnahmen oder die Erträge und Einzahlungen nicht ausreichen. 183

Eine sondergesetzliche Regelung hat auch der **Zweckverband Raum Kassel** erfahren, dessen Grundlage § 15 des Gesetzes zur Neugliederung der Landkreise Hofgeismar, Kassel und Wolfhagen[220] ist. Dem Verband gehören die Stadt und der Landkreis Kassel sowie inzwischen zehn der Stadt Kassel benachbarte Gemeinden an. Aufgaben des Zweckverbands Raum Kassel sind vor allem eine gemeinsame Flächennutzungs- und Landschaftsplanung sowie die Planung und Durchführung von gemeindeübergreifenden Entwicklungsmaßnahmen. Die Verbandssatzung sieht als Organe eine Verbandsversammlung, einen Verbandsvorstand und einen Verbandsdirektor vor. 184

8. Die Kommunalen Spitzenverbände

Zur Information, Beratung und sonstigen Unterstützung der einzelnen Kommunen sowie zur Außenvertretung gemeinsamer kommunaler Interessen sind die Kommunen in Hessen in drei als eingetragene Vereine organisierten **Kommunalen Spitzenverbän-** 185

---

218 V. 7.5.1953 (GVBl. S. 93), zuletzt geändert durch Gesetz v. 20.12.2015 (GVBl. S. 618).
219 V. 8.3.2011 (GVBl. I S. 153), zuletzt geändert durch Gesetz vom 20.12.2015 (GVBl. S. 618).
220 Gesetz zur Neugliederung der Landkreise Hofgeismar, Kassel und Wolfhagen vom 11.7.1972 (GVBl. I S. 225).

den[221] zusammengeschlossen: Dem **Hessischen Städtetag** gehören die kreisfreien Städte, die Städte mit über 50 000 Einwohnern (Sonderstatusstädte) und eine Reihe weiterer kreisangehöriger Städte an. Die weitaus meisten kreisangehörigen Städte und Gemeinden sind im **Hessischen Städte- und Gemeindebund** organisiert. Spitzenverband der hessischen Landkreise ist der **Hessische Landkreistag**. § 147 HGO betont die Verbindung der Kommunen zum Land über die Verbindung von Landtag und Landesregierung mit den Kommunalen Spitzenverbänden. Danach beraten die Kommunalen Spitzenverbände den Landtag und die Landesregierung in allen Angelegenheiten, die Belange der Gemeinden und Gemeindeverbände betreffen. Sie haben in solchen Angelegenheiten gegenüber der Landesregierung ein Vorschlagsrecht. Bei der Vorbereitung von Rechtsvorschriften des Landes, durch die die Belange der Gemeinden und Gemeindeverbände berührt werden, sind diese durch ihre Spitzenverbände nach Maßgabe des Gesetzes über die Sicherung der kommunalen Selbstverwaltung bei der Gesetzgebung in Hessen (**Beteiligungsgesetz**)[222] zu beteiligen.

XVII. Klausurhinweise

1. Die Gemeinde als Klägerin

186 Als juristische Person (Gebietskörperschaft, § 1 Abs. 2 HGO) ist die Gemeinde im verwaltungsgerichtlichen Verfahren **beteiligungsfähig** (§ 61 Nr. 1 VwGO). Da sie selbst nicht **prozessfähig** ist, wird sie nach § 62 Abs. 3 VwGO, § 71 Abs. 1 HGO durch den Gemeindevorstand bzw. die für diesen handelnden Personen vertreten. Nach § 51 Nr. 18 HGO ist die Entscheidung über die Führung eines Rechtsstreits von größerer Bedeutung und den Abschluss von Vergleichen, soweit es sich nicht um Geschäfte der laufenden Verwaltung handelt, zwar der Gemeindevertretung vorbehalten. Ein Verstoß hiergegen ändert aber an der Wirksamkeit des vom Gemeindevorstand vorgenommenen **Außenvertretungsakts** grundsätzlich, d.h. außer in Fällen grober Missachtung der gemeindlichen Kompetenzverteilung, nichts (vgl. Rn. 87).

187 Im Übrigen konzentrieren sich die für die Zulässigkeit der verwaltungsgerichtlichen Klage einer Gemeinde und letztlich auch für deren Begründetheit maßgeblichen Probleme oft auf die Frage, ob die Gemeinde sich in dem Rechtsstreit auf ein ihr zustehendes **subjektives Recht** berufen kann. Das ist nach der sog. **Schutznormtheorie** immer dann der Fall, wenn eine Rechtsnorm zumindest auch ihren Interessen zu dienen bestimmt ist. Als solche Normen kommen in erster Linie die das gemeindliche Selbstverwaltungsrecht verbürgenden Art. 28 Abs. 2 S. 1 GG, Art. 137 Abs. 1, 3 HV und § 1 Abs. 1 S. 2, § 2 S. 1 HGO in Betracht. Deshalb kann eine Gemeinde beispielsweise auch erfolgreich gegen eine andere Gemeinde klagen, die sich entgegen § 121 Abs. 5 Nr. 2 HGO wirtschaftlich in ihrem Gemeindegebiet betätigt, ohne dass ihre berechtigten Interessen gewahrt sind (vgl. Rn. 127).

188 Unter Berufung auf ihr Selbstverwaltungsrecht kann eine Gemeinde sich im verwaltungsgerichtlichen Verfahren beispielsweise gegen rechtswidrige **kommunalaufsichtli-**

---
221 Dazu des Näheren *Borchmann/Breithaupt/Kaiser*, S. 223 ff.; *Unger*, in: Bennemann u.a., § 147; *Schneider/Dreßler/Rauber/Risch*, § 147.
222 Vom 23.12.1999 (GVBl. 2000 I S. 2), zuletzt geändert durch Gesetz vom 16.12.2011 (GVBl. I S. 786).

che **Weisungen** in Selbstverwaltungsangelegenheiten zur Wehr setzen, nach h.M. aber nicht gegen rechtswidrige fachaufsichtliche Weisungen in Weisungsaufgaben und Auftragsangelegenheiten, solange sie sich in den gesetzlichen Grenzen der Weisungsbefugnis halten (vgl. Rn. 113). Bei Aufsichtsmaßnahmen des **Landrats als Behörde der Landesverwaltung** ist darauf zu achten, dass Klagen nicht gegen den Landkreis, sondern gegen das Land zu richten sind (vgl. Rn. 160). Die Gemeinde kann sich vor dem Verwaltungsgericht gestützt auf ihr Selbstverwaltungsrecht auch gegen Beeinträchtigungen ihrer **Planungshoheit** durch überörtliche Planungen und Maßnahmen wenden, zu denen sie nicht angehört worden ist oder über die ohne Berücksichtigung der von ihrer Planungshoheit umfassten Belange entschieden worden ist; die Klage einer Gemeinde, die in einem solchen Zusammenhang allein Rechte ihrer Einwohner geltend macht, ist hingegen unzulässig (vgl. Rn. 13, 21).

Nach Art. 93 Abs. 1 Nr. 4 b GG können Gemeinden und Gemeindeverbände wegen Verletzung des Rechts auf Selbstverwaltung nach Art. 28 GG durch ein Gesetz (worunter auch Rechtsverordnungen zu verstehen sind) – nicht aber durch Einzelakte – **Verfassungsbeschwerde** zum Bundesverfassungsgericht erheben. Bei Landesgesetzen ist die Kommunalverfassungsbeschwerde zum Bundesverfassungsgericht danach allerdings nur zulässig, soweit nicht Beschwerde zum Landesverfassungsgericht erhoben werden kann. Eine solche Möglichkeit eröffnet § 46 StGHG. Danach können Gemeinden und Gemeindeverbände die **Grundrechtsklage** mit der Behauptung erheben, dass Landesrecht – wiederum keine Einzelakte, gegen die nur verwaltungsgerichtlicher Rechtsschutz zur Verfügung steht – die Vorschriften der hessischen Verfassung über das Recht der Selbstverwaltung verletzt (vgl. Rn. 30 f.). 189

Als juristische Person des öffentlichen Rechts kann die Gemeinde sich nach der Rechtsprechung des Bundesverfassungsgerichts nicht auf **Grundrechte** berufen. In Grenzen können grundrechtlich geschützte Rechtsgüter aber zum Inhalt des gemeindlichen Selbstverwaltungsrechts gehören. So sind Eigentum und Vermögen der Gemeinde, ihre wirtschaftliche Betätigung und Meinungsäußerungen in ihrem Aufgabenbereich vom gemeindlichen Selbstverwaltungsrecht gedeckt. Darüber hinaus umfasst die verfassungsrechtliche Selbstverwaltungsgarantie nach der verfassungsgerichtlichen Rechtsprechung den Inhalt solcher Verfassungsnormen, die das verfassungsrechtliche Bild der Selbstverwaltung mitzubestimmen geeignet sind (vgl. Rn. 30 f., 36). 190

2. Die Gemeinde als Beklagte

Beklagte im verwaltungsgerichtlichen Verfahren ist die Gemeinde nicht selten, wenn Bürgern die Benutzung gemeindlicher **öffentlicher Einrichtungen** verwehrt wird. Nach h.M. setzt die Benutzung gemeindlicher öffentlicher Einrichtungen regelmäßig eine Zulassung voraus. Für deren gerichtliche Durchsetzung kommt also eine auf die Erteilung der Zulassung gerichtete Verpflichtungsklage in Betracht. Sofern eine gemeindliche öffentliche Einrichtung von einem rechtlich verselbstständigten Träger betrieben wird, tritt an die Stelle der Verpflichtungsklage eine allgemeine Leistungsklage, die darauf gerichtet sein muss, dass die Gemeinde auf den Träger der Einrichtung mit dem Ziel der Zulassung des Klägers **einwirkt**. Sofern die Modalitäten der **Einrichtungsbe-** 191 nutzung privatrechtlich geregelt sind, sind für darauf bezogene Klagen anders als für die Zulassung die ordentlichen Gerichte zuständig (vgl. Rn. 121).

192 Wird jemand durch eine gemeindliche **Satzung** – etwa über einen Anschluss- und Benutzungszwang – in seinen Rechten verletzt, so kann er nach § 47 Abs. 1 Nr. 2 VwGO i.V.m. § 15 des Hessischen Gesetzes zur Ausführung der Verwaltungsgerichtsordnung (HessAGVwGO) einen **Normenkontrollantrag** beim VGH Kassel (korrekt nach § 1 Abs. 1 HessAGVwGO: Hessischer Verwaltungsgerichtshof) stellen. Er hat aber auch die Möglichkeit, gegen einen Verwaltungsakt, mit dem die Satzung ihm gegenüber durchgesetzt wird, Anfechtungsklage zu erheben und in diesem Verfahren die **inzidente Prüfung** der Rechtmäßigkeit der dem Verwaltungsakt zugrunde liegenden und für dessen Rechtmäßigkeit vorgreiflichen Satzung zu erreichen. Bei Verfahrensfehlern von Satzungen sind insbesondere die Heilungsmöglichkeiten des § 5 Abs. 4 HGO zu beachten (vgl. Rn. 117).

193 Nicht ganz selbstverständlich sind die gerichtlichen Durchsetzungsmöglichkeiten von **Bürgerbegehren**, mit denen ein Bürgerentscheid beantragt wird (§ 8 b HGO). Wird ein Bürgerbegehren für unzulässig erklärt, kann nach der Rechtsprechung des VGH Kassel eine Feststellungsklage, aber wohl auch eine Verpflichtungsklage, mit dem Ziel erhoben werden, das Bürgerbegehren für zulässig zu erklären. Statthaft dürfte indessen allein die Verpflichtungsklage sein. Als klagebefugt werden die Mitunterzeichner des Bürgerbegehrens angesehen. Nach Auffassung des VGH können die zur Einreichung eines Bürgerbegehrens berechtigten Bürger, soweit nicht überwiegende Belange entgegenstehen und soweit ihnen anderenfalls ein Rechtsverlust droht, weil durch den Vollzug eines Beschlusses der Gemeindevertretung irreversible Verhältnisse geschaffen würden, sogar schon vor Einreichung eines Bürgerbegehrens eine **einstweilige Anordnung** dahingehend erwirken, dass der Vollzug eines Beschlusses der Gemeindevertretung bis zum Ablauf der Frist unterbleibt, in welcher gegen den Beschluss ein Bürgerbegehren eingereicht werden kann (vgl. Rn. 105).

3. Kommunalverfassungsstreitigkeiten

194 Bei **Kommunalverfassungsstreitigkeiten** zwischen Organen oder Organteilen einer Gemeinde ergibt sich die **Beteiligungsfähigkeit** aus dem Rechtsgedanken des § 61 Nr. 2 VwGO, dass Rechte gerichtlich durchsetzbar sein sollen. Sie setzt voraus, dass dem Kläger hinsichtlich des konkreten Streitgegenstands ein **organschaftliches Recht** zustehen kann. Er muss sich also auf Normen berufen können, die nicht nur den reibungslosen Funktionsablauf in der Gemeinde regeln sollen, sondern gerade (auch) seinen spezifischen Interessen oder Aufgaben zu dienen bestimmt sind. Die Prozessfähigkeit beurteilt sich in Anknüpfung an § 62 Abs. 3 VwGO. Als Klageart wird überwiegend die **Feststellungsklage** verwendet. Die Leistungsklage wird ebenfalls für statthaft erachtet. Sofern landesrechtlich **Normenkontrollverfahren** nach § 47 Abs. 1 Nr. 2 VwGO vorgesehen sind, kann nach der Rechtsprechung im Rahmen eines Kommunalverfassungsstreits auch gemäß § 47 Abs. 1 Nr. 2 VwGO geltend gemacht werden, dass die Geschäftsordnung einer Gemeindevertretung Organrechte eines Organs oder Organteils der Gemeinde verletzt. Die Möglichkeit der Verletzung eines organschaftli-

chen Rechts des klagenden Organs oder Organteils wird meist im Rahmen der **Klagebefugnis** geprüft. Prüft man das Bestehen eines einschlägigen organschaftlichen Rechts, was überzeugender erscheint, bereits bei der vorgelagerten Frage der Beteiligungsfähigkeit, kann bei der Klagebefugnis darauf verwiesen werden. Klagen im Kommunalverfassungsstreit sind nicht gegen die Gemeinde, sondern gegen das jeweils in Anspruch genommene Organ zu richten (vgl. Rn. 107 f.).

§ 5 Polizeirecht

von *Franz Reimer*[1]

Literatur Landesrechtliche Literatur: *Bernet/Groß/Mende*, Polizeirecht in Hessen, Kommentar, Loseblatt, Stand April 1995, Heidelberg (Erscheinen des Werkes eingestellt); *Denninger*, Polizeirecht, in: Meyer/Stolleis (Hrsg.), Staats- und Verwaltungsrecht für Hessen, 5. Aufl., Baden-Baden 2000, S. 267-359; *Horn*, Polizei- und Ordnungsrecht, in: Gornig/Horn/Will, Öffentliches Recht in Hessen, München 2018, S. 177-363; *Hornmann*, Hessisches Gesetz über die öffentliche Sicherheit und Ordnung (HSOG), Kommentar, 2. Aufl., München 2008; *Kramer*, Hessisches Polizei- und Ordnungsrecht. Systematische Darstellung examensrelevanten Wissens, 2. Aufl., Stuttgart 2010; *Kunkel/Pausch/Prillwitz*, Hessisches Gesetz über die öffentliche Sicherheit und Ordnung, Kommentar für die Praxis, Mainz-Kostheim 1991; *Meixner/Fredrich*, Hessisches Gesetz über die öffentliche Sicherheit und Ordnung (HSOG), Kommentar, 12. Aufl., Stuttgart u.a. 2016; *Möstl/Mühl* (Hrsg.), BeckOK Polizei- und Ordnungsrecht Hessen, 9. Edition 10.11.2017; *Mühl/Leggereit/Hausmann*, Polizei- und Ordnungsrecht für Hessen, 4. Aufl., Baden-Baden 2013; *Pausch/Dölger*, Polizei- und Ordnungsrecht in Hessen, 5. Aufl., Stuttgart u.a. 2010; *Rasch u.a.*, Hessisches Gesetz über die öffentliche Sicherheit und Ordnung (HSOG), Kommentar, Loseblatt, Stand 21. Lfg. Jan. 2018, Wiesbaden (elektronisch zugänglich über: Praxis der Kommunalverwaltung Hessen).

Allgemeine Literatur: *Drews/Wacke/Vogel/Martens*, Gefahrenabwehrrecht – Allgemeines Polizeirecht (Ordnungsrecht) des Bundes und der Länder, 9. Aufl., Köln u.a. 1986; *Erbguth/Mann/Schubert*, Polizei- und Ordnungsrecht, in: dies.: Besonderes Verwaltungsrecht, 12. Aufl. 2015, S. 173-341; *Götz/Geis*, Allgemeines Polizei- und Ordnungsrecht, 16. Aufl., München 2017; *Gusy*, Polizeirecht, 10. Aufl., Tübingen 2017; *Knemeyer*, Polizei- und Ordnungsrecht, 11. Aufl., München 2007; *Knemeyer/Schmidt*, Prüfe dein Wissen/Polizei- und Ordnungsrecht, 4. Aufl., München 2016; *Kugelmann*, Polizei- und Ordnungsrecht, 2. Aufl., Berlin u.a. 2012; *Lisken/Denninger* (Hrsg.), Handbuch des Polizeirechts, 5. Aufl., München 2012; *Mann*, Polizei- und Ordnungsrecht, in: Erbguth/Mann/Schubert, Besonderes Verwaltungsrecht, 12. Aufl., Heidelberg 2015, S. 173-341; *Pieroth/Schlink/Kniesel/Kingreen/Poscher*, Polizei- und Ordnungsrecht, 9. Aufl., München 2016; *Schenke*, Polizei- und Ordnungsrecht, 10. Aufl., Heidelberg 2018; *Schenke/Schenke*, Polizei- und Ordnungsrecht, in: Steiner (Hrsg.), Besonderes Verwaltungsrecht, 8. Aufl., Heidelberg 2006, S. 171-362; *Schoch*, Polizei- und Ordnungsrecht, in: ders. (Hrsg.), Besonderes Verwaltungsrecht, 15. Aufl., Berlin 2013, S. 125-308; *Schöndorf-Haubold*, Europäisches Sicherheitsverwaltungsrecht, 2010; *Thiel*, Polizei- und Ordnungsrecht, 3. Aufl., Baden-Baden 2016; *Würtenberger*, Polizei- und Ordnungsrecht, in: Achterberg/Würtenberger/Püttner (Hrsg.), Besonderes Verwaltungsrecht, Bd. II, 3. Aufl., Heidelberg 2013, S. 398–556.

I. Systematische Einordnung

1. Begriff von Polizei und Polizeirecht

1 Polizei ist in Hessen[2] kein gesetzlich definierter Begriff. Üblicherweise werden ein **formeller** (institutioneller oder organisatorischer) und ein **materieller Polizeibegriff** unterschieden. Ersterer meint den Inbegriff derjenigen Behörden, die das Recht als Polizeibehörden bezeichnet.[3] Der materielle Polizeibegriff versteht dagegen unter dem Begriff „Polizei" Gefahrenabwehr. Dass beide Polizeibegriffe Überschneidungen aufweisen,

---

1 Für wertvolle Unterstützung bei der Überarbeitung danke ich meinen Mitarbeitern Herrn *Marius Danne* und Herrn *Georg Zimmermann*.
2 Zur Einordnung des hessischen Polizeirechts, insbes. des HSOG, in die bundesstaatliche Ordnung und in das Polizeirecht insgesamt siehe Rn. 8 f.
3 So bspw Art. 1 BayPAG: „Polizei im Sinn dieses Gesetzes sind die im Vollzugsdienst tätigen Dienstkräfte der Polizei des Freistaates Bayern."

wird aus § 1 Abs. 1 S. 1 HSOG[4] deutlich. Danach haben die **Gefahrenabwehrbehörden** (Verwaltungsbehörden, Ordnungsbehörden) und die **Polizeibehörden** die gemeinsame Aufgabe der Abwehr von Gefahren für die öffentliche Sicherheit oder Ordnung (Gefahrenabwehr), soweit das HSOG nichts Anderes bestimmt. Dieser Bestimmung kann man entnehmen, dass Gefahrenabwehr nicht allein Aufgabe der Polizei-, sondern auch anderer Behörden ist. Umgekehrt haben nach § 1 Abs. 2 HSOG die Gefahrenabwehrbehörden und die Polizeibehörden ferner die ihnen durch andere Rechtsvorschriften zugewiesenen weiteren Aufgaben zu erfüllen. Daher können Polizeibehörden auch mit Aufgaben betraut werden, die nicht dem materiellen Polizeibegriff unterfallen (wie der Verfolgung von Straftaten und Ordnungswidrigkeiten, Rn. 15 ff.).

Wie „Polizei" kann auch „**Polizeirecht**" im formellen Sinne (als Gesamtheit der Normen, die sich auf „Polizeibehörden" beziehen) oder im materiellen Sinne (Recht der Gefahrenabwehr) verstanden werden. Die Vorschriften des HSOG[5] legen mit der Trennung von Gefahrenabwehr- und Polizeibehörden (Rn. 217 ff.) einen formellen Polizeibegriff und damit auch einen formellen Begriff des Polizeirechts nahe. In Bundesländern, die Polizeibehörden von anderen Behörden (zumeist als Ordnungsbehörden bezeichnet) strikt unterscheiden und für beide Behörden eigenständige Gesetze bereithalten,[6] drängt sich der formelle Polizeirechtsbegriff geradezu auf. Auch in Hessen wird das Gefahrenabwehrrecht oftmals begrifflich in Polizei- und Ordnungsrecht aufgeschlüsselt, ohne dass es eine vergleichbare klare gesetzliche Trennung gibt. Der materielle Polizeibegriff ermöglicht indes, das stets gemeinte Polizei- und Ordnungsrecht kurz als „Polizeirecht" zu bezeichnen. Polizeirecht in diesem Sinne ist **Gefahrenabwehrrecht**. In seinem Zentrum steht der Begriff der „Gefahr" (hierzu Rn. 54 ff.). Nach § 1 Abs. 1 HSOG und nach der Legaldefinition des § 11 HS 1 HSOG sind Bezugspunkte der Gefahr die „öffentliche Sicherheit und Ordnung"; auch diese Begriffe erweisen sich damit als zentrale Begriffe des Polizeirechts (siehe Rn. 34 ff.). Wieso mit der Aufgabe der Gefahrenabwehr eine verwirrende Vielzahl von Behörden betraut ist, wird an späterer Stelle (Rn. 217 ff.) aufgezeigt.

Viele Zweige des besonderen Verwaltungsrechts – wie Bauordnungsrecht, Anlagenrecht, Gewerberecht, Gesundheitsrecht (bspw Infektionsschutzrecht, Rn. 124), Ausländer- bzw. Aufenthaltsrecht – waren historisch Teil des Polizeirechts und dienen nach wie vor jedenfalls streckenweise der Gefahrenabwehr, werden heute aber allenfalls als „**besonderes Polizeirecht**" (oder als Polizeirecht im weiteren Sinne) verstanden. Die Ausdifferenzierung der Teilrechtsgebiete hat dazu geführt, dass man unter „**allgemeinem Polizeirecht**" (Polizeirecht i.e.S.) nur die Normen des Gefahrenabwehr-

2

3

---

4 Hessisches Gesetz über die öffentliche Sicherheit und Ordnung (HSOG) in der Fassung v. 14.1.2005, zuletzt geändert d. Art. 18 des Hessischen Gesetzes zur Anpassung des Hessischen Datenschutzrechts an die Verordnung (EU) Nr. 2016/679 und zur Umsetzung der Richtlinie (EU) Nr. 2016/618 und zur Informationsfreiheit v. 3.5.2018 (GVBl. S. 82) sowie durch Art. 3 des Gesetzes zur Neuausrichtung des Verfassungsschutzes in Hessen v. 25.6.2018 (GVBl. S. 302). Durch Art. 1 des Gesetzes v. 27.6.2013 (GVBl. S. 444) ist die Befristung (§ 115 Abs. 2 HSOG a.F.) aufgehoben worden.
5 Und § 7 S. 1 Nr. 4 lit. f JAG über Pflichtfächer für die staatliche Pflichtfachprüfung: „Polizei- und Ordnungsrecht".
6 Näher zu diesen begrifflichen Fragen *Pieroth/Schlink/Kniesel/Kingreen/Poscher*, § 2 Rn. 23 ff.; *Schenke*, Rn. 20.

rechts versteht, die ohne besondere gegenständliche Begrenzung des Lebensbereichs (bspw Infektionsschutz, Versammlungen) und ohne spezialgesetzliche Normierung (IfSG, VersG) der Gefahrenabwehr dienen. Auf das so verstandene allgemeine Polizeirecht (in Hessen) konzentrieren sich die nachfolgenden Ausführungen. Es ist im Wesentlichen im HSOG kodifiziert. Das HSOG tritt nach § 3 Abs. 1 S. 2 gegenüber den Normen des besonderen Polizeirechts zurück, ist also nur anwendbar, wenn keine Spezialnorm greift.[7] Dies ist besonders wichtig – und schwierig – im Verhältnis zum VersG („Polizeifestigkeit des Versammlungsrechts").[8] Soweit eine Norm des besonderen Polizeirechts also explizit oder implizit eine positive oder negative (!) Regelung trifft, was durch Auslegung zu ermitteln ist,[9] findet das HSOG keine Anwendung.

4 Zunehmend wird Polizeirecht als Teil eines umfassenderen „Sicherheitsrechts" verstanden. Zu diesem **Sicherheitsrecht** soll das ganze Recht der inneren Sicherheit (BPolG, BKAG, BNDG, BVerfSchG, ATDG,[10] RED-G[11]), aber auch Teile des Rechts der äußeren Sicherheit (LuftSiG, MADG), ferner weitere Bereiche des besonderen Verwaltungsrechts (wie das VereinsG und das WaffenG) gehören.[12] Zugrunde liegt im Nachgang zum 11. September 2001 die Wahrnehmung, die Bedrohung für die Gesellschaft habe sich sowohl (quantitativ) vergrößert als auch (qualitativ) gewandelt („asymmetrische Bedrohung"). Der semantische Wandel spiegelt eine veränderte Sicht auf Staatsaufgaben und Staatsstrukturen:[13] Statt um Abwehr von Gefahren geht es um Gewährleistung von Sicherheit. Dabei hat „Sicherheitsrecht" meist eher das Bundes- als das Landesrecht im Blick (zum hessischen Sicherheitsrecht ließe sich neben dem HSOG das HFPG[14], das HSÜG[15] und das HSVG[16] zählen), so dass der Begriff auch Ausdruck der **Entföderalisierung** der Sicht auf Gefahrenabwehr ist: Gewährleistung von Sicherheit wird immer weniger den Ländern zugetraut und immer mehr vom Bund erwartet.

5 Wenn im Folgenden maßgeblich zwischen **materiellem** (Rn. 29 ff.) und **formellem** (Rn. 198 ff.) **Polizeirecht** unterschieden wird, so darf dies nicht als eine Gegenüberstellung des materiellen und formellen Polizeirechtsbegriffs im soeben beschriebenen Sinne verstanden werden. Beim formellen Polizeirecht geht es vielmehr um formell-recht-

---

7 Dieses (klausurrelevante, näher Rn. 280 f.) Rangverhältnis kann auch auf den Grundsatz *lex specialis derogat legi generali* gestützt werden, § 3 Abs. 1 S. 2 HSOG ist dann deklaratorisch.
8 Dazu *Messmann*, Das Zusammenspiel von Versammlungsgesetz und allgemeinem Polizeirecht, JuS 2007, 524; *Frenz*, Polizei- und Versammlungsrecht – Abgrenzung und Zusammenspiel –, JA 2007, 334; vertiefend *Pieroth/Schlink/Kniesel/Kingreen/Poscher*, §§ 20-23. Anschauungsbeispiel unten Rn. 277.
9 Parallel das Verhältnis von Spezialbefugnissen zur Generalklausel; für das HSOG s.u. Rn. 193 f.
10 Gesetz zur Errichtung einer standardisierten zentralen Antiterrordatei von Polizeibehörden und Nachrichtendiensten von Bund und Ländern (Antiterrordateigesetz - ATDG) v. 22.12.2006, BGBl. I S. 3409.
11 Gesetz zur Errichtung einer standardisierten zentralen Datei von Polizeibehörden und Nachrichtendiensten von Bund und Ländern zur Bekämpfung des gewaltbezogenen Rechtsextremismus (Rechtsextremismus-Datei-Gesetz - RED-G) v. 20.8.2012, BGBl. I S. 1798.
12 Vgl. bspw. *Schenke/Graulich/Ruthig* (Hrsg.), Sicherheitsrecht des Bundes, 2014.
13 Krit. *Reimer*, Sicherheitsrecht?, in: FS Kreuzer, 2018, i.E; daggen *Kaiser*, Auf Sand gebaut. Sicherheitsarchitekturen im Baurdnungsrecht, in: FS Gärditz, 2020, i.V.
14 Gesetz für die aktive Bürgerbeteiligung zur Stärkung der Inneren Sicherheit (Hessisches Freiwilligen-Polizeidienst-Gesetz, HFPG) v. 13.6.2000, GVBl. I S. 294.
15 Hessisches Sicherheitsüberprüfungsgesetz v. 19.12.2014, GVBl. S. 462.
16 Hessisches Verfassungsschutzgesetz (Art. 1 des Gesetzes zur Neuausrichtung des Verfassungsschutzes v. 25.6.2018, GVBl. 302), das nach seinem § 29 das bisher geltende Gesetz über das Landesamt für Verfassungsschutz (LVerfSchG) v. 19.12.1990 (GVBl. I S. 753) zeitlich gestuft aufhebt.

liche Aspekte des Polizeihandelns – genauer: um Fragenkreise, die die formelle Rechtmäßigkeit des Polizeihandelns betreffen; das materielle Polizeirecht hat die inhaltlichen Anforderungen an das Polizeihandeln zum Gegenstand.

2. Europarechtliche, bundesstaatliche und rechtsstaatliche Aspekte des Polizeirechts

a) Europarecht

Bisher war Polizeirecht weitgehend mitgliedstaatliches Recht. Die Tätigkeiten von Gemeinschaft bzw. Union hatten überwiegend koordinierenden Charakter; sie dienten insbesondere dem Informationsaustausch. Nach wie vor hat die europäische Polizeibehörde EUROPOL[17] (Art. 88 AEUV) schwerpunktartig informationelle, weniger „aktionelle" Befugnisse, d.h. Handlungsbefugnisse:[18] Operative Maßnahmen sind die Ausnahme, Zwangsmaßnahmen sind ganz den mitgliedstaatlichen Behörden vorbehalten (Art. 88 Abs. 3 AEUV).   6

Allerdings will die Europäische Union ihren Bürgerinnen und Bürgern nach Art. 3 Abs. 2 EUV einen Raum der Freiheit, der Sicherheit und des Rechts bieten, in dem – in Verbindung mit geeigneten Maßnahmen in Bezug auf die Verhütung und Bekämpfung der Kriminalität – der freie Personenverkehr gewährleistet ist.[19] Ziel ist ein hohes Maß an Sicherheit (Art. 67 Abs. 3 AEUV). Das Grundrecht auf Freiheit und Sicherheit (Art. 6 GRCh) adressiert die Unionsorgane, die Mitgliedstaaten dagegen nur bei der – nach der Rspr. allerdings sehr weit zu verstehenden – Durchführung des Unionsrechts (Art. 51 Abs. 1 S. 1 GRCh); es stellt auch kein „Grundrecht auf Sicherheit" dar.[20] Die bisher in der Dritten Säule – in intergouvernementaler Zusammenarbeit – verankerte polizeiliche und justizielle Zusammenarbeit in Strafsachen ist vergemeinschaftet worden. Für das Politikfeld „Raum der Freiheit, der Sicherheit und des Rechts" sieht Art. 4 Abs. 2 lit. j AEUV eine geteilte Zuständigkeit zwischen Union und Mitgliedstaaten vor, so dass der EU nach Art. 2 Abs. 2 AEUV im Rahmen der Einzelermächtigungen (z.B. Art. 87 Abs. 2, 3 AEUV) ein Rechtsetzungsrecht zukommt, das in der Regel im ordentlichen Gesetzgebungsverfahren auszuüben ist. Große Bedeutung hat der auf der Basis von Art. 77 Abs. 2 AEUV erlassene Schengener Grenzkodex.[21] Der EuGH kann die mitgliedstaatlichen Maßnahmen im Bereich der polizeilichen Zusammenarbeit nicht überprüfen (Art. 276 AEUV).[22]

Am spürbarsten (und prüfungsrelevantesten) dürfte die Europäisierung des Polizeirechts trotz dieser Entwicklungen nach wie vor bei der Ausübung des mitgliedstaatlichen polizeilichen Ermessens sein: Als ermessenssteuernde Faktoren kommen in geeigneten Sachverhalten selbstverständlich in Betracht   7

---

17 Näher zu ihr *Schöndorf-Haubold*, Rn. 41 ff., *Schoch*, Rn. 77 ff.; *Schenke*, Rn. 465 ff.
18 Zur Unterscheidung aktioneller und informationeller Befugnisse Rn. 149.
19 Eingehend *Schöndorf-Haubold*, Rn. 2.
20 *Leuschner*, EuR 2016, 431 ff. Zur Diskussion eines solchen Grundrechts im GG *Isensee*, Das Grundrecht auf Sicherheit, 1983; *Hermes*, Das Grundrecht auf Schutz von Leben und Gesundheit, 1987; *Thiel*, Die "Entgrenzung" der Gefahrenabwehr, 2011, S. 154 ff.
21 VO (EU) Nr. 2016/399 des Europäischen Parlaments und des Rates v. 9.3.2016 über einen Gemeinschaftskodex für das Überschreiten der Grenzen durch Personen (Schengener Grenzkodex).
22 Näher *Herdegen*, Europarecht, 17. Aufl. 2017, § 20 Rn. 1 f., 15.

- Normen des Unionsrechts (wie die Grundfreiheiten), die in Deutschland wegen des Anwendungsvorrangs des Unionsrechts unmittelbar gelten, wie auch
- Normen des Europarechts im weiteren Sinne (insbesondere die Verbürgungen der EMRK), die als einfaches Bundesrecht gelten (Art. 59 Abs. 2 S. 1 GG).

b) Bundesstaatliche Kompetenzordnung im Polizeirecht

8 Nach Art. 70 Abs. 1 GG verfügen grundsätzlich die Länder über die **Gesetzgebungskompetenzen**, der Bund nur dann, wenn ihm einzelne Titel ausdrücklich zugewiesen werden. In den Art. 73, 74 GG ist kein Kompetenztitel enthalten, der dem Bund eine umfassende oder sich zumindest auf sehr große Teile des Polizeirechts erstreckende Gesetzgebungsbefugnis zubilligt. Allein für bestimmte dem materiellen Polizeirecht zuzuordnende Gebiete stehen dem Bund Kompetenzen zu. Der Bund besitzt etwa die ausschließliche Gesetzgebungskompetenz für den Zoll- und Grenzschutz (Art. 73 Abs. 1 Nr. 5 GG), die Abwehr von Gefahren des internationalen Terrorismus durch das Bundeskriminalpolizeiamt (Art. 73 Abs. 1 Nr. 9a GG),[23] die Bundeskriminalpolizei (Art. 73 Abs. 1 Nr. 10a GG) und den Verfassungsschutz (Art. 73 Abs. 1 Nr. 10b GG), ferner die konkurrierende Gesetzgebungskompetenz für das gerichtliche Verfahren (Art. 74 Abs. 1 Nr. 1 GG, hierzu Rn. 16, 23), das Gewerberecht als Teilbereich des Rechts der Wirtschaft (Art. 74 Abs. 1 Nr. 11 GG), das – verkürzt gesagt – Seuchenrecht (Art. 74 Abs. 1 Nr. 19 GG), das Lebens- und Futtermittelrecht (Art. 74 Abs. 1 Nr. 20 GG) und Teile des Immissionsschutzrechts (Art. 74 Abs. 1 Nr. 24 GG). Von diesen Kompetenzen hat der Bundesgesetzgeber zumeist umfassend Gebrauch gemacht. Bis 2006 besaß der Bund auch die für das Polizeirecht bedeutsame Gesetzgebungskompetenz für das **Versammlungsrecht** (Art. 74 Abs. 1 Nr. 3 GG a.F.). Im Zuge der Föderalismusreform ist diese Kompetenz entfallen und steht damit nach Art. 70 Abs. 1 GG den Ländern zu. Da der hessische Gesetzgeber nach wie vor nicht tätig geworden ist, gilt das Versammlungsgesetz als Bundesrecht nach Maßgabe von Art. 125a Abs. 1 GG vorerst fort.

9 Der **Vollzug der Gesetze** obliegt in der Bundesrepublik grundsätzlich den Landesbehörden (für den Vollzug von Bundesgesetzen sieht dies Art. 83 GG ausdrücklich vor). Die Ausführung einiger Bundesgesetze, die (zumindest auch) dem Polizeirecht zuzuordnen sind, obliegt hingegen nicht den Landesbehörden. So sind auf Grundlage von Art. 87 Abs. 1 S. 2 GG mehrere **Bundespolizeibehörden** wie die Bundespolizei, das Bundeskriminalamt, der Bundesnachrichtendienst und das Bundesamt für Verfassungsschutz eingerichtet worden, die für den Vollzug des BPolG, BKAG, BNDG und des BVerfSchG zuständig sind.[24] Auch hier bricht sich die allgegenwärtige Unitarisierung Bahn.[25]

---

[23] Dazu *Tams*, Die Zuständigkeit des Bundes für die Abwehr terroristischer Gefahren – Anmerkungen zum neuen Art. 73 Abs. 1 Nr. 9a GG, DÖV 2007, 367 ff.
[24] Siehe dazu ausführlich samt Umschreibung der ihnen jeweils wahrzunehmenden Aufgaben *Kretschmer*, BKA, BND und BfV – Was ist das und was dürfen sie?, Jura 2006, 336 ff.
[25] Vgl. für den Verfassungsschutz exemplarisch die Pläne von CDU, CSU und FDP im Koalitionsvertrag v. 7.2.2018, Z. 5980 ff.

c) Rechtsstaatliche Vorgaben für das Polizeirecht

Die Polizei ist nach Art. 26 HV an die Grundrechte der Landesverfassung (i.d.B. § 2 Rn. 18 ff.) und nach Art. 1 Abs. 3 GG an die Grundrechte des Grundgesetzes gebunden. Dies schließt eine Bindung an den (im Polizeirecht entstandenen) Verhältnismäßigkeitsgrundsatz ein, den § 4 HSOG deklaratorisch aufgreift, auch mit dem Hinweis auf den zeitlichen Aspekt der Verhältnismäßigkeit (§ 4 Abs. 3 HSOG). Grundrechtseingriffe können bereits in der einschüchternden Wirkung polizeilichen Handelns liegen.[26] Zentrale verfassungsrechtliche Anforderung an das Polizeihandeln ist der Grundsatz vom Vorbehalt des Gesetzes, nach dem belastendes Hoheitshandeln einer formellgesetzlichen Eingriffsgrundlage bedarf. Erforderlich ist eine Befugnisnorm, d.h. ein Parlamentsgesetz, das der Polizei dem Bürger gegenüber die Befugnis zum Eingriff in seine Rechte verleiht. Eine Aufgabennorm genügt nicht; von einer Aufgabe darf nicht auf eine Befugnis geschlossen werden (Rn. 25). Daher beginnt die typische polizeirechtliche Klausur mit der Suche nach einer gesetzlichen Ermächtigungsgrundlage (Rn. 277 ff.).

10

Diese Eingriffsgrundlage muss hinreichend bestimmt sein; dies ergibt sich aus dem allgemeinen rechtsstaatlichen Bestimmtheitsgebot (i.d.B. § 2 Rn. 22; Art. 20 Abs. 3 GG), u.U. aber auch – mit strengeren Anforderungen – aus den eingeschränkten Grundrechten (wie Art. 10 GG im Falle der Telekommunikationsüberwachung[27]). Die polizeiliche Generalklausel (Rn. 193) ist angesichts ihrer langjährigen Konkretisierung durch die Rspr nicht zu unbestimmt, auch nicht in der Tatbestandsalternative „öffentliche Ordnung". Die Eingriffsgrundlagen dürfen auch im Übrigen nicht gegen die Grundrechte von HV und GG verstoßen, insbesondere keine verbotenen Einzelfallgesetze darstellen (Art. 63 Abs. 2 S. 1 HS 1 HV und Art. 19 Abs. 1 S. 1 GG), müssen das beschränkte Grundrecht nennen (Art. 63 Abs. 2 S. 1 HS 2 HV und Art. 19 Abs. 1 S. 2 GG)[28] und dessen Wesensgehalt unangetastet lassen (Art. 63 Abs. 1 HV und Art. 19 Abs. 2 GG).

11

In Hessen enthält das HSOG die wichtigsten Eingriffsgrundlagen des allgemeinen Polizeirechts. Es hat im Jahr 1964 das zuvor geltende Hessische Polizeigesetz aus dem Jahr 1954 abgelöst.[29] Das HSOG ist seitdem häufig geändert worden. Eine bedeutsame Neugestaltung erfolgte mit dem Änderungsgesetz vom 18.12.1989 im sog. HSOG 1990; in ihm wurden u.a. zahlreiche Datenerhebungs- und -verwendungsvorschriften erstmals aufgenommen.[30] Änderungen größeren Umfangs im Bereich der Datenerhebung und -verwendung sowie eine Regelung zum sog. gezielten polizeilichen Todes-

12

---

26 Etwa ein Eingriff in Art. 8 GG im Tiefflug eines Tornados der Bundeswehr über eine Versammlung: BVerwG, Urt. v. 25.10.2017, 6 C 46/16. Zur Zurechnung der Amtshilfe unten Rn. 227.
27 BVerfGE 113, 348, 375 ff.
28 Das Zitiergebot des Art. 19 Abs. 1 S. 2 gilt strikt formal, d.h. einerseits nur für einschränkbare Grundrechte (vgl. nach Wortlaut von Art. 19 Abs. 1 S. 1 GG), andererseits – seit 2005 – auch bei Änderungsgesetzen, selbst wenn das Stammgesetz (z.B. HSOG) dem Zitiergebot Rechnung trägt und sich der Gesetzgeber ausweislich der Gesetzesbegründung der Grundrechtseinschränkung bewusst war: BVerfGE 113, 348, 366 ff.
29 Siehe zu den historischen Entwicklungen näher *Meixner/Fredrich*, Einführung, Rn. 15 ff.
30 In der Folge verschob sich – was beim Heranziehen älterer Literatur und Rechtsprechung zu beachten ist – die Paragraphennummerierung erheblich. Ausführlich zur Novelle *Graulich*, Das neue Hessische Gesetz über die öffentliche Sicherheit und Ordnung, NVwZ 1991, 648 ff.

schuss (Rn. 247) brachte das Gesetz vom 15.12.2004.[31] Umfangreiche Änderungen enthielt auch das Gesetz vom 14.12.2009; sie betrafen die vom BVerfG für nichtig erklärte Regelung zur automatisierten Kennzeichenerfassung (§ 14 Abs. 5 HSOG a.F., Rn. 192) und weitere Formen der Datenerhebung (insbesondere die Einführung des § 15 b HSOG).[32] Weitere Änderungen enthielten das Gesetz zur Änderung des Melderechts v. 28.9.2015 und das Gesetz zur Regelung des Rechts der Hilfen und Unterbringung bei psychischen Krankheiten v. 4.5.2017. Am Ende der 19. Wahlperiode beschloss der Landtag im Jahre 2018 mit dem Hessischen Gesetz zur Anpassung des Hessischen Datenschutzrechts und dem Gesetz zur Neuausrichtung des Verfassungsschutzes in Hessen (oben Fn. 4) umfangreiche Änderungen des HSOG, darunter die Einfügung von Ermächtigungsgrundlagen für Staatstrojaner (§ 15 c HSOG), Meldeauflagen (§ 30 a HSOG) und Elektronischer Aufenthaltsüberwachung (§ 31 a HSOG).

13 Das 2000 in Kraft getretene „Gesetz für die aktive Bürgerbeteiligung zur Stärkung der Inneren Sicherheit" (Hessisches Freiwilligen-Polizeidienst-Gesetz, HFPG)[33] verleiht den Angehörigen des Freiwilligen Polizeidienstes – Personen, die sich freiwillig für die Wahrnehmung polizeilicher Aufgaben zur Verfügung gestellt haben, ohne Bedienstete einer Polizeibehörde zu sein (§ 1 Abs. 2 S. 2 HFPG) – bestimmte Befugnisse der Polizeibehörden, indem es in § 2 Abs. 1 S. 1 Nr. 1 HFPG auf ausgewählte Normen des HSOG (insbesondere §§ 11-13, 31, 40 HSOG) verweist.[34] Die Maßnahmen des Freiwilligen Polizeidienstes werden den jeweiligen Polizeibehörden zugerechnet (§ 2 Abs. 2 HFPG). Ob diese Regelungen mit Art. 33 Abs. 4 GG vereinbar sind, ist strittig,[35] angesichts des Gestaltungsspielraums des Gesetzgebers („in der Regel Angehörigen des öffentlichen Dienstes zu übertragen") aber zu bejahen. Den verfassungsrechtlichen Zitiergeboten (Rn. 11) ist durch § 9 HFPG genügt. Strikt vom Freiwilligen Polizeidienst zu unterscheiden sind die „Hilfspolizeibeamtinnen und Hilfspolizeibeamten" nach § 99 HSOG (Rn. 226).

14 Auf der Basis zahlreicher Normen des HSOG sowie der §§ 3, 8 HFPG wurde 2007 die HSOG-Durchführungsverordnung erlassen,[36] die u.a. wichtige Organisations- und Zuständigkeitsvorschriften enthält (§§ 2 ff. HSOG-DVO).

---

31 Eingehend zu dieser Novelle *Graulich*, Die Novellierung des Hessischen Gesetzes über die öffentliche Sicherheit und Ordnung im Jahr 2004, NVwZ 2005, 271 ff.; *Kramer*, Das „modernste Polizeigesetz aller Länder", VR 2005, 186 ff.
32 Überblick und kritische Würdigung: *Hornmann*, Neuordnung des Polizeirechts in Hessen versus Grundgesetz, LKRZ 2010, 121 ff., 171 ff.; *Kramer/Fiebig*, Das hessische als das liberalste Polizeigesetz?, LKRZ 2010, 214 ff.
33 Oben Fn. 14.
34 Näher *Hornmann*, § 81 HSOG Rn. 31 ff.
35 Dagegen *Hornmann*, Zur Unvereinbarkeit des Hessischen Freiwilligen-Polizeidienst-Gesetzes mit Artikel 33 Absatz 4 GG, LKRZ 2008, 201 ff.; *Fenger/Tohidipur/Tuchscherer*, Die hessische Stadtpolizei, LKRZ 2013, 451, 452.
36 Verordnung zur Durchführung des Hessischen Gesetzes über die öffentliche Sicherheit und Ordnung und zur Durchführung des Hessischen Freiwilligen-Polizeidienst-Gesetzes (HSOG-DVO) v. 12.6.2007, GVBl. I S. 323, zuletzt geänd. d. VO v. 23.10.2012, GVBl. S. 326.

I. Systematische Einordnung

3. Präventives Handeln

a) Präventives und repressives Handeln

Gefahrenabwehr bedeutet die Abwehr bevorstehender, drohender Schädigungen polizeilicher Schutzgüter. Damit stellt sich die Gefahrenabwehr als **präventive Tätigkeit** dar. Ihr kann man die **repressive Tätigkeit** gegenüberstellen. Zu dieser zählen die Strafverfolgung und die Verfolgung von Ordnungswidrigkeiten, da es bei ihnen vornehmlich darum geht, bereits begangene Rechtsverstöße im Nachhinein zu sanktionieren, worunter auch die Ermittlung des Straftäters bzw. desjenigen zählt, der eine Ordnungswidrigkeit begangen hat. Die Begriffe „präventiv" und „repressiv" sind nicht selbst Gesetzesbegriffe,[37] sondern sollen helfen, die Zuordnung zu und Abgrenzung von Gesetzesbegriffen wie „Strafrecht" (Art. 74 Abs. 1 Nr. 1 GG) oder „Strafrechtspflege" (§ 23 Abs. 1 S. 1 EGGVG) zu erleichtern.

15

Denn die Unterscheidung in präventive und repressive Maßnahmen hat in mehrerer Hinsicht erhebliche praktische Bedeutung. Sie hilft bei der Identifikation der je einschlägigen Rechtsgrundlagen und der mit ihnen verbundenen unterschiedlichen Handlungsprinzipien, bei der Kontrolle der jeweiligen Gesetzgebungskompetenz sowie bei der Bestimmung des richtigen Rechtsschutzes: Repressives Handeln bemisst sich nach der StPO[38] bzw. dem OWiG (siehe dort insbesondere § 163 StPO und § 53 OWiG) und nicht nach dem HSOG; dementsprechend gelten auch unterschiedliche, sich aus dem jeweiligen Gesetz ergebende Befugnisnormen. Im Polizeirecht gilt das **Opportunitätsprinzip**, so dass Gefahrenabwehrhandeln nach pflichtgemäßem **Entschließungs- und Auswahlermessen** erfolgt (Rn. 131 ff.); im Strafermittlungsverfahren gilt hingegen das **Legalitätsprinzip**, wonach die Strafverfolgungsbehörden grundsätzlich die Pflicht zur Strafverfolgung haben (siehe insbesondere § 152 Abs. 2 StPO: „ist ... verpflichtet"; § 163 Abs. 1 S. 1 StPO: „haben ... zu erforschen"), so dass kein Entschließungsermessen besteht.[39] Für Strafrecht und Strafverfahren mit Strafverfolgung hat der Bund die konkurrierende Gesetzgebungszuständigkeit (Art. 74 Abs. 1 Nr. 1 GG), andere Materien – insbesondere die Gefahrenabwehr – fallen grundsätzlich (Rn. 8) den Ländern zu (Art. 70 Abs. 1 GG). Gerichtlich überprüft werden repressive Maßnahmen vor den ordentlichen Gerichten

16

- nach § 98 Abs. 2 S. 2 StPO in unmittelbarer Anwendung (für die Beschlagnahme) oder analoger Anwendung (für andere Ermittlungsmaßnahmen) für nichtrichterlich angeordnete Maßnahmen,
- nach § 304 Abs. 1, 2 StPO für richterlich angeordnete Maßnahmen,
- nach § 101 Abs. 7 S. 2 StPO bei nachträglich begehrtem Rechtsschutz gegen verdeckte Ermittlungsmaßnahmen,
- im Übrigen (vgl. § 23 Abs. 3 EGGVG) als sog. **Justizverwaltungsakte** im Sinne von § 23 Abs. 1 S. 1 EGGVG,

---

37 Insbesondere hat „Kriminalprävention" i.S.v. § 1 VI HSOG die engere Bedeutung „vorbeugende Straftatenbekämpfung", vgl. LT-Drucks. 15/848, S. 4.
38 Die nach h.M. allerdings vereinzelt auch präventive Vorschriften enthält, bspw § 81 b Alt. 2 und § 81 g StPO; zur möglichen Kompetenzwidrigkeit sub specie Art. 74 Abs. 1 Nr. 1 GG vgl. Rn. 23.
39 Anders im OWiG-Verfahren, vgl. § 47 Abs. 1 S. 1 OWiG: „im pflichtgemäßen Ermessen der Verfolgungsbehörde".

präventive Maßnahmen dagegen nach § 40 Abs. 1 VwGO vor den Verwaltungsgerichten.

b) Abgrenzungsprobleme

17 Die **Abgrenzung** zwischen präventivem und repressivem Handeln fällt nicht immer leicht. Hier ist im Einzelnen vieles umstritten. Mit Blick auf die schwer zuzuordnenden Aufgaben von Straftatenverhütung und Strafverfolgungsvorsorge (vgl. § 1 Abs. 4 HSOG) wird neben präventivem und repressivem Handeln daher auch eine dritte polizeiliche Aufgabenkategorie „Vorfeldarbeit" vorgeschlagen.[40] Hinsichtlich der ansonsten nicht sinnvoll qualifizierbaren Strafverfolgungsvorsorge (Rn. 23) überzeugt dies, im Übrigen kann es bei der brauchbaren Unterscheidung von präventivem und repressivem Handeln bleiben.

18 Wenig problematisch sind Fälle, bei denen mehrere behördliche Maßnahmen zwar in einem engen räumlich-zeitlichen Zusammenhang ergehen, diese bei einheitlicher Betrachtung einen teilweise präventiven und einen teilweise repressiven Charakter besitzen, eine separate Betrachtung aber möglich ist. Die Maßnahmen sind dann einzeln zu betrachten und jeweils einem der beiden Bereiche zuzuordnen.

19 **Beispiel:**
Ein Polizist beobachtet im Stadtpark einen Handtaschendiebstahl. Als der Täter zur Flucht ansetzt, entreißt der Polizist diesem die Tasche, damit er sie als Beute nicht in Sicherheit bringen kann. Der Polizist händigt dem Opfer die Tasche kurzerhand wieder aus. Der Täter flüchtet, der Polizist verfolgt ihn und nimmt ihn sodann fest. Die Verfolgung und die Festnahme sind repressives Handeln, die Besitzerlangung an der Tasche präventives Handeln, da eine Schadensperpetuierung (an Eigentum und Besitz) verhindert werden soll.

20 Schwerer zuzuordnen sind Fälle, bei denen eine sog. **doppelfunktionale Maßnahme** vorliegt, die *uno actu* zugleich Gefahrenabwehr und Strafverfolgung bezweckt oder zumindest dem äußeren Anschein nach bezwecken könnte. Die überwiegende Ansicht stellt für die Einordnung der Maßnahme als repressive oder präventive Tätigkeit auf ihren Schwerpunkt ab (sog. **Schwerpunkttheorie**), der anhand ihres Gesamteindrucks zu ermitteln sein soll. Ist dieser präventiver Art, liegt präventives, andernfalls repressives Handeln vor. Strittig ist hier wiederum, ob der Schwerpunkt nach objektiven Kriterien – äußerer Anschein der Maßnahme, wie er sich für einen objektiven Amtswalter darstellt[41] – oder nach subjektiven Kriterien – Zweck, den der handelnde Amtswalter der Maßnahme beimisst[42] – zu ermitteln ist. Eine Spielart der auf objektive Anhaltspunkte abstellenden Meinung geht vom Vorliegen einer präventiven Maßnahme aus (Regel), wenn nicht ersichtlich ist, dass der Schwerpunkt auf der Strafverfolgung liegt

---

[40] *Weßlau*, Vorfeldermittlungen, 1989, S. 158 ff.; *Roggan*, Das neue BKA-Gesetz – Zur weiteren Zentralisierung der deutschen Sicherheitsarchitektur, NVwZ 2009, 257; zurückhaltender *Schoch*, Rn. 19; krit. *Thiel*, § 4 Rn. 9.
[41] So *Knemeyer*, Rn. 122; *Drews/Wacke/Vogel/Martens*, S. 139; *Würtenberger*, Rn. 137, der ergänzend auf den erkennbaren Willen des Handelnden abstellt (Rn. 139).
[42] So *Götz/Geis*, § 18 Rn. 19; vermittelnd BayVGH BayVBl 2010, 220: „anhand des (erkennbaren) Grunds oder Ziels des polizeilichen Einschreitens und gegebenenfalls dessen Schwerpunkts zu bestimmen".

(Ausnahme).⁴³ Allerdings erübrigt sich die Zuordnung, sofern auch nur eine Ermächtigungsgrundlage verwirklicht ist.⁴⁴

c) Insbesondere: Straftatenbekämpfung und -vorbeugung

Die Berührungspunkte von Gefahrenabwehr und Strafverfolgung verdeutlicht insbesondere § 1 Abs. 4 HSOG. Danach zählt zu den Aufgaben der Polizeibehörden (§ 1 Abs. 1 S. 1 Alt. 2 i.V.m. § 91 HSOG) – nicht der Gefahrenabwehrbehörden (§ 1 Abs. 1 S. 1 Alt. 1 HSOG)! – auch die vorbeugende Bekämpfung von Straftaten, nämlich die Verhütung zu erwartender Straftaten (Rn. 22) und die Strafverfolgungsvorsorge (Rn. 23). 21

Dass die **Verhütung von Straftaten** (§ 1 Abs. 4 1. Fall HSOG) zur Gefahrenabwehr im funktionalen Sinne gehört, legt schon § 1 Abs. 1 HSOG nahe: Die Unverletzlichkeit der Rechtsordnung, die auch durch eine bevorstehende Begehung von Straftaten betroffen ist, stellt nämlich ein Teilschutzgut der in § 1 Abs. 1 HSOG genannten öffentlichen Sicherheit dar (siehe dazu ausführlich Rn. 33 ff.). Bereits in dieser Hinsicht kann daher gefahrenabwehrrechtliches Handeln einen „Strafrechtsbezug" haben. Die Verhütung zu erwartender Straftaten unterfällt auch der Landeskompetenz für die Gefahrenabwehr.⁴⁵ Sofern keine Gefahr vorliegt, spricht man von „Vorfeldmaßnahmen"; sie können aber ebenfalls als präventives Handeln (nämlich als Prävention im engen Sinne) qualifiziert werden; sie sind dem Landesgesetzgeber zur Ausgestaltung und den Verwaltungsgerichten zur Kontrolle zugewiesen. 22

Kompetenzrechtlich und rechtspolitisch brisanter, weil die inhaltlichen Konturen des Gefahrenabwehrrechts überschreitend, ist die im Jahr 1998 in § 1 Abs. 4 2. Fall HSOG eingefügte Aufgabe der **Vorsorge für die Verfolgung künftiger Straftaten** („antizipierte Repression"). Die Verfolgungsvorsorge „erfolgt in zeitlicher Hinsicht präventiv, betrifft aber gegenständlich das repressiv ausgerichtete Strafverfahren."⁴⁶ Das Problem besteht nicht darin, dass ein Anwendungskonflikt mit dem Strafprozessrecht bestünde, da dessen Anwendbarkeit i.d.R. den *Verdacht* einer Straftat voraussetzt,⁴⁷ der im Vorsorgebereich gerade nicht vorliegt. Umstritten ist allerdings, ob der Bund (als Annex zum gerichtlichen Verfahren, Art. 74 Abs. 1 Nr. 1 GG) oder die Länder die Gesetzgebungskompetenz besitzen. Das Bundesverfassungsgericht rechnet die Verfolgungsvorsorge, den Kompetenztitel überdehnend, zum gerichtlichen Verfahren, so dass bei etwaigen landesrechtlichen Regelungen jeweils zu prüfen ist, ob der Bund von dieser seiner Kompetenz abschließend Gebrauch gemacht hat (Art. 72 Abs. 1 GG).⁴⁸ Die besseren Gründe sprechen dafür, die Verfolgungsvorsorge nicht unter das strafgerichtliche Verfahren i.S.v. Art. 74 Abs. 1 Nr. 1 GG fallen zu lassen⁴⁹ und mit dem 23

---

43 *Pieroth/Schlink/Kniesel/Kingreen/Poscher*, § 2 Rn. 15.
44 BGHSt 62, 123; näher und instruktiv *Marius Danne*, Doppelfunktionale Maßnahmen in der öffentlich-rechtlichen Klausur, JuS 2018, 434 ff.
45 BVerfGE 113, 348, 368.
46 BVerwGE 141, 329 (337); instruktiv zum Problemkreis *Graulich*, Strafverfolgungsvorsorge, NVwZ 2014, 685 ff.
47 Vgl. dazu *Meixner/Fredrich*, § 1 HSOG Rn. 43.
48 Bejaht für Telekommunikationsüberwachung in BVerfGE 113, 348, 369 ff.
49 *Schoch*, Rn. 16.

BVerwG[50] auch materiell-rechtlich als nicht-repressives Polizeihandeln einzustufen.[51] Da die Verfolgungsvorsorge mangels Gefahr und mangels Prävention im engen Sinne aber auch nicht als Gefahrenabwehr qualifiziert werden kann, unterliegt sie als dritte Aufgabenkategorie (Rn. 17) der landesgesetzlichen Ausgestaltung und ist, da und soweit die strafprozessualen Rechtsbehelfe (Rn. 16) nicht greifen, im Streitfall als öffentlich-rechtliche Streitigkeit vor den Verwaltungsgerichten zu überprüfen.[52]

24 Die zentrale inhaltliche Herausforderung liegt darin, dass sich das Polizeirecht von der Gefahrenabwehr im bisherigen Sinne löst und in ein nicht klar umgrenztes Vorfeld ausdehnt. § 1 Abs. 4 2. Fall HSOG schreibt polizeiliches Handeln in einem Bereich vor, in dem sich Vorgänge nach dem herkömmlichen polizeirechtlichen Begriffsverständnis noch nicht zu einer Gefahr verdichtet haben und es daher auch noch keinen polizeirechtlichen Verantwortlichen (siehe dazu noch ausführlich Rn. 83 ff.) gibt, gegen den sich eine Maßnahme richten könnte.[53] Auch der Verhältnismäßigkeitsgrundsatz geht hier angesichts der weitreichenden Ungewissheit ins Leere. Damit muss das bisherige Koordinatensystem des Polizeirechts in diesem Bereich weiterentwickelt werden, möglicherweise durch kompensatorische Zuständigkeits-, Verfahrens- und/oder Formvorschriften (Rn. 192).

4. Polizeiliche Aufgaben, Befugnisse und Zuständigkeiten

25 Für das Verständnis des Polizeirechts ist die begriffliche und zugleich sachlich-inhaltliche Unterscheidung von **polizeilichen Aufgaben und Befugnissen** fundamental. Das macht das Gesetz mit der Trennung von Aufgaben (§§ 1 f. HSOG) und Befugnissen (§§ 11 ff. HSOG) deutlich. Der bereits angeführte § 1 Abs. 1 S. 1 HSOG gibt den genannten Behörden die Gefahrenabwehr zur Aufgabe; § 1 Abs. 2 HSOG erwähnt die Selbstverständlichkeit, dass Spezialnormen den Gefahrenabwehr- und den Polizeibehörden weitere Aufgaben[54] zuweisen können; wichtigster Fall ist die Strafverfolgung nach § 163 Abs. 1 S. 1 StPO. § 1 Abs. 3 HSOG macht den Schutz privater Rechte zur subsidiären Aufgabe der Gefahrenabwehr- und Polizeibehörden (Rn. 40 ff.). § 1 Abs. 4 HSOG vereint unter dem missverständlichen Klammerzusatz „vorbeugende Bekämpfung von Straftaten" die bereits angesprochenen Aufgaben von Straftatenverhütung (Rn. 22) und Verfolgungsvorsorge (Rn. 23 f.). Zu den Aufgaben der Polizeibehörden (nicht auch der Gefahrenabwehrbehörden) gehört nach § 1 Abs. 5 HSOG schließlich auch die Vollzugshilfe i.S.d. §§ 44-46 HSOG.

26 Man könnte geneigt sein, von diesen Aufgaben auf damit einhergehende Befugnisse der jeweiligen Behörde für Eingriffshandeln zu schließen. Dies ist jedoch unzulässig. Neben der eindeutigen Systematik des HSOG sprechen auch rechtsstaatliche Gesichts-

---

50 BVerwG, Beschl. v. 18.5.2011, 6 B 1/11, NVwZ-RR 2011, 710 f. = LKRZ 2011, 335 f.
51 A.A. wegen § 81 g StPO *Neuhaus*, in: Dölling/Duttge/Rössner (Hrsg.), Gesamtes Strafrecht, Handkommentar, 3. Aufl. 2013, § 81 b StPO Rn. 1, 10; gegen die Parallele *Graulich* (Fn. 46), NVwZ 2014, 685, 689.
52 BVerwG (Fn. 50); a.A. als Vorinstanz HessVGH, Beschl. v. 8.12.2010, LKRZ 2011, 139 unter Hinweis auf BVerfGE 113, 348; näher zu möglichen Rechtsbehelfen *Neuhaus* (Fn. 51), § 81 b Rn. 10.
53 Ausführlich zu diesen Fragenkreisen *Hornmann*, § 1 HSOG Rn. 45–64.
54 D.h. über die Gefahrenabwehr hinaus, so dass § 1 der Verordnung zur Durchführung des HSOG und zur Durchführung des HFPG (HSOG-DVO) v. 12.6.2007, GVBl. I S. 323, zuletzt geänd. d. Art. 1 2. ÄndVO v. 6.1.2010, GVBl. I S. 12, kein Fall des § 1 Abs. 2 HSOG darstellt (a.A. *Hornmann*, § 1 HSOG Rn. 29).

punkte für diese Trennung. Polizeiliches Handeln ist regelmäßig Eingriffsverwaltung, greift also in Grundrechte (zumindest in die allgemeine Handlungsfreiheit nach Art. 2 Abs. 1 GG) ein und bedarf daher der gesetzlichen Ermächtigung. Die Aufgabenzuweisungen sind nicht als derartige Ermächtigungen ausgelegt, zumal sie nicht nach dem für Befugnisnormen typischen Konditionalschema aufgebaut sind (wenn Tatbestandsvoraussetzungen X_1-X_4 gegeben sind, dann kann als Rechtsfolge Maßnahme Y erlassen werden). Nicht alles, was der Aufgabe dient, soll die Polizei dem Bürger gegenüber tun dürfen.[55]

Dies bedeutet nicht, dass die Aufgabenzuweisungen im HSOG allein programmatischen, aber keinen praktisch relevanten rechtlichen Aussagegehalt hätten. Nach § 3 Abs. 1 S. 1 HSOG finden die Vorschriften des HSOG Anwendung bei der Erfüllung von Aufgaben nach § 1 HSOG. Daher ist der gesamte Anwendungsbereich des HSOG überhaupt erst eröffnet, wenn eine Aufgabe im Sinne von § 1 HSOG wahrgenommen wird. 27

Von Aufgaben und Befugnissen sind aber auch **Zuständigkeiten** zu unterscheiden. Auch dies macht das HSOG deutlich, indem es „Organisation und Zuständigkeiten" getrennt im zweiten Teil des Gesetzes (§§ 81 ff. HSOG) regelt. Zuständigkeiten sind Kompetenzen, also Handlungsräume im Verhältnis der staatlichen Stellen zueinander. Ihre Notwendigkeit ergibt sich aus der Arbeitsteilung innerhalb des Staates. Zu unterscheiden sind „Verbandskompetenz" (Zuständigkeit von Union, Bund oder Land) und „Organkompetenz" (Zuständigkeit der konkreten Stelle innerhalb eines Verbandes), und hier vor allem sachliche und örtliche Zuständigkeit (Rn. 227 ff.). Fehler der sachlichen und örtlichen Zuständigkeit machen die polizeiliche Maßnahme formell rechtswidrig, eine Heilung ist ausgeschlossen. 28

II. Materielles Polizeirecht

Liegt die Erfüllung von Aufgaben im Sinne von § 3 Abs. 1 S. 1 HSOG i.V.m. § 1 Abs. 1 S. 1 HSOG vor, so dass der Anwendungsbereich des HSOG eröffnet ist, und soll eine Gefahrenabwehrmaßnahme ergehen, so sind in materiell-rechtlicher Hinsicht folgende Voraussetzungen zu beachten, damit das Vorgehen rechtmäßig ist: Es muss zunächst eine Befugnisnorm existieren (vgl. Rn. 30 ff., 149 ff.), die zumindest ein polizeiliches Schutzgut (Rn. 34 ff.), für das eine Gefahr (Rn. 54 ff.) gegeben ist, als Tatbestandsvoraussetzung hat. Auch muss derjenige, gegen den sich die Maßnahme richtet, grundsätzlich Verantwortlicher sein (Rn. 83 ff.). Auf der Rechtsfolgenseite muss die richtige Ermessensausübung sowie die Verhältnismäßigkeit der Maßnahme gegeben sein (Rn. 134 ff.). Dieses gedankliche Grundraster kann stets in der genannten Reihenfolge zugrunde gelegt werden. In der Fallbearbeitung sind die formellen Fragestellungen einzubauen (siehe Rn. 198 ff. und 276 ff.). 29

---

55 Näher *Reimer*, „... einfach wieder die Folgerungsweise des Polizeistaates": zur Unterscheidung von Aufgaben und Befugnissen im Polizeirecht, in: FS Würtenberger, 2013, 1047 ff.

1. Typische Grundstruktur der polizeilichen Befugnisnormen (Übersicht)

30 In §§ 11-43 HSOG hält der Gesetzgeber einen umfangreichen – weiter gewachsenen (Rn. 149) – Befugniskatalog parat.[56] Die Befugnisnormen unterscheiden sich zwar im Einzelnen hinsichtlich ihrer spezifischen Voraussetzungen. Fernab dieser Unterschiede lässt sich aber eine Grundstruktur polizeilicher Befugnisnormen herausarbeiten. Prototyp ist die polizeiliche **Generalklausel** (§ 11 HSOG), die gegenüber den sonstigen Befugnisnormen in §§ 12-43 HSOG, die als **Standardmaßnahmen (Standardbefugnisse)** bezeichnet werden, nur subsidiär anwendbar ist (§ 11 letzter Halbsatz HSOG; ausführlich dazu Rn. 193 ff.). Nach § 11 HSOG können die erforderlichen Maßnahmen getroffen werden, um eine im einzelnen Falle bestehende Gefahr für die öffentliche Sicherheit oder Ordnung abzuwehren. § 11 HSOG bringt damit zum Ausdruck, dass

- für ein polizeiliches Schutzgut eine Gefahr vorliegen muss (Tatbestand) und
- auf der Rechtsfolgenseite Ermessen eingeräumt wird („können"), das verhältnismäßig auszuüben ist („die erforderlichen Maßnahmen").

31 Alle weiteren Befugnisnormen des HSOG lassen sich als Abwandlungen dieses Grundtypus begreifen. Die speziellen Befugnisnormen können z.B. einen besonderen Gefahrentyp oder -grad (dazu im Einzelnen Rn. 78 ff.) voraussetzen oder nur für bestimmte Ausschnitte der polizeilichen Schutzgüter greifen. Des Weiteren können die einzelnen Befugnisnormen auch Sonderregelungen zu den allgemeinen Verantwortlichkeitsvorschriften der §§ 6, 7, 9 HSOG treffen: *lex specialis derogat legi generali* (die spezielle Norm geht der allgemeinen vor).

32 **Beispiel:**
Wenn § 36 Abs. 1 Nr. 1 HSOG bestimmt, dass diejenige Person durchsucht werden kann, die Sachen mit sich führt, die sichergestellt werden dürfen, so folgt daraus, dass es keiner gesonderten Prüfung mehr bedarf, ob die Voraussetzungen der §§ 6, 7, 9 HSOG vorliegen.

33 Die meisten Standardbefugnisse sind sehr wortreich geregelt. Meist hilft daher für Detailfragen die genaue Gesetzeslektüre. Dementsprechend beschränkt sich die Darstellung der Standardbefugnisse auf ausgewählte, zentrale Punkte; punktuell werden solche Fragestellungen behandelt, die sich allein nach dem Gesetzeswortlaut nicht (zumindest nicht unmittelbar) beantworten lassen. Zentral für die Lösung einer polizeirechtlichen Fallgestaltung ist aber die fundierte Kenntnis der allgemeinen Lehren und Begriffe des Polizeirechts, so dass diese und nicht Spezialfragen von Standardbefugnissen im Zentrum stehen.

2. Schutzgüter

a) Öffentliche Sicherheit

34 Das HSOG definiert den Begriff der **öffentlichen Sicherheit** anders als manche anderen Landespolizei- bzw. -ordnungsgesetze nicht,[57] sondern übernimmt den traditionellen, durch die Rspr des PrOVG geprägten Begriff. Danach enthält die öffentliche Sicherheit drei Teilschutzgüter: die Unverletzlichkeit der Rechtsordnung (aa), subjektive

---

56 Hilfreich ist es, diesen Katalog zu einer ersten Orientierung anhand der Inhaltsübersicht des HSOG nachzuvollziehen.
57 Bspw § 2 Nr. 2 BremPolG; § 3 Nr. 1 Sicherheits- und Ordnungsgesetz Sachsen Anhalt.

Rechte und Rechtsgüter des Einzelnen (bb) und Einrichtungen und Veranstaltungen des Staates oder sonstiger Hoheitsträger (cc) – nicht aber kollektive Rechtsgüter (dd).

aa) Unverletzlichkeit der Rechtsordnung. Durch die **Unverletzlichkeit der Rechtsordnung** wird die Wahrung aller Gebote und Verbote des Außenrechts (nicht: des staatlichen Innenrechts) zum Bestandteil der öffentlichen Sicherheit. Besondere praktische Bedeutung hat das Straf- und Ordnungswidrigkeitenrecht. Steht die Verletzung einer Straf- oder Ordnungswidrigkeitennorm bevor, berührt dies die öffentliche Sicherheit. Wegen seiner präventiven Ausrichtung ist für das Polizeirecht – anders als für die (repressive) Verfolgung – allein entscheidend, ob die Verwirklichung des objektiven Tatbestandes bevorsteht oder andauert (Rn. 57); ein subjektiver Vorwurf in Form eines schuldhaften Handelns ist nicht erforderlich. 35

Beispiel: 36
Polizist P beobachtet, wie der ersichtlich volltrunkene X im Begriff ist, aus einer Geldbörse, die ein anderer auf offener Straße verloren hat, Geld zu nehmen und sich einzustecken. Dies erfüllt den Tatbestand der Unterschlagung (§ 246 StGB); für das gefahrenabwehrrechtliche Einschreiten ist irrelevant, ob X schuldfähig im Sinne von § 20 StGB ist.

Auch ein Verstoß gegen verwaltungsrechtliche Normen berührt die Unverletzlichkeit der Rechtsordnung. 37

Beispiel: 38
Verstoß gegen das Gesetz über die Vermittlung der Annahme als Kind und über das Verbot der Vermittlung von Ersatzmüttern (Adoptionsvermittlungsgesetz): § 2 Abs. 1 dieses Gesetzes behält es grundsätzlich Jugendämtern. und dem jeweiligen Landesjugendamt vor, Adoptionsvermittlungen zu betreiben.[58]

Zur Rechtsordnung zählen nicht nur Parlamentsgesetze, sondern auch rangniederes Recht wie z.B. eine Gefahrenabwehrverordnung (siehe dazu Rn. 203 ff.), nicht aber Verwaltungsvorschriften, die nach h.M. kein Außenrecht darstellen. Zwar bilden die Grundrechte selbstverständlich einen Teil der Rechtsordnung; nach dem Grundsatz des Anwendungsvorrangs des einfachen Rechts sollten sie aber nur herangezogen werden, wenn konkretisierendes Recht (unterhalb der Ebene der Verfassung) nicht einschlägig ist. 39

bb) Subjektive Rechte und Rechtsgüter des Einzelnen. Zur Rechtsordnung im obigen Sinne zählt auch das **Privatrecht**. Das weitere Teilschutzgut der subjektiven Rechte und Rechtsgüter des Einzelnen, die auch und besonders im Privatrecht ihren Niederschlag finden (z.B. der Lebens-, Gesundheits-, Ehr- und Vermögensschutz nach dem BGB), könnte daher als überflüssig erscheinen. Indes gibt es Fälle – wie Naturereignisse –, in denen ohne eine Rechtsverletzung Rechtsgüter des Einzelnen bedroht sind. Wo beide Schutzgüter betroffen sind, erlangt die Abgrenzungsfrage praktische Bedeutung dadurch, dass nach § 1 Abs. 3 HSOG der **Schutz privater Rechte** den Gefahrenabwehr- und den Polizeibehörden nach dem HSOG nur dann obliegt, wenn gerichtlicher Schutz nicht rechtzeitig zu erlangen ist und wenn ohne gefahrenabwehrrechtliche oder 40

---

58 Gesetz in der Fassung vom 22.12.2001, BGBl I 2002, 354; siehe dazu die Entscheidung HessVGH, NJW 1988, 1281 ff.

polizeiliche Hilfe die Verwirklichung des Rechts vereitelt oder wesentlich erschwert werden würde. Sollte daher das polizeiliche Schutzgut der öffentlichen Sicherheit in seiner Teilausprägung des Schutzes der subjektiven Rechte und Rechtsgüter des Einzelnen als Privatrechtsschutz im Sinne von § 1 Abs. 3 HSOG betroffen sein, so wäre polizeiliches Handeln nur subsidiär nach Maßgabe von § 1 Abs. 3 HSOG zulässig; sollten sich die subjektiven Rechte und Rechtsgüter des Einzelnen hingegen als eine Unterfallgruppe der Unverletzlichkeit der Rechtsordnung erweisen, gingen die Restriktionen des § 1 Abs. 3 HSOG ins Leere.

41 Die Abgrenzung ist folgendermaßen vorzunehmen: Eine Verletzung von **ausschließlich** privatrechtlich geschützten Rechten zählt nicht zur Unverletzlichkeit der Rechtsordnung im Sinne der Definition der öffentlichen Sicherheit, sondern unterfällt allein dem Schutz der subjektiven Rechte und Rechtsgüter des Einzelnen; § 1 Abs. 3 HSOG greift ein. Ist hingegen in einer Fallkonstellation ein Recht im Privatrecht, aber auch anderweitig geschützt, so ist die Unverletzlichkeit der Rechtsordnung betroffen; § 1 Abs. 3 HSOG kommt nicht zur Anwendung.

42 **Beispiel:**
§ 242 StGB und § 823 Abs. 1 BGB haben als geschütztes Rechtsgut das Eigentum im Blick. Bei einem drohenden Diebstahl greift § 1 Abs. 3 HSOG nicht.

43 Ein weiteres Problem der Fallgruppe des Schutzes subjektiver Rechte und Rechtsgüter des Einzelnen stellen Fälle der sog. **Selbstgefährdung** dar.

44 **Beispiel:**
Jemand übt eine für seine körperliche Gesundheit gefährliche, durch die Rechtsordnung nicht verbotene Sportart (wie Freeclimbing) aus; die Behörde gedenkt, dagegen mittels eines Verbotes zum Schutz der Gesundheit einzuschreiten.

45 Die **Gesundheit** ist ein individuelles, von Art. 2 Abs. 2 S. 1 GG geschütztes Rechtsgut, gleichwohl ist fraglich, ob das Schutzgut der öffentlichen Sicherheit betroffen ist. Hier ist zu differenzieren: Ein grundrechtlich geschütztes Verhalten kann nicht zugleich die öffentliche Sicherheit gefährden; wenn daher das von Art. 2 Abs. 1 GG geschützte **Selbstbestimmungsrecht** die Befugnis zur Selbstgefährdung einschließt, so lässt das fragliche Verhalten die öffentliche Sicherheit unberührt. Sobald mit der Tätigkeit aber unbeteiligte Dritte gefährdet werden oder die Selbstgefährdung nicht auf freier Willensentschließung beruht (und sich daher auch nicht als Grundrechtsausübung darstellt), ist die öffentliche Sicherheit betroffen.[59]

46 cc) **Einrichtungen und Veranstaltungen des Staates oder sonstiger Hoheitsträger.** Unter „**Einrichtungen**" sind Behörden, Körperschaften, Stiftungen, Anstalten und ähnliche Sachkomplexe, unter „**Veranstaltungen**" *ad hoc* gebildete Handlungskomplexe zu zählen.[60] Dem Schutz der Funktionsfähigkeit der Einrichtungen und Veranstaltungen des Staates als dritte Teilverbürgung der öffentlichen Sicherheit kommt eine geringe

---

59 Ebenso *Schoch*, Rn. 121; ausführlich zum Ganzen aus grundrechtlicher Sicht *Gampp/Hebeler*, Grundrechtsschutz vor Selbstgefährdung?, BayVBl 2004, 257 ff.
60 Siehe dazu näher *Pieroth/Schlink/Kniesel/Kingreen/Poscher*, § 8 Rn. 34 f.

praktische Bedeutung zu.⁶¹ Dies rührt maßgeblich daher, dass aufgrund der hohen Normendichte der deutschen Rechtsordnung bereits viele Sachverhalte von der Fallgruppe der Unverletzlichkeit der Rechtsordnung erfasst werden. So kann die „Sprengung" eines Staatsempfangs durch Demonstranten zahlreiche Normen (wie §§ 123, 240 StGB oder §§ 117 f. OWiG) erfüllen. Dennoch hat das Schutzgut eine eigenständige Bedeutung, z.B. bei Naturereignissen. Darüber hinaus ist vieles strittig.

Beispiel: 47
Wenn A andere Autofahrer vor Radarkontrollen der Polizei warnt, kann dies als Störung der Funktionsfähigkeit der staatlichen Veranstaltung „Geschwindigkeitskontrolle" und damit als Gefahr für die öffentliche Sicherheit bewertet werden⁶² – oder als Hilfe, das Ziel der Kontrolle, die Einhaltung der Geschwindigkeitsbegrenzung, zu erreichen.⁶³

dd) **Kollektive Güter.** Kollektive Güter – wie „Volksgesundheit" – sind als solche 48 nicht Teil der hergebrachten Definition der öffentlichen Sicherheit und vom HSOG auch nicht explizit als Schutzgut aufgenommen; sie sind daher nur insoweit erfasst, als sie unter die drei oben genannten Kategorien fallen.⁶⁴ Das ist wegen der zahlreichen Normen des Strafrechts (wie §§ 324 ff. StGB) einschließlich des Nebenstrafrechts sowie des Ordnungswidrigkeitenrechts häufig der Fall und ermöglicht eine präzisere Falllösung als der Rückgriff auf vage „kollektive Güter".

b) **Öffentliche Ordnung**

Das HSOG hat den umstrittenen Begriff der **öffentlichen Ordnung** – anders als die 49 Gesetze einiger anderer Bundesländer⁶⁵ – nicht abgeschafft, definiert ihn freilich ebenso wenig wie die öffentliche Sicherheit. Nach allgemeiner Auffassung⁶⁶ umfasst die öffentliche Ordnung alle jene ungeschriebenen Regeln, deren Befolgung nach den jeweils herrschenden sozialen und ethischen Anschauungen als unentbehrliche Voraussetzung für ein gedeihliches Miteinanderleben der innerhalb eines Polizeibezirks wohnenden Menschen angesehen wird. Dieses Begriffsverständnis kann, wenngleich sich die Formulierungen im Detail unterscheiden, auch für das HSOG zugrunde gelegt werden.⁶⁷

Struktur und Funktion der öffentlichen Ordnung erschließen sich am besten in Zu- 50 sammenschau mit der öffentlichen Sicherheit. Das Schutzgut der öffentlichen Sicherheit bezieht sich – mit Ausnahme des Schutzes der Einrichtungen und Veranstaltungen des Staates – umfassend auf durch die Rechtsordnung geschaffene oder geformte Rechtsgüter. Daher kann die öffentliche Ordnung nur den Schutz von etwas bezwecken, das nicht Gegenstand der Rechtsordnung ist. Aber mittels der öffentlichen Ordnung wird es doch zum Gegenstand der Rechtsordnung gemacht, indem die Behörden

---

61 Vgl. aus jüngerer Zeit aber BVerwGE 143, 74, 79 ff.: „Photographierverbot" (sic) zur Sicherung eines Polizeieinsatzes und zum Schutz eines Sondereinsatzkommandos vor Enttarnung durch die Presse.
62 OVG NRW, NJW 1997, 1596; so für das Mitführen eines Radarwarngerätes auch VG Aachen, NVwZ-RR 2003, 684, 684.
63 *Pieroth/Schlink/Kniesel/Kingreen/Poscher*, § 8 Rn. 42; *Hartmann*, JuS 2008, 984, 986 f.
64 *Schoch*, Rn. 126.
65 Bremen und Schleswig-Holstein; differenzierend Nordrhein-Westfalen (§ 8 Abs. 1 PolG einerseits; § 1 Abs. 1 OBG andererseits).
66 Positiviert bspw in § 3 Nr. 2 Sicherheits- und Ordnungsgesetz Sachsen-Anhalt.
67 Siehe etwa *Meixner/Fredrich*, § 1 HSOG Rn. 5; *Pausch/Dölger*, S. 110; *Hornmann*, § 11 HSOG Rn. 18; HessVGH, NJW 1989, 1448, 1448.

ermächtigt werden, zu seinem Schutz einzuschreiten. Die in der Definition angeführten ungeschriebenen Regeln selbst sind keine Rechtsregeln, sondern **Sozialnormen** bzw. Normen der Sitte und der Moral. Von ihnen soll, wie die einengenden Voraussetzungen der Begriffsdefinition zeigen, nur ein ganz bestimmter Teil dem Begriff der öffentlichen Ordnung unterfallen – diejenigen nämlich, die für ein gedeihliches Zusammenleben unentbehrlich sind.

51 Die öffentliche Ordnung als polizeiliches Schutzgut ist einer Vielzahl von **Kritikpunkten** ausgesetzt, die praktischer, rechtspolitischer und verfassungsrechtlicher Art sind:[68]
- Das Schutzgut der öffentlichen Ordnung sei überflüssig; angesichts der Normendichte sei alles polizeilich Schutzwürdige hinreichend über die öffentliche Sicherheit erfasst.
- Die öffentliche Ordnung verwische die Grenzen zwischen Recht, Sitte und Moral.
- Sie schütze nur moralische Mehrheitsauffassungen („herrschende Anschauungen"), was in einem modernen, pluralistischen Staat bedenklich sei.
- Die empirischen Maßstäbe zur Ermittlung der herrschenden sozialen und ethischen Anschauungen seien unklar und unbestimmt.

52 Vorzugswürdig erscheint, den Begriff nicht von vornherein für überflüssig, übergriffig oder übermäßig unbestimmt zu erklären, sondern ihm eine Reservefunktion zuzuweisen und ihn unter Auswertung der ergangenen Rspr vorsichtig zu konturieren.

53 Für die praktische Handhabung empfiehlt sich, zunächst sorgfältig die öffentliche Sicherheit zu prüfen – unter Einbeziehung von Ordnungswidrigkeitentatbeständen wie § 118 OWiG („Belästigung der Allgemeinheit" – bitte lesen!). Ist die öffentliche Sicherheit einschlägig, bedarf es eines Rückgriffs auf die öffentliche Ordnung nicht mehr. Ist dies nicht der Fall, so empfiehlt sich eine argumentative Bezugnahme auf **Fallgruppen**, die wiederholt von der Rechtsprechung mit der öffentlichen Ordnung in Verbindung gebracht wurden. „Gesicherte" Fallgestaltungen, die eindeutig unter die öffentliche Ordnung zu subsumieren sind, gibt es indes nicht, so dass im Einzelfall stets eine erhebliche Argumentationslast bleibt; die Fallgruppen bieten nur eine Groborientierung:[69]
- bestimmte soziale Notlagen (insbesondere die unfreiwillige Obdachlosigkeit), so dass polizeiliche Maßnahmen wie eine Obdachloseneinweisung hierauf gestützt werden;[70]
- Fallgestaltungen mit Bezug zu Sittlichkeits- bzw. Sexualitätsfragen; Beispiele: bestimmte, gesetzlich nicht verbotene Modalitäten der Prostitution, die Veranstaltung eines sog. „Damen-Schlamm-Catch oben ohne", eines sog. „Nackedeiballs"

---

68 Siehe *Denninger*, in: Lisken/Denninger, Kap. D, Rn. 35-38; *Rasch u.a.*, § 1 HSOG Anm. 1.6.1; *Hebeler*, Das polizeiliche Schutzgut der öffentlichen Ordnung, JA 2002, 521, 522 f.
69 Siehe zum Folgenden mit Rechtsprechungsnachweisen *Hebeler*, JA 2002, 521, 523 ff.; ähnlich *Fechner*, „Öffentliche Ordnung" – Renaissance eines Begriffs?, JuS 2003, 734, 735-737; *Rasch u.a.*, § 1 HSOG Anm. 1.6.1.
70 Zumindest soweit dabei auf die mit der Obdachlosigkeit einhergehenden Gesundheitsgefahren für den Obdachlosen abgestellt wird (so HessVGH, NVwZ 1992, 503, 504, der in dieser nicht eindeutig begründeten Entscheidung offenbar auf § 1 HSOG abstellt), stellt sich die Frage, wieso der Sachverhalt nicht der öffentlichen Sicherheit unterfallen soll; vgl. zum Ganzen ausführlich *Erichsen/Biermann*, Obdachlosigkeit als gefahrenabwehrrechtliches Problem, Jura 1998, 371 ff.

oder das Zurschaustellen eines nackten Körpers in der Öffentlichkeit unter bestimmten Umständen (in aufdrängender Weise und an dafür unüblichen Orten);
- politisch motivierte Verhaltensweisen wie das Hissen der Reichskriegsflagge;
- als anstößig empfundene Spiele bzw. Wettbewerbe wie das Schießen mit Laserwaffen auf andere Personen.[71]

3. Gefahr
a) Grundfragen

Polizeiliches Handeln setzt voraus, dass eine **Gefahr** vorliegt. Auch diesen Begriff definiert das HSOG nicht. Nach einer allgemein anerkannten Formel stellt eine Gefahr im polizeilichen Sinne eine Sachlage dar, in der bei ungehindertem Ablauf des objektiv zu erwartenden Geschehens in absehbarer Zeit mit hinreichender Wahrscheinlichkeit ein Schaden für ein polizeiliches Schutzgut eintreten wird.[72] Dieser Gefahrbegriff findet sich z.B. in der allgemeinen Befugnisnorm des § 11 HSOG. Der Begriff wirft mehrere Einzelfragen auf. 54

aa) Schaden. Gleichsam logischer und zeitlicher Endpunkt der Gefahr ist der zu erwartende **Schaden**. Schaden ist dabei als Minderung des polizeilichen Schutzguts (öffentliche Sicherheit und/oder öffentliche Ordnung) anzusehen. Diese Minderung darf nicht ganz unerheblich sein, wobei das dabei einzufordernde Mindestmaß an Erheblichkeit allgemeingültig kaum näher zu definieren ist; Belästigungen, Unbequemlichkeiten oder Geschmacklosigkeiten reichen aber nicht aus.[73] 55

Beispiel:[74] 56
Anwohner eines Marktplatzes beschweren sich über das „ungebührliche Verhalten" von „Punkern", weil deren ständige Anwesenheit negative wirtschaftliche Auswirkungen auf die ortsansässigen Geschäfte habe. Die Anwohner fordern deshalb ein polizeiliches Einschreiten in Form eines Aufenthaltsverbotes mittels Allgemeinverfügung. Ein solches Einschreiten ist unzulässig, weil die Beeinträchtigungsintensität die Schwelle zur Gefahr noch nicht überschritten hat.

bb) Zukunftsgerichtetheit, insbesondere bei der sog. Störung. Der Gefahr wohnt ein prognostisches, in die Zukunft gerichtetes Moment inne („ungehinderter Ablauf", „zu erwartend", „in absehbarer Zeit"). Bei der sog. **Störung** scheint dies anders zu sein; sie liegt vor, wenn sich eine polizeiliche Gefahr bereits realisiert hat. Lässt sich daher die Störung noch unter „Gefahr" i.S.v. § 11 HSOG subsumieren? Auch wenn ein Schaden bereits eingetreten ist, kann er sich im Fall des behördlichen Untätigbleibens fortsetzen, intensivieren oder neue Gefahren auslösen; eine Gefahr ist in diesem Falle zu bejahen. Bei der Störung eines Schutzguts sind der Polizei die Hände also nicht gebunden. 57

---

[71] BVerwGE 115, 189, 200 und BVerwG GewArch 2007, 247, 248 f.; ausführlich *Beaucamp/Kroll*, „Laserdrome" als Gefahr für die öffentliche Ordnung?, Jura 1996, 13 ff.
[72] So mit z.T. lediglich sprachlich kleineren Unterschieden *Hornmann*, § 11 HSOG Rn. 23; *Pausch/Dölger*, S. 86; *Meixner/Fredrich*, § 1 HSOG Rn. 9; *Mühl/Leggereit/Hausmann*, Rn. 73; *Rasch u.a.*, § 1 HSOG Anm. 1.2.1; HessVGH, NVwZ 1993, 1009, 1010; siehe ferner ausführlich zum polizeilichen Gefahrbegriff *Brandt/Smeddinck*, Der Gefahrenbegriff im Polizeirecht, Jura 1994, 225 ff.; eine Legaldefinition des Gefahrbegriffs findet sich z.B. in § 3 Nr. 3 lit. a Sicherheits- und Ordnungsgesetz Sachsen-Anhalt.
[73] *Drews/Wacke/Vogel/Martens*, S. 221.
[74] Nach VGH Baden-Württemberg, NVwZ 2003, 115, 116; siehe dazu auch *Schoch*, Die „Gefahr" im Polizei- und Ordnungsrecht, Jura 2003, 472, 476 f.

58 **Beispiel:**
Ein Pkw ist halteverbotswidrig geparkt. Dies stellt eine Störung der öffentlichen Sicherheit dar. Die Unverletzlichkeit der Rechtsordnung ist betroffen, weil ein Verstoß gegen § 41 Abs. 1 StVO i.V.m. Anlage II Zf. 62 vorliegt. Soll diese Störung beseitigt werden (z.B. indem der Pkw abgeschleppt wird), wird einer Perpetuierung des Schadens für die öffentliche Sicherheit entgegengewirkt, d.h. eine Gefahr abgewehrt.

59 Auch bei bereits eingetretenen Störungen ist daher dem Gefahrbegriff ein in die Zukunft gerichtetes Element immanent. Die handelnde Behörde muss die Fortsetzung oder Intensivierung des Schadens für ein polizeiliches Schutzgut abwenden wollen; die Prognose wird bei einer bereits vorliegenden Störung jedoch regelmäßig von weniger Unsicherheiten geprägt sein, weil sie einen vergleichsweise stabilen Ausgangspunkt für das weitere Vorgehen darstellt.

60 **cc) Ex-ante-Sicht.** Daraus, dass Gefahrenabwehrhandeln stets in die Zukunft gerichtet ist, folgt, dass für die Annahme einer Gefahrenlage (d.h. auf Primärebene[75]) stets die **Sicht *ex ante*** maßgeblich ist: Es kommt bei der Beurteilung, ob eine Gefahr vorliegt, stets auf den Zeitpunkt des behördlichen Handelns an. Wenn sich im Nachhinein (*ex post*) eine Situation als ungefährlich darstellt, ist dies unerheblich. Für diese Fallgestaltung haben sich indes besondere, hier sogleich noch gesondert darzustellende Begriffe eingebürgert (siehe Rn. 67 ff.).

61 **dd) Einzufordernder Wahrscheinlichkeitsgrad.** Die „hinreichende" Wahrscheinlichkeit in der begrifflichen Umschreibung der Gefahr lässt erkennen, dass sich der einzufordernde (Mindest-) **Wahrscheinlichkeitsgrad** abstrakt kaum bestimmen lässt. Als äußerste Grenzen kann man lediglich benennen, dass einerseits absolute Gewissheit nicht zu verlangen ist, andererseits aber die ganz entfernte Möglichkeit eines Schadenseintritts nicht ausreicht. Zwischen diesen beiden Polen lässt sich „hinreichend" nicht als feststehender Punkt begreifen, sondern er ist in eine gleitende Formel nach dem Je-desto-Prinzip einzubetten: Je größer und folgenschwerer der möglicherweise entstehende Schaden, desto geringere Anforderungen sind an die Wahrscheinlichkeit zu stellen.[76]

62 **ee) Maßgeblicher Wissens-, Beurteilungs- und Prognosemaßstab.** Die Definition des Gefahrbegriffs lässt nicht klar erkennen, auf wessen Wissensstand und wessen Beurteilungs- und Prognosefähigkeiten abzustellen ist. Handelt ein schlecht informierter, von sach- und wirklichkeitsfremden Umständen ausgehender Amtswalter, der zudem besonders ängstlich ist, so mag dieser eine Gefahrenlage annehmen, wo ein anderer Amtswalter zu einer anderen Einschätzung gelangt. Insoweit ist ein objektivierter Maßstab anzulegen. Es ist auf einen durchschnittlichen pflichtgetreuen Amtswalter abzustellen, bei dem die hier beispielhaft angeführten besonderen subjektiven Momente ausgeblendet werden.[77]

---

75 Zum Streit über die maßgebliche Sichtweise auf der Sekundärebene (evt. *ex-post*-Perspektive) s.u. Rn. 263 ff.
76 BVerwGE 88, 348, 351; 116, 347, 356; *Hornmann*, § 11 HSOG Rn. 28; *Meixner/Fredrich*, § 1 HSOG Rn. 10; *Mühl/Leggereit/Hausmann*, Rn. 75.
77 Ähnlich *Hornmann*, § 11 HSOG Rn. 28 m.w.N.

b) Konkrete und abstrakte Gefahr

Die dargestellte Grundformel des Gefahrbegriffs umschließt sowohl die **konkrete** als auch die **abstrakte Gefahr**. In diesem umfassenden Sinne ist der Gefahrbegriff z.B. auch in der Aufgabenzuweisungsnorm des § 1 Abs. 1 HSOG zu verstehen. Bei den Befugnisnormen in §§ 12–43 HSOG meint das HSOG hingegen nur eine konkrete Gefahr, ohne dass dies in den Vorschriften explizit zum Ausdruck kommt. Bei einer konkreten Gefahr besteht die **Gefahr im Einzelfall**. Was „konkret" und „Einzelfall" meinen, erschließt sich am besten durch das Gegenbild des § 71 HSOG, der die abstrakte Gefahr voraussetzt. Nach § 71 HSOG enthalten **Gefahrenabwehrverordnungen** (zu ihnen näher Rn. 203 ff.) Ge- oder Verbote „für eine unbestimmte Anzahl von Fällen an eine unbestimmte Anzahl von Personen". Die Gefahrenabwehrverordnung hat damit fall- und personenbezogen nicht eine einzelne Sachlage als Bezugspunkt, sondern eine Mehrzahl von Sachverhalten; sie sind typischerweise, aber nicht notwendig in jedem Fall gefährlich.[78]

63

Beispiel:

64

Verbietet eine Gefahrenabwehrverordnung eines Landkreises in dessen gesamten Gebiet (vgl. § 73 HSOG) zur Verhinderung der Verbreitung von Tierseuchen die Fütterung wildlebender Tauben, so wird damit eine abstrakte Gefahr bekämpft, was nach § 71 HSOG notwendig, aber auch ausreichend ist. Die Abstraktheit der Regelung liegt darin, dass es jeder Person (d.h. jedem potentiellen Taubenfütterer) für potentiell unendlich viele Fälle (Fütterung zu jeder Zeit, in jeder Modalität und an jedem Ort innerhalb des räumlichen Geltungsbereichs der Verordnung) untersagt ist, Tauben zu füttern.

Gegenbeispiel:

65

Die besagte Gefahrenabwehrverordnung existiert nicht, die Behörde möchte aber dem T, der im Stadtpark angetroffen wird und die Tauben füttert, dies verbieten. Das Verbot könnte mangels einschlägiger Standardmaßnahme allein auf § 11 HSOG gestützt werden; diese Vorschrift erfordert eine konkrete Gefahr. Die Behörde müsste also anführen können, dass durch das Verhalten (= konkreter Sachverhalt im Hinblick auf Ort, Zeit und Art und Weise der Fütterung) des T (= konkrete Person) eine Gefahr für die öffentliche Sicherheit besteht.

Der Unterschied zwischen einer konkreten und einer abstrakten Gefahr liegt allein in den unterschiedlichen Bezugspunkten, der im konkreten Fall oder aber typischerweise losgelöst davon gefährlichen Situation. Bei der konkreten Gefahr muss der Schadenseintritt nicht wahrscheinlicher sein; umgekehrt stellt die abstrakte Gefahr keine Gefahr dar, deren Schadenseintritt weniger wahrscheinlich sein dürfte. Auch in ihrem Falle ist also eine genügend abgesicherte Prognose notwendig.[79] Allerdings sind an die tatsächlichen Erkenntnisse, die der Prognose zugrunde liegen, umso geringere Anforderungen zu stellen, je bedeutsamer das bedrohte Rechtsgut und je höher der drohende Schaden im Falle des Eintritts voraussichtlich sind.[80]

66

---

[78] Näher BVerwG NJW 2018, 325, 327, anhand einer sächsischen Gefahrenabwehrverordnung, die Fluglaternen verbietet.
[79] VGH Baden-Württemberg, NVwZ-RR 2010, 55, 56.
[80] BVerwG NJW 2018, 325 (327).

c) Besondere Gefahrbegriffe

67 In der polizeirechtlichen Terminologie haben sich Begriffe etabliert, die im HSOG – und auch in anderen Polizeigesetzen – nicht verwandt werden. Sie sollen besondere Probleme kennzeichnen, die mit dem Gefahrbegriff und mit ihm zusammenhängenden Handhabungsproblemen verbunden sind. Sie sind daher in untrennbarem Zusammenhang zu den soeben unter a) erörterten Punkten zu sehen.

68 **aa) Anscheinsgefahr.** Als sog. **Anscheinsgefahr** wird ein Sachverhalt bezeichnet, der sich dem pflichtgetreuen Durchschnittsbeamten zwar *ex ante* wegen hinreichender objektiver Anhaltspunkte als Gefahrenlage darstellt, bei dem sich *ex post* aber herausstellt, dass zu keinem Zeitpunkt eine Gefahr für ein polizeiliches Schutzgut bestanden hat.[81]

69 **Beispiel:**
Da X seine Autoschlüssel verloren hat, versucht er am späten Abend, seine Fahrertür mit Hilfe eines Drahtes zu öffnen. Polizist P beobachtet dies, vermutet einen Diebstahlsversuch und hindert X am Öffnen des Pkw. X klärt sodann den Sachverhalt auf.

70 Es mag angesichts des bei Rn. 60 Ausgeführten überraschen, dass diese Situation begrifflich verselbständigt wird, da es dem Gefahrbegriff immanent ist, eine *ex-ante*-Sicht einnehmen zu müssen, und sich die Sachlage dann *ex post* möglicherweise anders darstellt. Man kann daher mit guten Gründen daran zweifeln, ob der Begriff der Anscheinsgefahr nicht mehr zur Verwirrung beiträgt als hilft. Auch die Anscheinsgefahr ist eine polizeiliche Gefahr und ermächtigt zum polizeilichen Einschreiten. Allein im Hinblick auf den Schadensausgleich (Sekundärebene, siehe dazu Rn. 263 ff.) könnte die Anscheinsgefahr im Vergleich zur Gefahr, bei der auch *ex post* die Möglichkeit eines Schadenseintritts gegeben war, eine andere praktische Handhabung erfordern – ohne dass daraus freilich die Notwendigkeit ihrer begrifflichen Verselbständigung folgt.

71 **bb) Gefahrenverdacht.** Beim sog. **Gefahrenverdacht**[82] ist sich der Amtswalter *ex ante* bewusst, dass die vorliegenden Erkenntnisse und/oder Prognosemöglichkeiten unvollständig sind; eine polizeiliche Gefahr kann er nicht sicher feststellen. Wenn indes ein hinreichender Wahrscheinlichkeitsgrad erfüllt ist, darf er (nach den dargestellten Kriterien) handeln. Es ist daher auch hier fraglich, ob das Bedürfnis nach einer begrifflichen Verselbständigung besteht. Denn dass sich ein Schaden für ein polizeiliches Schutzgut nur als möglich, nicht hingegen als sicher prognostizieren lässt, ist der Regelfall; diesem Umstand trägt der Gefahrbegriff bereits dadurch Rechnung, dass er nur die „hinreichende" Wahrscheinlichkeit eines Schadenseintritts verlangt. Letztlich stellt sich beim Gefahrenverdacht daher lediglich die Frage, ob der für die polizeiliche Gefahr hinreichende Wahrscheinlichkeitsgrad erfüllt ist. Der Begriff des Gefahrenverdachts kann hierbei keine zusätzliche Hilfestellung bieten, erinnert aber an mögliche

---

81 Siehe dazu mit Beispielen *Götz/Geis*, § 6 Rn. 42 ff. m.w.N.; ausführlich *Erichsen/Wernsmann*, Anscheinsgefahr und Anscheinsstörer, Jura 1995, 219 ff.; *Gerhardt*, Anscheinsgefahr, Gefahrenverdacht und Putativgefahr im Polizei- und Ordnungsrecht, Jura 1987, 521 ff. (dort auch näher zum Gefahrenverdacht und zur Putativgefahr).

82 Auch dazu näher *Götz/Geis*, § 6 Rn. 30 ff.; ausführlich *Poscher*, Der Gefahrverdacht, NVwZ 2001, 141 ff.

Beschränkungen auf Rechtsfolgenseite (Maßnahmen zur Gefahrerforschung, Rn. 73).[83]

Eine eigene Dimension erlangt der Gefahrenverdacht jedoch bei der Informationsbeschaffung durch die Polizei. Hier verlangen die Polizeigesetze oft tatsächliche Anhaltspunkte dafür, dass ein geschütztes Rechtsgut mit hinreichender Wahrscheinlichkeit einen Schaden erleiden kann, mithin einen Gefahrenverdacht. Das BVerfG verteidigt in diesem Kontext zwar den klassischen Gefahrbegriff, erkennt aber auch die zunehmende Bedeutung von Prognosespielräumen. Der Gefahrenverdacht kann hierbei Informationseingriffe im Vorfeld einer Gefahr näher bestimmen sowie begrenzen und gleichzeitig die Effektivität der Gefahrenabwehr gewährleisten. 72

Oftmals mit dem Gefahrenverdacht in einem Atemzug genannt wird der **Gefahrerforschungseingriff**: Nur er soll bei einem Gefahrenverdacht zulässig sein. Mit einem Gefahrerforschungseingriff gemeint sind vorläufige, vorbereitende und der Abhilfe der bestehenden Unsicherheit dienende Maßnahmen wie insbesondere Untersuchungsmaßnahmen und andere Maßnahmen, die der Sachverhaltsaufklärung dienen. All dies sind Probleme der Rechtsfolgenseite, betreffen also die Frage, wie das polizeiliche Ermessen verhältnismäßig auszuüben ist (siehe Rn. 131 ff.) – wenn denn der Tatbestand der Eingriffsgrundlage bejaht worden ist. Das Ob und das Wie des polizeilichen Handelns müssen sich stets durch die jeweils vorhandenen Gegebenheiten und Besonderheiten der Gefahrensituation rechtfertigen lassen; dies ist kein Spezifikum von Gefahrenverdacht und Gefahrerforschungseingriff. Dass beim Gefahrenverdacht nur vorläufige, vorbereitende und erforschende Maßnahmen getroffen werden dürfen, taugt daher allenfalls als Faustformel. Wo untersuchende und aufklärende Maßnahmen keinen Erfolg versprechen, dürfen - soweit verhältnismäßig – durchaus auch endgültige Maßnahmen getroffen werden. 73

Beispiel: 74
In einem größeren Fachwerkhaus bricht ein Brand aus, der nur große Teile der Holztreppe des Gebäudes erfasst. Polizist P ist sich nach dem Löschen des Brandes unsicher, ob die gesamte Statik des Hauses in Mitleidenschaft gezogen wurde und eine Einsturzgefahr des Gebäudes gegeben ist. Aufklärung kann insoweit nur das Hinzuziehen eines Technikers (Statikers) bringen. Dies bedeutet aber nicht, dass dessen Untersuchung abzuwarten ist, bevor z.B. die Evakuierung der Hausbewohner angeordnet werden darf.

cc) **Putativgefahr.** Bei der sog. **Putativgefahr** (synonym ist auch von der sog. **Scheingefahr** die Rede) geht der handelnde Amtswalter *ex ante* pflichtwidrig und zu Unrecht von einer Gefahr aus. Die Fehleinschätzung kann dabei jeden Punkt der Gefahrenformel betreffen. So kann der handelnde Amtswalter von einer falschen Tatsachenbasis ausgehen und/oder ausgehend von der falschen/richtigen Tatsachenbasis falsche prognostische Schlüsse hinsichtlich der Schadensträchtigkeit eines bestimmten Handelns für ein polizeiliches Schutzgut ziehen. Es liegt mit anderen Worten im Unterschied zur Anscheinsgefahr beim Amtswalter *ex ante* eine subjektive Vorstellung vor, die sich un- 75

---

83 Als hergebrachte Kategorie kann und soll er in der Klausur durchaus Verwendung finden.

ter Zugrundelegung des verobjektivierten Maßstabes des pflichtgetreuen Durchschnittsbeamten als fehlerhaft darstellt.

76 **Beispiel (Abwandlung des Beispiels in Rn. 74):**
In einem neuen, in steinerner Bauweise errichteten Gebäude gibt es einen kleineren Zimmerbrand, der nur einige Einrichtungsgegenstände erfasst. Der extrem übervorsichtige Polizist P lässt nach dem Löschen des Brandes das Haus wegen angeblicher Einsturzgefahr evakuieren.

77 Die Putativgefahr ist keine Gefahr im polizeirechtlichen Sinne und berechtigt nicht zu polizeilichen Maßnahmen. Entsprechende Maßnahmen sind anders als im Fall der Anscheinsgefahr materiell rechtswidrig.

d) Gefahrqualifikationen

78 Neben den soeben dargestellten besonderen Gefahrbegriffen, an deren Daseinsberechtigung man zweifeln kann, gibt es weitere Gefahrbegriffe, die das HSOG selbst gebraucht und mit sachlich-inhaltlichen Folgen verknüpft. Diese Unterschiede bestehen in der Qualität, die eine Gefahr aufweisen muss. Diese Qualitäten beziehen sich ganz überwiegend entweder auf die zeitliche Nähe der drohenden Schädigung, und/oder sie beschränken die Gefahr auf bestimmte Teilausschnitte der polizeilichen Schutzgüter und nehmen Verengungen der dargestellten (Rn. 54) Grundformel des Gefahrbegriffs vor.

79 aa) Gegenwärtige Gefahr. Bei einer **gegenwärtigen Gefahr** muss die Einwirkung des schädigenden Ereignisses bereits begonnen haben oder mit an Sicherheit grenzender Wahrscheinlichkeit zeitlich unmittelbar bevorstehen.[84] Die einzufordernde zeitliche Nähe und der Wahrscheinlichkeitsgrad des Schadenseintritts sind also bei dieser Gefahr erhöht. Das HSOG verlangt verschiedentlich eine gegenwärtige Gefahr, so u.a. in § 31 Abs. 2 S. 1, § 38 Abs. 2 Nr. 2, § 40 Nr. 1 HSOG. Dagegen setzt die unmittelbare Gefährdung in § 15 Abs. 1 VersG – von der gegenwärtigen Gefahr zu unterscheiden – nur eine erhöhte Schadenswahrscheinlichkeit voraus.[85] Der umstrittene Begriff der „drohenden Gefahr" (Art. 11 Abs. 3 S. 1 BayPAG) hat im HSOG nur in § 20 Abs. 2 S. 1 Nr. 2 lit. b) Eingang gefunden.[86]

80 bb) Erhebliche Gefahr. Die **erhebliche Gefahr** verlangt den drohenden Schadenseintritt für ein bedeutsames Rechtsgut; exemplarisch kann man Leben, Gesundheit, Freiheit und den Bestand des Staates anführen.[87] Dies sind Ausschnitte aus dem komplexen polizeilichen Rechtsgut der öffentlichen Sicherheit. Allgemeingültig lassen sich hier keine weiteren Aussagen treffen, die die Handhabung des Begriffs erleichtern; diese hängt von den Einzelfallumständen ab. Das HSOG erfordert nur an zwei Stellen das Vorliegen einer erheblichen Gefahr, nämlich in § 9 Abs. 1 Nr. 1 HSOG als Voraussetzung der Inanspruchnahme eines Nichtstörers (zu § 9 HSOG Rn. 111 ff.) und in

---

84 *Meixner/Fredrich*, § 1 HSOG Rn. 14; *Hornmann*, § 9 HSOG Rn. 8.
85 BVerfG, NVwZ 1998, 834, 835: „konkrete Sachlage ..., die bei ungehindertem Geschehensablauf mit hoher Wahrscheinlichkeit zu einem Schaden führt".
86 Hierzu LT-Drs. 19/5728, S. 186.
87 So z.B. *Schoch*, Jura 2003, 472, 475; *Hornmann*, § 9 HSOG Rn. 9; *Kunkel/Pausch/Prillwitz*, § 9 HSOG Rn. 3.

§ 102 Abs. 1 Nr. 3 HSOG in einem sehr speziellen Zusammenhang (örtliche Zuständigkeit von Polizeidienstkräften anderer Bundesländer).

cc) Gefahr für Leib, Leben oder Freiheit. Eine **Gefahr für Leib, Leben oder Freiheit** erfordert das HSOG an zahlreichen Stellen, so z.B. in § 12 Abs. 2 S. 3, § 15 a Abs. 1 S. 1, § 15 c Abs. 1, § 30 Abs. 3 Nr. 1, § 31 Abs. 2 S. 1, § 32 Abs. 1 Nr. 1, § 36 Abs. 5 S. 1, § 38 Abs. 2 Nr. 2 HSOG. Diese durch bestimmte Schutzgüter qualifizierte Gefahr erklärt sich aus sich selbst heraus. 81

dd) Gefahr im Verzug. Auch **Gefahr im Verzug** erfordert das HSOG verschiedentlich, so z.B. in § 30 Abs. 4 S. 1, § 30 a S. 6 f., § 36 Abs. 5 S. 2, § 39 Abs. 1 S. 1 HSOG. Gefahr im Verzug liegt vor, wenn die grundsätzlich vorgeschriebene Einschaltung einer Behörde oder eines Richters nicht rechtzeitig vor Eintritt des zu erwartenden Schadens möglich ist, d.h. wenn ohne das sofortige Eingreifen der drohende Schaden eintreten würde. Die Gefahr im Verzug nimmt das HSOG an bestimmten Stellen zum Anlass für Zuständigkeitserweiterungen bzw. Verfahrenserleichterungen (in den angeführten Vorschriften jeweils: Entbehrlichkeit einer richterlichen Anordnung). Einen allgemeinen Grundsatz, dass bei Gefahr im Verzug Erleichterungen eintreten, gibt es indes nicht.[88] 82

4. Verantwortlichkeit

a) Grundfragen

Außer bei der Gefahrenabwehrverordnung, die eine abstrakte Gefahr als Bezugspunkt hat und sich an die Allgemeinheit richtet, erfordert jede andere Gefahrenabwehrmaßnahme eine konkrete Gefahr und ist dadurch gekennzeichnet, dass sie sich gegen eine abgegrenzte Anzahl von Personen (häufig nur gegen eine Person) richtet. Dieser Adressat wird in Anspruch genommen, um die Gefahr für ein polizeiliches Schutzgut zu beseitigen. In der polizeirechtlichen Terminologie wird er oftmals als **Störer** bezeichnet. Das HSOG kennt diesen Begriff indes nicht; es verwendet stattdessen die Begriffe „**Verantwortlichkeit**" bzw. „**nicht verantwortliche Personen**" in den amtlichen Überschriften von §§ 6, 7, 9 HSOG. Daher soll auch hier im Folgenden dieser Terminologie gefolgt werden. 83

Verantwortlich im Rechtssinne kann jemand für etwas nur dann sein, wenn ihn dafür eine Pflicht trifft. Es bedarf daher – zumindest als gedankliches Konstrukt – einer sog. **Polizeipflicht**, um an diese eine polizeirechtliche Verantwortlichkeit knüpfen zu können. Diese Polizeipflicht besteht darin, dass jedermann sich so zu verhalten hat, dass er keine Gefahr für ein polizeiliches Schutzgut hervorruft. Die ausdrückliche Normierung dieser Polizeipflicht sucht man indes im HSOG vergebens; sie ist vielmehr unausgesprochen in den Verantwortlichkeitsregelungen der §§ 6 ff. HSOG enthalten. 84

Die Verantwortlichkeitsregelungen hat das HSOG zum Teil in die einzelnen Befugnisnormen integriert (bspw. § 36 Abs. 1 Nr. 1, vgl. das Beispiel oben Rn. 31 f.), zum Teil vor die Klammer in §§ 6-9 HSOG gezogen. Es ist daher stets zu prüfen, ob die jeweili- 85

---

88 Zur häufig auf „Gefahr im Verzug" gestützten falschen Anwendung des § 28 Abs. 2 Nr. 1 HVwVfG s. Rn. 231.

ge Befugnisnorm eine besondere Verantwortlichkeitsbestimmung enthält (Bsp.: § 31 Abs. 1 S. 1, Abs. 2, Abs. 3 HSOG). Sie kann dafür auch aus dem HSOG herausverweisen (Bsp.: § 32 Abs. 4 HSOG, s.u. Rn. 178).

86 Zu unterscheiden sind die Verhaltensverantwortlichkeit (§ 6 HSOG, Rn. 87 ff.), die Zustandsverantwortlichkeit (§ 7 HSOG, Rn. 98 ff.), die unmittelbare Ausführung einer Maßnahme (§ 8 HSOG, Rn. 109) und die Inanspruchnahme einer nicht verantwortlichen Person (§ 9 HSOG, Rn. 111 ff.). Nicht explizit im HSOG geregelt sind die Sonderproblematiken der Verantwortlichkeit von Hoheitsträgern (Rn. 115 ff.) und der Verantwortlichkeit aufgrund Rechtsnachfolge (Rn. 119 ff.). Diese vor die Klammer gezogenen Normen und Grundsätze gelten nicht nur für Hoheitshandeln nach HSOG, sondern auch für das Eingriffshandeln im besonderem Polizeirecht (etwa nach HBO, HWG und HAKrWG), wie z.T. eigens klargestellt wird (z.B. § 63 Abs. 5 HWG; ähnlich § 15 Abs. 2 S. 1 HAKrWG).

b) Verhaltensverantwortlichkeit

87 aa) **Maßgebliches Verhalten und maßgebliche Personen.** Nach § 6 Abs. 1 HSOG ist eine Person verantwortlich, wenn sie eine Gefahr verursacht (**Verhaltensverantwortlichkeit**). Dies ist der in der Regel unproblematische Normalfall der Verantwortlichkeit. Das maßgebliche Verhalten besteht in der Praxis zumeist in einem aktiven Handeln. Aber auch ein Unterlassen kann eine Gefahrverursachung hervorrufen, sofern eine Handlungspflicht besteht.

88 **Beispiel:**
Es besteht aufgrund einer gemeindlichen Satzung (vgl. § 10 Abs. 5 S. 1 HStrG) eine Wegereinigungspflicht, der V nicht nachgekommen ist.

89 Auf ein etwaiges **Verschulden** oder andere **subjektive Elemente** kommt es dabei nicht an. Der Grund dafür ist, dass die polizeiliche Verantwortlichkeit und die an sie anknüpfenden Maßnahmen nichts mit Vorwerfbarkeit, Tadel, Sanktion o.ä. zu tun haben, sondern es allein darum geht, durch die Inanspruchnahme des Verantwortlichen eine polizeiliche Gefahrenlage zu beseitigen. Daher interessiert nicht das Innenleben einer Person, sondern nur ihr Verhalten in objektiver Hinsicht. Es kommt z.B. auch nicht auf die vor allem an das Lebensalter anknüpfende zivilrechtliche **Geschäftsfähigkeit** (§ 104 BGB) oder **Deliktsfähigkeit** (§ 828 BGB) an. Dies lässt sich dem § 6 Abs. 2 HSOG im Umkehrschluss entnehmen. Nach ihm können, wenn der Verhaltensverantwortliche noch nicht 14 Jahre alt ist oder unter Betreuung steht, Maßnahmen auch gegen eine Aufsichtsperson oder einen Betreuer gerichtet werden. Auch wenn jemand bei der Verrichtung einer Tätigkeit für einen anderen eine Gefahr verursacht, lässt dies seine Verantwortlichkeit nicht entfallen, sondern es tritt lediglich die Verantwortlichkeit desjenigen hinzu, der ihn zur Verrichtung bestellt hat (vgl. § 6 Abs. 3 HSOG); die Verrichtungsbestellung bestimmt sich dabei nach den für § 831 BGB geltenden Grundsätzen.

90 Mit „Person" in § 6 HSOG sind nicht allein natürliche Personen gemeint, sondern auch juristische Personen des Privatrechts; hinzu kommen die nach § 11 Nr. 2 HVwVfG beteiligtenfähigen Vereinigungen, soweit ihnen ein Recht zustehen kann, wie

OHG, KG, GbR, nichtrechtsfähiger Verein, Gewerkschaft; bei Bürgerinitiativen kommt es auf die organisatorische Verfestigung an. Ob auch juristische Personen des öffentlichen Rechts verhaltensverantwortlich sein können, ist umstritten; da sich dieser Streit nicht nur auf die Verhaltens-, sondern auch auf die Zustandsverantwortlichkeit erstreckt, soll dieses Problem gesondert (Rn. 115 ff.) betrachtet werden.

bb) Maßgebliche Verursachung. Verursachen im Sinne des Polizeirechts legt ebenso wie im Zivil- und Strafrecht zunächst einen quasi-naturwissenschaftlichen **Kausalitätsbegriff** zugrunde. Man kann daher in Anwendung der *conditio-sine-qua-non*-Formel allein dasjenige Verhalten als ursächlich ansehen, das nicht hinweggedacht werden kann, ohne dass der Erfolg entfiele (so für Tun) bzw. das nicht hinzugedacht werden kann, ohne dass der Erfolg ausbliebe (so für Unterlassen); Maßstab ist jeweils eine an Sicherheit grenzende Wahrscheinlichkeit. Diese äquivalente Kausalität ist Voraussetzung für die Bejahung einer Verursachung im Polizeirecht.[89]

91

Beispiel:[90]
V veräußert seinen Pkw an E, übermittelt dabei entgegen § 34 Abs. 3 StVG der Zulassungsbehörde aber nicht die Halterdaten des E. Nachdem E den Pkw rechtswidrig zur Entsorgung im öffentlichen Verkehrsraum abgestellt hat, will die Behörde V heranziehen. Ist er Verhaltensverantwortlicher? Die Übermittlung der Daten – zu der V verpflichtet war – kann hinzugedacht werden, ohne dass der Erfolg (des rechtswidrigen Abstellens) ausbliebe, insofern E den Pkw genauso entsorgt hätte. Anderes gilt nur, wenn man annimmt, dass die Nichtmeldung durch V den E veranlasst hätte, sich des Autos auf diese Weise zu entledigen.[91]

92

Die äquivalente Kausalität kann aber nur notwendige, nicht auch hinreichende Bedingung für die polizeirechtliche Verantwortlichkeit einer Person sein, weil der Verursachungsbegriff ansonsten uferlos wäre. Es bedarf daher zusätzlicher Voraussetzungen; diese müssen – wie im Zivil- und Strafrecht – wertender Natur sein.[92] Die im Zivilrecht zur Eingrenzung herangezogene **Adäquanztheorie** (die einen adäquaten Kausalzusammenhang bejaht, wenn – negativ – die Möglichkeit des Schadenseintritts nicht außerhalb aller Wahrscheinlichkeit liegt und – positiv – die Handlung die Möglichkeit eines Erfolges der eingetretenen Art generell nicht unerheblich erhöht hat[93]) wird im Polizeirecht als ungeeignet angesehen, weil dieses oft gerade mit atypischen Fällen zu tun habe.[94] Nur schwer praktisch handhabbar ist die Lehre von der **sozialinadäquaten Verursachung**;[95] nach ihr soll nur sozialinadäquates Verhalten Verhaltensverantwortlichkeit begründen können; was sozial inadäquat ist, bleibt häufig unklar. Nach der Theorie der **rechtswidrigen Verursachung**[96] ist Verantwortlicher, wer seinen Rechtskreis verlässt und eine rechtliche Handlungs- oder Unterlassungspflicht verletzt. Da

93

---

89 HessVGH, NJW 1999, 3650, 3652; DÖV 2005, 529.
90 Nach HessVGH (Fn. 89).
91 So VG Bremen, NVwZ-RR 2000, 593.
92 Ausführlich zum Ganzen *Selmer*, Der Begriff der Verursachung im allgemeinen Polizei- und Ordnungsrecht, JuS 1992, 97 ff; gegen die Eingrenzung durch wertende Elemente *Muckel*, Abschied vom Zweckveranlasser, DÖV 1998, 18 ff.
93 *Grüneberg*, in: Palandt, BGB, v. § 249 Rn. 26 ff.
94 Vgl. *Schoch*, Rn. 177; *Hornmann*, § 6 Rn. 22.
95 In diese Richtung *Gusy*, Rn. 338 f.
96 Vertreten z.B. von *Schnur*, Probleme um den Störerbegriff im Polizeirecht, DVBl 1962, 1 ff.; ähnlich *Pietzcker*, Polizeirechtliche Störerbestimmung nach Pflichtwidrigkeit und Risikosphäre, DVBl 1984, 457, 458–460.

Polizeirecht aber Gefahren abwehren, nicht Übertretungen sanktionieren soll, überzeugt das Zurechnungskriterium des Rechtsverstoßes an dieser Stelle nicht.

94 Herrschende Ansicht ist die **Theorie der unmittelbaren Verursachung**.[97] Sie hat ihre (unglückliche) Bezeichnung daher, dass Verhaltensverantwortlicher – verkürzt gesagt – derjenige sein soll, der „unmittelbar" zur Entstehung der Gefahr beiträgt. Die Bezeichnung suggeriert, dieser Ansatz komme ohne wertende Elemente aus und stelle auf denjenigen ab, der den chronologisch letzten Beitrag geliefert habe, um die für das Vorliegen einer Gefahr erforderliche Wahrscheinlichkeits- und Zeitschwelle zu überschreiten – was nicht zutrifft.[98] Die Formel der Theorie der unmittelbaren Verursachung muss ausführlicher dahingehend gefasst werden, dass ein Verhalten dann eine Gefahr i.S.v. § 6 Abs. 1 HSOG „verursacht", wenn es bei wertender Betrachtung unter Einbeziehung aller Umstände des Einzelfalls die Gefahrenschwelle überschreitet und damit die unmittelbare – wesentliche – Ursache für den Gefahreneintritt setzt:[99] Entscheidend ist das **Fehlen wesentlicher Zwischenursachen**, das durch wertende Beurteilung festzustellen ist.[100] Insbesondere muss nicht (nur) die chronologisch letzte Person in einer Kausalkette Verhaltensverantwortlicher sein.

95 Die große praktische Bedeutung, die das einzelfallbezogene Wertungselement der Theorie der unmittelbaren Verursachung besitzt, zeigt sich anhand von Fallgestaltungen, die mit dem missverständlichen Begriff des sog. **Zweckveranlassers** (besser: „Gefährdungsveranlasser"[101]) in Verbindung gebracht werden. Die Definitionen des Zweckveranlassers schwanken im Einzelnen.[102] Auf eine kurze Formel gebracht, soll derjenige Zweckveranlasser sein, der die Gefahr bezweckt oder eine Ursache setzt, durch die Andere zur Herbeiführung der Gefahr veranlasst werden. Es lassen sich typisierend eine subjektive und eine objektive Theorie unterscheiden: Die subjektive Theorie verlangt für die polizeiliche Verantwortlichkeit, dass die betreffende Person die Gefahr zumindest billigend in Kauf genommen hat; die objektive Theorie stellt darauf ab, ob die an den Tag gelegte Verhaltensweise typischerweise die eingetretene polizeiliche Gefahr nach sich zieht. Beide Lehren sind ebenso gut vertretbar wie die Ablehnung der Figur des „Zweckveranlassers".

96 In der Sache muss das Problem der Zurechnung von Drittverhalten allerdings gelöst werden. Ob dies bisher mit der Figur des Zweckveranlassers gelungen ist, scheint fraglich. Häufig bleibt die Einordnung von Personen als Störer oder Nichtstörer strei-

---

97 HessVGH, DVBl 1986, 783, 783; HessVGH, NVwZ-RR 1989, 137, 137 f.; aus dem Schrifttum siehe nur *Götz/Geis*, § 9 Rn. 11; *Pieroth/Schlink/Kniesel/Kingreen/Poscher*, § 9 Rn. 11–18.
98 Parallele: Unmittelbarkeitskriterium beim Widerstreit der Interessen in § 25 Abs. 1 S. 1 Nr. 1 HGO („einen unmittelbaren Vorteil oder Nachteil"), hierzu *Lange*, i.d.B. § 4 Rn. 73.
99 Vgl. *Lege*, Polizeieinsätze bei Fußball-Bundesligaspielen – Zugleich ein Beitrag zum Begriff der Gefahrverursachung, VerwArch 89 (1998), 71, 78; ausführlich *Drews/Wacke/Vogel/Martens*, S. 313-315; die Formulierungen sind im Detail unterschiedlich.
100 HessVGH, Beschl. v. 20.4.2009, 7 B 838/09 zu § 53 Abs. 2, 4 HWG a.F. (§ 63 Abs. 2, 5 HWG n.F.).
101 *Moritz Lange*, Zweckveranlassung, 2014, S. 161.
102 Ausführlich *Erbel*, Zur Polizeipflichtigkeit des sog. „Zweckveranlassers", JuS 1985, 257 ff.; *Thiel*, § 8 Rn. 101 ff.; Neukonzeption bei *Lange* (Fn. 101): Verhaltenszurechnung auf der Basis eines „schwachen Verursachungsverständnisses" (S. 57 f.) bei äquivalenter Kausalität und subjektiver Vorhersehbarkeit (S. 109 ff.); Behandlung der Zumutbarkeitsfragen i.R.d. Prüfung der konkreten Verhältnismäßigkeit (zusammenfassend: S. 160 ff.).

tig, wie das Beispiel der Veranstalter von Großveranstaltungen mit Gewaltrisiko zeigt (Rn. 275). Auch kann die Bezeichnung „Zweckveranlasser" das Missverständnis hervorrufen, bei ihm gelte die Theorie der unmittelbaren Verursachung entweder nicht oder zumindest nicht ohne Modifikationen. Das trifft aber nicht zu. Auch beim Zweckveranlasser – der meist ein Verhaltensverantwortlicher ist[103] – greifen die Wertungselemente der Theorie der unmittelbaren Verursachung letztlich gleichermaßen wie bei Fallgestaltungen, die nicht mit dem Zweckveranlasser in Verbindung gebracht werden. Immerhin kann die Figur deutlich machen, dass auch über § 6 Abs. 2, 3 HSOG hinaus mehrere Personen „hintereinandergeschaltet" als Verantwortliche in Betracht kommen, und dass auch der verantwortlich sein kann, der rechtmäßig handelt.[104]

Beispiel:[105] 97

Im Geltungsbereich einer sog. Sperrgebietsverordnung, die (gestützt auf Art. 297 Abs. 1 EGStGB) die Prostitution verbietet, hat A in einem mehrstöckigen Gebäude im Bahnhofsviertel über 20 Zimmer gemietet, die er regelmäßig an Frauen untervermietet, die der Prostitution nachgehen. Die Höhe des Untermietzinses lässt allein den Schluss zu, dass A um die Prostitution wusste und die Zimmer auch in der Absicht vermietete, dass dort der Prostitution nachgegangen wird. Die Behörde gibt A auf, die Räume nicht weiter zur Prostitution zur Verfügung zu stellen und das Bordell zu schließen. A könnte sich hier auf den Standpunkt stellen, er habe die Räume lediglich vermietet; dies stelle selbst keine Prostitutionsausübung dar (in der wegen des mit ihr einhergehenden Verstoßes gegen die Rechtsordnung – Sperrgebietsverordnung – die Gefahr für die öffentliche Sicherheit als betroffenem polizeilichen Schutzgut liegt). Für das, was seine Untermieterinnen mit den Räumen machen, könne er nichts, also sei er polizeilich nicht verantwortlich. Der VGH sah dies anders: A habe um die Prostitution gewusst und sie gewollt; dies reiche bei wertender Betrachtung für seine Verhaltensverantwortlichkeit nach § 6 Abs. 1 HSOG aus.[106] Zu diesem – überzeugenden – Ergebnis gelangt man auch ohne Konstruktionen wie die des Zweckveranlassers.

c) Zustandsverantwortlichkeit

aa) Grundfragen. Die **Zustandsverantwortlichkeit** nach § 7 HSOG gründet auf einer 98 Gefahr, die von einer Sache oder einem Tier ausgeht, und kennt dafür zwei Anknüpfungspunkte, nämlich die tatsächliche Sachherrschaft (§ 7 Abs. 1 HSOG) und das Eigentum (§ 7 Abs. 2 HSOG; vgl. auch § 7 Abs. 3 HSOG). Der Grundgedanke der Zustandsverantwortlichkeit besteht darin, dass derjenige, der die Vorteile aus einer Sache[107] zieht, dafür auch die rechtliche Last in Form der polizeilichen Verantwortlichkeit tragen muss.

---

103 Zur Zweckveranlassung bei Zustandsverantwortlichkeit *Lange* (Fn. 101), S. 104 ff.
104 Widerlegung des Dogmas, dass nicht Störer sein könne, wer rechtmäßig handele, bei *Lange* (Fn. 101), S. 54 ff.
105 Nach HessVGH, NVwZ 1992, 1111 ff. Zu den verfassungsrechtlichen Anforderungen an Sperrgebietsverordnungen nach Erlass des Gesetzes zur Regelung der Rechtsverhältnisse der Prostituierten (Prostitutionsgesetz) v. 20.12.2001 (BGBl. I S. 3983) und der Entscheidung BVerfGK 15, 377 = NVwZ 2009, 905 nun HessVGH, Urt. v. 31.1.2013, 8 A 1245/12, ESVGH 63, 193.
106 Damit ist nicht gesagt, ob die Prostituierten selbst nicht auch Verantwortliche sind (was der Fall ist) und statt oder neben A als Verantwortliche heranzuziehen sind; dies sind nachgelagerte Fragen, die die Rechtsfolgenseite (Ermessensausübung, insbesondere im Hinblick darauf, dass es mehrere Verantwortliche gibt; siehe dazu Rn. 146 ff.) betreffen.
107 In Anlehnung an § 7 Abs. 1 S. 2 HSOG ist im Folgenden der sprachlichen Einfachheit wegen stets nur von „Sache", nicht aber von „Tier" die Rede, jedoch gelten die Ausführungen für Tiere entsprechend.

99 Die Wendung „Geht von ... einer Sache eine Gefahr aus" (vgl. § 7 Abs. 1 S. 1 HSOG) darf nicht zu eng und dahingehend verstanden werden, dass stets die Beschaffenheit der Sache selbst gefährlich sein muss (Beispiel: Giftstoffe); die Gefährlichkeit der Sache kann sich vielmehr auch aus ihrer spezifischen Lage im Raum ergeben.

100 **Beispiel:**
Ein auf dem Bürgersteig abgestellter Kinderwagen behindert dort die Zufahrt der Feuerwehr zu einem Brandherd.

101 bb) **Inhaber der tatsächlichen Gewalt.** Der Begriff der **tatsächlichen Gewalt** erfordert allein, dass eine Einwirkungsmöglichkeit auf und die Verfügungsgewalt in tatsächlicher Hinsicht über die Sache besteht. Es kommt nicht darauf an, ob der Betreffende zur Einwirkung und Verfügung berechtigt ist, so dass insbesondere keine Rolle spielt, ob zivilrechtlich ein Recht zum Besitz an der Sache besteht. Es sind daher nicht nur z.B. der Mieter oder Pächter (vgl. § 7 Abs. 2 S. 1 HSOG), sondern z.B. auch Dieb oder Schwarzfahrer Gewalthaber einer Sache.[108]

102 Strittig ist indes, ob für die tatsächliche Sachherrschaft ein **Herrschaftswillen** erforderlich ist. Dieser ist zwar sowohl bei dem angeführten Mieter als auch bei dem Dieb gegeben, er fehlt aber z.B., wenn unbekannte Täter einem Bauern heimlich und gegen seinen Willen auf dessen nicht eingezäunte Wiese ein Autowrack stellen, das eine Verletzungsgefahr für dort spielende Kinder darstellt.[109] Fraglich ist hier, ob der Bauer Zustandsverantwortlicher ist. Dies ist zu bejahen,[110] sofern für ihn Einwirkungsmöglichkeiten auf das Wrack gegeben sind (was von den näheren Einzelfallumständen abhängt); es fehlt an einer hinreichenden dogmatischen Grundlage, einen Sachherrschaftswillen für die Zustandsverantwortlichkeit einzufordern. Dagegen spräche auch das Ziel der Effektivität der Gefahrenabwehr.

103 cc) **Eigentümer, andere berechtigte Personen, Dereliktion.** Anders als bei der tatsächlichen Sachherrschaft ist beim **Eigentum** und bei einer **anderen berechtigten Person** (siehe § 7 Abs. 2 HSOG) ein rechtlicher Anknüpfungspunkt für die Zustandsverantwortlichkeit gegeben. Eigentümer im Sinne von § 7 Abs. 2 HSOG ist derjenige, der zivilrechtlich Eigentum an der Sache hat (§§ 903 ff. BGB); insoweit kennt das HSOG also keinen eigenständigen, originär polizeirechtlichen Eigentümerbegriff. § 7 Abs. 3 HSOG schließt die Möglichkeit aus, sich mittels **Dereliktion** der Zustandsverantwortlichkeit nach § 7 Abs. 2 HSOG zu entziehen. Eine „andere berechtigte Person" im Sinne von § 7 Abs. 2 S. 1 HSOG kann sowohl ein dinglich (z.B. Nießbraucher, §§ 1085 ff. BGB, oder Pfandgläubiger, §§ 1205 ff. BGB) als auch ein nur schuldrechtlich Verfügungsberechtigter sein (z.B. Mieter, §§ 535 ff. BGB, oder Verwahrer, §§ 688 ff. BGB).

104 Die Verantwortlichkeit des Eigentümers bzw. der anderen berechtigten Person nach § 7 Abs. 2 S. 1 HSOG besteht grundsätzlich gleichrangig und eigenständig neben der Verantwortlichkeit des Inhabers der tatsächlichen Gewalt nach § 7 Abs. 1 S. 1 HSOG. Das Wort „auch" in § 7 Abs. 2 S. 1 HSOG ist also nicht so zu verstehen, dass die Ver-

---

108 Dazu mit weiteren Beispielen *Hornmann*, § 7 HSOG Rn 15 ff.; siehe ferner *Gusy*, Rn. 350.
109 Beispiel nach *Denninger*, Polizeirecht, in: Meyer/Stolleis (Hrsg.), S. 294.
110 Anders indes *Denninger* (Fn. 109), S. 294.

antwortlichkeit nach § 7 Abs. 2 S. 1 HSOG nur kumulativ zur Verantwortlichkeit nach § 7 Abs. 1 S. 1 HSOG hinzutreten kann; die nach § 7 Abs. 2 S. 1 HSOG Verantwortlichen können daher auch allein herangezogen werden. Wie im Einzelfall zu verfahren ist, ist durch § 7 Abs. 1 S. 1, Abs. 2 S. 1 HSOG tatbestandlich nicht näher vorgezeichnet, sondern eine Frage der Ermessensausübung, die auf der Rechtsfolgenseite relevant wird (siehe dazu Rn. 146 ff.).

Allein für einen Sonderfall trifft das HSOG eine Sonderregelung. Nach § 7 Abs. 2 S. 2 HSOG scheidet die Inanspruchnahme des Eigentümers oder eines anderen Berechtigten nach § 7 Abs. 2 S. 1 HSOG aus, wenn der Inhaber der tatsächlichen Gewalt diese ohne den Willen des Eigentümers oder der berechtigten Person ausübt. 105

Beispiel: 106
Der Dieb – und nicht der Eigentümer der Sache – ist allein Zustandsverantwortlicher.

Wenn der unberechtigte Inhaber der tatsächlichen Gewalt die Sachherrschaft aufgibt (Beispiel: Der Dieb lässt den entwendeten Pkw zurück), lebt die aus dem Eigentum herrührende Verantwortung wieder auf;[111] dafür spricht der Wortlaut, da die Wendung „wenn ... ausübt" in zeitlicher Hinsicht als „solange" zu verstehen ist. 107

Sehr umstritten sind – insbesondere in Fällen der Kontaminierung des Bodens durch Voreigentümer („Altlastenfälle") – etwaige Grenzen der Zustandsverantwortlichkeit. Das einfache Recht sieht keine Deckelung vor, so dass Maßnahmen des Zustandsverantwortlichen nicht dadurch rechtswidrig werden, dass ihre Kosten den Verkehrswert der Sache übersteigen. Nach Auffassung des BVerfG[112] ergibt sich indes aus Art. 14 GG i.V.m. dem Verhältnismäßigkeitsprinzip ein Zumutbarkeitskriterium, für dessen Ausfüllung verschiedene Gesichtspunkte (Herkunft der Gefahr, Vorverhalten des Eigentümers, Verkehrswert des Grundstücks, Nutzung als Lebensgrundlage etc.) heranzuziehen sind, so dass der Zustandsverantwortliche im Einzelfall nicht die vollen Kosten zu tragen hat. In der Literatur wird kritisch auf den darin liegenden Systembruch, die Privilegierung des Grundeigentums und die Gefahr einer Billigkeitsrechtsprechung hingewiesen[113] und eine Regelung durch den Gesetzgeber gefordert.[114] 108

d) Unmittelbare Ausführung einer Maßnahme

Nach § 8 Abs. 1 S. 1 HSOG ist Gefahrenabwehr auch durch behördliche Maßnahmen oder durch eine beauftragte dritte Person im Wege der **unmittelbaren Ausführung** möglich, indes nur dann, wenn die Inanspruchnahme von Verantwortlichen nicht oder nicht rechtzeitig möglich ist. Die Gefahrenabwehr durch die Behörde selbst ist daher nur nachrangig gegenüber der Gefahrenabwehr durch Verantwortliche zulässig. § 8 Abs. 1 S. 1 HSOG ist selbst keine Befugnisnorm, sondern gilt nur in Zusammenhang mit einer Befugnisnorm nach §§ 11 ff. HSOG oder besonderem Polizeirecht. § 8 Abs. 1 S. 1 HSOG ist für sich betrachtet einfach zu verstehen und zu handhaben. Gro- 109

---

111 So auch HessVGH, DÖV 1999, 916, 916; zustimmend *Meixner/Fredrich*, § 7 Rn. 14; ebenso *Hornmann*, § 7 HSOG Rn. 17.
112 BVerfGE 102, 1, 20 ff. = NJW 2000, 2573.
113 *Pieroth/Schlink/Kniesel/Kingreen/Poscher*, § 9 Rn. 68 ff.; *Schoch*, Rn. 199.
114 *Schoch*, Rn. 199.

ße praktische und dogmatische Probleme wirft aber sein Anwendungsbereich in Abgrenzung zum Verwaltungszwang im Wege des sog. sofortigen Vollzuges nach § 47 Abs. 2 HSOG auf; darauf wird im Zusammenhang mit dem sofortigen Vollzug noch ausführlich einzugehen sein (Rn. 250 ff.).

110 **Beispiel:**
Ein entlaufener Bulle gefährdet auf einer Kreisstraße den Verkehr. Die Polizei darf ihn nach § 8 Abs. 1 S. 1 i.V.m. § 11 HS 1 HSOG bis zum Eintreffen des Landwirts in Schach halten (und dem Landwirt später nach § 8 Abs. 2 HSOG die Einsatzkosten in Rechnung stellen, vgl. Rn. 270 ff.).[115]

e) Inanspruchnahme einer nicht verantwortlichen Person

111 Es fragt sich, ob es auch möglich ist, dass jemand zur Beseitigung einer Gefahr für ein polizeiliches Schutzgut herangezogen wird, obwohl er für die Gefahr nicht verantwortlich ist. Das HSOG lässt dies zu Recht nur in engen Grenzen zu. Denn ist jemand an der Entstehung einer polizeilichen Gefahr nicht beteiligt, verletzt er nicht seine sog. **Polizeipflicht** (oben Rn. 84), und es fehlt die für das Polizeirecht kennzeichnende Legitimationsbasis dafür, jemanden mit belastenden Maßnahmen beschweren zu dürfen. Dieses Defizit kann lediglich für (näher einzugrenzende) Notstandssituationen überwunden werden, so dass in Abwesenheit spezieller Regelungen (vgl. Rn. 114) auch davon gesprochen wird, allein der sog. **polizeiliche Notstand** ermögliche die Inanspruchnahme einer nicht verantwortlichen Person.[116]

112 Die Voraussetzungen, unter denen dies im Einzelnen geschehen kann, sind in § 9 HSOG normiert. Kumulativ muss (1) eine gegenwärtige, erhebliche Gefahr vorliegen, (2) eine Inanspruchnahme nach §§ 6, 7 HSOG aussichts- oder fruchtlos sein, (3) darf die Behörde oder ein beauftragter Dritter zur rechtzeitigen Gefahrenbeseitigung nicht in der Lage sein;[117] (4) dürfen durch die Inanspruchnahme selbst keine Gefahren drohen (§ 9 Abs. 1 Nr. 1-4 HSOG).

113 Ein Hauptanwendungsfall der Inanspruchnahme nicht verantwortlicher Personen stellte und stellt – allerdings in abnehmendem Maße – die **Obdachloseneinweisung** dar; Schulfall: Die Behörde weist einen Mieter, den der Vermieter soeben aus seiner Wohnung erfolgreich „hinausgeklagt" hat, in diese Wohnung sofort wieder ein, weil ihm andernfalls Obdachlosigkeit drohe und die Behörde selbst keinen Wohnraum zur Verfügung stellen kann.[118]

114 In engen verfassungsrechtlichen Grenzen können Spezialregelungen der Polizei den Zugriff auf Nichtverantwortliche auch dann erlauben, wenn *kein* Notstand vorliegt. Zahlreiche Beispiele hierzu finden sich in neueren Normen zur Informationserhebung,

---

115 VG Gießen, Urt. v. 21.1.2017, 4 K 2485/17.GI.
116 Siehe zu dieser Begrifflichkeit ausführlich *Drews/Wacke/Vogel/Martens*, S. 331 ff.
117 Die Inanspruchnahme nach § 9 Abs. 1 HSOG ist damit nur nachrangig zur unmittelbaren Ausführung nach § 8 Abs. 1 S. 1 HSOG zulässig, weil § 9 Abs. 1 Nr. 3 HSOG dessen Tatbestandsvoraussetzungen in Bezug nimmt.
118 Der Vermieter ist hier nicht durch die von ihm ausgesprochene Kündigung Verhaltensverantwortlicher, weil – sofern diese rechtmäßig ist – darin allein ein Gebrauchmachen seiner Rechte liegt, so dass nur eine Inanspruchnahme als nicht verantwortliche Person in Betracht kommt; siehe dazu ausführlich *Erichsen/Biermann*, Jura 1998, 371, 377 f.

die das Gefahrenvorfeld erfassen.¹¹⁹ So wird der Polizei die Befugnis eingeräumt, zur Gefahraufklärung auf Personen zuzugreifen, die

- sich an einem bestimmten sensiblen Ort (bspw § 18 Abs. 2 Nr. 1, 3 HSOG) oder in der Nähe einer gefährdeten Person befinden (bspw § 18 Abs. 2 Nr. 4 HSOG) – „**Ortshaftung**" – oder
- mit verdächtigen Personen in Verbindung stehen (bspw § 15 Abs. 2 S. 1 Nr. 4 HSOG), pflichtig sind damit sog. „**Kontakt- und Begleitpersonen**".¹²⁰

Soweit eine Befugnisnorm derartige Regelungen enthält, ist für einen Rückgriff auf die §§ 6, 7, 9 HSOG kein Raum.¹²¹ Auch insofern gilt also die allgemeine Regel: Zunächst sind Spezialnormen zu suchen. Ihre Auslegung muss zeigen, ob ein Rückgriff auf die vor die Klammer gezogenen Vorschriften in Frage kommt.

f) Verantwortlichkeit von Hoheitsträgern

Eine polizeiliche Gefahr kann auch von der öffentlichen Verwaltung selbst hervorgerufen werden – durch Verhaltens- oder Zustandsverantwortlichkeit. Es ist aber umstritten, ob **Hoheitsträger polizeipflichtig** sein können. Dabei sind drei Fragenkreise voneinander zu unterscheiden: Sind Hoheitsträger materiell-rechtlich verpflichtet (Rn. 116)? Kann die Polizei gegen sie einschreiten (Rn. 117 f.)? Kann sie gegen die Hoheitsträger vollstrecken (Rn. 238)?

115

Die erste Frage geht dahin, ob Hoheitsträger in **materiell-rechtlicher Hinsicht** an die Vorschriften des Polizeirechts gebunden sind, also auch sie in der Pflicht stehen, keine Gefahr für ein polizeiliches Schutzgut auszulösen. Diese Frage ist – das ist weitgehend unumstritten – zu bejahen, denn der Grundsatz der Gesetzmäßigkeit der Verwaltung nach Art. 20 Abs. 3 GG beinhaltet eine Bindung der öffentlichen Verwaltung auch an das Polizeirecht.

116

Das eigentliche Problem stellt vielmehr die zweite Frage dar: Besteht auch eine **formelle Polizeipflichtigkeit** dergestalt, dass die für die Gefahrenabwehrmaßnahme zuständige Behörde befugt ist, gegen eine andere Verwaltungsbehörde einzuschreiten? Die früher herrschende Ansicht und auch der HessVGH lehnten dies bisher ab. Aus der umfangreichen Diskussion, die zu dieser Frage geführt worden ist, kann hier nur der Kernaspekt herausgegriffen werden. Die überwiegende Ansicht sieht letztlich einen Kompetenzkonflikt gegeben, wenn man eine formelle Polizeipflichtigkeit bejahte: Art. 20 Abs. 3 GG verpflichte jeden Träger der öffentlichen Verwaltung, die ihm gesetzlich übertragenen Aufgaben zu erfüllen und dabei die öffentlich-rechtlichen Vorschriften zur Gefahrenabwehr in eigener Verantwortung zu beachten; erlaube man dem einen Träger, polizeilich gegen den anderen vorzugehen, greife man in dessen Kompetenzbereich ein; anders verhielte es sich nur, wenn das Polizeirecht ausdrück-

117

---

119 Überblick und Einordnung bei *Glaser*, Die „neue Generation" polizeirechtlicher Standardmaßnahmen, Jura 2009, 742.
120 Zur Diskussion um die Verfassungsmäßigkeit solchen Vorfeldhandelns *Weber*, Die Sicherung rechtsstaatlicher Standards im modernen Polizeirecht, 2011, 79 ff.
121 Was z.T. klargestellt wird, bspw §§ 14 Abs. 2 S. 1, 15 Abs. 2 S. 1 Nr. 1 HSOG (die nicht als Verweisung auf § 9 HSOG zu lesen sind).

lich zum Eingriff in den Kompetenzbereich des anderen Trägers ermächtigen würde.[122]

118 Diese Ansicht kann nicht überzeugen.[123] Zwar lässt die materielle Polizeipflichtigkeit nicht auf die formelle Polizeipflichtigkeit schließen, weil sich die Frage der Durchsetzung bei Hoheitsträgern anders stellt als bei Privaten. Ein jedes Einschreiten gegenüber Hoheitsträgern aber von vornherein für unzulässig zu erklären, wäre verfassungsrechtlich unnötig und sachlich unbefriedigend. Es ist insbesondere für die formelle Polizeipflichtigkeit keine besondere gesetzliche Ermächtigung zu fordern; vielmehr müsste umgekehrt das Polizeirecht die formelle Polizeipflichtigkeit ausschließen, was das HSOG nicht tut. Auch leuchtet in der Sache nicht ein, warum Hoheitsträger gewissermaßen immun sein sollten – zumal inzwischen etliche Ausnahmen zugestanden werden,[124] etwa für immissionsschutzrechtliche Anordnungen nach § 24 BImSchG,[125] für erwerbswirtschaftliches Handeln des Hoheitsträgers, für Eilfälle und für Fälle, in denen der hoheitliche Tätigkeitsbereich des adressierten Verwaltungsträgers nicht beeinträchtigt wird. Vorzugswürdig erscheint es umgekehrt, ein Einschreiten gegen Hoheitsträger grundsätzlich zuzulassen und dessen berechtigte Belange im Rahmen der materiellen Rechtmäßigkeit bei der Ermessensausübung flexibel zu berücksichtigen. In diese Richtung scheint auch die jüngste Rspr des HessVGH zu weisen.[126]

g) Verantwortlichkeit aufgrund Rechtsnachfolge

119 **aa) Mögliche Fallgestaltungen.** Eine der am heftigsten diskutierten Fragestellungen des Polizeirechts in den letzten Jahren war die der **Rechtsnachfolge in polizeiliche Verantwortlichkeiten**. Rechtsprechung und Literatur dazu sind immer noch in Bewegung, und der Meinungsstand ist im Einzelnen sehr unübersichtlich. Die Problematik kann hier nur in ihren Grundstrukturen dargestellt werden.[127] Sie verliert ihren Schrecken, wenn man näher hinschaut und differenziert:

120 Es lassen sich vier Fallkonstellationen unterscheiden. Zum ersten kann zwischen der Nachfolge in konkrete und abstrakte Verantwortlichkeiten unterschieden werden. Erstere meinen solche, die durch eine Maßnahme (wie einen Verwaltungsakt) bereits konkretisiert wurden; bei der abstrakten Verantwortlichkeit fehlt es daran noch. Aus dieser Unterscheidung ergeben sich bereits die ersten beiden Fallgruppen. Zum zweiten kann man bei ihnen jeweils zwischen der Nachfolge in die Zustands- und Verhaltensverantwortlichkeit unterscheiden (=insgesamt vier Fallgruppen). Auf die Differen-

---

122 Siehe dazu statt vieler nur HessVGH, NVwZ 1997, 304, 305; HessVGH, NVwZ 2002, 889, 889 m.w.N.; aus dem Schrifttum z.B. *Pieroth/Schlink/Kniesel/Kingreen/Poscher*, § 9 Rn. 8 a und § 5 Rn. 38 f.; *Schenke/Schenke*, Rn. 147. – Zur jüngeren Rspr des HessVGH vgl. aber unten Fn. 126.
123 Ebenso etwa *Britz*, Abschied vom Grundsatz fehlender Polizeipflicht von Hoheitsträgern?, DÖV 2002, 891 ff.; *Schoch*, Rn. 175; *Schoch*, Polizeipflichtigkeit von Hoheitsträgern, Jura 2005, 324, 326 ff.
124 *Mühl/Leggereit/Hausmann*, Rn. 102.
125 Lesenswert hierzu BVerwGE 117, 1 = NVwZ 2003, 346.
126 HessVGH, Urt. v. 27.3.2014, 8 A 1251/12, der eine Polizeipflicht nur bei unmittelbarer Berührung hoheitlicher Aufgaben ausschließt.
127 Ausführlich zum Ganzen mit didaktischer Ausrichtung und zahlreichen weiteren Nachweisen *Rau*, Die Rechtsnachfolge in Polizei- und Ordnungspflichten, Jura 2000, 37 ff; *Nolte/Niestedt*, Grundfälle zur Rechtsnachfolge im Öffentlichen Recht, JuS 2000, 1071 ff. und 1172 ff.; ferner (nicht polizeirechtsspezifisch) *Zacharias*, Die Rechtsnachfolge im Öffentlichen Recht, JA 2001, 720 ff.

zierung in Einzel- und Gesamtrechtsnachfolge kommt es dagegen in der Regel nicht an.

Für alle diese Fallgruppen müssen unstrittig zwei Voraussetzungen gegeben sein, damit eine Nachfolge in polizeiliche Verantwortlichkeiten erfolgen kann: Die Verantwortlichkeit muss **übergangsfähig** (darf nicht höchstpersönlich) sein, und es muss einen **Übergangstatbestand** geben. 121

bb) Gesetzliche Regelungen. Die gesetzlichen Regelungen zur Rechtsnachfolge sind äußerst spärlich. Im besonderen Polizeirecht finden sich vereinzelte Bestimmungen. So regelt § 53 Abs. 5 HBO („Verwaltungsakte gelten auch für und gegen Rechtsnachfolgerinnen und Rechtsnachfolger") eine Nachfolge in konkrete, § 4 Abs. 3 S. 1 BBodSchG[128] in abstrakte Verantwortlichkeiten. Im HSOG findet sich allenfalls die bereits angesprochene Regelung des § 7 Abs. 3 HSOG (siehe Rn. 103), wonach im Falle der Dereliktion polizeiliche Maßnahmen auch gegen denjenigen gerichtet werden können, der das Eigentum aufgegeben hat; dies kann man – ohne dass dies etwas am praktischen Ergebnis ändern würde – entweder als Nachfolge in die abstrakte Verhaltensverantwortlichkeit begreifen oder zumindest als ein zeitliches Fortwirken der Verhaltensverantwortlichkeit bis hin zum Derelinquenten. Ansonsten fehlt es im HSOG ebenso wie in den anderen allgemeinen Polizei- und Ordnungsgesetzen an Regelungen, was Raum für Kontroversen eröffnet. 122

cc) Nachfolge in die abstrakte Zustandsverantwortlichkeit. Die Nachfolge in die abstrakte Zustandsverantwortlichkeit wirft die wenigsten Fragen auf. Die Zustandsverantwortlichkeit ist auf die Eigentümerstellung, sonstige Berechtigung und Inhaberschaft der tatsächlichen Gewalt (vgl. § 7 Abs. 1 S. 1 HSOG) und damit zeitlich beschränkt und entsteht beim neuen Eigentümer, neuen sonstigen Berechtigten und neuen Inhaber der tatsächlichen Gewalt neu, so dass polizeiliche Maßnahmen gegen diese Verantwortlichen zu richten sind. Einer „Nachfolgekonstruktion" der Verantwortlichkeit bedarf es hier daher nicht. 123

Beispiel: 124
H erbt ein Hausgrundstück, in dem später Rattenbefall, Müll und Unrat festgestellt werden. Der Kreisausschuss als zuständen Infektionsschutzbehörde (§ 5 Abs. 1 i.V.m. § 2 Abs. 2 Nr. 1 HGöGD[129] schreitet nach §§ 16 f. IfSG gegen H ein. Auf Rechtsnachfolge kommt es nicht an, weil H Zustandsstörer nach § 3 Abs. 1 S. 3 i.V.m. § 7 Abs. 2 S. 1 HSOG ist.

dd) Nachfolge in die abstrakte Verhaltensverantwortlichkeit. Richtiger Ansicht nach wird man die **Nachfolge in eine abstrakte Verhaltensverantwortlichkeit** ohne spezialgesetzliche Regelungen abzulehnen haben. Als Übergangstatbestand könnte man, da das HSOG schweigt, allein an zivilrechtliche Bestimmungen denken. Sowohl bei zivilrechtlicher Einzel- als auch Gesamtrechtsnachfolge wird aber die Nachfolgefähigkeit zu verneinen sein, da das Polizeirecht die Verhaltensverantwortlichkeit als Einstehen für persönliches Verhalten konstruiert. Dieser polizeirechtliche Persönlichkeitsbezug 125

---

128 Siehe dazu etwa HessVGH, DVBl 2000, 210 ff.
129 Hessisches Gesetz über den öffentlichen Gesundheitsdienst v. 28.7.2007, GVBl. I S. 659, abgedruckt in *von Zezschwitz*, Landesrecht Hessen, 27. Aufl. 2017, Zf. 43 a.

kann nicht durch das Zivilrecht überwunden bzw. ersetzt werden. Danach gibt es keine automatische Nachfolge in die abstrakte Verhaltensverantwortlichkeit (sehr strittig).

126 **Beispiel:**
V besetzt ein leer stehendes Haus, um dort seine immer größer werdende Militaria-Sammlung einzulagern. Dann stirbt er. Kann die Behörde seinen Sohn S, der Alleinerbe ist, nach § 11 HSOG auf Räumung in Anspruch nehmen? S hat keine Gefahr verursacht (§ 6 Abs. 1 HSOG); eine Erstreckungsnorm (wie § 6 Abs. 2, 3 HSOG) zulasten des S ist nicht ersichtlich. Ebenso wenig ist er Zustandsstörer nach § 7 HSOG. Schließlich sind auch die strengen Voraussetzungen des § 9 Abs. 1 HSOG (Rn. 112) nicht erfüllt. Daher darf S nicht herangezogen werden.

127 ee) **Nachfolge in die konkretisierte Zustandsverantwortlichkeit.** Die Nachfolge in die konkretisierte Zustandsverantwortlichkeit ist ebenfalls sehr umstritten. Dies mag auf den ersten Blick angesichts des zur Nachfolge in die abstrakte Zustandsverantwortlichkeit Gesagten überraschen, da es regelmäßig kein Problem für die Behörde gibt, einen „neuen" Zustandsverantwortlichen zu finden und sich an diesen zu halten. Dies widerspricht aber oftmals dem praktischen Bedürfnis der Behörden: Zumeist ist die polizeiliche Maßnahme ein Verwaltungsakt nach § 35 S. 1 HVwVfG (siehe zu den polizeilichen Handlungs- bzw. Rechtsformen Rn. 198 ff.). Insbesondere dann, wenn die Behörde einen polizeilichen Verwaltungsakt erlassen hat und dieser bereits bestandskräftig geworden und somit vollstreckbar ist (Rn. 236 ff.), müsste die Behörde das gesamte Verwaltungs- und Vollstreckungsverfahren wieder von vorne beginnen, wenn die Zustandsverantwortlichkeit des ehemals Verantwortlichen endet und auf den neuen Verantwortlichen nicht übergeht, sondern dort neu begründet wird. Dies erscheint aus Sicht der Behörden misslich. Große Teile der Rechtsprechung und Teile des Schrifttums bejahen daher einen Pflichtenübergang.

128 **Beispiel:**
E ist Eigentümer eines Hanggrundstücks. Die Behörde gibt ihm die Sicherung der darunter liegenden Straße gegen abrutschende Erde und herabstürzende Steine auf. Entfaltet diese Verfügung nach dem plötzlichen Tod des E auch gegenüber dem Alleinerben A Regelungswirkung?

129 Grund für den Übergang soll die sog. **Dinglichkeit der Verfügung**[130] (d.h. ihre Sachbezogenheit) oder eine analoge Heranziehung zivilrechtlicher Übergangstatbestände (z.B. §§ 929 ff., §§ 1922 ff. BGB) sein. Beide Ansätze können indes nicht überzeugen. Die sog. Dinglichkeit einer Verfügung ist ein allein ergebnisorientiertes Konstrukt, dem eine hinreichende dogmatische Begründung für die Herleitung eines Übergangstatbestandes fehlt. Für Analogiebildungen zum Zivilrecht fehlt die planwidrige Lücke, da der Gesetzgeber seit langem um die Problematik der Nachfolge in Polizeipflichten weiß, diese aber nicht geregelt hat. Die Existenz von § 7 Abs. 3 HSOG kann zudem als beredtes Schweigen des Gesetzgebers begriffen werden, dass außerhalb der von § 7 Abs. 3 HSOG erfassten Fallgestaltung keine Erstreckung von Zustandsverantwortlichkeiten stattfinden soll. Im obigen Beispiel kann der gegen E ergangene Verwaltungsakt daher nicht ohne weiteres gegen A vollstreckt werden.

---

130 So auch HessVGH, NVwZ 1998, 1315, 1316; anders noch HessVGH, NJW 1976, 1910, 1910 f.

ff) **Nachfolge in die konkretisierte Verhaltensverantwortlichkeit.** Aus den angeführten Erwägungen und dem Gegenschluss aus § 53 Abs. 5 HBO folgt auch, dass außerhalb der normierten Fälle die **Nachfolge in die konkretisierte Verhaltensverantwortlichkeit** abzulehnen ist. Der Konkretisierungsakt begründet ebenso wenig wie bei der Zustandsverantwortlichkeit einen Übergangstatbestand (strittig). 130

5. Ermessen und Verhältnismäßigkeit
a) Grundfragen

Die Gefahrenabwehr- und die Polizeibehörden handeln nach **Ermessen**. Dies bringen nicht nur die einzelnen Befugnisnormen durch die dort durchgehend gebrauchte Wendung „können" eindeutig zum Ausdruck, es ist auch in § 5 Abs. 1 HSOG verankert. Es gilt daher im Polizeirecht das sog. **Opportunitätsprinzip** (Rn. 16). Das Ermessen ist pflichtgemäß auszuüben; insbesondere sind die berührten Grundrechte der Beteiligten und der **Verhältnismäßigkeitsgrundsatz** zu beachten. Letzteres bringt § 4 HSOG zum Ausdruck. Er ist deklaratorisch, da die Beachtung des Verhältnismäßigkeitsgrundsatzes jedenfalls bei belastendem Verwaltungshandeln bereits durch Grundrechte und Rechtsstaatsprinzip (Art. 20 Abs. 3 GG) verfassungsrechtlich garantiert ist.[131] 131

Neben Grundrechten und Verhältnismäßigkeitsprinzip werden die Ermessensspielräume der Polizei auch durch weitere Vorschriften des nationalen Verfassungsrechts (bspw Staatszielbestimmungen wie Art. 20a GG, Art. 26a HV), ferner durch Unionsrecht (z.B. Grundfreiheiten) ausgefüllt und konkretisiert, so dass in aller Regel übergeordnetes Recht als Handlungs- und Kontrollmaßstab für die Ausübung des polizeilichen Ermessens zu prüfen ist. 132

b) Entschließungs- und Auswahlermessen

Beim polizeilichen Ermessenshandeln lassen sich **Entschließungs-** und **Auswahlermessen** unterscheiden. Bei ersterem geht es darum, ob die Behörde überhaupt zur Gefahrenabwehr einschreitet. Die Behörde ist grundsätzlich (Ausnahme: **Ermessensreduzierung auf Null**; dazu Rn. 142 ff.) nicht verpflichtet, eine Gefahr für die öffentliche Sicherheit abzuwehren; sie kann auch untätig bleiben. Wenn sich die Behörde entschlossen hat, zu handeln, dann bezieht sich das Ermessen auch auf die Art und Weise des Handelns. Dieses Auswahlermessen kann in zweierlei Hinsicht bestehen; zum einen im Hinblick auf den Inhalt der zu ergreifenden Maßnahme (**Mittelauswahl**); zum anderen im Hinblick darauf, wer in Anspruch genommen wird, sofern mehrere potentiell Verantwortliche zur Verfügung stehen (sog. **Störerauswahl**). Da sich für die Auswahl zwischen mehreren potentiell Verantwortlichen einige Sonderfragen stellen, werden diese gesondert behandelt (Rn. 146 ff.). Ansonsten gibt es zwischen dem Entschließungsermessen und dem Auswahlermessen im Hinblick auf die zu ergreifende Maßnahme keine prinzipiellen Unterschiede, so dass für beide die folgenden Ermessensgrenzen Gültigkeit haben. 133

---

131 Zur Verhältnismäßigkeit als Ausprägung des Rechtsstaatsprinzips die knappe Darstellung bei *Jarass*, in: Jarass/Pieroth, Grundgesetz-Kommentar, 11. Aufl. 2011, Art. 20 GG Rn. 80 ff.

c) Ermessensgrenzen, Verhältnismäßigkeit, Grundrechtsbetroffenheit

134 aa) **Ermessensgrenzen und -fehler.** Die Ermessensgrenzen, die für polizeiliches Handeln gelten, sind nicht polizeirechtsspezifisch. Es gelten mit anderen Worten § 40 HVwVfG und die Grundsätze des Allgemeinen Verwaltungsrechts. Die möglichen **Ermessensfehler** sind hier nicht näher darzustellen,[132] sondern allein als Merkposten kurz festzuhalten:

135 Bei einem **Ermessensausfall (-nichtgebrauch)** macht die Behörde von ihrem Ermessen keinen Gebrauch, etwa weil sie nicht erkennt, dass ihr ein Ermessen zusteht.

136 Es kann eine **Ermessensüberschreitung** vorliegen; bei ihr überschreitet die Behörde den Rahmen der Ermächtigungsgrundlage und wählt eine von dieser nicht mehr gedeckte Rechtsfolge.

137 Ein **Ermessensfehlgebrauch** liegt vor, wenn sich die Behörde nicht ausschließlich vom Zweck der Ermessensvorschrift leiten lässt.

138 bb) **Systematische Einordnung des Verhältnismäßigkeitsprinzips.** Das **Verhältnismäßigkeitsprinzip** besagt, dass Behörden eine belastende Maßnahme nur dann ergreifen dürfen, wenn diese (kumulativ)

- verfassungslegitime Zwecke (z.B. Schutz nach Art. 2 Abs. 2 S. 1 GG) verfolgt,
- geeignet ist, d.h. tauglich, die angestrebten Zwecke zumindest zu fördern (!),
- erforderlich ist, d.h. eine gleich geeignete Maßnahme, die weniger eingreifende Wirkung hat, nicht bereitsteht, und
- angemessen (verhältnismäßig i.e.S.) ist, d.h. ihre belastenden Wirkungen nicht außer Verhältnis zum erstrebten Erfolg stehen.

139 Die Prüfung, ob das Verhältnismäßigkeitsprinzip im Einzelfall gewahrt wurde, ist Teil der Frage, ob Ermessensgrenzen beachtet wurden. Das Verhältnismäßigkeitsprinzip setzt – wie andere übergeordnete Maßstäbe – dem Ermessen Schranken und ist daher bei den Ermessenserwägungen zu beachten. Wird gegen das Verhältnismäßigkeitsprinzip verstoßen, ist die Ermessensentscheidung fehlerhaft und rechtswidrig.[133]

140 Für die praktische Handhabung von (auch) polizeirechtlichen Fällen bedeutet dies, dass die Verhältnismäßigkeit regelmäßig im Rahmen der Ermessensausübung, d.h. inzident, zu prüfen ist. Es empfiehlt sich, dabei möglichst konkret vorzugehen, d.h. die von der Polizei verfolgten Ziele und ihre Verankerung im geltenden Recht, die Tauglichkeit sowie mögliche Alternativen im Einzelnen zu spezifizieren und einer Prüfung zu unterziehen, die diesen Namen verdient. Hierbei kann bspw nicht nur das gewählte Mittel als solches (sachliche Dimension), sondern auch die zeitliche (vgl. § 4 Abs. 3 HSOG) oder räumliche Dimension seiner Anwendung übermäßig sein (zur personellen Dimension, der Auswahl des/der Verantwortlichen, vgl. Rn. 146 ff.).

141 cc) **Grundrechtliche Belange.** Ebenso im Rahmen des Ermessens zu prüfen sind regelmäßig **grundrechtliche Belange**. Die Abwehr von Gefahren für polizeiliche Schutzgü-

---

[132] Ausführlich z.B. *Maurer/Waldhoff*, Allgemeines Verwaltungsrecht, 19. Aufl. 2017, § 7 Rn. 7 ff.
[133] Siehe dazu *Maurer/Waldhoff* (Fn. 132), § 7 Rn. 23; vgl. auch *Jestaedt*, in: Erichsen/Ehlers, § 11 Rn. 4 i.V.m. 64.

ter und die damit einhergehenden Belastungswirkungen für denjenigen, der in Anspruch genommen wird, sind bei der Ermessensausübung und dem damit einhergehenden Gebot, verhältnismäßig zu handeln, abwägend zu beachten. Die Belastungswirkungen sind regelmäßig grundrechtlicher Art. Die **Grundrechte** geben daher einen ganz zentralen Abwägungsmaßstab im Rahmen der polizeilichen Ermessensausübung vor.

d) Ermessensreduzierung auf Null, Anspruch auf polizeiliches Tätigwerden

Das polizeiliche Ermessen kann je nach Umständen und rechtlichen Vorgaben (z.B. des Europa- oder Verfassungsrechts) so weit eingeengt sein, dass alle Handlungsoptionen bis auf eine einzige rechtswidrig wären. Der normalerweise bestehende Spielraum der Behörde verengt sich dann zu einer Pflicht, die verbleibende Handlungsoption zu wählen. Eine solche **Ermessensreduzierung auf Null** kommt beim Entschließungsermessen häufiger, bei Fragen des Auswahlermessens seltener vor. Je wichtiger das polizeiliche Schutzgut (wie Leben oder Gesundheit der Betroffenen, Art. 2 Abs. 2 S. 1 GG) und je größer die Intensität der Gefahr ist, desto eher ist eine Ermessensreduzierung auf Null anzunehmen.

142

Beispiel:
Ein Polizist sieht, wie ein Kleinkind, ohne dass eine Aufsichtsperson in der Nähe ist, im Begriff ist, aus einer umherstehenden geöffneten Flasche mit ätzender Flüssigkeit zu trinken. Hier *muss* der Polizist einschreiten. Es besteht eine gegenwärtige Gefahr für Leib und Leben des Kleinkinds; und mit dem Einschreiten (Wegnehmen der Flasche) sind keine Rechtseingriffe verbunden (das Kleinkind ist zur freiverantwortlichen Grundrechtsausübung noch nicht fähig). Hier liegt wegen Art. 2 Abs. 2 S. 1 GG eine Ermessensreduzierung im Hinblick auf das Entschließungsermessen vor. Sollte das Wegnehmen der Flasche die einzige in Betracht kommende Maßnahme sein – was von den Einzelfallumständen abhängt –, dann ist zudem eine Ermessensreduzierung auf Null im Hinblick auf das Auswahlermessen gegeben.

143

Mit einer Ermessensreduzierung auf Null kann, muss aber nicht ein Anspruch des Bürgers auf polizeiliches Tätigwerden verbunden sein. Die Ermessensreduzierung auf Null ist für einen solchen Anspruch notwendige, aber nicht hinreichende Bedingung. Hinzukommen muss ein **subjektives** öffentliches **Recht des Einzelnen**.[134] Ob ein solches gegeben ist, hängt davon ab, welches Rechtsgut durch polizeiliches Handeln geschützt werden soll und wer das Handeln begehrt; zugrunde zu legen ist dabei die **Schutznormtheorie**. Es kommt daher darauf an, ob der Gesetzgeber zumindest auch den Schutz des Betreffenden bezweckt hat.[135] Dieses Erfordernis hat näher betrachtet drei Aspekte: Die Norm muss

144

- den Antragsteller als Teil eines abgrenzbaren Kreises besonders Betroffener (im Gegensatz zu ihm als bloßem Teil der Allgemeinheit)
- hinsichtlich des in Streit stehenden konkreten Interesses
- schützen, d.h. nicht nur reflexartig begünstigen, sondern ihn mit der Willensmacht zur Durchsetzung dieses Interesses versehen wollen.

---

134 Vgl. wie hier *Schoch*, Rn. 165; großzügiger *Pieroth/Schlink/Kniesel/Kingreen/Poscher*, § 5 Rn. 50–53 i.V.m. § 10 Rn. 44-46.
135 *Maurer/Waldhoff* (Fn. 132), § 8 Rn. 8 f.; *Hufen*, Verwaltungsprozessrecht, 10. Aufl. 2016, § 14 Rn. 72 mit instruktiver Darstellung der wichtigsten Fallgruppen in Rn. 74 ff.

145 Beispiel:
Ein Einzelner kann auch im Falle einer Ermessensreduzierung auf Null nicht verlangen, dass die Behörde Maßnahmen ergreift, die die Einrichtungen des Staates als ein Teilschutzgut der öffentlichen Sicherheit schützt; damit ist kein Rechtsgut des Einzelnen berührt. Anders hingegen, wenn er den Schutz eigener Rechte (ebenfalls Bestandteil der öffentlichen Sicherheit) begehrt, etwa seines Lebens (Art. 2 Abs. 2 S. 1 GG).

e) Insbesondere: Auswahlermessen bei mehreren Verantwortlichen

146 Es können bei einer Gefahr für ein polizeiliches Schutzgut mehrere Verantwortliche gegeben sein. Damit die handelnde Behörde darum weiß, muss sie die potentiell als Verantwortliche in Betracht kommenden Personen ermitteln (vgl. für die Rechtsform des Verwaltungsaktes insbesondere § 24 HVwVfG); die unzureichende Ermittlung mehrerer Verantwortlicher stellt einen zumindest teilweisen Ermessensausfall und damit einen Ermessensfehler dar.

147 Es sind unterschiedliche Konstellationen mehrerer Verantwortlicher denkbar. Es kann für eine Gefahr einen oder mehrere Zustands- und/oder Verhaltensverantwortliche(n) geben; beide Verantwortlichkeitsarten können bei einer (mehreren) Person(en) zugleich vorliegen. Mit Ausnahme der Regelung in § 7 Abs. 2 S. 2 HSOG (siehe dazu Rn. 105) enthält das HSOG keine verbindlichen Bestimmungen, wie hier zu verfahren ist, so dass auch Ermessen in Bezug auf die Auswahl zwischen mehreren Verantwortlichen besteht (vgl. § 5 Abs. 1 HSOG).

148 Für dieses Ermessen haben Literatur und Rechtsprechung Leitlinien bzw. Faustformeln zu bilden versucht. So soll nach einer Ansicht der Verhaltens- vor dem Zustandsverantwortlichen heranzuziehen sein – zumindest dann, wenn beide gleich wirksam die Gefahr abwenden können.[136] Dies findet im Gesetz keine Stütze und lässt sich in dieser Pauschalität auch anderweitig nicht begründen. Ebenso wenig lässt sich sagen, dass bei **Doppelverantwortlichkeit** einer Person (d.h. diese ist sowohl Verhaltens- als auch Zustandsverantwortlicher) diese vorrangig vor einem Einfachverantwortlichen (d.h. dieser ist nur Verhaltens- oder Zustandsverantwortlicher) mit einer Maßnahme zu belasten ist.[137] All dies engt das Ermessen mit Erwägungen auf zu abstrakter Ebene ein. Stattdessen ist die Ermessensausübung maßgeblich am Orientierungspunkt der **Effektivität der Gefahrenabwehr** auszurichten.[138] Die Inanspruchnahme desjenigen, der am effektivsten (und dies bedeutet auch: am sichersten) die Gefahrenabwehr herbeiführen kann, gewährleistet, dass Geeignetheit und Erforderlichkeit als Teilausprägungen des Verhältnismäßigkeitsprinzips (Rn. 138) zum Tragen kommen. Den je nach Adressat unterschiedlichen Belastungswirkungen der Maßnahme kommt erst bei der Verhältnismäßigkeit im engeren Sinne Bedeutung zu.

---

136 Für eine entsprechende „Faustregel" z.B. *Mann*, Rn. 535; *Würtenberger*, Rn. 277; *Pausch/Dölger*, S. 129; HessVGH, DÖV 1994, 172, 173; im Ergebnis wie hier hingegen HessVGH, NVwZ-RR 2004, 32, 32.
137 So aber zumindest in der Grundtendenz *Drews/Wacke/Vogel/Martens*, S. 305.
138 HessVGH, UPR 1995, 197, 198; ebenso etwa *Pieroth/Schlink/Kniesel/Kingreen/Poscher*, § 9 Rn. 88; *Schenke/Schenke*, Rn. 183; *Gornig/Hokema*, Störerauswahl, JuS 2002, 21, 22 f.

6. Einzelne Befugnisnormen

Der Befugniskatalog umfasst die §§ 11–43 HSOG.[139] Er ist in jüngster Zeit stark gewachsen (vgl. insbes. §§ 15 c, 30 a, 31 a HSOG). Gegenüber den sog. Standardmaßnahmen der §§ 12–43 HSOG kommt die sog. polizeiliche Generalklausel des § 11 HSOG - wie § 11 HS 2 klarstellt - nur subsidiär zur Anwendung und wird daher erst im Anschluss (Rn. 193 ff.) behandelt. Auch treffen die Standardmaßnahmen zum Teil spezielle Regelungen zu den Adressaten, die die §§ 6 f., 9 HSOG verdrängen (Rn. 85). Gegenüber spezialgesetzlichen Eingriffsgrundlagen aus dem besonderen Polizeirecht treten die Standardmaßnahmen ihrerseits zurück. Die §§ 12 ff. HSOG folgen keiner ganz eindeutigen systematischen Ordnung; auch sind die Regelungen z.T. unübersichtlich. Letzteres gilt besonders für die zahlreichen und sehr detaillierten Datenerhebungs- und -verarbeitungsvorschriften (§§ 13–17 a, 20–29 a HSOG). Sie lassen sich als „informationelle" Befugnisse verstehen und typisierend den „aktionellen Befugnissen" (Handlungsbefugnissen, z.B. Platzverweis) gegenüberstellen.[140] Im Folgenden werden die Befugnisnormen im Wesentlichen in der Reihenfolge dargestellt, wie sie das HSOG aufführt, zum Teil aber im Interesse einer besseren Übersichtlichkeit und Verständlichkeit in der Darstellung zusammengefasst.

149

a) Befragung und Auskunftspflicht

In § 12 HSOG ist eine behördliche **Befragungs- und Anhaltebefugnis** (Abs. 1) einerseits und eine **Auskunftspflicht** von Personen (Abs. 2) andererseits geregelt, die beide streng voneinander zu unterscheiden sind.

150

Nach § 12 Abs. 1 S. 1 HSOG ist eine Befragung zulässig, wenn tatsächliche Anhaltspunkte die Annahme rechtfertigen, dass die Person sachdienliche Angaben zur Aufklärung des Sachverhalts in einer bestimmten gefahrenabwehrbehördlichen oder polizeilichen Angelegenheit machen kann. „Tatsächliche Anhaltspunkte" meint, dass die bloße Vermutung, dass eine Person sachdienliche Angaben machen kann, nicht ausreicht, sondern dass objektive Umstände vorliegen müssen, die den Schluss zulassen, die Person könne Angaben machen.[141] Mit „einer bestimmten gefahrenabwehrbehördlichen oder polizeilichen Angelegenheit" ist eine Angelegenheit innerhalb des Aufgabenbereichs gemeint, wie er durch § 1 HSOG umschrieben wird.

151

Nur dann, wenn auch eine konkrete Gefahr gegeben ist, kann eine Person zum Zwecke der Befragung angehalten werden (§ 12 Abs. 1 S. 2 HSOG). Ein Anhalten ist von einem Festhalten zu unterscheiden (vgl. § 25 Abs. 1 S. 4 HSOG). Anhalten ist die Untersagung der Fortbewegung für kurze Zeit und stellt noch keine **Freiheitsentziehung** im Sinne von Art. 104 Abs. 2 GG, sondern lediglich eine **Freiheitsbeschränkung** im Sinne von Art. 104 Abs. 1 S. 1 GG dar. Ein Festhalten ist von § 12 Abs. 1 S. 2 HSOG

152

---

[139] Der 2007 angehängte § 43 a HSOG ist mit seinem Verbot des Haltens gefährlicher Tiere systemfremd, da keine Befugnis-, sondern eine unmittelbar den Bürger adressierende Verbotsnorm (Abs. 1) samt Ordnungswidrigkeitstatbestand (Abs. 4) enthaltend. Ebenso ein Fremdkörper ist die neue Strafvorschrift des § 43 b HSOG, die Verstöße gegen gerichtliche oder behördliche Anordnungen nach § 31 Abs. 3 HSOG sanktioniert.
[140] Unterscheidung bei *Pieroth/Schlink/Kniesel/Kingreen/Poscher*, § 12 Rn. 6 ff.
[141] Ähnlich *Meixner/Fredrich*, § 12 HSOG Rn. 1; *Kunkel/Pausch/Prillwitz*, § 12 HSOG Rn. 3; *Pausch/Dölger*, S. 168.

nicht abgedeckt, sondern allein auf Grundlage anderer Befugnisnormen (§ 18 Abs. 4, 25 Abs. 1 S. 4, 32 Abs. 1, 2 HSOG) zulässig; es sind bei ihm auch besondere Verfahrens- und Formvorschriften einzuhalten (vgl. §§ 33–35 HSOG; näher Rn. 176 ff.). Ein exaktes Zeitmaß, jenseits dessen aus einem Anhalten ein Festhalten wird, lässt sich nicht benennen; als Orientierungspunkt wird ein Zeitraum von einer Viertelstunde genannt.[142]

153 Im Hinblick auf die Auskunftspflicht verweist § 12 Abs. 2 S. 1 HS 1 HSOG auf die §§ 6 f. HSOG, woraus folgt, dass diese Auskunftspflicht nur im Falle einer Gefahrenlage besteht; allerdings müssen gem. § 12 Abs. 2 S. 1 HS 2 HSOG (n.F.) auch nicht verantwortliche Personen nach §§ 9, 13 Abs. 2 Nr. 1-3 HSOG Auskunft geben; dies dient der Straftatenverhütung.[143] § 12 Abs. 2 S. 2, 3 HSOG enthalten Auskunftsverweigerungsrechte und verweisen dabei auf strafprozessuale Regelungen.

b) Identitätsfeststellung

154 § 18 HSOG regelt umfangreich die **Identitätsfeststellung**. Was mit „Identität einer Person" (vgl. § 18 Abs. 1, 2 HSOG) gemeint ist, wird durch § 18 HSOG selbst nicht definiert; synonym kann man jedoch von **Personalien** sprechen. Personalien sind etwa Vor- und Familienname, ggf. Geburtsname, Geburtstag und -ort, Größe, Geschlecht, Beruf, Wohnort und Staatsangehörigkeit. Nicht alles, was dem Begriff der Personalien unterfällt, ist nach § 18 HSOG, sofern dessen sogleich noch darzustellenden weiteren Voraussetzungen gegeben sind, in jedem Einzelfall der Identitätsfeststellung zugänglich; es ist stets der Verhältnismäßigkeitsgrundsatz zu wahren.

155 Zur funktionalen Einordnung der Identitätsfeststellung muss man sich vor Augen führen, dass sie für sich betrachtet zur Abwehr einer Gefahr kein hinreichendes Mittel ist, sondern vorbereitenden Charakter besitzt und daher in Zusammenhang mit anderen Befugnissen zu sehen ist.[144]

156 Der sieben Absätze umfassende § 18 HSOG lässt sich dahingehend strukturieren, dass Abs. 1 und 2 regeln, wozu eine Identitätsfeststellung zulässig ist, Abs. 3 und 4 hingegen, wodurch bzw. womit.

157 § 18 Abs. 1 HSOG ermächtigt Gefahrenabwehr- und Polizeibehörden zur Identitätsfeststellung in drei dort genannten Fällen, wobei dem erstgenannten Fall („zur Abwehr einer Gefahr") die zentrale Bedeutung zukommt. § 18 Abs. 2 HSOG ermächtigt nur Polizeibehörden zur Identitätsfeststellung. Die in § 18 Abs. 2 Nr. 1–6 HSOG geregelten Fälle zeichnen sich dadurch aus, dass sie regelmäßig weniger als eine konkrete Gefahr erfordern. § 18 Abs. 2 Nr. 1 HSOG ermöglicht die Identitätsfeststellung an sog. gefährlichen oder verrufenen Orten unabhängig davon, ob eine konkrete Gefahrenlage besteht. Daher muss die betreffende Person auch nicht polizeilich Verantwortlicher im Sinne von §§ 6, 7 HSOG sein; § 18 Abs. 2 Nr. 1 HSOG begründet vielmehr eine sog. Ortshaftung.[145]

---

142 *Mühl/Leggereit/Hausmann*, Rn. 155.
143 LT-Drs. 19/6502 S. 34.
144 *Denninger*, Polizeirecht, in: Meyer/Stolleis (Hrsg.), S. 309.
145 *Denninger* (Fn. 144), S. 309 f.

§ 18 Abs. 2 Nr. 3 HSOG ermöglicht eine Identitätsfeststellung im Zusammenhang mit einem Objektschutz (an einem in Nr. 3 umschriebenen Objekt soll eine Straftat verübt werden und die betreffende Person hält sich in ihm oder in der Nähe von ihm auf), § 18 Abs. 2 Nr. 4 HSOG eine solche im Zusammenhang mit einem Personenschutz und § 18 Abs. 2 Nr. 5 HSOG eine Feststellung der Identität im Zusammenhang mit der Einrichtung einer näher umschriebenen Kontrollstelle. 158

Nach § 18 Abs. 3 S. 1 HSOG können die zur Identitätsfeststellung erforderlichen Maßnahmen getroffen werden. § 18 Abs. 3 S. 2 HSOG fügt einen nicht abschließenden („insbesondere") Beispielskatalog an; oftmals wird eine Einsichtnahme in mitgeführte Ausweispapiere genügen (vgl. auch § 18 Abs. 7 HSOG). Die erkennungsdienstlichen Maßnahmen nach § 18 Abs. 3 S. 2 am Ende HSOG besitzen *ultima-ratio*-Charakter und können nur gegenüber bestimmten Personen ergriffen werden (vgl. im Einzelnen § 18 Abs. 5 S. 1, 2 HSOG). Gleiches gilt für das nach § 18 Abs. 4 HSOG mögliche Festhalten, Durchsuchen und das Verbringen zur Dienststelle einer Person; im Falle des Festhaltens sind besonders die weiteren Voraussetzungen der §§ 33–35 HSOG (Rn. 176 ff.) zu beachten. 159

§ 18 VI HSOG enthält eine spezielle Verfahrensvorschrift und schreibt als Pflicht für die handelnde Behörde fest, dass diese die betreffende Person auf den Grund der Identitätsfeststellung hinzuweisen hat, sofern dadurch der Zweck der Maßnahme nicht beeinträchtigt wird. § 18 HSOG ist damit insgesamt charakteristisch für neuere Entwicklungen im Polizeirecht, die die polizeilichen Befugnisse ins Gefahrenvorfeld ausweiten, insbesondere zu Verdachtgewinnungseingriffen berechtigen, zu diesem Zweck Sonderregelungen zu den §§ 6, 7, 9 HSOG schaffen und als Kompensation für die Abkehr von den gefahrenabwehrrechtlichen Grundstrukturen auf besondere Verfahrensvorkehrungen setzen.[146] 160

c) Erkennungsdienstliche Maßnahmen

§ 19 HSOG enthält die Befugnis zur Durchführung **erkennungsdienstlicher Maßnahmen**. Sinn und Zweck erkennungsdienstlicher Maßnahmen bestehen darin, eine Person zu identifizieren und sie später wieder zu erkennen. § 19 Abs. 1 Nr. 1–3 HSOG regeln die erkennungsdienstlichen Maßnahmen (Abnahme von Fingerabdrücken und Abdrücken anderer Körperpartien, Aufnahme von Abbildungen, Messungen und Feststellungen äußerer körperlicher Merkmale); § 19 Abs. 3 HSOG ergänzt das Arsenal um die Möglichkeit zur Entnahme von Körperzellen unter sehr speziellen Voraussetzungen. Diese in der Vorschrift genannten Maßnahmen sind abschließend zu verstehen, so dass andere erkennungsdienstliche Mittel wie das Anfertigen von Tonbandaufnahmen oder Schriftproben nicht durch § 19 HSOG abgedeckt sind. 161

Für die in § 19 Abs. 1 HSOG genannten Maßnahmen ist nach § 19 Abs. 2 HSOG Voraussetzung, dass diese entweder nach § 18 Abs. 3 HSOG zur Identitätsfeststellung angeordnet sind (Nr. 1) oder zur vorbeugenden Straftatbekämpfung unter weiteren, einengenden Voraussetzungen (Nr. 2). Bei der Anwendung von § 19 Abs. 2 Nr. 2 HSOG 162

---

146 Zur Entwicklung *Weber*, Sicherung rechtsstaatlicher Standards im modernen Polizeirecht, 2011, S. 17 ff.

ist § 81 b 2. Alt. StPO zu beachten. Diese strafprozessuale Vorschrift, der präventiver Charakter zugesprochen wird, ermöglicht ebenfalls erkennungsdienstliche Maßnahmen zur Hilfe bei künftigen Straftaten. Als bundesrechtliche Norm bricht sie, Kompetenzmäßigkeit unterstellt (Rn. 23), soweit ihr Anwendungsbereich reicht, § 19 HSOG (Art. 31 GG). Folge davon ist, dass § 19 Abs. 2 Nr. 2 HSOG nur zur Anwendung kommen kann, wenn keine Beschuldigteneigenschaft der betreffenden Person vorliegt, weil die Beschuldigteneigenschaft nur polizeirechtlich, nicht aber strafprozessrechtlich irrelevant ist.[147]

163 § 19 Abs. 3 HSOG gibt seit 2004 den Polizeibehörden bei richterlicher Anordnung das umstrittene Recht zur DNA-Analyse von noch nicht vierzehnjährigen Personen zur vorbeugenden Bekämpfung von Straftaten.[148] In § 19 Abs. 4-5 HSOG sind diverse Detailregelungen im Hinblick auf die Aufbewahrung, Löschung, Weiterleitung etc. der gewonnenen Daten getroffen.

d) Vorladung

164 § 30 HSOG regelt, unter welchen Voraussetzungen eine **Vorladung** erfolgen kann, definiert selbst aber nicht, was eine Vorladung ist. Eine Vorladung ist das Gebot an eine Person, zu einer bestimmten Zeit oder Zeitspanne an einem bestimmten Ort zu erscheinen und dort bis zur Erledigung der in der Vorladung bezeichneten Angelegenheit zu verweilen.[149] Dass dieses Gebot auf Informationsgewinnung gerichtet ist, lassen § 30 Abs. 1 S. 1 HSOG („sachdienliche Angaben machen kann") und § 30 Abs. 1 S. 2 HSOG („zur Durchführung erkennungsdienstlicher Maßnahmen") erkennen. Die vorladende Gefahrenabwehr- oder Polizeibehörde soll deren Grund angeben (§ 30 Abs. 2 S. 1 HSOG) und auf die Lebensumstände des Vorzuladenden Rücksicht nehmen (näher § 30 Abs. 2 S. 2 HSOG).

165 § 30 Abs. 3, 4 HSOG regeln die Durchsetzung der Vorladung mittels Zwang (sog. **Vorführung**). § 30 Abs. 3 HSOG normiert in Nr. 1 und 2 gesonderte Voraussetzungen, die die Vorschriften über den Zwang – nämlich §§ 47 ff. HSOG für Ordnungs- und Polizeibehörden, §§ 68 ff. HVwVG für Verwaltungsbehörden – nicht etwa ersetzen, sondern zu diesen hinzutreten. Nach § 30 Abs. 4 S. 1 HSOG ist für die zwangsweise Vorführung grundsätzlich eine richterliche Anordnung erforderlich.[150] Die bisher auf die Generalklausel gestützte **Meldeauflage** kann künftig auf den neuen – legistisch missglückten, da ungegliederten – § 30 a HSOG gestützt werden.[151]

---

147 *Mühl/Leggereit/Hausmann*, Rn. 182; näher dazu *Meixner/Fredrich*, § 19 HSOG Rn. 5; das BVerwG sieht § 81 b 2. Alt. StPO als Norm zur Strafverfolgungsvorsorge (s.o. Fn. 50).
148 Weil der Bundesgesetzgeber auf der Basis von Art. 74 Abs. 1 Nr. 1 GG in § 81 g StPO von der Unzulässigkeit der DNA-Analyse bei nicht schuldfähigen Kindern ausgegangen ist (arg. § 81 g Abs. 4 Nr. 3 StPO), fragt sich, ob § 19 Abs. 3 HSOG gegen Art. 72 Abs. 1 HS 2 GG verstößt. Für Verfassungswidrigkeit der Norm *Hornmann*, § 19 HSOG Rn. 55 ff.; offen OLG Frankfurt, NStZ-RR 2011, 188.
149 *Hornmann*, § 30 HSOG Rn. 8; *Rasch u.a.*, § 30 HSOG Anm. 1.1; *Kramer*, Rn. 209; ähnlich *Kunkel/Pausch/Prillwitz*, § 30 HSOG Rn. 1.
150 Dies wäre, wenn es sich um eine Freiheitsentziehung i.S.v. Art. 104 Abs. 2 GG handelt, verfassungsrechtlich zwingend, wenn es sich um eine Freiheitsbeschränkung handelt (so die Rspr), nach Art. 104 Abs. 1 S. 1 GG nicht von Verfassungs wegen notwendig.
151 Zum Hintergrund vgl. LT-Drs. 19/6502 S. 42.

e) Platzverweisung, Aufenthaltsverbot, Kontaktverbot

§ 31 HSOG enthält (je nach Zählung mindestens) vier unterschiedliche Eingriffsgrundlagen: 166

- die Platzverweisung i.e.S. mit den beiden Alternativen Entfernungsgebot („Wegweisung") und Betretungsverbot (§ 31 Abs. 1 S. 1 HSOG), ferner die Platzverweisung wegen Behinderung von Hilfs- oder Rettungsmaßnahmen (§ 31 Abs. 1 S. 2 HSOG),
- die Wohnungsverweisung (§ 31 Abs. 2 S. 1 HSOG) und das Wohnungsbetretungsverbot (§ 31 Abs. 2 S. 2 HSOG),
- das Kontaktverbot (§ 31 Abs. 2 S. 2 HSOG und Abs. 3 S. 2 n.F.) sowie
- das Aufenthaltsverbot (§ 31 Abs. 3 S. 1 HSOG).

Alle vier Rechtsgrundlagen berechtigen die Gefahrenabwehr- und die Polizeibehörden, nach § 2 Abs. 1 S. 1 Nr. 1 HFPG i.V.m. § 31 HSOG auch die Angehörigen des Freiwilligen Polizeidienstes. Sie kommen – nach den allgemeinen Grundsätzen – nur zur Anwendung, wenn keine spezialgesetzliche Eingriffsgrundlage (wie bspw § 8 S. 2 Nr. 1 JuSchG) greift.

§ 31 Abs. 1 S. 1 HSOG ermöglicht es, zur Abwehr einer Gefahr eine Person vorübergehend von einem Ort zu verweisen oder ihr vorübergehend das Betreten eines Ortes zu verbieten. Dabei ist die Wendung „eine Person" nicht dahingehend zu verstehen, dass jede Person unabhängig von einer Verantwortlichkeit nach § 6, 7, 9 HSOG von einem Ort verwiesen werden kann; § 31 Abs. 1 S. 1 HSOG modifiziert nicht die allgemeine Verantwortlichkeitsregelung,[152] sondern verweist implizit auf sie, so dass ein Rückgriff auf §§ 6 ff. HSOG notwendig ist. 167

Der Begriff „**Ort**" ist unbestimmt, genügt aber dem verfassungsrechtlichen Bestimmtheitsgebot. Unbestritten ist, dass unter ihn enger umgrenzte räumliche Bereiche wie z.B. ein bestimmtes Gebäude oder ein bestimmter öffentlicher Platz fallen. Strittig ist hingegen, ob „Ort" auch sehr große Bereiche wie z.B. das gesamte Gemeindegebiet umfassen kann.[153] Dies ist zu bejahen, weil so auf Rechtsfolgenseite – im Rahmen des Ermessens – angemessene Lösungen gefunden werden können. 168

Ebenso wirft der in § 31 Abs. 1 HSOG verwandte Begriff „**vorübergehend**" Zweifelsfragen auf. Klassischerweise ist die Platzverweisung ein kurzfristiges polizeiliches Instrument, woraus sich allerdings noch kein exaktes maximales Zeitmaß ableiten lässt. Teilweise wird eine Dauer von zwei Wochen genannt, jenseits derer das Merkmal „vorübergehend" nicht mehr als erfüllt angesehen werden könne;[154] dem wird man folgen können. Wegen der Sperrwirkung der Standardmaßnahmen (Rn. 194 ff.) verbietet sich ein Rückgriff auf § 11 HSOG; länger dauernde Platzverweisungen sind damit rechtswidrig. 169

---

[152] Im Ergebnis ebenso VG Frankfurt am Main, NVwZ 1998, 770, 771; a.A. *Hornmann*, § 31 HSOG Rn. 15: nur Verantwortliche nach §§ 6 f. HSOG.
[153] Siehe dazu näher etwa *Meixner/Fredrich*, § 31 HSOG Rn. 2; *Mühl/Leggereit/Hausmann*, Rn. 195; eindeutig ablehnend *Rasch u.a.*, § 31 HSOG Anm. 1.
[154] *Mühl/Leggereit/Hausmann*, Rn. 196; weniger konkret, indes sechs Monate als eindeutig zu lange erachtend VG Frankfurt am Main, NVwZ-RR 2002, 575, 575 f.

170 Unter die Platzverweisung nach § 31 Abs. 1 HSOG können ganz unterschiedliche Fallgestaltungen und Maßnahmen fallen.

171 **Beispiele:**
Räumung eines Lokals; Martinshorn und Blaulicht als Anordnung an andere Verkehrsteilnehmer, die Verkehrsfläche freizugeben; Sperrung einer Straße, auf die Gesteinsbrocken niederzufallen drohen.

172 § 31 Abs. 2 HSOG enthält spezielle Bestimmungen zu Verweisungen aus einer Wohnung oder zu einem Betretungsverbot für eine Wohnung. Im Hinblick auf das Grundrecht der Unverletzlichkeit der Wohnung (Art. 13 GG) sind diese Maßnahmen an erhöhte, in § 31 Abs. 2 HSOG im Einzelnen geregelte Tatbestandsvoraussetzungen geknüpft.

173 § 31 Abs. 3 HSOG ermöglicht es seit dem Jahr 2003 auch, ein längerfristiges Betretungs- und **Aufenthaltsverbot** (maximal drei Monate, § 31 Abs. 3 S. 3 HSOG) auszusprechen. Diese Ergänzung hat der Gesetzgeber vorgenommen, nachdem der HessVGH[155] entschieden hatte, dass sich ein längerfristiges Aufenthaltsverbot nicht auf § 11 HSOG stützen lässt.[156] Voraussetzung des Aufenthaltsverbots ist, dass Tatsachen – also nicht bloße Vermutungen oder Erfahrungssätze – die Annahme rechtfertigen, dass eine Person in einem bestimmten örtlichen Bereich innerhalb der Gemeinde eine Straftat begehen wird.

Beispiel:
Die Polizei darf Teilnehmer einer Großdemonstration, aus der heraus Straftaten begangen werden, zu Adressaten eines Aufenthaltsverbots machen, wenn die Personen in der Vergangenheit mehrfach aus vergleichbarem Anlass bei der Begehung derartiger Taten angetroffen worden sind und nach den Umständen eine Wiederholung dieser Verhaltensweise zu erwarten ist, oder wenn ihr Verhalten darauf schließen lässt, dass sie (und sei es auch nur psychisch) Beihilfe zu Straftaten anderer leisten werden (§ 27 StGB); die bloße Zugehörigkeit zu einer gewalttätigen Gruppe – etwa Ultras – genügt dagegen nicht.[157]

174 Als Ergänzung zum polizeilichen Schutz durch § 31 HSOG, der primär als „kurzfristige Krisenintervention"[158] dient, kommen zivilgerichtliche Maßnahmen nach § 1 Gewaltschutzgesetz in Betracht.[159] Danach kann das für „Gewaltschutzsachen" zuständige Familiengericht (§ 111 Nr. 6 i.V.m. § 210 FamFG) etwa Wohnungsbetretungsverbote, Aufenthaltsverbote, aber auch Kontaktverbote anordnen, § 1 Abs. 1 S. 3 GewSchG. Seit der jüngsten Änderung des HSOG können auch die Gefahrenabwehr- und die Polizeibehörden ein solches **Kontaktverbot** anordnen, § 31 Abs. 2 S. 2 HSOG n.F. („und der Kontakt mit bestimmten Gruppen oder Personen einer bestimmten Gruppe untersagt werden."). Hiervon tatbestandlich zu unterscheiden ist das ebenfalls neu aufgenommene Kontaktverbot nach § 31 Abs. 3 S. 2 HSOG n.F.

---

155 HessVGH, NVwZ 2003, 1400 ff.; dazu *Hecker*, Neue Rechtsprechung zu Aufenthaltsverboten im Polizei- und Ordnungsrecht, NVwZ 2003, 1334 ff.
156 Ausführlich zu Aufenthaltsverboten und deren verfassungsrechtlicher Einordnung *Wuttke*, Polizeirechtliche Wohnungsverweise, JuS 2005, 779 ff.
157 HessVGH, Beschl. v. 1.2.2017, 8 A 2105/14.Z, NVwZ 2017, 982 (LS).
158 BVerfG NVwZ 2002, 2225 (zu § 34 a NWPolG).
159 Näher *Schoch*, Rn. 290.

f) Elektronische Fußfessel

Im Jahre 2018 hat der Landesgesetzgeber durch § 31 a HSOG, der sich an § 56 BKAG orientiert, die neue Standardmaßnahme „Elektronische Aufenthaltsüberwachung" (bekannter als „elektronische Fußfessel"[160]) und die akzessorischen Maßnahmen „Aufenthaltsvorgabe" und „Kontaktverbot zur Verhütung terroristischer Straftaten" eingefügt. Die Aufenthaltsüberwachung setzt in formeller Hinsicht einen Antrag der Behördenleitung und eine richterliche Anordnung voraus (Abs. 3 S. 1), in materieller Hinsicht die qualifiziert-gestufte Prognose einer terroristischen Sraftat (Abs. 1 Nr. 1 oder 2); unter einer solchen Straftat versteht der Gesetzgeber nach § 13 Abs. 3 S. 2 HSOG bestimmte Straftaten gem. § 129 Abs. 1 und 2 StGB. Verfassungsrechtlich muss sich die Norm an Art. 1 Abs. 1, an Art. 2 Abs. 1 i.V.m. Art. 1 Abs. 1 (Recht auf informationelle Selbstbestimmung) und an Art. 13 Abs. 4 GG, nicht dagegen an Art. 10 GG oder am „Computergrundrecht" (Recht auf Vertraulichkeit und Integrität informationstechnischer Systeme) messen lassen.[161] Zusätzliche Brisanz erhält die Vorschrift durch die Strafbewehrung in § 43 b HSOG. 175

g) Gewahrsam

Die §§ 32–35 HSOG treffen umfangreiche Bestimmungen (auch) zum Gewahrsam. § 32 HSOG regelt die Gewahrsamstatbestände, wobei der Begriff der **Ingewahrsamnahme** selbst nicht definiert wird. Gewahrsam wird einhellig als ein mit hoheitlicher Gewalt hergestelltes Rechtsverhältnis begriffen, kraft dessen einer Person die Freiheit in der Weise entzogen wird, dass sie von der Polizei in einer dem polizeilichen Zweck entsprechenden Weise verwahrt und daran gehindert wird, sich fortzubewegen.[162] 176

Strittig ist, ob der sog. **Verbringungsgewahrsam** auch ein Gewahrsam im Sinne von § 32 HSOG ist und daher nach dieser Vorschrift zulässig sein kann. Verbringungsgewahrsam meint, dass die Behörde eine oder mehrere Personen zumeist mittels eines Polizeifahrzeugs von einem Ort zu einem anderen verbringt, sie dort „auslädt" und sich selbst überlässt. Typische Beispiele dafür sind Bettler, über die sich Passanten oder Anwohner beschweren, oder randalierende Fußballfans. Wenn einer der Tatbestände der § 32 Abs. 1 Nr. 1–4 HSOG erfüllt ist, wird man den Verbringungsgewahrsam nicht als von vornherein unzulässig ansehen können, weil er begrifflich ein Fall von Gewahrsam sein kann. Danach stellt er kein Aliud,[163] sondern je nach den Umständen ein Minus oder – häufiger – ein Plus gegenüber der typischen Ingewahrsamnahme dar. Insofern kommt es für die (Un-)Verhältnismäßigkeit der Ermessensausübung auf die konkreten Einzelumstände an.[164] Unzulässig wäre bspw regelmäßig ein Aussetzen an 177

---

160 Krit. zum Begriff *Guckelberger*, Die präventiv-polizeiliche elektronische Aufenthaltsüberwachung, DVBl. 2017, 1121 ff.
161 Instruktiv *Guckelberger* (Fn. 160), S. 1123 ff.
162 So in der Sache übereinstimmend *Denninger*, Polizeirecht, in: Meyer/Stolleis (Hrsg.), S. 314; *Mühl/Leggereit/Hausmann*, Rn. 200; *Hornmann*, § 32 HSOG Rn. 9; *Rasch u.a.*, § 32 HSOG Anm. 1.1; *Meixner/Fredrich*, § 32 HSOG Rn. 3; sprachlich knapper, letztlich aber ohne inhaltliche Unterschiede *Pausch/Dölger*, S. 235; *Kunkel/Pausch/Prillwitz*, § 32 HSOG Rn. 1: „zwangsweise Übernahme einer Person in den Schutz und die Obhut der Polizeibehörde".
163 So aber *Hornmann*, § 32 HSOG Rn. 10 mit Hinweis auf die resultierende Strafbarkeit nach § 239 StGB; ähnlich *Rachor*, in: Lisken/Denninger, Kap. E, Rn. 501 f. mit zahlreichen Nachweise zu beiden Ansichten.
164 *Mühl/Leggereit/Hausmann*, Rn. 207 f.

einem weit entfernten Ort ohne Anbindung an den ÖPNV[165]. Mit der Zuordnung solcher Maßnahmen zu § 32 HSOG ist zugleich gesagt, dass sich für den Verbringungsgewahrsam der Rückgriff auf § 11 HSOG verbietet (siehe dazu auch Rn. 194 f.).

178 Die in § 32 HSOG aufgeführten einzelnen Gewahrsamstatbestände berechtigen (mit Ausnahme des neuen § 32 Abs. 4 HSOG) nur die Polizei-, nicht auch die Gefahrenabwehrbehörden. Sie sind überwiegend aus sich heraus verständlich. Zusammengefasst gilt Folgendes:

- § 32 Abs. 1 Nr. 1 HSOG ermöglicht den sog. **Schutzgewahrsam**: Zum Schutz einer im Sinne dieser Vorschrift gefährdeten Person kann diese – nicht hingegen die die Gefahr verursachende Person – in Gewahrsam genommen werden.
- § 32 Abs. 1 Nr. 2 HSOG ermöglicht den sog. **Sicherheitsgewahrsam** zum Schutz vor unmittelbar bevorstehenden Straftaten oder Ordnungswidrigkeiten mit erheblicher Bedeutung für die Allgemeinheit; unzulässig sind damit Vorbeugegewahrsam und Gefahrerforschungsgewahrsam.
- § 32 Abs. 1 Nr. 3 HSOG ermöglicht den sog. **Durchsetzungsgewahrsam** zur Durchsetzung einer Platzverweisung nach § 31 HSOG. Das Wort „durchzusetzen" könnte zur Vermutung verleiten, dass es sich hierbei um eine Zwangsmaßnahme handelt, die sich (auch) nach den §§ 47 ff. HSOG bemisst. § 32 Abs. 1 Nr. 3 HSOG ist jedoch eine eigenständige Standardbefugnis, die mit den §§ 47 ff. HSOG nichts zu tun hat.[166]
- § 32 Abs. 1 Nr. 4 HSOG ermöglicht den Gewahrsam zum Schutz privater Rechte und ist wegen der Subsidiarität des Polizeihandelns nach § 1 Abs. 3 HSOG wenig praxisrelevant.[167]
- § 32 Abs. 2, 3 HSOG enthalten spezielle Gewahrsamsmöglichkeiten für Minderjährige und für aus Anstalten entwichene oder sich ohne Erlaubnis außerhalb von diesen aufhaltende Personen.
- § 32 Abs. 4 HSOG schließlich gibt örtlichen Ordnungsbehörden und Polizeibehörden die Befugnis, solche Personen vorläufig in Gewahrsam zu nehmen und in ein psychiatrisches, ggf. auch in ein sonstiges Krankenhaus zu bringen, für die nach § 17 Abs. 1 S. 1 des Psychisch-Kranken-Hilfe-Gesetzes (PsychKHG)[168] die sofortige vorläufige Unterbringung angeordnet werden könnte (Abs 4 S. 1), und nach PsychKHG untergebrachte Personen zurückzubringen (Abs. 4 S. 2).[169]

---

165 *Rachor*, in: Lisken/Denninger, Kap. E Rn. 503.
166 Ebenso *Mühl/Leggereit/Hausmann*, Rn. 207; *Meixner/Fredrich*, § 32 HSOG Rn. 15, sprechen zutreffend davon, dass man statt „zur Durchsetzung" in § 32 Abs. 1 Nr. 3 HSOG „zum Zwecke einer Platzverweisung" hineinlesen kann, ohne dass damit eine Sinnverfälschung einhergeht.
167 *Mühl/Leggereit/Hausmann*, Rn. 209.
168 Hessisches Gesetz über Hilfen bei psychischen Krankheiten v. 4.5.2017, GVBl. I S. 66 (abgedruckt in *von Zezschwitz*, Landesrecht Hessen, 27. Aufl. 2017, Zf. 43); dieses Gesetz ersetzt 1.8.2017 das HessFreihEntzG.
169 Hierzu *Leggereit*, in: Möstl/Mühl, BeckOK, § 32 Rn. 42a-c.

- Die §§ 33–35 HSOG treffen Regelungen im Hinblick auf festgehaltene Personen; von diesen Bestimmungen stellt der Gewahrsam nach § 32 HSOG nur einen – wenngleich den bedeutsamsten – Fall dar.[170]
- § 33 HSOG enthält Verfahrensvorschriften; es ist dort das grundsätzliche Erfordernis einer richterlichen Entscheidung festgeschrieben. Da das Festhalten einer Person und somit auch der Gewahrsam eine **Freiheitsentziehung** im Sinne des Art. 104 Abs. 2 GG darstellt, wiederholt § 33 HSOG nur das verfassungsrechtliche Gebot des Art. 104 Abs. 2 GG.
- § 34 HSOG trifft Bestimmungen zur Art und Weise der Behandlung festgehaltener Personen. Zentral ist dabei, dass der festgehaltenen Person unverzüglich der Grund des Festhaltens bekannt gegeben wird (§ 34 Abs. 1 HSOG) und ihr unverzüglich Gelegenheit gegeben wird, eine Person zu benachrichtigen (§ 34 Abs. 2 S. 1 HSOG). „Unverzüglich" bedeutet dabei (anders als nach § 121 BGB[171]) in Anlehnung an Art. 104 Abs. 2-4 GG „ohne jede Verzögerung, die sich nicht aus sachlichen Gründen rechtfertigen lässt".[172]
- § 35 HSOG regelt katalogartig die zulässige Dauer des Festhaltens. Teilweise sind dort in Stunden und Tagen ausgedrückte Zeitwerte genannt (§ 35 Abs. 1 Nr. 2, 4, Abs. 2 HSOG), teilweise wird an Ereignisse angeknüpft, die die Pflicht zur Entlassung des Festgehaltenen nach sich ziehen (§ 35 Abs. 1 Nr. 1, 3 HSOG).

h) Durchsuchung von Personen und Sachen

§ 36 HSOG regelt die **Durchsuchung und Untersuchung von Personen**, § 37 HSOG die **Durchsuchung von Sachen**. Beide Vorschriften weisen sachlich-inhaltliche Verbindungen auf, wie sich besonders anhand von § 37 Abs. 1 Nr. 1 HSOG belegen lässt; danach kann die Sache derjenigen Person durchsucht werden, die ihrerseits nach § 36 HSOG durchsucht werden darf.

§§ 36, 37 HSOG sind in ihren zentralen Regelungsgehalten aus sich heraus verständlich. § 36 HSOG lässt sich zur besseren Orientierung dahingehend strukturieren, dass die Absätze 1 bis 3 Durchsuchungsbefugnisse enthalten (Abs. 1 zugunsten der Gefahrenabwehr- und der Polizeibehörden, Abs. 2 und 3 zugunsten der Polizeibehörden), mit denen ein Eingriff in das Recht auf informationelle Selbstbestimmung nach Art. 2 Abs. 1 GG i.V.m. Art. 1 Abs. 1 GG verbunden ist, während Absatz 5 mit der durch ihn ermöglichten körperlichen Untersuchung auch zu Eingriffen in Art. 2 Abs. 2 S. 1 GG ermächtigt.

i) Betreten und Durchsuchung von Wohnungen

§ 38 HSOG normiert ausführlich das **Betreten und die Durchsuchung von Wohnungen,** § 39 HSOG das dabei einzuhaltende Verfahren. Beide Vorschriften sind durchgehend vor dem Hintergrund des Grundrechts der Unverletzlichkeit der Wohnung nach

---

[170] Vgl. jeweils die Wendung „wird eine Person aufgrund des § 18 Abs. 4, § 25 Abs. 1 Satz 4 oder § 32 Abs. 1 oder 2 festgehalten" in § 33 Abs. 1 S. 1 HSOG und § 34 Abs. 1 HSOG sowie die Formulierung „die festgehaltene Person" in § 35 Abs. 1 HSOG.
[171] „Ohne schuldhaftes Zögern", so aber VG Gießen, Urt. v. 27.9.2010, 9 K 1708/09.GI, LKRZ 2010, 463, 465.
[172] Zu Art. 104 GG: BVerfGE 105, 239, 249; BVerfG NVwZ 2007, 1044, 1045.

Art. 13 GG zu sehen und auszulegen. Wenn z.B. nach § 38 Abs. 2 Nr. 2 HSOG das Betreten und Durchsuchen einer Wohnung nur zur Abwehr der dort umschriebenen gesteigerten Gefahr zulässig ist, so schöpft dies den verfassungsrechtlichen Rahmen aus, den Art. 13 Abs. 7 GG vorgibt. Das grundsätzliche Erfordernis einer richterlichen Anordnung (§ 39 Abs. 1 S. 1 HSOG) ist ebenso durch Art. 13 Abs. 2 GG vorgezeichnet.

j) Sicherstellung

183 Die Sicherstellung einer Sache wird durch § 40 HSOG geregelt; §§ 41–43 HSOG treffen Bestimmungen zu Maßnahmen und Fragestellungen, die im Zusammenhang mit der Sicherstellung stehen. Anders als andere Bundesländer unterscheidet Hessen nicht zwischen Sicherstellung i.e.S. (zum Schutz des Eigentümers oder sonstigen Berechtigten) und Beschlagnahme (zum Schutz Dritter oder der Allgemeinheit).

184 § 40 HSOG enthält in vier Nummern Tatbestände, in denen die Sicherstellung einer Sache erfolgen kann. Regelmäßig wird die Sache eine bewegliche sein; aber auch eine unbewegliche Sache ist taugliches Sicherstellungsobjekt – z.B. ein Haus, bei dem die Sicherstellung regelmäßig mittels Versiegelung geschieht. Gewissermaßen den Grundtatbestand der Sicherstellung stellt § 40 Nr. 1 HSOG dar, wonach sie zur Abwehr einer gegenwärtigen Gefahr möglich ist. § 40 Nr. 2 HSOG erlaubt die Sicherstellung einer Sache, wenn für sie Verlust oder Beschädigung droht, § 40 Nr. 3 HSOG gleichsam umgekehrt, wenn durch die Sache für andere Menschen oder Sachen eine Verletzungs- oder Beschädigungsgefahr besteht. § 40 Nr. 4 HSOG schließlich ermöglicht die Sicherstellung zur Abwehr einer Straftat oder Ordnungswidrigkeit.

185 § 40 HSOG lässt die zentrale Frage ungeregelt, was die die Sicherstellung kennzeichnenden Merkmale sind, d.h. wann eine Sicherstellung im Sinne von § 40 HSOG überhaupt vorliegt. Im Einzelnen ist der **Sicherstellungsbegriff** umstritten. Die überwiegende Ansicht und der HessVGH verlangen

- die hoheitliche Entziehung der tatsächlichen Gewalt über die Sache
- zwecks Begründung tatsächlicher Gewalt und Ausschluss anderer von der Einwirkung auf die Sache sowie
- die hoheitliche Begründung tatsächlicher Gewalt über die Sache.[173]

Die zweckbezogenen Voraussetzungen engen den Anwendungsbereich der Sicherstellung insbesondere für die Fälle des Abschleppens von Kraftfahrzeugen ein. Ist ein Kraftfahrzeug verbotswidrig abgestellt und lässt es die Behörde entfernen und auf einen Verwahrplatz verbringen, so ist mit diesem Handeln nicht der beschriebene, für die Sicherstellung nötige Zweck verbunden[174] und ein Handeln nach § 40 Nr. 1 HSOG (Abwehr einer gegenwärtigen Gefahr) scheidet aus. Stattdessen stellt das Abschleppen regelmäßig eine Ersatzvornahme zur Durchsetzung eines Wegfahrgebots dar. Allein bei besonders gelagerten Abschleppfällen kann sich das Handeln auf § 40

---

[173] HessVGH, NVwZ 1987, 904, 909; wohl auch – wenngleich nicht ganz eindeutig – HessVGH, DVBl 1995, 370, 370; ferner eindeutig *Denninger*, Polizeirecht, in: Meyer/Stollels (Hrsg.), S. 319 f.; *Pieroth/Schlink/Kniesel/Kingreen/Poscher*, § 19 Rn. 1 ff.; *Knemeyer*, Rn. 251; *Rachor*, in: Lisken/Denninger, Kap. E Rn. 667 f.

[174] Der Behörde geht es nicht darum, die tatsächliche Gewalt zu entziehen und neu zu begründen, sondern nur darum, den Verkehrsverstoß durch die Beseitigung des Kraftfahrzeugs zu beenden.

HSOG stützen, insbesondere dann, wenn das Kraftfahrzeug abgeschleppt wird, um es vor dem Zugriff unberechtigter Dritter zu schützen; hier kommt ein Handeln nach § 40 Nr. 2 HSOG in Betracht.

Beispiel: 186
Das Kraftfahrzeug wurde unabgeschlossen zurückgelassen, und es besteht eine gesteigerte Diebstahlsgefahr.[175]

Die Sicherstellung selbst besitzt noch kein Vollzugs- bzw. Zwangselement; dies bedeu- 187
tet, dass die Sicherstellung zunächst nur die Anordnung beinhaltet, eine Sache herauszugeben. Erst dann, wenn dieser Anordnung nicht Folge geleistet wird, stellt sich die Frage, ob sie zwangsweise zu vollziehen ist, was sich nach den §§ 47 ff. HSOG (siehe Rn. 232 ff.) bemisst.

Nach § 41 Abs. 1 S. 1, 2 HSOG sind sichergestellte Sachen grundsätzlich in Verwah- 188
rung zu nehmen. § 41 Abs. 2-4 HSOG trifft nähere Bestimmungen zur Art und Weise sowie zur verfahrensmäßigen Abwicklung der Verwahrung, § 42 HSOG zur Verwertung, Unbrauchbarmachung und Vernichtung einer sichergestellten Sache. Nach § 43 Abs. 1 S. 1 HSOG ist grundsätzlich die sichergestellte Sache (bzw. der aus ihrer Verwertung erzielte Erlös, § 43 Abs. 2 S. 1 HSOG) herauszugeben, wenn die Voraussetzungen zur Sicherstellung weggefallen sind. Der korrespondierende (spezialgesetzliche) Folgenbeseitigungsanspruch entsteht, ohne dass es einer Aufhebung des Sicherstellungsverwaltungsakts bedürfte.[176] § 43 Abs. 3 HSOG trifft eine spezielle Kostenregelung (siehe dazu noch Rn. 269 ff.).

k) Datenerhebung und -verarbeitung

Das HSOG weist zahlreiche sehr umfangreiche (und jüngst ergänzte[177]) **Datenerhe-** 189
bungs- und -verarbeitungsvorschriften in §§ 3 Abs. 4, 13–17a, 20–29a HSOG auf. Sie enthalten etliche Normen der sog. „neuen Generation" polizeirechtlicher Standardmaßnahmen, die im Gefahrenvorfeld greifen und gerade auch Nichtstörer betreffen.[178] Nicht zuletzt gemessen am Detaillierungsgrad der übrigen polizeilichen Befugnisnormen kann man von einem unübersichtlichen und überregulierten Regelungskomplex sprechen. Er ist vom Bemühen gekennzeichnet, effektive Gefahrenabwehr mit der Wahrung der Grundrechte der Verantwortlichen und Nichtverantwortlichen zu vereinen.

---

175 Siehe dazu etwa die Fallgestaltungen in VG Frankfurt, NJW 2000, 3224, 3224 f.; VG Darmstadt, NVwZ-RR 2001, 796, 796 f.; ausführlich dazu *Hebeler*, Die Sicherstellung von Kraftfahrzeugen im Wege des Abschleppens zum Schutz des Eigentümers wegen Verlust- und Beschädigungsgefahr, NZV 2002, 158 ff.
176 HessVGH, Beschl. v. 30.6.2015, 8 A 103/15, LKRZ 2015, 505, 506.
177 Art. 18 des Hessischen Gesetzes zur Anpassung des Hessischen Datenschutzrechts an die Verordnung (EU) Nr. 2016/679 und zur Umsetzung der Richtlinie (EU) Nr. 2016/618 und zur Informationsfreiheit v. 3.5.2018 (GVBl. S. 82) sowie durch Art. 3 des Gesetzes zur Neuausrichtung des Verfassungsschutzes in Hessen v. 25.6.2018 (GVBl. S. 302).
178 Überblick: *Glaser* (Fn. 119), Jura 2009, 742.

190 Die §§ 13–17a, 20–29a HSOG gehen als speziellere Normen den allgemeinen Datenschutzregelungen des HDSIG[179] vor (vgl. § 1 Abs. 2 HDSIG)[180] (die Datenschutzgrundverordnung findet nach deren Art. 2 Abs. 2 lit. d auf Polizeihandeln keine Anwendung); ergänzend ist auf das HDSIG zurückzugreifen, § 3 Abs. 4 Satz 1 HSOG. Das HDSIG setzt auch die auf Polizeihandeln anwendbare Richtlinie (EU) Nr. 2016/680 um. Für die Bestimmungen der im HSOG verwendeten datenschutzrechtlichen Begriffe ist angesichts des knappen § 2 HDSIG ein Rückgriff auf das alte HDSG zu prüfen. So verwenden die §§ 13ff. HSOG wiederholt Ausdrücke wie Datenverarbeitung, -erhebung, -speicherung, -übermittlung, ohne sie zu erläutern; insoweit erscheint ein Rückgriff auf § 2 HDSG a.f., dessen Katalog entsprechende Begriffsbestimmungen enthielt, statthaft. Teilweise finden sich im HDSIG, nicht aber im HSOG Bestimmungen zu bestimmten Fragen. Beispielsweise ist in §§ 8ff. HDSIG der hessische Datenschutzbeauftragte eingehend geregelt; ihm kommt nach § 13 Abs. 1 HDSIG die Aufgabe zu, über die Einhaltung der datenschutzrechtlichen Bestimmungen zu wachen, was auch die Wahrung der Datenschutzregelungen im HSOG einschließt, obwohl er im HSOG nur am Rande angesprochen ist (bspw § 13a Abs. 2 S. 4, § 13b Abs. 1 S. 2 und S. 3, § 25a Abs. 3 S. 2, § 26 Abs. 4 S. 4, § 29 Abs. 6 S. 5 HSOG). Vom Hessischen Datenschutzbeauftragten strikt zu unterscheiden ist der Datenschutzbeauftragte der jeweiligen Behörde nach § 5 HDSIG; das HSOG nimmt bspw. in § 15 Abs. 9 S. 4 HSOG auf solche behördlichen Beauftragten Bezug.

191 Überblicks- und ausschnittartig kann man aus den §§ 13ff. HSOG insbesondere folgende Vorschriften anführen: § 13 HSOG enthält allgemeine Bestimmungen zur Erhebung personenbezogener Daten, §§ 13a und 13b HSOG Befugnisnormen für eine präventive polizeiliche Überprüfung der „Zuverlässigkeit"[181] bestimmter Personen (außerhalb des Anwendungsbereichs des HSÜG),[182] § 14 HSOG Regelungen zur Datenerhebung und -verarbeitung an öffentlichen Orten und besonders gefährdeten öffentlichen Einrichtungen. Neu gefasst wurde dabei die auf „Body-Cams" (von Polizisten am Körper getragenen Kameras) zielende Regelung in § 14 Abs. 6 HSOG,[183] die künftig durch Herabsetzung der Schwelle für kurzfristige offene technische Erfassung in Nr. 1 auch ein sog. pre-recording zulässt. § 14a HSOG erlaubt den Einsatz automatischer Kennzeichenlesesysteme. Die §§ 15ff. HSOG, die die Datenerhebung durch Observation,[184] Einsatz technischer Mittel, Telekommunikationsüberwachung und

---

179 Hessisches Datenschutz- und Informationsfreiheitsgesetz v. 3.5.2018 (GVBl. 82); es ersetzte zum 25.5.2018 das HDSG.
180 Siehe allgemein zum bisherigen HDSG *Schild u.a.*, Hessisches Datenschutzgesetz, Kommentar, Loseblatt, Stand November 2009.
181 Hier kommt nicht der gewerberechtliche Begriff (bspw § 35 Abs. 1 S. 1 GewO), sondern ein sicherheitsbezogener Begriff der Zuverlässigkeit zur Anwendung, vgl. *Bäuerle*, in: Möstl/Mühl (Hrsg.), BeckOK, § 13a Rn. 7 (vgl. § 2 Abs. 7 S. 1 Nr. 1 HSÜG); allerdings fehlen Kriterien und Verfahrensvorschriften (*Bäuerle*, Rn. 71).
182 Zum HSÜG oben Fn. 15.
183 Krit. zur bisherigen Fassung *Bäuerle*, in: Möstl/Mühl (Hrsg.), BeckOK, § 14 Rn. 94ff.
184 Diese soll wie in § 28 BPolG und § 45 BKAG auch die „längerfristige Observation" umfassen (vgl. § 15 Abs. 1 Nr. 1, Abs. 5 S. 1 Nr. 1 HSOG). Von dieser bleibt die sog. Dauerobservation zu unterscheiden, die kein Mittel der Datenerhebung, sondern der Verhaltenslenkung darstellt und für die keine Standardmaßnahme bereitsteht; ein Rückgriff auf § 11 HSOG verbietet sich; näher *von Achenbach/Farahat*, Referendarexamensklausur Öffentliches Recht – Dauerobservation, JuS 2017, 676, 679f.

Telekommunikationsüberwachung an informationstechnischen Systemen regeln, wurden 2018 in Umsetzung der Entscheidung des BVerfG zum BKAG[185] neu gestaltet. Zugleich wurde mit § 15 c HSOG („Verdeckter Eingriff in informationstechnische Systeme") eine Ermächtigungsgrundlage für den Einsatz von Staatstrojanern geschaffen.

§ 17 HSOG enthält mit der Ausschreibung zur „Polizeilichen Beobachtung" eine von der Observation (§ 15) zu unterscheidende Maßnahme, nämlich die automatisierte Speicherung der Personalien einer Person sowie des amtlichen Kennzeichens und sonstiger Merkmale des eingesetzten Kfz im polizeilichen Fahndungsbestand;[186] ferner die Ausschreibung zur „Gezielten Kontrolle", mit der Kontrollen[187] erleichtert zulässig werden. Neu eingefügt wurden als Gegengewicht zu den erweiterten informationellen Befugnissen Berichtspflichten der Landesregierung gegenüber Landtag und Öffentlichkeit (§ 17 a HSOG).

Die §§ 20–29 a HSOG treffen in Rezeption der BKA-Entscheidung umfangreich veränderte, z.T. neu eingefügte Bestimmungen zu Datenweiterverarbeitung einschließlich Zweckbindung und Zweckänderung (§ 20 HSOG), Datenkennzeichnung (§ 20 a HSOG) und Datenübermittlung (insbesondere §§ 21–23 HSOG), zum automatisierten Datenabruf (§ 24 HSOG), zum Datenabgleich (§§ 25, 26 HSOG), über die Automatisierte Anwendung zur Datenanalyse (§ 25 a HSOG) und zur Datenberichtigung und -löschung sowie zu einem Verwertungsverbot (§ 27 HSOG). §§ 27a-29 HSOG (ebenfalls neu eingefügt oder neugefasst) enthalten Datenschutzvorkehrungen: Berichtigungs-, Löschungs- und Informationsansprüche sowie Protokollierungspflichten.

Die polizeiliche Datenerhebung und -verarbeitung bedarf als Eingriff in das Grundrecht auf informationelle Selbstbestimmung nach Art. 2 Abs. 1 i.V.m. 1 Abs. 1 GG einer hinreichend bestimmten gesetzlichen Ermächtigungsgrundlage.[188] Ob das HSOG dem genügt, ist immer neu auszuloten. Kontrovers diskutiert werden insbesondere die Normen zur Zuverlässigkeitsüberprüfung (§§ 13 a, b HSOG),[189] die Vorschrift zur Videoüberwachung öffentlicher Orte (§ 14 Abs. 3, 4 HSOG),[190] die Neuregelung zu den automatischen Kennzeichenlesesystemen (§ 14 a HSOG), welche den vom BVerfG[191] für verfassungswidrig erklärten § 14 Abs. 5 HSOG a.F. abgelöst hat,[192] die Befugnisse

192

---

185 BVerfGE 141, 220, 264 ff., hierzu bspw. *Sachs*, JuS 2016, 662; *Durner*, DVBl. 2016, 780.
186 So ausdrücklich die Vorgängernorm § 17 Abs. 1 S. 1 HSOG (a.F.); hierzu *Bäuerle*, in: Möstl/Mühl (Hrsg.), BeckOK, § 17 Rn. 7 ff.
187 Nämlich Identitätsfeststellungen nach § 18 Abs. 2 Nr. 7 HSOG sowie Durchsuchungen nach § 36 Abs. 2 Nr. 5 und § 37 Abs. 2 Nr. 5 HSOG.
188 Grundlegend BVerfGE 65, 1 ff. (Volkszählung); 141, 260 ff. (BKAG); zum Ganzen *Schenke*, Rn. 175 ff.
189 Zu Unklarheiten der Norm *Bäuerle*, in: Möstl/Mühl (Hrsg.), BeckOK, § 13 a Rn. 20 ff.
190 Krit. zum bisherigen § 14 Abs. 3, 4 HSOG *Hornmann* (Fn. 32), LKRZ 2010, 121, 122 f.; allg. zur Videoüberwachung *Pausch/Dölger*, S. 188 ff.; *Pausch*, Polizeiarbeit im Spannungsfeld zwischen Wirtschaftlichkeit und Sicherheitsauftrag (Diss, TU Darmstadt, 2008), S. 104 ff. mit differenzierendem Urteil zur tatsächlichen Wirksamkeit der Videoüberwachung.
191 BVerfGE 120, 378.
192 Zu § 14 a HSOG *Hornmann* (Fn. 32), LKRZ 2010, 121, 123 ff.: verfassungswidrig, insbes. wegen repressiven Charakters (vgl. § 14 a Abs. 2 S. 3 Nr. 1, 3, 4 HSOG keine Regelungskompetenz des Landes; ferner *Kramer/Fiebig* (Fn. 32), LKRZ 2010, 214, 243 ff.

zur Vorratsdatenspeicherung (§ 15 a Abs. 2 HSOG),[193] zur Quellen-Telekommunikationsüberwachung (§ 15 b HSOG),[194] zur Schleierfahndung (§ 18 Abs. 2 Nr. 6 HSOG)[195] und zum Datenabgleich (sog. Rasterfahndung, § 26 HSOG). Weil mit der Rasterfahndung Daten in großem Umfang, von großer Vielfalt und mit beträchtlichem Persönlichkeitsbezug verwendet werden, betont das Bundesverfassungsgericht, dass eine solche Maßnahme im Hinblick auf ihre Eingriffsintensität nur um hochrangiger Schutzgüter willen zulässig ist;[196] entsprechend hoch sind auch die gesetzlichen Eingriffshürden in § 26 Abs. 1 S. 1 HSOG.[197] Da materiell-rechtliche Eingrenzungen teilweise leerlaufen, hat der Gesetzgeber an zahlreichen Stellen als Kompensation[198] besondere Zuständigkeits- und Verfahrensregelungen wie Behördenleiter- und Richtervorbehalte geschaffen (vgl. etwa § 15 Abs. 3 S. 1 HSOG einerseits, § 15 a Abs. 5 S. 1 HSOG andererseits).

I) Generalklausel

193 Die **Generalklausel** des § 11 HSOG kommt nur dann als Befugnisnorm in Frage, „soweit nicht die folgenden Vorschriften die Befugnisse ... besonders regeln". Die ganz überwiegende Ansicht erachtet die Existenz einer polizeilichen Generalklausel im Interesse einer wirksamen Gefahrenabwehr für unverzichtbar, da es dem Gesetzgeber nicht möglich sei, alle eintretenden polizeilichen Gefahren vorauszuahnen und einer gesonderten Regelung mittels einer entsprechenden Standardbefugnis zuzuführen. Auch Bedenken, die Generalklausel könne zu unbestimmt sein und daher Probleme im Hinblick auf die Vereinbarkeit mit dem Rechtsstaatsprinzip aufwerfen, haben sich nicht durchsetzen können; das Bundesverfassungsgericht sieht die polizeirechtlichen Generalklauseln in jahrzehntelanger Entwicklung durch Rechtsprechung und Lehre nach Inhalt, Zweck und Ausmaß als hinreichend präzisiert, in ihrer Bedeutung geklärt und im juristischen Sprachgebrauch verfestigt an.[199]

194 Die **Subsidiaritätsklausel** des § 11 HS 2 HSOG verhindert, dass durch die Anwendung der Generalklausel die besonderen Voraussetzungen, wie sie die Standardbefugnisse des HSOG[200] festschreiben, unterlaufen werden. Wenn die §§ 12 ff. HSOG die in Aussicht genommene Maßnahme besonders normieren, kann ein Handeln nicht auf § 11 HSOG gestützt werden. Dies gilt auch und gerade dann, wenn eine Standardmaßnah-

---

193 *Hornmann* (Fn. 32), LKRZ 2010, 171, 176; vgl. die Neuregelung durch das G v. 27.6.2013, GVBl. S. 444 und erneut durch das G v. 25.6.2018, GVBl. S. 302 (323 f.).
194 *Hornmann* (Fn. 32), LKRZ 2010, 171, 173 f; *Kramer/Fiebig* (Fn. 32), LKRZ 2010, 214, 245 f.; vgl. die Änderungen durch die Gesetze v. 3.5.2018, GVBl. S. 82, 149, und v. 25.6.2018, GVBl. S. 302, 324.
195 *Bäuerle*, in: Möstl/Mühl (Hrsg.), BeckOK, § 18 Rn. 96 ff; die Schleierfahndung verteidigend *Pieroth/Schlink/Kniesel/Kingreen/Poscher*, § 14 Rn. 42. Zu unionsrechtlichen Anforderungen im Rahmen des Schengener Grenzkodex (oben Rn. 6): EuGH, Urt. v. 21.6.2017, C-9/16-A, DÖV 2018, 74 ff. und *Michl*, DÖV 2018, 50 ff.
196 BVerfGE 115, 320, 341 f.; ausführlich zur Rasterfahndung *Achelpühler/Niehaus*, Rasterfahndung als Mittel zur Verhinderung von Anschlägen islamistischer Terroristen in Deutschland, DÖV 2003, 49 ff.; mit Fokus auf dem hessischen Recht *Horn*, Vorbeugende Rasterfahndung und informationelle Selbstbestimmung, DÖV 2003, 746 ff.
197 Verfassungswidrigkeit annehmend: *Hornmann* (Fn. 32), LKRZ 2010, 171, 175.
198 *Schoch*, Rn. 344.
199 BVerfGE 54, 143, 144 f.
200 Für polizeirechtliche Befugnisnormen außerhalb des HSOG folgt aus § 3 Abs. 1 S. 2 HSOG, dass diese dem HSOG und somit auch § 11 HSOG vorgehen.

me dem Typ nach vorliegt, ihre Voraussetzungen aber nicht erfüllt sind (Sperrwirkung).

Beispiel: 195
Die Polizeibehörde möchte den notorischen V in Gewahrsam nehmen, um weiteren seiner Verbrechen vorzubeugen. Zu Recht? Keine der Tatbestandsalternativen des § 32 HSOG greift, insbesondere ist § 32 Abs. 1 Nr. 2 HSOG nicht erfüllt (vgl. Rn. 178). Da § 32 HSOG die einzelnen Modalitäten und Ausprägungen des Gewahrsams detailliert regelt, ist er (mit den Zusatzanforderungen der §§ 33 ff. HSOG) als abschließend zu betrachten. Deshalb kann § 11 HSOG nicht zur Anwendung gelangen.[201] Eine Ingewahrsamnahme des V wäre rechtswidrig.

Die Subsidiaritätsklausel ist also dann schwieriger zu handhaben, wenn die Standardbefugnisse im Ergebnis selbst keine Ermächtigung für das angestrebte Handeln bereithalten, sich aus ihnen aber ergibt, dass sie abschließend zu verstehen sind und daher eine von der Behörde in Betracht gezogene Maßnahme nicht zulässig sein soll.[202] Dass eine solche abschließende Wirkung vorliegen kann, lässt sich nicht bestreiten. Wann dies im Einzelnen zutrifft, ist stets durch Auslegung der speziellen Bestimmung zu ermitteln[203] und bleibt nicht selten im Ergebnis strittig. 196

Beispiel: 197
Die Behörde will eine Ausgangssperre verhängen. Zulässig? § 31 Abs. 3 S. 1 HSOG erlaubt Aufenthaltsverbote, freilich nicht gegen Nichtverantwortliche, so dass er die typische Ausgangssperre nicht tragen kann. Ob § 31 Abs. 1 HSOG Platzverweise auch gegen Nichtverantwortliche erlaubt, ist str. (Rn. 167); jedenfalls reicht die Norm zeitlich („vorübergehend"), möglicherweise auch räumlich („Betreten eines Ortes") weniger weit als die Ausgangssperre. Ein Rückgriff auf die Generalklausel dürfte sich verbieten.[204] Da auch für eine entsprechende Gefahrenabwehrverordnung nach §§ 71 ff. HSOG (näher Rn. 203 ff.) keine ausreichende Eingriffsgrundlage besteht,[205] wäre die Ausgangssperre rechtswidrig.[206]

III. Formelles Polizeirecht

1. Rechtsformen des Polizeihandelns

In § 11 HSOG und in §§ 4–9 HSOG ist jeweils von „**Maßnahmen**" die Rede, die ergriffen werden können. Die Standardbefugnisse verwenden diesen Begriff nicht, allerdings nur deshalb, weil dort die jeweilige Befugnis (Maßnahme) inhaltlich näher geregelt wird. Mit dem Begriff „Maßnahmen" bzw. der in der jeweiligen Standardbefugnis beschriebenen Maßnahme ist noch keine bestimmte rechtstechnische Form des Verwaltungshandelns verbunden. Eine polizeiliche Maßnahme kann daher prinzipiell in jeder Handlungsform, genauer: **Rechtsform**[207] ergehen, die das Verwaltungsrecht 198

---

201 So auch *Denninger*, Polizeirecht, in: Meyer/Stollels (Hrsg.), S. 321.
202 Umfassend zu diesem Problemkreis *Butzer*, Flucht in die polizeiliche Generalklausel – Überlegungen zur Konkurrenz von polizeirechtlichen Befugnisnormen, VerwArch 93 (2002), 506 ff; ausführlich auch *Pieroth/Schlink/Kniesel/Kingreen/Poscher*, § 7 Rn. 11 ff.
203 *Götz/Geis*, § 21 Rn. 5: „sorgfältige Auslegung der Spezialbefugnis von zentraler Bedeutung".
204 A.A. Nds. OVG, NVwZ-RR 2007, 103 für die Abriegelung eines Ortes; wie hier *Hornmann*, § 31 HSOG Rn. 74; die Generalklausel mit Blick auf die Wesentlichkeitslehre ablehnend *Herzmann*, Ausgangssperren auch in Deutschland?, DÖV 2006, 678, 680 f.
205 *Herzmann*, DÖV 2006, 678, 681.
206 Ausführlich *Herzmann*, DÖV 2006, 678 ff.; *Hornmann*, § 31 HSOG Rn 71 ff.
207 Zur begrifflichen Unterscheidung von „Handlungsform" (z.B. Glasverbot) und „Rechtsform" (z.B. Verwaltungsakt, Rechtsverordnung) *Hoffmann-Riem*, in: ders./Schmidt-Aßmann/Voßkuhle (Hrsg.), GVwR II, 2. Aufl. 2012, § 33 Rn. 11 ff.

kennt. Da im Bereich des Polizeirechts der öffentlich-rechtliche Vertrag aufgrund des für seinen Abschluss nötigen konsensualen Elements kaum praktische Bedeutung hat,[208] kommen als Rechtsformen der Verwaltungsakt, der nicht geregelte sog. Realakt (zu beiden sogleich Rn. 199 ff.) und die Rechtsverordnung (dazu Rn. 203 ff.) in Betracht. Gesondert behandelt wird der polizeiliche Zwang (Rn. 232 ff.).

a) Verwaltungsakt und Realakt

199 Für den **Verwaltungsakt** und den **Realakt** fehlt es an rechtsformbezogenen Regelungen im HSOG. Praktische Bedeutung hat die Bestimmung der Rechtsform oftmals gleichwohl; zum einen im Hinblick auf die formelle Rechtmäßigkeit des polizeilichen Handelns, zum anderen im Hinblick auf die Rechtsschutzmöglichkeiten und -voraussetzungen. Ähnlich wie beim Ermessen und der Verhältnismäßigkeit (siehe Rn. 129 ff.) stellen sich insoweit keine polizeirechtsspezifischen Fragen, sondern es sind Kenntnisse aus dem Allgemeinen Verwaltungsrecht und aus dem Verwaltungsprozessrecht nötig, die im Fall auf das Polizeirecht angewendet werden müssen: Liegt die Rechtsform Verwaltungsakt vor, was sich nach § 35 HVwVfG bemisst, dann sind die Verfahrens- und Formvoraussetzungen, die für einen Verwaltungsakt gelten, zu beachten (§§ 9 ff. HVwVfG), etwa das Anhörungserfordernis des § 28 HVwVfG. Für den Realakt, der im HVwVfG nicht geregelt ist, gelten diese Voraussetzungen nicht oder allenfalls analog. Geht es um Rechtsschutzfragen, ist zu beachten, dass, sofern ein Verwaltungsakt vorliegt, in der Regel ein Vorverfahren (vgl. §§ 68 ff. VwGO i.V.m. §§ 7 ff. HessAGVwGO) zu durchlaufen ist[209] und beim gerichtlichen Rechtsschutz spezielle verwaltungsaktbezogene Vorschriften (insbesondere im Hinblick auf die statthafte Klageart) gelten. Im Falle eines Realaktes ist kein Widerspruchsverfahren zu durchlaufen, und auch der gerichtliche Rechtsschutz vollzieht sich teilweise nach anderen Regeln.

200 Für die Einordnung von Polizeihandeln als Verwaltungsakt oder Realakt dient heute § 35 HVwVfG als Kriterium. Der sprichwörtlich gewordene „**Knüppelschlag** des Polizisten", in dem das Bundesverwaltungsgericht auch einen Verwaltungsakt in Form einer Duldungsverfügung gesehen hatte,[210] um dem Bürger vor Inkrafttreten der VwGO und ihrer verwaltungsgerichtlichen Generalklausel (§ 40 Abs. 1 VwGO) Rechtsschutz zu garantieren (der seinerzeit nur für Verwaltungsakte gesichert war), ist heute wieder purer Realakt. Mittlerweile sind die rechtsschutzbezogenen Argumente hinfällig, weil die VwGO rechtsformunabhängig Rechtsschutzmöglichkeiten eröffnet. Auch im Polizeirecht ist daher der Verwaltungsaktscharakter hoheitlicher Maßnahmen unvoreingenommen anhand der Kriterien des § 35 S. 1, 2 HVwVfG zu beurteilen.

---

208 Siehe dazu ausführlich *Schenke*, Rn. 656 ff, der aufzeigt, dass es im besonderen Polizeirecht vereinzelte Anwendungsfelder für Vertragsschlüsse gibt (Beispiel: der sog. Sanierungsvertrag nach § 13 Abs. 4 BBodSchG).
209 Nämlich soweit nicht Entfallgründe, insbesondere nach § 16 a Abs. 1 HessAGVwGO i.V.m. Anlage, Zf. 2.1-2.6; ferner nach § 16 a Abs. 2 HessAGVwGO, vorliegen.
210 BVerwGE 26, 161 ff.; kritisch *Rachor*, in: Lisken/Denninger, Kap. E Rn. 48 ff.; *Drews/Wacke/Vogel/Martens*, S. 217; ausführlich *Renck*, Verwaltungsakt und Feststellungsklage, JuS 1970, 113 ff.; allgemein zur Frage der Verwaltungsaktsqualität von polizeilichen Maßnahmen *Finger*, Polizeiliche Standardmaßnahmen und ihre zwangsweise Durchsetzung – Rechtsnatur, Rechtsgrundlagen und Rechtsschutz am Beispiel der Ingewahrsamnahme, JuS 2005, 116 ff.

201 Dies ist häufig nicht leicht. Nicht einmal die Standardmaßnahmen lassen sich einheitlich als Verwaltungsakte oder Realakte qualifizieren, und einige der Standardmaßnahmen – wie die Ingewahrsamnahme – können als Verwaltungsakt (Verfügung, sich in polizeilichen Gewahrsam zu begeben) oder als Realakt (Ergreifen und Verbringen der Person in Gewahrsam) ergehen. Häufig enthält ein zur Prüfung gestelltes polizeiliches Handeln auch mehrere aufeinander folgende Teilakte, die je für sich zu qualifizieren sind. Kriterien für die Einordnung als Verwaltungs- oder Realakt sind stets die Merkmale des § 35 S. 1, 2 HVwVfG (zur Allgemeinverfügung unten Rn. 205).

202 In der Falllösung ist die Frage nach der Rechtsnatur einer polizeilichen Maßnahme nicht abstrakt zu erörtern – insbesondere nicht in einem gesonderten Vorprüfungspunkt („Rechtsnatur der Maßnahme" o.ä.), sondern an der Stelle, wo sie Bedeutung für die konkrete Fragestellung erlangt. Sind die Rechtsschutzmöglichkeiten gegen eine polizeiliche Maßnahme – zum Beispiel Ingewahrsamnahme – zu klären, ist die Rechtsnatur der Maßnahme bereits in der Prüfung der Zulässigkeit des Rechtsmittels (bei Erörterung der statthaften Klageart) von Bedeutung. Geht es allein um die Rechtmäßigkeit des polizeilichen Handelns, spielt die Rechtsform bei der formellen Rechtmäßigkeit des Handelns (insbes. § 28 HVwVfG) eine Rolle und ist daher dort zu prüfen.

b) Gefahrenabwehrverordnung

203 **aa) Grundfragen.** Anders als für den Verwaltungs- und den Realakt enthält das HSOG für die Rechtsform der Rechtsverordnung detaillierte Regelungen. Das HSOG gebraucht (in der amtlichen Überschrift vor § 71 HSOG und in §§ 71 ff. HSOG) konsequent die Bezeichnung „**Gefahrenabwehrverordnung**" (und diesen Namen müssen Gefahrenabwehrverordnungen nach § 78 Nr. 2 HSOG auch tragen).

204 Für das funktionale Verständnis der Gefahrenabwehrverordnung muss man sich vor Augen führen, dass es für ein wirksames polizeiliches Handeln nicht immer ausreicht, wenn die Behörde sich mit Maßnahmen an einen oder einige wenige polizeilich Verantwortliche hält und konkrete polizeiliche Gefahren abzuwehren versucht. Teilweise muss das Handeln der Bewältigung einer Vielzahl von Situationen dienen und darauf ausgerichtet sein. Dies lässt sich dadurch bewerkstelligen, dass man Gebote und/oder Verbote abstrakt-genereller Art aufstellt. Beispiele aus der Praxis sind Taubenfütterungsverbote (siehe zu ihnen bereits das Beispiel oben Rn. 64 f.), ein Maulkorbzwang für Hunde oder das Verbot des Aufsteigenlassens von Fluglaternen (hierzu s. Fn. 213). Hier in Verordnungsform vorzugehen, geschieht deshalb, weil das Füttern von Tauben, das maulkorblose Führen von Hunden und das Aufsteigenlassen von Fluglaternen generell als gefährlich angesehen wird.

205 Diesen generellen Charakter der Gefahrenabwehrverordnungen bringt § 71 HSOG dadurch zum Ausdruck, dass Gefahrenabwehrverordnungen Gebote oder Verbote enthalten, die für eine unbestimmte Anzahl von Fällen an eine unbestimmte Anzahl von Personen gerichtet sind. Das „generelle Moment" muss sich daher auf die Sachverhalte *und* die Personen beziehen. Nicht ganz einfach kann in dieser Hinsicht die Abgrenzung zur gefahrenabwehrenden **Allgemeinverfügung** sein. Die Allgemeinverfügung richtet sich an einen bestimmten oder bestimmbaren Personenkreis (§ 35 S. 2

HVwVfG) und zielt anders als die Gefahrenabwehrverordnung auf die Abwehr einer im einzelnen Fall bestehenden, damit konkreten, nicht abstrakten Gefahr ab. Sie ist Verwaltungsakt, nicht Rechtsnorm.

206 **Beispiele:**
Spricht ein Polizist gegen alle Personen, die sich zu einer bestimmten Zeit an einem bestimmten Ort (z.B. einer näher bezeichneten Unglücksstelle) befinden, einen Platzverweis aus (vgl. § 31 Abs. 1 S. 2 HSOG), so stellt dies eine Allgemeinverfügung im Sinne von § 35 S. 2 HVwVfG dar. Ein „Glasverbot" (d.h. das Verbot des Mitführens von Glasflaschen und/oder Gläsern), das ganzjährig für eine bestimmte Zone gilt, wird als Gefahrenabwehrverordnung zu qualifizieren sein,[211] ein nur für kurze Zeit (wie die Karnevalstage) geltendes Verbot als Allgemeinverfügung.[212]

207 bb) **Ermächtigungsgrundlage.** Die Ermächtigungsgrundlage für den Erlass einer Gefahrenabwehrverordnung beinhaltet nicht der bereits angeführte § 71 HSOG – er beschreibt nur den Handlungstypus –, sondern enthalten die §§ 72–74 HSOG, wonach die dort genannten Stellen Gefahrenabwehrverordnungen erlassen können. Vorrangig anwendbar sind nach den allgemeinen Regeln etwaige Spezialermächtigungen, etwa Art. 297 Abs. 1 EGStGB für Sperrgebietsverordnungen.

208 cc) **Formelle Rechtmäßigkeitsvoraussetzungen.** Die §§ 72–74 HSOG enthalten zugleich Zuständigkeitsregelungen. Aus ihnen ergibt sich im Einzelnen, wer mit welchem räumlichen Geltungsbereich Gefahrenabwehrverordnungen erlassen kann. Es sind danach landesweite (§ 72 Abs. 1 HSOG),[213] für das Gebiet eines Regierungspräsidiums (§ 72 Abs. 2 HSOG), für das Gebiet eines Landkreises (§ 73 S. 1 HSOG) und für das Gebiet einer Gemeinde (§ 74 S. 1 HSOG) geltende Gefahrenabwehrverordnungen möglich; dabei kann die räumliche Reichweite der Verordnung nach Maßgabe der §§ 72 ff. HSOG auch auf bestimmte Teile der genannten Gebiete beschränkt werden.[214] Wer diese Verordnungen erlassen kann, ist ebenfalls normiert (Ministerien, § 72 Abs. 1 HSOG; Regierungspräsidien, § 72 Abs. 2 HSOG; Landkreise, § 73 S. 1 HSOG; Gemeinden, § 74 S. 1 HSOG). Darüber hinaus ist die Verteilung der Organkompetenzen geregelt. So sind auf Kreisebene für den Beschluss der Verordnung der Kreistag (§ 73 S. 2 HSOG), auf der Gemeindeebene die Gemeindevertretung (§ 74 S. 2 HSOG) zuständig.

209 **Formerfordernisse** schreibt § 78 HSOG in einem acht Punkte umfassenden Katalog fest. Die dortigen Anforderungen sind zwingend; ihre Nichtbeachtung macht die Verordnung rechtswidrig und nichtig.[215]

210 Die §§ 71 ff. HSOG enthalten keine ausdrückliche Regelung, dass Gefahrenabwehrverordnungen zu **verkünden** sind. Es herrscht aber Einigkeit, dass Gefahrenabwehr-

---

211 Etwa: Polizeiverordnung der Stadt Konstanz zum Schutz des Bodenseeufers, als bloße Vorsorgemaßnahme mangels abstrakter Gefahr vom VGH Baden-Württemberg, BWGZ 2013, 77 ff., für unwirksam erklärt.
212 Etwa: Allgemeinverfügung der Stadt Köln für den Kölner Straßenkarneval 2010, für rechtmäßig erkannt von OVG NRW, NVwZ-RR 2012, 470 ff.; zust. *Hebeler*, JA 2012, 798 ff.
213 Bsp.: Gefahrenabwehrverordnung gegen das Aufsteigenlassen von ballonartigen Leuchtkörpern v. 16.7.2009, GVBl. S. 275; zur Bundesrechtmäßigkeit einer Parallelverordnung in Sachsen BVerwG NJW 2018, 325 ff.
214 Dies gilt trotz des missverständlichen Wortlauts von § 74 S. 1 HSOG auch für Gemeinden.
215 Ebenso *Mühl/Leggereit/Hausmann*, Rn. 144; *Meixner/Fredrich*, § 78 HSOG Rn. 6; *Kunkel/Pausch/Prillwitz*, § 78 HSOG Rn. 1; *Rasch u.a.*, § 71 HSOG Anm. 11.

verordnungen als Gesetze im materiellen Sinne (Rechtsnormen) aus verfassungsrechtlichen Gründen zu verkünden sind;[216] das folgt aus dem Rechtsstaatsprinzip, denn dem Bürger muss mitgeteilt werden, welches Recht gilt. Wie dies geschieht (Verkündungsmedium und weitere Verkündungsmodalitäten), ist im Hessischen Verkündungsgesetz[217] – dort insbesondere in den §§ 1, 2 – geregelt; nach § 1 Abs. 1 VerkG werden z.B. Rechtsverordnungen der obersten Landesbehörden und damit auch landesweit gültige Gefahrenabwehrverordnungen nach § 72 Abs. 1 HSOG im Gesetz- und Verordnungsblatt für das Land Hessen verkündet.

dd) Materielle Rechtmäßigkeitsvoraussetzungen. Da nach § 71 HSOG Gefahrenabwehrverordnungen Gebote oder Verbote enthalten, die für eine unbestimmte Anzahl von Fällen an eine unbestimmte Anzahl von Personen gerichtet und die zur Gefahrenabwehr erforderlich sind, ist Bezugspunkt und damit zugleich Voraussetzung für den Erlass einer Gefahrenabwehrverordnung, dass eine **abstrakte Gefahr** vorliegt (zum Begriff der abstrakten Gefahr Rn. 63 ff.). Dass eine abstrakte und keine konkrete Gefahr vorliegen muss, ist der einzige Unterschied im Vergleich zum polizeilichen Handeln in Form eines Verwaltungsaktes oder eines Realaktes. Ansonsten ergeben sich keine Abweichungen: Erforderlich ist auch hier eine ausreichend gesicherte Prognose (Rn. 66). Schutzgüter der Gefahrenabwehr im Sinne von § 71 HSOG sind die öffentliche Sicherheit und Ordnung. Auch für den Erlass einer Gefahrenabwehrverordnung gilt das Opportunitätsprinzip, d.h. es besteht Ermessen der zuständigen Behörde. Dies folgt aus §§ 72–74 HSOG, die jeweils von „können" sprechen und damit Entschließungs- und Auswahlermessen einräumen. Die dargestellten Ermessensgrenzen einschließlich des Verhältnismäßigkeitsprinzips (Rn. 131 ff.) gelten auch für Gefahrenabwehrverordnungen. 211

§§ 75, 76, 79 HSOG enthalten weitere materiell-rechtliche Anforderungen an Gefahrenabwehrverordnungen, die zum Teil klarstellender Natur sind. Dass Gefahrenabwehrverordnungen keine Bestimmungen enthalten dürfen, die zu Gesetzen in Widerspruch stehen (§ 75 Abs. 1 S. 1 HSOG), ergibt sich bereits aus der Rechtsbindung der Verwaltung (Art. 20 Abs. 3 GG); dass Gefahrenabwehrverordnungen in ihrem Inhalt bestimmt sein müssen (§ 76 Abs. 1 S. 1 HSOG), folgt aus dem ebenfalls im Rechtsstaatsprinzip wurzelnden allgemeinen Bestimmtheitsgrundsatz. Gegebenenfalls müssen Gefahrenabwehrverordnungen verfassungs- und bundesrechtskonform ausgelegt werden.[218] Auch § 79 HSOG enthält mit Vorschriften zur Geltungsdauer (höchstens dreißig Jahre) weitere auf den Inhalt der Gefahrenabwehrverordnung bezogene, d.h. materielle Rechtmäßigkeitsanforderungen. 212

ee) Insbesondere: Gefahrenabwehrverordnungen Hunde. § 71a HSOG enthält eine spezielle Ermächtigungsgrundlage zum Erlass von **Gefahrenabwehrverordnungen** zur Vorsorge gegen die von **Hunden** ausgehenden Gefahren für Menschen und Tiere. Diese Regelung ist im Jahr 2002 in das HSOG eingefügt worden, nachdem das Bundes- 213

---

216 Siehe dazu nur *Jarass* (Fn. 111), Art. 20 GG Rn. 66.
217 Gesetz über die Verkündung von Rechtsverordnungen und anderen Rechtsvorschriften (Verkündungsgesetz) vom 2.11.1971, GVBl I, S. 258 (abgedruckt in *von Zezschwitz*, Landesrecht Hessen, 27. Aufl. 2017, Zf. 7).
218 So für eine Sperrgebietsverordnung mit Blick auf GG und Prostitutionsgesetz HessVGH (Fn. 105).

verwaltungsgericht die niedersächsische Gefahrtier-Verordnung, die auf keiner speziellen, § 71a HSOG vergleichbaren Vorschrift beruhte, bestimmte Hunderassen als *per se* gefährlich einstufte und Haltern solcher Hunde diverse Ge- und Verbote auferlegte, für rechtswidrig erklärte. Kernargument war, dass keine gesicherten Erkenntnisse darüber vorlägen, dass bestimmte Hunderassen signifikant gefährlicher als andere seien; es sei zwar in dieser Hinsicht ein Einschätzungsspielraum gegeben, aber nur für den Parlamentsgesetzgeber, der daher eine entsprechende parlamentsgesetzliche Regelung zum Erlass spezieller Hundegefahrenabwehrverordnungen zu schaffen habe.[219] Im Jahre 2018 hat der Gesetzgeber durch den neuen § 71a Abs. 1 Satz 3 die Möglichkeit geschaffen, durch Gefahrenabwehrverordnung für das Halten und Führen einen „Hundeführerschein" sowie eine Chipkennzeichnung und Registrierung zu verlangen, und zwar bewusst für *alle* Hunde.[220]

214 Auf der Grundlage von § 71a HSOG ist auch die Hessische Gefahrenabwehrverordnung über das Halten und Führen von Hunden (HundeVO) neu erlassen worden.[221] Die HundeVO gab es schon vorher, allerdings in veränderter Form. Die HundeVO definiert in Ausschöpfung von § 71a Abs. 1 S. 2 HSOG mehrere Hunderassen mittels einer Vermutungsregelung als gefährlich (siehe im Einzelnen § 2 HundeVO). Zahlreiche Hundehalter erachteten diese Regelung als insbesondere nicht mit dem aus Art. 3 Abs. 1 GG folgenden Gleichbehandlungsgebot für vereinbar, da hinreichende wissenschaftliche Belege fehlten, die es rechtfertigten, ausgewählte Hunderassen für besonders gefährlich zu erklären. Dem ist der HessVGH nicht gefolgt; letzte wissenschaftliche Gewissheit dürfe nicht verlangt werden, sondern es genügten Statistiken über Vorfälle mit Hunden bestimmter Rassen; diese lägen vor und ließen eine besondere Gefährlichkeit bestimmter Rassen vermuten.[222]

215 **ff) Behördliches Handeln auf Grundlage der Gefahrenabwehrverordnung.** Eine Gefahrenabwehrverordnung wäre letztlich ein stumpfes Schwert, wenn sie sich mit Geboten und/oder Verboten an eine Vielzahl von Menschen richtete, im Falle der Zuwiderhandlung aber keine Sanktionen androhen könnte. Um dem zu begegnen, ist der Verstoß gegen eine Gefahrenabwehrverordnung zum einen unter in § 77 HSOG näher geregelten Voraussetzungen eine **Ordnungswidrigkeit**. Zum anderen bestehen weitere polizeiliche Reaktionsmöglichkeiten: Da die formell und materiell rechtmäßige Gefahrenabwehrverordnung zum Bestandteil der objektiven Rechtsordnung wird, stellt ein Zuwiderhandeln eine konkrete Gefahr für die öffentliche Sicherheit dar. Gegen denjenigen, der gegen sie verstößt, kann als Verhaltensverantwortlicher (§ 6 HSOG) nach §§ 11ff. HSOG vorgegangen werden.

216 Gefahrenabwehrverordnungen können prinzipal durch verwaltungsgerichtliche Normenkontrolle nach § 47 Abs. 1 Nr. 2 VwGO i.V.m. § 15 HessAGVwGO (hierzu i.d.B. § 3 Rn. 72) und inzident durch Anfechtung von Verwaltungsakten, die auf Gefahren-

---

219 Vgl. BVerwGE 116, 347ff.
220 LT-Drs. 19/6502, S. 44.
221 Verordnung vom 22.1.2003, GVBl I S. 54; ausführlich zu ihr *Bodenbender*, Auf den Hund gekommen – die Gemeinde und das Problem der Hundehaltung, HSGZ 2004, 63ff.
222 HessVGH, ESVGH 54 (2004), 249f; bestätigt in HessVGH, ESVGH 56 (2006), 236ff; vgl. auch BVerfGE 110, 141, 159-163 und 168.

abwehrverordnungen beruhen, überprüft werden. Ferner besteht die Möglichkeit der Feststellung, dass ein bestimmtes eigenes Verhalten nicht vom Verbot einer Gefahrenabwehrverordnung erfasst, sondern voraussetzungslos erlaubt ist, nach § 43 Abs. 1 VwGO; das Rechtsverhältnis besteht hier zwischen dem Privaten und dem Rechtsträger der Behörden, die das Verbot zu überwachen und durchzusetzen haben (auch wenn die Gefahrenabwehrverordnung von einer anderen Behörde stammt).[223]

2. Organisation und Zuständigkeiten
a) Grundfragen

In allen Bundesländern hat es in den vergangenen Jahrzehnten einen Trend zur sog. **Entpolizeilichung** gegeben. Gemeint ist damit, dass polizeiliche Tätigkeit im materiellen Sinne nicht umfassend von Polizeibehörden – verstanden in einem traditionellen Sinne als „uniformierte Vollzugspolizei" – wahrgenommen werden sollte, sondern auch von den sonstigen Behörden.[224] In manchen Ländern wurde dies gesetzestechnisch klar vollzogen. So gibt es z.B. in Bayern einerseits ein Polizeiaufgabengesetz, das als Polizei die im Vollzugsdienst tätigen Dienstkräfte der Polizei begreift (Art. 1 Bayerisches Polizeiaufgabengesetz) und diese mit eigenen, speziellen Aufgaben und Befugnissen betraut; andererseits gibt es dort das Landesstraf- und Verordnungsgesetz, das Aufgaben und Befugnisse auf dem Gebiet der Gefahrenabwehr für die übrigen Behörden festschreibt. 217

Hessen ist auf halbem Wege stehen geblieben. Das HSOG verzahnt Aufgaben und Befugnisse diverser Behörden auf dem Gebiet der Gefahrenabwehr. Die Organisation (Rn. 219 ff.) und die Zuständigkeiten (Rn. 227 ff.) sind in Hessen vergleichsweise unübersichtlich[225] geregelt. 218

---

223 BVerwG NJW 2018, 325.
224 Siehe dazu näher mit den historischen Hintergründen für diesen Trend *Boldt/Stolleis*, in: Lisken/Denninger, Kap. A Rn. 66 ff.
225 Weitergehend *Rumpf*, Die Organisation der Gefahrenabwehrbehörden in Hessen, NVwZ 1990, 315, 315: „Wer etwas tiefer in die Strukturen der Organisation der hessischen Gefahrenabwehrbehörden vordringt, fühlt sich oft ratlos und verloren".

b) Behördenorganisation

219 **aa) Überblick.** Überblicksartig stellt sich die Behördenorganisation folgendermaßen dar:

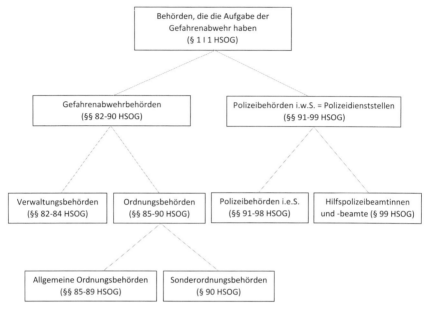

220 Liest man das Schaubild von oben nach unten, stellt man fest, dass bereits mit der Eingangsvorschrift des HSOG (§ 1 Abs. 1 S. 1: „Die Gefahrenabwehrbehörden [Verwaltungsbehörden, Ordnungsbehörden] und die Polizeibehörden haben die gemeinsame Aufgabe der Abwehr von Gefahren …") die möglichen zuständigen Behörden genannt und in eine erste grobe Ordnung gebracht werden. Es sind nämlich in einem ersten Schritt die Gefahrenabwehr- von den Polizeibehörden zu unterscheiden. Die Gefahrenabwehrbehörden sind näher in §§ 82–90 HSOG, die Polizeibehörden in §§ 91–98 HSOG geregelt. Die Polizeibehörden sind begrifflich nicht weiter zu unterteilen, allerdings von den Hilfspolizeibeamtinnen und -beamten nach § 99 HSOG (Rn. 226) zu unterscheiden; Polizeibehörden und Hilfspolizei bilden gemeinsam die „Polizeidienststellen"[226] oder Polizeibehörden im weiteren Sinne. Die Gefahrenabwehrbehörden setzen sich aus den Verwaltungsbehörden (§§ 82–84 HSOG; die amtliche Titelüberschrift vor § 82 HSOG bezeichnet sie auch als „Behörden der allgemeinen Verwaltung") und den Ordnungsbehörden (§§ 85–90 HSOG) zusammen. Letztere schließlich gliedern sich nochmals in allgemeine Ordnungsbehörden (§§ 85–89 HSOG) und Sonderordnungsbehörden (§ 90 HSOG) auf.

---

226 Vgl. die Überschrift zum Dritten Abschnitt (§§ 91-99 HSOG).

Die Unterscheidung zwischen den genannten Behörden durchzieht das gesamte 221
HSOG. Sie ist vor allem für die Aufgabenverteilungsvorschriften (§§ 1, 2 HSOG) und
damit zugleich für die sachliche Zuständigkeit bedeutsam. Des Weiteren ist sie für das
materielle Polizeirecht von Bedeutung, weil bei sämtlichen Befugnisnormen (§§ 11 ff.
HSOG) stets genau zu beachten ist, welche Behörde zu welchem polizeilichen Handeln ermächtigt wird.

bb) Verwaltungsbehörden (Behörden der allgemeinen Verwaltung). Wer die **Verwal-** 222
tungsbehörden im Sprachgebrauch des HSOG sind, ergibt sich aus § 82 Abs. 1 HSOG
(i.V.m. § 2 S. 2, 3 HSOG). Dort werden die Landkreise und die Gemeinden erwähnt.
Für diejenigen Aufgaben, für die die Verwaltungsbehörden zuständig sind, handeln
daher die Landkreise und Gemeinden als Behörden der allgemeinen Verwaltung. Für
den Landkreis handelt als Organ grundsätzlich der Kreisausschuss, für die Gemeinde
der Gemeindevorstand; dies folgt aus den entsprechenden kommunalrechtlichen Vorschriften (§ 41 HKO, § 66 HGO).

cc) Sonderordnungsbehörden. Innerhalb der Ordnungsbehörden widmet das HSOG 223
den **Sonderordnungsbehörden** mit § 90 HSOG nur eine einzige Vorschrift. § 90 S. 1
HSOG umschreibt die Sonderordnungsbehörden als Behörden, die außerhalb der allgemeinen Verwaltung stehen und denen durch besondere Rechtsvorschriften Aufgaben der Gefahrenabwehr zugewiesen sind. Es gibt mittlerweile nur noch wenige Sonderordnungsbehörden, da in den letzten Jahren mehrere von ihnen in die allgemeine
Verwaltung eingegliedert wurden.[227] Derzeit noch existierende Sonderordnungsbehörden sind z.B. die Hessische Eichdirektion, die zuständig ist für die Durchführung des
Gesetzes über Einheiten im Messwesen und des Eichgesetzes,[228] Hessen Mobil[229] sowie Hausrechtsinhaber nach § 14 Abs. 4 S. 1 Nr. 2 i.V.m. S. 2 HSOG. Die Aufgaben
der Sonderordnungsbehörden beruhen auf Bundes- und Landesrecht, es gelten aber
für die Sonderordnungsbehörden grundsätzlich – vorbehaltlich spezialgesetzlicher Regelungen – die Vorschriften des HSOG (§ 3 Abs. 1 S. 1, 2 HSOG).

dd) Allgemeine Ordnungsbehörden. Aus § 85 Abs. 1 S. 1 Nr. 1–4 HSOG ergibt sich, 224
dass die **allgemeinen Ordnungsbehörden** vierstufig in Landes-, Bezirks-, Kreis- und
Gemeindeebene gegliedert sind. Nach § 85 Abs. 1 S. 1 Nr. 3 HSOG sind die Landräte
in den Landkreisen und die Oberbürgermeister in den kreisfreien Städten, nach § 85
Abs. 1 S. 1 Nr. 4 HSOG die Bürgermeister (Oberbürgermeister) Ordnungsbehörden.
Insoweit besteht ein Unterschied zu den Behörden der allgemeinen Verwaltung nach
§ 82 HSOG. Nach § 85 HSOG sind Landrat, Oberbürgermeister und Bürgermeister
selbst die angesprochene Behörden, nach § 82 HSOG sind sie nur ein Behördenteil –
nämlich Vorsitzende des jeweiligen kollegial besetzten Kommunalorgans (Kreisausschuss, Magistrat, Gemeindevorstand).

---

227 Beispielhafte Auflistung dazu bei *Meixner/Fredrich*, § 90 HSOG Rn. 3.
228 Siehe § 1 Abs. 1 Verordnung über Zuständigkeiten und Verfahren der Hessischen Eichdirektion (Hessische Eichdirektions-Verordnung – HEDV) v. 5.10.2011, GVBl. I S. 661.
229 § 10 Abs. 1 Nr. 1 Verordnung zur Bestimmung verkehrsrechtlicher Zuständigkeiten (VkRZustV) v. 12.11.2007, GVBl. I S. 800.

225 ee) **Polizeibehörden.** Die **Polizeidienststellen** sind in §§ 91–99 HSOG ausführlich geregelt. Hierzu gehören vor allem die Polizeibehörden (§§ 91-98) als Dienststellen des Landes. Besonders wichtig sind die Polizeipräsidien (§ 94 HSOG). Ergänzend treten die Bestimmungen der §§ 2-9 HSOG-DVO hinzu, die auf Grundlage von § 98 HSOG ergangen sind.[230] Ihnen lässt sich z.B. detailliert entnehmen, welche Polizeipräsidien es mit welchem Sitz und welchem örtlichen Einzugsbereich gibt. Nach § 94 S. 1 HSOG sind für die Erfüllung aller polizeilichen Aufgaben grundsätzlich die Polizeipräsidien zuständig, soweit diese nicht anderen Polizeidienststellen übertragen worden sind. Dies ist durch Gesetz z.B. in § 92 HSOG im Hinblick auf die Zuständigkeit des Landeskriminalamtes und in § 93 HSOG im Hinblick auf das hessische Bereitschaftspolizeipräsidium geschehen. Zu den Polizeidienststellen zählt auch das Präsidium für Technik, Logistik und Verwaltung (§ 95 HSOG), das u.a. für die Kostenerhebungen zuständig ist.[231]

226 Neben die Polizeibehörden treten als atypische Form von Polizeidienststellen Hilfspolizeibeamtinnen und **Hilfspolizeibeamte** (§ 99 HSOG). Sie können insbesondere von kreisfreien Städten und Landkreisen aus dem Kreis der eigenen Bediensteten bestellt werden (§ 99 Abs. 3 Nr. 1 HSOG) und haben grundsätzlich die Befugnisse von Polizeivollzugsbeamtinnen und -beamten (§ 99 Abs. 2 S. 1 HSOG), denen sie auch äußerlich – in Uniform und Fahrzeugbestand – ähneln. Zum Teil firmieren sie als „Stadtpolizei" (Frankfurt am Main) oder „Kommunalpolizei" (Darmstadt), was wegen § 99 Abs. 1 S. 1 HS 2 HSOG („Ordnungspolizeibeamtin/er") irritiert. Sowohl die konkrete Ausgestaltung (insbesondere die im Verhältnis zur Vollzugspolizei kurze Ausbildung) wie auch die grundsätzliche Einrichtung (*sub specie* Art. 33 Abs. 4 GG) sind auf verfassungsrechtliche Kritik gestoßen.[232]

c) Zuständigkeiten

227 aa) **Sachliche Zuständigkeit.** Die Aufgaben nach § 1 Abs. 1–3 HSOG sind sowohl den Gefahrenabwehr- als auch den Polizeibehörden übertragen, die Aufgaben nach § 1 Abs. 4, 5 HSOG allein den Polizeibehörden. Die **Zuständigkeit** für Aufgaben nach § 1 Abs. 2 HSOG hängt aber im Weiteren davon ab, welche Aufgabenzuweisung die anderen Rechtsvorschriften vornehmen, die § 1 Abs. 2 HSOG in Bezug nimmt. Das insoweit wichtigste praktische Beispiel stellt § 1 HSOG-DVO (Rn. 14) dar, der den allgemeinen Ordnungsbehörden (nicht den Verwaltungsbehörden) Aufgaben zuweist. § 2 S. 1 HSOG baut auf § 1 HSOG auf und modifiziert ihn zugleich erheblich, indem er als zentrale Regel festschreibt, dass Ordnungsbehörden und Polizeibehörden in Erfüllung der Aufgaben der Gefahrenabwehr nur subsidiär im Verhältnis zu den Behörden der allgemeinen Verwaltung nach den §§ 82–84 HSOG tätig werden – nämlich nur dann, wenn die Gefahrenabwehr durch die Behörden der allgemeinen Verwaltung nicht oder nicht rechtzeitig möglich erscheint. Dies wird einprägsam als „Eilfallkom-

---

230 Verordnung zur Durchführung des Hessischen Gesetzes über die öffentliche Sicherheit und Ordnung und des Hessischen Freiwilligen-Polizeidienst-Gesetzes (HSOG-DVO) v. 12.6.2007, GVBl.. I S. 323, zuletzt geänd. durch VO v. 23.10.2012, GVBl. S. 326.
231 Nach § 98 Abs. 1 Nr. 1 HSOG i.V.m. § 8 HSOG-DVO.
232 *Fenger/Tohidipur/Tuchscherer* (Fn. 35), LKRZ 2013, 451 ff.; eingehend *Tuchscherer*, Stadtpolizei statt Polizei, 2017.

petenz" der Ordnungs- und Polizeibehörden bezeichnet und muss eng ausgelegt werden.[233] Nimmt eine Behörde die Amtshilfe einer anderen Behörde in Anspruch (Art. 35 Abs. 1 GG, §§ 4 ff. HVwVfG), wird das Handeln der ersuchten Behörde auch im Polizeirecht der ersuchenden Behörde zugerechnet.

Beispiel:
Überfliegt ein Tornado der Bundeswehr im Auftrag einer Gefahrenabwehrbehörde eine Versammlung, um für die Behörde Luftbilder zu machen, wird diese Maßnahme – die als technische Unterstützungsleistung, nicht als Streitkräfteeinsatz einzuordnen ist[234] – der ersuchenden Gefahrenabwehrbehörde zugerechnet.[235] Es kommt auf deren Zuständigkeit an.

Unbeantwortet lässt das HSOG, wie sich die Zuständigkeitsverteilung zwischen allgemeiner Ordnungsbehörde und Polizeibehörde darstellt. Da es in dieser Hinsicht keine Stufung gibt, sind beide grundsätzlich gleichermaßen zuständig. Im konkreten Fall gilt dann der sog. **Grundsatz der Erstbefassung**, wonach diejenige der beiden Behörden zuständig ist, die zuerst mit der Gefahrenlage konfrontiert ist.[236] 228

Dies lässt sich in folgender Stufenfolge abbilden: 229

- Maßgeblich ist – wie immer – zunächst die spezialgesetzliche Regelung, also bspw. eine Zuständigkeitszuweisung in den Standardmaßnahmen (wie § 32 Abs. 1 HSOG: „Die Polizeibehörden können eine Person in Gewahrsam nehmen…").
- Im Übrigen sind grundsätzlich die Verwaltungsbehörden (Behörden der allgemeinen Verwaltung) zuständig, § 2 HSOG.
- Ausnahmen sind
  - die Zuweisung von Gefahrenabwehraufgaben an die allgemeinen Ordnungsbehörden (§ 89 Abs. 1 HSOG i.V.m. § 1 HSOG-DVO),
  - die Zuständigkeit der Polizeibehörden für vorbeugende Straftatenbekämpfung (§ 1 Abs. 4 HSOG) und Vollzugshilfe (§ 1 Abs. 5 HSOG),
  - die Eilfallkompetenz von Ordnungsbehörden und Polizeibehörden (§ 2 S. 1 HSOG).

bb) Örtliche Zuständigkeit. Detaillierte Regelungen für die **örtliche Zuständigkeit** treffen die §§ 100–103 HSOG. Polizeidienststellen sind im ganzen Landesgebiet (§ 101 Abs. 1 S. 1 HSOG) zuständig; Gefahrenabwehrbehörden hingegen nur für ihren Amtsbereich (§ 100 Abs. 1 HSOG), davon gibt es allerdings mehrere Ausnahmen (vgl. im Einzelnen § 100 Abs. 2-4 HSOG). 230

3. Verfahren

Verfahrensanforderungen können sich aus Spezialregelungen oder aus der jeweiligen Standardmaßnahme ergeben (wie bspw. § 18 Abs. 2 Nr. 5 HSOG: Zustimmung des Ministeriums). Im Übrigen gelten die Vorschriften des HVwVfG, für Verwaltungsakte 231

---

233 Anschauungsbeispiel: HessVGH, Urt. v. 17.3.2011, 8 A 1188/10 – juris, Rn. 61, DÖV 2011, 707, 709 – Politisches Straßentheater, hierzu *Hebeler*, JA 2012, 237 f.
234 Vgl. zur Unterscheidung BVerfGE 132, 1, 19 f. (Rn. 50), wonach die Nutzung von Mitteln der Streitkräfte mit ihrem Droh- und Einschüchterungspotential allerdings Einsatz i.S.d. Art. 87a Abs. 2 GG ist.
235 BVerwG, Urt. v. 25.10.2017 - 6 C 46.16.
236 Siehe dazu *Denninger*, in: Lisken/Denninger, Kap. D Rn. 243; *Meixner/Fredrich*, § 2 HSOG Rn. 9; *Pausch/Dölger*, S. 53; *Kunkel/Pausch/Prillwitz*, § 2 HSOG Rn. 1; *Rasch u.a.*, § 2 HSOG Anm. 1.

insbesondere § 28 HVwVfG. Zu beachten ist, dass die Anhörungspflicht nicht bei Gefahr im Verzug nach § 28 Abs. 2 Nr. 1 HVwVfG entfällt: Wenn (ausnahmsweise) wegen Gefahr im Verzug oder im öffentlichen Interesse eine *sofortige* Entscheidung notwendig erscheint, kann von der Anhörung abgesehen werden (Wortlaut!). Das ist trotz Gefahr im Verzug häufig dann nicht der Fall, wenn die Anhörung noch telefonisch oder durch Gespräch mit dem anwesenden Adressaten möglich ist.[237] Verfahrensfehler, die nicht nach § 44 HVwVfG zur Nichtigkeit des Verwaltungsakts führen, können nach § 45 HVwVfG geheilt werden (soweit die Maßnahmen nicht schon vollzogen sind). Auch kommt nach § 46 HVwVfG ein Ausschluss des Aufhebungsanspruchs (a.A.: Entfall der Rechtsverletzung) in Betracht.

IV. Zwang

1. Grundfragen

232 Für den Fall, dass eine polizeiliche Maßnahme nicht befolgt und die polizeiliche Gefahr vom in Anspruch Genommenen nicht beseitigt wird, müssen Möglichkeiten zur Verfügung stehen, dies zwangsweise zu erreichen. Der in den §§ 47–63 HSOG geregelte „Zwang" (vgl. Abschnittsüberschrift vor § 47 HSOG) ermöglicht eine solche Durchsetzung.[238]

233 Die §§ 47 ff. HSOG gelten nicht für alle polizeilichen Maßnahmen; die Kodifikation ist in dieser Hinsicht etwas unübersichtlich. Erstens gelten die Zwangsvorschriften nur für die Rechtsform des Verwaltungsakts (vgl. § 47 HSOG: „Verwaltungsakt"). Zweitens erfassen die §§ 47 ff. HSOG nur die Durchsetzung von Verwaltungsakten der Ordnungs- und Polizeibehörden (§ 47 Abs. 1 HS 1 HSOG), nicht hingegen der allgemeinen Verwaltungsbehörden. Für sie gilt stets das Hessische Verwaltungsvollstreckungsgesetz (vgl. § 1 HVwVG).[239] Drittens werden diejenigen Verwaltungsakte der Ordnungs- und der Polizeibehörden, mit denen eine Geldleistung gefordert wird, nach dem HVwVG vollstreckt (§ 1 Abs. 2 S. 2 HVwVG); dies gilt auch, soweit die beizutreibende Geldforderung eine solche ist, die ihre Grundlage in den §§ 47 ff. HSOG hat. So wird etwa auch das Zwangsgeld nach § 50 HSOG, wenn es von der betroffenen Person nicht fristgerecht gezahlt wird, nach dem Verwaltungsvollstreckungsverfahren des HVwVG beigetrieben (§ 50 Abs. 3 S. 1 HSOG).

234 In den §§ 47 ff. HSOG lassen sich zwei Verfahrensarten unterscheiden. Zum einen gibt es das normale Vollstreckungsverfahren. Dafür hat sich die anschauliche Bezeichnung „**gestrecktes Verfahren**" eingebürgert. Der Begriff rührt daher, dass bei ihm eine zentrale Vollstreckungsvoraussetzung das Vorliegen eines vollstreckungsfähigen Verwaltungsakts (sog. **Grundverwaltungsakt**) ist; dies stellt einen zusätzlichen Schritt dar und „streckt" das Verfahren. Dem gestreckten Verfahren kann man das sog. „**abgekürzte Verfahren**" gegenüberstellen. Es ist in § 47 Abs. 2 HSOG geregelt („Verwal-

---

[237] Instruktiv BVerwGE 142, 205 = BVerwG NJW 2012, 2823 (2824).
[238] Allgemein und nicht speziell zum hessischen Zwangsrecht ausführlich *Gusy*, Verwaltungsvollstreckungsrecht am Beispiel der Vollstreckung von Polizeiverfügungen, JA 1990, 296 ff., 339 ff.; *Werner*, Ausgewählte Grundfragen des Verwaltungsvollstreckungsrechts, JA 2000, 902 ff; *Horn*, Verwaltungsvollstreckung, Jura 2004, 447 ff. und 597 ff.
[239] Siehe zur Vollstreckung nach dem HVwVG *Hermes*, i.d.B., § 3 Rn. 65 ff.

tungszwang ... ohne vorausgehenden ...Verwaltungsakt"). Bei ihm ist daher kein vollstreckungsfähiger Grundverwaltungsakt nötig.

Normalfall ist das gestreckte Vollstreckungsverfahren, auf das zuerst eingegangen wird (Rn. 236 ff.); die Besonderheiten des abgekürzten Verfahrens kommen danach zur Sprache (Rn. 248 ff.). 235

2. Normales Vollstreckungsverfahren
a) Vollstreckungsfähigkeit des Verwaltungsaktes

Nach § 47 Abs. 1 HSOG kann der ordnungsbehördliche oder polizeiliche Verwaltungsakt, der auf die Vornahme einer Handlung oder auf Duldung oder Unterlassung gerichtet ist, mit Zwangsmitteln durchgesetzt werden, wenn er unanfechtbar ist oder wenn ein Rechtsbehelf keine aufschiebende Wirkung hat. Wann Unanfechtbarkeit gegeben ist und wann ein Rechtsbehelf keine aufschiebende Wirkung hat, ergibt sich aus der VwGO (insbesondere §§ 70, 74, 80 Abs. 2 VwGO).[240] 236

Ein nichtiger Verwaltungsakt (vgl. § 44 HVwVfG) ist ein rechtliches Nullum und stellt daher keinen vollstreckungsfähigen Verwaltungsakt dar. Nach dem Wortlaut von § 47 Abs. 1 HSOG kommt es dagegen nicht darauf an, ob der zu vollstreckende Verwaltungsakt rechtmäßig ist – ebenso wie bei § 2 HVwVG (und § 6 Abs. 1 VwVG) ist auch ein rechtswidriger, aber nicht nichtiger Verwaltungsakt vollstreckungsfähig. Die Vollstreckung eines rechtswidrigen Verwaltungsakts kann also rechtmäßig sein; es besteht **kein Rechtswidrigkeitszusammenhang**. Ob dies auch dann gilt, wenn die Behörde die Rechtswidrigkeit des Verwaltungsakts kennt[241] oder wenn der Verwaltungsakt vorzeitig vollziehbar ist,[242] ist höchst umstritten.[243] Aber der Wortlaut der Normen ist eindeutig,[244] und Art. 20 Abs. 3 GG fordert keinen Rechtswidrigkeitszusammenhang.[245] Gerade hier realisiert sich nämlich die von §§ 43, 44 HVwVfG gewollte Unterscheidung von Rechtswidrigkeit und Nichtigkeit des Verwaltungsakts.[246] Auch ist die Behörde aufgrund ihres Vollstreckungsermessens (auf Rechtsfolgenseite) nicht gezwungen, den rechtswidrigen Verwaltungsakt zu vollstrecken (Rn. 239). Wenn die Behörde Kenntnis von der Rechtswidrigkeit des Verwaltungsakts hat,[247] kann die Vollstreckung im Einzelfall rechtswidrig (nämlich ermessensfehlerhaft) sein. 237

b) Mögliche Adressaten von Vollstreckungsmaßnahmen

Das HSOG spricht von „Personen" oder „Pflichtigen" (bspw § 47 Abs. 5 S. 1 HSOG). Unzweifelhaft umfasst das natürliche Personen und juristische Personen des Privatrechts. Kommen auch juristische Personen des öffentlichen Rechts in Frage? Das HSOG enthält keine § 73 HVwVG vergleichbare Regelung, wonach gegen Behörden 238

---

240 Näher bspw *Hufen*, Verwaltungsprozessrecht, 10. Aufl. 2016, § 32 Rn. 1.
241 Verneinend *Peilert*, in: Wolff/Bachof/Stober/Kluth (Hrsg.), Verwaltungsrecht I, 12. Aufl. 2007, § 64 Rn. 83.
242 Verneinend bspw *Götz/Geis*, § 13 Rn. 8; *Schoch*, Rn. 391 m.w.N.
243 Dafür zu Recht *Rasch u.a*, § 47 HSOG Anm. 3.2.; ausführlich zum Ganzen *Brühl*, Die Prüfung der Rechtmäßigkeit des Verwaltungszwangs im gestreckten Verfahren, JuS 1997, 1021, 1024 f. sowie *Hermes*, i.d.B., § 3 Rn. 66.
244 A.A. *Schoch*, Rn. 391 („Frage ... in den einschlägigen Vorschriften gar nicht thematisiert").
245 In diese Richtung wohl auch BVerfG, NVwZ 1999, 290, 292.
246 So i.E. auch HessVGH, Urt. v. 29.11.2013, 6 A 2210/12, BeckRS 2014, 46008, Tz. 23 bzw. juris, Rn. 26.
247 S.o. Fn. 241.

und juristische Personen des öffentlichen Rechts nicht vollstreckt werden darf.[248] Dennoch legt die h.M. den hier zum Ausdruck kommenden Gedanken der Immunität auch der Vollstreckung nach Polizeirecht zugrunde.[249] Anderes gilt für öffentlich-rechtliche Religionsgemeinschaften und ihre Untergliederungen wie Kirchengemeinden, etwa beim Glockenläuten. Sie können Adressaten von Anordnungen und Maßnahmen z.B. der Immissionsschutzbehörden sein.[250]

c) Verfahren der Zwangsanwendung

239   Die Zwangsanwendung lässt sich in mehrere **Verfahrensschritte** unterteilen. An erster Stelle steht die Überlegung, ob überhaupt Zwang angewendet werden sollte. Insoweit besteht **Entschließungsermessen** (§ 47 Abs. 1 HSOG: „kann"). Wenn dieses Ermessen positiv ausgeübt wird, dann stellt sich die Frage nach der Zwangsmittelauswahl (**Auswahlermessen**). Welche Mittel zur Verfügung stehen, zählt § 48 Abs. 1 HSOG abschließend auf. Es stehen (nur) die Ersatzvornahme, das Zwangsgeld und der unmittelbare Zwang zur Verfügung (sog. *numerus clausus* der Zwangsmittel). Nach § 48 Abs. 3 HSOG können diese Mittel wiederholt angewandt und auch gewechselt werden.

240   Das gewählte Zwangsmittel ist sodann anzudrohen (§§ 48 Abs. 2, 53, 58 HSOG). Die **Androhung** stellt eine formelle Rechtmäßigkeitsvoraussetzung für die Zwangsanwendung dar. § 53 HSOG enthält zahlreiche Vorgaben zur Art und Weise der Androhung und zu ihrem Inhalt. Wesentlich ist besonders, dass sich die Androhung „auf bestimmte Zwangsmittel" zu beziehen hat (§ 53 Abs. 3 S. 1 HSOG); gemeint ist damit in der Regel die Festlegung auf *ein* Zwangsmittel. Werden mehrere Zwangsmittel angedroht, so muss eine Reihenfolge angegeben werden (§ 53 Abs. 3 S. 2 HSOG). Ferner ist die Androhung mit einer Fristsetzung zu verbinden (§ 53 Abs. 1 S. 3 HSOG). Sinn und Zweck der Androhung sind darin zu sehen, dem Adressaten nochmals Gelegenheit zu geben, die polizeiliche Anordnung freiwillig zu befolgen, und ihm zugleich die Konsequenzen vor Augen zu führen, wenn er sich ihr weiterhin widersetzt.

241   Dass zwischen Androhung und Ausführung noch eine **Festsetzung** des Zwangsmittels erfolgen muss, bringt das HSOG nur für das Zwangsgeld eindeutig zum Ausdruck (§ 50 Abs. 1 HSOG). Von manchen wird ohne nähere Begründung für alle Zwangsmittel eine Festsetzung eingefordert.[251] Dem kann nicht gefolgt werden. Eine Festsetzung ist unschädlich, aber außerhalb des Zwangsgeldes nicht zwingend. Es liegt keine planwidrige Regelungslücke vor, die Analogieschlüsse aus § 50 Abs. 1 HSOG rechtfertigen könnte.

242   Das Verfahren der Zwangsanwendung endet mit der **Ausführung** des Zwangsmittels. Was hier im Einzelnen zu beachten ist, hängt vom jeweils gewählten Zwangsmittel ab. Auf jeder Stufe der Zwangsanwendung bis hin zur konkreten Art der Ausführung

---

248 Instruktiv hierzu HessVGH (Fn. 126) mit der Klarstellung, dass es keinen Unterschied mache, ob der Hoheitsträger „hoheitlich, öffentlich-rechtlich, zivilrechtlich oder fiskalisch tätig wird".
249 Statt aller *Hornmann*, § 48 HSOG Rn. 3.
250 *Hense*, Glockenläuten und Uhrenschlag, 1998, S. 352 f.
251 So *Hornmann*, § 47 HSOG Rn. 8; *Denninger*, Polizeirecht, in: Meyer/Stolleis (Hrsg.), S. 341; *Pausch/Dölger*, S. 267 f.

muss die Polizei das ihr jeweils im Einzelnen bestehende Ermessen erkennen und fehlerfrei ausüben (§ 5 HSOG, § 40 HVwVfG).

d) Einzelne Zwangsmittel

aa) **Ersatzvornahme.** Mittels **Ersatzvornahme** können nach § 49 Abs. 1 S. 1 HSOG vertretbare Handlungen durch die Ordnungs- oder die Polizeibehörden (sog. Selbstvornahme) oder durch eine beauftragte dritte Person (sog. Fremdvornahme) ausgeführt werden. Vertretbar können nur Handlungspflichten, nicht aber Duldungs- oder Unterlassungspflichten sein. Der nach § 6 und/oder § 7 HSOG Verantwortliche hat die Kosten der Ersatzvornahme zu tragen („auf Kosten", § 49 Abs. 1 S. 1 HSOG; dazu noch näher Rn. 269 ff.); § 49 Abs. 2 HSOG trifft dazu nähere Regelungen (u.a. Möglichkeit einer Vorauszahlungsverpflichtung).

243

bb) **Zwangsgeld.** Anders als die Ersatzvornahme kann das **Zwangsgeld** nach § 50 HSOG vertretbare und unvertretbare Handlungen, Duldungen und Unterlassungen durchsetzen und kommt daher prinzipiell für jede Art polizeilicher Verpflichtung in Betracht. § 50 HSOG bringt dies nicht deutlich zum Ausdruck, sondern setzt es als selbstverständlich voraus. Das Zwangsgeld kann zwischen 10 € und 50 000 € liegen (§ 50 Abs. 1 HSOG).

244

Die **Ersatzzwangshaft** (§ 51 HSOG) ist kein selbständiges Zwangsmittel, sondern mit dem Zwangsgeld dergestalt verbunden, dass sie der Durchsetzung des Verwaltungsakts dient, der die Zwangsgeldzahlung festlegt, wenn das Zwangsgeld uneinbringlich ist, d.h. seine Beitreibung erfolglos war (vgl. §§ 51 Abs. 1 S. 1, 50 Abs. 3 HSOG).

245

cc) **Unmittelbarer Zwang.** Der **unmittelbare Zwang** hat wegen seiner einschneidenden Wirkung von den Zwangsmitteln die eindeutig ausführlichste Regelung erfahren. Vor allem im Hinblick auf die Art und Weise seiner Anwendung finden sich in den §§ 52, 55 ff. HSOG zahlreiche Bestimmungen. § 55 Abs. 1 HSOG trifft eine Legaldefinition für den unmittelbaren Zwang; es handelt sich danach um die „Einwirkung auf Personen oder Sachen durch körperliche Gewalt, durch ihre Hilfsmittel und durch Waffen". Diese angeführten Einwirkungsmöglichkeiten sind abschließend, so dass z.B. psychische Einwirkungen mittels Verabreichung von Drogen oder Hypnose nicht zulässig sind.[252] Die zur Verfügung stehenden körperlichen Einwirkungsmöglichkeiten samt Hilfsmitteln sind hingegen sehr umfangreich, wie sich im Einzelnen aus § 55 Abs. 2-4 HSOG ergibt. Indes ist für die Auswahl stets das Verhältnismäßigkeitsprinzip zu beachten.

246

Sehr intensiv wurde und wird noch immer – nicht nur für das hessische Recht – die Möglichkeit eines **finalen „Rettungsschusses"** mit **Todesfolge** im Rahmen der Ausübung unmittelbaren Zwangs diskutiert. Schulfall: Darf ein Geiselnehmer, der droht, Geiseln zu töten, erschossen werden?[253] Diese Diskussion berührt ein breites Spektrum von Fragen, angefangen von ethischen über rechtspolitische bis hin zu verfassungs- (Art. 1 Abs. 1, 2 Abs. 2 GG) und menschenrechtlichen (Art. 2 EMRK) Überle-

247

---

252 **Denninger**, Polizeirecht, in: Meyer/Stolleis (Hrsg.), S. 346; *Hornmann*, § 55 HSOG Rn. 3; *Meixner/Fredrich*, § 55 HSOG Rn. 2.
253 Eine vorherige Androhung des Zwangsmittels wäre hier nach § 58 Abs. 1 S. 2 HSOG unstrittig entbehrlich.

gungen.[254] Lange war für Hessen umstritten, wie sich das HSOG zum finalen Rettungsschuss verhält; er war explizit weder ausdrücklich erlaubt noch ausdrücklich verboten. Zumindest diese Frage ist seit dem Jahr 2004 eindeutig geklärt. Nach dem novellierten § 60 Abs. 2 S. 2 HSOG ist „ein Schuss, der mit an Sicherheit grenzender Wahrscheinlichkeit tödlich wirken wird, … nur zulässig, wenn er das einzige Mittel zur Abwehr einer gegenwärtigen Lebensgefahr oder einer gegenwärtigen Gefahr einer schwerwiegenden Verletzung der körperlichen Unversehrtheit ist". Von ihrem Ermessen hat die Polizei im Rahmen des situationsbedingt Möglichen hier besonders sorgfältig Gebrauch zu machen.

3. Verwaltungszwang ohne vorausgehenden Verwaltungsakt
a) Unterschiede zum normalen Vollstreckungsverfahren

248   Nach § 47 Abs. 2 HSOG kann **Verwaltungszwang** auch **ohne vorausgehenden** ordnungsbehördlichen oder polizeilichen **Verwaltungsakt** angewendet werden, wenn dies zur Abwehr einer Gefahr erforderlich ist, insbesondere weil Maßnahmen gegen Personen nach den §§ 6 bis 9 HSOG nicht rechtzeitig möglich sind oder keinen Erfolg versprechen, und die Ordnungs- oder die Polizeibehörde hierbei innerhalb ihrer Befugnisse handelt. Wie bereits angedeutet, ist das Kernmerkmal dieser Art der Anwendung des Verwaltungszwangs darin zu sehen, dass kein vollstreckungsfähiger sog. Grundverwaltungsakt vorliegen muss. Dies schließt ein, dass das Zwangsmittel auch nicht anzudrohen ist (vgl. § 53 Abs. 1 S. 4 HSOG). § 47 Abs. 2 HSOG ermöglicht ein schnelleres zwangsweises Handeln als beim normalen Vollstreckungsverfahren, jedoch nur unter den dort im Einzelnen normierten besonderen Voraussetzungen („erforderlich", „nicht rechtzeitig möglich", „keinen Erfolg versprechen").

249   Zentrale Voraussetzung für ein Vorgehen nach § 47 Abs. 2 HSOG ist, dass die Behörde „innerhalb ihrer Befugnisse handelt" (§ 47 Abs. 2 HSOG am Ende). Diese eher unscheinbare Formulierung bedeutet, dass der Verwaltungsakt, der wegen der Eilbedürftigkeit unterbleibt (sog. **„fiktiver Grundverwaltungsakt"**), rechtmäßig sein müsste. Bei der Beurteilung, ob ein Vorgehen nach § 47 Abs. 2 HSOG rechtmäßig ist, ist daher bei dem Tatbestandsmerkmal „innerhalb ihrer Befugnisse handelt" inzident die Rechtmäßigkeit eines fiktiven Grundverwaltungsaktes zu prüfen.

b) Abgrenzung zur unmittelbaren Ausführung

250   Große Probleme bereitet die Abgrenzung eines behördlichen Vorgehens nach § 47 Abs. 2 HSOG von dem nach § 8 Abs. 1 HSOG (zu § 8 Abs. 1 HSOG siehe bereits Rn. 109 f.). § 47 Abs. 2 HSOG und § 8 Abs. 1 HSOG sind vergleichbar ausgestaltet. „Unmittelbar ausführen" in § 8 Abs. 1 HSOG bedeutet nichts anderes, als dass – in vollstreckungsrechtlicher Terminologie ausgedrückt – kein vollstreckbarer Grundverwaltungsakt nötig ist; eben dies gilt auch bei § 47 Abs. 2 HSOG. Des Weiteren ist die in § 8 Abs. 1 HSOG und § 47 Abs. 2 HSOG verlangte Eilbedürftigkeit vergleichbar.

---

254 Siehe ausführlich *Rachor*, in: Lisken/Denninger, Kap. E Rn. 928 ff. m.w.N.; ferner *Jakobs*, Terrorismus und polizeilicher Todesschuss, DVBl 2006, 83 ff.

Die Rechtslage in anderen Bundesländern legt nahe, dass die Existenz von § 8 Abs. 1 HSOG und § 47 Abs. 2 HSOG nebeneinander überflüssig ist. Das niedersächsische Polizeirecht z.B. kennt nur eine § 47 Abs. 2 HSOG entsprechende Regelung, hingegen keine Vorschrift zur unmittelbaren Ausführung; in Baden-Württemberg ist es umgekehrt.[255] Es sind dort bis heute keine Fallgestaltungen ersichtlich, die nicht mit nur einer der beiden Regelungen erfasst werden könnten. Wenn dies aber der Fall ist, dann muss für das hessische Recht eine Abgrenzung zwischen beiden Normen gekünstelt und fragwürdig bleiben.[256] Dementsprechend kann auch kein bis heute in Literatur[257] und Rechtsprechung vertretener Ansatz restlos überzeugen. Erster Adressat für Kritik ist aber der Gesetzgeber, der eine der beiden Vorschriften streichen sollte. 251

Überwiegend wird für die Abgrenzung auf ein **Willenselement** und/oder auf das Kriterium der **An- bzw. Abwesenheit** des Verantwortlichen abgestellt. Bei § 47 Abs. 2 HSOG werde gegen den Willen des anwesenden Verantwortlichen durch die Behörde gehandelt, bei § 8 Abs. 1 HSOG ohne Willensbeugung gegen einen Abwesenden.[258] Dagegen lässt sich einwenden, dass weder § 47 Abs. 2 HSOG noch § 8 Abs. 1 HSOG dieses Kriterium erkennen lassen. Bei einem Abwesenden lässt sich zudem ein entgegenstehender Wille, der zu beugen ist, nicht feststellen, sondern es bleibt insoweit nur ein Ausweichen in Hypothesen. Daher betont der HessVGH, dass die Anwendung von Zwang nach den §§ 47 ff. HSOG grundsätzlich nicht das Vorliegen eines entgegenstehenden Willens des Pflichtigen voraussetzt und damit ein solcher nicht als Abgrenzungskriterium zwischen § 8 Abs. 1 HSOG und § 47 Abs. 2 HSOG dienen kann.[259] Der HessVGH geht stattdessen davon aus, dass grundsätzlich § 8 Abs. 1 HSOG vorrangig vor § 47 Abs. 2 HSOG anzuwenden sei, „da der Gesetzgeber selbst diese Subsidiarität des § 47 Abs. 2 HSOG in der Vorschrift festgelegt" habe.[260] Das überzeugt, weil der Sofortvollzug nach § 47 Abs. 2 HSOG nur angewendet werden darf, wenn er erforderlich ist, „insbesondere weil Maßnahmen gegen Personen nach den §§ 6 bis 9 nicht möglich sind", was § 8 HSOG einschließt. 252

V. Schadensausgleich und Kostenersatz

Mit polizeilichen Maßnahmen können Schäden sowohl bei demjenigen, der in Anspruch genommen wird, als auch bei anderen einhergehen. Die §§ 64–70 HSOG tref- 253

---

[255] Siehe § 64 Abs. 2 Niedersächsisches Gesetz über die öffentliche Sicherheit und Ordnung und § 8 Abs. 1 Baden-württembergisches Polizeigesetz sowie das Schweigen dieser Gesetze zum jeweils anderen Institut.
[256] Zutreffend für Mecklenburg-Vorpommern, das insoweit ein mit Hessen identisches Polizeirecht besitzt, *Wehser*, Sofortiger Vollzug und unmittelbare Ausführung nach dem Sicherheits- und Ordnungsgesetz Mecklenburg-Vorpommern, LKV 2001, 293, 297: „befriedigendes Abgrenzungskriterium ... nicht erkennbar".
[257] Siehe ausführlich etwa *Kugelmann*, Unmittelbare Ausführung von Maßnahmen und sofortige Anwendung von Verwaltungszwang durch die Polizei, DÖV 1997, 153 ff; *Köhler*, Die unmittelbare Ausführung einer vollzugspolizeilichen Maßnahme nach Art. 9 des bayerischen Polizeiaufgabengesetzes, BayVBl 1999, 582 ff, insbesondere 586 f.
[258] So insbesondere *Rasch u.a.*, § 47 HSOG Anm. 5.2.; siehe ferner *Mühl/Leggereit/Hausmann*, Rn. 282; ähnlich *Meixner/Fredrich*, § 8 HSOG Rn. 9; *Hornmann*, § 8 HSOG Rn. 6; *Kramer*, Rn. 285 f. (dort indes jeweils nur mit Betonung des Willenselementes).
[259] HessVGH, NVwZ-RR 1999, 23, 25.
[260] So HessVGH, NVwZ-RR 1999, 23, 25.

fen Regelungen dazu, wer unter welchen Umständen in welcher Höhe etc. Entschädigung verlangen kann.

1. Entschädigungsvoraussetzungen und entschädigungsberechtigte Personen
a) Rechtmäßige Inanspruchnahme einer nicht verantwortlichen Person

254 Nach § 64 Abs. 1 S. 1 HSOG ist einer Person, die infolge einer rechtmäßigen Inanspruchnahme nach § 9 HSOG einen Schaden erleidet, ein angemessener Ausgleich zu gewähren. Ratio dieser Regelung ist, dass die rechtmäßig in Anspruch genommene, nicht verantwortliche Person ein **Sonderopfer** erbringt, das zu entschädigen ist. § 64 Abs. 1 S. 1 HSOG ist als eine spezielle gesetzliche Positivierung des allgemeinen Aufopferungsgedankens zu verstehen, so dass allgemeine Rechtsinstitute wie der **enteignende Eingriff** und der **Aufopferungsanspruch**,[261] die ebenfalls auf diesem Gedanken beruhen, verdrängt werden. Zugleich erklärt sich daraus auch, wieso nach § 64 Abs. 2 HSOG der Ersatzanspruch nicht besteht, soweit die Maßnahme zum Schutz der Person oder des Vermögens der geschädigten Person getroffen worden ist, denn in diesen Fällen fehlt es an einem Sonderopfer.

255 Die Inanspruchnahme nach § 9 HSOG ist eine gezielte, gegen eine bestimmte Person gerichtete behördliche Maßnahme. Wenn ein unbeteiligter Dritter bei einer polizeilichen Maßnahme einen Schaden erleidet, so unterfällt dieser Fall daher nicht direkt § 64 Abs. 1 S. 1 HSOG.

256 **Beispiel:**
Ein Polizist gibt einen Schuss ab – und die verirrte Kugel trifft einen Passanten.

257 Die Sonderopfersituation des unbeteiligten Dritten unterscheidet sich nicht von der Situation der nach § 9 HSOG in Anspruch genommenen, nicht verantwortlichen Person. Man wird daher § 64 Abs. 1 S. 1 HSOG analog anzuwenden oder eine rechtswidrige Maßnahme nach § 64 Abs. 1 S. 2 HSOG (Rn. 259) anzunehmen haben.[262]

b) Polizeihelfer

258 Nach § 64 Abs. 3 HSOG ist der Ausgleich auch Personen zu gewähren, die mit Zustimmung der Behörden bei der Wahrnehmung von behördlichen Aufgaben freiwillig mitgewirkt oder Sachen zur Verfügung gestellt (sog. **Polizeihelfer**) und dadurch einen Schaden erlitten haben. Entscheidend für die Abgrenzung zu § 64 Abs. 1 S. 1 HSOG ist das **Freiwilligkeitsmerkmal**. Nur der sog. freiwillige Nothelfer ist über § 64 Abs. 3 HSOG erfasst. Freiwilliger ist wiederum nur derjenige, der nicht nach § 9 HSOG zur Hilfe aufgefordert worden ist;[263] andernfalls ist § 64 Abs. 1 S. 1 HSOG einschlägig, selbst wenn nach dem allgemeinen Sprachverständnis der Aufforderung „freiwillig" nachgekommen wird.

---

261 Siehe dazu etwa *Maurer/Waldhoff*, Allgemeines Verwaltungsrecht, 19. Aufl. 2017, § 27 Rn. 107 ff., § 28 Rn. 1 ff.
262 Ebenso *Drews/Wacke/Vogel/Martens*, S. 666; *Schoch*, Rn. 411; die Gegenansicht lässt den unbeteiligten Dritten nicht anspruchslos, verweist ihn aber auf die allgemeinen Haftungsinstitute (Aufopferung, enteignender Eingriff), so z.B. *Denninger*, Polizeirecht, in: Meyer/Stolleis (Hrsg.), S. 348; die Abgrenzung beider Institute offen lassend, weil keine sachlich-inhaltlichen Unterschiede erblickend *Würtenberger*, Rn. 435.
263 So auch *Meixner/Fredrich*, § 64 HSOG Rn. 8.

c) Rechtswidrige polizeiliche Maßnahmen

Nach § 64 Abs. 1 S. 2 HSOG sind auch Personen anspruchsberechtigt, die durch eine rechtswidrige behördliche Maßnahme einen Schaden erleiden. Im Falle rechtswidriger Maßnahmen differenziert das HSOG daher anders als § 64 Abs. 1 S. 1 HSOG nicht zwischen verantwortlichen und nicht verantwortlichen Personen, sondern gewährt beiden Ansprüche. § 64 Abs. 1 S. 2 HSOG ist ebenso wie § 64 Abs. 1 S. 1 HSOG als gesetzliche Positivierung des Aufopferungsgedankens zu begreifen; auch er verdrängt somit allgemeine Rechtsinstitute wie den **enteignungsgleichen Eingriff** und den **Aufopferungsanspruch**.[264]

259

d) Weitergehende Ersatzansprüche, insbesondere aus Amtshaftung

Nach § 64 Abs. 4 HSOG bleiben weitergehende Ersatzansprüche, insbesondere aus **Amtspflichtverletzung**, unberührt. § 64 Abs. 1 S. 1, 2 HSOG positivieren allein den Aufopferungsgedanken und verdrängen damit auch allein darauf beruhende Ansprüche. Der in § 64 Abs. 4 HSOG besonders angesprochene Amtshaftungsanspruch fällt nicht darunter; er sanktioniert insbesondere schuldhaftes Verhalten der Verwaltung.[265]

260

2. Nicht entschädigungsberechtigte Personen und Zweifelsfälle

a) Rechtmäßig in Anspruch genommener Verantwortlicher

Nach § 64 Abs. 1 S. 1, 2 HSOG steht dem rechtmäßig in Anspruch genommenen Verantwortlichen kein Entschädigungsanspruch zu; auch außerhalb von § 64 HSOG enthält das HSOG keine solche Anspruchsgrundlage. Dies ist nach den Grundprinzipien, auf denen das gesamte Polizeirecht fußt, auch stimmig, denn die Inanspruchnahme eines für eine polizeiliche Gefahr Verantwortlichen gründet auf der ihr vorausliegenden Polizeipflichtigkeit eines jeden Bürgers (siehe dazu Rn. 84). Ausfluss dieser Pflichtigkeit ist nicht nur das Dulden-müssen der Inanspruchnahme selbst, sondern auch das mit ihr ggf. einhergehende Erleiden von Schäden.

261

Dies bedeutet nicht, dass es dem Gesetzgeber verwehrt wäre, Entschädigungsansprüche auch für rechtmäßig in Anspruch genommene Verantwortliche zu schaffen;[266] es bedeutet aber umgekehrt, dass von den Regelungen des HSOG nicht durch einzelfall- und billigkeitsorientierte Erwägungen und z.B. daran anknüpfende Analogiebildungen zu § 64 Abs. 1 S. 1, Abs. 1 S. 2 HSOG abgewichen werden kann.

262

b) Ansprüche bei Anscheinsgefahr und Gefahrenverdacht

Auf die Anscheinsgefahr und den Gefahrenverdacht wurde bereits eingegangen (Rn. 68 ff.), und zwar aus dem Blickwinkel, inwiefern diese Gefahrentypen dazu berechtigen, polizeiliche Maßnahmen zu ergreifen. Die Frage, ob polizeiliche Maßnah-

263

---

264 Hierzu bspw *Maurer/Waldhoff*, Allgemeines Verwaltungsrecht, 19. Aufl. 2017, § 27 Rn. 87 ff. (enteignungsgleicher Eingriff), § 28 (Aufopferung).
265 Zu den unterschiedlichen Grundlagen und Stoßrichtungen von Amtshaftung und Aufopferung siehe *Maurer/Waldhoff* (Fn. 264), § 25 Rn. 2, § 26 Rn. 24 f., § 27 Rn. 3–6, § 28 Rn. 1 ff.
266 So etwa geschehen in § 66 Abs. 1 Tierseuchengesetz: Wenn Nutztiere wegen Seuchengefahr auf behördliche Anordnung hin getötet werden, so ist der Tiereigentümer (und damit Zustandsverantwortliche) entschädigungsberechtigt.

men ergriffen werden können, wird oftmals auch als sog. **Primärebene** bezeichnet. Strittig – und von der überwiegenden Ansicht[267] mittlerweile befürwortet – ist, ob von ihr im Hinblick auf die Entschädigungsfrage eine sog. **Sekundärebene** zu trennen ist.[268]

264 Befürworter einer gesondert zu behandelnden Sekundärebene stellen folgende Kernüberlegung an: Auf der Primärebene stellen Situationen, die als Anscheinsgefahr und Gefahrenverdacht bezeichnet werden, Gefahren im polizeirechtlichen Sinne dar. Sie berechtigen zu polizeilichen Maßnahmen, da allein die *ex-ante*-Perspektive maßgeblich ist, um adäquates – d.h. effektives – polizeiliches Handeln zu ermöglichen. Dies bedeute aber nicht zwingend, das Handeln auch im entschädigungsrechtlichen Sinne gleichermaßen zu beurteilen. Stattdessen sei auf der Sekundärebene die Perspektive zu wechseln und nunmehr eine *ex-post*-Betrachtung vorzunehmen, da es hier nicht mehr um die Ermöglichung effektiver Gefahrenabwehr, sondern darum gehen könne und müsse, einen **gerechten Schadensausgleich** herbeizuführen.[269]

265 Konsequenz dieses Ansatzes ist es, dass derjenige, der bei einer Anscheinsgefahr oder einem Gefahrenverdacht als Verantwortlicher in Anspruch genommen worden ist, entschädigungsrechtlich als nicht verantwortliche Person behandelt wird und demzufolge einen Anspruch nach § 64 Abs. 1 S. 1 HSOG erhält. Dieser Gedanke mag unter Billigkeitsgesichtspunkten plausibel erscheinen. Damit ist aber noch keine dogmatisch überzeugende und mit der Entscheidung des Gesetzgebers vereinbare Begründung gegeben. Daran krankt die dargestellte Argumentation bis heute. Dem geltenden Polizeirecht lässt sich kein Anhaltspunkt dafür entnehmen, dass auf der Befugnisseite (Primärebene) eine *ex-ante*-, auf der Entschädigungsseite (Sekundärebene) hingegen eine *ex-post*-Sicht einzunehmen wäre. Die herrschende Ansicht ist daher *de lege lata* abzulehnen.[270]

3. Anspruchsinhalt und -geltendmachung

266 § 65 HSOG enthält detaillierte Bestimmungen zu **Inhalt, Art und Umfang** des Ausgleichs. Aus ihnen ergibt sich, dass die vom HSOG mehrfach verwandte[271] Bezeichnung „Schadensausgleich" unglücklich, weil missverständlich, ist. Die Ansprüche aus § 64 Abs. 1,3 HSOG gehen nicht, wie üblicherweise beim Schadensersatzrecht, auf Naturalrestitution. Es ist stattdessen der Ausgleich in Form von **Geld** (§ 65 Abs. 3 S. 1 HSOG) zu leisten[272] und der Ausgleich wird grundsätzlich nur für Vermögensschäden

---

267 BGHZ 117, 303, 308; 126, 279, 283 ff.; *Schoch*, Kap. 2 Rn. 421.
268 Siehe zu diesem Streit *Schoch*, Entschädigung bei Inanspruchnahme wegen Verdachts- oder Anscheinsgefahr, JuS 1993, 724 ff. m.w.N.; ferner *Rachor*, in: Lisken/Denninger, Kap. M Rn. 42 ff.; *Pieroth/Schlink/Kniesel/Kingreen/Poscher*, § 26 Rn. 15-19; *Sydow*, Entschädigungsansprüche im Polizei- und Ordnungsrecht, Jura 2007, 7, 10.
269 Z.T. wird dabei nochmals differenziert, ob der Gefahrenverdacht bzw. die Anscheinsgefahr in vorwerfbarer Weise verursacht wurde. Sei dies der Fall, soll der Anspruch nach § 64 Abs. 1 S. 1 HSOG letztlich doch ausscheiden.
270 Wie hier im Ergebnis auch *Drews/Wacke/Vogel/Martens*, S. 668 f.; *Knemeyer*, Rn. 383; diff. *Schenke*, Rn. 685 ff.
271 So in der amtlichen Abschnittsüberschrift vor § 64 HSOG und in der ebenfalls amtlichen Paragraphenüberschrift in § 65 HSOG.
272 § 65 Abs. 3 S. 2–5 HSOG ermöglicht unter den dort näher umschriebenen Voraussetzungen auch die Gewährung einer Rente.

gewährt (§ 65 Abs. 1 S. 1 HSOG); entgangener Gewinn, Nutzungsausfälle und nur mittelbare Nachteile werden allein dann ersetzt, wenn damit unbillige Härten einhergehen (vgl. im Einzelnen § 65 Abs. 1 S. 2 HSOG). Schmerzensgeld ist unter den Voraussetzungen nach § 65 Abs. 2 HSOG zu gewähren.

Der Ausgleichsanspruch **verjährt** in drei Jahren (§ 67 S. 1 HSOG). **Anspruchsgegner** ist nach § 68 Abs. 1 HSOG die Anstellungskörperschaft, die dort näher umschrieben wird. Handelt z.B. eine Polizeibehörde, ist das Land Hessen Anspruchsgegner; handelt z.B. der Landrat als Kreisordnungsbehörde (vgl. § 85 Abs. 1 S. 1 Nr. 3 HSOG), ist der Landkreis Anspruchsgegner. Für Ansprüche nach § 64 HSOG ist der ordentliche Rechtsweg gegeben (§ 70 HSOG). Im Hinblick auf § 40 Abs. 2 S. 1 VwGO kommt dieser Bestimmung aber nur klarstellende Bedeutung zu.

267

4. Rückgriffsanspruch gegen Verantwortliche

Wenn die Behörde eine nicht verantwortliche Person in Anspruch nimmt, diese dadurch einen Schaden erleidet und ihr nach § 64 Abs. 1 S. 1 HSOG ein Entschädigungsanspruch gegen die Anstellungskörperschaft (§ 68 Abs. 1 HSOG) zusteht, so würden nach dem bisher Gesagten die Aufwendungen bei der Behörde verbleiben. Dies erscheint aber dann nicht sachgerecht, wenn es bei der Inanspruchnahme der nicht verantwortlichen Person daneben einen Verhaltens- und/oder Zustandsverantwortlichen gab, dieser aber nur deshalb nicht herangezogen wurde, weil Maßnahmen gegen ihn nicht oder nicht rechtzeitig möglich waren oder keinen Erfolg versprachen (siehe § 9 Abs. 1 Nr. 2 HSOG); hätte sich die polizeiliche Maßnahme gegen ihn gerichtet und wäre sie rechtmäßig gewesen, hätte der Verantwortliche keinen Entschädigungsanspruch (§ 64 Abs. 1 S. 1, 2 HSOG), und die Behörde wäre nicht ausgleichspflichtig. Um dieses Ergebnis zu korrigieren, räumt § 69 Abs. 1 HSOG der ausgleichspflichtigen Behörde einen **Rückgriffsanspruch** gegen den Verantwortlichen ein. Dieser umfasst nicht nur die beschriebene Ausgleichsgewährung auf Grund von § 64 Abs. 1 S. 1 HSOG, sondern auch auf Grund von § 64 Abs. 3 HSOG. Eine öffentlich-rechtliche Geschäftsführung ohne Auftrag analog §§ 677ff. BGB kommt weder hier noch im Übrigen zulasten des Bürgers in Betracht.[273]

268

5. Kostenersatz

Es stellt sich nicht nur die Frage, ob polizeiliche Maßnahmen Entschädigungsansprüche des Bürgers gegen die Verwaltung begründen, sondern auch, ob die Behörde, wenn mit polizeilichem Handeln Kosten für sie verbunden sind, diese ersetzt verlangen kann. Das HSOG enthält Regelungen über „Kosten" (§§ 104–109 HSOG, vgl. die amtliche Überschrift vor § 104 HSOG). Diese Vorschriften enthalten aber neben einer Umschreibung des Kostenbegriffs nur Bestimmungen zur verwaltungsinternen **Kostenträgerschaft** – d.h. dazu, welcher Verwaltungsträger die Kosten trägt (siehe im Einzelnen insbesondere §§ 106–108 HSOG). Ob und ggf. unter welchen Vorausset-

269

---

273 Vgl. umfassender zum Anwendungsbereich der GoA im Verwaltungsrecht *Maurer/Waldhoff*, Allgemeines Verwaltungsrecht, 19. Aufl. 2017, § 29 Rn. 10 ff.

zungen die Behörde Kostenersatz von Privaten verlangen kann, regeln diese Bestimmungen nicht.

270 Da der Kostenersatz belastendes Verwaltungshandeln darstellt, unterliegt er dem Gesetzesvorbehalt. Ein Kostenersatz setzt damit stets in Form eines **Kostenersatzanspruchs** eine gesetzliche Grundlage voraus.[274] Das HSOG enthält drei Kostenersatzansprüche: Für die Kosten der unmittelbaren Ausführung (§ 8 Abs. 2 HSOG),[275] für die Kosten einer Ersatzvornahme (§ 49 HSOG) und für die Kosten einer Sicherstellung (§ 43 Abs. 3 HSOG). Daneben treten die Rechtsgrundlagen des Verwaltungskostenrechts (HVwKostG i.V.m. Verwaltungskostenordnungen).[276]

271 Die Kosten werden jeweils durch einen Kostenbescheid erhoben, der Verwaltungsaktscharakter (§ 35 S. 1 HVwVfG) besitzt. Müssen Kosten zwangsweise beigetrieben werden, so geschieht dies gem. § 1 Abs. 2 S. 2 HVwVG nach näherer Maßgabe des HVwVG (Rn. 232). In §§ 8 Abs. 2, 43 Abs. 3, 49 HSOG sind z.T. auch Detailregelungen zum Kostenersatz enthalten, so z.B. dass Kosten auch im Voraus erhoben werden können (vgl. § 49 Abs. 2, § 43 Abs. 3 S. 3 HSOG) oder wie im Falle mehrerer Verantwortlicher diese haften (vgl. § 43 Abs. 3 S. 2 HSOG).

272 Zwei ganz zentrale Fragestellungen sind aber durch die Vorschriften nicht eindeutig geregelt:

273 Erstens stellt sich das Problem, ob in §§ 8 Abs. 2, 43 Abs. 3, 49 HSOG jeweils Voraussetzung für die Kostenerstattung ist, dass die Maßnahme, für die Kostenersatz verlangt wird, ihrerseits rechtmäßig ist. Alle drei Vorschriften äußern sich dazu nicht. Soweit ersichtlich, ist es einhellige Ansicht, dass die Rechtmäßigkeit der Maßnahme erforderlich ist.[277] Begründet wird dies jedoch regelmäßig nicht;[278] es findet sich allenfalls der knappe Hinweis, dass fehlerhafte Verwaltungstätigkeit im Rechtsstaat zu korrigieren, nicht aber zu vergüten sei.[279]

274 Zweitens stellt sich die Frage, ob die §§ 8 Abs. 2, 43 Abs. 3, 49 HSOG **Ermessen** im Hinblick auf die Kostenerstattung einräumen oder ob diese eine gebundene Entscheidung ist. § 49 Abs. 1 S. 1 HSOG spricht von „können ... auf Kosten ausführen", § 43 Abs. 3 S. 1 HSOG von „Kosten ... fallen ... zur Last", § 8 Abs. 2 S. 1 HSOG von „entstehen ... Kosten, so sind ... verpflichtet". Diese Normen sind hinsichtlich des

---

274 Ein Aufwendungsersatzanspruch gem. §§ 683, 670 BGB der Behörde gegen den Bürger, wie er zum Teil diskutiert wird, scheidet aus, weil die Behörde nicht privatrechtlich, sondern öffentlich-rechtlich, und auch nicht „ohne Auftrag", sondern in Umsetzung der polizeirechtlichen Aufgaben- und Befugnisnormen tätig wird (dazu näher mit weiteren Nachweisen *Schenke*, Rn. 700; ferner BGHZ 156, 394 ff.; zu dieser Entscheidung *Staake*, Die Polizei als Geschäftsführer ohne Auftrag?, JA 2004, 800 ff.).
275 Anschaulich VG Gießen, Urt. v. 21.12.2017, 4 K 2485/17.GI.
276 Insbes. VwKostO-MdIS v. 7.6.2013, GVBl. 2013, 410.
277 *Schenke*, Rn. 699 (der den Anspruch allerdings auch dann annimmt, wenn bei rechtswidrigem Handeln der Rechtswidrigkeitszusammenhang fehlt, so dass die Kosten auch bei rechtmäßigem Handeln angefallen wären, Rn. 699 Fn. 9); *Götz/Geis*, § 14 Rn. 4; *Meixner/Fredrich*, § 8 HSOG Rn. 17 (bezogen auf § 8 Abs. 2 HSOG); *Pieroth/Schlink/Kniesel/Kingreen/Poscher*, § 25 Rn. 10, 14; *Mühl/Leggereit/Hausmann*, Rn. 324; *Schoch*, Rn. 405; OVG RP, NVwZ 1994, 714, 715; VGH Baden-Württemberg, NVwZ 1991, 686, 686.
278 Siehe Nachweise in der vorherigen Fußnote; ferner z.B. HessVGH, NJW 1999, 3650, 3651, der kein Wort dazu verliert, dass die Maßnahme, für ein Kostenersatz erfolgen soll, rechtmäßig sein muss, sondern sogleich mit der Inzidentprüfung der Rechtmäßigkeit der Maßnahme beginnt.
279 So *Würtenberger*, Rn. 453.

Grades der Bindung nicht eindeutig. Eine Mindermeinung geht davon aus, dass kein Ermessen eröffnet sei;[280] die herrschende Ansicht nimmt (häufig ohne Begründung) Ermessen an.[281] Das überzeugt, weil die dem Grunde nach bestehende Kostentragungspflicht des Verantwortlichen und eine Kosteneinforderungspflicht der Behörde[282] systematisch zu unterscheiden sind; dabei wäre eine strikte Koppelung dem Kostenrecht fremd und widerspräche dem Verhältnismäßigkeitsgrundsatz.[283]

Die Frage des Kostenersatzes bei **Großveranstaltungen** (z.B. Fußballvereinen oder -verbänden bei Hochrisikospielen) wird gesellschaftlich kontrovers diskutiert. In der polizeirechtlichen Literatur ist umstritten, ob die Veranstalter Zweckveranlasser sind, so dass ihnen die Störungen durch Hooligans zugerechnet werden könnten.[284] Auch für diesen Fall wird vertreten, dass eine Inanspruchnahme nach Polizeikostenrecht scheitere, weil der Veranstalter nicht selber Pflichtiger sei.[285] Das im Übrigen anwendbare allgemeine Verwaltungskostenrecht bietet derzeit aufgrund enger Ausgestaltung jedenfalls keine ausreichende Kostengrundlage.[286] 275

VI. Klausurhinweise

Im Folgenden sollen noch einige kurze Hinweise zu darstellungstechnischen Fragen von polizeirechtlichen Klausuren gegeben werden. Wie in jedem Rechtsgebiet sind auch im Polizeirecht die zu bearbeitenden Fallfragen sehr unterschiedlich – allgemeine Hinweise stehen daher immer unter dem Vorbehalt der Besonderheiten des Einzelfalls. Eine Klausur gelingt umso besser, je mehr der Bearbeiter die Besonderheiten von Aufgabenstellung und Sachverhalt erfasst.[287] Gleichwohl lassen sich im Polizeirecht typische Konstellationen erkennen, für die man ein Grundraster, das gedanklich abzuarbeiten ist, benennen kann. Ferner ist nachdrücklich darauf hinzuweisen, dass die polizeirechtliche Prüfung eine *Prüfung* – d.h. kritisch und sorgfältig – sein muss und nicht, wie häufig in Klausuren festzustellen, ein „Durchwinken". 276

---

280 So *Schenke*, Rn. 703, für den Kostenersatz bei der unmittelbaren Ausführung unter Berufung auf den Wortlaut der Kostenersatzvorschrift; i.E. wohl auch *Meixner/Fredrich*, § 8 Rn. 14; für § 49 HSOG *dies.*, § 49 HSOG Rn. 9.
281 So etwa HessVGH, ESVGH 47 (1998), 14, 15; *Denninger*, Polizeirecht, in: Meyer/Stolleis (Hrsg.), S. 351; nach HessVGH, NVwZ-RR 1995, 29, 30, ist Ermessen gegeben, dieses aber im Hinblick auf den Gleichbehandlungsgrundsatz verdichtet, so dass nur unter besonderen Umständen von dem Kostenersatz abgesehen werden könne; die Frage offenlassend HessVGH LKRZ 2012, 56 (58).
282 Nämlich des Präsidiums für Technik, Logistik und Verwaltung, s.o. Rn. 221.
283 Auf Opportunitätsprinzip, Billigkeits- und Verhältnismäßigkeitsaspekte abstellend: *Mühl*, in: Möstl/Mühl, BeckOK, § 8 Rn. 21; auf § 5 HSOG verweisend: Vorauflagen dieses Beitrags.
284 Verneinend: *Schoch*, Kap. 2 Rn. 190 und 399; *Böhm*, Polizeikosten bei Bundesligaspielen, NJW 2015, 3000 ff.; bejahend: *Lege* (Fn. 99), 71, 81 ff.; so nun auch OVG Bremen, SpuRt 2018, 122 ff. = NordÖR 2018, 157 ff.
285 *Schenke*, Erstattung der Kosten von Polizeieinsätzen, NJW 1982, 1882, 1883; *Lege* (Fn. 99), 71, 87 f.
286 VwKostO-MdIS (Fn. 276), Anhang Zf. 511 („Einsätze bei Veranstaltungen, wenn die Veranstaltungen im überwiegend wirtschaftlichen Interesse stattfinden und mit den Einsätzen Ordnungsaufgaben erfüllt werden, die der Veranstalterin oder dem Veranstalter oder der Veranstaltungsleiterin oder dem Veranstaltungsleiter obliegen"). Eine Änderung der Verordnung ist auf der Basis von § 1 Abs. 1 S. 1 Nr. 1 HVwKostG („auf Veranlassung einzelner", dazu VG Wiesbaden, Gerichtsbescheid v. 23.12.2004, 1 E 1043/02) i.V.m. § 2 Abs. 1 S. 1 HVwKostG möglich und stellt insbesondere keinen Verstoß gegen Art. 62 a HV dar.
287 Näher *Reimer*, Interesse – Fall – Norm. Zur Methodik der Falllösung im Öffentlichen Recht, StudZR 2012, 269, 272 ff.

1. Prüfung der Rechtmäßigkeit polizeilichen Handelns (Grundfall)

277 Gewissermaßen den polizeirechtlichen Grundfall stellt die Frage nach der **Rechtmäßigkeit polizeilichen Handelns** dar. Zunächst soll dabei noch vom Handeln mittels Gefahrenabwehrverordnung und von der Rechtmäßigkeit des Zwangs (dazu Rn. 292 f.) abgesehen werden. Wie im öffentlichen Recht üblich, kann man hierbei – in dieser Reihenfolge – eine Zweiteilung in eine formelle und materielle Rechtmäßigkeit vornehmen. Voranzustellen ist wegen des Grundsatzes vom Vorbehalt des Gesetzes die Frage nach der Eingriffsgrundlage.

278 Die Identifikation und genaue Nennung der **Ermächtigungsgrundlage** (Befugnisnorm) für das behördliche Handeln muss bereits zu Beginn erfolgen. Andernfalls fehlt möglicherweise für die Prüfung der formellen Rechtmäßigkeit der Anknüpfungspunkt, da die Ermächtigungsgrundlage hierzu häufig Aussagen trifft.

279 **Beispiel:**
Zur Durchsuchung sind im Falle des § 37 Abs. 1 HSOG die Gefahrenabwehr- und die Polizeibehörden (vgl. § 1 Abs. 1 S. 1 HSOG), zur Durchsuchung nach § 37 Abs. 2 HSOG nur die Polizeibehörden zuständig.

280 Wie umfangreich die Ausführungen bereits bei dem Prüfungspunkt „**Ermächtigungsgrundlage**" zu sein haben, hängt von den Einzelfallumständen ab; kommen für das in Frage stehende polizeiliche Handeln mehrere Ermächtigungsgrundlagen in Betracht und ist ihre gegenseitige Abgrenzung problematisch, so können bereits hier ausführlichere Erörterungen angebracht sein; kommt allein eine Ermächtigungsgrundlage in Betracht, können sich die Ausführungen auf wenige Worte beschränken. Stets ist der Vorrang der spezialgesetzlichen Regelung vor dem HSOG und der Standardbefugnis vor der Generalklausel zu beachten – einschließlich der Frage, ob die jeweilige Spezialregelung den Rückgriff auf die allgemeinere Norm sperrt.

281 **Beispiel:**
Eine Gruppe von Demonstranten hält, verkleidet als Bundeswehrsoldaten, vor einer Großbank Wache, um gegen die Zusammenarbeit von Wirtschaft, Politik und Militär zu protestieren. Polizeioberrat E fordert sie auf, die mitgeführten Waffenattrappen abzugeben oder unsichtbar zu verstauen. Zulässig? Als Eingriffsgrundlage käme § 40 Nr. 4 HSOG in Frage, wenn das HSOG anwendbar wäre. Indes dürfte es sich um eine Versammlung handeln, so dass wegen der Polizeifestigkeit des Versammlungsrechts (oben Rn. 3) nur das VersG in Betracht kommt. Anderes würde gelten – und das allgemeine Polizeirecht wieder Anwendung finden –, wenn die Adressaten explizit oder implizit nach § 18 Abs. 3 VersG von der Versammlung ausgeschlossen worden wären, was hier nicht der Fall war. Als versammlungsrechtliche Eingriffsgrundlage kommt § 15 Abs. 1 VersG in Frage, der nachträgliche beschränkende Verfügungen („Auflagen") oder Minusmaßnahme zum Verbot (str.) zulässt.[288]

282 Ob die resultierende Eingriffsgrundlage verfassungsmäßig oder verfassungswidrig (und damit nichtig) ist, braucht – als Faustregel – nur bei Vorliegen besonderer Anhaltspunkte ausdrücklich geklärt zu werden, etwa wenn die Frage der Verfassungsmä-

---

[288] Lesenswert HessVGH (Fn. 233), DÖV 2011, 707, 709 – Politisches Straßentheater, hierzu *Hebeler*, JA 2012, 237 f.

ßigkeit im Sachverhalt durch einen der Beteiligten angesprochen wird, oder bei einer fiktiven Norm, die unbestimmte Formulierungen aufweist (vgl. Rn. 11).

Die **formelle Rechtmäßigkeit** gliedert sich grundsätzlich in die drei Unterpunkte Zuständigkeit, Verfahren und Form. Die (sachliche, örtliche, ggf. instanzielle) Zuständigkeit ist nicht zu prüfen, wenn der Sachverhalt von der „zuständigen Behörde" spricht. Das Prüfungsprogramm für Verfahren (bspw § 28 HVwVfG) und Form (bspw § 37 Abs. 2 HVwVfG) bemisst sich maßgeblich danach, ob das polizeiliche Handeln Verwaltungsaktscharakter besitzt (Rn. 199 ff.). Beachten Sie, dass die Ermächtigungsgrundlage selbstverständlich auch für Zuständigkeit, Verfahren und Form besondere Vorgaben machen kann (bspw § 39 HSOG für das Verfahren bei der Durchsuchung von Wohnungen). Stets sind die Sachverhaltsangaben sorgfältig zu verwerten. 283

Beispiel: 284
Gegen das politische Straßentheater (Rn. 281) schreitet „Polizeioberrat E" ein, also ein Angehöriger der Polizeibehörden. Für Maßnahmen nach § 15 Abs. 1 VersG (s.o.) war aber die Versammlungsbehörde sachlich zuständig, d.h. nach § 15 Abs. 1 HS 1 VersG i.V.m. § 1 S. 1 Nr. 2 HSOG-DVO i.V.m. § 85 Abs. 1 S. 1 Nr. 4 HSOG der (Ober-)Bürgermeister. Ein Eilfall i.S.d. § 2 S. 1 HS 2 HSOG lag nicht vor.[289] Das Handeln war mithin formell rechtswidrig.

An das Herausarbeiten der Ermächtigungsgrundlage und die Prüfung der formellen Rechtmäßigkeit schließt sich als dritter Punkt die Prüfung der **materiellen Rechtmäßigkeit** an. Hier kann auf das oben unter Rn. 34–148 Ausgeführte verwiesen werden, das in der dort geschilderten Reihenfolge gedanklich abzuarbeiten ist; Besonderheiten, die sich aus der jeweils einschlägigen Befugnisnorm ergeben können, sind dabei zu berücksichtigen und in die Prüfung zu integrieren (siehe Rn. 30–33, 149–197). Hierbei empfiehlt sich 285

- eine auch gliederungsmäßig deutliche Unterscheidung von Tatbestand und Rechtsfolge (Ermessen, d.h. Entschließungsermessen und Auswahlermessen) sowie
- eine weitestmögliche Konkretisierung der jeweilgen Tatbestandsmerkmale angesichts des Sachverhalts.
- So sollten Sie bei Anwendung der Generalklausel in der Alternative „öffentliche Sicherheit", Teilschutzgut „Unverletzlichkeit der Rechtsordnung", aber auch im Rahmen der Standardbefugnisse die möglicherweise gefährdete Rechtsnorm präzise nennen.

Beispiel: 286
„Der Tatbestand von § 40 Nr. 4 HSOG müsste erfüllt sein. Durch das Mitführen der Waffenattrappen könnten die Demonstranten gegen § 42 a Abs. 1 Nr. 1 WaffG (auch i.V.m. § 53 Abs. 1 Nr. 21a WaffG) verstoßen haben. (...) Eine Ausnahme nach § 42 a Abs. 2 S. 1 Nr. 1 WaffG („Theateraufführungen") dürfte nicht vorliegen."

Die Prüfung des polizeilichen Ermessens sollte mit der Möglichkeit rechnen, dass sich die zur Prüfung gestellte Maßnahme als ermessensfehlerhaft, insbesondere übermäßig erweist. Dazu ist es eine Hilfe, wenn die Bearbeiterin/der Bearbeiter die verschiedenen Dimensionen des Auswahlermessens – die personelle, sachliche, räumliche oder zeitli- 287

---

[289] HessVGH (Fn. 233), DÖV 2011, 707, 709.

che Dimension (Rn. 140) – überprüft und jeweils (so konkret wie möglich) mildere Mittel auf ihre Eignung hin mit dem im Sachverhalt gewählten Mittel vergleicht.

2. Weitere Fallgestaltungen (Überblick)

288 In vielen weiteren denkbaren Fallgestaltungen ist auf das beim Grundfall zu Prüfende ebenfalls einzugehen – und zwar überwiegend in einem eingeschachtelten Prüfungsaufbau. Sie brauchen sich für diese Fallgruppen keine umfassenden eigenständigen Prüfungsschemata einzuprägen, sondern es ist ausreichend, sich einige markante Punkte zu merken:

289 a) Die gängigste und zugleich unkomplizierteste Einkleidungsform stellt das Verwaltungsprozessrecht dar, insoweit nach **Rechtsschutzmöglichkeiten** gegen eine polizeiliche Maßnahme gefragt wird. Das im jeweiligen Fall in Betracht kommende Rechtsmittel ist dann auf seine Zulässigkeit und Begründetheit hin zu untersuchen: Die Rechtmäßigkeit der Maßnahme wird dann im Rahmen der Begründetheit des Rechtsmittels geprüft.

290 b) Stehen Entschädigungsansprüche nach § 64 HSOG in Frage, so ist für die gesamte Prüfung mit der **Anspruchsnorm** anzusetzen. Da die einzelnen Ansprüche in § 64 HSOG die Rechtmäßigkeit bzw. Rechtswidrigkeit des polizeilichen Handelns als Tatbestandsvoraussetzung haben, ist bei diesem Merkmal inzident dasselbe Programm wie im Grundfall zu durchlaufen; daran schließen sich regelmäßig entschädigungsspezifische Fragestellungen z.B. im Hinblick auf die Anspruchshöhe oder den Anspruchsgegner an.

291 c) Ähnlich wie bei den Entschädigungsansprüchen ist auch bei der Frage nach dem **Kostenersatz** ein Anspruchsaufbau zu wählen, d.h. es ist mit den §§ 8 Abs. 2, 43 Abs. 3, 49 HSOG anzusetzen; da diese Anspruchsnormen als Voraussetzung haben, dass die Maßnahme, für die Kostenersatz verlangt wird, ihrerseits rechtmäßig ist (siehe dazu Rn. 273), findet auch dort ein verschachtelter Prüfungsaufbau statt.

292 d) Spielt in einer Fallgestaltung eine Gefahrenabwehrverordnung eine Rolle, sind zwei grundlegende Konstellationen zu unterscheiden. Es kann entweder (nur) die **Rechtmäßigkeit der Verordnung** selbst in Frage stehen. Dieser Fall hat mit dem Grundfall unmittelbar nichts mehr zu tun, da hier keine konkrete, sondern eine abstrakte Gefahr Voraussetzung ist, keine polizeiliche Verantwortlichkeit zu prüfen ist und auch ganz eigenständige formelle Rechtmäßigkeitsvoraussetzungen zu prüfen sind (siehe Rn. 203 ff.). Der andere Fall, bei dem eine Gefahrenabwehrverordnung eine Rolle spielt, besteht darin, dass die **Rechtmäßigkeit einer polizeilichen Verfügung** in Frage steht, die sich ihrerseits auf den Verstoß gegen eine Gefahrenabwehrverordnung stützt. Hier ist zunächst die Gedankenabfolge des Grundfalls zugrunde zu legen und im Rahmen der Prüfung der materiellen Rechtmäßigkeit ist sodann die gesamte Prüfung der Rechtmäßigkeit der Gefahrenabwehrverordnung einzubauen. Der gedankliche Ansatz ist hier wie folgt: Eine Gefahr für die öffentliche Sicherheit könnte gegeben sein, indem gegen die Gefahrenabwehrverordnung verstoßen wurde, da ein Teilschutzgut der öffentlichen Sicherheit die Unverletzlichkeit der Rechtsordnung darstellt, zu

der auch die Gefahrenabwehrverordnung zählt – allerdings nur dann, wenn sie formell und materiell rechtmäßig ist.

e) Im Vollstreckungsrecht ergeben sich weitreichende Besonderheiten gegenüber dem Grundfall. Ist nach der Rechtmäßigkeit einer Vollstreckungsmaßnahme im normalen (gestreckten) Vollstreckungsverfahren (siehe Rn. 236 ff.) gefragt, findet sich das gedankliche Muster des Grundfalls in der Regel nicht wieder, insbesondere weil es richtiger Ansicht nach nicht auf die Rechtmäßigkeit der zu vollziehenden Grundverfügung ankommt (siehe Rn. 237). Daher sind nach Erörterung der Frage des „Rechtswidrigkeitszusammenhangs" stattdessen die **speziellen vollstreckungsrechtlichen Voraussetzungen** zu prüfen. Beim Verwaltungszwang ohne vorausgehenden Verwaltungsakt (abgekürztes Verfahren) kommt das gedankliche Raster des Grundfalls hingegen zum Tragen, weil die fiktive Grundverfügung ihrerseits rechtmäßig sein muss (siehe Rn. 249).

§ 6 Bau- und Planungsrecht

von *Georg Hermes*[1]

Literatur Landesrechtliche Literatur: *Allgeier/Rickenberg*, Die Bauordnung für Hessen, Kommentar, 9. Aufl. 2013; *Dürr/Hinkel*, Baurecht Hessen, 2005; *Eiding/Ruf/Herrlein*, Öffentliches Baurecht in Hessen, 3. Aufl. 2014; *Hornmann*, Hessische Bauordnung (HBO), Kommentar, 2. Aufl. 2011.

Allgemeine Literatur: *Battis*, Öffentliches Baurecht und Raumordnungsrecht, 7. Aufl. 2017; *Brohm*, Öffentliches Baurecht, 4. Aufl. 2010; *Erbguth/Schubert*, Öffentliches Baurecht, 6. Aufl. 2015; *Finkelnburg/Ortloff/Kment*, Öffentliches Baurecht, Band I: Bauplanungsrecht, 7. Aufl. 2017; *Finkelnburg/Ortloff/Otto*, Öffentliches Baurecht, Band II: Bauordnungsrecht, Nachbarschutz, Rechtsschutz, 7. Aufl. 2018; *Hoppe/Bönker/Grotefels*, Öffentliches Baurecht, 4. Aufl. 2010; *Kaiser*, § 41 Bauordnungsrecht, in: *Ehlers/Fehling/Pünder (Hrsg.)*, Besonders Verwaltungsrecht, Band 2, 3. Aufl. 2013; *Koch/Hendler*, Baurecht, Raumordnungs- und Landesplanungsrecht, 6. Aufl. 2015; *Maurer/Waldhoff*, Allgemeines Verwaltungsrecht, 19. Aufl. 2017; *Muckel/Ogorek*, Öffentliches Baurecht, 3. Aufl. 2018; *Peine*, Öffentliches Baurecht, 4. Aufl. 2003; *Stollmann/Beaucamp*, Öffentliches Baurecht, 11. Aufl. 2017; *Stüer*, Handbuch des Bau- und Fachplanungsrechts, 5. Aufl. 2015.

I. Systematische Einordnung

1. Funktionen: Planung und Gefahrenabwehr

1 Das öffentliche Bau- und Planungsrecht beschäftigt sich im Wesentlichen mit drei Problemfeldern: Zunächst geht es um die vielfältigen Konflikte, die sich aus den unterschiedlichsten öffentlichen und privaten Interessen an der baulichen und sonstigen Nutzung von Grund und Boden ergeben. Das Streben der Grundstückseigentümer nach einer ihren Vorstellungen entsprechenden Nutzung muss mit den oft entgegenstehenden Interessen anderer und der Allgemeinheit (Land- und Forstwirtschaft, Verkehr, Naturschutz, Industrie und Gewerbe etc.) im Sinne einer **flächenbezogenen Ordnung** abgestimmt werden. Diese Aufgabe ist auf lokaler Ebene Gegenstand des im Baugesetzbuch des Bundes (BauGB)[2] geregelten Bauplanungsrechts, auf Landes- und regionaler Ebene Gegenstand des Landesplanungsrechts (vgl. Rn. 24 ff.).

2 Zum Zweiten sind die Errichtung, die Änderung, die Nutzung und die Beseitigung von baulichen Anlagen mit speziellen Gefahren verbunden, auf die das allgemeine Polizeirecht nicht angemessen reagieren kann. Diese auf das einzelne Grundstück und die einzelne bauliche Anlage und insofern **objektbezogene Gefahrenabwehraufgabe** ist Gegenstand des (materiellen) Bauordnungsrechts, dessen Kern die Hessische Bauordnung (§§ 3 bis 54 HBO) bildet.

3 Schließlich – drittens – bedürfen die bauplanungs- und bauordnungsrechtlichen Regeln der **behördlichen Kontrolle und Durchsetzung**. Dazu muss das Baurecht Normen bereithalten, die die zuständigen Bauaufsichtsbehörden einrichten und ihre Zuständigkeiten regeln, sie mit den erforderlichen Instrumenten (Genehmigungsvorbehalte, Kontroll- und Untersagungsbefugnisse) ausstatten und das dabei zu beachtende Ver-

---

[1] Für wertvolle Unterstützung bei der Vorbereitung der Neuauflage danke ich *Matthias Gegenwart* und *Jessica Rudolph*.
[2] In der Fassung der Bekanntmachung v. 03.11.2017 (BGBl. I, S. 3634).

waltungsverfahren ausgestalten (z.B. Anforderungen an einen Bauantrag, Beteiligung der Nachbarschaft). Auch diese Regelungen finden sich in der Hessischen Bauordnung (§§ 66 ff. HBO) und sind insofern dem (formellen) Bauordnungsrecht zuzuordnen. Aufgrund der verfassungsrechtlichen Kompetenzverteilung (vgl. Rn. 5 ff.) beziehen sich diese landesrechtlichen Regelungen zur behördlichen Kontrolle und Durchsetzung des Baurechts nicht nur auf das materielle Bauordnungsrecht des Landes, sondern auch auf das Bauplanungsrecht des Bundes (vgl. Rn. 16 ff., 80, 101 ff.).

Schlagwortartig formuliert, beschäftigt sich das Planungsrecht im Allgemeinen und das **Bauplanungsrecht** im Besonderen mit dem Einfügen von (Bau-)Vorhaben in die räumliche Umgebung, während das **materielle Bauordnungsrecht** die Anforderungen an bauliche Anlagen in gestalterischer und baukonstruktiver Hinsicht bestimmt. Das **formelle Bauordnungsrecht** schließlich regelt das Genehmigungsverfahren und die behördliche Durchsetzung sowohl des Bauplanungs- als auch des materiellen Bauordnungsrechts. 4

2. Verfassungsrechtliche Kompetenzordnung

Die Aufsplitterung bau- und planungsrechtlicher Normen auf verschiedene Gesetze des Bundes- und Landesrechts sowie auf kommunale Satzungen wird ebenso wie die kompetenzrechtliche Rollenverteilung der verschiedenen „Akteure" (z.B. Bauaufsichtsbehörden und Gemeinden) nur verständlich vor dem Hintergrund der verfassungsrechtlichen Verteilung der Kompetenzen. Zu berücksichtigen ist die bundesstaatliche Verteilung sowohl der Gesetzgebungs- (Art. 70 ff. GG) als auch der Verwaltungskompetenzen (Art. 83 ff. GG). Daneben ist die Stellung der Gemeinden nach Bundes- und Landesverfassungsrecht (Art. 28 Abs. 2 S. 1 GG, Art. 137 Abs. 1, 3 HV) vor allem für Fragen der lokalen Planung von besonderer Bedeutung. 5

a) Gesetzgebungskompetenzen

Was zunächst die Verteilung der Gesetzgebungskompetenzen angeht, so beschränkt sich die baurechtliche Regelungskompetenz des Bundes auf die in **Art. 74 Abs. 1 Nr. 18 GG** genannten Materien. Das Bundesverfassungsgericht hat es im sog. Baurechtsgutachten aus dem Jahr 1954[3] abgelehnt, aus der Zuständigkeit für das „**Bodenrecht**" und dem Zusammenhang mit den weiteren dort genannten Sachbereichen eine Bundeskompetenz für das Baurecht als Gesamtmaterie abzuleiten. Es hat vielmehr das „Bodenrecht" als Inbegriff der Vorschriften qualifiziert, „die den Grund und Boden unmittelbar zum Gegenstand rechtlicher Ordnung haben, also die rechtlichen Beziehungen des Menschen zu Grund und Boden regeln".[4] Diese Formel erweist sich allerdings vor dem Hintergrund, dass es zahlreiche Regelungen gab und in zunehmendem Umfang gibt, die außerhalb des traditionellen Bauplanungsrechts auf der Grundlage anderer Kompetenztitel die Nutzbarkeit von Grund und Boden mindestens ebenso „unmittelbar" regeln,[5] als deutlich zu weit gegriffen. Deswegen erfasst der Kompe- 6

---

[3] BVerfGE 3, 407.
[4] BVerfGE 3, 407 (424); vgl. auch BVerfGE 65, 283 (288 ff.) zur Frage, ob der Bundesgesetzgeber auch das Verfahren der Verkündung von Bauleitplänen regeln darf.
[5] Zu denken ist hier an das Wasserrecht, das Natur- und Landschaftsschutzrecht oder das Fachplanungsrecht für Straßen, Eisenbahnlinien oder Flughäfen.

tenztitel „Bodenrecht" alle die Sachmaterien nicht, die im Sinne eines „Sonderbodenrechts" einen bestimmten fachlichen Aspekt (z.B. Naturschutz, Wasserschutz, landwirtschaftliche Bodennutzung) zum Ausgangspunkt nehmen.

7   Die Gesetzgebungszuständigkeit des **Bundes** aus Art. 74 Abs. 1 Nr. 18 GG bleibt deshalb beschränkt auf das Bodenrecht im Sinne einer allgemeinen, alle Grundstücke und Flächen eines lokal begrenzten Gebietes erfassenden Ordnung, also auf das **Bauplanungsrecht** und die damit zusammenhängenden Materien wie Baulandumlegung, Zusammenlegung von Grundstücken, Bodenverkehr und die sich auf diese Gebiete beziehende Bodenbewertung. Soweit der Bund von seiner bodenrechtlichen Kompetenz abschließend Gebrauch gemacht hat, sind den Ländern gem. Art. 72 Abs. 1 GG auch ergänzende bodenrechtliche Regelungen verwehrt.[6] Von der in Art. 72 Abs. 4 GG vorgesehenen Möglichkeit, bestimmte Regelungsmaterien den Landesgesetzgebern freizugeben, wurde bislang kein Gebrauch gemacht.

8   Darüber hinaus weist Art. 74 Abs. 1 Nr. 31 GG dem Bund die konkurrierende Gesetzgebungskompetenz für die **Raumordnung** zu. Diese durch die Föderalismusreform aus dem Jahr 2006 eingefügte Kompetenz ersetzte die bis dahin bestehende Rahmenkompetenz des Art. 75 Abs. 1 Nr. 4 GG a.F., die sich ebenfalls auf „die Raumordnung" bezog. Darunter ist die „zusammenfassende, übergeordnete Planung und Ordnung des Raumes"[7] zu verstehen, die im Unterschied zu der erwähnten Kompetenz für das „Bodenrecht", auf der das im Baugesetzbuch geregelte Bauplanungsrecht beruht, durch ihre **Überörtlichkeit** geprägt ist. Auf der Grundlage seiner konkurrierenden Gesetzgebungskompetenz aus Art. 74 Abs. 1 Nr. 31 GG hat der Bund im Jahr 2008 das Raumordnungsgesetz (ROG) neu gefasst. Die Länder können aber gem. Art. 72 Abs. 3 Nr. 4 GG – durch später erlassene Gesetze – von dem ROG abweichende Regelungen treffen.

9   Den **Ländern** verbleibt für das Gebiet des Baurechts also nur die Gesetzgebungskompetenz für das **Bauordnungsrecht**,[8] dessen Gegenstand die Abwehr von Gefahren ist, die mit baulichen Anlagen einhergehen. Die Abgrenzung der Gesetzgebungskompetenzen auf dem Gebiet des Baurechts erfolgt also nicht nach Lebenssachverhalten, sondern nach Regelungszielsetzungen oder -funktionen. Dies führt dazu, dass Bauplanungsrecht und Bauordnungsrecht an ein- und denselben Lebenssachverhalt rechtliche Anforderungen formulieren können.[9] Auf dem Gebiet der **gesamträumlichen Planung** (Raumordnung) steht den Ländern dagegen gem. Art. 72 Abs. 3 GG die Abweichungsgesetzgebungskompetenz zu, soweit der Bund von seiner konkurrierenden Gesetzgebungskompetenz Gebrauch gemacht hat. Soweit der Bund das Raumordnungsrecht

---

6   Das gilt, da Art. 74 Abs. 1 Nr. 18 GG in Art. 72 Abs. 2 und 3 GG nicht erwähnt ist, auch nach der Föderalismusreform aus dem Jahr 2006 ohne Einschränkungen. Zur Rechtslage vor dieser Reform BVerwGE 55, 272 (277) sowie BVerwG, BRS 48 (Nr. 21), S. 65 f., wonach das Bundesrecht keine abschließende Regelung des Bauleitplanverfahrens enthält. Zur Kompetenzverteilung nach der GG-Reform aus dem Jahr 1994: *Rybak/ Hofmann*, Verteilung der Gesetzgebungsrechte zwischen Bund und Ländern nach der Reform des Grundgesetzes, NVwZ 1995, 230 ff.
7   BVerfGE 3, 407 (425).
8   BVerfGE 3, 407 (433).
9   Dies gilt etwa für Abstandsflächen (§ 6 HBO) und Festsetzungen dazu im Bebauungsplan.

nicht abschließend geregelt hat, folgt die Landesgesetzgebungskompetenz bereits aus Art. 72 Abs. 1 GG.

b) Verwaltungskompetenzen

Die Verwaltungskompetenz im Bereich des Baurechts liegt vollständig bei den Ländern.[10] Für die Ausführung des Landes-Bauordnungsrechts ist die **Verwaltungskompetenz der Länder** nach dem Grundsatz des Art. 30 GG selbstverständlich. Nichts anderes gilt für das Landesplanungsrecht. Soweit es dagegen um die **Ausführung von Bauplanungsrecht des Bundes** geht, folgt sie aus Art. 83 GG. Hier liegt der Grund dafür, dass die Regelungen der HBO über die Behördenorganisation und das Verwaltungsverfahren nicht nur die Ausführung des hessischen (materiellen) Bauordnungsrechts, sondern auch des Bauplanungsrechts des Bundes zum Gegenstand haben,[11] soweit das Baugesetzbuch nicht vorrangige Regelungen zu Fragen des Verwaltungsverfahrens und der Behördenorganisation enthält (z.B. in § 36 BauGB über die Mitwirkung der Gemeinden im bauaufsichtlichen Genehmigungsverfahren).

10

c) Stellung der Gemeinden

Schließlich hat die durch **Art. 28 Abs. 2 S. 1 GG** garantierte Kompetenz der Gemeinden, alle Angelegenheiten der örtlichen Gemeinschaft in eigener Verantwortung zu regeln (s. § 4 Rn. 6 ff.), erhebliche Auswirkungen auf das Baurecht. Zu diesen Angelegenheiten gehört nämlich nach allgemeiner Ansicht[12] die Planung der Bodennutzung für das eigene Gemeindegebiet. Als wichtigster Teilbereich der **Planungshoheit** kann die kommunale Bauleitplanungsbefugnis gesetzlich ausgestaltet und insbesondere aus Gründen überörtlicher Planung (Regionalplanung, Fachplanung, vgl. Rn. 24 ff., 57 ff.) auch begrenzt werden. Dabei hat allerdings das Gesetz ebenso wie die die kommunale Planung konkret beeinträchtigende Verwaltungsmaßnahme die verfassungsrechtlichen Grenzen zu beachten, die sich für Einschränkungen der Selbstverwaltungsgarantie aus dem Schutz des Kernbereichs und dem gemeindespezifischen Aufgabenverteilungsprinzip[13] ergeben.

11

Der Landesgesetzgeber hat darüber hinaus die Stellung der Gemeinden nach der **Landesverfassung (Art. 137 HV)** zu beachten. Dazu gehört – über den durch Art. 28 Abs. 2 S. 1 GG gewährleisteten Standard hinausgehend – vor allem, dass die Gemeinden – vorbehaltlich eines dringenden Interesses an einer anderweitigen Zuweisung – Träger aller Verwaltungsaufgaben sein müssen, die örtlicher Verwaltung bedürfen.[14] Dazu gehört auch und insbesondere die Verwaltungsaufgabe, die im Vollzug des Baurechts besteht. Die Regelung des § 60 Abs. 1 HBO, wonach zumindest in den größe-

12

---

10 Gemeinden zählen zum Verfassungsraum der Länder (siehe dazu § 4 Rn. 37 f.).
11 Vgl. Art. 84 Abs. 1 GG.
12 Umstritten ist lediglich, ob die Planungshoheit im Allgemeinen sowie die Befugnis zur Aufstellung des Flächennutzungsplans und/oder der Erlass von Bebauungsplänen im Besonderen zum Kernbereich des kommunalen Selbstverwaltungsrechts gehört; vgl. dazu die Übersicht m.w.N. bei *Stollmann/Beaucamp*, Öffentliches Baurecht, § 2 Rn. 20 ff.; *Koch/Hendler*, Baurecht, § 12 Rn. 1 ff.
13 Vgl. hierzu die Rastede-Entscheidung BVerfGE 79, 127 (146, 150 ff.). Einzelheiten zum Unterschied zwischen Grundrechtseingriffen und Beschränkungen der kommunalen Planungskompetenz bei *Koch/Hendler*, Baurecht, § 12 Rn. 8.
14 So folgt aus Art. 137 HV (siehe näher dazu § 3 Rn. 3 ff.), dass die Gemeinden grundsätzlich für die Bauaufsicht zuständig sein sollten; zu den Bauaufsichtsbehörden genauer unten Rn. 81 ff.

ren Gemeinden, die über die erforderliche personelle Ausstattung verfügen, der Gemeindevorstand Bauaufsichtsbehörde ist, folgt also einem landesverfassungsrechtlichen Gebot.

3. Bau- und Planungsrechtsnormen im Überblick

13 Ein an der Normenhierarchie orientierter Überblick über den Bestand der Baurechtsnormen hat zunächst die Ebene des **Unionsrechts** in den Blick zu nehmen.[15] Für das Bauplanungsrecht von Bedeutung sind hier vor allem die EG-Richtlinien,[16] die aus Gründen des europaweiten flächenbezogenen Naturschutzes (Ökologisches Netz „Natura 2000") die Mitgliedstaaten dazu verpflichten, Gebiete von gemeinschaftlicher Bedeutung auszuweisen, und diese Gebiete mit besonderem Schutz ausstatten. Der Bauleitplanung und der Zulassung einzelner Vorhaben durch die Bauaufsichtsbehörden sind in solchen Gebieten enge Grenzen gezogen.[17] Aus der Perspektive des Bauordnungsrechts von Interesse ist die EU-Bauproduktenverordnung,[18] die die technischen Anforderungen an Bauprodukte im Interesse des freien Warenverkehrs in der Union harmonisiert (s. § 19 HBO).

14 Auf der Ebene des **Verfassungsrechts** steht – neben den erwähnten Kompetenznormen – als materielle Vorgabe für das gesamte Baurecht die Eigentumsgarantie des **Art. 14 GG** im Mittelpunkt, die nach verbreiteter Auffassung[19] auch die sog. „Baufreiheit" umfasst. Die Annahme eines durch die Eigentumsgarantie geschützten Rechtes, sein Grundstück prinzipiell unbeschränkt bebauen und nutzen zu können, würde allerdings verkennen, dass Inhalt und Schranken des Grundeigentums gem. Art. 14 Abs. 1 S. 2 GG durch die Gesetze bestimmt werden.[20] Der Schutzbereich der Eigentumsgarantie umfasst deshalb keine „an sich" umfassende „natürliche" Freiheit, ein Grundstück nach Belieben baulich zu nutzen. Wie andere Formen der Eigentumsnutzung ist die „Baufreiheit" vielmehr nur nach Maßgabe und im Rahmen der – hier planungs- und bauordnungsrechtlichen – gesetzlichen Ausgestaltung grundrechtlich geschützt.[21] Der so verstandene Schutz der „Baufreiheit" durch Art. 14 Abs. 1 GG bedeutet in der Sache nur, dass neue baurechtliche Eigentumsbindungen von dem geregelten Sachbe-

---

15 *Krautzberger*, Zur Europäisierung des Städtebaurechts, DVBl. 2005, 197 ff.; *Bauer/ Pleyer*, Europäisierung des Baurechts, in: FS 100 Jahre Allgemeines Baugesetz Sachsen, 2000, S. 603 ff.
16 Richtlinie 92/43/EWG v. 21.5.1992 zur Erhaltung der natürlichen Lebensräume sowie der wildlebenden Tiere und Pflanzen, ABl. EG Nr. L 206/7 (Flora-Fauna-Habitat-Richtlinie); Richtlinie 2009/147/EG v. 30.11.2009 über die Erhaltung der wildlebenden Vogelarten, ABl. EG Nr. L 20/7.
17 Siehe dazu § 1 a BauGB.
18 Verordnung (EU) Nr. 305/2011 v. 9.3.2011 zur Festlegung harmonisierter Bedingungen für die Vermarktung von Bauprodukten, ABl. Nr. L 88/5; s. dazu das Bauproduktengesetz v. 5.12.2012, BGBl. I, S. 2449, 2450; zu den Hintergründen *Jäde*, Aktuelle Entwicklungen im Bauordnungsrecht 2010/2011, ZfBR 2011, 427, 429 f.
19 S. nur *Stollmann/Beaucamp*, Öffentliches Baurecht, § 2 Rn. 3 ff.
20 Die sich dem Gesetzgeber stellende Aufgabe umschreibt BVerfGE 21, 73 (83), wie folgt: „Die Tatsache, dass der Grund und Boden unvermehrbar und unentbehrlich ist, verbietet es, seine Nutzung dem unübersehbaren Spiel der freien Kräfte und dem Belieben des Einzelnen vollständig zu überlassen; eine gerechte Rechts- und Gesellschaftsordnung zwingt dazu, die Interessen der Allgemeinheit beim Boden in weit stärkerem Maße zur Geltung zu bringen als bei anderen Vermögensgütern".
21 *Wieland*, in: Dreier (Hrsg.), GG-Kommentar, Bd. 1, 3. Aufl. 2013, Art. 14 Rn. 50 m.w.N.; *Böckenförde*, Eigentum, Sozialbindung des Eigentums, Enteignung, in: ders., Staat, Gesellschaft, Freiheit, 1976, S. 318 (324); grundlegend *Schmidt-Aßmann*, Grundfragen des Städtebaurechts, 1972, S. 89 ff., und *Breuer*, Die Bodennutzung im Konflikt zwischen Städtebau und Eigentumsgarantie, 1976, S. 158 ff.; vgl. auch *Schulte*, Das Dogma Baufreiheit, DVBl. 1979, 133 ff.

I. Systematische Einordnung

reich her geboten sein müssen und nicht weiter gehen dürfen, als der jeweilige Schutzzweck reicht,[22] dass sie also dem Grundsatz der Verhältnismäßigkeit genügen müssen.[23] Daraus folgt, dass es jedenfalls nicht prinzipiell unzulässig wäre, das gegenwärtige Regelungssystem, das bei Einhaltung der zu prüfenden öffentlich-rechtlichen Vorschriften einen Anspruch auf Erteilung einer Baugenehmigung vorsieht, durch ein System zu ersetzen, nach dem die Bebauung eines Grundstückes grundsätzlich verboten ist und nur unter Abwägung aller berührten Belange ausnahmsweise zugelassen werden kann. Der Bundesgesetzgeber könnte in diesem Sinne § 35 BauGB etwa dahin ändern, dass die Bebauung des Außenbereichs nur noch nach Maßgabe einer behördlichen Abwägungsentscheidung zulässig ist, wenn er – dem Grundsatz der Verhältnismäßigkeit gehorchend – schonende Übergangsregelungen trifft.

Entsprechend den kompetenzrechtlichen Vorgaben der Verfassung (Rn. 5 ff.) gliedert sich das Baurecht in das Bauplanungsrecht des Bundes, das seit 1998 im **Baugesetzbuch** konzentriert ist,[24] das Bauordnungsrecht des Landes, das sich in der 2018 neu gefassten **Hessischen Bauordnung**[25] findet, und das **kommunale Satzungsrecht**, das das örtliche Baugeschehen sowohl in planerischer[26] als auch in gestalterischer Hinsicht[27] normativ steuert. Wichtige Ergänzungen und Konkretisierungen sowohl zum BauGB als auch zur HBO sind in **Rechtsverordnungen** enthalten, von denen auf Bundesebene die auf der Grundlage des § 9 a BauGB ergangene Verordnung über die bauliche Nutzung der Grundstücke (Baunutzungsverordnung)[28] hervorzuheben ist.[29] Sie präzisiert den zulässigen Inhalt von Bauleitplänen und konkretisiert die Anforderungen an Vorhaben im Geltungsbereich von Bebauungsplänen. Die auf der Grundlage der HBO erlassenen Rechtsverordnungen[30] konkretisieren z.B. die aus Gründen der Gefahrenabwehr erforderlichen Anforderungen an Feuerungsanlagen[31] oder Garagen[32] oder konkretisieren Verfahrenselemente.[33] Schließlich sind **Verwaltungsvorschriften** zu erwähnen, die auf Landesebene z.B. die Anforderungen an Bauvorlagen

15

---

22 BVerfGE 50, 290 (341).
23 Vgl. aus der Rechtsprechung etwa BVerwGE 40, 94 (Werbeverbot); BVerwGE 17, 315 (Bauverbote wegen Brandgefahr); BVerwGE 21, 251 (Beschränkung von Werbeanlagen in bestimmten Baugebieten); BVerwG, DÖV 1980, 521 (Verbot von Leuchtreklame im historischen Altstadtbereich); BVerwG, BauR 1980, 455 (Verbot von Werbeanlagen und Warenautomaten in Vorgärten und Einfriedungen in einem Wohngebiet).
24 Zur Entwicklung vgl. Überblick bei *Finkelnburg/Ortloff/Kment*, Öffentliches Baurecht I, § 2 Rn. 8 ff.
25 Artikel 1 des Gesetzes zur Neufassung der Hessischen Bauordnung und zur Änderung landesplanungs-, ingenieurberufs- und straßenrechtlicher Vorschriften vom 28.5.2018 (GVBl. S. 198); zur Entstehungsgeschichte s. den Entwurf der Landesregierung (LT-Drs. 19/5379), verschiedene Änderungsanträge (LT-Drs. 19/6379, LT-Drs. 19/6440, LT-Drs. 19/6450) sowie die abschließende Beschlussempfehlung des Ausschusses für Wirtschaft, Energie, Verkehr und Landesentwicklung (LT-Drs. 19/6472). Zur Neufassung der HBO aus dem Jahr 2002 *Wittkowski*, Die neue Hessische Bauordnung, NVwZ 2003, 671 ff.; *Kanther*, Die neue Hessische Bauordnung in der Praxis, NVwZ 2003, 689 ff.; zur Neufassung aus dem Jahr 2011 s. den (kritischen) Überblick von *Hornmann*, Hessische Bauordnung 2011, NVwZ 2011, 212 ff.
26 Vgl. außer dem Bebauungsplan (§ 10 BauGB) die Vielzahl der Satzungsermächtigungen im BauGB: So z.B. die Veränderungssperre (§ 16 BauGB) oder die Erhaltungssatzung (§ 172 BauGB).
27 Vgl. die Ermächtigung zu Gestaltungssatzungen in § 91 Abs. 1 HBO.
28 BauNVO v. 23.1.1990 (BGBl. I, S. 132).
29 Vgl. außerdem die Planzeichenverordnung v. 18.12.1990 (BGBl. I 1991, S. 58).
30 Vgl. die Verordnungsermächtigung in § 89 HBO.
31 Vgl. die Verordnung über Feuerungsanlagen und Brennstofflagerung v. 3.2.2009 (GVBl. I, S. 30).
32 Verordnung über den Bau und Betrieb von Garagen und Stellplätzen v. 17.11.2014 (GVBl. S. 286).
33 Verordnung über Nachweisberechtigte für bautechnische Nachweise nach der Hessischen Bauordnung v. 3.12.2002 (GVBl. I, S. 729).

und damit einen wesentlichen Aspekt des Baugenehmigungsverfahrens konkretisieren.[34] Nicht zu den Rechtsnormen gehören technische Regelwerke, die das Gesetz in § 90 Abs. 1 HBO mit einer – beschränkten – Beachtlichkeit ausgestattet hat.

4. Baurecht und andere „öffentlich-rechtliche Vorschriften"

16 Da sich das Baurecht auf alle Arten baulicher Anlagen bezieht und sein Anwendungsbereich damit von der Industrieanlage bis zum Gartenhäuschen reicht, ergeben sich eine Fülle von Überschneidungen mit anderen Fachgesetzen, die nicht die bauliche Anlage als solche, sondern mit ihr in Zusammenhang stehende spezielle Belange als Anknüpfungspunkt haben. So kann sich eine bauliche Anlage als Kulturdenkmal im Sinne des § 2 Abs. 1 HessDSchG darstellen oder es können von ihr schädliche Auswirkungen auf die Umwelt im Sinne des Bundesimmissionsschutzgesetzes ausgehen. Um das **Verhältnis** des **Baurechts** zu solchen benachbarten **Fachgesetzen** genauer bestimmen und die hierzu in §§ 65 und 66 HBO getroffenen Regelungen (s. dazu genauer Rn. 101 ff.) einordnen zu können, ist es zunächst erforderlich, zwischen den materiellen Anforderungen und dem behördlichen Verfahren zu ihrer Durchsetzung zu unterscheiden.

17 Was die **materiellen Anforderungen** an bauliche Anlagen angeht, so stehen zunächst das Bauplanungs- und das Bauordnungsrecht gleichberechtigt **nebeneinander**.[35] Gleiches gilt für das Verhältnis dieser beiden baurechtlichen Regelungskomplexe zu benachbarten Fachgesetzen. Sind die jeweiligen Regelungen nach ihren tatbestandlichen Anknüpfungspunkten einschlägig, können etwa baurechtliche neben denkmal- und immissionsschutzrechtlichen Anforderungen an ein Vorhaben kumulativ zu beachten sein, weil diese Regelungskomplexe nicht im Verhältnis der verdrängenden Spezialität zueinander stehen.

Beispiel:
Die Unzulässigkeit von Werbeanlagen kann sich aus bauplanungs-,[36] bauordnungs-,[37] straßen-,[38] denkmal-,[39] straßenverkehrs-[40] und naturschutzrechtlichen[41] Gründen ergeben.[42]

Insbesondere bei Sachverhalten, auf die typischerweise mehrere Regelungen mit durchaus unterschiedlichen Rechtsfolgen anwendbar sind, findet sich vereinzelt ein

---

34 Vgl. den Bauvorlagenerlass des Hessischen Ministeriums für Wirtschaft, Verkehr und Landesentwicklung v. 2.8.2012 (StAnz. S. 947). Rechtsgrundlage für diese Verwaltungsvorschrift ist § 69 Abs. 2 S. 4 HBO; eine allgemeine Ermächtigung für Verwaltungsvorschriften enthält § 89 Abs. 12 HBO.
35 Echte Kollisionsfälle sind nicht ersichtlich. Das früher gelegentlich auftretende Problem von Widersprüchen zwischen Bebauungsplan oder § 34 BauGB und HBO hinsichtlich der Abstandsflächen ist inzwischen durch § 6 Abs. 11 HBO gelöst.
36 Gem. § 14 Abs. 1 S. 3 BauNVO kann im Bebauungsplan die Zulässigkeit von Werbeanlagen eingeschränkt oder ausgeschlossen werden.
37 Nicht ausgeschlossen werden dadurch bauordnungsrechtliche Regelungen nach § 91 Abs. 1 Nr. 1 und Nr. 2 HBO.
38 Vgl. § 9 Abs. 6 FStrG.
39 HessDSchG vom 28.11.2016 (GVBl. 211).
40 Vgl. § 33 Abs. 1 S. 1 Nr. 3 StVO.
41 S. § 7 Rn. 52 ff.
42 Vgl. BVerwGE 40, 94 (dazu BVerfGE 32, 319 (331 f.)) zum Verhältnis bauordnungsrechtlicher Ortssatzungen und Bauplanungsrecht hinsichtlich eines generellen Verbots bestimmter Typen von Werbeanlagen; instruktiv der Beschluss des VGH Mannheim, ESVGH 27, 94, zum Verhältnis von Naturschutzrecht und Baurecht hinsichtlich einer Lichtwerbeanlage im Außenbereich.

ausdrücklicher Verzicht des einen Gesetzes auf seinen Geltungsanspruch zugunsten einer – insoweit dann abschließenden – Beurteilung nach einem anderen Gesetz. Um einen solchen Fall expliziter **verdrängender Spezialität** handelt es sich insbesondere bei § 38 BauGB, der die Anwendung der Regeln über die Zulässigkeit von Vorhaben in §§ 29 bis 37 BauGB vor allem auf planfeststellungsbedürftige Vorhaben ausschließt (sog. „Fachplanungsprivileg" oder auch „Fachplanungsvorbehalt").

In **verfahrensrechtlicher Hinsicht** ist zunächst von dem Grundsatz auszugehen, dass jedes Gesetz über ein eigenständiges behördliches Kontroll- und Durchsetzungsinstrumentarium in Form von Genehmigungsvorbehalten oder Anzeigepflichten und Eingriffsbefugnissen verfügt und auch die Behördenzuständigkeit selbständig regelt. Daraus folgt, dass häufig neben der Baugenehmigung noch weitere Genehmigungen, Gestattungen oder Erlaubnisse erforderlich sind (s. die Beispiele bei Rn. 104). Auf diese Zuständigkeit anderer Behörden weist die HBO in § 61 Abs. 2 S. 1 a.E. ausdrücklich hin. Sie bedeutet, dass andere Genehmigungen etc. von der Erteilung der Baugenehmigung unberührt bleiben (**Separationsmodell**). Die Bauordnung enthält keine Regelung hinsichtlich der Reihenfolge, in der mehrere erforderliche Genehmigungen beantragt werden oder bereits vorliegen müssen. Insbesondere stellt die Baugenehmigung nicht mehr notwendigerweise den „Schlusspunkt" eines sich aus mehreren Genehmigungen zusammensetzenden Verfahrens dar. Mangels gesetzlicher Regelung ist es vielmehr Sache des Bauherrn, ob er parallel erforderliche Genehmigungen gleichzeitig oder nacheinander beantragt und in welcher Reihenfolge er dies ggf. tut. Die Bauaufsichtsbehörde kann also die Baugenehmigung nicht mit dem Argument verweigern, eine andere für das Vorhaben erforderliche Genehmigung liege noch nicht vor. Eine Ausnahme kann höchstens dann gelten, wenn offensichtlich ist, dass eine andere erforderliche Genehmigung nicht erteilt werden kann, oder die zuständige Fachbehörde sich schon vor ihrer abschließenden Entscheidung über die Genehmigungsversagung eindeutig geäußert hat. Dann fehlt für die Erteilung der Baugenehmigung regelmäßig das Sachbescheidungsinteresse.[43] 18

Von dem eben beschriebenen Separationsmodell sind Ausnahmen in zwei Richtungen zu berücksichtigen: Einerseits kann die bauaufsichtliche Zuständigkeit durch Sachentscheidungskompetenzen anderer Behörden ausgeschlossen sein. Dies ist der Fall, wenn das Verfahren bei einer anderen Behörde konzentriert ist, wenn also die Baugenehmigung von einer anderen Genehmigung mit erfasst wird und deshalb neben dieser eine bauaufsichtsbehördliche Genehmigungsentscheidung weder ergehen muss noch ergehen darf. Dabei kann es sich um eine umfassende **Konzentrationswirkung der anderen Zulassungsentscheidung** handeln (z.B. des Planfeststellungsbeschlusses gemäß § 75 Abs. 1 HVwVfG), neben der dann keine weiteren Genehmigungen mehr erforderlich sind. Es kann aber auch eine nur teilweise Konzentrationswirkung anderer Zulas- 19

---

43 Hierzu VGH München, NVwZ 1994, 304 (306 f.).

sungsentscheidungen geregelt sein, wie beispielsweise in § 13 BImschG[44] oder in § 9 Abs. 2 HWassG.[45]

20 Andererseits kann der Zuständigkeitsbereich der Bauaufsichtsbehörde durch Übertragung zusätzlicher Kompetenzen in dem Sinne erweitert sein, dass die Baugenehmigung andere behördliche Zulassungsentscheidungen einschließt oder ersetzt – also der **Baugenehmigung** eine **begrenzte Konzentrationswirkung** zukommt. Eine solche Konzentrationswirkung ist zwar nicht in der HBO geregelt. Allerdings werden der Bauaufsichtsbehörde durch andere Fachgesetze Entscheidungskompetenzen in der Form übertragen, dass eine Baugenehmigung andere Zulassungsentscheidungen einschließt, wobei oftmals Mitwirkungsbefugnisse der jeweiligen Fachbehörde vorgesehen sind.

Beispiel:
- Nach § 9 Abs. 3 S. 2 HessDSchG schließen Baugenehmigungen die denkmalschutzrechtliche Genehmigung ein.
- Nach § 17 Abs. 1 BNatSchG entscheidet die Baugenehmigungsbehörde auch über die Zulässigkeit und ggf. über die Folgen eines mit dem Bauvorhaben verbundenen Eingriffs in Natur und Landschaft (§ 15 BNatSchG) – allerdings im „Benehmen" mit der zuständigen Naturschutzbehörde (welche dies ist, regelt § 7 HAGBNatSchG).

II. Planungsrecht

21 Die Zulässigkeit eines bestimmten Vorhabens auf einem konkreten Grundstück kann im Hinblick auf seine Verträglichkeit mit anderen Nutzungen in der näheren und weiteren Umgebung nur dann sinnvoll beurteilt werden, wenn zuvor die verschiedenen – bereits realisierten und zukünftigen – Nutzungen in dem jeweiligen Gebiet zusammenfassend dargestellt, aufeinander abgestimmt und dabei auftretende Konflikte möglichst zu einem Ausgleich gebracht wurden. Das gilt für ein Einfamilienhaus oder ein Einkaufszentrum wie für einen Flughafen oder eine Eisenbahnlinie in prinzipiell gleicher Weise. Diese Aufgabe, die Nutzungen in einem bestimmten Raum zu koordinieren, vorausschauend zu ordnen und zu leiten,[46] ist Gegenstand der **räumlichen Gesamtplanung**. Sie wird auf der Ebene des Bundes, des Landes und der Regionen mit Hilfe der Planungsinstrumente erfüllt, die im Raumordnungsgesetz (ROG) des Bundes und im Hessischen Landesplanungsgesetz (HLPG) vorgesehen sind (dazu nachfolgend 2.). Auf der untersten – lokalen – Ebene der einzelnen Gemeinden wird diese Aufgabe der gesamträumlichen Planung durch die im Baugesetzbuch geregelte **Bauleitplanung** erfüllt (dazu 3.). Deshalb überschneiden sich die Rechtsgebiete des Baurechts, soweit dieses mit dem Flächennutzungsplan und dem Bebauungsplan Instrumente der gesamträumlichen Planung bereithält, und des Planungsrechts (dazu 1.). Schließlich tritt neben das Recht der gesamträumlichen Planung das sog. **Fachplanungsrecht**, das – vorbereitet durch die Instrumente der Landes- und Regionalplanung – die genaue Standortentscheidung für einzelne Großvorhaben wie Straßen oder Schienenwege und deren Zulassung regelt (dazu 4.).

---

44 Nach dem BImSchG genehmigungsbedürftige Anlagen sind gem. § 13 BImSchG der bauaufsichtlichen Zuständigkeit entzogen, obwohl sie überwiegend Anlagen im Sinne der HBO sind.
45 Bei allen Konzentrationsnormen geht es jedoch lediglich um eine Verfahrens- oder formelle Konzentration, die die Geltung des materiellen Rechts unberührt lässt.
46 Vgl. die Umschreibungen in § 1 Abs. 1 ROG und in § 1 Abs. 1 BauGB.

II. Planungsrecht

1. Baurecht und Planungsrecht

Gegenstand des **Baurechts** ist die bauliche und sonstige Nutzung konkreter Grundstücke, die (1) hinsichtlich der planerischen Koordinierung der jeweiligen Grundstücksnutzung mit den übrigen Nutzungen der näheren Umgebung, (2) hinsichtlich der (Sicherheits-)Anforderungen an ein konkretes Bauwerk und schließlich (3) hinsichtlich der behördlichen Kontrolle und Überwachung der Grundstücksnutzung rechtlicher Regelung bedarf (s. bereits oben Rn. 1 ff.). Das **Planungsrecht** beschäftigt sich demgegenüber – abgesehen von den Besonderheiten der Fachplanung (s. dazu unten Rn. 57 ff.) – vorrangig mit der Koordinierung unterschiedlicher Nutzungsinteressen durch eine vorbereitende und ordnende flächenbezogene Steuerung. Die erstgenannte Funktion des Baurechts überschneidet sich also offensichtlich mit der Aufgabe des Planungsrechts, so dass Bau- und Planungsrecht sich als teilweise überschneidende Kreise darstellen: Auf der lokalen Ebene der einzelnen Gemeinde gehört das **Bauplanungsrecht**, insbesondere das Recht der Bauleitplanung, sowohl zum Bau- als auch zum Planungsrecht.

22

Darüber hinaus existieren vielfältige **Schnittstellen zwischen Bau- und Planungsrecht**. Gem. § 1 Abs. 4 BauGB müssen z.B. die örtlichen Bauleitpläne den „Zielen der Raumordnung" angepasst werden, die sich aus den im ROG und (ergänzend) im HLPG geregelten überörtlichen Landes- und Regionalplänen ergeben. Außerdem gehören zu den „öffentlich-rechtlichen Vorschriften", deren Beachtung von den Bauaufsichtsbehörden nach Maßgabe der Landesbauordnung zu kontrollieren ist, auch die planungsrechtlichen Vorgaben, soweit sie unmittelbare Rechtswirkungen für die Grundstückseigentümer entfalten (Rn. 40 ff.). Schließlich ist zu beachten, dass weder das Bauplanungsrecht (s. § 38 BauGB) noch das Bauordnungsrecht (s. § 1 Abs. 2 HBO) auf solche Anlagen Anwendung findet, die durch fachplanungsrechtliche Instrumente (Planfeststellung) geplant und zugelassen werden (z.B. Flughäfen).

23

2. Raumordnung, Landes- und Regionalplanung

Das System der **räumlichen Gesamtplanung** hat das Ziel, durch fortschreitende Konkretisierung „von oben nach unten" die räumliche Entwicklung im Bund, in den Ländern, in den Regionen und schließlich in den einzelnen Gemeinden zu steuern. Während auf der Ebene des Bundes dafür nur sehr begrenzte Planungsinstrumente im Raumordnungsgesetz des Bundes (ROG) zur Verfügung stehen,[47] kennt das Landesplanungsgesetz[48] mit dem Landesentwicklungsplan und den Regionalplänen zwei konkrete Planungsinstrumente. Auf der lokalen Ebene findet diese Planungspyramide ihre Fortsetzung und ihren Abschluss mit dem im Baugesetzbuch geregelten Flächennutzungsplan und den Bebauungsplänen. Die gemeinsame Funktion dieser Planungsinstrumente liegt in erster Linie darin, bezogen auf die jeweilige Fläche des gesamten Landes (Landesentwicklungsplan), der Planungsregion (Regionalplan), der gesamten Gemeinde (Flächennutzungsplan) oder einzelner Gemeindeteile (Bebauungsplan)

24

---

47 Das ROG v. 22.12.2008 (BGBl. I, S. 2986) – zur Bundesgesetzgebungskompetenz s.o. Rn. 8 – sieht in § 17 Raumordnungspläne des Bundes vor (s.u. Rn. 25).

48 Vom 12.12.2012 (GVBl. S. 590). Siehe allgemein zum Raumordnungs- und Landesplanungsrecht *Battis*, Öffentliches Baurecht, 2. Teil, Rn. 57 ff.; *Peine*, Öffentliches Baurecht, Rn. 15 ff.

zeichnerisch oder in Textform festzulegen, welche Flächen für welche Zwecke genutzt werden dürfen und welche Flächen bestimmten Nutzungen vorbehalten bleiben.

a) Raumordnungsgesetz des Bundes

25 Das Raumordnungsgesetz des Bundes aus dem Jahr 2008 (ROG)[49] verfolgt nach seinem § 1 Abs. 1 S. 1 ROG das Ziel, den „Gesamtraum der Bundesrepublik Deutschland und seine Teilräume" durch „Raumordnungspläne, durch raumordnerische Zusammenarbeit und durch Abstimmung raumbedeutsamer Planungen und Maßnahmen zu entwickeln, zu ordnen und zu sichern". **Raumordnungspläne des Bundes** sieht § 17 ROG vor. Sie dürfen allerdings nur die Konkretisierung einzelner Grundsätze (Abs. 3) oder länderübergreifende Konzepte für Hochwasserschutz, für See- und Binnenhäfen sowie für Flughäfen (Abs. 2) enthalten. Daneben sind in § 17 Abs. 1 ROG Raumordnungspläne vorgesehen, die sich auf die deutsche ausschließliche Wirtschaftszone (Nord-, Ostsee) beziehen. Im Übrigen beschränken sich die gesetzlich vorgesehenen Maßnahmen des Bundes auf die Bereitstellung eines Informationssystems zur räumlichen Entwicklung im Bundesgebiet und in den angrenzenden Gebieten durch das Bundesamt für Bauwesen und Raumordnung (§ 22 ROG).

26 Angesichts der beschränkten Reichweite der Raumordnungspläne des Bundes liegt die wichtigere Funktion des ROG darin, den Ländern einen einheitlichen **Rahmen für** die nähere Ausgestaltung des **Landesplanungsrechts** vorzugeben, indem mit Hilfe von bundesrechtlich definierten Begriffen (vgl. § 3 ROG) und Instrumenten (§§ 8 ff. ROG) das Landesplanungsrecht – allerdings vorbehaltlich der Abweichungsmöglichkeit der Länder nach Art. 72 Abs. 3 GG – einheitlich strukturiert wird. Zu diesem bundesrechtlichen Rahmen gehört zunächst die sog. **Leitvorstellung** einer **nachhaltigen Raumentwicklung**, die die sozialen und wirtschaftlichen Ansprüche an den Raum mit seinen ökologischen Funktionen in Einklang bringt und zu einer dauerhaften, großräumig ausgewogenen Ordnung mit gleichwertigen Lebensverhältnissen in den Teilräumen führt (§ 1 Abs. 2 ROG). Diese Leitvorstellung dient als Zielvorgabe, an der sich die Auslegung und Anwendung der weiteren Begriffe und Instrumente des Raumordnungs- und Landesplanungsrechts zu orientieren hat. Ebenfalls zu den Zielvorgaben gehört das in § 1 Abs. 3 ROG normierte **Gegenstromprinzip**, wonach sich die Entwicklung, Ordnung und Sicherung der Teilräume in die Gegebenheiten und Erfordernisse des Gesamtraumes einfügen und umgekehrt die Entwicklung, Ordnung und Sicherung des Gesamtraums die Gegebenheiten und Erfordernisse seiner Teilräume berücksichtigen soll.

27 Auf der nächsten Konkretisierungsstufe sind die **Grundsätze der Raumordnung** angesiedelt, die § 2 Abs. 2 ROG näher definiert. Diese Auflistung ist nicht abschließend, so dass die Länder gem. Art. 72 Abs. 1 GG ergänzend Grundsätze normieren können. Entsprechend ihrem hohen Abstraktionsgrad sind sie von öffentlichen und privaten Stellen nach Maßgabe des § 4 ROG **zu berücksichtigen**, d.h. in Ermessens- und Abwägungsentscheidungen einzustellen, ohne dass durch sie das Ergebnis von einzelnen Planungsentscheidungen determiniert wird.

---

[49] S. den Überblick bei *Hoppe*, in: Hoppe/Bönker/Grotefels, S. 69 ff.

II. Planungsrecht

Die wichtigste planerische Aussage, die das ROG in § 3 Nr. 2 durch die Kategorie der **Ziele der Raumordnung** definiert, ist durch ihre unmittelbare Verbindlichkeit für alle öffentlichen (s. § 3 Nr. 5 ROG) und bestimmte privaten Stellen (§ 4 Abs. 1 S. 2 ROG), gekennzeichnet. Sie sind gem. § 4 Abs. 1 ROG **zu beachten**. Sie müssen allerdings, um diese Beachtenspflicht auslösen zu können, einen räumlich und sachlich bestimmten Inhalt haben. 28

Beispiel:
Die planerische Aussage in einem Regionalplan nach § 9 HLPG etwa, wonach Standorte für Einkaufszentren mit mehr als 1 200 m² Geschossfläche (nur) Ober- und Mittelzentren sind und die Funktion von Ober- und Mittelzentren einzelnen hessischen Städten und Gemeinden genau zugewiesen ist, stellt ein Ziel in diesem Sinne dar.

Schließlich gibt das ROG Flächenländern wie Hessen in § 13 vor, dass ein **landesweiter Raumordnungsplan** und **Regionalpläne** aufzustellen sind. Allgemeine Regeln über den **Inhalt** und das **Verfahren** des Zustandekommens solcher Pläne enthalten die §§ 13 ff. ROG. Die **Rechtswirkungen** der in diesen Plänen enthaltenen Grundsätze und Ziele ergeben sich aus § 4 ROG, wobei besonderes Augenmerk auf die Wirkungen gegenüber Personen des Privatrechts nach Abs. 1 Satz 2 zu legen ist. Diese sind an die Ziele (Beachtenspflicht) und Grundsätze (Berücksichtigungspflicht) unter der Voraussetzung gebunden, dass öffentliche Stellen i.S.d. § 3 Nr. 5 ROG an diesen juristischen Personen des Privatrechts mehrheitlich beteiligt sind oder dass die jeweiligen Planungen und Maßnahmen überwiegend mit öffentlichen Mitteln finanziert werden. Das Raumordnungsrecht zieht damit die Konsequenzen aus der Tendenz zur formellen und funktionalen Privatisierung. 29

b) Landesentwicklungsplan

Entsprechend diesen bundesrechtlichen Vorgaben sieht das Landesplanungsgesetz als Raumordnungsplan für das Gebiet des Landes den **Landesentwicklungsplan (LEP)** vor (§ 2 Abs. 2 S. 1 HLPG). Die Vorbereitung und Entscheidung über diesen Plan ist Aufgabe des Landes, die im Zusammenwirken von zuständigem Ministerium, Landesregierung und Landtag wahrgenommen wird (s. § 4 HLPG). Der LEP hat die Funktion, die **großräumige Ordnung und Entwicklung** des Landes und seiner Regionen zu leiten und dabei insbesondere die **überregional bedeutsamen Planungen und Maßnahmen** vorzubereiten (§ 3 Abs. 1 HLPG). 30

Die zulässigen und im Normalfall auch gebotenen **Inhalte des LEP** sind in § 3 Abs. 2 HLPG – allerdings nicht abschließend – aufgelistet. Von besonderer praktischer Bedeutung sind insbesondere die als Ziel erfolgende Ausweisung von Städten und Gemeinden als Ober- und Mittelzentren, die Auswirkungen z.B. für die Anbindung dieser Orte an die Schienenfernverkehrsstrecken oder für die Zulässigkeit der Ausweisung von Flächen für Einkaufszentren u.ä. hat.[50] Wie das Beispiel der landesplanerischen Sicherung der Erweiterung des Frankfurter Flughafens[51] zeigt, gehören auch die 31

---

50 Vgl. Ziff. 4.1.2., 4.2.1., 7.1. des Landesentwicklungsplans Hessen 2000 (GVBl. I 2001, S. 2; abrufbar unter www.landesplanung.hessen.de/lep-hessen/landesentwicklungsplan).
51 Zu dieser Änderung des LEP aus dem Jahr 2007 s. VGH Kassel, NVwZ 2010, 661 (Leitsätze), sowie *Hendler*, Raumordnungsplanung zur Erweiterung des Flughafens Frankfurt Main, LKRZ 2007, 1 ff.

Trassen und Standorte für die überregional bedeutsame Verkehrs- und Versorgungsinfrastruktur zu den wichtigen – und regelmäßig umstrittenen – Inhalten des LEP.

32 Das **Verfahren** der Vorbereitung und Entscheidung ist vierstufig strukturiert (§ 4 Abs. 1-5 HLPG): Nach der Ausarbeitung eines Entwurfs durch das zuständige Ministerium (1) entscheidet die Landesregierung durch Beschluss über diesen Entwurf (2) und leitet zugleich ein Anhörungsverfahren ein, an dem der Landtag, der Bund, benachbarte Länder, die hessischen Kreise und Gemeinden sowie eine Reihe weiterer Stellen und Verbände beteiligt sind (3). Abschließend stellt dann die Landesregierung den LEP unter Berücksichtigung der Ergebnisse der Anhörung mit Zustimmung des Landtags durch **Rechtsverordnung** fest (4).

33 Die **Rechtswirkungen** der im LEP enthaltenen Festlegungen ergeben sich aus der bereits erwähnten Vorschrift des § 4 ROG. Danach sind – neben den Grundsätzen, die bei Abwägungs- und Ermessensentscheidungen berücksichtigt werden müssen – die im Landesentwicklungsplan enthaltenen **Ziele der Raumordnung** von allen öffentlichen Stellen bei ihren raumbedeutsamen Planungen und Maßnahmen zu beachten. Praktische Konsequenzen hat dies vor allem für die nachgeordneten Träger der Regionalplanung und der Bauleitplanung. Die Ziele des LEP sind in die Regionalpläne zu übernehmen (§ 5 Abs. 4 HLPG) und die Bauleitplanung muss gem. § 1 Abs. 4 BauGB an die im LEP und in den Regionalplänen enthaltenen Ziele angepasst werden. Da die in einem Ziel zum Ausdruck kommende verbindliche Vorgabe präzise bestimmt und „abschließend abgewogen" sein muss (§ 3 Abs. 1 Nr. 2 ROG), bleibt für die nachgeordneten Planungsträger kein weiterer Gestaltungsspielraum. Lediglich weitere Konkretisierungen von Detailfragen, über die im LEP noch nicht entschieden wurde, fallen in die planerische Gestaltungsfreiheit der nachgeordneten Planungsträger. Wegen des aufwändigen Verfahrens zur Änderung des LEP kann das Ministerium als oberste Landesplanungsbehörde und in problematischen Konfliktfällen die Landesregierung gem. § 4 Abs. 9 HLPG allerdings **Abweichungen im Einzelfall** zulassen, wenn sie die Grundzüge des Plans unberührt lassen.

34 Was die **materiellen Anforderungen** an die Rechtmäßigkeit des LEP angeht, so steht hier – neben den erwähnten Regelungen über den zulässigen Inhalt des LEP (s.o. Rn. 31) – das **Abwägungsgebot** des § 7 Abs. 2 ROG im Mittelpunkt. Dieses Gebot gilt für den Plan insgesamt, vor allem aber auch für die einzelnen Ziele, die gem. § 7 Abs. 2 S. 1, § 3 Abs. 1 Nr. 2 ROG „abschließend" abgewogen sein müssen,[52] wobei sich dieses Abwägungsgebot selbstverständlich nicht auf alle öffentlichen und privaten Belange (z.B. einzelne Grundstückseigentümer) beziehen kann, sondern nur auf diejenigen Belange, die bereits auf der hochstufigen Ebene erkennbar und von Bedeutung sind.

Beispiel:
Werden in einem Regionalplan Vorranggebiete für Windenergienutzung als Ziel der Raumordnung festgelegt, um raumbedeutsame Windkraftanlagen in diesen Gebieten zu konzentrieren und sie zugleich an anderer Stelle im Planungsraum auszuschließen, setzt dies eine abschließen-

---

52 Dazu VGH Kassel, NVwZ 2003, 229 (230 f.).

de Abwägung aller beachtlichen Belange in Bezug auf die positiv festgelegten und die ausgeschlossenen Standorte („Letztentscheidung") und ein schlüssiges gesamträumliches Planungskonzept voraus.[53]

Als Rechtsvorschrift, die im Rang unter dem Landesgesetz steht, unterliegt der LEP gem. § 47 Abs. 1 Nr. 2 VwGO i.V.m. § 15 HessAGVwGO der **Normenkontrolle** durch den Verwaltungsgerichtshof (s. § 3 Rn. 72).

c) Regionalpläne

Für die regionale Ebene sieht das Landesplanungsrecht in § 2 Abs. 2 S. 2 HLPG die Regionalpläne vor. Ihre Aufstellung ist Aufgabe der in den **drei Planungsregionen** Nordhessen (Regierungsbezirk Kassel), Mittelhessen (Regierungsbezirk Gießen) und Südhessen (Regierungsbezirk Darmstadt) gebildeten **Regionalversammlungen**. Wie sich aus §§ 14 und 15 HLPG ergibt, sind in diesen Regionalversammlungen die Landkreise, die kreisfreien Städte sowie die kreisangehörigen Gemeinden mit mehr als 50 000 Einwohnern vertreten.[54] Die Mitglieder der Regionalversammlungen werden dementsprechend von den Vertretungskörperschaften (Gemeindevertretung, Kreistag) nach den Grundsätzen des Kommunalwahlgesetzes gewählt. Wegen dieser kommunalen Repräsentation, an der freilich die kleinen Gemeinden nur mittelbar teilhaben, weist die Regionalplanung in Hessen ein deutliches **kommunales Element** auf. 35

Allerdings handelt es sich bei den Planungsregionen nicht um (Selbstverwaltungs-) Körperschaften mit voller Rechtsfähigkeit und sie verfügen auch nicht über ein den Gemeinden vergleichbares – verfassungsrechtlich gewährleistetes – Selbstverwaltungsrecht. Es handelt sich bei den Planungsregionen vielmehr um „**geographische Einteilungen des Landes**" und bei den Regionalversammlungen um **Organe des Landes Hessen**,[55] die aber immerhin in § 14 Abs. 3 HLPG mit der Fähigkeit ausgestattet wurden, ihre gesetzlichen Rechte gegenüber den Dienststellen des Landes verwaltungsgerichtlich durchzusetzen. Die nur sehr begrenzte Selbständigkeit der Regionalplanung wird auch an folgenden Einflussmöglichkeiten des Landes deutlich: Der Entwurf eines Regionalplans wird gem. § 6 Abs. 1 S. 2 HLPG vom Regierungspräsidium (staatliche Behörde des Landes Hessen) ausgearbeitet. Der von der Regionalversammlung beschlossene Plan bedarf der Genehmigung durch die Landesregierung (§ 7 Abs. 1 HLPG) und in Konfliktfällen kann diese ihre regionalplanerischen Ziele gegenüber einer „widerspenstigen" Regionalversammlung durchsetzen, weil dann das Regierungspräsidium an die Stelle der Regionalversammlung treten kann (s. §§ 7 Abs. 4, 8 Abs. 4 HLPG). 36

Die **Funktion** der Regionalpläne ist gekennzeichnet durch ihre **Mittellage zwischen** den überregionalen Vorgaben des **LEP** einerseits **und** der lokalen Planung im Wege der **Bauleitplanung** andererseits. Sie enthalten deshalb die Festlegungen der Raumordnung 37

---

53 So VGH Kassel, LKRZ 2012, 345 (LS 1); s. auch bereits VGH Kassel, LKRZ 2011, 277.
54 Gem. § 14 Abs. 1 S. 1 HLPG sind außerdem in der Planungsregion Südhessen der Regionalverband FrankfurtRheinMain und in der Planungsregion Nordhessen der Zweckverband Raum Kassel vertreten.
55 So VGH Kassel, NuR 2003, 115 (LS 2); NVwZ-RR 2005, 11 (12). Nach VGH Kassel, DÖV 2006, 477 (478), hat dies u.a. zur Konsequenz, dass die Zuständigkeit der Regionalversammlung zur Entscheidung über Abweichungen von Zielen des Regionalplans durch die Zuständigkeit einer staatlichen Planfeststellungsbehörde – im Rahmen der Verfahrenskonzentration (s.o. Rn. 18 ff.) im Planfeststellungsverfahren – verdrängt wird.

für die Entwicklung der jeweiligen Planungsregion, wobei sie einerseits die Vorgaben des LEP zu beachten und sich andererseits auf Planungen und Maßnahmen von überörtlicher Bedeutung zu beschränken haben (s. § 5 Abs. 3 und 4 HLPG). Für die **Inhalte** des Regionalplans hat dies zur Konsequenz, dass dieser die im LEP enthaltenen Ziele übernehmen muss, die auf die jeweilige Planungsregion bezogen sind, und gem. § 5 Abs. 4 HLPG darüber hinaus Ziele und Grundsätze zu den dort exemplarisch aufgelisteten Sachbereichen enthalten „soll", soweit es um Planungen und Maßnahmen von **überörtlicher Bedeutung** geht. Wie bereits der Vergleich zwischen den Inhalten des LEP einerseits (§ 3 Abs. 2 HLPG) und der Regionalpläne andererseits (§ 5 Abs. 4 HLPG) zeigt, geht der Inhalt der Regionalpläne stärker ins Detail. Dies findet seinen Ausdruck auch darin, dass die zeichnerischen Festlegungen des Regionalplans gem. § 5 Abs. 1 3 HLPG im Maßstab 1:100 000 erfolgen, während der LEP entsprechend seiner überregionalen Funktion – ohne dass dies gesetzlich festgeschrieben ist – zeichnerische Festlegungen nur im Maßstab 1:200 000 enthält. Das schließt es freilich nicht aus, dass für einzelne überregional bedeutsame Vorhaben (z.B. Flughäfen) in den LEP detailgenaue Ziele aufgenommen werden.

38 Das **Verfahren**, das dem Inkrafttreten eines Regionalplans vorausgeht, ist durch zwei Elemente geprägt: Zum einen führt die Komplexität seines Inhalts und die Reichweite seiner Wirkungen zu der Notwendigkeit, alle betroffenen Gemeinden und Kreise, eine Vielzahl von **Trägern öffentlicher Belange** und die **Öffentlichkeit** (aller interessierten Bürger) an dem Verfahren zu beteiligen. Die Einzelheiten dieser Beteiligung ergeben sich aus § 6 Abs. 3 HLPG. Zum anderen bringen die maßgebliche Position der – kommunal dominierten – Regionalversammlung einerseits und der kontrollierende Einfluss des Landes andererseits ein kompliziertes Entscheidungsverfahren mit sich, an dem das **Regierungspräsidium** als obere Landesplanungsbehörde (Entwurf), die Regionalversammlung (Beschlussorgan), das Ministerium als oberste Landesplanungsbehörde (Kontrolle und Aufsicht) sowie die Landesregierung (Genehmigung) beteiligt sind. Die Einzelheiten dieses Vorbereitungs- und Entscheidungsverfahren sind in den §§ 6 und 7 HLPG geregelt.[56]

39 Hinsichtlich der **Rechtswirkungen** und der **materiellen Bindungen**, denen der Regionalplan genügen muss, bestehen keine Unterschiede zum LEP, so dass auf die dortigen Ausführungen (s.o. Rn. 33 f.) verwiesen werden kann. Praktisch relevant ist vor allem die Bindung der Bauleitplanung gem. § 1 Abs. 4 BauGB an die in den Regionalplänen enthaltenen Ziele.

Beispiel:
Ein Bebauungsplan, der ein Sondergebiet „Biogas" (energetische Nutzung von Biomasse) für Flächen festsetzt, die im einschlägigen Regionalplan als Vorranggebiet für Landwirtschaft festgelegt sind, ist wegen Verstoßes gegen § 1 Abs. 4 BauGB unwirksam.[57]

---

56 Zur umstrittenen Frage, ob die Regionalversammlung Entscheidungen über Zielabweichungen auf einen Ausschuss delegieren darf, s. (bejahend) VG Darmstadt, U. v. 23.11.2010 – 9 K 865/09.DA und (verneinend) VGH Kassel, NVwZ 2010, 1165 (LS 3).
57 VGH Kassel, BauR 2013, 1984.

Was den **Rechtsschutz** gegen Regionalpläne angeht, so stellte sich das Problem, dass das Landesplanungsgesetz die Rechtsnormqualität der Regionalpläne – anders als beim LEP (s.o. Rn. 34) – nicht definiert. Das Bundesverwaltungsgericht hat jedoch zutreffend erkannt, dass jedenfalls den in den Regionalplänen enthaltenen Zielen der Raumordnung die von § 47 Abs. 1 Nr. 2 VwGO geforderte Rechtsnormqualität zukommt[58] mit der Folge, dass gegen sie ein Normenkontrollverfahren statthaft ist[59] (§ 15 HessAGVwGO, s. dazu auch § 3 Rn. 72). Nicht anders als beim LEP können auch von den Zielen des Regionalplans **Abweichungen** zugelassen werden.[60] Gem. § 8 Abs. 1 HLPG entscheidet konsequenterweise die Regionalversammlung über die Zulassung solcher Abweichungen. Allerdings kann eine solche – positive oder negative – Entscheidung der Regionalversammlung gem. § 8 Abs. 4 HLPG durch das Regierungspräsidium mit Zustimmung des Ministeriums ersetzt werden, wenn dies „rechts- oder fachaufsichtlich geboten erscheint". Auch hier zeigt sich, dass der hessische Gesetzgeber die Regionalplanung nicht konsequent kommunalisiert hat und der Regionalversammlung in Konfliktfällen nicht die Autonomie zukommt, das „letzte Wort" zu sprechen (s. dazu bereits Rn. 36).

3. Bedeutung des Landesrechts für das Bauplanungsrecht

Die unterste Stufe in dem System der gesamträumlichen Planung (s. Rn. 21) und zugleich den planungsrechtlichen Teil des Baurechts (Rn. 22 f.) bildet das **Bauplanungsrecht** mit seinen Planungsinstrumenten des Flächennutzungsplans und des Bebauungsplans, mit der planersetzenden Regelung des § 34 BauGB zur Zulässigkeit von Vorhaben in bereits bebauten Gebieten und mit der gesetzlichen Planung des Außenbereichs durch § 35 BauGB. Das Bauplanungsrecht ist bundesrechtlich im Baugesetzbuch (BauGB) geregelt und für seine systematische Darstellung ist deshalb hier auf die einschlägige Lehrbuchliteratur (s. die Literaturhinweise am Anfang von § 6) zu verweisen. Im Rahmen eines kursorischen Überblicks über die Grundzüge des Bauplanungsrechts sind im Folgenden lediglich die **Schnittstellen** aufzuzeigen, die zwischen **Bundes- und Landesrecht** in den verschiedenen bauplanungsrechtlichen Zusammenhängen bestehen.

40

Die Grundstruktur der **Bauleitplanung** ist bundesrechtlich abschließend geregelt und steht nicht zur Disposition der Länder. Sie ist durch die Darstellung der Grundzüge der Bodennutzung in einem vorbereitenden Bauleitplan, dem **Flächennutzungsplan**, und dem aus diesem entwickelten (s. § 8 Abs. 2 S. 1 BauGB) **Bebauungsplan** als verbindlichem Bauleitplan geprägt, der parzellenscharf und außenrechtsverbindlich die Nutzung der von ihm erfassten Flächen regelt. Aus dieser unterschiedlichen Funktion der beiden Instrumente der Bauleitplanung erklärt sich deren differenzierte gesetzliche Ausgestaltung: Aus § 5 Abs. 1 BauGB ergibt sich, dass im Flächennutzungsplan die

41

---

58 BVerwGE 119, 217 (219 ff.).
59 S. als Beispiel: VGH Kassel, LKRZ 2011, 277 (Normenkontrollverfahren gegen ein Ziel der Raumordnung im Regionalplan – Festlegung von Vorranggebieten für Windenergienutzung).
60 Zur Statthaftigkeit einer Anfechtungsklage gegen eine solche Abweichungsentscheidung und zur Zuständigkeit der Regionalversammlung, wenn die Abweichungsentscheidung neue Ziele der Raumordnung enthält, VGH Kassel, NVwZ 2010, 1165 ff.

Art der Nutzung für das ganze Gemeindegebiet lediglich „darzustellen" ist, während der Bebauungsplan gem. § 8 Abs. 1 S. 1 BauGB „rechtsverbindliche Festsetzungen" enthält. Bereits die ausdrückliche Bezeichnung der Wirkung des Bebauungsplans als „rechtsverbindlich" lässt dessen Außenwirkung erkennen. Der Flächennutzungsplan bindet demgegenüber gem. § 8 Abs. 2 S. 1 BauGB nur die Gemeinde selbst. Der Bebauungsplan ist somit für den Bürger die zentrale Planungskategorie,[61] die die vorgelagerten und höherstufigen Planungen (s.o. Rn. 24 ff.) mit Außenwirkung umsetzt. Diese Verbindlichkeit des Bebauungsplans darf allerdings nicht zu Missverständnissen verleiten: Der Bebauungsplan verpflichtet nicht zu der festgesetzten baulichen Nutzung, sondern er erlaubt diese lediglich. In diesem Sinne handelt es sich bei dem Bebauungsplan um eine **Angebotsplanung**.

a) Inhalt und Rechtsform des Bebauungsplans

42 Nach § 30 Abs. 1 BauGB ist ein qualifizierter Bebauungsplan dadurch gekennzeichnet, dass er Festsetzungen über die **Art** und das **Maß der baulichen Nutzung**, die **überbaubaren Grundstücksflächen** und die **örtlichen Verkehrsflächen** enthält.

Beispiel:
- Art der baulichen Nutzung: z.B. Wohn-, Gewerbe- oder Industrienutzung (vgl. die Gebietstypen nach §§ 2 bis 14 BauNVO).
- Maß der baulichen Nutzung: Gebäudehöhe oder Zahl der Vollgeschosse (vgl. § 16 ff. BauNVO).
- Überbaubare Grundstücksflächen: Baulinien und Baugrenzen (vgl. § 23 BauNVO).
- Örtliche Verkehrsflächen: Zufahrtsstraßen; siehe dazu auch § 9 Abs. 1 Nr. 11 BauGB.

Mit diesem Minimalkatalog sind die Festsetzungsmöglichkeiten in Bebauungsplänen allerdings bei weitem nicht erschöpft. Der Festsetzungskatalog des § 9 Abs. 1 BauGB stellt den Gemeinden ein Instrumentarium zur Verfügung, mit dessen Hilfe sie von der Lage eines Kinderspielplatzes über den Verlauf von Wasser- oder Stromleitungen bis hin zu Fassadenbegrünungen eine umfassende Bodennutzungsplanung betreiben können.[62]

43 Aus landesrechtlicher Perspektive von besonderem Interesse ist die in § 9 Abs. 4 BauGB den Ländern eröffnete Möglichkeit zu bestimmen, dass auf Landesrecht beruhende Regelungen (Satzungen) als Festsetzungen in den Bebauungsplan aufgenommen werden können und dass auf solche Regelungen dann die Vorschriften des Baugesetzbuches nach Maßgabe landesrechtlicher Geltungsanordnung Anwendung finden können. Von dieser Möglichkeit hat der hessische Gesetzgeber in § 91 Abs. 3 HBO Gebrauch gemacht.

Beispiel:
- **Gestaltungssatzungen** nach § 91 Abs. 1 S. 1 Nr. 1 HBO (z.B. Dachneigung und -farbe,[63] Beschränkungen und Verbote für Warenautomaten und **Werbeanlagen**),

---

61 *Koch/Hendler*, Öffentliches Baurecht, § 8 Rn. 3.
62 Ausführlich zu den Festsetzungsmöglichkeiten *Finkelnburg/Ortloff/Kment*, Öffentliches Baurecht I, § 8 Rn. 26 ff. (Art der baulichen Nutzung), § 3 Rn. 87 ff. (Maß der baulichen Nutzung) und S. 106 ff. (sonstige Festsetzungen).
63 S. dazu das Beispiel in VGH Kassel, HGZ 2007, 211 ff.

- durch Satzung geregelte Anforderungen an den **rationellen Umgang mit Energie und Wasser** (z.B. Pflicht zur Installation einer Regenwasserzisterne),
- Vorgaben für die Gestaltung von Stellplätzen oder von der gesetzlichen Regelung des § 6 HBO abweichende **Abstandsflächen** (§ 91 Abs. 1 S. 1 Nr. 4 und 6 HBO),
- von großer praktischer Bedeutung sind auch Satzungen auf der Grundlage des § 52 Abs. 2 S. 1 HBO, die **Stellplätze und Garagen** betreffen (s. dazu Rn. 76 ff.).

Seit der HBO-Novelle 2018 finden, wenn eine Gemeinde solche örtlichen Bauvorschriften nicht durch eine gesonderte Satzung sondern durch Bebauungsplan erlässt, die wesentlichen Regelungen des BauGB über das Verfahren, die materiellen Bindungen und über die Fehlerfolgen bei Bebauungsplänen Anwendung (s. die Liste der anwendbaren BauGB-Normen in § 91 Abs. 3 HBO).[64] Die verwaltungsgerichtliche Kontrolle solcher örtlichen Bauvorschriften folgt deshalb weitgehend den für Bebauungspläne geltenden Regeln. Demgegenüber sind örtliche Bauvorschriften, die als gesonderte Satzungen erlassen werden, allein an den in § 91 Abs. 1 und 2 HBO normierten Voraussetzungen sowie an den rechtsstaatlichen Minimalanforderungen (z.B. an die Beteiligung Betroffener oder die Begründung solcher Satzungen) zu messen.

Der Bebauungsplan wird gem. **§ 10 Abs. 1 BauGB** „als Satzung" beschlossen. Diese gesetzliche Rechtsformbestimmung darf in ihren Auswirkungen allerdings nicht überschätzt werden. Für eine Reihe von Fragen existieren nämlich primär zu beachtende spezielle gesetzliche Regelungen, die den Bebauungsplan von anderen Rechtsnormen im Allgemeinen und von anderen Satzungen im Besonderen deutlich unterscheiden. Zu diesen speziellen Regelungen gehört etwa, dass gem. § 38 BauGB der Bebauungsplan nicht für alle behördlichen Zulassungsentscheidungen verbindlich ist oder dass gem. §§ 214 ff. BauGB Rechtsfehler nicht notwendig zur Nichtigkeit führen. Nur soweit solche speziellen gesetzlichen Regelungen nicht vorhanden sind, können Antworten auf dogmatische Fragen aus der in § 10 Abs. 1 BauGB normierten „Rechtsnatur" des Bebauungsplans gewonnen werden.[65] So lässt sich aus § 10 Abs. 1 BauGB ableiten, dass über Bebauungspläne von dem nach Landesrecht für den Erlass, die Änderung und Aufhebung von Satzungen zuständigem Organ der Gemeinde zu entscheiden ist. Nach **§ 51 Nr. 6 HGO** ist dies die **Gemeindevertretung**. Außerdem folgt aus der Satzungsqualität des Bebauungsplans, dass Rechtsschutz im Wege der Normenkontrolle gem. § 47 Abs. 1 Nr. 1 VwGO eröffnet ist.

44

b) Zuständigkeit und Verfahren der Bauleitplanung

Zuständig für die Aufstellung von Bauleitplänen sind entsprechend der verfassungsrechtlichen Vorgabe aus Art. 28 Abs. 2 GG gem. § 1 Abs. 3 BauGB die **Gemeinden**. Von den Möglichkeiten abweichender Regelungen, die §§ 203 ff. BauGB zur Entlastung kleiner Gemeinden und im Interesse einer großräumig abgestimmten Planung zulässt, wurde in Hessen nur zurückhaltend Gebrauch gemacht. Nur das Gesetz über die Metropolregion Frankfurt/Rhein-Main (MetropolG)[66] sieht in §§ 7 ff. einen „Regio-

45

---

64 Dadurch sollen Unklarheiten beseitigt werden, die in der Vergangenheit dadurch entstanden sind, dass Teile eines Bebauungsplans, die nicht immer sicher zu identifizieren waren, nach der HBO zu beurteilen waren, während für die übrigen Bebauungsplan die Regeln des BauGB galten; s. dazu LT-Drs. 19/6379, S. 7 f.; zur alten Rechtslage VGH Kassel, HGZ 2007, 211 ff. (Rn. 41, 44).
65 Dazu auch *Battis*, Öffentliches Baurecht, Rn. 206 ff.
66 Vom 8.3.2011 (GVBl. I, S. 153).

nalverband FrankfurtRheinMain"[67] als Zwangskörperschaft[68] des öffentlichen Rechts vor, der für das Gebiet des gesamten Ballungsraums Frankfurt/Rhein-Main[69] einen gemeinsamen Flächennutzungsplan (§ 204 BauGB) aufstellt.[70] Allerdings wird dieser gemeinsame Flächennutzungsplan von dem Regionalverband nicht als selbständiger Plan aufgestellt, sondern ist integriert in den Regionalplan (s.o. Rn. 35 ff.) der Planungsregion Südhessen. Nach § 9 Abs. 1 HLPG, der insoweit die durch § 13 Abs. 4 ROG eröffnete Möglichkeit konkretisiert, übernimmt der Regionalplan „zugleich die Funktion eines gemeinsamen Flächennutzungsplans nach § 204 BauGB" und wird deshalb als „**Regionaler Flächennutzungsplan**" bezeichnet. Deshalb muss dieser Plan sowohl von der Regionalversammlung Südhessen (s.o. Rn. 35) als auch von der Verbandskammer als dem zuständigen Organ des Regionalverbandes FrankfurtRheinMain beschlossen werden. § 9 Abs. 3 HLPG enthält für den Fall von Divergenzen ein Vermittlungsverfahren. Ausschlaggebend für diese komplexe Konstruktion einer regionalen Flächennutzungsplanung war – wie bereits für den vorangegangenen Umlandverband – die Überlegung, dass eine sinnvolle Planung im Rhein-Main-Verdichtungsgebiet nur bei Vereinigung der hierfür erforderlichen Kompetenz in einer Hand möglich sei.[71]

46 Die Anforderungen an das **Verfahren** der Aufstellung, Änderung, Ergänzung oder Aufhebung von Bauleitplänen sind in den detaillierten Form- und Verfahrensvorschriften der §§ 2 ff. BauGB geregelt.[72] Das Verfahren ist geprägt durch die Funktion der Bauleitplanung, unter Ausgleich vielfältiger öffentlicher und privater Belange die Bodennutzung zu ordnen und zu steuern. Dieser Koordinierungs- und Ausgleichsaufgabe muss es vor allem durch Beteiligung der Öffentlichkeit und der „Vertreter" der unterschiedlichen öffentlichen Belange gerecht werden. Weitere spezielle Form- und Verfahrensregelungen finden sich für den Flächennutzungsplan in den §§ 5 bis 7 BauGB und für den Bebauungsplan in den §§ 8 bis 10 a BauGB. Das bundesrechtlich geregelte Verfahren der Bauleitplanung ist nur punktuell ergänzungsbedürftig und -fä-

---

67 Bei dem „Regionalverband FrankfurtRheinMain" handelt es sich um den – umbenannten –früheren Planungsverband Ballungsraum Frankfurt/Rhein-Main, der seine rechtliche Grundlage im (aufgehobenen) Gesetz über den Planungsverband Ballungsraum Frankfurt/Rhein-Main v. 19.12.2000 (GVBl. I, S. 542) hatte. Dieser Planungsverband seinerseits war Rechtsnachfolger des Umlandverbandes Frankfurt (s. das Gesetz v. 11.9.1974, GVBl. I, S. 427).
68 Zur Vereinbarkeit mit Art. 137 HV s. HessStGH, NVwZ-RR 2004, 713 ff.
69 Die Städte und Gemeinden, die Mitglieder der Körperschaft sind, listet § 2 Abs. 1 MetropolG auf. Daneben können nach § 7 Abs. 4 MetropolG angrenzende Kommunen freiwillig beitreten. Es soll sich nach § 7 Abs. 2 MetropolG um einen Planungsverband nach § 205 BauGB handeln, obwohl die in dieser Vorschrift genannten Konstituierungsvoraussetzungen nicht vorliegen. Vielmehr beruht die Schaffung des Planungsverbandes/ Regionalverbandes auf einer originären Landesgesetzgebungskompetenz, die das BauGB – wie in § 205 Abs. 6 BauGB ausdrücklich normiert ist – durch seine nicht abschließenden Regelungen über (Zwangs-)Zusammenschlüsse von Gemeinden unberührt lässt.
70 Daneben gibt es in Hessen weder Rechtsverordnungen nach § 203 Abs. 1 BauGB noch Gesetze nach § 203 Abs. 2 BauGB noch Fälle des § 204 BauGB (gemeinsame Flächennutzungsplanung durch benachbarte Gemeinden).
71 Zusammenfassend dazu HessStGH, NVwZ-RR 2004, 713 (718 ff.). Der Umlandverband war das Ergebnis der Gebietsreform. Um effektive Planung in der Region zu gewährleisten, forderte damals die Stadt Frankfurt, durch Eingemeindungen eine Regionalstadt mit 1,5 Mio. Einwohnern zu schaffen. Soweit wollte der Gesetzgeber nicht gehen, ermöglichte aber das selbstverwaltungsfreundlichere Modell des Umlandverbandes.
72 Übersicht dazu bei *Battis*, Öffentliches Baurecht, Rn. 211 ff.

hig mit der Folge, dass das BauGB insoweit nicht abschließend ist und gem. Art. 72 Abs. 1 GG Raum für **landesrechtliche Ergänzungen** bleibt.

Solche Ergänzungen betreffen etwa die im BauGB an verschiedenen Stellen des Bauleitplanverfahrens vorgesehene „**ortsübliche Bekanntmachung**" (§§ 2 Abs. 1, 3 Abs. 2, 6 Abs. 5, 10 Abs. 3 BauGB). Da es sich in allen diesen Fällen um Bekanntmachungen der Gemeinden handelt, ist für die Art und Weise der Bekanntmachung § 7 HGO maßgeblich, der die Veröffentlichung in einer örtlich verbreiteten, mindestens einmal wöchentlich erscheinenden Zeitung oder in einem Amtsblatt verlangt, darüber hinaus zu näheren Regelungen durch Rechtsverordnung ermächtigt[73] und schließlich die Gemeinden zur Regelung des Bekanntmachungsmodus in der Hauptsatzung zwingt. 47

Darüber hinaus weist das BauGB Rechte und Pflichten im Zusammenhang mit der Bauleitplanung „der Gemeinde" als solcher zu, ohne eine Antwort auf die Frage zu geben, welches Gemeindeorgan berechtigt oder verpflichtet ist, die jeweilige Maßnahme oder Entscheidung zu treffen. Diese Fragen sind jeweils nach den einschlägigen **gemeinderechtlichen Zuständigkeits- und Verfahrensregeln** zu beantworten. So fällt die Ausarbeitung des Flächennutzungs- und Bebauungsplanentwurfs nach § 66 Abs. 1 S. 3 Nr. 2 HGO in die Zuständigkeit des Gemeindevorstandes, während die Gemeindevertretung gem. § 50 Abs. 1 HGO über die öffentliche Auslegung nach § 3 Abs. 2 BauGB und vor allem darüber entscheidet, ob es nach Würdigung der eingegangenen Stellungnahmen bei der öffentlich ausgelegten Fassung bleiben soll. Dann **beschließt** die gem. § 51 Nr. 6 HGO zuständige **Gemeindevertretung** den Bebauungsplan gem. § 10 Abs. 1 BauGB als Satzung, während sie über den Flächennutzungsplan durch einfachen Beschluss entscheidet. Maßgebliche Kompetenznorm für diesen ist § 50 Abs. 1 S. 1 HGO. Für das **Verfahren der Gemeindevertretung** (Einberufung, Öffentlichkeit, Beschlussfähigkeit, Befangenheit) gelten ausschließlich die Regeln der Gemeindeordnung. Dies hat die wichtige Folge, dass die Fehlerfolgenregelungen der **§§ 214 f. BauGB** bei einer Verletzung dieser gemeinderechtlichen Verfahrensregeln **keine Anwendung** finden (Rn. 52). Allerdings gilt die Möglichkeit des § 214 Abs. 4 BauGB, eine fehlerhafte Satzung durch ein ergänzendes Verfahren auch rückwirkend in Kraft zu setzen, auch für den Fall, dass gegen landesrechtliche Verfahrensvorschriften z.B. der Gemeindeordnung verstoßen wurde.[74] 48

Der Flächennutzungsplan (§ 6 Abs. 1 BauGB) und die in § 10 Abs. 2 BauGB aufgezählten genehmigungspflichtigen Bebauungspläne, die nicht aus einem Flächennutzungsplan entwickelt wurden, sind anschließend zusammen mit den nicht berücksichtigten Anregungen und einer Stellungnahme der Gemeinde der „**höheren Verwaltungsbehörde**" zur **Genehmigung** vorzulegen.[75] Nach § 22 Abs. 1 der hessischen Verordnung zur Durchführung des BauGB[76] ist dies das Regierungspräsidium. 49

---

73 S. die Verordnung über öffentliche Bekanntmachungen der Gemeinden und Landkreise v. 12.10.1977 (GVBl. I, S. 409).
74 BVerwG, NVwZ 2000, 676.
75 Von der durch § 246 Abs. 1 a BauGB eröffneten Möglichkeit, für die übrigen Bebauungspläne eine Anzeigepflicht einzuführen, wurde in Hessen bislang kein Gebrauch gemacht.
76 DVO-BauGB v. 17.4.2007 (GVBl. I, S. 259).

50 Wegen der Rechtsnormqualität der Bebauungspläne muss aus rechtsstaatlichen Gründen die Übereinstimmung des textlichen und zeichnerischen Inhalts mit dem Willen der beschlussfassenden Gemeindevertretung kontrolliert und bekundet werden. Dies ist die Funktion der **Ausfertigung** durch den gem. § 66 Abs. 1 Nr. 2 HGO zuständigen Gemeindevorstand.[77] Der **Flächennutzungsplan** wird gem. § 6 Abs. 5 S. 2 BauGB mit der öffentlichen Bekanntmachung der Genehmigung **wirksam**. Gleiches gilt gem. § 10 Abs. 3 BauGB für das **Inkrafttreten** der genehmigungsbedürftigen **Bebauungspläne**. Nicht genehmigungsbedürftige Bebauungspläne treten mit der öffentlichen Bekanntmachung des Beschlusses der Gemeindevertretung in Kraft.

c) Bindung an Ziele der Raumordnung

51 Der bereits erwähnten Einbindung der Bauleitpläne in die überörtliche Gesamtplanung (s.o. Rn. 21) dient § 1 Abs. 4 BauGB, wonach die Bauleitpläne den vor allem in den Regionalplänen enthaltenen **Zielen der Raumordnung**[78] anzupassen sind.[79] Diese Anpassungspflicht, die zwingend ist in dem Sinne, dass die Ziele der Raumordnung nicht im Wege der Abwägung überwunden werden können,[80] führt zu einer Verzahnung zwischen bundesrechtlich geregelter Bauleitplanung und landesrechtlich – allerdings in dem durch das Raumordnungsgesetz des Bundes vorgegebenen Rahmen (s.o. Rn. 25 ff.) – geregelter Landes- und Regionalplanung. Über das Ausmaß der gemeindlichen Gestaltungsfreiheit und über die praktische Bedeutung der im BauGB geregelten Bauleitplanung entscheidet vor allem die Detailgenauigkeit der Regionalpläne, die das Landesplanungsrecht in § 5 Abs. 4 HLPG nur über das Kriterium der „überörtlichen Bedeutung" steuert. Die Regionalpläne dürfen also keine flächendeckend detaillierten Ziele enthalten. Denn dies würde dazu führen, dass die Bauleitpläne die überörtliche Planung lediglich umzusetzen hätten. Vielmehr muss den Gemeinden ein Entfaltungs- und Konkretisierungsspielraum verbleiben, was sich bereits aus der den Gemeinden zustehenden Planungshoheit als Ausdruck der Selbstverwaltungsgarantie ergibt.[81]

d) Fehlerfolgen

52 Was die Folgen von Fehlern der Bauleitplanung angeht, so ist aus der Perspektive des Landesrechts zu **unterscheiden** zwischen den aus dem **BauGB** folgenden Anforderungen und dem in der **HGO** normierten Verfahrensrecht, das insbesondere für das Zustandekommen des Satzungsbeschlusses durch die Gemeindevertretung maßgeblich ist. Entsprechend dieser Unterscheidung bestimmen sich auch die Verfahrensfehlerfolgen verschieden: Die HGO regelt in § 25 Abs. 6 die Rechtsfolgen eines Verstoßes gegen die Befangenheitsvorschriften und erklärt in § 5 Abs. 4 bestimmte Anforderungen

---

[77] „Ausführung" im Sinne dieser Vorschrift bedeutet die Vornahme aller gebotenen Verfahrensschritte, um einen Beschluss der Gemeindevertretung zu verwirklichen. Dazu gehört, wenn es sich um einen Bebauungsplan und damit einen Satzungsbeschluss handelt, auch die Ausfertigung.
[78] Zur Anpassungspflicht vgl. BVerwGE 90, 329 ff.; VGH Kassel, BRS 50 (Nr. 7), 19 ff.; dazu *Sauer*, Rechtsnatur und Bindungswirkung von Zielen der Raumordnung und Landesplanung – Rechtsschutz gegen Planungen, VBlBW 1995, 465 ff.
[79] So z.B., wenn ein regionaler Grünzug oder die allgemeine Unzulässigkeit von großflächigen Einzelhandelsbetrieben in Unterzentren vorgegeben ist.
[80] BVerwGE 90, 329 ff.
[81] BVerwG, NVwZ 1994, 285 ff.

– darunter die Vorschriften des § 53 HGO zur Beschlussfähigkeit und des § 56 HGO zur Einberufung der Gemeindevertretung – für unbeachtlich, wenn ein Verstoß gegen sie nicht binnen sechs Monaten geltend gemacht worden ist. Nur soweit sich solche speziellen Fehlerfolgenregelungen nicht finden, gilt bei Verstößen des Satzungsbeschlusses gegen gemeinderechtliche Verfahrensvorschriften der allgemeine Grundsatz, dass rechtswidrig zustande gekommene Normen nichtig sind.

Verstößt ein Bebauungsplan oder ein Flächennutzungsplan gegen verfahrensrechtliche oder materiell-rechtliche Bindungen des **BauGB**, so hat auch dies nicht automatisch zur Folge, dass er durch ein Gericht für nichtig erklärt werden kann. Das Baugesetzbuch sieht vielmehr in den §§ 214 und 215 unter der Überschrift „**Planerhaltung**" besondere Regeln vor, die die Befugnis der Gerichte, Bebauungspläne für nichtig zu erklären, beschränken.[82] Nach § 214 BauGB sind in diesem Sinne nur bestimmte Fehler beachtlich. Diese müssen gem. § 215 BauGB innerhalb einer Frist von einem Jahr gerügt werden. Mit diesen besonderen Fehlerfolgeregelungen soll einer von manchen für „übergroß" gehaltenen Fehleranfälligkeit des Bebauungsplanverfahrens Rechnung getragen werden.

53

e) Vorhaben im Innenbereich

In bereits bebauten Gebieten, für die kein qualifizierter Bebauungsplan existiert, steuert § 34 BauGB die bauliche Nutzung in der Weise, dass neue Vorhaben sich nach Art und Umfang der baulichen Nutzung an der vorgefundenen tatsächlichen Prägung des Gebietes orientieren müssen. Will die Gemeinde hier Atypisches zulassen, muss sie das Gebiet überplanen. Landesrechtliche Regelungen sind im Zusammenhang des § 34 BauGB von Bedeutung für die in den Absätzen 4 bis 6 geregelten Satzungen. Da im Einzelfall oft unklar ist, wo genau die Grenzen eines im Zusammenhang bebauten Ortsteils verlaufen, gibt **§ 34 Abs. 4 BauGB** den Gemeinden die Möglichkeit, den Anwendungsbereich des § 34 Abs. 1 und 2 BauGB durch Satzung zu präzisieren und in begrenztem Umfang auch zu erweitern.[83] Lediglich deklaratorische Wirkung hat die „**Klarstellungssatzung**" nach § 34 Abs. 4 S. 1 Nr. 1 BauGB, wonach die Gemeinde bereits vorhandene Grenzen festlegen kann. Die sog. „**Entwicklungssatzung**" nach Nr. 2 dieser Vorschrift hat dagegen konstitutive Wirkung. Bereits bebaute Außenbereichsflächen, die noch nicht die Dichte eines im Zusammenhang bebauten Ortsteils aufweisen, können danach zum Innenbereich erklärt werden, wenn die Flächen im Flächennutzungsplan als Baufläche dargestellt sind und die Festlegung mit einer geordneten städtebaulichen Entwicklung vereinbar ist. Im Gegensatz zur Außenbereichssatzung[84] nach § 35 Abs. 6 BauGB muss die Bebauung des Gebietes derart verdichtet sein, dass die Fortentwicklung zu einem Ortsteil geboten ist. § 34 Abs. 4 S. 1 Nr. 3 BauGB schließlich eröffnet den Gemeinden die Möglichkeit, einzelne Außenbereichsgrundstücke in städtebaulich angemessener Weise in den Innenbereich einzubeziehen. Voraus-

54

---

82 Die Kontrollbefugnis der höheren Verwaltungsbehörde in einem möglichen Anzeige- oder Genehmigungsverfahren wird durch diese Regelungen hingegen nicht eingeschränkt. § 216 BauGB stellt dies ausdrücklich klar.
83 Vgl. dazu den Überblick bei *Battis*, Öffentliches Baurecht, Rn. 383 ff.
84 Diese bewirkt nämlich keine grundsätzliche Baubarkeit und entbindet nicht von den Regeln des unbeplanten Innenbereichs, sondern vermag lediglich über eine Teilprivilegierung gewisse öffentliche Belange als Hindernisgründe auszuräumen; näher dazu *Battis*, Öffentliches Baurecht, Rn. 402 und Rn. 414.

setzung der Zulässigkeit dieser „Ergänzungssatzung" ist, dass die einzubeziehenden Flächen des Außenbereichs an die im Zusammenhang bebauten Ortsteile angrenzen und durch deren bauliche Nutzung entsprechend geprägt sind. Da es sich in allen drei Fällen um gemeindliche Satzungen handelt, gelten – wie beim Bebauungsplan (Rn. 45 ff.) – auch hier die Zuständigkeits- und Verfahrensregeln der Gemeindeordnung, die auf Satzungen bezogen sind.

f) Vorhaben im Außenbereich

55 Im Gegensatz zum Innenbereich soll der Außenbereich nach dem in § 35 BauGB normierten Grundprinzip möglichst unbebaut bleiben. Dabei fallen nach der Systematik der §§ 29 ff. BauGB unter den Begriff des Außenbereichs alle Flächen, auf die weder § 30 Abs. 1 oder 2 BauGB noch § 34 BauGB Anwendung finden. Im Außenbereich regelmäßig zulässig sind nur die in § 35 Abs. 1 BauGB im einzelnen aufgezählten **privilegierten Vorhaben**, sofern öffentliche Belange ihnen nicht entgegenstehen und die ausreichende Erschließung gesichert ist. Aus dem Vergleich mit den in § 35 Abs. 2 BauGB geregelten nicht-privilegierten Vorhaben, bei denen schon die bloße Beeinträchtigung öffentlicher Belange und nicht erst deren Entgegenstehen zur Unzulässigkeit führt, ergibt sich, dass öffentliche Belange[85] nur ausnahmsweise dazu führen können, dass ein privilegiertes Vorhaben im Außenbereich unzulässig ist. Zu den privilegierten Vorhaben gehören z.B. landwirtschaftliche Betriebe sowie generell Vorhaben, die von ihrer Art her nur im Außenbereich verwirklicht werden können. Mit der Regelung des § 35 BauGB hat das Gesetz selbst die Planungsaufgabe für diese Vorhaben erfüllt, so dass die Gemeinde nur durch qualifizierte Bebauungspläne gegensteuern kann.

56 Das **Landesrecht** gewinnt im Rahmen des § 35 BauGB vor allem bei der Konkretisierung der **öffentlichen Belange** im Sinne des **§ 35 Abs. 3 BauGB** Bedeutung. Wenn etwa in Nr. 2 von Darstellungen eines Landschafts- oder sonstigen Plans des Wasser-, Abfall- oder Immissionsschutzrechts die Rede ist, mit denen ein Außenbereichsvorhaben in Widerspruch geraten kann, so wird damit auf überwiegend landesrechtlich geregelte Planungsinstrumente z.B. des Naturschutzgesetzes (Landschaftspläne nach § 6 HAGBNatSchG) oder des Wassergesetzes (Wasserschutzgebiete nach § 33 HWG) Bezug genommen. Vergleichbares gilt für die in § 35 Abs. 3 Nr. 5 BauGB erwähnten Belange des Naturschutzes und des Denkmalschutzes (z.B. Grabungsschutzgebiete nach § 23 HessDSchG). Besonders wichtig für die Zulässigkeit von Vorhaben im Außenbereich ist die **Verzahnung von Bauplanungs- und Landesplanungsrecht**, die § 35 Abs. 3 S. 2 und 3 BauGB mit dem Ziel vornimmt, dass die Zulässigkeit von Außenbereichsvorhaben nicht in Widerspruch zu den im LEP oder in einem Regionalplan enthaltenen Zielen der Raumordnung (Rn. 28) geraten kann. Konkret bedeutet dies, dass auch privilegierte Vorhaben im Außenbereich unzulässig sind, wenn sie einem Ziel der Raumordnung (z.B. regionaler Grünzug) widersprechen. Umgekehrt können die öffentlichen Belange, die bereits bei der Ausweisung eines bestimmten Standortes z.B. für ein Kraftwerk als Ziel der Raumordnung abgewogen worden sind, der Zulässigkeit dieses Vorhabens nicht mehr nach § 35 Abs. 3 BauGB entgegengehalten werden.

---

85 Zum Begriff BVerwGE 18, 247 (249).

Schließlich respektiert § 35 Abs. 3 S. 3 BauGB die Landes- und Regionalplanung dadurch, dass die Konzentration von Vorhaben (z.B. Windkraftanlagen) in bestimmten Gebieten regelmäßig zur Unzulässigkeit dieser Vorhaben an allen anderen Orten des jeweiligen Plangebietes führt.

4. Fachplanungsrecht

Neben dem aufgezeigten System der gesamträumlichen Planung (Rn. 21 ff.) gehört zum Planungsrecht das sog. Fachplanungsrecht. Es umfasst die Gesamtheit der Planungsinstrumente, die einerseits dem Zweck dienen, bestimmte **Großvorhaben** (z.B. Straßen, Schienenwege, Flughäfen, Energieleitungen) in ihrer räumlichen Umgebung zu verorten und die dabei auftretenden Konflikte z.B. mit Belangen des Umweltschutzes oder mit Interessen der betroffenen Nachbarn zu bewältigen (Fachplanungsrecht im engeren Sinne), und andererseits dem **Schutz bestimmter Gebiete** unter einem fachlichen Aspekt (z.B. Wasserschutz, Naturschutz) dienen. 57

Was die planerische Vorbereitung von Großvorhaben angeht, so steht hier das Instrument der **Planfeststellung** im Mittelpunkt. Welche Vorhaben planfeststellungsbedürftig sind, ergibt sich aus den jeweils einschlägigen Fachgesetzen, die sich zum größten Teil im **Bundesrecht** finden. 58

Beispiel:
§ 18 AEG (Betriebsanlagen einer Eisenbahn); § 8 LuftVG (Flughäfen); § 9 b AtG (Endlager für radioaktive Abfälle); § 28 PBefG (Betriebsanlagen für Straßenbahnen); § 35 KrWG (Deponien, Abfallentsorgungsanlagen); § 43 EnWG (Hochspannungsleitungen); § 17 Abs. 1 FStrG (Bundesfernstraßen).
Ein **landesrechtlicher Planfeststellungsvorbehalt** findet sich in § 33 HStrG für Landes- und Kreisstraßen.

Durch den Planfeststellungsbeschluss wird über die genaue Lage und Gestalt des jeweiligen Vorhabens abschließend entschieden. Verglichen mit anderen – nicht planfeststellungsbedürftigen – Vorhaben, erfüllt der Planfeststellungsbeschluss also zugleich die Funktion des Bebauungsplans (oder diejenige der §§ 34 und 35 BauGB) und diejenige der Baugenehmigung. Die Einzelheiten des Planfeststellungsbeschlusses, der einen Verwaltungsakt darstellt, und des **Planfeststellungsverfahrens** ergeben sich aus den §§ 72 ff. HVwVfG, soweit nicht das jeweilige Fachgesetz abweichende Regelungen trifft. Wegen der überwiegend bundesgesetzlichen Anordnung der Planfeststellungsbedürftigkeit von Vorhaben und auch deshalb, weil die Länder regelmäßig ihre Verwaltungsverfahrensgesetze aufeinander abstimmen, kann für das Planfeststellungsrecht auf die Literatur ohne spezifischen Bezug zum Landesrecht verwiesen werden.[86]

Das Verhältnis zwischen **Fachplanungen** und der **Bauleitplanung** ist nur in § 38 BauGB angesprochen, der bestimmte planfeststellungsbedürftige Vorhaben, aber auch Vorhaben, die in ihren räumlichen Auswirkungen einem planfeststellungspflichtigen Großvorhaben vergleichbar sind, unter der Voraussetzung, dass die Gemeinde beteiligt wird, vom Anwendungsbereich der §§ 29–37 BauGB ausnimmt. Ihre Zulässigkeit 59

---

86 *Steinberg/Wickel/Müller*, Fachplanung, 4. Aufl. 2012; *Erbguth/Schlacke*, Umweltrecht, 6. Aufl. 2016, § 5 Rn. 40 ff.

beurteilt sich damit allein nach dem auf der Grundlage der jeweils einschlägigen Fachplanungsgesetze ergangenen Planfeststellungsbeschluss, so dass die Bauleitplanung hier keine Steuerungswirkung entfalten kann. Aus § 38 BauGB folgt auch, dass die Gemeinde, wenn sie einen Bauleitplan aufstellt, diesen an dem Inhalt existenter Planfeststellungsbeschlüsse oder Plangenehmigungen auszurichten hat. Wenn die Planfeststellungs- oder die Plangenehmigungsbehörde nach § 38 BauGB im Interesse eines planfestzustellenden Vorhabens städtebauliche Belange in den Grenzen einer gerechten Abwägung zurückstellen darf, so schließt dies eine entsprechende Bindung der Gemeinde notwendig mit ein.[87] Festsetzungen eines Bebauungsplanes dürfen also der Zweckbestimmung einer fachplanungsrechtlich überplanten Fläche nicht zuwiderlaufen.

III. Grundzüge des materiellen Bauordnungsrechts

60 Das materielle Bauordnungsrecht, das in den §§ 3 bis 54 HBO geregelt ist, bezieht sich vor allem auf bauliche Anlagen und dient der Abwehr von Gefahren, die von solchen Anlagen ausgehen können. Abweichend vom Polizeirecht, aus dem sich das Bauordnungsrecht historisch entwickelt hat, beschränkt sich das Bauordnungsrecht allerdings heute nicht mehr auf die **Abwehr konkreter Gefahren**, sondern verlagert zum einen die Reaktionsschwelle nach vorne, indem es auch **abstrakte Gefahren** und **Risiken** abwehrt, und schützt zum anderen nicht nur konkrete Rechtsgüter, sondern **auch Umwelt-, soziale und ästhetische Belange**.

1. Anwendungsbereich, Begriffe und allgemeine Anforderungen

61 Entsprechend dieser Funktion des Bauordnungsrechts fasst die Hessische Bauordnung in ihrem § 1 Abs. 1 den Anwendungsbereich dieses Landesgesetzes sehr weit, indem sie an die in § 2 Abs. 2 und 13 HBO näher definierten Begriffe der **baulichen Anlage** und der – insoweit nach Maßgabe unionsrechtlicher Vorgaben – **Bauprodukte** anknüpft. Darüber hinaus werden – unter dem in § 2 Abs. 1 HBO definierten Sammelbegriff der „Anlage" – auch andere Anlagen, Einrichtungen und Grundstücke in den Anwendungsbereich einbezogen, soweit die HBO Anforderungen an diese normiert. Satz 2 des § 1 Abs. 1 HBO stellt also sicher, dass die Geltung einzelner Vorschriften nicht daran scheitert, dass das Objekt dieser Vorschriften keine bauliche Anlage und auch kein Bauprodukt ist (z.B. § 5 HBO betreffend Zufahrten auf Grundstücken). Angesichts des weiten Anwendungsbereichs liegt die Notwendigkeit auf der Hand, solche Anlagen aus dem Anwendungsbereich der HBO herauszunehmen, die in speziellen Fachgesetzen geregelt und für deren Zulassung und Kontrolle regelmäßig spezielle Fachbehörden zuständig sind. Diese Funktion erfüllt der **Ausnahmekatalog** des **§ 1 Abs. 2 HBO**. Nach diesem Katalog findet die HBO insbesondere auf solche Anlagen keine Anwendung, die spezialgesetzlich einem Planfeststellungsvorbehalt unterliegen (z.B. Flughäfen nach § 1 Abs. 2 Nr. 2 HBO).

62 Bei der gesetzlichen Formulierung der materiellen Anforderungen an Anlagen ergibt sich ein hoher **Differenzierungsbedarf**. So ist das Gefahrenpotential z.B. von Anlagen,

---

[87] *Koch/Hendler*, Baurecht, § 13 Rn. 30.

die dem Wohnen dienen, ein anderes als bei sonstigen Anlagen. Eine wichtige Rolle z.B. für Fragen der Statik spielt die Größe der jeweiligen Anlage. Auf diese vielfältigen Unterschiede zwischen Anlagen reagiert das Gesetz, indem es in § 2 HBO unter der Überschrift „Begriffe" die verschiedenen Gegenstände des Bauordnungsrechts in Kategorien unterteilt und definiert, so dass bei den einzelnen materiellen Anforderungen an diese Begriffe angeknüpft werden kann. So gilt etwa die Abstandsvorschrift des § 6 HBO nur für die in § 2 Abs. 3 HBO definierten „Gebäude" und die Genehmigungsfreistellungsnorm des § 64 HBO knüpft in Absatz 1 an die in § 2 Abs. 9 HBO definierten „Sonderbauten" an. Bei der Anwendung und Auslegung einzelner Normen der HBO sind deshalb stets genau die begrifflichen Unterscheidungen des § 2 HBO im Auge zu behalten.

Als materiell-rechtliche **Generalklausel** enthält § 3 HBO allgemeine Anforderungen für die Ausführung und die Beschaffenheit von Anlagen im Sinne von § 2 Abs. 1 HBO. Die Grundnorm des § 3 HBO wird durch die nachfolgenden §§ 4 bis 54 HBO konkretisiert und ist im Verhältnis zu diesen subsidiär. Demnach ist es im Anwendungsbereich der Spezialregelungen ausgeschlossen, unter Rückgriff auf die materielle Generalklausel weitergehende Anforderungen zu stellen. § 3 HBO ist auch **keine Ermächtigungsgrundlage** für Maßnahmen gegenüber dem Bürger, ihre Anforderungen können vielmehr nur im Rahmen des Genehmigungsverfahrens oder unter den Voraussetzungen einer Eingriffsbefugnisnorm[88] durchgesetzt werden. 63

Wesentlicher Zweck des § 3 HBO ist die **Abwehr von Gefahren**, die von Anlagen ausgehen. Sie sind so anzuordnen, zu errichten, zu ändern und instand zu halten, dass die öffentliche Sicherheit und Ordnung nicht gefährdet werden. Gleiches gilt nach Satz 3 für die Beseitigung und für die Nutzungsänderung von Anlagen. Von den Schutzgütern der öffentlichen Sicherheit hebt das Gesetz Leben, Gesundheit und die natürlichen Lebensgrundlagen besonders hervor, weil dies die Schutzgüter sind, die durch Anlagen im Sinne des Bauordnungsrechts in erster Linie beeinträchtigt werden können. Der Begriff der **natürlichen Lebensgrundlagen** ist durch Art. 26 a HV vorgegeben und bezeichnet die gesamte natürliche Umwelt des Menschen, also die Medien Luft, Wasser und Boden sowie Pflanzen und Tiere. Der Verweis auf Anhang I der VO (EU) Nr. 305/2011 präzisiert in begrenztem Umfang die von der „öffentlichen Sicherheit" erfassten Schutzgüter und die zu ihrem Schutz erforderlichen Maßnahmen, soweit es um Bauwerke geht.[89] 64

Weil das Gesetz – oder auf seiner Grundlage erlassene Rechtsverordnungen – die vielen Detailfragen technischer Anforderungen an ein Vorhaben nicht selbst regeln kann, sieht § 90 HBO vor, dass die Anforderungen nach § 3 HBO durch **Technische Baubestimmungen** konkretisiert werden können. Dabei handelt es sich um „private" Regelwerke, in denen „technische Regeln" dokumentiert werden. Dies sind auf wissen- 65

---

[88] *Hornmann*, Hessische Bauordnung, § 3 Rn. 3. Die Befugnis-Generalklausel des Bauordnungsrechts ist § 61 Abs. 2 S. 2 HBO; näher dazu unten Rn. 144.
[89] Die in diesem Anhang enthaltenen Grundanforderungen betreffen u.a. Standsicherheit, Brandschutz, Hygiene, Gesundheit und Umweltschutz, Unfallsicherheit und Barrierefreiheit, Schallschutz, Energieeinsparung und Wärmeschutz sowie nachhaltige Nutzung der natürlichen Ressourcen.

schaftlichen Erkenntnissen und praktischen Erfahrungen beruhende, allgemein bekannte, anerkannte und bewährte technische Standards für den Entwurf und die Ausführung baulicher Anlagen. Zu diesen Regeln gehören insbesondere DIN-EN-Normen und andere technische Regelwerke. Zur Vermeidung von Zweifelsfragen schreibt § 90 Abs. 5 HBO vor, dass die Technischen Baubestimmungen in Gestalt einer Liste mit Verweis auf die Fundstelle durch das zuständige Ministerium bekannt gemacht werden. Nur die auf diese Weise als „Technische Baubestimmungen" eingeführten Regelwerke[90] sind gem. § 90 Abs. 1 S. 2 HBO „zu beachten". Trotz dieser gesetzlich angeordneten Beachtenspflicht handelt es sich aber nicht um Rechtsnormen. Auch die Bezeichnung in § 90 Abs. 5 HBO als „Verwaltungsvorschrift" ist irreführend, weil primäre Adressaten der Technischen Baubestimmungen nicht die Bauaufsichtsbehörden sondern die am Bau Beteiligten sind. Technische Baubestimmungen haben lediglich die Funktion einer Beweislastregel, so dass bei ihrer Beachtung die Einhaltung des materiellen Bauordnungsrechts vermutet wird. Weicht ein Vorhaben von ihnen ab, so führt dies wegen des fehlenden Rechtssatzcharakters nicht automatisch zur Rechtswidrigkeit des Bauwerks; vielmehr kann die Erfüllung der gesetzlichen Anforderungen auch durch andere – gleichwertige – Lösungen nachgewiesen werden (§ 90 Abs. 1 S. 3 HBO). Auf diese Weise wird der Entwicklung neuer Produkte und Verfahren Rechnung getragen, die noch keinen Eingang in die technischen Regelwerke gefunden haben.

66 Was den **Anwendungsbereich der Generalklausel** angeht, so ist neben dem gegenständlichen (Anlagen i.S.d. § 2 Abs. 1 HBO) besonderes Augenmerk auch auf den tätigkeitsbezogenen Aspekt zu legen. Die allgemeinen Anforderungen des § 3 S. 1 HBO gelten nämlich nicht nur für die **Errichtung**, sondern auch für die Anordnung (auf dem Grundstück), die **Änderung** und die **Instandhaltung** von Anlagen. Darüber hinaus gelten die allgemeinen Sicherheitsanforderungen des Satzes 1 gem. § 3 S. 3 HBO auch für die **Beseitigung** von Anlagen und bei deren **Nutzungsänderung**. Abweichend von diesem umfassenden Anwendungsbereich des § 3 HBO beziehen sich viele spezielle bauordnungsrechtliche Normen nur auf einzelne Aspekte von Vorhaben (z.B. § 4 HBO: Errichtung; § 11 HBO: Baustelle).

2. Anforderungen an das Grundstück und seine Bebauung
a) Eignung des Grundstücks für eine Bebauung

67 Die Frage, ob, wie und in welchem Umfang ein Grundstück bebaut werden darf, richtet sich primär nach bauplanungsrechtlichen Normen. Daneben enthält aber auch die HBO in den §§ 4 und 5 Anforderungen an das Grundstück und seine Bebauung, die der Gefahrenabwehr dienen. So bestimmt § 4 Abs. 1 HBO beispielsweise, dass vor der Errichtung von Gebäuden eine ausreichende Zufahrt zu befahrbaren öffentlichen Verkehrsflächen gesichert sein muss, damit sie für Feuerwehr- und Rettungsfahrzeuge erreichbar sind. Während sich § 4 Abs. 1 HBO lediglich auf die Zugänglichkeit des

---

90 S. die Liste und Übersicht der im Land Hessen bauaufsichtlich eingeführten Technischen Baubestimmungen, die größtenteils auf Europäischen Normen (EN) beruhen (StAnz. 2016, Nr. 13 v. 28.3.2016, S. 369, wo wegen des Umfangs der Liste auf www.wirtschaft.hessen.de unter Bauen/Wohnen > Baurecht > Bauordnungsrecht > Technische Baubestimmungen verwiesen wird).

Grundstücks bezieht, ergänzt § 5 HBO den Brandschutz dahin, dass auf dem Grundstück selbst die Zugänglichkeit der Gebäude für die Feuerwehr gewährleistet sein muss.

b) Abstandsflächen

Die wichtigste Bestimmung über die Anordnung Gebäuden und anderen Anlagen auf dem Grundstück ist die Abstandsregel des § 6 HBO.[91] Diese Vorschrift stellt sich als Inhalts- und Schrankenbestimmung im Sinne des Art. 14 Abs. 1 S. 2 GG dar,[92] da hierdurch das Ausmaß der Nutzung des eigenen Grundstücks begrenzt wird,[93] was jedoch verfassungsrechtlich nicht zu beanstanden ist. Unter Abstandsflächen versteht man von Bebauung grundsätzlich[94] freizuhaltende Flächen (§ 6 Abs. 1 S. 1 HBO). Sie müssen auf dem Grundstück selbst liegen, dürfen jedoch gem. § 6 Abs. 2 S. 2 Nr. 1 HBO auch öffentliche Verkehrs-, Grün- oder Wasserflächen bis zu deren Mitte mit einbeziehen und können sich ausnahmsweise auch auf das Nachbargrundstück erstrecken (s. § 6 Abs. 2 S. 2 Nr. 2 HBO). Die **Funktion** der Regelung liegt darin, durch Abstände die Versorgung der Nachbargrundstücke mit Luft und Tageslicht sicherzustellen; außerdem dienen sie dem Wohnfrieden sowie dem Brandschutz. Neben Gefahrenabwehrzwecken verfolgt das Abstandsflächenrecht also auch soziale Anliegen. 68

Maßgebend für die Abstandsflächentiefe ist nach § 6 Abs. 4 S. 1 HBO die Wandhöhe. Je höher die Bebauung ist, umso größer hat somit die freizuhaltende Fläche zu sein. Die Tiefe der Abstandsflächen beträgt einheitlich 40% der Gebäudehöhe, in Gewerbe-, Industrie- und vergleichbaren Sondergebieten grundsätzlich 20% der Wandhöhe des Gebäudes, wobei davon die Grenzen zu Gebieten anderer Nutzung ausgenommen sind (§ 6 Abs. 5 HBO). Da sich die Abstandsflächen gem. § 6 Abs. 3 HBO in der Regel[95] nicht überdecken dürfen, ergibt sich der Abstand zwischen zwei Gebäuden aus der Summe der Abstandsflächen der benachbarten Gebäude. Die Mindesttiefe der Abstandsfläche beträgt nach § 6 Abs. 5 S. 4 HBO drei Meter. Geringere Abstandsflächen als nach § 6 Abs. 5 HBO gelten gem. § 6 Abs. 7 HBO für Gewerbe- und Industriegebiete. Darüber hinaus werden nach § 91 Abs. 1 Nr. 6 HBO die Gemeinden ermächtigt, durch Satzung generelle Abweichungen von den entsprechenden Abstandsflächentiefen zu treffen. Die **bauordnungsrechtlichen** Anforderungen über Abstandsflächen können sich mit **bauplanungsrechtlichen Bestimmungen überschneiden**. Da beide Regelungsbereiche unterschiedliche Funktionen erfüllen und daher grundsätzlich nebeneinander anzuwenden sind (§ 29 Abs. 2 BauGB), kann dies im Einzelfall dazu führen, dass eine bestimmte Bebauung zwar aus planungsrechtlicher, nicht aber aus bauordnungsrechtlicher Sicht zulässig ist. Umgekehrt können städtebauliche Festsetzungen 69

---

91 Instruktiver Beispielsfall in VG Frankfurt, NVwZ 2011, 5 ff.
92 BVerwGE 88, 191.
93 *Eiding* in: Eiding/Ruf/Herrlein, Öffentliches Baurecht in Hessen, Rn. 218.
94 Ausnahmen finden sich in § 6 Abs. 10. Zu beachten ist auch § 6 Abs. 11. Dieser besagt, dass Festsetzungen eines Bebauungsplans oder einer anderen bauplanungs- oder bauordnungsrechtlichen Satzung Vorrang haben.
95 Nach § 6 Abs. 2 S. 2 Nr. 2 HBO ist es ausnahmsweise möglich, dass Abstandsflächen oder Teile davon auf andere Grundstücke erstreckt werden, sofern (durch eine Baulast) öffentlich-rechtlich gesichert ist, dass die sich auf das Nachbargrundstück beziehenden Abstände oder Abstandsflächen nicht überbaut und nicht auf die auf diesem Grundstück freizuhaltenden Abstände und Abstandsflächen angerechnet werden.

dazu führen, dass über die Anforderungen nach § 6 HBO hinaus noch größere Gebäudeabstände einzuhalten sind. Die Überschneidung zwischen Bauplanungs- und Bauordnungsrecht wird in § 6 Abs. 1 S. 2 HBO und § 6 Abs. 11 HBO dahin aufgelöst, dass bindenden planungsrechtlichen Festsetzungen über Abstandsflächen Vorrang eingeräumt wird.

c) Baulast

70 Die Voraussetzungen für die Bebaubarkeit eines Grundstücks kann der Grundstückseigentümer häufig nicht selbst herstellen, z.B. weil die Zufahrt zu seinem Grundstück nur über ein Nachbargrundstück möglich ist oder weil die erforderlichen Abstandsflächen nicht auf seinem, sondern auf dem Grundstück des Nachbarn liegen. Das erforderliche **Einverständnis des Nachbarn** muss in solchen Fällen dauerhaft und unabhängig von den zivilrechtlichen Vertrags- oder Eigentumsverhältnissen gesichert sein. Diese Funktion übernimmt die sog. Baulast. Man versteht darunter die freiwillige öffentlich-rechtliche Verpflichtung[96] eines Grundstückseigentümers zu einem bestimmten Tun, Dulden oder Unterlassen, das sein Grundstück betrifft und sich nicht sonst schon aus öffentlich-rechtlichen Vorschriften ergibt (§ 85 Abs. 1 S. 1 HBO). Die in der Baulast enthaltene Nutzungsbeschränkung wirkt oft zugunsten eines Nachbargrundstücks.

71 Ihre Übernahme setzt eine schriftliche Erklärung gegenüber der Bauaufsichtsbehörde voraus, die die Baulast in dem für berechtigte Interessenten einsehbaren **Baulastenverzeichnis** dokumentiert und mit den Mitteln der Bauaufsicht durchsetzen kann. Von entsprechenden privatrechtlichen Vereinbarungen, also insbesondere der Grunddienstbarkeit, unterscheidet sie sich durch die Einbeziehung der Behörde, die ein dreipoliges Rechtsverhältnis entstehen lässt und so die mit der Baulast übernommene Verpflichtung einer besonderen öffentlich-rechtlichen Sicherung zuführt.

Beispiel:
Die wichtigsten Anwendungsfälle stellen
- die Schaffung von Zugängen und Zufahrten (§ 5 Abs. 1 HBO),
- die Einhaltung von Abständen und Abstandsflächen (§ 6 Abs. 1 HBO),
- die Einrichtung von Kinderspielplätzen in der Nähe des Baugrundstücks (§ 8 Abs. 2 HBO)
- und von Stellplätzen und Garagen (§ 52 Abs. 1 HBO) dar.

Die Baulast wirkt gem. § 85 Abs. 1 S. 2 HBO auch gegenüber dem Rechtsnachfolger. Sie wird mit der Eintragung in das Baulastenverzeichnis (dazu § 85 Abs. 4 HBO) wirksam und geht nach § 85 Abs. 3 HBO erst unter, wenn die Bauaufsichtsbehörde verzichtet.

3. Anforderungen an die baulichen Anlagen
a) Baugestaltung

72 Die Minimalanforderungen an die äußere Gestalt baulicher Anlagen enthält § 9 HBO. Die Vorschrift schützt zum einen vor **Verunstaltungen** der baulichen Anlage selbst (§ 9

---

[96] Es handelt sich um eine öffentlich-rechtliche Willenserklärung, auch wenn ihr oft privatrechtliche Vereinbarungen mit dem Nachbarn zugrunde liegen. Eine Anfechtung wegen Irrtums scheidet aus; vgl. VGH Mannheim, NJW 1985, 1723.

S. 1 HBO), zum anderen vor Verunstaltungen ihrer Umgebung (§ 9 S. 2 HBO). Dabei kann die Verunstaltung nicht nur durch die Errichtung, sondern auch durch eine unzureichende Unterhaltung der baulichen Anlage verursacht werden.[97] Erhebliche Schwierigkeiten bereitet der Begriff der Verunstaltung, da in einer pluralistisch geprägten Gesellschaft eindeutige Maßstäbe nicht denkbar sind. Klar ist jedenfalls, dass nicht das ästhetische Empfinden von Behördenvertretern ausschlaggebend sein kann. Der gerichtlich voll überprüfbare Begriff der Verunstaltung ist deshalb restriktiv auszulegen. Er wird verstanden als ein hässlicher, das ästhetische Empfinden des Beschauers nicht nur beeinträchtigender, sondern verletzender Zustand.[98] Maßgeblich soll das Empfinden eines für ästhetische Eindrücke offenen Beobachters sein.[99]

Neben der rein negativen Abwehr von Verunstaltungen nach § 9 kennt die HBO auch die Möglichkeit einer positiven Gestaltungspflege. So werden die Gemeinden durch § 91 Abs. 1 Nr. 1 HBO ermächtigt, Satzungen zu erlassen, die die Gestaltung von baulichen Anlagen zum Gegenstand haben (z.B. Farbe der Dachziegel).[100] Anstelle einer eigenständigen **Gestaltungssatzung** können die Gemeinden nach § 91 Abs. 3 HBO solche örtlichen Bauvorschriften auch als Festsetzungen in den Bebauungsplan aufnehmen. Die gestalterischen Festsetzungen werden dadurch jedoch nicht zu planerischen Festsetzungen, vielmehr behalten sie ihren bauordnungsrechtlichen Charakter.[101] Allerdings sind die rechtlichen Konsequenzen dieses Unterschiedes inzwischen minimal, nachdem die HBO in § 91 Abs. 3 HBO alle wesentlichen Vorschriften, die für Bebauungspläne gelten, auch für diese örtlichen Bauvorschriften für anwendbar erklärt hat (Rn. 43). 73

b) Bauausführung, Bauprodukte und -arten

Die in erster Linie der Gefahrenabwehr dienenden Anforderungen an die **Bauausführung** betreffen zunächst die Baustelle. Diese ist nach § 11 HBO so einzurichten, dass Anlagen ordnungsgemäß errichtet, geändert, abgebrochen, instand gehalten oder beseitigt werden können und dabei keine Gefahren oder vermeidbare Belästigungen[102] entstehen. Neben der Baustelle müssen auch die Anlagen selbst Schutz vor Gefahren bieten. Zu diesem Zweck stellen die §§ 12 ff. HBO Anforderungen, die die Standsicherheit der Anlage (§ 12 HBO), den Schutz gegen schädliche Einflüsse (§ 13 HBO), Brandschutz (§ 14 HBO), Wärme-, Schall- und Erschütterungsschutz (§ 15 HBO), sowie die Sicherheit des Verkehrs (§ 16 HBO) zum Gegenstand haben. Welche **Bauprodukte**[103] bei Anlagen verwendet werden dürfen, ist ausführlich in §§ 18 ff. HBO geregelt, während sich in § 17 HBO die Anforderungen an die Techniken finden, mit deren Hilfe Bauprodukte zu Anlagen zusammengefügt werden (**Bauarten**[104]). Die Vor- 74

---

97 VGH Mannheim, BRS 30 (Nr. 115).
98 Seit BVerwGE 2, 172 (176) in ständiger Rspr.
99 BVerwGE 2, 172 (177).
100 Dazu – wie auch zur Nichtanwendbarkeit des bauplanungsrechtlichen Abwägungsgebots aus § 1 Abs. 7 BauGB auf solche Gestaltungssatzungen – s. VGH Kassel, HGZ 2007, 211 ff.; VGH Kassel, BRS 69, Nr. 150, S. 701.
101 *Finkelnburg/Ortloff/Otto*, Öffentliches Baurecht II, § 4 Rn. 25.
102 Zum Problem zulässigen Baulärms s. VG Frankfurt, B. v. 21.4.2011 – 8 L 858/11.F.
103 Vgl. die Begriffsbestimmung in § 2 Abs. 13 HBO.
104 Vgl. die Definition in § 2 Abs. 14 HBO.

schriften über Bauprodukte tragen der unionsrechtlichen Warenverkehrsfreiheit für Baumaterialien Rechnung, indem sie hinsichtlich der produktbezogenen Anforderungen allein auf die CE-Kennzeichnung nach der Verordnung (EU) Nr. 305/2011 zur Festlegung harmonisierter Bedingungen für die Vermarktung von Bauprodukten abstellen (§ 19 HBO), während hinsichtlich der Verwendung dieser Bauprodukte die in der HBO oder auf ihrer Grundlage – insbesondere durch technische Baubestimmungen nach § 90 HBO (Rn. 65) – festgelegten Anforderungen gelten.

75 Im Vierten bis Siebten Abschnitt konkretisiert die Bauordnung die allgemeinen Anforderungen der Generalklausel zunächst im Hinblick auf den Brandschutz (insbesondere bezogen auf Wände, Decken und Dächer[105], §§ 29 bis 35 HBO). Anforderungen an Rettungswege, Öffnungen und Umwehrungen (§§ 36 bis 41 HBO) dienen neben dem Brandschutz auch der Verkehrssicherheit,[106] der ausreichenden Belüftung und Beleuchtung[107] sowie die Sicherung sozialer Belange[108]. In den §§ 42 bis 49 HBO werden besondere Anforderungen an die technische Gebäudeausrüstung gestellt. Dabei geht es wiederum um einen ausreichenden Brand- und Schallschutz, aber auch um die Gewährleistung sozialer Mindeststandards (z.B. § 46 Abs. 3 HBO zur Ausstattung von Gaststätten mit Toilettenanlagen). Schließlich sollen durch die Bestimmungen über Aufenthaltsräume und Wohnungen in §§ 50, 51 HBO bestimmte gesundheitliche und soziale Standards verwirklicht werden. An Aufenthaltsräume werden in § 50 HBO etwa Mindestanforderungen hinsichtlich einer für ihre Benutzung ausreichenden Mindesthöhe und einer ausreichenden Beleuchtung und Belüftung gestellt. Für Wohnungen stellt § 51 HBO zusätzliche Voraussetzungen auf, die sich auf die Lage, die bauliche Beschaffenheit und die Ausstattung beziehen. Wen die den Eigentümer scheinbar bevormundende Genauigkeit dieser Vorgaben (z.B. Mindestausstattung von Bädern gem. § 51 Abs. 2 HBO) wundert, der sollte bedenken, dass Wohnungen nicht immer vom Eigentümer selbst genutzt werden und dass die Lebensdauer von Wohnungen diejenige ihrer Eigentümer regelmäßig übersteigt. Vor diesem Hintergrund schützt das Bauordnungsrecht auch das öffentliche Interesse an der Nutzbarkeit von Wohnungen, die sich nicht allein an den individuellen Bedürfnissen des aktuellen Eigentümers orientiert.

c) Stellplätze und Garagen

76 Von großer praktischer Bedeutung ist die bauordnungsrechtliche Bewältigung des Problems, dass durch viele Anlagen ein erheblicher Bedarf an Parkraum für Bewohner, regelmäßige Nutzer, Besucher, Lieferanten etc. hervorgerufen wird. Um die öffentlichen Verkehrsflächen zu entlasten und Verkehrsbehinderungen vorzubeugen, haben die Gemeinden gem. § 52 Abs. 1 und 2 HBO die Pflicht, durch **Satzung** zu regeln, ob und in welchem Umfang geeignete **Stellplätze für Kraftfahrzeuge** zu errichten sind, wenn Anlagen mit zu erwartendem Verkehr neu errichtet bzw. bestehende Anlagen geändert

---

105 Anforderungen an Wände, Decken, Dächer, etc., die der rationellen Verwendung von Energie (Heizung) durch ausreichende Dämmung dienen, ergeben sich aus dem Energieeinsparungsgesetz des Bundes und aus der darauf beruhenden Energieeinsparverordnung.
106 Vgl. z.B. §§ 37 Abs. 6; 38 Abs. 1, 2, 3; 39; 42 Abs. 2, 4 HBO.
107 Vgl. § 38 Abs. 7, 8 HBO.
108 Vgl. § 42 Abs. 4, 5 HBO.

werden oder ihre Nutzung geändert wird. Dabei muss die Satzung nach § 52 Abs. 2 S. 2 HBO Standort, Größe, Zahl und Beschaffenheit der notwendigen Stellplätze regeln. Hinzu tritt seit der HBO-Novelle aus dem Jahr 2018 die Pflicht, **Abstellplätze für Fahrräder** zu errichten (§ 52 Abs. 5 HBO), die durch Rechtsverordnung (§ 89 Abs. 1 S. 1 Nr. 3 HBO) oder vorrangige gemeindliche Satzung näher konkretisiert wird. Einen über diese Grundpflicht zur Errichtung von Fahrradabstellplätzen hinausgehenden Anreiz zur Schaffung zusätzlicher Plätze für Fahrräder (und zur Reduktion von Kfz-Stellplätzen) schafft die Neuregelung dadurch, dass ein notwendiger Kfz-Stellplatz durch vier Abstellplätze für Fahrräder ersetzt werden kann (§ 52 Abs. 4 HBO). Ob diese Pflichten erfüllt werden, unterliegt der Prüfung der Bauaufsichtsbehörde in einem Baugenehmigungsverfahren nach § 66 HBO. In den Fällen, in denen kein oder nur ein vereinfachtes (§ 65 HBO) Genehmigungsverfahren vorgeschrieben ist, sind die Bauherrschaft und die übrigen am Bau Beteiligten (§§ 55 ff. HBO) für die Erfüllung dieser wie aller anderen bauordnungsrechtlichen Pflichten selbst verantwortlich. Ein Vorhaben, das den Vorgaben einer Satzung nach § 52 Abs. 1 und 2 HBO nicht entspricht, ist materiell illegal, was eine Nutzungsuntersagung zur Folge haben kann.[109]

Im Interesse der Vermeidung des motorisierten Individualverkehrs kann die Gemeinde gem. § 52 Abs. 2 S. 1 Nr. 4 HBO durch Satzung auf die **Herstellung von Stellplätzen verzichten** und – insbesondere in stark verkehrsbelasteten Innenstadtbereichen und in Fußgängerzonen – die Herstellung von Stellplätzen und Garagen ganz oder teilweise **untersagen**. Der Verzicht gem. § 52 Abs. 2 S. 1 Nr. 4 HBO hat ebenso wie die Einschränkung oder Untersagung nach Nr. 5 zur Folge, dass eine alleinige Verantwortlichkeit der Bauherrschaft für den durch das Vorhaben hervorgerufenen motorisierten Individualverkehr nicht mehr besteht, weshalb hier eine ersatzweise Geldzahlungspflicht nach Nr. 7 nicht in Betracht kommt. Die Möglichkeit des Verzichts ist an besondere Maßnahmen gebunden, mit denen der Bedarf an Stellplätzen verringert wird, z.B. durch die Verpflichtung der Bauherrschaft, den in dem Gebäude beschäftigten Arbeitnehmern Fahrkarten für den ÖPNV zur Verfügung zu stellen (Job-Tickets). 77

Die Möglichkeit, sich von der Stellplatzpflicht durch Zahlung eines Geldbetrages „freizukaufen", können die Gemeinden gem. § 52 Abs. 2 S. 1 Nr. 7 HBO durch Satzung vorsehen. Der zur **Ablösung** zu leistende Geldbetrag, der an die Gemeinde zu leisten ist, muss in der Satzung festgelegt werden. Ziel der Ablösezahlung ist, die Gemeinden finanziell in die Lage zu versetzen, an anderen Stellen ausreichend Parkmöglichkeiten zu schaffen[110] oder durch Investitionen in den öffentlichen Personennahverkehr bzw. in den Fahrradverkehr den Bedarf an Stellplätzen für Kraftfahrzeuge zu reduzieren. Die Rechtfertigung dafür, dem Bauherrn entweder die Pflicht zur Schaffung von Stellplätzen oder eine äquivalente Zahlungspflicht aufzuerlegen, liegt darin, dass 78

---

109 *Dürr/Hinkel*, Baurecht Hessen, Rn. 202.
110 Dazu *Schröer*, Erzwungene Ablösung von Kfz- Stellplätzen verfassungswidrig?, NVwZ 1997, 140 ff.

79 Die **Verwendungsmöglichkeiten** für das Aufkommen aus der Stellplatzabgabe sind in § 52 Abs. 3 Nr. 1 bis 4 HBO normiert. Sie darf zunächst für die Herstellung zusätzlicher Parkeinrichtungen „zugunsten" des Gemeindegebietes[112] verwendet werden. Aus dieser Formulierung folgt, dass auch Parkeinrichtungen außerhalb des Gemeindegebiets (z.B. Park & Ride-Parkplätze) aus der Stellplatzabgabe finanziert werden können.[113] Daneben darf die Stellplatzabgabe für investive Maßnahmen im Bereich des ÖPNV oder des Fahrradverkehrs eingesetzt werden. Durch die Beschränkung auf investive Maßnahmen wird ausgeschlossen, dass die Erlöse aus der Abgabe für laufende Kosten wie z.B. Lohn- oder Unterhaltungskosten für bereits vorhandenes Personal oder Material eingesetzt werden.[114] Bei der Stellplatzablösung handelt es sich um eine **zulässige Sondergabe**.[115] Vereinzelte Zweifel daran, dass die Voraussetzungen für Sonderabgaben vorliegen,[116] sind unberechtigt. Sie verkennen, dass die Bauherren durch ihre Vorhaben zusätzlichen Kraftfahrzeugverkehr „im weiteren Sinne" verursachen, was genügt, um ihnen im Vergleich zur Allgemeinheit eine größere Sachnähe und damit auch eine spezifische Verantwortlichkeit zuzuweisen.[117] Auch die Gruppennützigkeit der Abgabe kann nicht bezweifelt werden. So dient sie bei der Verwendung für Herstellung und Unterhaltung von Parkeinrichtungen der Entlastung der Straße von ruhendem Verkehr und kommt damit auch dem Bauherrn des betroffenen Grundstücks zugute. Das gilt auch dann, wenn Parkplätze am Stadtrand (Park & Ride-Parkplätze) zur Verfügung gestellt werden, da so der Bedarf an Stellplätzen in der Innenstadt sinkt. Mit diesem Argument lässt sich ebenso die Förderung des ÖPNV oder des Fahrradverkehrs rechtfertigen. Denn es besteht kein Zweifel daran, dass solche Maßnahmen die Verkehrsbelastung insgesamt reduzieren. Hier zeigt sich, dass sich die bauordnungsrechtliche Stellplatzregelung zu einem wichtigen Instrument der kommunalen Verkehrslenkungspolitik entwickelt hat.[118]

IV. Die behördliche Durchsetzung des Baurechts

80 Die materiell-rechtlichen Anforderungen des Bauplanungs- und des Bauordnungsrechts bedürfen der behördlichen Kontrolle und Durchsetzung. § 61 Abs. 1 HBO

---

111 Entgegen *Schröer*, NVwZ 1997, 140 ff., würde dies auch dann gelten, wenn die Herstellung durch Satzung untersagt wird; von dieser Möglichkeit hat die HBO aber bereits mit der Novelle 2010/11 Abstand genommen.
112 Auf einen engen räumlichen Zusammenhang mit dem jeweiligen Vorhaben kommt es also nicht an.
113 *Allgeier/Rickenberg*, Die Bauordnung für Hessen, C1 Erl. § 44, 44.2, Rn. 49.
114 *Allgeier/Rickenberg*, Die Bauordnung für Hessen, C1 Erl. § 44, 44.2, Rn. 51.
115 BVerwG, NJW 1986, 600.
116 So soll die Gruppe der Abgabepflichtigen nicht mehr unterscheidbar, sondern unzulässigerweise mit der Allgemeinheit identisch sein. Weiterhin fehle es an der Finanzierungsverantwortung, weil die Bauherren den Kfz-Verkehr nur mittelbar auslösten, die unmittelbaren Verursacher seien die Kraftfahrzeugbenutzer. Schließlich sei die erforderliche Gruppennützigkeit der Abgabe nicht mehr gegeben, soweit die eingenommenen Gelder für den ÖPNV und den Fahrradverkehr verwandt werden; zu allen drei Argumenten *Schröer*, NVwZ 1997, 141 (142).
117 So hierzu und im Folgenden richtig BVerwG, NJW 1986, 600 (601).
118 Dagegen ist auch im Hinblick auf eine – in ihrer Reichweite unklare – Gesetzgebungskompetenz des Bundes auf diesem Gebiet (vgl. Art. 74 Abs. 1 Nr. 18 – Bodenrecht –, Nr. 22 – Straßenverkehr – GG) nichts einzuwenden, solange es – wie derzeit – an einer bundesgesetzlichen Verkehrsplanungsregelung fehlt.

weist diese zusammenfassend als „**Bauaufsicht**" bezeichnete Aufgabe ausdrücklich dem Staat, also dem Land Hessen zu.[119] Die notwendige Behördenorganisation sowie die Regelung des Verwaltungsverfahrens, in dem das Baurecht vollzogen wird, ist gem. Art. 84 Abs. 1 GG Sache des Landes auch insoweit, als es sich um den Vollzug des Bauplanungsrechts des Bundes handelt. Der fünfte Teil der HBO über die Bauaufsichtsbehörden und das Verwaltungsverfahren regelt deshalb den **Vollzug** sowohl des **Bauplanungsrechts** des Bundes als auch des materiellen **Bauordnungsrechts** des Landes.

1. Die Bauaufsichtsbehörden, ihre Aufgaben und Befugnisse

Die Bauaufsicht wird in Hessen, dem allgemeinen dreistufigen Verwaltungsaufbau folgend, von der jeweils zuständigen **unteren, oberen und obersten Bauaufsichtsbehörde** wahrgenommen. Die Aufgaben der unteren Bauaufsichtsbehörde sind in den kreisfreien Städten, in den kreisangehörigen Gemeinden mit mehr als 50 000 Einwohnern und in einigen weiteren Gemeinden[120] dem Gemeindevorstand und in den Landkreisen dem Kreisausschuss als Aufgabe zur Erfüllung nach Weisung übertragen (§ 60 Abs. 1 S. 1 und 2 HBO). Obere Bauaufsichtsbehörden sind die Regierungspräsidien und das für die Bauaufsicht zuständige Ministerium[121] ist oberste Bauaufsichtsbehörde (vgl. § 60 Abs. 1 Nr. 2 und Nr. 3 HBO).

81

Sachlich zuständig sind gem. § 60 Abs. 1 S. 3 HBO grundsätzlich die unteren Bauaufsichtsbehörden. Für Maßnahmen der Fachaufsicht nach § 61 Abs. 7 S. 1 HBO sowie für bestimmte andere – durch die HBO selbst (z.B. in § 23 HBO) oder durch Rechtsverordnung definierte – Aufgaben ist die Zuständigkeit der oberen Bauaufsichtsbehörden oder der obersten Bauaufsichtsbehörde[122] bestimmt. Von der sachlichen Zuständigkeit der Bauaufsichtsbehörden unberührt bleiben die Kompetenzen anderer Behörden, z.B. der Polizeibehörden (§ 1 Abs. 2 HSOG, § 61 Abs. 2 S. 1 HBO). Die **örtliche Zuständigkeit** bestimmt sich nach § 3 HVwVfG. Für die unteren Bauaufsichtsbehörden sind schließlich Regelungen kommunalverfassungsrechtlicher Art (§ 60 Abs. 1 S. 1 Nr. 1 HBO: **Organzuständigkeit** des Gemeindevorstandes bzw. des Kreisausschusses) und bezüglich des Personals ist die Vorgabe des § 60 Abs. 2 HBO zu beachten.

82

Was die **Aufsicht** der obersten und der oberen Bauaufsichtsbehörde(n) über die unteren Bauaufsichtsbehörden angeht, so ist zu beachten, dass der Umfang der Aufsichtsrechte entsprechend den in § 4 Abs. 1 HGO und § 4 Abs. 1 HKO niedergelegten Grundsätzen durch § 61 Abs. 7 HBO begrenzt ist. **Fachaufsicht**liche Einzelweisungen – also solche, die Ermessensentscheidungen betreffen – sind abgesehen von bautechni-

83

---

119 Zur Einbeziehung von Gemeinden und Kreise in die Erledigung staatlicher Vollzugsaufgaben vgl. § 3 Rn. 7 ff.
120 Auf der Grundlage der Verordnungsermächtigung in § 89 Abs. 10 HBO wurden durch VO zur Übertragung der Bauaufsicht auf kreisangehörige Gemeinden (BÜVO) v. 16.3.2004, GVBl. I, S. 156 die Aufgaben der unteren Bauaufsichtsbehörde den Städten Bad Hersfeld, Limburg a.d. Lahn und Oberursel (Taunus) zur Erfüllung nach Weisung übertragen.
121 Nach dem Beschluss über die Zuständigkeit der einzelnen Ministerinnen und Minister nach Art. 104 Abs. 2 S. 1 HV vom 18.03.2014 (GVBl. S. 82) das Ministerium für Wirtschaft, Energie, Verkehr und Landesentwicklung.
122 S. z.B. für das Regierungspräsidium Darmstadt die Verordnung zur Übertragung von Zuständigkeiten nach der Hessischen Bauordnung vom 18.12.2014 (GVBl. 2015 I S. 16).

schen Fragen nicht zulässig. Das Ministerium und die Regierungspräsidien sind also in diesen Ermessensfragen auf das Instrument der allgemeinen Weisung (Verwaltungsvorschrift) verwiesen, wenn sie die Entscheidungspraxis der unteren Bauaufsichtsbehörden steuern wollen. Das hat erhebliche Bedeutung für die Entscheidungsautonomie der (großen) Gemeinden und Kreise, die die Aufgabe der Bauaufsicht wahrnehmen, weil sie insbesondere bauplanungsrechtliche Einzelfallentscheidungen mit Ermessensspielraum (Ausnahme, Befreiung) treffen können, ohne fachaufsichtlichen Weisungen unterworfen zu sein. Einzelweisungen sind allerdings zulässig, um die Beachtung von allgemeinen Weisungen durchzusetzen. Die **Rechtsaufsicht** der obersten und der oberen Bauaufsichtsbehörden, die der Verhinderung rechtswidriger Maßnahmen der unteren Bauaufsichtsbehörden dient, bezieht sich selbstverständlich auch auf Einzelfälle.

84 Nach § 61 Abs. 2 S. 1 HBO haben die Bauaufsichtsbehörden die generelle **Aufgabe**, bei Anlagen im Sinne der HBO für die Einhaltung der öffentlich-rechtlichen Vorschriften zu sorgen. Diese Aufgabennorm verleiht ihnen aber keine Eingriffsbefugnisse. Soweit also zur Erfüllung der Aufgabe eingreifende Maßnahmen erforderlich werden, bedarf es spezieller **Eingriffsbefugnisnormen**. Diese Befugnisnormen finden sich in den speziellen Vorschriften der Abschnitte über das Verwaltungs- bzw. Genehmigungsverfahren (§§ 62 ff. HBO), über „bauaufsichtliche Maßnahmen" (§§ 80 ff. HBO) und über die „Bauüberwachung" (§§ 83 f.). Maßnahmen, die dort nicht speziell geregelt sind, können auf die **Generalklausel** des § 61 Abs. 2 S. 2 HBO gestützt werden, die die Befugnis verleiht, die zur Wahrnehmung der generellen Überwachungs- und Durchsetzungsaufgabe „erforderlichen Maßnahmen" zu treffen.

2. Präventive Kontrolle durch Baugenehmigungsverfahren

85 Der präventiven Kontrolle baurechtmäßiger Zustände dient die Baugenehmigung und das ihr vorangehende Genehmigungsverfahren: Die in § 62 Abs. 1 HBO näher bestimmten Vorhaben werden einer Erlaubnispflicht unterworfen mit dem Ziel, im Interesse der öffentlichen und privaten Belange künftige Rechtsverstöße rechtzeitig zu vermeiden. Bevor mit der Errichtung einer Anlage oder einem sonstigen genehmigungspflichtigen Vorhaben begonnen werden kann und dadurch vollendete Tatsachen geschaffen werden, wird gem. **§ 74 Abs. 1 HBO** die Vereinbarkeit mit öffentlich-rechtlichen Vorschriften[123] geprüft. Der Ausübung des Rechts zu bauen ist eine vorläufige Sperre entgegengesetzt, die mit der Genehmigung aufgehoben wird.[124] Es handelt sich bei § 62 Abs. 1 HBO also um ein **präventives Verbot mit Erlaubnisvorbehalt** und bei der Baugenehmigung um eine sog. Kontrollerlaubnis.[125] Liegen die Genehmigungsvoraussetzungen vor, so besteht ein Rechtsanspruch auf die Erlaubnis. Wird allerdings ein Vorhaben ins Werk gesetzt, für das die erforderliche Baugenehmigung nicht vorliegt oder das von der erteilten Genehmigung in wesentlicher Hinsicht abweicht, so ist dieses Vorhaben **formell illegal**. Im Gegensatz dazu bezeichnet man ein Vorhaben, dem

---

123 Zu der Frage, welche öffentlich-rechtlichen Vorschriften diese genau sind, s. unten Rn. 101 ff.
124 BVerfGE 20, 150 (155).
125 Vgl. hierzu nur *Maurer/Waldhoff*, Allgemeines Verwaltungsrecht, § 9 Rn. 52 ff.

öffentlich-rechtliche Vorschriften entgegenstehen und das deshalb nicht genehmigungsfähig ist, als **materiell illegal**.

a) Grundsätzlich genehmigungsbedürftige Vorhaben

Grundsätzlich bedarf gem. § 62 Abs. 1 HBO insbesondere[126] die **Errichtung**, die **Änderung**, der **Abbruch** und die Nutzungsänderung von Anlagen[127] einer Baugenehmigung. Bei der Prüfung der Genehmigungsbedürftigkeit wirft die **Nutzungsänderung** nicht selten Abgrenzungsprobleme auf, weil solche Nutzungsänderungen, die keinen anderen oder weitergehenden öffentlich-rechtlichen Anforderungen unterliegen als die bisherige Nutzung, gem. § 63 HBO i.V.m. Abschnitt III Nr. 1 der Anlage zu § 63 von der Genehmigungspflicht freigestellt sind. Bei solchen Nutzungsänderungen würde ein Genehmigungsverfahren keinen Sinn machen, weil keine rechtlich relevante neue Sachlage gegeben ist.

86

Beispiel:
Eine Genehmigungsbedürftigkeit der Nutzungsänderung hat die Rechtsprechung angenommen bei folgenden „Umnutzungen": Wohnung/Büro, Dachboden/Taubenschlag, Dorfgaststätte mit Tanzsaal/Diskothek, Wohnhaus mit Weinhandlung und Pizzeria zuzüglich Doppelgarage und Hofraum/Pkw-Service-Station, Lagerhalle/Metallwerkstatt, unselbständige Lagerhalle/selbständiger Internet-Versandhandel.[128]

Der bauordnungsrechtliche Begriff der **Anlage** ist in § 2 Abs. 1 HBO definiert. Er umfasst – neben den anderen Anlagen, Einrichtungen und Grundstücken nach § 1 Abs. 1 S. 2 HBO (dazu Rn. 61) – insbesondere die **baulichen Anlagen**, die in § 2 Abs. 2 HBO definiert sind. Danach kommt es zum einen auf das „künstliche" Herstellen der Anlage aus Bauprodukten[129] und zum anderen auf die Verbindung mit dem Erdboden an. Dabei stellt § 2 Abs. 2 S. 2 HBO klar, dass es nicht auf die technische Verbindung mit dem Erdboden im Sinne fehlender Beweglichkeit ankommt, sondern auf die „Ortsfestigkeit", die sich auch aus dem Verwendungszweck ergeben kann. § 2 Abs. 2 S. 3 HBO schließlich fingiert für bestimmte Vorhaben wie z.B. Gerüste oder Abstellplätze die Eigenschaft einer baulichen Anlage. Dieser weite bauordnungsrechtliche Begriff der baulichen Anlage,[130] der der gefahrenabwehrrechtlichen Funktion des Bauordnungsrechts entspricht, deckt sich wegen der unterschiedlichen Funktion[131] nicht in vollem Umfang mit dem bauplanungsrechtlichen Begriff des Vorhabens in § 29 Abs. 1

---

126 Vgl. darüber hinaus die in § 62 Abs. 1 HBO erwähnten weniger bedeutsamen Fälle der Aufstellung, Anbringung und Beseitigung von Anlagen.
127 Seit der HBO-Novelle 2018 bezieht sich die Genehmigungsbedürftigkeit auf „Anlagen", zu denen nach § 2 Abs. 1 HBO einerseits „bauliche Anlagen" und andererseits „andere Anlagen, Einrichtungen und Grundstücke" im Sinne des § 1 Abs. 2 HBO gehören.
128 Siehe dazu in der Reihenfolge der Beispiele: VGH Kassel, BRS 35 (Nr. 51); VGH Kassel, BRS 38, (Nr. 66); VGH Kassel, NVwZ 1983, 687; VGH Kassel, HessVGRspr. 1981, 91; VGH Kassel, NVwZ 1985, 429; VG Frankfurt, LKRZ 2011, 181 f.
129 Diese sind in § 2 Abs. 13 HBO definiert.
130 Beispiele für bauliche Anlagen: mit dem Erdboden verbundenes Wohnboot, BVerwGE 44, 59; Aufstellen einer Tragluftschwimmhalle in den Wintermonaten, BVerwG, BRS 30 (Nr. 117); Anschlagtafel für Plakatwerbung auf eigenen Stützen, VGH Kassel, BRS 28 (Nr. 85); Tennisplatzanlage, VGH Kassel, BRS 38 (Nr. 78); dagegen keine bauliche Anlage: Anlage und Erweiterung eines Friedhofs – anders als für einzelne dort zu errichtende bauliche Anlagen, VGH Kassel, BRS 35 (Nr. 146); in einer Bundeswasserstraße verankertes Schiff, BVerwG, DÖV 1974, 814 f.
131 Zur unterschiedlichen Funktion von Bauordnungs- und Bauplanungsrecht vgl. Rn. 1 f.

BauGB.[132] Soweit bauplanungsrechtlich relevante Vorhaben im Sinne des § 29 BauGB keine Anlage im Sinne des § 2 Abs. 1 HBO darstellen[133] und deshalb auch nicht genehmigungsbedürftig nach § 62 Abs. 1 HBO sind, ändert das nichts an der Verbindlichkeit bauplanungsrechtlicher Vorgaben nach §§ 30 ff. BauGB, deren Beachtung dann mit den repressiven bauaufsichtlichen Befugnissen außerhalb eines Genehmigungsverfahrens (Rn. 85) durchgesetzt werden kann.

b) Genehmigungsfreistellungen und ihre Einschränkungen

87 Der durch § 62 Abs. 1 HBO vermittelte Eindruck, in Hessen sei die Genehmigungsbedürftigkeit von Bauvorhaben die Regel, täuscht allerdings. Wie bereits die in dieser Vorschrift enthaltene Liste von Ausnahmevorschriften andeutet, dürfte zwischenzeitlich die genehmigungsfreie Realisierung von Vorhaben die Regel sein. Hintergrund ist die verbreitete rechtspolitische Tendenz, die Behörden im Allgemeinen und die Bauaufsichtsbehörden im Besonderen zu entlasten, die Eigenverantwortung der Bauherrschaft zu stärken und auf diese Weise die Realisierbarkeit von Vorhaben zu vereinfachen, zu erleichtern und zu beschleunigen.[134] Dieser Tendenz ist auch der hessische Gesetzgeber insbesondere bei der Novelle der HBO im Jahr 2002 gefolgt[135] und auch die Novelle 2010/11 setzte den eingeschlagenen Weg fort.[136]

88 aa) Die Freistellungsregelungen im Überblick und ihre Bedeutung. Folgt man zunächst der in § 62 Abs. 1 HBO enthaltenen Liste[137] von Vorschriften, die Ausnahmen von dem Grundsatz der Genehmigungsbedürftigkeit enthalten, so ergibt sich folgende Übersicht über genehmigungsfreie Vorhaben:

89 Nach § 63 HBO, der seinerseits auf die **Anlage** verweist, die Bestandteil des Gesetzes ist, sind zahlreiche „kleine" Vorhaben ohne nennenswertes Gefahrenpotential von dem Genehmigungsvorbehalt ausgenommen. Allerdings ist die Reichweite dieser scheinbar pauschalen Ausnahme dadurch erheblich gemindert, dass eine Reihe von Vorhaben nur unter „Vorbehalten" des Abschnitts V der Anlage freigestellt wird.[138] Hinter diesen Vorbehalten verbirgt sich dann die Möglichkeit der betroffenen Gemeinde, doch ein Baugenehmigungsverfahren zu verlangen (Abschnitt V Nr. 1 der Anlage, dazu unten Rn. 100) oder das Erfordernis, vor Bauausführung oder Inbetriebnahme von Anlagen näher definierte Bescheinigungen einzuholen oder eine „branchenspezifische Fachfirma" zu beauftragen (Abschnitt V Nr. 5 der Anlage).

---

132 Vgl. dazu BVerwGE 44, 59. Ebenso verhält sich eine Nutzungsänderung im bauordnungsrechtlichen zu einer solchen im bauplanungsrechtlichen Sinne.
133 Angesichts des weiten bauordnungsrechtlichen Begriffs der Anlage sind diese Fälle selten.
134 So, die verbreitete „Beschleunigungsterminologie" aufgreifend, explizit § 89 Abs. 4 S. 1 HBO.
135 *Wittkowski*, Die neue Hessische Bauordnung, NVwZ 2003, 671 (672).
136 Kritisch *Hornmann*, Hessische Bauordnung 2011, NVwZ 2011, 212 (214).
137 Hinzuzufügen wären der Vollständigkeit halber die Fälle, in denen die Baugenehmigungsbedürftigkeit deshalb entfällt, weil die Baugenehmigung von der Konzentrationswirkung einer Genehmigung nach anderen Gesetzen erfasst wird (dazu oben Rn. 19).
138 Vgl. z.B. Abschnitt I Ziff. 1.12, der die Freistellung von Wintergärten unter die Vorbehalte des Abschnitts V Nr. 1 (Gemeinde, der die Bauvorlagen zur Kenntnis zu geben sind, kann die Durchführung eines Genehmigungsverfahrens verlangen) und Nr. 3 (Erforderlichkeit einer statisch-konstruktiven Unbedenklichkeitsbescheinigung) stellt.

Die Liste der durch § 63 HBO i.V.m. der Anlage freigestellten Vorhaben kann aufgrund der Ermächtigung in § 89 Abs. 4 S. 1 Nr. 1 HBO durch **Rechtsverordnung des Ministers** erweitert werden. Von dieser Ermächtigung wurde allerdings bislang kein Gebrauch gemacht. 90

Darüber hinaus stellt § 64 HBO auch größere Vorhaben, die nicht die Qualität von Sonderbauten[139] erreichen, genehmigungsfrei, wenn sie im **Geltungsbereich eines qualifizierten Bebauungsplans**[140] liegen und darüber hinaus eine Reihe weiterer Voraussetzungen (vgl. § 64 Abs. 1 HBO) erfüllt sind. Der Gesetzgeber hat auch hier unter der Voraussetzung der Plankonformität des Vorhabens dem Interesse an einer Entlastung der Bauaufsichtsbehörden und an der Stärkung der Eigenverantwortung der Bauherrschaft[141] Vorrang eingeräumt vor öffentlichen und privaten Belangen insbesondere der Nachbarschaft, die durch ein Baugenehmigungsverfahren geschützt werden. 91

Die wiederkehrende Errichtung sog. **Fliegender Bauten** ist nach § 78 HBO nicht genehmigungsbedürftig. Nur das erstmalige Aufstellen und die Ingebrauchnahme erfordert eine in dieser Vorschrift näher geregelten Ausführungsgenehmigung. 92

Schließlich wird gem. § 79 HBO das Erfordernis einer Baugenehmigung bei **Vorhaben in öffentlicher Trägerschaft** durch ein Zustimmungsverfahren ersetzt, wenn die Leitung der Entwurfsarbeiten und der Bauüberwachung einer mit entsprechenden Fachkräften ausgestatteten Baudienststelle des Bundes oder eines Landes übertragen ist. Obwohl zu den öffentlichen Trägern auch Kreise und Gemeinden gehören, führt die letztgenannte Voraussetzung dazu, dass faktisch nur Vorhaben des Bundes oder des Landes Hessen unter die Regelung des § 79 HBO fallen. 93

Die Bedeutung dieser Freistellungen sollte aus zwei Gründen nicht überschätzt werden: Zunächst ändern diese Ausnahmen von dem Grundsatz der Genehmigungspflicht in § 62 Abs. 1 HBO nichts daran, dass für **alle Vorhaben** unabhängig von ihrer Genehmigungsbedürftigkeit das gesamte materielle **Bauplanungs- und Bauordnungsrecht** ebenso wie andere öffentlich-rechtliche Vorschriften **Geltung beanspruchen**. § 62 Abs. 2 HBO stellt dies ausdrücklich klar. „Freigestellt" wird also nur von der formellen Pflicht, vor Realisierung eines Vorhabens eine Genehmigung einzuholen, nicht jedoch von den materiellen Pflichten des Bauplanungs- und Bauordnungsrechts. Außerdem kann die Bauherrschaft in den zahlreichen Fällen der Freistellung nach § 64 HBO (s.o. Rn. 91) freiwillig auf diese Freistellung verzichten und gem. § 62 Abs. 3 HBO die Durchführung eines Genehmigungsverfahrens verlangen (s.u. Rn. 99). 94

bb) Uneingeschränkt genehmigungsfreie Vorhaben. Uneingeschränkt genehmigungsfrei nach § 63 HBO sind nur die in der Anlage aufgelisteten Vorhaben, soweit in der jeweiligen Nummer der Liste kein Vorbehalt nach Abschnitt V der Anlage enthalten ist. Dies gilt z.B. nach Abschnitt I Nr. 1.11 für Grillhütten, die von einer Gemeinde er- 95

---

139 Vgl. die Legaldefinition in § 2 Abs. 9 HBO, wonach z.B. Gebäude bis zur Höhe von 22 m keine Sonderbauten sind.
140 Dieser ist in § 30 Abs. 1 BauGB definiert; gleichgestellt sind in § 64 Abs. 1 S. 1 Nr. 1 HBO vorhabenbezogene Bebauungspläne nach §§ 12, 30 Abs. 2 BauGB.
141 Vgl. Reg.-Begr., LT-Drs. 15/3635, S. 144 f.

richtet und unterhalten werden. Hier werden also die Anforderungen an die Genehmigungsfreistellung abschließend in der jeweiligen Nummer normiert.

96 cc) **Notwendige Einschaltung fachkundiger Personen.** Regelmäßig macht das Gesetz die Genehmigungsfreistellung abhängig von der vorherigen **Einschaltung fachkundiger Personen** und überträgt auf diese Weise der Bauherrschaft nicht die alleinige Verantwortung dafür, dass das Vorhaben z.B. den technischen Sicherheitsanforderungen genügt. Im Falle des **§ 63 HBO** geschieht dies dadurch, dass bei vielen der in der Anlage aufgelisteten Vorhaben die Baugenehmigungsfreistellung jeweils nur unter einem oder mehreren Vorbehalten des Abschnitts V Nrn. 2 bis 5 gewährt wird. Nach diesen Vorbehalten sind Bescheinigungen fachkundiger Personen oder Stellen erforderlich oder die Bauherrschaft hat eine fachkundige Firma mit der Ausführung zu beauftragen (Nr. 5). Auch bei den nach **§ 64 HBO** freigestellten Vorhaben sind die erforderlichen Bauvorlagen einzureichen, die nur von den dafür qualifizierten Personen (§ 67 HBO) gefertigt werden dürfen. Schließlich gilt die Freistellung von Vorhaben in öffentlicher Trägerschaft gem. **§ 79 Abs. 1 S. 1 HBO** nur bei Beteiligung qualifizierten Personals der jeweiligen Baudienststelle.

97 dd) **Anforderungen an die Freistellung plankonformer Vorhaben.** Besondere Anforderungen gelten für die Freistellung von Vorhaben nach § 64 HBO. Grundsätzlich können in den Genuss dieser Genehmigungsfreistellung alle baulichen Anlagen kommen, die keine Sonderbauten i.S. des § 2 Abs. 9 HBO sind (z.B. Gebäude bis 22 m Höhe). Allerdings müssen die in **§ 64 Abs. 1 S. 1 Nrn. 1 bis 5 HBO** geforderten **Voraussetzungen** kumulativ vorliegen. Die wichtigste unter diesen Voraussetzungen ist, dass das Vorhaben im Geltungsbereich eines qualifizierten Bebauungsplans liegt. Mit diesem **Bebauungsplan** muss das Vorhaben in jeder Hinsicht **übereinstimmen** – also keine Ausnahme oder Befreiung erforderlich machen – und auch für eine Abweichung von bauordnungsrechtlichen Vorschriften nach § 73 HBO darf kein Anlass bestehen. Außerdem muss auch die Erschließung gesichert sein. Eine wichtige Ausnahme von der Freistellung gilt seit der Novelle 2018 für solche besonders schutzbedürftigen **Vorhaben**, die in der **Nähe von Störfallbetrieben** im Sinne der Richtlinie 2012/18/EU (sog. „Seveso-III-Richtlinie") verwirklicht werden sollen, wenn der erforderliche Sicherheitsabstand nicht bereits bauplanungsrechtlich gesichert wurde (§ 64 Abs. 2 HBO).[142]

98 Berücksichtigt man weiter die verfahrensrechtliche Pflicht, der Bauaufsichtsbehörde die erforderlichen Bauvorlagen zuzuleiten (s.u. Rn. 116), sowie die Möglichkeit der Gemeinde, die Durchführung eines Baugenehmigungsverfahrens zu verlangen (s.u. Rn. 100), so zeigt sich, dass vor einer **Freistellung** nach § 64 HBO relativ **hohe Hürden** zu überwinden sind. Das findet seinen Grund darin, dass Vorhaben nach § 64 Abs. 1 HBO ein höheres Maß an Komplexität aufweisen und dadurch höheren rechtlichen Anforderungen genügen müssen als die Vorhaben nach § 63 HBO i.V.m. der Anlage. Dennoch besteht gem. § 64 Abs. 3 S. 3 HBO keine präventive Prüfpflicht der

---

142 Einzelheiten dazu – insbesondere auch zu dem Erfordernis, in der Nähe von Störfallbetrieben geplante Vorhaben einem Zulassungs- bzw. Genehmigungsverfahren zu unterwerfen – in der Begründung des Gesetzentwurfs der Landesregierung, LT-Drs. 19/5379, S. 100 ff

Bauaufsichtsbehörde oder der Gemeinde. Und selbst wenn sich die Bauaufsichtsbehörde oder die Gemeinde für eine Prüfung entscheidet, ist die in § 64 Abs. 3 S. 4 HBO eingeräumte Frist relativ kurz, was zur Folge haben kann, dass eine genaue Prüfung nicht gewährleistet ist. Auf diese Weise wird das **Risiko**, dass sich ungeprüfte oder bei nur oberflächlicher Prüfung als rechtmäßig erscheinende Vorhaben später als rechtswidrig herausstellen, **der Bauherrschaft** und/oder den übrigen am Bau Beteiligten (§§ 55 ff. HBO) angelastet.[143] Auch die Klärung der Frage, ob die Voraussetzungen einer Freistellung nach § 64 HBO überhaupt vorliegen, fällt in den Verantwortungsbereich der Bauherrschaft.

Diesem Risiko kann sie zwar nicht dadurch entgehen, dass sie von der Gemeinde und/oder von der Bauaufsichtsbehörde eine Prüfung verlangt, da auf eine solche Prüfung kein Anspruch besteht (§ 64 Abs. 3 S. 3 HBO). Allerdings eröffnet § 62 Abs. 3 HBO die Möglichkeit, dass die Bauherrschaft **freiwillig auf die Genehmigungsfreistellung** nach § 64 HBO **verzichtet** und sich auf diese Weise das Risiko zumindest teilweise auf die Bauaufsichtsbehörde verlagert.[144]

ee) **Vorbehalt gemeindlichen Genehmigungsverlangens.** Sowohl bei vielen Vorhaben nach § 63 HBO i.V.m. der Anlage[145] als auch bei allen Vorhaben nach § 64 HBO (s. § 64 Abs. 1 S. 1 Nr. 5 HBO) hat die betroffene Gemeinde die Möglichkeit, trotz der grundsätzlichen Genehmigungsfreistellung im Einzelfall die Durchführung eines Genehmigungsverfahrens zu verlangen. Wie § 64 Abs. 4 HBO explizit regelt, kann die Gemeinde ein solches Verlangen insbesondere darauf stützen, dass nach ihrer Auffassung die Freistellungsvoraussetzungen des Absatzes 1 nicht vorliegen. Ein solches Verlangen hat also zunächst die Funktion zu klären, **ob die Freistellungsvoraussetzungen vorliegen** und führt folglich noch nicht zu einem regulären Baugenehmigungsverfahren, sondern zu einem – in der HBO nicht weiter geregelten – Verfahren, an dessen Ende die Entscheidung darüber steht, ob das Vorhaben die Voraussetzungen des § 64 Abs. 1 HBO erfüllt oder nicht. Unabhängig davon kann die Gemeinde aber auch die **Durchführung eines Genehmigungsverfahrens** verlangen, weil sie eine Überprüfung des Vorhabens „aus anderen Gründen" für „erforderlich hält". Dass sie dafür keine Begründung liefern muss und dass das Genehmigungsverlangen gerichtlich nicht angreifbar ist, mag rechtsstaatliche Bedenken auslösen, lässt sich aber durchaus rechtfertigen. Geht man nämlich davon aus, dass bei Vorhaben mit erheblicher planungs- und sicherheitsrechtlicher Relevanz der zulässige gesetzliche „Normalfall" die Genehmigungsbedürftigkeit ist, so wird eben dieser Normalzustand durch das gemeindliche Genehmigungsverlangen wiederhergestellt. Eine eingehende Begründungspflicht würde die Gemeinde zu Prüfungen zwingen, die erst Gegenstand des von ihr verlangten Genehmigungsverfahrens sein sollen.

---

143 *Ortloff*, Die Entwicklung des Bauordnungsrechts, NVwZ 2000, 750 (752); dazu, dass angesichts der knappen Monatsfrist des § 64 Abs. 3 S. 4 HBO eine genaue Prüfung kaum möglich ist, s. nur *Dürr/Hinkel*, Baurecht Hessen, Rn. 216.
144 Offensichtlich besteht an dieser Möglichkeit ein reges Interesse (mehr als 15% der Fälle von Genehmigungsfreistellungen); s. dazu LT-Drs. 18/2523, S. 15 f.
145 Und zwar bei solchen, die unter dem Vorbehalt des Abschnitts V Nr. 1 der Anlage (Beteiligung der Gemeinde) stehen.

c) Prüfungsumfang

101 Findet nach den zuvor dargelegten Regeln ein Genehmigungsverfahren statt, so bedarf es einer gesetzlichen Antwort auf die Frage, welche Rechtsnormen im Rahmen des Verfahrens von der Bauaufsichtsbehörde zu prüfen sind.[146] § 74 Abs. 1 HBO beantwortet diese Frage nach dem **Prüfprogramm** nicht. Die Norm verweist vielmehr im ersten Halbsatz auf die öffentlich-rechtlichen Normen, „die im Baugenehmigungsverfahren zu prüfen sind", und macht im zweiten Halbsatz nur unter besonderen Voraussetzungen – ausnahmsweise (s.u. Rn. 106) – „sonstige öffentlich-rechtlichen Vorschriften" zum Gegenstand des Genehmigungsverfahrens. Welches die nach § 74 Abs. 1 Hs. 1 HBO obligatorisch zu prüfenden Vorschriften sind, beantworten dann die §§ 65 und 66 HBO, die abweichend von der irreführenden Überschrift in erster Linie den unterschiedlichen Prüfungsumfang von Vorhaben mittlerer (§ 65 HBO) und gesteigerter (§ 66 HBO) planungs- und sicherheitsrechtlicher Relevanz definieren.

102 **aa) Eingeschränktes Prüfprogramm nach § 65 HBO.** Einem nur **eingeschränkten Prüfprogramm** unterworfen sind nach § 65 HBO dieselben Vorhaben, die § 64 HBO dann genehmigungsfrei stellt, wenn alle in Absatz 1 genannten Voraussetzungen vorliegen. Fehlt es auch nur an einer dieser Voraussetzungen, unterwirft § 65 HBO diese Vorhaben einer reduzierten Prüfung. § 65 HBO gilt also für die Errichtung, Änderung und Nutzungsänderung der in § 64 Abs. 1 HBO genannten Anlagen, wobei es bei Änderungen und Nutzungsänderungen nicht auf den ursprünglichen sondern auf den Zustand nach der Änderung ankommt (§ 64 Abs. 1 S. 2 HBO). Die mit dem reduzierten Prüfprogramm nach § 65 HBO – insbesondere mit der eingeschränkten Prüfung des Bauordnungsrechts – verbundenen Risiken kann die Bauherrschaft nach § 62 Abs. 3 HBO dadurch vermeiden, dass sie von dem Wahlrecht zugunsten einer umfassenden Prüfung gem. § 66 HBO Gebrauch macht. Nicht von § 64 Abs. 1 HBO und folglich auch nicht von § 65 HBO erfasst sind der Abbruch und die Beseitigung von Anlagen. Solche Vorhaben sind, wenn sie nicht dem Abschnitt IV der Anlage zu § 63 HBO unterfallen, stets genehmigungsbedürftig und dabei der umfassenden Prüfung nach § 66 HBO unterstellt.

103 Die Einschränkung der behördlichen Kontrolle durch § 65 HBO zeigt sich vor allem daran, dass hier keine umfassende Prüfung des **Bauordnungsrechts** stattfindet. Gem. § 65 Abs. 1 S. 1 Nr. 2 HBO werden **nur Abweichungen nach § 73 HBO** geprüft und entschieden. Die Einhaltung aller übrigen bauordnungsrechtlichen Vorschriften bleibt in der Verantwortung der Bauherrschaft und der sonstigen am Bau Beteiligten (§§ 55 ff. HBO). Allerdings kann im Einzelfall ausnahmsweise der Bauantrag nach § 74 Abs. 1 Hs. 2 HBO abgelehnt werden, wenn im Genehmigungsverfahren offensichtlich ist, dass der Realisierung des Vorhabens nicht ausräumbare bauordnungsrechtliche Hindernisse entgegenstehen.[147] **Bauplanungsrechtlich** wird das Vorhaben

---

146 Dazu *Hornmann*, Keine Feststellung in der Baugenehmigung zum nicht zu prüfenden Recht, NVwZ 2012, 1294 ff.; *Anders*, Reichweite der Feststellungswirkung der Baugenehmigung, LKV 2017, 294 ff.
147 Zur Rechtslage vor der Novelle 2010/11 s. VG Darmstadt, NVwZ-RR 2006, 680 (681); VG Gießen, LKRZ 2007, 314 (315); näher zu § 74 Abs. 1 Hs. 2 HBO unten Rn. 106.

dagegen ohne Einschränkungen überprüft (die Vorschriften des BauGB und aufgrund des BauGB gem. § 65 Abs. 1 S. 1 Nr. 1 HBO).

Was die „anderen öffentlich-rechtlichen Vorschriften" z.B. des Natur- und Denkmalschutzrechts oder des Wasserrechts angeht, so findet eine Prüfung im Rahmen des § 65 HBO nur dann statt, wenn wegen der Baugenehmigung eine Entscheidung nach diesen anderen Vorschriften entfällt oder ersetzt wird, wenn also das jeweilige Fachrecht die präventive Kontrolle explizit an die Bauaufsichtsbehörden delegiert.[148] So „verzichtet" etwa das Naturschutzrecht auf das Genehmigungsverfahren für einen Eingriff in Natur und Landschaft, wenn für einen solchen Eingriff in anderen Rechtsvorschriften eine Genehmigung vorgeschrieben ist (§ 17 Abs. 1 BNatSchG). Die Bauaufsichtsbehörde hat deshalb nach § 65 Abs. 1 S. 1 Nr. 3 HBO neben den baurechtlichen Normen auch die naturschutzrechtlichen Voraussetzungen für die Zulässigkeit von Eingriffen zu prüfen, wenn das Vorhaben einen solchen genehmigungsbedürftigen Eingriff darstellt (dazu § 7 Rn. 52) und gleichzeitig einer Baugenehmigung bedarf. Ähnlich verhält es sich z.B. mit der Genehmigung für die Beeinträchtigung von Kulturdenkmalen nach §§ 18, 20 HessDSchG. Nach § 9 Abs. 3 S. 2 HessDSchG schließt nämlich die Baugenehmigung die denkmalschutzrechtliche Genehmigung ein. Bei solchen Verlagerungen der Prüfungszuständigkeit von der Fachbehörde auf die Baugenehmigungsbehörde dürfte es regelmäßig nach § 70 Abs. 1 Nr. 2 HBO geboten sein, die Fachbehörde anzuhören. Jedenfalls ist es unschädlich, wenn die Baugenehmigungsbehörde sich bei der jeweiligen Fachbehörde sachkundig macht und das Ergebnis dieser Beteiligung ihrer Entscheidung zugrunde legt.[149]

104

bb) Umfassendes Prüfprogramm nach § 66 HBO für Sonderbauten. In § 66 HBO ist das umfassende Prüfprogramm für Sonderbauten i.S.d. § 2 Abs. 9 HBO definiert, zu dem das **Bauplanungs-** und das **Bauordnungsrecht** in vollem Umfang gehören. Darüber hinaus werden nach § 66 S. 1 Nr. 3 HBO **andere öffentlich-rechtliche Vorschriften** nicht nur dann geprüft, wenn wegen der Baugenehmigung eine Entscheidung nach diesen Vorschriften entfällt oder ersetzt wird (s.o. Rn. 104), sondern auch dann, wenn nach den anderen öffentlich-rechtlichen Vorschriften kein Zulassungsverfahren vorgesehen ist. So enthalten z.B. die §§ 22 f. BImSchG Anforderungen an Anlagen, ohne dass diese Anforderungen durch ein immissionsschutzrechtliches Genehmigungsverfahren (präventiv) kontrolliert werden. Hier hat also die Bauaufsichtsbehörde nach § 66 S. 1 Nr. 3 b) HBO die immissionsschutzrechtlichen Anforderungen mit zu prüfen. Das umfassende Prüfprogramm des § 66 HBO gilt insbesondere für den **Abriss** und die **Beseitigung** von Anlagen, soweit nicht die Freistellung nach § 63 HBO i.V.m. der Anlage Abschnitt IV einschlägig ist.

105

cc) „Sonstige öffentlich-rechtlichen Vorschriften" als Prüfungsprogramm nach § 74 Abs. 1 Hs. 2 HBO. Unabhängig davon, ob sich das Prüfprogramm aus § 65 oder aus § 66 HBO ergibt, räumt § 74 Abs. 1 Hs. 2 HBO der Bauaufsichtsbehörde die Möglichkeit („darf") ein, den Bauantrag abzulehnen, wenn das Vorhaben gegen „sonstige

106

---

148 *Hornmann*, Hessische Bauordnung, § 57 Rn. 3; VGH Kassel, LKRZ 2007, 389 (390).
149 VGH Kassel, LKRZ 2007, 389 (390).

öffentlich-rechtliche Vorschriften" verstößt. Auf den ersten Blick steht dies in Widerspruch sowohl zu § 65 Abs. 1 HBO als auch zu § 66 HBO, weil danach andere öffentlich-rechtliche Vorschriften nur unter engen Voraussetzungen geprüft werden (s.o. Rn. 104, 105). Auflösbar wird dieser Widerspruch, wenn man § 74 Abs. 1 Hs. 2 HBO als Ausprägung des sog. **Sachbescheidungsinteresses** versteht. Dieses Interesse an der Bescheidung eines Baugenehmigungsantrags fehlt, wenn dem Vorhaben – trotz einer evtl. erteilten Baugenehmigung – wegen Unvereinbarkeit mit anderen öffentlich-rechtlichen Vorschriften ein nicht ausräumbares Hindernis entgegensteht, der Antragsteller die Baugenehmigung also nicht nutzen könnte.[150] Die Baugenehmigungsbehörde soll also einerseits nicht alle sonstigen öffentlich-rechtlichen Vorschriften intensiv prüfen, andererseits aber auch nicht sehenden Auges die Genehmigung für ein Vorhaben erteilen, gegen das sie anschließend sogar wegen dessen materieller Illegalität einschreiten müsste.[151] Diesem Anliegen entspricht es, den Anwendungsbereich des § 74 Abs. 1 Hs. 2 HBO auf solche Fälle zu reduzieren, in denen **eindeutig** und auf nicht bestrittenen oder bestreitbaren Grundlagen beruhend und ohne eine ins Einzelne gehende Prüfung **erkennbar** ist, dass **dem Vorhaben** nicht nur vorübergehend aus tatsächlichen oder rechtlichen Gründen **nicht ausräumbare Hindernisse im Weg stehen**.[152] Unter diesen Voraussetzungen macht es auch keinen Sinn, die Versagung der Baugenehmigung nach § 74 Abs. 1 Hs. 2 HBO als eine Ermessensentscheidung zu qualifizieren.[153]

d) Verwaltungsverfahren

107 aa) **Reguläres Genehmigungsverfahren.** Das Verwaltungsverfahren (vgl. § 9 HVwVfG), das der Erteilung einer gesetzlich geforderten, von der Gemeinde verlangten (s.o. Rn. 100) oder von der Bauherrschaft gewünschten (Rn. 99) Baugenehmigung vorausgeht, ist ausführlich in den **§§ 69 ff. HBO** normiert. Soweit sich dort keine speziellen Verfahrensregelungen finden, ist nach dessen § 1 Abs. 1 subsidiär das **HVwVfG** anzuwenden. Nach diesen gesetzlichen Vorgaben gilt zunächst allgemein, dass das Verfahren gem. § 10 HVwVfG „einfach, zweckmäßig und zügig" durchzuführen ist.[154] Das Baugenehmigungsverfahren wird eingeleitet durch den **Bauantrag**, der gem. § 69 Abs. 1 HBO zusammen mit den Planunterlagen[155] direkt bei der Bauaufsichtsbehörde schriftlich einzureichen ist. Die Anforderungen an die berufliche Qualifikation derjenigen, die **Bauvorlagen** verfassen dürfen, sind ausführlich und abgestuft nach der Komplexität des Vorhabens in § 67 HBO geregelt.[156]

---

150 S. nur VGH Kassel, ZfBR 2011, 72; OVG Münster, BauR 2009, 799; zum Problem *Jäde*, Das Sachbescheidungsinteresse im bauaufsichtlichen Genehmigungsverfahren – eine unendliche Geschichte?, BayVBl. 2010, 741.
151 Dies dürfte der Kern der gesetzgeberischen Intention sein: Reg.-Begr., LT-Drs. 18/2523, S. 16.
152 Bay. VGH, BayVBl. 2009, 507, BRS 74 Nr. 157; *Hornmann*, Sachbescheidungsinteresse – Normierung in der Hessischen Bauordnung 2011, LKRZ 2011, 213, 215; VG Frankfurt, NVwZ-RR 2011, 717; VG Frankfurt, LKRZ 2011, 354; VG Frankfurt, LKRZ 2012, 284; VGH Kassel, NVwZ-RR 2012, 676.
153 S. die Begründung in LT-Drs. 18/2523, S. 16.
154 Rechtswidrige Verzögerungen im Baugenehmigungsverfahren können zu Schadensersatzansprüchen wegen Amtspflichtverletzung führen; allgemein dazu *Ossenbühl*, Staatshaftungsrecht, 6. Aufl. 2013, S. 44 m.w.N.; siehe auch *Finkelnburg/Ortloff/Otto*, Öffentliches Baurecht II, § 9 Rn. 6.
155 Vgl. BauVorlVO v. 17.12.1994 (GVBl. I, S. 828).
156 Zum Planvorlagemonopol BVerfGE 28, 364; zur teilweisen Verfassungswidrigkeit von § 91 Abs. 4 HBO a.F. wegen fehlender Übergangsregelung BVerfGE 68, 272.

108 Die Bauaufsichtsbehörde hat nach Eingang des Bauantrags gem. § 70 Abs. 1 HBO die **Gemeinde** zu **beteiligen**, wenn dies gesetzlich vorgesehen ist. In jedem Fall ist die Gemeinde **anzuhören**. Das Erfordernis der Anhörung oder Beteiligung der Gemeinde ist gem. § 70 Abs. 1 S. 1 HBO zwingend und geht darauf zurück, dass die Gemeinden über eine umfassende Ortskenntnis und Sachkunde verfügen.[157] So kann z.B. nur die Gemeinde als Trägerin der Straßenbaulast (§§ 9, 41 Abs. 3, 43 StrG) Fragen der Erschließung des Vorhabens beurteilen. Eine zwingende Beteiligung der Gemeinden liegt immer dann vor, wenn ein Einvernehmen der Gemeinde für die Beurteilung des Bauanliegens vorgeschrieben ist. Zu nennen sind hier vor allem § 36 Abs. 1 BauGB, § 14 Abs. 2 BauGB, § 173 Abs. 1 BauGB.

109 Was die Beteiligung **anderer Stellen** anbelangt, unterscheidet das Gesetz in § 70 Abs. 1 HBO zwischen einer **Beteiligung** oder **Anhörung**, die durch Rechtsvorschrift vorgeschrieben ist, und einer solchen, die Aufgrund individueller Umstände angezeigt erscheint.[158] Ein Beispiel für eine gesetzlich angeordnete **Zustimmung**sbedürftigkeit findet sich in § 23 Abs. 2 HStrG, wonach Baugenehmigungen für Anlagen längs der Landes- und Kreisstraßen unter bestimmten Voraussetzungen der Zustimmung der Straßenbaubehörde bedürfen. Wird in solchen Fällen die Zustimmung fristgerecht verweigert, darf die Baugenehmigung nicht erteilt werden. Eine schwächere Form der Mitwirkung anderer Behörden, die diesen keine Vetoposition einräumt, findet dort Anwendung, wo das Gesetz vor der Erteilung der Baugenehmigung lediglich das **Benehmen** mit der jeweiligen Fachbehörde anordnet. So verlangt z.B. § 16 Abs. 1 HAGBNatSchG bei Bauvorhaben in Natura-2000-Gebieten eine Entscheidung der Bauaufsichtsbehörde im Benehmen mit der Naturschutzbehörde. Hier ist die Bauaufsichtsbehörde verpflichtet, der Fachbehörde die erforderlichen Informationen zur Verfügung zu stellen und deren Stellungnahme bei ihrer Entscheidung zu berücksichtigen.

110 Jenseits einer gesetzlich ausdrücklich geregelten Mitwirkung anderer Stellen kann sich eine **Anhörung im Einzelfall** als erforderlich erweisen, weil anderenfalls die Genehmigungsfähigkeit eines Vorhabens nicht beurteilt werden kann (§ 70 Abs. 1 S. 1 Nr. 2 HBO). Sie dient der Information der Bauaufsichtsbehörde, wobei eine fehlerhaft unterlassene Anhörung nicht stets zur Rechtswidrigkeit der Genehmigung führt,[159] sondern nur dann, wenn die Bauaufsichtsbehörde dadurch entscheidungserhebliche Belange außer Acht gelassen hat.[160]

111 Im Interesse der **Verfahrensbeschleunigung** ordnet § 70 Abs. 1 S. 3 HBO bei förmlichen Mitwirkungsakten (Benehmen, Einvernehmen, Zustimmung) eine Fiktion des Inhalts an, dass der Mitwirkungsakt als erteilt gilt, wenn er nicht binnen eines Monats nach Eingang des Ersuchens explizit verweigert wird. Abweichende (bundesrechtliche) Regelungen, wie sie sich etwa in § 36 Abs. 1 S. 2 BauGB finden, haben allerdings Vorrang. Sieht das Gesetz lediglich eine Anhörung vor, darf diese unberücksichtigt blei-

---

157 *Hornmann*, Hessische Bauordnung, § 61 Rn. 10.
158 Zu dieser Thematik mit umfangreichen Beispielen: *Hornmann*, Hessische Bauordnung, § 61 Rn. 25 ff.
159 Dies ergibt sich aus dem Rechtsgedanken des § 44 Abs. 2 Nr. 4 und § 45 Abs. 1 Nr. 5 HVwVfG. Etwas anderes gilt für materielle (Ermessens-)Fehler, die unvollständige Informationen regelmäßig nach sich ziehen.
160 Vgl. § 46 VwVfG.

ben, wenn sie nicht innerhalb eines Monats nach Aufforderung zur Stellungnahme bei der Bauaufsichtsbehörde eingegangen ist. Ob auf diese Weise wirklich ein Beschleunigungseffekt erzielt wird, bleibt zweifelhaft, weil ein evtl. Fristversäumnis der zur Mitwirkung aufgerufenen Behörde typischerweise nichts daran ändert, dass deren fachliche Stellungnahme notwendige Grundlage einer sachlich zutreffenden – ermessensfehlerfreien – Entscheidung der Bauaufsichtsbehörde ist.

112 Ein weiteres Element des Verfahrens ist die Beteiligung der Nachbarschaft. Abweichend von der allgemeinen Regelung in §§ 13, 28 HVwVfG, deren Anwendbarkeit § 71 Abs. 3 S. 2 HBO explizit ausschließt, sind **Nachbarn**,[161] deren Rechte durch die Baugenehmigung berührt werden, nicht als Beteiligte anzuhören, sondern „sollen"[162] gem. § 71 Abs. 1 HBO nur benachrichtigt werden, wenn in der Baugenehmigung eine Ausnahme oder eine Befreiung von nachbarschützenden Vorschriften vorgesehen ist. Das Akteneinsichtsrecht nach § 29 HVwVfG gilt auch im Baugenehmigungsverfahren.[163] Nach § 71 Abs. 1 S. 2 HBO sind Einwendungen innerhalb zwei Wochen zu erheben. Das Versäumen der Frist lässt materielle Nachbarrechte allerdings unberührt.[164]

113 Abgeschlossen wird das Baugenehmigungsverfahren entweder mit der **Erteilung der Baugenehmigung**, die gem. § 74 Abs. 3 HBO schriftlich zu ergehen hat und – abgesehen von Fällen, in denen Ausnahmen oder Befreiungen von nachbarschützenden Vorschriften erteilt werden (§ 73 Abs. 5 HBO) – keiner Begründung bedarf,[165] oder mit deren **Ablehnung**, die gem. § 37 Abs. 2 HVwVfG auf Verlangen ebenfalls schriftlich ergehen muss und nach § 39 HVwVfG zu begründen ist. Wirksam wird die Baugenehmigung gem. §§ 41 Abs. 2, 43 Abs. 1 HVwVfG mit Zugang. Die Gemeinde ist gem. § 74 Abs. 6 HBO unter Beifügung einer Ausfertigung des Bescheides zu unterrichten. Dem Nachbarn, der erfolglos Einwendungen nach § 71 Abs. 1 S. 2 HBO erhoben hat, ist die Entscheidung über eine Ausnahme oder Befreiung gem. § 71 Abs. 3 HBO bekanntzugeben. Darüber hinaus empfiehlt sich die Bekanntgabe der Baugenehmigung an alle Nachbarn, deren Rechte durch die Baugenehmigung verletzt sein könnten, um die regulären Anfechtungsfristen in Lauf zu setzen. Das Ende der Wirksamkeit einer Baugenehmigung richtet sich, soweit es sich nicht um den in § 74 Abs. 7 HBO geregelten Sonderfall der Nichtausnutzung handelt (s.u. Rn. 127), nach der allgemeinen Re-

---

161 Zur Frage, wer im baurechtlichen Sinne als „Nachbar" anzusehen ist, s.u. Rn. 156.
162 D.h., dass in der Regel eine Benachrichtigung der Nachbarn zu erfolgen hat, wenn die Möglichkeit der Beeinträchtigung nachbarschützender Normen besteht, da diese der umfassenden Informationsverschaffung seitens der Behörde dient; VGH Kassel, DVBl. 1992, 45; *Allgeier/Rickenberg*, Die Bauordnung für Hessen, C1 Erl. § 62, 62.1, Rn. 2.
163 Dies folgt daraus, dass § 71 Abs. 3 S. 2 HBO ausdrücklich nur die §§ 13 und 28 HVwVfG für nicht anwendbar erklärt. Die daraus resultierende Frage, wer im Baugenehmigungsverfahren „Beteiligter" im Sinne des § 29 HVwVfG ist, muss mangels Anwendbarkeit von § 13 HVwVfG aus dem § 71 Abs. 1 HBO verwendeten Kriterium der Nachbarschaft abgeleitet werden. Eines förmlichen behördlichen Hinzuziehungsakts, wie er für die Beteiligung nach § 13 Abs. 2 HVwVfG konstitutiv ist, bedarf es dagegen nicht.
164 Dazu, dass es sich nicht um eine sog. materielle Präklusionsnorm handelt, vgl. *Allgeier/Rickenberg*, Die Bauordnung für Hessen, C 1 Erl. § 62, 62.1, Rn. 15, und VGH Kassel, DVBl. 1992, 45; allg. – auch mit Bezug zur hessischen Rechtslage – *Stollmann/Beaucamp*, Öffentliches Baurecht, § 18 Rn. 16 ff.
165 Dies kann im dreipoligen Verhältnis jedoch nur bei gebundenen Entscheidungen verfassungskonform sein. Ergeht die Genehmigung dagegen aufgrund einer Ermessensentscheidung, so besteht aufgrund des Art. 19 Abs. 4 GG eine Begründungspflicht.

gel des § 43 Abs. 2 HVwVfG (Widerruf, Rücknahme, anderweitige Aufhebung, Erledigung).

Die **Rechtsfolgen eines Verstoßes** gegen die beschriebenen **Verfahrens- und Formvorschriften** richten sich mangels ausdrücklicher Regelung in der HBO nach §§ 44 ff. HVwVfG.

bb) Vereinfachtes Verfahren. Trotz der Überschrift des § 65 HBO, die ein eigenständiges und nach eigenen Regeln ablaufendes Verfahren erwarten lässt, gelten die für das reguläre Verfahren dargestellten Regeln auch für das „vereinfachte Verfahren" nach § 65 HBO. Dieses Verfahren ist abgesehen von dem eingeschränkten Prüfungsprogramm (Rn. 102 ff.) nur durch eine – allerdings wesentliche – Besonderheit geprägt. Sie liegt darin, dass nach § **65 Abs. 2 HBO** die beantragte **Baugenehmigung als erteilt gilt**, wenn über den Antrag nicht binnen einer Frist von **drei Monaten** positiv oder negativ entschieden wurde. Die Frist beginnt allerdings erst dann zu laufen, wenn der Bauantrag im Sinne des § 69 HBO vollständig ist[166], z.B. eindeutige Angaben über die beantragte Art der Nutzung enthält. Im Interesse der Rechtssicherheit ist über den Eingang des vollständigen Bauantrages unter Angabe des Datums (Fristbeginn) eine schriftliche Bestätigung zu erteilen. Die Frist kann ein- oder mehrmalig aus wichtigem Grund (Zweifelsfragen der Genehmigungsfähigkeit) verlängert werden, wobei die Verlängerung zwei Monate nicht überschreiten darf, insgesamt also spätestens fünf Monate nach Einreichung der vollständigen Unterlagen die Genehmigungsfiktion eintritt. Seit der Novelle 2010/11 gilt diese Genehmigungsfiktion auch für Vorhaben im Außenbereich, weil auch diese unter § 64 Abs. 1 HBO fallen, auf den § 65 Abs. 1 S. 1 HBO verweist.

cc) Anzeigeverfahren. Obwohl die HBO neben den beiden genannten Typen von Genehmigungsverfahren kein explizit geregeltes eigenständiges Anzeigeverfahren kennt, erweisen sich einige Vorschriften, die in Zusammenhang mit den genehmigungsfreien Vorhaben (s.o. Rn. 87 ff.) stehen, bei näherem Hinsehen als die Normierung eines Anzeigeverfahrens. Dies gilt zunächst für die nach § 63 HBO i.V.m. der Anlage genehmigungsfrei gestellten Vorhaben, bei denen nach der jeweiligen Nummer der **Anlage** die Freistellung unter dem **Vorbehalt des Abschnitts V Nr. 1** steht. Nach diesem Vorbehalt hat nämlich die Bauherrschaft das beabsichtigte Vorhaben „durch Einreichen der erforderlichen Bauvorlagen" der Gemeinde schriftlich zur Kenntnis zu geben. Erst wenn dies geschehen ist, darf 14 Tage danach mit dem Vorhaben begonnen werden. Ein ähnliches Anzeigeverfahren ist für die nach § **64 HBO** genehmigungsfrei gestellten Vorhaben in dessen **Absatz 3** vorgesehen. Auch hier sind die erforderlichen Unterlagen vorzulegen – allerdings zwingend nur der Bauaufsichtsbehörde. Hier kann erst einen Monat nach Eingang der Bauvorlagen bei der Bauaufsichtsbehörde mit dem Vorhaben begonnen werden.

Nicht verwechselt werden darf dieses Anzeigeverfahren mit den **zusätzlich zum Baugenehmigungsverfahren** vorgesehenen **Anzeigepflichten**, die nach § 75 HBO den Bau-

---

166 Dies folgt aus § 65 Abs. 2 S. 2 HBO; dazu m.w.N. VG Frankfurt, LKRZ 2011, 181 (182).

beginn und nach § 84 HBO die Fertigstellung des Rohbaus sowie die abschließende Fertigstellung von Gebäuden betreffen.

118 **dd) Abweichungsverfahren.** Schließlich ist als eine besondere Verfahrensart, die dem Genehmigungsverfahren durchaus ähnlich ist, das **Abweichungsverfahren** nach § 73 Abs. 2 und 3 HBO zu erwähnen. Gegenstände dieses Verfahrens sind die Entscheidungen über Ausnahmen und Befreiungen (§ 31 BauGB) sowie Abweichungen von bauordnungsrechtlichen Normen (§ 73 Abs. 1 HBO). Diese Entscheidungen sind – auch dann, wenn für das Vorhaben eine Genehmigung erforderlich ist – gesondert schriftlich zu beantragen. Wie der Verweis auf § 70 Abs. 1 und § 74 Abs. 3 bis 6 HBO zeigt, handelt es sich bei dem Abweichungsverfahren um ein dem Verfahren zur Entscheidung über einen Baugenehmigungsantrag angenähertes Verfahren. Besondere Bedeutung hat dieses Verfahren vor allem in den Fällen der Genehmigungsfreistellung nach § 63 HBO i.V.m. der Anlage.[167] Denn in diesen Fällen bedarf es einer – gesonderten – behördlichen Entscheidung darüber, ob für das genehmigungsfreie Vorhaben im Einzelfall eine Ausnahme, Befreiung oder Abweichung erteilt werden kann. Außerdem bietet das Abweichungsverfahren den – systemfremden – „Komfort", dass auch über die Abweichung von solchen Vorschriften entschieden wird, die im Baugenehmigungsverfahren gar nicht zum Prüfprogramm gehören.

e) Inhalt der Baugenehmigung

119 Ihrer dargestellten Funktion entsprechend (Rn. 85) stellt die Baugenehmigung zunächst fest, dass das beantragte Vorhaben den von der Bauaufsichtsbehörde zu prüfenden Normen entspricht. Diese Konformität mit den öffentlich-rechtlichen Vorschriften kann oft erst dadurch erzielt werden, dass in der Genehmigung eine Ausnahme oder eine Befreiung erteilt und die Beachtung von Normen durch Nebenbestimmungen sichergestellt wird.

120 **aa) Feststellung der Konformität mit öffentlich-rechtlichen Vorschriften.** Inhalt der Baugenehmigung ist also gem. § 74 Abs. 1 Hs. 1 HBO die **Feststellung**, dass das Vorhaben den **öffentlich-rechtlichen Vorschriften im Sinne des § 74 Abs. 1 Hs. 1 HBO entspricht,**[168] die von der Bauaufsichtsbehörde zu prüfen waren. Die Feststellungswirkung muss sich mit dem Prüfungsumfang (s.o. Rn. 101 ff.) decken. Deshalb gehören zu den von der Konformitätsfeststellung erfassten Vorschriften an erster Stelle die Normen des Bauplanungs- und des Bauordnungsrechts, wobei allerdings das Bauordnungsrecht bei der Genehmigung nach § 65 HBO – abgesehen von Abweichungen nach § 73 HBO – nicht zum Prüfprogramm gehört (Rn. 103). Vorschriften außerhalb des Baurechts sind nur unter den besonderen Voraussetzungen der §§ 65 Abs. 1 S. 1 Nr. 3 und 66 S. 1 Nr. 3 HBO Prüfungsgegenstand (s.o. Rn. 104 und 105) und folglich Gegenstand der Konformitätsfeststellung. Liegen diese nach § 65 oder § 66 HBO zu prüfenden Voraussetzungen i.S.d. § 74 Abs. 1 S. Hs. 1 HBO vor, besteht auf die Ertei-

---

167 Bei der Genehmigungsfreistellung nach § 64 HBO sorgt bereits dessen Absatz 1 Nr. 2 und 4 dafür, dass bei Ausnahmen, Befreiungen oder Abweichungen die Freistellung nicht greift, also ein – vereinfachtes – Genehmigungsverfahren durchzuführen ist.
168 Das Landesrecht bestimmt den Umfang des Prüfprogramms im Baugenehmigungsverfahren, vgl. BVerwG, DÖV 1996, 172.

lung der Genehmigung ein Anspruch, der seine Grundlage in § 74 Abs. 1 HBO und nicht in Art. 14 GG[169] hat (siehe dazu schon oben Rn. 14).

Die „**sonstigen öffentlich-rechtlichen Vorschriften**" nach § 74 Abs. 1 Hs. 2 HBO können nicht Gegenstand der Feststellungswirkung sein, weil ihre Prüfung im Ermessen der Bauaufsichtsbehörde steht und nur bei negativem Ergebnis rechtlich relevant ist (s.o. Rn. 106). Wenn der Bauantragsteller andere als die nach dem ersten Halbsatz des § 74 Abs. 1 HBO obligatorisch zu prüfenden Vorschriften zum Inhalt der Baugenehmigung machen will, muss er gem. § 62 Abs. 3 HBO sein Wahlrecht zugunsten einer Genehmigung nach § 66 HBO ausüben. 121

Maßgeblicher Zeitpunkt für die Beurteilung der Vereinbarkeit mit den prüfungsrelevanten öffentlich-rechtlichen Vorschriften ist der Abschluss des Genehmigungsverfahrens, d.h. die Erteilung oder Ablehnung der Baugenehmigung (§ 9 HVwVfG). Wird im Falle der Ablehnung die Genehmigung mit der Verpflichtungsklage erstritten, so kommt es auf die Sach- und Rechtslage zum Zeitpunkt der letzten mündlichen Verhandlung selbst dann an, wenn sie sich zuungunsten des Bauherrn verändert hat.[170] 122

bb) **Ausnahmen, Befreiungen und Abweichungen.** Lässt sich das Bauvorhaben nicht mit dem materiellen Recht vereinbaren, so kann dies in zahlreichen Fällen durch die Erteilung von Ausnahmen (§ 31 Abs. 1 BauGB), Befreiungen (§ 31 Abs. 2 BauGB) oder Abweichungen (§ 73 HBO) erreicht werden. Diese Möglichkeiten dienen der Erzielung sachgerechter, verhältnismäßiger Ergebnisse im Einzelfall. Es handelt sich um Ermessensentscheidungen, deren rechtliche Bindung sich jenseits der genannten speziellen Vorschriften nach § 40 HVwVfG bemisst. Für die Baugenehmigung besonders wichtig ist neben den planungsrechtlichen Instrumenten der Ausnahme und Befreiung nach § 31 BauGB die bauordnungsrechtlich eröffnete **Abweichungsmöglichkeit** des § 73 Abs. 1 HBO, die aus systematischen Gründen allerdings nur eröffnet ist, wenn eine atypische Grundstückssituation vorliegt. Abweichungen sind darüber hinaus nur zulässig, wenn sie mit den durch die jeweilige Norm, von der abgewichen werden soll, geschützten öffentlichen Interessen vereinbar sind, wobei – selbstverständlich (vgl. § 40 HVwVfG) – der Zweck der jeweiligen Vorschrift sowie der durch sie bezweckte Schutz nachbarlicher Belange zu würdigen ist. Angesichts der Kombination dieser unbestimmten Rechtsbegriffe auf der Tatbestandsseite mit dem behördlichen Ermessen auf der Rechtsfolgenseite der Norm handelt es sich um eine sog. Koppelungsvorschrift.[171] 123

cc) **Nebenbestimmungen.** Die Baugenehmigung kann gem. § 74 Abs. 4 HBO unter Auflagen, Bedingungen und dem Vorbehalt der nachträglichen Aufnahme, Änderung oder Ergänzung einer Auflage sowie befristet erteilt werden. Sie kann also mit Nebenbestimmungen versehen werden, um Hindernisse zu beseitigen, die ansonsten der Erteilung der Genehmigung entgegenstehen würden, oder um sicherzustellen, dass die gesetzlichen **Voraussetzungen für die Erteilung der Genehmigung** erfüllt werden. 124

---

169 So aber noch BVerwGE 45, 115.
170 BVerwG, DÖV 1974, 565 f.; BVerwGE 62, 128.
171 S. dazu nur *Maurer/Waldhoff*, Allgemeines Verwaltungsrecht, § 7 Rn. 48 ff.

Beispiel:
Auflagen können die Festlegung von Grenzwerten für Lärmimmissionen, die Einhaltung von vorgeschriebenen Öffnungszeiten oder die Herstellung eines Spielplatzes sein. Unter den Vorbehalt der nachträglichen Aufnahme, Änderung oder Ergänzung einer Auflage können beispielsweise Geruchs- oder Geräuschimmissionen fallen, die als Folge der Baugenehmigung nicht vorhersehbar sind.

Daraus folgt, dass eine Baugenehmigung dann nicht mit einer Nebenbestimmung versehen werden darf, wenn das Vorhaben auch ohne die Nebenbestimmung legal ist, da bei der Vereinbarkeit des Vorhabens mit den zu prüfenden öffentlich-rechtlichen Vorschriften ein Anspruch auf Erteilung der Genehmigung (ohne Nebenbestimmungen) besteht. Daher ist § 74 Abs. 4 HBO auch nicht als Rechtsvorschrift zu qualifizieren, die im Sinne des § 36 Abs. 1 HVwVfG Nebenbestimmungen zulässt.[172]

125 Nicht um eine Nebenbestimmung handelt es sich in den Fällen, in denen die Behörde von dem Bauantrag abweicht und auf diese Weise ein nicht beantragtes Vorhaben genehmigt. Da diese sog. „modifizierte Genehmigung"[173] nicht durch den Bauantrag gedeckt ist, bleibt sie schwebend unwirksam, bis der Bauherr den entsprechenden Antrag förmlich oder konkludent nachholt, indem er von der Genehmigung Gebrauch macht. Gegen die modifizierte Genehmigung ist mit der Verpflichtungsklage auf Erlass der beantragten Genehmigung vorzugehen. Gleiches gilt für die sog. „modifizierende Auflage", die untrennbarer Bestandteil der Genehmigung ist.[174]

f) Wirkungen der Baugenehmigung

126 Die Baugenehmigung bewirkt, dass mit der Realisierung des genehmigungsbedürftigen Vorhabens begonnen werden darf (**Baufreigabe**) und dass es nach seiner Verwirklichung in begrenztem Umfang gegenüber nachträglichen Änderungen der Sach- und Rechtslage sowie gegenüber nachträglichen behördlichen Anforderungen geschützt ist (**Legalisierungswirkung**). Nach § 61 Abs. 5 HBO werden diese Rechtswirkungen auch auf den **Rechtsnachfolger** erstreckt.[175]

127 aa) **Verfügung der Baufreigabe.** Wie sich aus § 75 Abs. 1 HBO ergibt, hebt die Baugenehmigung zunächst das präventive Bauverbot auf und gibt damit den Bau zur Ausführung frei.[176] Dabei umfasst sie auch die Befugnis zu einer bestimmten Nutzung der Anlage. Die nicht ins Werk gesetzte Genehmigung wird gem. § 74 Abs. 7 HBO **nach drei Jahren unwirksam**, im Übrigen durch eine Unterbrechung der Bauausführung von einem Jahr, § 74 Abs. 7 S. 1 HBO. Die Frist kann nach § 74 Abs. 7 S. 2 HBO auf Antrag jeweils um bis zu zwei Jahre verlängert werden. Befindet sich das Vorhaben zum Zeitpunkt der Entscheidung über den Verlängerungsantrag noch in Übereinstimmung mit dem materiellen Baurecht, so reduziert sich das Ermessen zu einer Pflicht.[177]

128 bb) **Weder Konzentrations- noch privatrechtsgestaltende Wirkung.** Allerdings beseitigt die Baugenehmigung nur die Sperre, die zuvor durch das baurechtliche Verbot mit

---

172 *Allgeier/Rickenberg*, Die Bauordnung für Hessen, C 1 Erl. § 64, 64.4, Rn. 43 ff.
173 Vgl. dazu nur BVerwGE 69, 37 (39).
174 Zur gesamten Problematik vgl. *Battis*, Öffentliches Baurecht, Rn. 547 f.
175 Vgl. VGH Kassel, NuR 1996, 156 ff.
176 BVerwGE 48, 242 (245); BVerwG, DÖV 1979, 212 f.
177 Zur Verlängerung der Geltungsdauer wegen Verhinderung des Bauherrn vgl. VGH Kassel, ESVGH 31, 275.

Erlaubnisvorbehalt in § 62 Abs. 1 HBO (vgl. auch § 75 Abs. 1 HBO) errichtet wurde. Ergibt sich aus anderen Gesetzen ein weiteres Verbot mit Erlaubnisvorbehalt, so wird dieses weitere Verbot durch die Baugenehmigung nicht beseitigt und folglich die Realisierung auch nicht umfassend freigegeben. Ist z.B. neben der baurechtlichen eine naturschutzrechtliche Genehmigung erforderlich, so benötigt der Verantwortliche zwei Genehmigungen (s.o. Rn. 18). Erst wenn beide vorliegen, ist das Vorhaben in dem Sinne freigegeben, dass seiner Realisierung kein öffentlich-rechtliches Verbot mehr im Wege steht. Dies ist die Konsequenz aus dem Umstand, dass der Baugenehmigung **keine Konzentrationswirkung** zukommt.[178]

Die zweite Einschränkung der Reichweite von Baugenehmigungen folgt daraus, dass die Baugenehmigung **keine privatrechtsgestaltende Wirkung** hat, weil sie gem. § 74 Abs. 5 HBO unbeschadet der Rechte Dritter erteilt wird.[179] Die Bauaufsichtsbehörde braucht demnach bei der Erteilung der Baugenehmigung auf privatrechtliche Hindernisse keine Rücksicht zu nehmen. Sie kann die Baugenehmigung aber versagen, wenn die entgegenstehenden Rechte Dritter offensichtlich sind, da der Bauherr dann kein schutzwürdiges Interesse an der Erteilung der Genehmigung hat. 129

cc) Legalisierungswirkung – Bestandskraft und ihre Einschränkungen. Über die Baufreigabe hinaus liegt die bedeutsamere Wirkung der Baugenehmigung darin, dass sie mit Bestandskraft das Vorhaben schon vor Baubeginn (im Rahmen der Fristen des § 74 Abs. 7 HBO), vor allem aber auch nach seiner Fertigstellung in begrenztem Umfang **legalisiert**. Wenn die Baugenehmigung nämlich bestandskräftig geworden ist,[180] lassen spätere Rechtsänderungen oder Veränderungen der Sachlage den Bestand der Genehmigung unberührt. Aufgrund ihrer durch die HBO und das HVwVfG näher ausgestalteten Bestandskraft entfaltet die Baugenehmigung eine für die Kontrollerlaubnis typische Schutzwirkung zugunsten des Vorhabens: solange und soweit die Baugenehmigung nicht nachträglich aufgehoben wird und auch kein Nichtigkeitsgrund vorliegt (§ 43 Abs. 2, 3 HVwVfG), sind das genehmigte Bauwerk und seine Nutzung formell rechtmäßig und damit gegen nachträgliche Änderungsanforderungen oder gar Beseitigungsverlangen abgesichert. Auch bei Verstößen gegen das materielle Recht sind sie also in ihrem Bestand geschützt.[181] Die Baugenehmigung verhindert insoweit den Durchgriff auf das materielle Recht. 130

Dieser durch die Genehmigung bewirkte Bestandsschutz ist allerdings in dreifacher Hinsicht begrenzt: Zum ersten bezieht sich die den Bestand schützende Wirkung der Baugenehmigung nur auf die rechtlichen Anforderungen, die zum obligatorischen Prüfprogramm der Bauaufsichtsbehörde gehört haben (s.o. Rn. 101 ff.), und nur auf den genehmigungskonformen Bestand. Anders formuliert: die Legalisierungswirkung ist durch den **Sachprüfungsumfang**[182] und die **Genehmigungskonformität** begrenzt. 131

---

178 Zur Systematik des Verhältnisses zwischen verschiedenen spezialgesetzlichen Anforderungen an ein Vorhaben und zwischen den verschiedenen behördlichen Verfahren s. bereits oben Rn. 16 ff.
179 Vgl. im Gegensatz dazu § 14 BImSchG.
180 Bei Drittwiderspruch und -anfechtungsklage ist vorher § 50 HVwVfG zu beachten.
181 Hierzu BVerwGE 72, 362 (363); *Finkelnburg/Ortloff/Otto*, Öffentliches Baurecht II, § 8 Rn. 32 ff.
182 Ausführlich dazu *Wahl/Hermes/Sach*, Genehmigung zwischen Bestandsschutz und Flexibilität, in: Wahl (Hrsg.), Prävention und Vorsorge, 1995, S. 217 (248 ff., 255 f.).

Zum zweiten kann sich – trotz der traditionell weitgehenden Anerkennung des Bestandsschutzinteresses – auch das Baurecht der Erkenntnis nicht verschließen, dass sich mit fortschreitender Zeit die tatsächlichen Verhältnisse ebenso wie die Erkenntnisse und Einschätzungen von Gefahrenlagen verändern. Dies führt zu einer unausweichlichen Dynamisierung der Pflichten des Genehmigungsinhabers. Dem trägt insbesondere § 61 Abs. 3 HBO Rechnung,[183] der zu **nachträglichen Anforderungen** einschließlich einer Einschränkung der Nutzung von Anlagen ermächtigt, wenn sich dies zur Abwehr von Gefahren für Leben und Gesundheit oder von schweren Nachteilen für die Allgemeinheit[184] als notwendig erweist.[185] Zwar wird es sich regelmäßig um Gefahrenlagen handeln, die zum Zeitpunkt der Genehmigung noch nicht erkennbar waren, notwendige Voraussetzung für eine nachträgliche Anordnung ist dies aber nicht. Zu einer gewissen Dynamisierung führt auch die allgemeine Verpflichtung aus § 3 S. 1 HBO, eine genehmigte Anlage entsprechend den Anforderungen der materiellen Generalklausel instandzuhalten.[186] Zum dritten gelten grundsätzlich auch für die Baugenehmigung die allgemeinen Regelungen des HVwVfG über **Rücknahme und Widerruf** von Verwaltungsakten.

g) Bauvorbescheid und Teilbaugenehmigung

132 Von besonderer Bedeutung ist in der Praxis die durch § 76 HBO eröffnete Möglichkeit, mittels eines Bauvorbescheids einzelne Fragen des Bauvorhabens vorab klären zu können. **Bauvoranfrage und Bauvorbescheid** ermöglichen im Interesse der Verfahrensökonomie, in Form eines gestuften Verwaltungsverfahrens[187] grundsätzliche Fragen zu klären und dem Antragsteller Rechtssicherheit[188] zu vermitteln, bevor er die aufwendige Ausarbeitung der förmlichen Bauvorlagen betreiben muss. Die wichtigste Form des Bauvorbescheids ist die Entscheidung über die bauplanungsrechtliche Zulässigkeit des Vorhabens nach §§ 29 ff. BauGB, die sog. **Bebauungsgenehmigung**.[189] Es können aber auch bauordnungsrechtliche Fragen z.B. hinsichtlich des Grenzabstandes zum Gegenstand einer Bauvoranfrage gemacht werden.[190]

---

183 Anlass für diese in anderen Ländern nicht anzutreffende Regelung bieten Erfahrungen, die zu völlig veränderten Erkenntnissen bezüglich der Sicherheit nicht nur neuer, sondern auch gebräuchlicher Baustoffe, Bauteile und Bauarbeiten (z.B. Stahl- bzw. Spannbetonteile mit Tonerdeschmelzzement) geführt haben, vgl. schon LT-Drs. 8/55, S. 111.

184 Z.B. eine von baulichen Anlagen ausgehende Gefährdung von Luft oder Wasser; vgl. die Begründung in LT-Drs. 13/4813, S. 162.

185 *Koch/Hendler*, Baurecht, § 26 Rn. 17 ff.

186 Diese Pflicht kann auch unterhalb der durch § 61 Abs. 3 HBO definierten Gefahrenschwelle durch eine Verfügung nach § 61 Abs. 2 S. 2 HBO konkretisiert werden. Im Unterschied zur nachträglichen Anforderung nach § 61 Abs. 3 HBO geht es dabei nämlich nicht um wesentliche Abweichungen von der Baugenehmigung, sondern um die Aufrechterhaltung des genehmigten Zustandes durch Reparaturen und sonstige Instandsetzungsarbeiten, die von einem verantwortungsbewussten Eigentümer erwartet werden können.

187 Vgl. *Schmidt-Aßmann*, Institute gestufter Verwaltungsverfahren: Vorbescheid und Teilgenehmigung, FG zum 25jährigen Bestehen des BVerwG, 1978, S. 569 ff.

188 So setzt sich neben der Baugenehmigung auch der Bauvorbescheid gegen nachträgliche Änderungen des Bebauungsplans, gegen Veränderungssperren oder auch gegen die Zurückstellung von Baugesuchen nach § 15 BauGB durch; dazu z.B. VGH Kassel, BauR 2012, 230.

189 Vgl. BVerwGE 48, 242; BVerwG, DÖV 1979, 212 f.

190 Vgl. BVerwGE 48, 242 (245 f.).

Der Funktion gestufter Verwaltungsverfahren entsprechend enthält der Bauvorbescheid nicht lediglich die Zusage einer späteren Genehmigung,[191] sondern nimmt einen **Teil der Genehmigung** vorweg. Im Gegensatz zur Baugenehmigung gibt der Vorbescheid den Bau allerdings noch nicht zur Ausführung frei.[192] Indem er die Konformität des Vorhabens mit den Vorschriften feststellt, auf die sich die Bauvoranfrage bezieht, enthält er allerdings bereits einen Ausschnitt aus dem **feststellenden Teil** der Baugenehmigung.[193] Dies wird durch seine Bindungswirkung für das nachfolgende Baugenehmigungsverfahren nach § 76 Abs. 1 S. 4 HBO wie auch dadurch deutlich, dass gem. § 76 Abs. 2 HBO dieselben Verfahrensvorschriften wie im Baugenehmigungsverfahren Anwendung finden.[194] Die Bindungswirkung reicht selbstverständlich nicht weiter als der konkrete Entscheidungsgegenstand der Bauvoranfrage.[195] Wie § 76 Abs. 1 S. 4 HBO ausdrücklich klarstellt, schützt der Bauvorbescheid – soweit sein feststellender Gehalt reicht – den Bauherrn wie die Baugenehmigung auch gegenüber nachträglichen Änderungen der Sach- und Rechtslage, die nur nach den Grundsätzen über den Widerruf oder die Rücknahme von begünstigenden Verwaltungsakten Berücksichtigung finden können. 133

Das der Bauaufsichtsbehörde in § 76 Abs. 1 S. 1 HBO eingeräumte **Ermessen** bezieht sich lediglich auf die Frage, ob anstatt einer vollständigen Baugenehmigung ein Bauvorbescheid erteilt wird. Bejaht die Bauaufsichtsbehörde diese Frage, so besteht gem. § 76 Abs. 2 i.V.m. § 74 Abs. 1 HBO ein **Anspruch auf Erteilung des Vorbescheids**, wenn die in der Bauvoranfrage zur Prüfung gestellten öffentlich-rechtlichen Vorschriften nicht entgegenstehen. Auch eine eindeutig auf eine Bebauungsgenehmigung gerichtete Bauvoranfrage kann jedoch von der Bauaufsichtsbehörde gem. § 76 Abs. 2 i.V.m. § 74 Abs. 1 Hs. 2 HBO abgelehnt werden, wenn dem Vorhaben nicht ausräumbare bauordnungsrechtliche Hindernisse entgegenstehen.[196] 134

Zu unterscheiden vom Bauvorbescheid ist die **Teilbaugenehmigung** nach § 77 HBO, die nach Einreichung des Bauantrags für einzelne Teile oder Bauabschnitte erteilt werden kann. Sie ermöglicht bei größeren Objekten ein abschnittsweises und damit zügiges Bauen, indem sie die Konformität des beantragten Teils mit den zu prüfenden öffentlich-rechtlichen Vorschriften feststellt und insoweit die Bauausführung freigibt. Die Teilbaugenehmigung entfaltet für einen Teil des Vorhabens also die gleichen Wirkungen wie die endgültige Baugenehmigung.[197] Entsprechend gelten nach § 77 Abs. 1 S. 2 HBO auch dieselben Verfahrensvorschriften. Voraussetzung für die Erteilung einer Teilbaugenehmigung ist darüber hinaus allerdings, dass bereits die grundsätzliche Zulässigkeit des Gesamtvorhabens als hinreichend sicher prognostiziert werden 135

---

191 Ob neben dem Bauvorbescheid eine Zusage auf Erteilung der Baugenehmigung rechtlich noch zulässig ist, erscheint zweifelhaft; dazu m.w.N. *Hoppe/Bönker/Grotefels*, Öffentliches Baurecht, S. 469 f. Jedenfalls soweit die Voraussetzungen des § 76 Abs. 1 S. 1 HBO vorliegen, ist ein Wahlrecht der Behörde ausgeschlossen.
192 VG Frankfurt, LKRZ 2011, 77 (LS 5).
193 BVerwGE 48, 242 (245); vgl. auch BVerwGE 68, 241; 69, 1; BVerwG, DVBl. 1989, 673; DVBl. 1993, 652; VGH Kassel, BRS 32 (Nr. 135).
194 Dementsprechend kommt für genehmigungsfreie Vorhaben ein Bauvorbescheid nicht in Betracht.
195 VGH Kassel, BRS 30 (Nr. 44).
196 BVerwGE 62, 128 (130 f.).
197 HessVGH, BRS 27 (Nr. 150); *Allgeier/Rickenberg*, Die Bauordnung für Hessen, C1 Erl. § 67, 67.2, Rn. 10.

kann (**vorläufiges positives Gesamturteil**); die Bauaufsichtsbehörde ist bei der späteren Baugenehmigung an dieses vorläufige Gesamturteil gebunden, weshalb sie die Baugenehmigung nicht mehr versagen, sondern nur zusätzliche Anforderungen an die bereits begonnenen Teile des Bauvorhabens stellen kann (§ 77 Abs. 2 HBO). Die spätere endgültige Baugenehmigung tritt nicht an die Stelle der Teilgenehmigung, sondern ergänzt diese in Bezug auf die zunächst nicht genehmigten Baumaßnahmen.[198] Wie beim Vorbescheid bezieht sich das Ermessen der Bauaufsichtsbehörde auch hier nur auf die Frage, ob eine Teilbaugenehmigung anstelle der Vollgenehmigung zweckmäßig ist, während nach einer positiven Antwort auf diese Frage auch für den beantragten Teil § 74 Abs. 1 HBO Anwendung findet.

3. Repressive Kontrolle und Durchsetzung des Baurechts

136 Vor allem in den Fällen, in denen mangels Genehmigungsbedürftigkeit kein präventives Kontrollverfahren stattfindet, bedarf es behördlicher Eingriffsbefugnisse, mit deren Hilfe die Beachtung des Baurechts repressiv durchgesetzt werden kann. Daneben muss auch bei genehmigungsbedürftigen Vorhaben die Bauaufsichtsbehörde kontrollieren können, ob die Errichtung, Änderung, Nutzungsänderung etc. durch eine Genehmigung gedeckt ist und sich in deren Rahmen hält, und bei eventuellen Verstößen über die erforderlichen Durchsetzungsbefugnisse verfügen. Die praktische Relevanz der bauaufsichtsbehördlichen Eingriffsbefugnisse ist mit den in § 63 HBO i.V.m. der Anlage erfolgten umfangreichen Freistellungen von der Genehmigungspflicht erheblich gestiegen. Von besonderer praktischer Bedeutung und verwaltungspolitischer Brisanz[199] war daneben schon immer das Problem sog. **Schwarzbauten** vor allem im Außenbereich. Oftmals entpuppen sich nämlich angeblich genehmigungsfreie Vorhaben wie die Schutzhütte oder der Vorratsschuppen (Anlage Abschnitt I Nr. 1.7 HBO) als Wochenendhaus.[200] Häufig sind auch Nutzungsänderungen von bauordnungsrechtlicher[201] oder bauplanungsrechtlicher[202] Relevanz, ohne dass die erforderliche Genehmigung vorliegt.

137 Das Baurecht reagiert auf solche und andere Verstöße zunächst dadurch, dass es eine Reihe von Pflichten – unter ihnen insbesondere das Verbot des § 75 Abs. 1 HBO, vor Zugang der Baugenehmigung mit der Ausführung eines Vorhabens zu beginnen[203] – mit der Sanktion eines **Bußgeldes** von bis zu 500 000 €[204] bewehrt. Durch derartige Sanktionen ist ein rechtswidriger Zustand allerdings noch nicht beseitigt. Außerdem bedarf es im Vorfeld einer Bußgeldsanktion behördlicher Eingriffsbefugnisse, mit deren Hilfe ein Rechtsverstoß erst festgestellt werden kann. Deshalb verleiht die HBO den Bauaufsichtsbehörden eine Reihe abgestufter Befugnisse, die der Informationsge-

---

198 VGH Kassel, BRS 22 (Nr. 159).
199 Vgl. dazu *Dürr/Hinkel*, Baurecht Hessen, Rn. 318 ff.
200 Vgl. dazu die Falllösung von *Wünschmann*, JuS 1996, 1097 ff.
201 Z.B. Umwandlung von Nebenräumen in Aufenthaltsräume VGH Kassel, HessVGRspr. 1981, 83.
202 Z.B. Änderung von Gemüseladen in Gebrauchtwagenhandel, BVerwG, DÖV 1981, 45 ff.; siehe auch VGH Kassel, ESVGH 34, 77: Änderung der bisherigen Nutzung im Sinne von § 35 Abs. 4 BauGB (Stall/Schwimmbad).
203 Vgl. § 86 Abs. 1 Nr. 13 HBO.
204 S. § 86 Abs. 3 HBO.

winnung, der vorläufigen Regelung in unklaren Situationen sowie der endgültigen Beseitigung von Verstößen gegen baurechtliche Normen dienen.

a) Informationsbeschaffung

Besonders detailliert ausgestaltet sind in § 75 HBO die Möglichkeiten der Behörde, das Baugeschehen zu überwachen, bei **genehmigungsbedürftigen Vorhaben**. Auch nach Erteilung der Genehmigung treffen die am Bau Beteiligten eine Reihe von **Anzeige-, Mitteilungs- und sonstigen Mitwirkungspflichten**. Darüber hinaus kann die Bauaufsichtsbehörde nach §§ 83 und 84 HBO im Einzelfall z.B. anordnen, dass die Bauausführung ständig durch Sachverständige überwacht wird, dass Beginn und Ende bestimmter Arbeiten angezeigt werden, und sie kann jederzeit Einsicht in alle das Bauvorhaben betreffenden Aufzeichnungen nehmen, soweit es sich um gesetzlich oder durch Verwaltungsakt vorgeschriebene Unterlagen handelt. Die Kostenlast für derartige Überwachungsmaßnahmen trifft die Bauherrschaft.[205] Wichtig sind außerdem die in § 84 HBO geregelten Bauzustandsbesichtigungen nach Fertigstellung des Rohbaus und der abschließenden Fertigstellung des Gebäudes, die sog. Rohbau- und Schlussabnahmen, die in Hessen im Unterschied zu anderen Ländern aus Gründen der Entlastung der Bauaufsichtsbehörden[206] allerdings in das Ermessen der Behörde gestellt sind.[207] Die Schlussabnahme dient ausschließlich öffentlichen Interessen; ihr kommt deshalb nicht die Funktion einer nachträglichen Baugenehmigung mit der Folge der formellen Rechtmäßigkeit des Gebäudes zu.[208]

138

Unabhängig davon, ob es sich um eine genehmigungsbedürftige Anlage handelt oder nicht, verleiht § 61 Abs. 6 HBO den Vertretern der Bauaufsichtsbehörde und den von ihr beauftragten Personen die Befugnis, zur Erfüllung ihrer Aufgaben im Rahmen der Bauaufsicht **Grundstücke** und bauliche **Anlagen einschließlich Wohnungen zu betreten**.[209]

139

b) Vorläufige Maßnahmen

Um das Entstehen baurechtswidriger Zustände zu verhindern, die später nicht oder nur unter erheblichem Aufwand beseitigt werden können, werden die Bauaufsichtsbehörden durch § 81 HBO zur Einstellung der Arbeiten[210] ermächtigt. Eine solche **Baueinstellung, die im Ermessen der Behörde steht,** ist bei jedem Verstoß gegen baurechtliche oder sonstige öffentlich-rechtliche Vorschriften zulässig, soweit diese Vorschriften die Errichtung, Änderung, Instandhaltung, Beseitigung oder den Abbruch von Anlagen betreffen. Von den beispielhaft in § 81 Abs. 1 S. 2 HBO aufgelisteten Verstößen

140

---

205 Vgl. §§ 75, 83 und 84 HBO.
206 Vgl. LT-Drs. 8/55, S. 114.
207 Vgl. § 84 Abs. 3 HBO.
208 VGH Kassel, BRS 38 (Nr. 203).
209 Im Hinblick auf Art. 13 Abs. 2 GG ist hervorzuheben, dass § 61 Abs. 6 HBO – ohne Richtervorbehalt! – nur das Betreten, nicht dagegen die Durchsuchung – d.h. die ziel- und zweckgerichtete Suche nach Personen oder Sachen, die der Inhaber der Wohnung nicht freiwillig offenlegen will – gestattet, vgl. BVerfGE 32, 54 (73); 51, 97 (106 f.). Weiter ist § 61 Abs. 6 HBO wegen Art. 13 Abs. 7 GG verfassungskonform dahin auszulegen, dass Wohnungen – also zu Wohnzwecken genutzte Räume – nur zur Abwehr dringender Gefahren betreten werden dürfen; dazu BVerfGE 32, 54 (72 ff.); *Hermes*, in: Dreier (Hrsg.), GG-Kommentar, Bd. I, 3. Aufl. 2013, Art. 13 Rn. 111 m.w.N.
210 Nach Abschluss der Arbeiten können Eingriffe nicht mehr auf § 81 HBO gestützt werden.

ist insbesondere die den „Schwarzbau" betreffende Nr. 1 von Interesse, die den Fall betrifft, dass entgegen § 75 Abs. 1 HBO ohne Vorliegen der Baugenehmigung mit der Ausführung eines Vorhabens begonnen wurde. Auf die materielle Legalität oder Illegalität, also auf die Frage, ob das Vorhaben genehmigt werden könnte oder müsste, kommt es dabei nicht an.[211] Weil der Schaffung vollendeter Tatsachen entgegengewirkt werden soll, ist das besondere öffentliche Interesse an der Anordnung der sofortigen Vollziehung nach § 80 Abs. 2 Nr. 4 VwGO in der Regel gegeben.[212] Da die HBO keine Spezialregelung über die Versiegelung der Baustelle oder vergleichbare Maßnahmen enthält, richtet sich die Durchsetzung der Baueinstellung nach allgemeinem Vollstreckungsrecht.[213]

141 Ebenfalls zu den vorläufigen Maßnahmen zählt die **vorläufige Nutzungsuntersagung**, die auf die Befugnisnorm des § 82 Abs. 1 S. 2 HBO gestützt werden kann. Anders als die Baueinstellung dient sie nicht dem Aufschub von Bauarbeiten, sondern unterbindet vorübergehend eine illegale Nutzung, um Zeit für die Prüfung der Rechts- und Sachlage zu gewinnen oder der Bauherrschaft Gelegenheit zu geben, Rechtsverstöße zu beseitigen. Die erstgenannte Funktion erfüllt die vorläufige Nutzungsuntersagung vor allem dann, wenn eine Nutzung nicht durch eine Genehmigung gedeckt ist. In solchen Fällen kann die Behörde gem. § 82 Abs. 2 HBO zunächst verlangen, dass ein Bauantrag gestellt oder nach § 64 Abs. 3 S. 1 HBO die erforderlichen Bauvorlagen eingereicht werden, um dann das Vorhaben zu prüfen, bevor sie dauerhafte Maßnahmen ergreift. Insofern ist die vorläufige Nutzungsuntersagung das adäquate Mittel, um auf **formell illegale Nutzungen** zu reagieren. Die zweite Funktion der vorläufigen Nutzungsuntersagung wird dann relevant, wenn nicht genehmigungsbedürftige Anlagen mit zusätzlichen Vorkehrungen versehen werden müssen, bevor die bisherige Nutzung fortgesetzt werden darf. Bei genehmigungsfreien Vorhaben muss daher mangels formeller Tatbestände eine materielle Illegalität vorliegen.

c) Endgültige Maßnahmen

142 Die Vorschrift des § 82 Abs. 1 S. 2 HBO gibt den Bauaufsichtsbehörden aber auch ein dauerhaftes Instrument zur Beseitigung baurechtswidriger Zustände an die Hand. Diese Vorschrift räumt ihr nämlich die Befugnis ein, die **Nutzung** von Anlagen insgesamt oder in Teilen **dauerhaft zu untersagen**. Was den Verstoß gegen die baurechtlichen oder sonstigen öffentlich-rechtlichen Vorschriften[214] angeht, der das Ermessen der Behörde eröffnet, ist vor allem umstritten, ob die Untersagung einer genehmigungsbedürftigen Nutzung tatbestandlich neben der **formellen** auch die **materielle Illegalität** (dazu oben Rn. 85) der Nutzung voraussetzt. Man könnte annehmen, dass die formelle Illegalität für einen Eingriff nicht ausreicht, da „nur" die Baugenehmigung

---

211 VGH Kassel, HessVGRspr. 1969, 63.
212 VGH Kassel, BRS 23 (Nr. 207); BRS 38 (Nr. 152).
213 Insoweit sind die Vorschriften des HVwVG einschlägig; vgl. zu dem Problemkreis *Finkelnburg/Ortloff/Otto*, Öffentliches Baurecht II, § 13 Rn. 77 ff.
214 Es geht hier um die öffentlich-rechtlichen Normen, deren Durchsetzung im Fall spezialgesetzlicher Regelungen nicht durch spezielle Eingriffsbefugnisse der jeweiligen Fachbehörden sichergestellt ist. Insoweit geht die Untersagungsbefugnis nach § 82 HBO weiter als das Prüfprogramm bei der Baugenehmigung (dazu oben Rn. 101 ff.).

fehlt und das Bauwerk mit materiellem Recht übereinstimmt.[215] Dabei würde aber übersehen, dass der Tatbestand des § 82 Abs. 1 HBO nicht zwischen formeller und materieller Illegalität unterscheidet und zu seiner Erfüllung deswegen auch die formelle Illegalität ausreichen muss.[216] Außerdem würde der Bauherr privilegiert, der die präventive Kontrolle des Baugenehmigungsverfahrens unterläuft. Er hätte gegenüber dem rechtstreuen Bauantragsteller nicht nur den zeitlichen Vorteil, sondern auch die vollendeten Tatsachen auf seiner Seite,[217] die sich vor allem bei evtl. erforderlichen Ausnahmen und Befreiungen kaum ignorieren lassen. Mit Art. 3 Abs. 1 GG wäre eine derartige Privilegierung unvereinbar.[218] Es ist erst eine Frage der Verhältnismäßigkeit und damit der Rechtsfolge, ob wegen der – noch zu prüfenden – materiellen Legalität oder der Möglichkeit, diese durch Ausnahmen oder Befreiungen herzustellen, lediglich eine vorläufige oder – bei bereits erkennbarer materieller Illegalität – eine dauerhafte Nutzungsuntersagung in Betracht kommt.

Eine **Beseitigungsanordnung** („Abrissverfügung") nach § 82 Abs. 1 S. 1 HBO setzt dagegen nach ganz überwiegender Meinung die **formelle und materielle Illegalität** (s.o. Rn. 85) der Anlage voraus.[219] Das Erfordernis der materiellen Illegalität wird von der Rechtsprechung[220] und der herrschenden Auffassung in der Literatur[221] allerdings nicht nur auf den **Zeitpunkt** der Beseitigungsanordnung bezogen. Vielmehr soll es für deren Rechtmäßigkeit erforderlich sein, dass das Vorhaben seit seiner Realisierung ununterbrochen im Widerspruch zu den maßgeblichen Vorschriften stand und im Zeitpunkt der Beseitigungsanordnung noch steht. Ist dies nicht der Fall, so soll sich die Anlage aus Gründen des Bestandsschutzes gegen das Beseitigungsverlangen der Behörde durchsetzen, weil es bei seiner Errichtung oder zu einem späteren Zeitpunkt hätte genehmigt werden können.[222] Verlangt wird mit Blick auf diese Möglichkeit einer Genehmigungserteilung nur, dass der Zeitraum materieller Legalität mindestens die Dauer eines durchschnittlichen Genehmigungsverfahrens umfasst haben muss.[223] Dieses Bestandsschutzkonzept erscheint allerdings fragwürdig.[224] § 82 Abs. 1 S. 1 HBO stellt nach seinem Wortlaut auf den Zeitpunkt der Anordnung ab. Die Annahme, im Falle einer früheren materiellen Legalität habe der Bauherr einen Anspruch auf Erteilung

143

---

215 Z.B. *Finkelnburg/Ortloff/Otto*, Öffentliches Baurecht II, § 14 Rn. 3.
216 So in ständiger Rechtsprechung der VGH Kassel (z.B. NVwZ-RR 1996, 487; NVwZ 2016, 1101, 1102); ausführliche Nachweise in VG Frankfurt, LKRZ 2011, 181.
217 VGH Kassel, HessVGRspr. 1996, 54; NVwZ-RR 1996, 487.
218 VGH Kassel, HessVGRspr. 1996, 54.
219 So die ganz h.M. (siehe nur *Finkelnburg/Ortloff/Otto*, Öffentliches Baurecht II, § 14 Rn. 3 f.); aus der Rspr. vgl. etwa VG Frankfurt, NVwZ-RR 2011, 5; VG Frankfurt, NVwZ-RR 2011, 717. Auch hier gilt allerdings, dass diese Differenzierung nicht im Tatbestand des § 72 HBO angelegt ist. Der Sache nach wird wieder eine Anforderung des Verhältnismäßigkeitsprinzips (Rechtsfolge) in den Tatbestand gezogen. Das zeigt sich daran, dass die formelle Illegalität für eine Beseitigungsanordnung doch genügt, wenn die Beseitigung einem Nutzungsverbot nach § 82 Abs. 1 S. 2 HBO gleichgestellt wird, weil sie ohne Substanzverlust und andere hohe Kosten zu bewerkstelligen ist; so VG Frankfurt, B. v. 16.1.2014 – 8 L 4693/13.F (juris), Rn. 20.
220 BVerwGE 36, 296; BVerwG, NJW 1987, 1346 (1348); zur Wirkung des Bestandsschutzes siehe VGH Kassel, NVwZ-RR 1995, 321 m.w.N.
221 *Stollmann/Beaucamp*, Öffentliches Baurecht, § 19 Rn. 24 m.w.N.
222 Hierzu BVerwG, BauR 1994, 738 f.
223 Vgl. BVerwG, BRS 33 (Nr. 37); BRS 35 (Nr. 206); NJW 1987, 1346; VGH Kassel, HessVGRspr. 1977, 73 (75).
224 Kritisch auch *Schenke*, Problematik des Bestandsschutzes im Baurecht und Immissionsschutzrecht, NuR 1989, 8 (17).

der Genehmigung gehabt, so dass das bloße Fehlen der Baugenehmigung unerheblich sei, verkennt aber vor allem die Funktion des Genehmigungsverfahrens. Zum einen handelt es sich bei der Baugenehmigung nicht um eine bloße Unbedenklichkeitsbescheinigung deklaratorischer Natur, deren zwangsläufige Erteilung in der Vergangenheit sich rückblickend mit Sicherheit feststellen lässt.[225] Zum anderen hätte ein Baugenehmigungsantrag für die Gemeinde Anlass sein können, für das jeweilige Grundstück neue Planungsvorstellungen zu entwickeln und diese durch eine Veränderungssperre oder die Zurückstellung des Baugesuchs durchzusetzen.[226] Während der rechtstreue Antragsteller in diesem Fall mit dem rechtmäßigen Verlust seines Baurechts rechnen muss,[227] wird der rechtswidrig ohne die erforderliche Genehmigung zu Werke gehende „Schwarzbauer" privilegiert und von h.M. und Rechtsprechung für den Rechtsverstoß unter Berufung auf einen vermeintlich notwendigen Bestandsschutz belohnt, der aber durch Art. 14 Abs. 1 GG keineswegs geboten ist.

d) Generalklausel

144 Die gegenüber den genannten Befugnisnormen subsidiäre bauordnungsrechtliche **Generalklausel** des **§ 61 Abs. 2 S. 2 HBO**, die der des allgemeinen Polizeirechts in § 11 HSOG nicht wörtlich, aber inhaltlich nachgebildet ist, ermächtigt die Bauaufsichtsbehörde zu sonstigen Maßnahmen.

Beispiel:
Stilllegung einer Baustelle wegen unzulässigen Baulärms (§ 11 Abs. 1 HBO)[228]

Aus § 61 Abs. 2 S. 2 i.V.m § 3 HBO folgt, dass Voraussetzung für ein bauaufsichtliches Einschreiten keine konkrete Gefahr im polizeirechtlichen Sinne ist. § 61 Abs. 2 HBO enthält vielmehr auch die Ermächtigung „bereits **vorbeugend** zur Verhinderung eines sonst in Zukunft mit hinreichender Wahrscheinlichkeit eintretenden rechtswidrigen Zustandes einzuschreiten".[229]

Beispiel:
Instandhaltungsmaßnahmen, Instandsetzungsmaßnahmen sowie Sicherungsmaßnahmen[230]

e) Rechtmäßigkeitsanforderungen (Adressat, Ermessen, Verhältnismäßigkeit, Bestandsschutz)

145 Da es sich bei den Aufgaben der Bauaufsichtsbehörden um solche der Gefahrenabwehr handelt, ist nach dessen § 3 das **HSOG subsidiär** anwendbar. Dessen allgemeine ordnungsrechtliche Anforderungen sind bei den genannten Eingriffsmaßnahmen zu beachten. Die angeordnete Maßnahme muss also gem. § 5 Abs. 2 HSOG **hinreichend bestimmt** sein, so dass das Ziel und die Art der Durchführung der Anordnung sowohl für den Betroffenen als auch für die Vollstreckungsbehörde deutlich erkennbar wer-

---

225 Dieser Einwand gilt insbesondere, wenn es nach h.M. ausreichen soll, dass die Genehmigung hätte erteilt werden „können".
226 Vgl. BVerwG, BRS 24 (Nr. 193).
227 Gleiches gilt auch, wenn der Bauherr eine Genehmigung per Verpflichtungsklage erstreiten will, da ja für ihn ungünstige Rechtsentwicklungen bis zum Termin der letzten mündlichen Verhandlung gegen ihn wirken.
228 VG Frankfurt, B. v. 11.7.2011 – 8 L 1728/11.
229 HessVGH, BauR 2002, 611 (612).
230 Hierzu ausführlich *Hornmann*, Hessische Bauordnung, § 53 Rn. 86 ff.

den.[231] Was den **richtigen Adressaten** einer Maßnahme angeht, werden in §§ 55 ff. HBO die Verantwortlichkeiten der am Bau Beteiligten näher umschrieben. Von erheblicher Bedeutung ist auch die Regelung in § 61 Abs. 5 HBO, wonach nicht nur die (begünstigende) Baugenehmigung (s.o. Rn. 126) für sondern auch der belastende Verwaltungsakt (z.B. Nutzungsuntersagung) gegen den **Rechtsnachfolger**[232] wirkt. Daneben sind ergänzend die allgemeinen ordnungsrechtlichen Grundsätze der §§ 6, 7 und 9 HSOG über die Verantwortlichkeit und über die Auswahl unter mehreren Verantwortlichen[233] heranzuziehen.

Von großer praktischer Bedeutung ist, dass alle genannten Eingriffsbefugnisse der Bauaufsichtsbehörde **Ermessen**[234] hinsichtlich des „Ob" und des „Wie"[235] eines Einschreitens einräumen, das gem. § 40 HVwVfG[236] entsprechend dem Zweck der Ermächtigung auszuüben ist und die Grenzen des Ermessens einhalten muss. Daraus folgt zunächst, dass sich die Bauaufsichtsbehörde bei ihrer Entscheidung an dem Ziel der Durchsetzung rechtmäßiger Zustände im Allgemeinen[237] und an den Zwecken im Besonderen zu orientieren hat, die das Bauplanungs-, das Bauordnungs- und das sonstige von ihr durchzusetzende öffentliche Recht verfolgt. Praktisch bedeutsam ist die Frage, ob sich die Bauaufsichtsbehörde zur Begründung ihrer Ermessensentscheidung zugunsten eines Einschreitens auf den Hinweis beschränken darf, es gehe ihr um die Beseitigung rechtswidriger Zustände. Weil die Herstellung rechtmäßiger Zustände den Regel- und die Duldung rechtswidriger Zustände den Ausnahmefall darstellt, ist diese Frage zu bejahen.[238]

146

Was die Beachtung der Grenzen des Ermessens angeht, so kommt dem **Verhältnismäßigkeitsprinzip** des § 4 HSOG herausragende Bedeutung zu. Für die Nutzungsuntersagung und die Beseitigungsanordnung ist es in § 82 Abs. 1 HBO durch die Formulierung „wenn nicht auf andere Weise rechtmäßige Zustände hergestellt werden kön-

147

---

231 VGH Kassel, BRS 27 (Nr. 201); BRS 39 (Nr. 219).
232 Nach der Entscheidung des VGH Kassel, NVwZ-RR 2015, 270 (271 f.), die Zustimmung verdient, kommt es dabei – entgegen der Auffassung, die z.B. das OVG Weimar, B. v. 20.12.2013 – 1 EO 312/13, vertritt – nicht primär auf zivilrechtliche Rechtsfolgetatbestände sondern auf die tatsächliche Nachfolge in die Position (hier: Besitz) an, die die bauordnungsrechtliche Verantwortlichkeit begründet.
233 Kommen als Verantwortliche mehrere Personen, z.B. Miteigentümer, in Betracht, wird die Maßnahme nach § 82 Abs. 1 HBO nicht bereits dadurch rechtswidrig, dass sie sich nur an einen Pflichtigen richtet. Erst auf Vollstreckungsebene muss neben den üblichen Voraussetzungen der Durchsetzbarkeit eine Duldungsverfügung auch an die übrigen Verantwortlichen ergehen, vgl. dazu VGH Kassel, NJW 1983, 2282; NJW 1985, 2492; zu Maßnahmen gegenüber Mietern/Pächtern siehe VGH Kassel, BRS 24 (Nr. 196); BRS 38 (Nr. 203).
234 Vgl. *Därr*, Rechtsschutz für „Schwarzbauten" gegen Abbruch, DÖV 1976, 111 ff.; *Petzke*, Fehlerquellen beim Erlass baurechtlicher Beseitigungsanordnungen, BayVBl. 1978, 225 ff.; *Lindner*, Der passive Bestandsschutz im öffentlichen Baurecht, DÖV 2014, 313 ff.
235 Zum Handlungs- und Auswahlermessen siehe § 5 HSOG; zur Ermessensprüfung bei einer Beseitigungsanordnung siehe *Finkelnburg/Ortloff/Otto*, Öffentliches Baurecht II, § 13 Rn. 54 ff.; *Stollmann/Beaucamp*, Öffentliches Baurecht, § 19 Rn. 30 ff.
236 Entsprechendes gilt für § 114 VwGO, der die rechtlichen Grenzen der Ermessensausübung aus der Sicht der verwaltungsgerichtlichen Kontrolle erfasst.
237 Ein Verzicht oder eine „Verwirkung" eines „Eingriffsanspruchs" ist aus dieser Perspektive problematisch, weil es bei den Befugnissen nicht um verzichtbare Ansprüche, also Rechte, sondern um Pflichten geht, vgl. dazu VGH Kassel, NVwZ 1983, 687; VGH Kassel, DÖV 1986, 79 (81).
238 So zutreffend VG Frankfurt, LKRZ 2011, 181 (182) m.w.N.

nen" besonders hervorgehoben.[239] So ist etwa eine Nutzungsuntersagung als milderes Mittel in Betracht zu ziehen, bevor eine rechtmäßige Beseitigungsanordnung ergehen kann.[240] Ebenfalls nicht erforderlich ist die Anordnung der Beseitigung eines formell illegalen Bauwerks, das aber materiell mit der Rechtsordnung in Einklang steht. Um den Zweck des § 82 Abs. 1 HBO zu erfüllen, genügt es, den „Schwarzbauer" gem. § 82 Abs. 2 HBO aufzufordern, ein erforderliches Verfahren zu durchlaufen. Bei der Prüfung der Verhältnismäßigkeit i.e.S. ist allerdings zu berücksichtigen, dass der Bauherr das Risiko formeller oder materieller Rechtsverstöße grundsätzlich selbst zu tragen hat,[241] dass es also durch die Anwendung des Verhältnismäßigkeitsprinzips nicht zu Privilegierungen des rechtswidrig Handelnden kommen darf. Dies wäre etwa dann der Fall, wenn man bei formell illegal errichteten Bauten eine Verpflichtung der Behörde annehmen würde, das Vorhaben durch Ausnahmen oder Befreiungen zu legalisieren, obwohl diese Entscheidungen in ihrem Ermessen stehen.

148 Außerdem kommt **Art. 3 Abs. 1 GG** besondere Bedeutung als Grenze des Ermessens zu. Der Gleichheitssatz verlangt von der Behörde die gleichmäßige Ausübung des Ermessens in gleichgelagerten Fällen. Anderenfalls ist ihre Entscheidung ermessensfehlerhaft und damit rechtswidrig.[242] Der häufige Einwand des Adressaten einer Nutzungsuntersagung oder einer Beseitigungsanordnung, dass die Behörde in ähnlich gelagerten Fällen **rechtswidrige Zustände geduldet** habe, ist also berechtigt.[243] Kein Verstoß gegen Art. 3 Abs. 1 GG liegt dagegen vor, wenn die Behörde einen Eingriff mit einem generellen Konzept und einer gewissen Systematik rechtfertigen kann.[244] Die Behörde muss gegen „Schwarzbauten" und andere rechtswidrige Zustände also nicht gleichzeitig vorgehen.

149 In Fällen, in denen sich der Betroffene gegen eine Beseitigungsanordnung oder andere Eingriffe zur Wehr setzt, obwohl sich das Vorhaben nicht in Einklang mit dem geltenden Recht befindet, wie auch in der Situation, dass der Antragsteller eine Genehmigung für ein Vorhaben begehrt, das nach der Rechtslage zum Zeitpunkt der Entscheidung über den Bauantrag nicht genehmigungsfähig ist, soll oft die Berufung auf den sog. **Bestandsschutz** helfen. Die ältere, zumeist auf einer unrichtigen Auslegung von Art. 14 Abs. 1 GG beruhende, Auffassung ging in diesem Zusammenhang davon aus, der Bestandsschutz begründe das Recht des Bauherrn, die bauliche Anlage so zu nutzen, wie sie errichtet wurde[245] (**passiver Bestandsschutz**), und erlaube notwendige

---

239 Rechtmäßige Zustände im Sinne des § 82 Abs. 1 S. 1 HBO können z.B. dadurch hergestellt werden, dass die Behörde nachträglich eine Ausnahme oder eine Befreiung erteilt; vertiefend hierzu *Finkelnburg/Ortloff/Otto*, Öffentliches Baurecht II, § 13 Rn. 50.
240 VGH Kassel, NVwZ-RR 1992, 288 (Sicherheitsgutachten statt Abrissverfügung).
241 Der Schwarzbauer „hat das Risiko einer baurechtswidrigen Ausführung selbst zu tragen" – so BVerwG, BauR 1996, 828; siehe auch *Finkelnburg/Ortloff/Otto*, Öffentliches Baurecht II, § 13 Rn. 56; *Muckel/Ogorek*, Öffentliches Baurecht, § 9 Rn. 50.
242 *Finkelnburg/Ortloff/Otto*, Öffentliches Baurecht II, § 13 Rn. 57 ff; *Erbguth/Schubert*, Öffentliches Baurecht, § 13 Rn. 61.
243 Der oft missverstandene Satz „Keine Gleichheit im Unrecht" ist kein Einwand, da er sich nur auf Fälle bezieht, in denen jemand die gleiche rechtswidrige Begünstigung wie andere verlangt; vgl. auch BVerwG, BRS 57 (Nr. 248); weitere Nachweise bei *Finkelnburg/Ortloff/Otto*, Öffentliches Baurecht II, § 13 in Fn. 92.
244 Vgl. zum Gleichheitssatz BVerwG, DVBl. 1973, 636; *Muckel/Ogorek*, Öffentliches Baurecht, § 9 Rn. 43.
245 BVerwGE 25, 161 (162).

Maßnahmen zur Erhaltung und zeitgemäßen Nutzung des Bestandes (**aktiver Bestandsschutz**). Grenzen sollten sich daraus ergeben, dass die Identität der baulichen Anlage gewahrt werden müsse.[246] Des Weiteren wurde insbesondere bei gewerblichen Nutzungen der sog. **überwirkende Bestandsschutz** entwickelt.[247]

Inzwischen ist diese Auffassung der späten Erkenntnis gewichen, dass der Gesetzgeber gem. Art. 14 Abs. 1 S. 2 GG Inhalt und Schranken des Eigentums zu bestimmen hat (vgl. bereits oben Rn. 14). Daraus folgt, „dass ein Bestandsschutz, soweit damit eine eigenständige Anspruchsgrundlage gemeint sein soll, zu verneinen ist, wenn eine gesetzliche Regelung vorhanden ist".[248] Soweit der Bestandsschutz einfachgesetzlich ausgestaltet ist, **scheidet** für Behörden und Gerichte der **unmittelbare Rückgriff auf Art. 14 Abs. 1 GG** folglich aus.[249] Solche gesetzlichen Bestandsschutzregelungen finden sich insbesondere in § 35 Abs. 4 BauGB sowie in den Regelungen der HBO und des HVwVfG, die die schützende Wirkung der Baugenehmigung gegenüber späteren Änderungen der Sach- und Rechtslage näher ausgestalten (siehe dazu oben Rn. 130 f.). Zwar scheint das Bundesverwaltungsgericht noch vom grundsätzlichen Fortbestand des Rechtsinstituts eines unmittelbar aus Art. 14 Abs. 1 GG abgeleiteten Bestandsschutzes auszugehen. Dessen völlige Aufgabe sollte aber ebenso wie der Verzicht auf die sog. „eigentumskräftig verfestigte Anspruchsposition"[250] die Konsequenz aus der Erkenntnis sein,[251] dass es Sache des Gesetzgebers und nicht der Verwaltungsgerichte ist, legitime Bestandsschutzinteressen mit entgegenstehenden öffentlichen oder privaten Interessen zum Ausgleich zu bringen.[252] Wird ein Gesetz den verfassungsrechtlichen Mindestanforderungen hinsichtlich des Bestandsschutzes nicht gerecht, so ist es verfassungswidrig; ein zur Anwendung eines solchen Gesetzes berufenes Gericht umginge Art. 100 Abs. 1 GG, legte es dieses Gesetz nicht dem Bundesverfassungsgericht zur Überprüfung vor. Dieser zwischenzeitlich erzielte Erkenntnisfortschritt darf auch nicht durch die Forderung rückgängig gemacht werden, dass „das besondere Gewicht der Eigentumsgarantie des Art. 14 Abs. 1 GG", wie es bislang in Gestalt des Instituts des Bestandsschutzes ohne gesetzliche Grundlage behauptet wurde, nunmehr ungebremste Berücksichtigung bei der Ermessensausübung finden muss.[253] Im Rahmen der Ermessensausübung bei Nutzungsuntersagungen oder Beseitigungsanordnungen ist das Bestandsschutzinteresse nur einer der gem. § 40 HVwVfG zu berücksichtigenden Gesichtspunkte.

---

246 Zum Kriterium der Identität vgl. BVerwGE 47, 126 (128 ff.); in BVerwGE 72, 362 (363), wurde eine Erweiterung um drei Garagen und zwei Geräteräume für zulässig erachtet; siehe auch BVerwG, BauR 1994, 738 f.
247 Vgl. im Einzelnen BVerwGE 49, 365 (370); 50, 49 (56 ff.).
248 BVerwGE 88, 191 (203). Zur Rechtsprechung vgl. *Sarnighausen*, Abschied vom Bestandsschutz im öffentlichen Baurecht, DÖV 1993, 758 ff.; *Manow*, Bestandsschutz im Baurecht, 1993; siehe auch *Sendler*, Bestandsschutz im Wirtschaftsrecht, WiVerw 1993, 235 (245 ff., zum Bestandsschutz im Baurecht).
249 Vgl. auch BVerwGE 84, 322 (334).
250 Vgl. hierzu BVerwGE 85, 289 (294).
251 Siehe BVerfGE 58, 300 (335 f.) – Naßauskiesung.
252 In diesem Sinne auch *Wickel*, Verfassungsunmittelbarer oder einfachgesetzlicher Bestandsschutz im Baurecht?, BauR 1994, 554 (558 ff.); vgl. auch *Sarnighausen*, Abschied vom Bestandsschutz im öffentlichen Baurecht, DÖV 1993, 758 ff.; *Wahl*, Abschied von den „Ansprüchen aus Art. 14 GG", in: FS für Redeker, 1993, S. 245 ff.; *Schenke*, Problematik des Bestandsschutzes im Baurecht und Immissionsschutzrecht, NuR 1989, 8 (17).
253 In diese Richtung aber BVerwGE 84, 322 (334).

V. Rechtsschutzfragen und Klausurhinweise

1. Rechtsschutz des Bauherrn

a) Ablehnung des Bauantrags

151 Wird die beantragte Genehmigung von der Baubehörde abgelehnt, so ist der Anspruch des Bauwilligen im Wege der **Verpflichtungsklage** auf Erteilung der Baugenehmigung durchzusetzen.[254] Die Verpflichtungsklage ist auch dann die richtige Klageart, wenn eine „modifizierte Genehmigung" oder eine „modifizierende Auflage"[255] erlassen wurde und der Bauherr die ursprünglich beantragte Genehmigung begehrt. Steht der Genehmigungsbehörde ein Ermessen zu (Ausnahme oder Befreiung), so hat der Kläger regelmäßig nur einen Anspruch auf ermessensfehlerfreie Entscheidung, der mit der **Bescheidungsklage** durchzusetzen ist.[256] Ist über einen Baugenehmigungsantrag oder über einen Widerspruch gegen die Ablehnung eines Bauantrags ohne zureichenden Grund nicht in angemessener Frist entschieden worden, so kann der Antragsteller die sog. **Untätigkeitsklage** nach § 75 VwGO erheben. Maßgeblich für die Beurteilung der Sach- und Rechtslage ist jeweils der Zeitpunkt der letzten mündlichen Verhandlung.

Anspruch auf Erteilung einer Baugenehmigung

I. Maßgebliche Rechtsgrundlage (Anspruchsgrundlage): § 74 Abs. 1 HBO
II. Ist das Vorhaben genehmigungsbedürftig (§§ 62, 63, 64 HBO)?
III. Liegen die formellen Genehmigungsvoraussetzungen vor (Antrag mit erforderlichen Unterlagen, § 69 HBO)?
IV. Stehen öffentlich-rechtliche Vorschriften dem Vorhaben entgegen?
   1. Welche Vorschriften sind gem. § 74 Abs. 1 Hs. 1 HBO zu prüfen?
      – Voraussetzungen des § 65 i.V.m. § 64 HBO
      – Sonderbauten: Reguläres Genehmigungsverfahren (§ 66 HBO)
   2. Vereinbarkeit mit Bauordnungsrecht (nur nach § 66 HBO zu prüfen)
      a) Anwendbarkeit der HBO (§ 1 HBO)
      b) Vereinbarkeit des Vorhabens mit §§ 3 bis 54 HBO (Rechtsverordnungen nach § 89 HBO, technische Baubestimmungen nach § 90 HBO, örtliche Bauvorschriften nach § 91 HBO)
   3. Vereinbarkeit mit Bauplanungsrecht (§§ 30 bis 37 BauGB)
      a) Anwendbarkeit der §§ 30-37? Wenn Vorhaben i.S.d. § 29 BauGB
      b) Liegt wirksamer Bebauungsplan nach § 30 Abs. 1 BauGB vor? Wenn ja:
         – Entspricht das Vorhaben den Festsetzungen des BP?
         – Art der Nutzung (§§ 1–15 BauNVO)
         – Maß der Nutzung (§§ 16–21 a BauNVO)
         – Bauweise, überbaubare Grundstücksfläche (§§ 22 f. BauNVO)
         – Sonstige Festsetzungen nach § 9 Abs. 1 BauGB

---

[254] S. auch die Übersicht über die Rechtsschutzkonstellationen (mit Aufbauhinweisen) bei *Böhm*, Bauordnungsrecht, JA 2013, 481, 485 ff.
[255] Dazu oben Rn. 125; näher dazu *Battis*, Öffentliches Baurecht, Rn. 547 f.
[256] Vgl. im Einzelnen: *Finkelnburg/Ortloff/Otto*, Öffentliches Baurecht, II, § 21 Rn. 1.

- Ist die Erschließung gesichert (§ 30 Abs. 1)?
- *Wenn kein wirksamer BP:*
c) Liegt Grdst. in einem im Zusammenhang bebauten Ortsteil (§ 34)? Wenn ja:
  - Entspricht das Vorhaben den Anforderungen des § 34 BauGB?
  - Hinsichtlich der Art der Nutzung:
  - § 34 Abs. 2: Entspricht Nutzungsart einem der BauNVO-Gebiete?
  - Wenn ja: Entspricht Vorhaben den §§ 2 ff. BauNVO?
  - Wenn nein: Fügt sich Vorhaben nach Nutzungsart ein (§ 34 Abs. 1)?
  - Hinsichtlich Maß, Bauweise, überbaubarer Grdst.fläche:
  - Fügt sich Vorhaben ein (§ 34 Abs. 1)?
  - Ist die Erschließung gesichert (§ 34 Abs. 1)?
  - *Wenn Grdst. nicht in einem im Zusammenhang bebauten Ortsteil:*
d) Genügt das Vorhaben den Anforderungen des § 35 BauGB?
  - Handelt es sich um privilegiertes Vorhaben (§ 35 Abs. 1)? Wenn Ja:
  - Stehen öffentliche Belange (§ 35 Abs. 3) entgegen?
  - Handelt es sich um ein teilprivilegiertes Vorhaben (§ 35 Abs. 4)? Wenn Ja:
  - Werden besondere (§ 35 Abs. 4 i.V.m. Abs. 3) öff. Belange beeinträchtigt?
  - Wenn kein Vorhaben nach § 35 Abs. 1 od. § 35 Abs. 4, dann sonstiges Vorhaben nach § 35 Abs. 2:
  - Werden öff. Belange (§ 35 Abs. 3) beeinträchtigt?
  - Ist die Erschließung gesichert (§ 35 Abs. 1 und 2)?
4. **Vereinbarkeit mit anderen öffentlich-rechtlichen Vorschriften**
  - wenn wegen Baugenehmigung Entscheidung nach diesen Vorschriften entfällt (vereinfachtes Verfahren nach § 65 HBO) oder
  - wenn nach den anderen öffentlich-rechtlichen Vorschriften kein Zulassungsverfahren vorgeschrieben ist (nur im regulären Genehmigungsverfahren nach § 66 HBO) oder
  - wenn offensichtlich ist, dass sonstige öffentlich-rechtliche Vorschriften entgegenstehen (gem. § 74 Abs. 1 Hs. 2 HBO sowohl im vereinfachten Verfahren nach § 65 HBO als auch im regulären Verfahren nach § 66 HBO zu prüfen)

Dem **einstweiligen Rechtsschutz** nach § 123 VwGO steht regelmäßig das Verbot der Vorwegnahme der Hauptsache entgegen. Ist die aufschiebende Wirkung eines Nachbarwiderspruchs oder einer Nachbarklage im Rahmen eines einstweiligen Rechtsschutzbegehrens eines Nachbarn hergestellt (siehe näher dazu unten Rn. 164 f.), so kann der Genehmigungsinhaber bei der Behörde nach § 80a Abs. 1 S. 1 i.V.m. § 80 Abs. 2 Nr. 4 VwGO die Anordnung der sofortigen Vollziehung beantragen. Auf Antrag kann auch das Gericht nach § 80a Abs. 3 i.V.m. § 80 Abs. 5 VwGO die sofortige Vollziehung anordnen.[257]

152

---

257 Hierzu OVG Münster, NWVBl. 1994, 332.

b) Rechtsschutz gegen Eingriffsverfügungen

153 Gegen Baueinstellungs-, Beseitigungs-, Nutzungsuntersagungs- oder sonstige belastende bauaufsichtsbehördliche Verfügungen aufgrund der Generalklausel des § 61 Abs. 2 S. 2 HBO ist regelmäßig die **Anfechtungsklage** die statthafte Klageart. Maßgeblicher Zeitpunkt für die Beurteilung der Maßnahme ist die Sach- und Rechtslage zum Zeitpunkt der letzten behördlichen Entscheidung (Widerspruchsbescheid).[258] Wurde die Verfügung für sofort vollziehbar erklärt, so steht dem Bauherrn hiergegen **vorläufiger Rechtsschutz** nach § 80 Abs. 5 VwGO offen.[259] Das öffentliche Interesse an der sofortigen Vollziehbarkeit liegt bei der Baueinstellungsverfügung regelmäßig, bei der Beseitigungsverfügung wegen der Endgültigkeit der Maßnahme nur ausnahmsweise vor.[260] Zur Nutzungsuntersagung lässt die hessische Rechtsprechung zutreffend die formelle Baurechtswidrigkeit für das Vorliegen des öffentlichen Interesses ausreichen.[261]

2. Rechtsschutz des Nachbarn
a) Privates und öffentliches Nachbarrecht

154 Einer der häufigsten Konflikte im Baurecht entsteht dadurch, dass sich ein Nachbar durch die bauliche Nutzung eines Grundstücks in seinen Rechten verletzt fühlt. In diesem Konflikt zweier Bürger untereinander steht zunächst die **zivilrechtliche** Nachbarklage auf der Grundlage der §§ 823, 1004 BGB offen;[262] ferner sind die Vorschriften zum Schutz des (Miet-) Besitzes in §§ 862 Abs. 1, 858 Abs. 1 und 861 Abs. 1 BGB zu beachten. Die nachbarschaftlichen Rechtsbeziehungen sind zum Teil in den §§ 906 ff. BGB, zum Teil im Hessischen Nachbarrechtsgesetz[263] geregelt.[264] Der Konflikt weitet sich zu einem **öffentlich-rechtlich** zu beurteilenden **dreipoligen** Rechtsverhältnis[265] aus, wenn die den Nachbarn beeinträchtigende Grundstücksnutzung durch eine staatliche Baugenehmigung gestattet oder dadurch geduldet wird, dass die Bauaufsichtsbehörde von ihr zustehenden Eingriffsbefugnissen keinen Gebrauch macht.[266]

155 Das **Verhältnis von zivil- und öffentlich-rechtlichem Abwehranspruch** ist dabei in manchen Einzelheiten nach wie vor ungeklärt. Grundsätzlich stehen beide Rechtsregime selbständig nebeneinander mit der Folge, dass der sich durch eine nach Baurecht zu beurteilende Anlage gestört fühlende Nachbar ein Wahlrecht hat, ob er nach bür-

---

258 BVerwG, NVwZ 1993, 476.
259 Siehe dazu VG Karlsruhe, NJW 1994, 1977. Bei Verfügungen im Rahmen einer Drittanfechtung, d.h. wenn die Bauaufsichtsbehörde aufgrund nachbarlichen Vorgehens gegen die Genehmigung/das Vorhaben einschreitet, richtet sich der einstweilige Rechtsschutz nach § 80 a Abs. 3 i.V.m. 80 Abs. 5 VwGO.
260 Aufschlussreich OVG Münster, DÖV 1996, 382.
261 VGH Kassel, NVwZ 1990, 583; vgl. auch oben Rn. 142.
262 Hierzu *Dürr*, Das öffentliche Baunachbarrecht, DÖV 1994, 841 (841 f.).
263 Vom 24.9.1962 (GVBl. I, S. 417).
264 Zum ganzen *Keil/Hoof*, Das Nachbarrecht in Hessen, 21. Aufl. 2011.
265 Dem öffentlichen Baunachbarrecht kommt in diesem Zusammenhang eine Modellfunktion zu, weil hier die Grundstruktur dreipoliger Verwaltungsrechtsverhältnisse erarbeitet wurde, die sich z.B. auch beim Rechtsschutz Drittbetroffener gegenüber immissionsschutzrechtlichen und atomrechtlichen Genehmigungen oder gegenüber Planfeststellungen im Straßenrecht oder Luftverkehrsrecht zeigt; s. dazu etwa *Erbguth/Schubert*, Öffentliches Baurecht, § 15 Rn. 32.
266 Zum öffentlichen Baunachbarrecht siehe *Dürr*, Das öffentliche Baunachbarrecht, DÖV 1994, 841 ff.; *Mampel*, Nachbarschutz im öffentlichen Baurecht, 1994; *ders.*, Aktuelle Entwicklungen im öffentlichen Baunachbarrecht, DVBl. 1994, 1053 ff.; *ders.*, Die Entwicklung des öffentlichen Baunachbarrechts, DÖV 2001, 625 ff.

gerlichem Recht direkt gegen den Bauherrn oder nach öffentlichem Baurecht gegen die Bauaufsichtsbehörde vorgeht oder beide Wege parallel einschlägt. Die Selbständigkeit der beiden Rechtsregime ergibt sich bei genehmigten Vorhaben schon daraus, dass – wie bereits erwähnt – die Baugenehmigung gem. § 74 Abs. 5 HBO unbeschadet privater Rechte Dritter erteilt wird (s.o. Rn. 129). Das schließt allerdings nicht aus, dass im Interesse der notwendigen Harmonisierung zur Konkretisierung unbestimmter Rechtsbegriffe des Privatrechts (insbesondere „Wesentlichkeit" und „Ortsüblichkeit" von Beeinträchtigungen i.S.d. § 906 BGB) auf Standards des öffentlichen Rechts zurückgegriffen wird.[267] Geboten ist ein solcher Rückgriff dann, wenn eine bestimmte Nutzung durch Bebauungsplan ausdrücklich festgesetzt und/oder baurechtlich bestandskräftig genehmigt wurde. Abzulehnen ist deshalb die Rechtsprechung des Bundesgerichtshofs,[268] nach der nur die gerichtlich bestätigte – nicht jedoch die „nur" unanfechtbare – Baugenehmigung gegenüber privatrechtlichen Abwehransprüchen Bindungswirkung entfalten soll. Denn auch der Zivilrichter ist an eine rechtswidrige, aber wirksame Baugenehmigung gebunden.[269] Dem Bauplanungsrecht und der Baugenehmigung kommt die gegenüber dem allgemeinen Zivilrecht vorrangige Gestaltungsaufgabe zu, die Rechtssphären der Nachbarn voneinander abzugrenzen. Diese Ausgleichs- und Zuteilungsfunktion darf mit Hilfe allgemeiner zivilrechtlicher Wesentlichkeits- oder Ortsüblichkeitsmaßstäbe nicht unterlaufen werden.

b) Zum Begriff des „Nachbarn"

Die den Nachbarschutz eröffnende Nachbareigenschaft stimmt nicht notwendig mit der des **Angrenzers** überein, ergibt sich also nicht nur aus der unmittelbaren räumlichen Nähe. Nachbar ist vielmehr derjenige, der von der Errichtung oder Nutzung der baulichen Anlage tatsächlich beeinträchtigt wird.[270] Bei der im Einzelfall schwierigen Abgrenzung ist darauf abzustellen, ob die fragliche Anlage den Dritten in **seinen Rechten** beeinträchtigen kann.

Beispiel:
Als Nachbarn werden anerkannt:
- dinglich Berechtigte, insbesondere Eigentümer,
- Inhaber eigentumsähnlicher Rechte (z.B. Erbbaurechte, Wohnungseigentum),
- aber auch durch Auflassungsvormerkung gesicherte Käufer[271].

---

267 Vgl. dazu die Einzelheiten bei *Battis*, Öffentliches Baurecht, Rn. 632 ff.
268 BGHZ 95, 238; BGH NJW 1991, 1168.
269 BVerwGE 50, 282 (289 ff.): Das BVerwG spricht missverständlich von der „Feststellungswirkung" der Baugenehmigung. Diese Feststellung bindet andere Behörden ebenso wie die Gerichte, was nach der herkömmlichen Terminologie die Tatbestandswirkung des VA genannt wird; s. nur *Maurer/Waldhoff*, Allgemeines Verwaltungsrecht, § 10 Rn. 20 f.
270 Siehe BVerwGE 28, 131 (133); VGH Mannheim, BRS 22 (Nr. 167); VGH Kassel, BauR 1971, 109. Zum Erfordernis der tatsächlichen Beeinträchtigung vgl. VGH Kassel, BauR 1982, 369 (371); VGH Mannheim, VBlBW 1982, 334 f.; a.A. BVerwG, NVwZ 1985, 39.
271 BVerwG, NJW 1983, 1626; BVerwGE 82, 61 (75) – Ahaus.

Die Frage, ob entgegen der traditionellen Auffassung[272] auch Mieter oder Pächter als Nachbarn anzuerkennen sind, wird vor allem seit der Entscheidung des Bundesverfassungsgerichts[273] zum Schutz des Mietrechts durch Art. 14 Abs. 1 GG erneut diskutiert.[274]

Allerdings ist der verfassungsrechtliche Schutz des Mietrechts ohne Einfluss auf die Stellung des Mieters im Baunachbarrecht. Ob durch Verstöße gegen baurechtliche Normen auch Rechte des „benachbarten" Mieters oder Pächters verletzt sein können, hängt nämlich nach Art. 14 Abs. 1 S. 2 GG von der gesetzlichen Ausgestaltung ab. Es kommt deshalb darauf an, ob der Schutzzweck der konkret in Rede stehenden Baurechtsnorm auch dem Schutz obligatorisch Berechtigter dient. Hier stellt sich dann die Auslegungsfrage, ob das Bauplanungs- und das Bauordnungsrecht tatsächlich ausschließlich „grundstücksbezogen" sind[275] oder ob nicht die besseren Argumente dafür sprechen, dass auch Leben und Gesundheit[276] sowie sonstige immaterielle Güter vom Schutzzweck der Baurechtsnormen umfasst sind.

c) Nachbarschützende Normen

157 Die einem Bauherrn erteilte Baugenehmigung ist von einem Dritten mit Erfolg nur dann angreifbar, wenn sie nicht nur rechtswidrig ist, sondern den Kläger auch in seinen Rechten verletzt (§ 113 Abs. 1 S. 1 VwGO).[277] Das ist nach der herrschenden **Schutznormtheorie** dann der Fall, wenn die Genehmigung gegen eine Vorschrift verstößt, die nicht nur öffentlichen Interessen dient, sondern zugleich nachbarschützenden Charakter hat und damit dem Nachbarn ein subjektiv-öffentliches Recht auf Befolgung gewährt. Wann das der Fall ist und nicht nur eine objektive Begünstigung als Rechtsreflex vorliegt, ist durch Auslegung der jeweiligen Vorschriften nach Wortlaut, systematischem Zusammenhang und Normzweck zu bestimmen. Entgegen der früheren Rechtsprechung stellt das Bundesverwaltungsgericht heute nicht mehr auf einen sich ausdrücklich aus der Norm ergebenden Kreis von Betroffenen ab, sondern lässt es ausreichen, dass sich „aus individualisierenden Tatbestandsmerkmalen der Norm ein Personenkreis entnehmen lässt, der sich von der Allgemeinheit unterscheidet".[278] Damit dürften die materiellen Baurechtsnormen aber weitgehend Drittschutz vermit-

---

272 So etwa BVerwG, NJW 1968, 2393; BVerwG, NJW 1983, 1626; BVerwG, DVBl. 1989, 1055 (1060).
273 BVerfGE 89, 1 ff.; bekräftigt durch BVerfG, NJW 1994, 41 ff.
274 Im Sinne der traditionellen Auffassung *Schmidt-Preuß*, Nachbarschutz des „Mieter-Eigentümers"?, NJW 1995, 27 (28 f.); *Mampel*, Der Mieter ist nicht Nachbar, UPR 1994, 8 ff.; *Battis*, Öffentliches Baurecht, Rn. 657; a.A. *Thews*, Der „Eigentümer-Mieter" im baurechtlichen Nachbarstreit, NVwZ 1995, 224 ff.; *Jäde*, Der Mieter als Nachbar, UPR 1993, 330 ff.; ausführlich zu diesem Thema *Kühl*, Die Rechtsstellung der obligatorisch Berechtigten im öffentlichen Baurecht, 1996; vgl. auch *Dürr*, Das öffentliche Baunachbarrecht, DÖV 1994, 841 (844).
275 Ein häufig vorgebrachtes Argument der bisher h.M., das Verhältnis des Mieters zur (durch ein Bauvorhaben) beeinträchtigten Mietsache sei im Vergleich zum Vermieter lediglich ein gelockertes – so OVG Bremen, DVBl. 1961, 250 (251); ähnlich auch OVG Berlin NJW 1979, 282 (283) – ist nicht zutreffend, da ersterer von jeglicher Beeinträchtigung unmittelbar, ein Vermieter allenfalls mittelbar betroffen ist, so schon VG Berlin, NJW 1978, 1822 (1823); vgl. auch *Thews*, Der „Eigentümer-Mieter" im baurechtlichen Nachbarstreit, NVwZ 1995, 224 (227).
276 So BVerwGE 54, 211 (222); s. auch *Dürr*, Das öffentliche Baunachbarrecht, DÖV 1994, 841 (845); hierzu auch *Gassner*, Aktuelle Fragen des Baurechts, UPR 1995, 85 (87 f.).
277 Vgl. BVerwGE 47, 19; BVerwG, BauR 1980, 451; beachte aber VGH Kassel, ESVGH 34, 157: Erklärt sich der Nachbar mit dem Bauvorhaben einverstanden, stehen weder ihm noch einem Erwerber des Nachbargrundstücks Ansprüche aus nachbarschützenden Vorschriften mehr zu.
278 BVerwG, BRS 46 (Nr. 173); BVerwG, NVwZ 1987, 409.

teln.²⁷⁹ Trotz dieses Grundsatzes ist der drittschützende Charakter einer Norm im Einzelfall oft umstritten und nur einer umfangreichen **Kasuistik** zu entnehmen.²⁸⁰ Der Sinn dieser umfangreichen Bemühungen in Literatur und Rechtsprechung ist allerdings nur schwer zu erkennen. Die Frage, ob eine Norm drittschützenden Charakter hat, ist nämlich zunächst eine Zulässigkeitsfrage der Klage gem. § 42 Abs. 2 VwGO. Tatsächlich wird aber nicht selten die Verneinung des Drittschutzes mit umfangreichen materiellen Erwägungen begründet, die den Unterschied zu einer Sachentscheidung nicht mehr erkennen lassen. Angemessen wäre es, den Kreis der drittschützenden Normen weit zu verstehen. Eine Erweiterung des Kreises drittschützender Normen durch eine grundsätzliche Modifikation der Schutznormtheorie wird denn auch in der Literatur vertreten.²⁸¹ Zu Recht wird darauf hingewiesen, dass jede Norm des materiellen öffentlichen Baurechts potentiell nachbarschützende Wirkung hat.²⁸² Ein Ausufern der Klagemöglichkeiten kann durch das pragmatische Erfordernis einer **konkreten Beeinträchtigung** der Nachbarn vermieden werden. Bis auf weiteres ist es allerdings erforderlich, sich eine grobe Übersicht über die Kasuistik zu verschaffen.

Was die Normen des **Bauplanungsrechts** angeht, so gilt zunächst für den beplanten Bereich nach § 30 BauGB, dass die Festsetzungen des Bebauungsplans über die zulässige **Art der baulichen Nutzung** durch Ausweisung von Baugebieten nach der Baunutzungsverordnung generell allen Grundstückseigentümern im Plangebiet einen Anspruch auf Erhaltung dieses Gebietscharakters (**Gebietserhaltungsanspruch**) vermitteln.²⁸³ Dieser Anspruch wird durch § **15 Abs. 1 S. 1 BauNVO** präzisiert, dem deshalb ebenfalls nachbarschützende Wirkung zukommt. Enger ist demgegenüber der Kreis der durch § **15 Abs. 1 S. 2 BauNVO** geschützten Nachbarn gezogen, weil es dieser Norm nur um den Schutz vor unzumutbaren Belästigungen oder Störungen „qualifiziert" betroffener Nachbarn geht.²⁸⁴ Hinsichtlich des **Maßes der baulichen Nutzung**²⁸⁵ ebenso wie für Regelungen über die Bebaubarkeit der Grundstücksflächen²⁸⁶ ist die nachbarschützende Wirkung im Einzelnen umstritten. Im Übrigen kommt es darauf an, ob sich aus dem Bebauungsplan im Einzelfall ergibt, dass die Festsetzungen auch erlassen wurden, um private Belange zu schützen.²⁸⁷ Der drittschützende Charakter einer Festsetzung kann sich auch unmittelbar aus § 9 Abs. 1 BauGB ergeben.²⁸⁸

158

---

279 Hierzu siehe *Mampel*, Nachbarschutz im öffentlichen Baurecht, 1994; einige Hinweise auch bei *Stollmann/Beaucamp*, Öffentliches Baurecht, § 21 Rn. 33 ff.
280 Vgl. etwa die Übersicht bei *Stüer*, Handbuch des Bau- und Fachplanungsrechts, Rn. 4677 ff.
281 *Breuer*, Baurechtlicher Nachbarschutz, DVBl. 1983, 437; zustimmend *Wahl*, Der Nachbarschutz im Baurecht, JuS 1984, 577 ff.
282 OVG Münster, BRS 39 (Nr. 174); BVerwG, NVwZ 1984, 38.
283 Zum Gedanken der „Schicksalsgemeinschaft" aller Grundstückseigentümer im gleichen Plangebiet, der dem zugrunde liegt, s. etwa *Muckel/Ogorek*, Öffentliches Baurecht, § 10 Rn. 28.
284 Dazu *Stollmann/Beaucamp*, Öffentliches Baurecht, § 14 Rn. 20 ff.; *Finkelnburg/Ortloff/Kment*, Öffentliches Baurecht I, § 23 Rn. 16 ff.
285 Bejaht von OVG Lüneburg, BRS 42 (Nr. 122); OVG Saarland, BRS 50 (Nr. 118); nur wenn sich aus der Auslegung der Festsetzung im Bebauungsplan Drittschutz ergibt: BVerwG, BRS 42 (Nr. 123); ansonsten verneint von BVerwG, UPR 1995, 396. Siehe dazu auch VGH Kassel, NVwZ-RR 1995, 381; BVerwG, NVwZ 1996, 170 f.; vgl. auch *Finkelnburg/Ortloff/Otto*, Öffentliches Baurecht II, § 18 Rn. 9.
286 Grundsätzlich bejaht für Baugrenzen und Baulinien nach § 23 BauNVO: BVerwG, UPR 1995, 396; VGH Mannheim, NJW 1992, 1060.
287 Dazu *Dürr*, Das öffentliche Baunachbarrecht, DÖV 1994, 841 (847).
288 So in BVerwG, NJW 1989, 467 (469), hinsichtlich Festsetzungen zum Schutz vor schädlichen Umwelteinwirkungen nach § 9 Abs. 1 Nr. 24 BauGB; siehe auch BVerwG, NVwZ 1996, 3 ff.

Bei einer im Vorgriff auf einen zukünftigen Bebauungsplan nach § 33 BauGB erlassenen Genehmigung kommt es darauf an, ob der Nachbar durch die spätere Festsetzung geschützt wäre.[289]

159 Soweit vom Bebauungsplan **Ausnahmen oder Befreiungen** nach § 31 BauGB erteilt werden, kommt es für eine mögliche Verletzung von Nachbarrechten zunächst darauf an, ob die Norm (Festsetzung des Bebauungsplans), von der die Ausnahme oder Befreiung gewährt wird, nachbarschützend ist. Auch in Fällen, in denen diese Voraussetzung nicht erfüllt ist, eröffnet die Rechtsprechung unter Berufung auf § 15 Abs. 1 S. 2 BauNVO und auf § 31 Abs. 2 BauGB und das in diesen Normen zum Ausdruck kommende Gebot der Rücksichtnahme[290] (s.u. Rn. 162) den Nachbarn Rechtsschutzmöglichkeiten.

160 **§ 34 BauGB** vermittelt Nachbarschutz jedenfalls insoweit, als es um die Art der baulichen Nutzung geht. Das Bundesverwaltungsgericht entnimmt dies dem seiner Auffassung nach in dem Merkmal des „Einfügens" verankerten Rücksichtnahmegebot.[291] **§ 35 Abs. 1 BauGB** ist insoweit nachbarschützend, als die Privilegierung eines Vorhabens durch die Zulassung eines anderen Vorhabens beeinträchtigt werden kann.[292]

161 Das **Bauordnungsrecht** dient grundsätzlich dem Schutz der Allgemeinheit vor Gefahren. Dabei können jedoch auch Rechte von Nachbarn berührt werden. In Anwendung der Schutznormtheorie werden daher einige bauordnungsrechtliche Normen als nachbarschützend angesehen.

Beispiele:
- Für die Regelungen hinsichtlich einzuhaltender Abstandsflächen ergibt sich dies schon aus dem Wortlaut des § 6 HBO, soweit dort explizit der Abstand zu den Nachbargrundstücken geregelt ist.[293]
- Weiterhin kommt nachbarschützende Wirkung den Vorschriften zu, die die ausreichende Belichtung, Besonnung und Belüftung der baulichen Anlagen, gute Arbeits- und Wohnverhältnisse, damit einhergehend eine Begrenzung der Einsichtsmöglichkeiten sowie die Vermeidung der Brandübertragung zum Inhalt haben.[294]
- Schließlich ist an solche Normen zu denken, die der Sache nach immissionsschutzrechtlichen Gehalt[295] haben, weil sie dem Gesundheitsschutz, guten Arbeits- und Wohnverhältnissen[296] sowie der Ruhe und Erholung in der Umgebung[297] dienen: Dazu gehören etwa die Anforderungen an den Schallschutz[298] in § 15 Abs. 2 HBO oder an den Erschütterungsschutz in § 15

---

289 *Finkelnburg/Ortloff/Otto*, Öffentliches Baurecht II, § 18 Rn. 17.
290 Vgl. die Einzelheiten bei *Koch/Hendler*, Baurecht, § 17 Rn. 48 ff.; *Erbguth/Schubert*, Öffentliches Baurecht, § 15 Rn. 50.
291 BVerwG, BRS 38 (Nr. 186); BRS 39 (Nr. 57); ferner BVerwG, BauR 1994, 445 (446); DVBl. 1994, 284 (286); ausführlich *Dürr*, Das öffentliche Baunachbarrecht, DÖV 1994, 841 (845 ff.).
292 Vgl. *Finkelnburg/Ortloff/Otto*, Öffentliches Baurecht II, § 18 Rn. 20 f.
293 *Dürr/Hinkel*, Baurecht Hessen, Rn. 279.
294 VGH Kassel, HessVGRspr. 1994, 4 f.; BVerwG, VerwRundschau 1999, 440 (441); NJW 1991, 3293 (3294); zum Brandschutz VGH Kassel, BRS 36 (Nr. 200).
295 Dabei ist jedoch zu beachten, dass die ebenfalls nachbarschützenden Vorschriften der §§ 3 Abs. 1, 22 Abs. 1 S. 1 Nr. 1 BImSchG (dazu VGH Kassel, ESVGH 43, 177 (178), in Anknüpfung an VGH Kassel, UPR 1986, 354; BVerwGE 74, 315; BVerwG, NVwZ 1987, 884; NVwZ 1989, 666) – soweit anwendbar – vorrangig sind.
296 Zu Geruchsbelästigungen VGH Kassel, BRS 40 (Nr. 184).
297 Zu der im Rahmen der Novelle 2018 entfallenen bauordnungsrechtlichen Regelung über die Abwasserbeseitigung s. VGH Kassel, BauR 2003, 866 (867 f.).
298 *Hornmann*, Hessische Bauordnung, § 14 Rn. 24.

Abs. 3 HBO. Auch die materielle Generalklausel des § 3 HBO gehört in diesen Zusammenhang potentiell drittschützender Normen, soweit sie dem Schutz individueller Rechtsgüter (Leben, Gesundheit) dient und diese Rechtsgüter im Einzelfall gefährdet sind.[299]

Das Verunstaltungsverbot des § 9 HBO ist hingegen nicht nachbarschützend.[300]

Die Frage, ob „neben" oder „über" dem kodifizierten Bauplanungs- und Bauordnungsrecht ein allgemeines Gebot der Rücksichtnahme auf nachbarliche Belange existiert und ob aus diesem Gebot im Einzelfall ein subjektiv-öffentliches Recht des Nachbarn hergeleitet werden kann, ist mit Skepsis zu beurteilen. Seit der Einführung des sog. **Rücksichtnahmegebots** in einer Entscheidung aus dem Jahr 1977[301] hat das Bundesverwaltungsgericht immer wieder versucht, eine extensive Anwendung dieses dogmatisch frei schwebenden Konstrukts zu verhindern und es inhaltlich zu konkretisieren. Nach der jüngeren Rechtsprechung ist es nunmehr vollständig in einfachgesetzliche Tatbestände eingebunden.[302] Damit hat es letztlich jegliche Bedeutung verloren, auch wenn es immer noch zur Begründung des Drittschutzes angeführt wird. Die von Anfang an vertretene Auffassung, das Rücksichtnahmegebot stehe im Widerspruch zur Schutznormtheorie und ignoriere einfachgesetzliche Tatbestände, so dass es zugunsten derselben aufzugeben sei,[303] sollte sich auch in der Rechtsprechung durchsetzen. Auch bedarf es dieses Konstrukts nicht, um die Frage zu klären, ob die bloß objektive Verletzung der nachbarschützenden Norm ausreicht oder ob es zusätzlich einer tatsächlichen Beeinträchtigung auf Seiten des Nachbarn bedarf.[304] Diese Frage lässt sich nämlich auch über die allgemein anerkannte Unterscheidung von einerseits generell und andererseits partiell nachbarschützenden Normen lösen.

162

Auch die **Grundrechte** sind subjektiv-öffentliche Rechte, deren Geltendmachung jedoch im Verhältnis zu einfachgesetzlich näher ausgeformten Rechten subsidiär ist. Hinsichtlich des Art. 14 GG wurde früher aufgrund der herrschenden materiellen Enteignungstheorien[305] eine Berechtigung des Nachbarn auch ohne drittschützende Norm direkt aus der Eigentumsgarantie des Art. 14 Abs. 1 GG angenommen.[306] Mit der Durchsetzung des formalen Enteignungsbegriffs und der Systematik der Inhalts- und Schrankenbestimmung infolge des „Naßauskiesungsbeschlusses"[307] ist nun auch ein Rückgriff auf Art. 14 GG nur im Falle einer Regelungslücke des Baurechts als einfachgesetzliche Inhalts- und Schrankenbestimmung möglich,[308] wobei der Gestaltungsspielraum des Gesetzgebers auch hinsichtlich der absichtlichen Nichtregelung zu be-

163

---

299 *Dürr*, Nachbarschutz im öffentlichen Recht, KommJur 2005, 201 (211).
300 Allgemein *Wahl/Schütz*, in: Schoch/Schmidt-Aßmann/Pietzner, VwGO, § 42 II Rn. 121; differenzierend *Finkelnburg/Ortloff/Otto*, Öffentliches Baurecht II, § 18 Rn. 33; speziell für hessisches Bauordnungsrecht siehe die Übersicht bei *Hornmann*, Hessische Bauordnung, § 9 Rn. 45.
301 BVerwGE 52, 122.
302 BVerwG, DVBl. 1992, 564 (567); ähnlich bereits BVerwGE 67, 334 (339).
303 So schon *Breuer*, Das baurechtliche Gebot der Rücksichtnahme – ein Irrgarten des Richterrechts, DVBl. 1982, 1065 (1069 ff.); später *Hauth*, Das Gebot der Rücksichtnahme – vom Irrgarten in die Sackgasse, BauR 1993, 673 (674, 681 ff.).
304 So aber *Finkelnburg/Ortloff/Otto*, Öffentliches Baurecht II, § 17 Rn. 13.
305 Vertiefend dazu und zum Folgenden *Ossenbühl*, Staatshaftungsrecht, 6. Aufl. 2013, S. 205 ff.
306 Vgl. z.B. BVerwGE 32, 173 (178 f.).
307 BVerfGE 58, 300 (330).
308 BVerwG, DVBl. 1992, 564 (567).

achten ist.[309] Auch Art. 2 Abs. 2 GG ist grundsätzlich geeignet, ein unmittelbares Abwehrrecht des Nachbarn zu begründen.[310] Jedoch sind auch hierbei die baurechtlichen Normen und die drittschützenden Normen anderer Gesetze vorrangig anzuwenden.[311]

d) Verwaltungsgerichtliche Durchsetzung

164 Gegen eine den Bauherrn begünstigende und den Nachbarn belastende **Baugenehmigung** als **Verwaltungsakt mit Drittwirkung**[312] ist die **Anfechtungsklage** des Nachbarn die statthafte Klageart. Baurechtliche Besonderheiten bestehen vor allem im Rahmen der Zulässigkeit hinsichtlich der **Widerspruchsfrist**. Grundsätzlich beginnt diese gem. § 70 VwGO mit der Bekanntgabe an den Nachbarn nach § 41 HVwVfG zu laufen.[313] Aufgrund des materiellen Nachbarbegriffs, der eine abschließende Erfassung aller betroffenen Nachbarn erschwert, und wegen der Genehmigungsfiktion des § 65 Abs. 2 S. 3 HBO im vereinfachten Genehmigungsverfahren fehlt es aber oft an der Bekanntgabe, so dass die Frist nicht zu laufen beginnt. Allerdings ist dann die Möglichkeit einer Verwirkung zu beachten, nach der die Frist im Falle positiver Kenntnis oder Kennenmüssens der Baugenehmigung ab diesem Zeitpunkt zu laufen beginnt.[314] **Klagebefugt** gem. § 42 Abs. 2 VwGO ist der Nachbar nur, wenn er die mögliche Verletzung von ihn schützenden Normen (s. Rn. 157 ff.) geltend macht. Dies ist dann ausgeschlossen, wenn der Nachbar auf die Geltendmachung seiner Rechte der Bauordnungsbehörde gegenüber verzichtet hat, wobei ein bloßes Unterschreiben der vom Bauherrn eingereichten Antragsunterlagen nicht ausreicht.[315] **Maßgeblicher Zeitpunkt** für die Beurteilung der Rechtmäßigkeit der angegriffenen Baugenehmigung ist grundsätzlich der der letzten Behördenentscheidung (Widerspruchsentscheidung).[316]

Ist die Anfechtungsklage des Nachbarn gegen die Baugenehmigung begründet?
I. Maßgebliche Rechtsgrundlage § 74 Abs. 1 HBO
II. Formelle Rechtmäßigkeit
   1. Hat zuständige Bauaufsichtsbehörde Genehmigung erteilt?
   2. Wurden Genehmigungsverfahrensvorschriften beachtet (§§ 70, 71 HBO, Einvernehmen der Gemeinde nach § 36 BauGB)?
   3. Sind Formvorschriften beachtet (§ 74 Abs. 3 HBO)?

---

309 Dazu BVerwGE 84, 322 (334).
310 BVerwGE 54, 211 (222 f.).
311 Siehe hierzu *Dürr*, Das öffentliche Baunachbarrecht, DÖV 1994, 841 (844).
312 Ständige Rspr. seit BVerwGE 22, 120; VGH Kassel, DVBl. 1992, 780.
313 Nach Ablauf der Frist darf eine sachliche Entscheidung der Widerspruchsbehörde nicht mehr erfolgen, da die Fristenregelungen auch dem Schutz des Bauherrn dienen; BVerwG, NVwZ 1983, 285; siehe auch *Battis*, Öffentliches Baurecht, Rn. 660.
314 BVerwGE 78, 85 (88 f.); 44, 294; *Stollmann/Beaucamp*, Öffentliches Baurecht, § 21 Rn. 21 ff.
315 Vgl. *Stollmann/Beaucamp*, Öffentliches Baurecht, § 21 Rn. 20.
316 Die Auffassung der Rechtsprechung, nach der es im Falle einer Verschlechterung zwischen Genehmigungserteilung und Widerspruchsentscheidung allein auf den Zeitpunkt des Wirksamwerdens der Genehmigung (§ 43 Abs. 1 HVwVfG) ankommen soll (so BVerwG, DÖV 1970, 135; NJW 1979, 995, unter Hinweis auf das Erfordernis eines Entzugs einer Rechtsposition im Bodenrecht nur gegen Entschädigung), dürfte sich mit der Wende in der Rechtsprechung zu Art. 14 Abs. 1 GG erledigt haben.

III. Materielle Rechtmäßigkeit
 1. Welche Vorschriften waren im Baugenehmigungsverfahren zu prüfen?
    a) Voraussetzungen des § 65 i.V.m. 64 HBO
    b) Sonderbauten: Reguläres Genehmigungsverfahren (§ 66 HBO)
 2. Vereinbarkeit mit Bauordnungsrecht; im vereinfachten Verfahren aber nur Abweichungen nach § 73 HBO (vgl. § 65 Abs. 1 Nr. 2 HBO)
 3. Vereinbarkeit mit Bauplanungsrecht (§§ 30–37 BauGB), hierzu Rn. 151
 4. Vereinbarkeit mit sonstigen öffentlich-rechtlichen Vorschriften, hierzu Rn. 151
IV. Ist der Kläger (Nachbar) durch die Rechtswidrigkeit der Genehmigung in eigenen Rechten verletzt (§ 113 Abs. 1 S. 1 VwGO)?
   – Die Norm, aus deren Verletzung die Rechtswidrigkeit der Genehmigung folgt, muss zumindest auch dem Schutz des Nachbarn dienen (Schutznormtheorie).

Rechtsbehelfe Dritter gegen die bauaufsichtliche Zulassung eines Vorhabens haben gem. § 212 a BauGB **keine aufschiebende Wirkung**[317], so dass die Grundregel des § 80 Abs. 1 VwGO im Baurecht außer Kraft gesetzt ist. Daher muss der Nachbar in den meisten Fällen bei der Behörde einen Antrag nach § 80 a Abs. 1 Nr. 2 iVm § 80 Abs. 4 VwGO auf Aussetzung der sofortigen Vollziehung und Anordnung einstweiliger Maßnahmen zur Sicherung seiner Rechte stellen, bei Weigerung der Behörde einen Antrag gemäß § 80 a Abs. 3 S. 2 iVm § 80 Abs. 5 VwGO auf Anordnung der aufschiebenden Wirkung durch das Gericht.[318] Erweist sich die Genehmigung weder als offensichtlich rechtswidrig noch als offensichtlich rechtmäßig, ist eine Abwägung der privaten Interessen des Bauherrn und des Nachbarn vorzunehmen. Bei Gleichgewichtigkeit der Interessen wurde bislang auf die gesetzliche Ausgangslage des § 80 Abs. 1 VwGO zurückgegriffen, so dass in der Regel die aufschiebende Wirkung bejaht wurde. Dieses Ergebnis stützte man zusätzlich noch auf das Argument, dass die Nutzung der Baugenehmigung vollendete Tatsachen schaffe, die nur unter erheblichen Schwierigkeiten wieder beseitigt werden könnten. Nach der Umkehrung des Regel-Ausnahme-Verhältnisses durch § 212 a BauGB bedeutet das Abstellen auf die gesetzliche Ausgangslage dagegen eine Verneinung des Suspensiveffektes.

165

Der **Bauvorbescheid** stellt einen vorweggenommenen feststellenden Teil der Baugenehmigung im Sinne eines Teilverwaltungsaktes im gestuften Genehmigungsverfahren dar.[319] Ergeht ein solcher, muss der Nachbar diesen regelmäßig angreifen. Tut er dies nicht, so ist er mit Gründen, die er schon gegen den Vorbescheid hätte vorbringen können, später im Vortrag gegen die Baugenehmigung präkludiert.[320]

166

---

317 Für Bauvorbescheide gilt § 212 a BauGB nicht; so etwa VG Gießen, NVwZ-RR 2005, 232.
318 Dazu, dass auch ohne einen vorherigen Antrag bei der Behörde die Zulässigkeit des Antrags auf gerichtlichen vorläufigen Rechtsschutz nicht scheitert, s. bereits VGH Kassel, DVBl. 1992, 45; lehrreich zum Prüfungsmaßstab (Obersatz) für die Begründetheit eines einstweiligen Rechtsschutzbegehrens des Nachbarn nach § 80 Abs. 3 i.V.m. § 80 Abs. 5 S. 1 VwGO ist etwa VGH Kassel, NVwZ-RR 2016, 247.
319 Siehe dazu schon oben Rn. 132 ff.
320 BVerwGE 68, 241 (243 ff.); BVerwG, DVBl. 1989, 673 (674). Wird allerdings vor Bestandskraft des Vorbescheides eine Baugenehmigung erteilt, so muss der Nachbar – entgegen der Ansicht, die dann nur eine Anfechtung der Genehmigung fordert: BVerwG, NVwZ 1995, 894; BVerwGE 68, 241 (244 f.) – sowohl gegen den Vorbescheid als auch gegen die Genehmigung vorgehen (*Finkelnburg/Ortloff/Otto*, Öffentliches Baurecht II, § 22 Rn. 24; *Schenke*, Rechtsprobleme gestufter Verwaltungsverfahren am Beispiel von Bauvorbescheid und Baugenehmigung, DÖV 1990, 489 ff.). Diese Verfahren können dann aus prozessökonomischen Gründen verbunden werden; siehe auch *Stollmann/Beaucamp*, Öffentliches Baurecht, § 21 Rn. 5.

167 Grundsätzlich stehen die **bauordnungsrechtlichen Maßnahmen** wie Baueinstellungsverfügung und Nutzungsuntersagung im Ermessen der Behörde. Ein nachbarlicher Anspruch kann – abgesehen von Fällen der Ermessensreduzierung auf Null – regelmäßig nur darauf gerichtet sein, dass die Bauaufsichtsbehörde ermessensfehlerfrei über das „Ob" und „Wie" eines Einschreitens entscheidet. Ein solcher Anspruch setzt weiter voraus, dass die das Einschreiten rechtfertigende Illegalität aus einer nachbarschützenden Norm (s. Rn. 157 ff.) folgt und dass der Nachbar durch das rechtswidrige Vorhaben tatsächlich in einem Belang beeinträchtigt ist, den diese Norm schützt. Dieser ist mit der Verpflichtungsklage geltend zu machen.[321] Mit der deutlichen Erweiterung der Zahl genehmigungsfreier Vorhaben (s. Rn. 87 ff.) hat sich der Anwendungsbereich dieser für den Nachbarn durchaus nachteiligen Rechtsschutzkonstellation erheblich erweitert. Denn wenn für ein Vorhaben – insbesondere nach § 64 HBO – keine Genehmigung erforderlich ist, gibt es auch keinen für den Nachbarn mit Widerspruch und Anfechtungsklage angreifbaren Verwaltungsakt i.S.d § 35 HVwVfG. Bieten sich dem Nachbarn Anhaltspunkte dafür, dass ein begonnenes genehmigungsfreies Vorhaben nicht in Einklang mit nachbarschützenden Baurechtsnormen steht, bleibt ihm nur die Möglichkeit, einen Antrag auf Baueinstellung nach § 81 HBO bei der unteren Bauaufsichtsbehörde zu stellen. Dieses Begehren kann er im Falle einer Ablehnung im Rahmen eines Antrages auf einstweilige Anordnung nach § 123 VwGO gerichtlich durchzusetzen versuchen.[322] Da in der Hauptsache jedoch in der Regel nur ein Bescheidungsurteil zu erwarten ist, wird einstweiliger Rechtsschutz nur ausnahmsweise gewährt werden.[323]

168 Besonderheiten ergeben sich für den **einstweiligen Rechtsschutz**, wenn es sich um ein genehmigtes Vorhaben handelt, der Genehmigungsempfänger aber trotz angeordneter aufschiebender Wirkung weiterbaut. Die Bewirkung der Baueinstellung durch das Gericht erfolgt dann nämlich über § 80 a Abs. 3 VwGO und nicht mehr über § 123 Abs. 1 VwGO,[324] da es sich hierbei um ein Folgeproblem der aufschiebenden Wirkung handelt. Allerdings soll das Gericht lediglich die Behörde zur Verfügung der Baueinstellung verpflichten können, nicht aber den Bauherrn direkt.[325]

3. Rechtsschutz gegen Bebauungspläne

169 Wendet sich der Bürger nicht gegen eine behördliche Einzelfallentscheidung (z.B. Baugenehmigung), sondern schon gegen den zugrundeliegenden Bebauungsplan, steht ihm neben der inzidenten Normenkontrolle im regulären Anfechtungs- oder Verpflichtungsprozess, in dessen Rahmen der Plan mitgeprüft wird, die **prinzipale Normenkontrolle** nach § 47 Abs. 1 Nr. 1 VwGO zur Verfügung.

---

321 Dazu *Stollmann/Beaucamp*, Öffentliches Baurecht, § 21 Rn. 38 f.; aus der Rechtsprechung s. etwa VG Frankfurt, LKRZ 2011, 436; VGH Kassel, NVwZ 2016, 1101 (1102, 1104) auch dazu, dass allein die formelle Illegalität zur Begründung eines Anspruchs des Nachbarn auf Einschreiten nicht ausreicht.
322 *Hornmann*, Hessische Bauordnung, § 55 Rn. 188.
323 Siehe exemplarisch den Beschluss des VGH Kassel, LKRZ 2015, 104 (105 f.).
324 Vgl. *Dürr/Hinkel*, Baurecht Hessen, Rn. 254.
325 VGH Kassel, NVwZ 1991, 592 (593); DVBl. 1992, 780 (781); a.A. *Schoch*, Der vorläufige Rechtsschutz im 4. VwGOÄndG, NVwZ 1991, 1121 ff.

Sie setzt nach § 47 Abs. 2 S. 1 VwGO die Geltendmachung einer möglichen (absehbaren) Verletzung **subjektiver Rechte** voraus.[326] Daher bedarf es eines subjektiv-öffentlichen Rechts, welches durch den angegriffenen Bebauungsplan möglicherweise verletzt wird. Es kommt somit auf die Frage an, welche der Normen, nach denen sich die Rechtmäßigkeit von Bebauungsplänen bemisst, dem Schutz einzelner Bürger dienen. Im Mittelpunkt steht hier das **Abwägungsgebot** des **§ 1 Abs. 7 BauGB**, das einen subjektiven Anspruch auf fehlerfreie Abwägung eigener Belange begründet,[327] wobei diese Belange keine subjektiv-öffentlichen Rechte sein müssen, sondern auch wirtschaftlicher oder ideeller Natur sein können. Erforderlich ist lediglich, dass sich die abwägungserheblichen Belange individuell dem Antragsteller zuordnen lassen.

170

Stellt sich im Rahmen der Prüfung des Bebauungsplanes ein Verstoß gegen objektives Recht heraus, wirkt die Nichtigkeitserklärung durch Urteil im Verfahren nach § 47 VwGO „inter omnes". Sofern sich die bei einer **Inzidentkontrolle** festgestellte Fehlerhaftigkeit des Bebauungsplanes in einer Rechtsverletzung des Klägers manifestiert, wirkt die folgende Nichtigkeitserklärung jedoch ausschließlich „inter partes", also nur zwischen den Prozessparteien.[328]

171

4. Rechtsschutz der Gemeinde

Für Gemeinden kann sich im Zusammenhang mit bau- und planungsrechtlichen Fragen Bedarf nach gerichtlichem Rechtsschutz immer dann ergeben, wenn Behörden des Landes, eines Landkreises oder eine andere Gemeinde Entscheidungen treffen, durch die sich die Gemeinde in ihrer verfassungsrechtlich durch Art. 28 Abs. 2 S. 1 GG und Art. 137 Abs. 1 HV garantierten **Planungshoheit** verletzt sieht. Allerdings gilt auch hier der Anwendungsvorrang des einfachen Rechts, so dass zunächst nach der (einfach-)gesetzlichen Norm zu suchen ist, deren Verletzung im jeweiligen Fall gerügt wird. Diese Norm muss, um eine Rechtsverletzung der Gemeinde begründen zu können, nach der Schutznormtheorie zumindest auch dem Schutz der gemeindlichen Selbstverwaltungsgarantie dienen.[329] Insbesondere wenn die Gemeinde von ihrer Planungshoheit durch Erlass einer Satzung (Bebauungsplan, Gestaltungssatzung nach § 91 Abs. 1 HBO) Gebrauch gemacht hat, stellt die Zulassung von Vorhaben unter Verstoß gegen eine solche (wirksame) Satzung zugleich eine Verletzung der Selbstverwaltungsgarantie der Gemeinde dar. Wie § 36 Abs. 1 BauGB zeigt, schützen aber auch die gesetzlichen Planungsinstrumente der §§ 34 und 35 BauGB die kommunale Planungshoheit, indem sie außerhalb von Bebauungsplänen nur in sehr begrenztem Umfang Vorhaben zulassen. Vorhaben, die nicht die Voraussetzungen der §§ 34, 35 BauGB erfüllen, bedürfen der Vorbereitung durch einen Bebauungsplan, so dass ihre

172

---

326 Diese soll nach BVerwG, DVBl. 1999, 100, mit der Klagebefugnis nach § 42 Abs. 2 VwGO korrelieren; siehe auch *Dürr*, Die Entwicklung der Rechtsprechung zur Antragsbefugnis bei der Normenkontrolle von Bebauungsplänen, NVwZ 1996, 105 (109); skeptisch *Schmidt-Preuß*, DVBl. 1999, 103 (103 f.), der eine erhöhte Darlegungspflicht – statt einer bloßen Möglichkeit der Betroffenheit – fordert, um das fehlende subjektivrechtliche Korrektiv der Normenkontrolle, die in der Begründetheit gerade keine Verletzung subjektiver Rechte neben der objektiven Rechts fordert, zu kompensieren.
327 BVerwG, NJW 1999, 592 ff.; *Erbguth/Schubert*, Öffentliches Baurecht, § 15 Rn. 25.
328 Siehe dazu *Stollmann/Beaucamp*, Öffentliches Baurecht, § 9 Rn. 29.
329 Siehe dazu *Wahl/Schütz*, in: Schoch/Schmidt-Aßmann/Pietzner, VwGO, Bd. 1, § 42 Abs. 2 Rn. 105, 269.

rechtswidrige Zulassung ohne Bebauungsplan also die kommunale Planungshoheit verletzt.

173 Zu den auf dieser Grundlage denkbaren Rechtsschutzkonstellationen gehört zunächst in den Fällen, in denen Bebauungspläne nach § 10 Abs. 2 BauGB ausnahmsweise genehmigungsbedürftig sind, die Verweigerung der Genehmigung durch das zuständige Regierungspräsidium.[330] Hier kann die Gemeinde im Wege der Verpflichtungsklage gegen das Land vorgehen, wenn ihr die erforderliche **Genehmigung eines Bebauungsplans versagt** wird. Gleiches gilt, wenn die nach § 6 Abs. 1 BauGB erforderliche Genehmigung des Flächennutzungsplans verweigert wird.

174 Eine Konkretisierung der gemeindlichen Selbstverwaltungsgarantie stellt auch das in § 2 Abs. 2 BauGB festgelegte interkommunale Abstimmungsgebot dar. Die Gemeinde kann daher unter Berufung auf diese Norm gegen **Bebauungspläne**[331] **einer Nachbargemeinde** im Wege einer Normenkontrolle nach § 47 VwGO vorgehen.[332] Ob eine Gemeinde auch **Baugenehmigungen** für Vorhaben **auf dem Gebiet einer Nachbargemeinde** mit der Anfechtungsklage unter Berufung auf § 2 Abs. 2 BauGB angreifen kann, ist angesichts der klaren Beschränkung des interkommunalen Abstimmungsgebotes auf Bauleitpläne sehr zweifelhaft.[333] Etwas anderes gilt allerdings dann, wenn auf dem Gebiet einer Nachbargemeinde (Groß-)Vorhaben nach § 35 BauGB genehmigt werden, die wegen ihres erheblichen Konfliktpotentials eigentlich einer Vorbereitung durch Bebauungsplan bedurft hätten.[334]

175 Auch die Vorgabe des **§ 36 Abs. 1 BauGB**, wonach über die Zulässigkeit von Vorhaben ohne oder in Abweichung von einem Bebauungsplan nur im **Einvernehmen mit der Gemeinde** entschieden werden darf, dient der Sicherung der gemeindlichen Planungshoheit. Deshalb ist die Anfechtungsklage einer Gemeinde gegen eine Baugenehmigung (oder einen Bauvorbescheid) statthaft, die von der Bauaufsichtsbehörde ohne das nach § 36 Abs. 1 BauGB erforderliche Einvernehmen der Gemeinde erteilt wurde.[335] Allerdings kann gem. § 36 Abs. 2 S. 3 BauGB die für die Baugenehmigung zuständige Bauaufsichtsbehörde oder im Widerspruchsverfahren auch die Widerspruchsbehörde[336] ein rechtswidrig verweigertes Einvernehmen der Gemeinde ersetzen. Zur Klärung der Frage, ob die Gemeinde das Einvernehmen aus den in §§ 31, 33, 34 und 35 BauGB genannten Gründen verweigern durfte, kann die Gemeinde gegen die

---

330 „Höhere Verwaltungsbehörde" im Sinne des § 10 Abs. 2 BauGB ist gem. § 22 Abs. 1 HessDVO-BauGB das Regierungspräsidium.
331 Soweit den Darstellungen eines Flächennutzungsplans gem. § 35 Abs. 3 S. 3 BauGB ausnahmsweise unmittelbare Außenwirkung zukommt, kann sich die Nachbargemeinde – mit der Feststellungsklage – auch gegen einen Flächennutzungsplan zur Wehr setzen, wenn er § 2 Abs. 2 BauGB verletzt; dazu *Bönker*, in: Hoppe/Bönker/Grotefels, Öffentliches Baurecht, § 17 Rn. 6.
332 Wenn der Bebauungsplan der Nachbargemeinde nicht in Einklang mit den Zielen des Regionalplans steht und deshalb als Voraussetzung für den Erlass des Bebauungsplans zunächst eine Abweichungsentscheidung der Regionalversammlung nach § 8 HLPG erforderlich ist, so kann die Gemeinde diese Abweichungsentscheidung mit der Anfechtungsklage angreifen; dazu VGH Kassel, LKRZ 2010, 260 ff.
333 Ablehnend *Uechtritz*, in: Spannowsky/Uechtritz, BauGB-Kommentar, 2017, § 2 Rn. 53 ff.; befürwortend *Bönker*, in Hoppe/Bönker/Grotefels, Öffentliches Baurecht, § 118 Rn. 116.
334 Dazu BVerwGE 117, 25 ff.
335 Das gilt auch, wenn die Bauaufsichtsbehörde ein Vorhaben fehlerhaft als plankonform nach § 30 Abs. 1 BauGB genehmigt und auf diese Weise fehlerhaft § 31 BauGB nicht zur Anwendung gebracht hat.
336 Die Zuständigkeit folgt aus § 22 Abs. 3 HessDVO-BauGB.

Ersetzung des Einvernehmens im Wege der Anfechtungsklage vorgehen.[337] Auch gegen eine Baugenehmigung, die unter Verstoß gegen eine Satzung nach § 91 Abs. 1 HBO erteilt wurde, kann die Gemeinde sich mit der Anfechtungsklage zur Wehr setzen, wenn die Satzung zum Prüfprogramm des Baugenehmigungsverfahrens gehört, weil sie zum Bestandteil des Bebauungsplans geworden ist.[338]

Schließlich kann die Gemeinde ein erhebliches Interesse daran haben, dass die **Bauaufsichtsbehörde** gegen baurechtswidrige Zustände auf ihrem Gebiet mit den dafür zur Verfügung stehenden Mitteln **einschreitet** (s.o. Rn. 136 ff.). Dieses Begehren kann sie im Streitfall im Wege der Verpflichtungsklage gerichtlich durchsetzen. Mit der Leistungs- bzw. Unterlassungsklage kann sie sich schließlich gegen solche Vorhaben von öffentlichen Bauträgern wenden, die nach § 79 HBO keiner Genehmigung bedürfen.

176

---

337 S. als Beispiel etwa VGH, LKRZ 2011, 17 ff.
338 Vgl. dazu § 91 Abs. 3 HBO einerseits und § 65 Abs. 1 Nr. 1, § 66 Satz 1 Nrn. 1 und 2 HBO andererseits.

§ 7 Umweltrecht

von *Stefan Kadelbach*[1]

Literatur Landesrechtliche Literatur: *K.U. Battefeld u.a.*, Hessisches Naturschutzrecht – HENatR, Losebl. Std. 2011; *R. Brunke u.a.*, Abfallwirtschafts- und Bodenschutzrecht in Hessen, Losebl. Std. 2010, Praxis der Kommunalverwaltung (PdK) K 5 a He; *P. Jeder/C. Weiner*, Immissionsschutzrecht in Hessen, Losebl. Std. 2013, PdK K 5 He; *W. Kluge u.a.*, Naturschutzrecht in Hessen, 3. Aufl. 2009, PdK G 10 He; *E. Meiß u.a.*, Hessisches Wassergesetz, Losebl. Std. 2012, PdK L 11 He; *E. Rehbinder*, Umweltrecht, in: H. Meyer/M. Stolleis (Hrsg.), Staats- und Verwaltungsrecht für Hessen, 5. Aufl. 2000, 441 ff.

Allgemeine Literatur: *H.-W. Arndt*, Umweltrecht, in: U. Steiner (Hrsg.), Besonderes Verwaltungsrecht, 8. Aufl. 2006, 997 ff; *M. Eifert*, Umweltschutzrecht, in: F. Schoch (Hrsg.), Besonderes Verwaltungsrecht, 14. Aufl. 2008, 551 ff; *M. Egner/R. Fuchs*, Naturschutz- und Wasserrecht, 2009; *W. Erbguth/S. Schlacke*, Umweltrecht, 5. Aufl. 2014; *W. Hoppe/M. Beckmann/P. Kauch*, Umweltrecht, 2. Aufl. 2000; *M. Kloepfer*, Umweltrecht, 3. Aufl. 2004; *ders.*, Umweltschutzrecht, 2. Aufl. 2011; *H.J. Koch (Hrsg.)*, Umweltrecht, 4. Aufl. 2014; *M. Kotulla*, Umweltrecht: Grundstrukturen und Fälle, 6. Aufl. 2014; *H.-W. Rengeling* (Hrsg.), Handbuch zum europäischen und deutschen Umweltrecht, 3 Bde., 2. Aufl. 2003; *R. Schmidt/W. Kahl/K.F. Gärditz*, Umweltrecht, 8. Aufl. 2010; *R. Sparwasser/R. Engel/A. Voßkuhle*, Umweltrecht, 5. Aufl. 2003; *P.-C. Storm*, Umweltrecht Einführung, 10. Aufl. 2015.

I. Systematische Einordnung

1. Grundbegriffe

1 Gibt es einen vernünftigen Grund, sich mit dem Umweltrecht zu beschäftigen? Ein Pflichtfach ist es in Hessen ausdrücklich nur im Strafrecht („Straftaten gegen die Umwelt", § 7 Nr. 4 JAG, Anl. zu § 1 JAO), nicht aber im öffentlichen Recht. Es kommt hinzu, dass die Materie dank ihrer ausgesprochen technischen Eigenschaften einen eher spröden Charme entfaltet, der selbst für die besten Absichten eine Herausforderung bedeutet. Und auch der persönliche Idealismus, der für das Studium der Rechte im Allgemeinen kein sachfremder Grund sein muss, wird von der politischen Realität oft auf eine harte Probe gestellt, kann man doch über gesetzgeberische oder planerische Abwägungen zwischen Interessen des Umweltschutzes einerseits und der Wirtschafts-, Energie-- oder Verkehrspolitik andererseits immer wieder geteilter Ansicht sein. Weltweit schreiten Erderwärmung und Desertifizierung voran, Wälder werden gerodet, natürliche Ressourcen werden der Energie- und Rohstoffgewinnung geopfert, Tier- und Pflanzenarten sterben aus. Wozu also noch Umweltrecht studieren, und dies obendrein mit einem scheinbar provinziellen Fokus auf Hessen? Zunächst gibt es naheliegende ethische Gründe, die zum Teil in Art. 20a GG zu verfassungsrechtlichen Leitnormen gemacht werden („Verantwortung für die künftigen Generationen ..."), am Anfang des Umweltrechts stehen und auch den Staat verpflichten. Zum zweiten ist das Recht im Ergebnis das einzig wirksame Mittel zum Schutz der Umwelt, da er in privater Initiative allein nicht zu erreichen ist, und in manchen Bereichen wie dem Gewässerschutz, der Luftreinhaltung und der Abfallverminderung haben sich auch messbare Verbesserungen eingestellt. Dabei wird eine Fülle verwaltungsrechtlicher Instru-

---

[1] Der Verfasser dankt Dr. *David Barthel* und *Timur Kukuliev* für die Vorbereitung der beiden Vorauflagen. *Jennifer Drohwald* sei für wertvolle Unterstützung bei Erstellung der Neuauflage gedankt.

mente eingesetzt, deren Wirkungen zu verstehen für weitere Schritte des Umweltschutzes lehrreich sein kann. Alldies spielt sich in einer Fünfebenen-Verwaltung aus internationalen Organisationen, Europäischer Union, Bund, Ländern und Gemeinden ab, deren wechselseitige Durchdringung inzwischen für das Verwaltungsrecht typisch geworden ist und die hier besonders augenfällig wird. Aus Sicht des Pflichtfachstudiums betrachtet schließlich treten immer wieder neue Fragestellungen des allgemeinen Verwaltungsrechts auf, das sich anhand des Umweltrechts anschaulich vertiefen lässt – und das vor diesem Hintergrund auch Prüfungsstoff sein kann.[2] Es lohnt sich also, sich einen Überblick über dieses Rechtsgebiet zu verschaffen.

Umwelt, Umweltschutz und Umweltrecht sind keine rechtlichen Begriffe, sondern Kategorien, die auf die Abhängigkeit des Menschen von seinen natürlichen Lebensgrundlagen verweisen, die Notwendigkeit aktiven Tuns zu deren Erhaltung bezeichnen und das Rechtsgebiet umschreiben, das die hierzu vorgesehenen bindenden Normen und Instrumente bietet. In den Abhandlungen zum Umweltrecht werden verschiedene Umweltbegriffe verwendet. Unter **Umwelt im weiteren Sinne** werden alle Beziehungen des Menschen (oder anderer Lebewesen) zu ihrer spezifischen Umgebung verstanden.[3] Dazu soll die gesamte natürliche (Boden, Luft, Wasser, Pflanzen, Tiere usw.), gegenständliche (Gebäude, Straßen usw.) und soziale Umwelt (Beziehungen zu Mitmenschen, sozialen, kulturellen und politischen Einrichtungen) gehören. Dieser weite Umweltbegriff ist für die Zwecke des Umweltrechts zu unspezifisch und wird hier nicht zugrunde gelegt.[4] Mit **Umwelt ist im engeren Sinne** nur die natürliche Umwelt gemeint, d.h. die natürlichen, elementaren Lebensgrundlagen des Menschen. Zu ihnen zählen die Umweltmedien Boden und Erduntergrund, Luft und Wasser, die Biosphäre, die Ozonschicht und die Wechselwirkungen zwischen diesen Medien und Sphären.[5] Aber auch die gestaltete und bebaute Umwelt wird unter den Begriff der natürlichen Umwelt gefasst, da nicht nur urwüchsige, sondern auch von Menschen geschaffene Räume (wie z.B. die Weinbauterrassen der Rheinlandschaft) eigene Naturformen geworden und schutzbedürftig sind, sog. **restriktiver Umweltbegriff**.[6] Der Begriff der Umwelt wird allerdings in den einzelnen Fachgesetzen aufgrund des verschiedenen Regelungszusammenhangs unterschiedlich gebraucht, so dass für die juristische Arbeit auf die jeweils verwendete Definition zu achten ist.

Maßnahmen des **Umweltschutzes** zielen darauf ab, eingetretene Umweltschäden so gut es geht zu beseitigen, neue Umweltschäden zu begrenzen und künftige Umweltbeeinträchtigungen zu vermeiden. Dazu gehört ein verantwortungsvoller Umgang mit den zur Verfügung stehenden technischen Möglichkeiten, zu dem das unmittelbar wahrgenommene Eigeninteresse oft keinen Anreiz gibt.[7] Umweltschutz ist daher eine

---

2 Vgl. *Lampert*, Die Bedeutung des Umweltrechts in den Staatsprüfungen, JuS 2013, 507 ff.
3 Rat der Sachverständigen für Umweltfragen, Umweltgutachten 1987, BT-Drs. 11/1568, Tz. 4.
4 Vgl. aber § 2 Abs. 1 Nr. 3 UVPG und § 1 Abs. 1 BImSchG, die einen weiten Umweltbegriff zugrunde legen und auch „Kultur- und sonstige Sachgüter" in den Schutz einbeziehen.
5 *Sparwasser/Engel/Voßkuhle*, § 1 Rn 5.
6 *Erbguth/Schlacke*, § 1 Rn 2 f.
7 Zur Ethik des Umweltschutzes klassisch *Hans Jonas*, Das Prinzip Verantwortung, 1979, 245 ff; zu den wirtschaftswissenschaftlichen Grundlagen *Cansier*, Umweltökonomie, 2. Aufl. 1996.

staatliche Aufgabe, die auf allen Ebenen durch **Verfassungsauftrag** festgeschrieben ist (Art. 11 AEUV, 20 a GG sowie 26 a und 62 HV).

4 Unter **Umweltrecht** versteht man die Rechtsnormen, die dem Schutz, der Pflege, der Entwicklung und der Wiederherstellung der Umwelt dienen.[8] Umweltschützende Normen sind über die gesamte Rechtsordnung verstreut, weil es sich beim Umweltschutz um eine rechtsgebietsübergreifende **Querschnittsaufgabe** handelt (so für das Recht der EU ausdrücklich Art. 11 AEUV). Dennoch wird das Umweltrecht heute als eigenes Rechtsgebiet verstanden.[9] Zu seinem **Kernbereich** gehören jedenfalls die Regelungen, die direkt auf den Umweltschutz abzielen. Dies sind Normen, in deren Zentrum die einzelnen Umweltmedien (Luft, Boden, Wasser) stehen, wie dies beim Immissions-, Boden- und Gewässerschutz der Fall ist, ferner die Bereiche des Naturschutzes und der Landschaftspflege und Bestimmungen über den Umgang mit bestimmten Stoffen, wie sie das Abfall-, Gefahrstoff- sowie das Atom- und Strahlenschutzrecht enthalten.

5 **Nachbargebiete** des Umweltrechts sind insbesondere das Raumordnungs- und Baurecht (dazu o. § 6), das Forstrecht, das Jagd- und Fischereirecht, das Berg- und Energierecht, das Tierschutzrecht, das Gesundheitsrecht, das Technikrecht und das Recht der Arbeitssicherheit. Diese Gebiete bleiben im Folgenden weitgehend ausgeklammert.

2. Prinzipien

6 Das Umweltrecht beruht auf einer Reihe von Prinzipien, die hinter den gesetzlichen Regelungen stehen und auf die sich die meisten von ihnen zurückführen lassen. Für sich gesehen begründen sie keine Rechte und Pflichten, bieten aber eine wichtige Argumentationshilfe, um das Ziel einer Rechtsnorm zu ermitteln. Darüber hinaus können sie als Leitprinzipien rechtlich verankert (s. Art. 191 Abs. 2 S. 2 AEUV) oder in verfassungsrechtlichen Garantien enthalten sein und auf diese Weise dem Gesetzgeber Pflichten auferlegen.[10] Von Bedeutung sind insbesondere das Vorsorgeprinzip, das Verursacherprinzip und das Kooperationsprinzip.

7 Im **Vorsorgeprinzip** kommt die Erkenntnis zum Ausdruck, dass Umweltschäden oder -belastungen möglichst vermieden oder, wo sie unvermeidlich scheinen, vermindert werden sollen.[11] Vorsorge ist der Gefahrenabwehr i.S.d. Polizei- und Ordnungsrechts vorgelagert, setzt also bereits bei der Vermeidung **potentieller Umweltgefährdungen** an (Risikovorsorge). Die Wahrscheinlichkeit des Schadenseintritts kann geringer sein als dies für die polizeiliche Gefahrenprognose zu verlangen ist. Vorsorge muss sich auch auf Umweltbelastungen richten, die für sich gesehen ungefährlich sind, zusammengenommen aber die Umwelt schädigen (z.B. zum Abbau der Ozonschicht führen) und auf Erscheinungen, deren konkrete Folgen noch nicht abzusehen sind (z.B. gen-

---

8 So auch schon *Rehbinder* in: Meyer/Stolleis (Hrsg.), S. 442.
9 Ausführlich *Breuer*, in: Schmidt-Aßmann/Schoch (Hrsg.), Kap. 5 Rn 36 ff.
10 Vgl. *Köck*, Risikovorsorge als Staatsaufgabe, AöR 121 (1996), 1 ff; *Britz*, Umweltrecht im Spannungsverhältnis von ökonomischer Effizienz und Verfassungsrecht, DV 30 (1997), 185 ff; *Winter*, Umweltrechtliche Prinzipien des Gemeinschaftsrechts, ZUR 2003, 137 ff; *Scheidler*, Die Grundprinzipien des Umweltrechts, VR 2010, 401 ff.
11 S. z.B. §§ 1 und 5 Abs. 1 Nr. 2 BImSchG; § 7 Abs. 2 Nr. 3 AtG; § 1 S. 2 BBodSchG.

technische Veränderung von Pflanzen).[12] Die notwendige **Prognose** kann daher mangels gesicherter wissenschaftlicher Erkenntnisse über die Wirkungen von Umweltbelastungen mit erheblichen Unsicherheiten behaftet sein. Gleichwohl ergibt sich aus dem Vorsorgeprinzip, dass präventives staatliches Handeln zur Vermeidung und Verringerung von Gefahren und Belastungen für die Umwelt grundsätzlich legitim ist.[13] Je nach dem Ausmaß der drohenden Gefahr kann Vorsorge aufgrund der grundrechtlichen Schutzpflichten (insbesondere aus Art. 2 Abs. 2 S. 1 GG) auch verfassungsrechtlich geboten sein. Dies soll es der Rechtsprechung zufolge nicht ausschließen, dass verbleibende **Restrisiken** in Kauf genommen werden, sofern diese unerheblich, besonders fern liegend oder nach menschlichem Vermögen nicht erkennbar sind.[14]

Nach dem **Verursacherprinzip** hat der für Umweltgefahren, -belastungen oder -schäden **Verantwortliche** nachteilige Folgen zu vermeiden, zu beseitigen oder die Kosten zu tragen.[15] Die Rangfolge zwischen den einzelnen Verursacherpflichten kann unterschiedlich ausgestaltet sein, doch steht immer der Gedanke im Vordergrund, dass vermeidbare oder unverhältnismäßige **Umweltbelastungen** auch vermieden werden müssen und nicht einfach erkauft werden können.[16] Dem entsprechend kommen als Maßnahmen nicht nur Kostenerstattungspflichten und Abgaben in Betracht, sondern auch Verbote, Auflagen, Sanierungspflichten sowie zivilrechtliche Unterlassungs- und Haftungsansprüche.[17] Dem Verursacherprinzip steht das **Gemeinlastprinzip** gegenüber: Die Allgemeinheit trägt die Lasten, wenn die Zurechnung zu einem Verursacher nicht möglich oder eine Beseitigungs- oder Kostenpflicht nicht durchzusetzen ist.[18] Auch die Inkaufnahme von Umweltschäden aus sozial- und wirtschaftspolitischen Erwägungen (meist in der Hoffnung, Wirtschaftsstandorte und Arbeitsplätze zu sichern) kann man als Facette des Gemeinlastprinzips bezeichnen. 8

Im **Kooperationsprinzip** soll zum Ausdruck kommen, dass Umweltschutz nicht allein Aufgabe des Staates, sondern auch der Gesellschaft ist.[19] Die Umwelt soll danach möglichst im Zusammenwirken, insbesondere mit Wirtschaft und Wissenschaft, geschützt werden. Spielarten sind die Partizipation umweltpolitisch aktiver Gruppen im Willensbildungs- und Entscheidungsfindungsprozess, aber auch die vertragliche Vereinbarung von Umweltschutzzielen zwischen Staat und Privaten. Der Staat kann sich aber mit solchen Mitteln seiner Letztverantwortung nicht entziehen und muss sie, wo nötig, auch durchsetzen. Kooperation kann im Idealfall privaten Sachverstand nutzen und durch frühe Konsensbildung die Normakzeptanz erhöhen. Gesetzliche Konkreti- 9

---

12 *Sparwasser/Engel/Voßkuhle*, § 18 Rn 18 ff.
13 S. z.B. § 9 Abs. 1 BBodSchG, dem zufolge die Behörde schon aufgrund bloßer „Anhaltspunkte" den Sachverhalt ermitteln kann.
14 Zur atomrechtlichen Genehmigung BVerfGE 49, 89, 136 ff; BVerwG NVwZ 1989, 1169; zum Restrisiko auch Maunz/Dürig-*Di Fabio*, Art. 2 Abs. 2 GG Rn 91; einschr. *Hermes*, Das Grundrecht auf Leben und Gesundheit, 1987, S. 239 f.; zur Relevanz des Begriffs nach dem sog. Atomausstieg *Wollenteit*, Vom Ende des Restrisikos, ZUR 2013, 323 ff.
15 Das Verursacherprinzip findet sich z.B. in § 15 BNatSchG und § 1 UmweltHG.
16 Vgl. *Breuer* in: Schmidt-Aßmann/Schoch (Hrsg.), Kap. 5 Rn 12 ff.
17 *Kloepfer*, Umweltrecht, § 4 Rn 95; zu Sanierungspflichten s. *Cosack/Enders*, Das Umweltschadensgesetz im System des Umweltrechts, DVBl. 2008, 405 ff.
18 *Sparwasser/Engel/Voßkuhle*, § 2 Rn 37.
19 Ausführlich *Rengeling*, Das Kooperationsprinzip im Umweltrecht, 1988.

sierungen finden sich z.B. in der Figur des Umweltschutzbeauftragten in privaten Betrieben,[20] in der Öffentlichkeitsbeteiligung an Planungs- und Genehmigungsverfahren,[21] im Vertragsnaturschutz (§ 3 HAGBNatSchG) und in der in §§ 3 Abs. 4, 63 BNatSchG normierten Kooperation mit und in den Mitwirkungsrechten von anerkannten Umweltschutzvereinen.

3. Instrumente

10 Zur Umsetzung der Ziele und Prinzipien des Umweltrechts werden verschiedene **Instrumente** eingesetzt. Zu den ältesten gehören die verwaltungsrechtlichen Handlungsformen, die ihren Ursprung im Polizei- und Ordnungsrecht, insbesondere im Gewerberecht haben; Grundsätze der gerechten Zuteilung gemeinfreier Ressourcen sind etwa im Wasserhaushaltsrecht wirksam, in dem bestimmte Nutzungsarten unter Bewilligungsvorbehalt stehen. Das Umweltrecht geht aber auch, vor allem wenn es um Vorsorge, Kooperation und Verteilung geht, eigene Wege. Zu unterscheiden sind insbesondere Instrumente der Planung, der direkten und der indirekten Verhaltenssteuerung und der staatlichen Eigenvornahme.

a) Planung

11 Instrument des prospektiven Umweltschutzes ist die Planung, die mit einer Vielfalt von Handlungsalternativen verwirklicht werden kann. Planungsträger besitzen weite planerische **Ermessensspielräume**, die verfassungsrechtlich durch Anforderungen eines Abwägungsgebots im Hinblick auf die beteiligten rechtlich geschützten Interessen begrenzt werden. Ergebnis des Planungsprozesses ist der **Plan**, der die Abwägungsentscheidung zusammenfasst. Pläne stellen keine eigene rechtliche Handlungsform dar. Sie können rechtlich unverbindlich sein oder in verschiedenen Formen verbindlich gemacht werden, so als formelles Gesetz, Rechtsverordnung, Satzung, Verwaltungsakt oder als Verwaltungsvorschrift.[22] Über die – für den Rechtsschutz wichtige – Rechtsform entscheidet der Gesetzgeber, bei gesetzlich delegierter Planung insbesondere durch die entsprechenden Ermächtigungen.

12 Als Instrument des vorbeugenden Umweltschutzes ist Umweltplanung geeignet, zur Verwirklichung des Vorsorgeprinzips beizutragen. Ihre Bedeutung hat sich in dem Maße erhöht, je stärker sich das Umweltrecht weg von den polizei- und gewerberechtlichen Ursprüngen hin zu einem ressourcenökonomischen und ökologisch-prospektiven Instrumentarium entwickelt hat.[23] Durch Integrierung nebeneinander stehender umweltschützender Maßnahmen und Projekte in ein Gesamtkonzept sowie durch Koordination von Umweltbelangen miteinander und mit kollidierenden Fachplanungen kann Umweltplanung zu einer höheren Wirksamkeit des Umweltschutzes beitragen.[24]

---

20 Z.B. §§ 53 ff BImSchG; §§ 64 ff WHG; §§ 31 ff StrlSchV.
21 Z.B. § 73 (H)VwVfG; § 10 Abs. 3 BImSchG; § 18 GenTG; umfassend das auf eine EU-Richtlinie zurückgehende Öffentlichkeits-Beteiligungsgesetz, BGBl. 2006 I, 2819.
22 Allgemein zum Plan als verwaltungsrechtliches Instrument *Köck*, in: Hoffmann-Riem/Schmidt-Aßmann/Voßkuhle (Hrsg.), Grundlagen des Verwaltungsrechts II, 2008, § 37, Rn 45 ff.
23 *Hoppe/Beckmann/Kauch*, § 7 Rn 1.
24 *Erbguth/Schlacke*, § 5 Rn 11 f.

Umweltplanung ist ein Prozess, der in mehreren Planungsphasen stattfindet. Sie muss den **Ist-Zustand** systematisch erfassen, künftige Entwicklungen antizipieren und auf Grundlage der gewonnenen Erkenntnisse ein rationales Konzept entwickeln, das es ermöglicht, Umweltbelange mit anderen Interessen und Zielen auf einen angestrebten **Soll-Zustand** hin langfristig zu koordinieren und zu harmonisieren.[25] Den Kernbereich der Umweltplanung bildet die **umweltspezifische Fachplanung**. Um Fachplanung handelt es sich, wenn ein bestimmtes Ziel vorrangig verwirklicht werden soll und andere Belange nur im Abwägungsvorgang Berücksichtigung finden. Das vorrangig zu verwirklichende Ziel der umweltspezifischen Fachplanung ist also der Umweltschutz.[26] Beispiele sind etwa die Landschaftsplanung (§§ 8 ff BNatSchG), die Luftreinhalteplanung (§ 47 BImSchG), die Lärmminderungsplanung (§ 47 a ff BImSchG) und die Abfallwirtschaftsplanung (§§ 30 ff KrWG). Auch die Festlegung von Schutzgebieten (§§ 22 ff BNatSchG) kann hierzu gezählt werden. Wird mit der Fachplanung ein mit dem Umweltschutz kollidierendes anderes Planungsziel verfolgt, sind aber dennoch Umweltschutzbelange in den Abwägungsprozess einzustellen, so wird von **umweltrelevanter Fachplanung** gesprochen. Beispiele hierfür sind die Straßenplanung (§§ 16 ff FStrG), die Flughafenplanung (§§ 6 ff LuftVG) und die Wasserwegeplanung (§§ 13 ff WaStrG). Der **raumbezogenen Gesamtplanung** kommt die Aufgabe zu, die Nutzung des Bodens in einem bestimmten Gebiet überfachlich und unter Ausgleich widerstreitender Raumnutzungsansprüche festzulegen, wobei der Umweltschutz nur eines von mehreren Planungszielen ist.[27] Dies geschieht regional durch die Raumordnung, örtlich durch die Bauleitplanung (dazu o. § 6).

13

b) Direkte Verhaltenssteuerung

Mit direkter Verhaltenssteuerung sind die Instrumente der **Eingriffs- und Lenkungsverwaltung** gemeint, wie sie im Polizei- und Ordnungsrecht eingesetzt werden. Sie schaffen eine **Verpflichtung** auf ein bestimmtes Verhalten mithilfe von Rechtsnormen oder auf ihnen beruhender administrativer Maßnahmen. Verhält sich der Adressat nicht entsprechend den Vorgaben, also **rechtswidrig**, können sie unter den hierfür vorgesehenen Voraussetzungen mit Verwaltungszwang durchgesetzt werden. Zudem drohen je nach Eingriffsermächtigung Kostenfolgen und Sanktionen abgaben-, haftungs- oder strafrechtlicher Art. Instrumente direkter Verhaltenssteuerung sind Gebote, Verbote und Kontrolle.

14

Durch **Ge- und Verbote** wird ein beschriebenes Verhalten verlangt. Je nachdem, wie sich der Regelungsadressat verhalten soll, kann zwischen Leistungspflichten, Duldungspflichten und Unterlassungspflichten unterschieden werden. **Allgemeine Leistungspflichten** wie z.B. die generellen Sorgfaltspflichten in § 5 WHG sind meist wenig bestimmt, so dass ihre Wirkung und Durchsetzbarkeit mitunter beschränkt ist. **Spezielle Leistungspflichten** wenden sich meist an bestimmte Adressatengruppen wie Eigen-

15

---

25 *Sparwasser/Engel/Voßkuhle*, § 2 Rn 88.
26 *Kloepfer*, Umweltrecht, § 5 Rn 104.
27 Sie können dabei europarechtlichen Vorgaben unterliegen, s. *Kadelbach*, Der Einfluss des Europarechts auf das deutsche Planungsrecht, FS Hoppe, 2000, 897 ff; von Belang ist vor allem die RL 2001/42/EG v. 27.6.2001 über die Prüfung der Umweltauswirkungen bestimmter Pläne und Programme (ABl. L 197/30); dazu noch u. Rn 19.

tümer und Besitzer (etwa für die Unterhaltung von Gewässern, § 39 WHG, und die Bewirtschaftung von Wäldern, § 11 BWaldG) oder Verursacher und erlegen ihnen Vorsorge-, Pflege-, Erhaltungs- und Bewirtschaftungspflichten oder Überwachungs-, Sicherungs- und Ausgleichspflichten auf (vgl. die Kennzeichnungspflichten nach §§ 13 ff ChemG). Auch die Pflicht zur Bestellung eines **Betriebsbeauftragten für den Umweltschutz** (s. Rn 9) gehört zu den Leistungspflichten, da den Betriebsinhaber insoweit Finanzierungs-, Beteiligungs- und Anhörungspflichten treffen.[28] **Umweltrechtliche Duldungspflichten** richten sich etwa auf die Ermöglichung **staatlicher Überwachung** (s. die Regelung über das Betreten von Betriebsgrundstücken nach Art. 19 Abs. 2 AtG) oder sind Ausdruck der Sozialpflichtigkeit des Eigentums wie die Pflicht zur Öffnung des Zugangs zum Wald für die Allgemeinheit (§ 14 Abs. 1 BWaldG). **Unterlassungspflichten** beziehen sich nahe liegender Weise vor allem auf umweltgefährdende Handlungsweisen. Sie finden sich in nahezu allen umweltrechtlichen Gesetzen, oft in Gestalt direkter Verbote (bspw. vermeidbarer Eingriffe in Natur und Landschaft oder unverträglicher Projekte in Schutzgebieten, §§ 15 Abs. 1 BNatSchG, 7 HAGB-NatSchG) oder in Umweltstandards, z.B. in Bauart-, Betriebs- oder Produktionsnormen, bei deren Überschreitung dann die Unterlassungspflicht eintritt.[29] Häufig sehen umweltrechtliche Regelungen die Möglichkeit der Befreiung oder eines Dispenses vor, so dass die meisten Verbote nicht uneingeschränkt gelten (z.B. § 67 BNatSchG).

16 Die Verwaltung kann die Einhaltung umweltrechtlicher Ge- und Verbote mithilfe zahlreicher **Kontrollinstrumente** überwachen. Hierzu zählen Anzeige- oder Anmeldepflichten vor Aufnahme einer umweltgefährdenden Tätigkeit und Erlaubnisvorbehalte, zwecks Überwachung ferner Auskunftspflichten und die Bestellung eines Betriebsbeauftragten. **Anzeige- und Anmeldepflichten** sind die mildeste Form der Eröffnungskontrolle. Anzeigepflichten sollen die zuständige Behörde, meist ohne weitere Anforderungen, über potentielle Umwelt- oder Gesundheitsgefahren informieren, damit diese überwacht werden können (z.B. § 17 Abs. 1 Nr. 2 a ChemG). Im Gegensatz dazu bedarf es bei Anmeldepflichten der Vorlage weiterer Unterlagen (z.B. § 12 GenTG, § 15 BImSchG). Mit Aufnahme der umweltgefährdenden Tätigkeit darf zudem in der Regel erst nach Ablauf einer (Überprüfungs-)Frist begonnen werden.

17 Das potenziell effektivste behördliche Kontrollinstrument ist der umweltrechtliche **Erlaubnisvorbehalt**. Hier ist zu unterscheiden zwischen der Entscheidung selbst und dem zu ihr führenden Verfahren. Die Erlaubnis kann als präventives Verbot mit Erlaubnisvorbehalt (Kontrollerlaubnis) oder als repressives Verbot mit Befreiungsvorbehalt (Ausnahmebewilligung) gestaltet sein.[30] Das **Verbot mit Erlaubnisvorbehalt** ermöglicht der Behörde die Überprüfung der Rechtmäßigkeit einer grundsätzlich unbedenklichen Tätigkeit, bevor diese aufgenommen wird. Soweit der Rechtskreis des Antragstellers nicht erweitert, sondern nur ein – womöglich verfassungsrechtlich abgeleiteter – Rechtsanspruch gesetzlich konkretisiert wird, handelt es sich um eine **gebundene**

---

28 So auch *Erbguth/Schlacke*, § 5 Rn 26.
29 *Hoppe/Beckmann/Kauch*, § 8 Rn 19 ff.
30 Ausführlich *Koch/Ramsauer*, § 3 Rn 87 ff.

Entscheidung der Verwaltung.[31] In diesen Fällen besteht ein Anspruch auf Erteilung der Erlaubnis, wenn die gesetzlichen Voraussetzungen vorliegen. Beispiele sind die immissionsschutzrechtliche Genehmigung nach §§ 4 ff BImSchG und die Erlaubnis zum Umgang mit gefährlichen Abfällen nach § 54 KrWG. Im Gegensatz dazu geht es bei **repressiven Verboten mit Befreiungsvorbehalt** um grundsätzlich unerwünschte Tätigkeiten oder Vorhaben. Ein grundrechtlicher Anspruch auf Erteilung, der gesetzlich zu konkretisieren wäre, besteht nicht. Die Erteilung einer Ausnahmebewilligung erweitert vielmehr den Rechtskreis des Antragstellers. Sie steht im **pflichtgemäßen Ermessen** der Behörde.[32] Typische Beispiele sind die wasserrechtliche Bewilligung und Erlaubnis nach § 8 WHG und die naturschutzrechtliche Befreiung nach § 67 BNatSchG.

Unter den verschiedenen Typen von Erlaubnisverfahren weist das **Planfeststellungsverfahren** einige Besonderheiten auf.[33] Es zielt auf den Planfeststellungsbeschluss, durch den die Zulässigkeit eines **raumbedeutsamen und raumbeeinflussenden Vorhabens** verbindlich festgestellt wird. Er ersetzt alle ansonsten notwendigen Einzelentscheidungen, da in diesem Verfahren die materiellen Vorgaben aller anderen tangierten Fachgesetze geprüft werden, sog. **Konzentrations- und Gestaltungswirkung** (§ 75 HVwVfG).[34] In den Abwägungsprozess sind die Interessen des Vorhabenträgers und die von dem Vorhaben berührten öffentlichen und privaten Belange einzustellen. Umweltrechtliche Planfeststellung ist etwa für die Zulassung von Deponien (§ 35 KrWG) und in der Verkehrswegeplanung vorgesehen (§§ 8 LuftVG, 17 FStrG).[35]

18

Kein eigenständiges Genehmigungsverfahren ist die **Umweltverträglichkeitsprüfung** (UVP). Sie bildet einen unselbständigen Teil des Erlaubnisverfahrens bei bestimmten, im Gesetz im Einzelnen aufgeführten Typen von Vorhaben und dient als Ausdruck des Vorsorgeprinzips der **frühzeitigen** Ermittlung, Beschreibung und Bewertung aller unmittelbaren und mittelbaren umweltschädigenden Auswirkungen auf bestimmte Umweltfaktoren.[36] Ihre bundesrechtliche Grundlage ist das Gesetz über die Umweltverträglichkeitsprüfung (UVPG), das in Umsetzung der EU-Richtlinie 85/337/EWG vom 27. Juni 1985 über die Umweltverträglichkeitsprüfung bei bestimmten öffentlichen und privaten Projekten erlassen wurde.[37] Die sog. **strategische Umweltprüfung** von öffentlichen Plänen und Programmen findet seit der Umsetzung der Richtlinie über die Prüfung der Umweltauswirkungen von Plänen und Programmen ins deutsche Umwelt-

19

---

[31] BVerfGE 49, 89, 144 ff.
[32] Allgemein *Maurer/Waldhoff*, AllgVerwR, 19. Aufl. 2017, § 9 Rn 55.
[33] Gegenüber dem einfachen Genehmigungsverfahren (§ 10 S. 1 HVwVfG) und dem förmlichen Genehmigungsverfahren (§ 10 BImSchG i.V.m. 9. BImSchV; §§ 63 ff HVwVfG), ausführlich *Kloepfer*, Umweltrecht, § 5 Rn 140 ff.
[34] Im Einzelnen *Odendahl*, Die Konzentrationswirkung: Formenvielfalt, Kollisionsfragen und Alternativmodelle, VerwArch 94 (2003), 222 ff.
[35] Für den Bau von Landesstraßen ist sie nur eine von mehreren Planungsalternativen, für Gemeindestraßen kann das Planfeststellungsverfahren auf Antrag des Trägers der Straßenbaulast durchgeführt werden (§ 33 Abs. 1 HStrG).
[36] §§ 1 und 2 Abs. 1 UVPG; *Becker*, Überblick über die umfassende Änderung der Richtlinie über die Umweltverträglichkeitsprüfung – Mehrfach integrierte Vermeidung und Verminderung der Umweltbeeinträchtigung?, NVwZ 1997, 1167 ff; aus praktischer Sicht *Gassner/Winkelbrandt/Berotat*, Umweltverträglichkeitsprüfung und strategische Umweltprüfung, 5. Aufl. 2009.
[37] ABl. 1985 L 175/40, geändert durch RL 2003/35/EG v. 26.5.2003, ABl. L 156/17 i. d. F. ABl. 2016 L 344/1.

recht im Jahre 2005 statt.[38] Auch die Länder haben in ihren Zuständigkeitsbereichen eine Umsetzungspflicht, der sie teils durch Landes-UVP-Gesetze, teils, wie Hessen, durch Integration in die Fachgesetze nachzukommen suchen.

c) Indirekte Verhaltenssteuerung

20   Mit Instrumenten indirekter Verhaltenssteuerung werden positive oder negative Anreize meist wirtschaftlicher Art gesetzt, ohne ein bestimmtes Tun vorzuschreiben oder zu verbieten. Von erheblicher praktischer Bedeutung sind zudem behördliche Warnungen und Empfehlungen,[39] Produktnormen,[40] Umweltauditsysteme[41] und Umweltabsprachen, auf die hier nicht näher eingegangen werden kann.[42] Auch die Schaffung gesetzlicher Informationspflichten lässt sich hierunter fassen; manche von ihnen sind Auskunftspflichten gegenüber den Behörden oder Meldepflichten bei Störfällen, andere beruhen auf einem allgemeinen Anspruch auf **Umweltinformationen,** der in Umsetzung europäischer Richtlinien in das Bundes- und Landesrecht einzuführen war.[43] Informationsansprüche Einzelner sind aufgrund der jederzeit herstellbaren Transparenz ein zusätzliches Kontrollinstrument im Planungs- und Genehmigungsverfahren.

21   Zu den **ökonomischen Anreizen** gehört die finanzielle Förderung umweltfreundlichen Verhaltens durch **Subventionen,** etwa für die Entwicklung umweltgerechter Technologien oder die Verwendung erneuerbarer Energieträger.[44] Durch **direkte Subventionen** erbringt der Staat an Private finanzielle Leistungen (bspw. für die Wärmedämmung von Gebäuden), u.a. in Form von verlorenen Zuschüssen, Zuwendungen, zinsgünstigen Darlehen und Bürgschaften; insoweit gelten die allgemeinen Grundsätze des Subventionsrechts. Verzichtet dagegen der Staat auf öffentlich-rechtliche Geldforderungen, liegt eine **indirekte** Subvention (auch Verschonungssubvention genannt) vor, die sich meist nach dem Steuerrecht richtet.[45] Subventionen sind Ausdruck des Gemein-

---

38   Allgemein umgesetzt durch §§ 14 a ff UVPG; s. *Schink*, Umweltprüfung für Pläne und Programme – Anwendungsbereich der SUP-Richtlinie und Umsetzung ins deutsche Recht, NVwZ 2005, 615 ff; zum aktuellen Sonderproblem der Windenergieanlagen *Erb*, Untersuchungsumfang und Ermittlungspflichten im Umweltrecht, 2013.
39   Zu den verfassungsrechtlichen Problemen staatlicher Warnungen BVerfGE 105, 252 (Produktwarnungen); BVerfGE 105, 379 (Jugendsekten); im gegebenen Zusammenhang *Breuer* in: Schmidt-Aßmann/Schoch (Hrsg.), Kap. 5 Rn 84.
40   *Dietrich/Akkerman*, Die EU-Ökodesign-Richtlinie, ZUR 2013, 274 ff.
41   Zur EMAS-Verordnung (EMAS = Eco-Management and Audit Scheme) *Schmidt-Räntsch*, Das neue EU-Umweltmanagementsystem, NuR 2002, 197 ff; im Rückblick *Hoffmann*, Umweltmanagementsysteme waren gestern?, ZUR 2014, 81 ff.
42   Übersicht bei *Erbguth/Schlacke*, § 5 Rn 104 ff; zum CSR-Ansatz *Schräder*, Nachhaltigkeit in Unternehmen – Verrechtlichung von Corporate Social Responsibility, ZUR 2013, 451 ff.
43   Zur Umsetzung der RL 90/313/EWG (ABl. 1990 L 158/56) wurde das Umweltinformationsgesetz (UIG) erlassen und aufgrund der erweiterten Umweltinformationsrichtlinie RL 2003/4/EG (ABl. 2003 L 41/26) novelliert, zum Informationsfreiheitsgesetz *Kloepfer/von Lewinski*, Das neue Informationsfreiheitsgesetz des Bundes, DVBl. 2005, 1277 ff. In Hessen trat am 14.12.2006 das HessUIG (GVBl. I, 659, i.d.F. v. 2015 GVBl. 361) in Kraft, dessen Geltung nun zum 31.12.2019 befristet ist. Zwischenbilanz bei *Louis*, Die deutschen Umweltinformationsgesetze zehn Jahre nach der Umsetzung der Aarhus-Konvention, NuR 2013, 77 ff; zu neuerer Rspr. *Wegener*, Umweltinformationsfreiheit – ernst genommen, ZUR 2014, 81 ff.
44   Allgemein dazu *Kment*, Grundstrukturen der Netzintegration erneuerbarer Energien, UPR 2014, 91 ff; zur Diskussion *Waldhoff*, Das EEG zwischen Verfassungsrecht und Politik, WiVerw 2014, 1 ff; *v. Kielmansegg*, Erneuerbare Energien und europäisches Beihilfenrecht, WiVerw 2014, 103 ff.
45   S. bspw. die Vergünstigungen für besonders schadstoffarme KfZ nach § 3 b KraftStG i.d.F. v. 27.05.2010, BGBl. I, 668.

I. Systematische Einordnung

lastprinzips, da die Allgemeinheit die Kosten für diese Form der Förderung umweltgerechten Verhaltens trägt.

Umweltabgaben werden in jeder Abgabenform erhoben, sei es als Steuern, Gebühren, Beiträge oder Sonderabgaben. Sie lassen sich nach **Aufgabenzweck** differenzieren, so die Umweltfinanzierungsabgaben, Umweltlenkungsabgaben, Umweltnutzungsabgaben und Umweltausgleichsabgaben.[46] Wegen des beschränkten Steuergesetzgebungs- und Steuererfindungsrechts der Länder und Gemeinden ist ihre Bedeutung auf diesen Ebenen gering.[47] **Beispiele** bieten die Abwasserabgaben nach dem Hessischen Abwasserabgabengesetz, die Walderhaltungsabgabe nach dem Hessischen Waldgesetz und – womöglich – die rechtspolitisch diskutierte sog. City-Maut (s. Rn 96).[48] 22

Als ökonomisches Instrument ist ferner die (privatrechtlich wie öffentlich-rechtlich bestehende) – weitgehend dem Bundesrecht unterliegende – **Haftung** für Umweltschäden anzusehen, da deren Ausgestaltung dafür sorgen kann, dass potenzielle Verursacher eher die Vermeidungskosten tragen als sich Schadensersatzforderungen auszusetzen oder die Prämien für entsprechende Versicherungen aufzubringen.[49] 23

Das in der **Umweltökonomie** entwickelte **Zertifikatsmodell** basiert auf der Hoffnung, marktwirtschaftliche Mechanismen für den Umweltschutz nutzen zu können. Es wird zurzeit für den Klimaschutz eingesetzt. Hierbei wird für einen definierten räumlichen Bereich die maximal zulässige Gesamtemissionsmenge für einen bestimmten Stoff festgelegt und anteilsweise verbrieft durch Zertifikate oder Lizenzen an die Emittenten vergeben. Diese sind dann frei handelbar, so dass sich ein Marktpreis bilden kann. Ein Anreiz, seine Emissionen zu senken, besteht für den Emittenten dann, wenn die Kosten hierfür geringer sind als der Preis, den er bei Veräußerung seiner Emissionszertifikate erzielen kann bzw wenn die Kosten für den Erwerb eines zusätzlichen Zertifikats höher sind als die Emissionsvermeidungskosten.[50] Der Lenkungseffekt stellt sich mit allmählicher Verknappung des Gutes, d.h. Herabsetzung der Emissionsobergrenzen, ein. 24

Im Rahmen sog. **Kompensationsmodelle** werden Umweltbeeinträchtigungen durch andere Maßnahmen ausgeglichen. So können Emissionen bestimmter Substanzen des einen durch entsprechend geringere Emissionen eines anderen Betriebs desselben oder eines anderen Emittenten kompensiert werden (vgl. §§ 7 Abs. 3, 17 Abs. 3a, 67a Abs. 2 Nr. 2 BImSchG). Auch das Ökopunktesystem des Naturschutzrechts kann hier eingeordnet werden (§ 10 HAGBNatG).[51] 25

---

46 S. die Übersicht bei *Arndt*, in: Steiner (Hrsg.), Kap. VII Rn 51 ff.
47 Ob das in BVerfGE 98, 106, 120 aufgestellte Kriterium der Systemgerechtigkeit im Bund/Länderverhältnis angesichts des Abweichungsrechts der Länder nach der Föderalismusreform noch gilt, ist fraglich, s. noch u. Rn 32, 88.
48 *Sacksofsky*, Umweltschutz durch nicht-steuerliche Abgaben, 2000; *Westernacher/Riedesel zu Eisenbach*, Hessisches Waldgesetz, Losebl. Std. Juni 2016, PdK D 5 He, zu § 12 Abs. 5; *Schröder*, Verbesserung des Klimaschutzes durch Einführung einer City-Maut, NVwZ 2012, 1438 ff.
49 Vgl. *Dänichen*, Verantwortlichkeit und Haftung für Umweltschäden, GewArch 2012, 483 ff.
50 Zum Emissionshandel statt vieler *Rehbinder/Schmalholz*, Handel mit Emissionsrechten für Treibhausgase in der Europäischen Union, UPR 2002, 1 ff; *Sacksofsky*, Rechtliche Möglichkeiten des Verkaufs von Emissionsberechtigungen, 2008; zu den Spielräumen des Landesrechts *Schink*, Regelungsmöglichkeiten der Bundesländer im Klimaschutz, UPR 2011, 91 ff.
51 Zu den Voraussetzungen VG Gießen, NuR 2006, 471.

Kadelbach

d) Staatliche Eigenvornahme

26 Der Staat wirkt nicht nur durch Verhaltenssteuerung auf das Handeln Privater ein, sondern kann auch selbst aktiv werden (sog. staatliche Eigenvornahme). Ein Beispiel hierfür bietet die **Sicherung der Entsorgung** von Abfällen nach § 17 Abs. 1 KrWG, der die Pflicht zur Überlassung von Hausabfällen an die Träger der öffentlichen Entsorgung regelt, ferner die Entsorgung nuklearer Abfälle nach § 9 a II Abs. 2 S. 1 AtG und die Abwasserbeseitigung nach den §§ 56 WHG, 37 HWG. Zur Erfüllung dieser Aufgaben bedienen sich die öffentlich-rechtlichen Körperschaften in wachsendem Maße privater Unternehmen, doch verbleibt die Letztverantwortung bei der öffentlichen Verwaltung, der sie durch Erfüllung ihrer **Aufsichtspflichten** nachkommen muss.

4. Rechtsquellen

27 Das Umweltrecht ist bereits wegen seiner Verteilung auf viele Spezialgesetze sehr unübersichtlich. Dieser Eindruck verstärkt sich noch dadurch, dass es auf **allen Ebenen** Normen des Umweltrechts gibt, die einander durchdringen und überlagern. Umweltrechtliche Regelungen finden sich eben nicht nur und noch nicht einmal in erster Linie im (hessischen und sonstigen) Landesrecht, sondern auch im Bundesrecht, im Recht der Europäischen Union und im Völkerrecht. Innerhalb des Landesrechts gibt es außer den hessischen Gesetzen und Verordnungen auch noch kommunales Satzungsrecht. Dabei werden auf den unteren Ebenen teils übergeordnete Vorgaben konkretisiert oder umgesetzt, teils wird dort aber auch von der Rechtsetzungsautonomie Gebrauch gemacht, was dann zu Spannungen mit Zielvorstellungen auf den anderen Ebenen führen kann.

28 Das universelle ebenso wie das regional europäische **Völkerrecht** kennt Verträge zu nahezu allen Teilgebieten des Umweltrechts.[52] Sie reichen von Konventionen großer Tragweite wie dem Kyoto-Protokoll[53] zur Klima-Rahmenkonvention[54], auf das das Modell der Emissionszertifikate zurückgeht, bis hin zu Verträgen mit wenigen Mitgliedstaaten über die Nutzung gemeinsamer Gewässer.[55] Als Beispiel mag ein Hinweis auf die für den Alltag der Rechtsanwendung bedeutsame Århus-Konvention vom 25. Juni 1998 genügen, in der die Vertragsstaaten Mindestnormen über den Zugang zu Umweltinformationen, die Öffentlichkeitsbeteiligung an umweltrelevanten Planungen und über den Rechtsschutz vereinbart haben.[56] Völkerrechtliche Verträge wirken nicht aus sich heraus im innerstaatlichen Bereich, sondern bedürfen unter den Voraussetzungen des Art. 59 Abs. 2 S. 1 GG der Umsetzung durch ein Bundesgesetz, ansonsten der Anwendung durch die zuständigen Verwaltungsbehörden des Bundes und der Länder.

---

52 *Epiney*, Zur Einführung – Umweltvölkerrecht, JuS 2003, 1066 ff; Gesamtdarstellung bei *Beyerlin/Marauhn*, International Environmental Law, 2011.
53 Protokoll von Kyoto vom 11. Dezember 1997 zum Rahmenübereinkommen der Vereinten Nationen über Klimaänderungen (Kyoto-Protokoll), UNTS 2303, 162; BGBl. 2002 II, 966.
54 Rahmenübereinkommen der Vereinten Nationen über Klimaänderungen v. 9.5.1992, UNTS 1771, 107; BGBl. 1993 II, 1784.
55 Für Hessen ist das Rheinschutzübereinkommen v. 12.4.1999 (BGBl. 2001 II, 849) von Interesse.
56 I. Kr. seit 30.10.2001, BGBl. 2006 II, 1253.

Seit der Einheitlichen Europäische Akte von 1986 besitzt die **Europäische Union** (EU) 29
Befugnisse zur Rechtsetzung im Umweltrecht, die zu ihren konkurrierenden Zuständigkeiten gehören.[57] Seither hat die EU, die ihre Ziele in regelmäßigen Abständen in Rahmenprogrammen formuliert, zahlreiche umweltpolitische Rechtsakte erlassen. Der Umweltschutz ist inzwischen als Querschnittsaufgabe und als Grundsatz der Grundrechte-Charta in den Gründungsverträgen der EU verankert (Art. 11 AEUV, 37 GRCh).[58] Inhaltlich erstreckt sich ihre Reichweite vom medialen Umweltschutz (insbesondere Qualitätsstandards für Luft und Wasser) und dem Biotopschutz (u. Rn 59 ff) über Gefahrstoff- und abfallrechtliche Regelungen und Bestimmungen zur Anlagenzulassung bis hin zu verwaltungsrechtlichen Querschnittsmaterien wie die Öffentlichkeitsbeteiligung bei umweltrelevanten Vorhaben, den Zugang zu Umweltinformationen und die UVP.[59] Die meisten dieser Rechtsakte sind **Richtlinien**, die der **Umsetzung** durch die Mitgliedstaaten bedürfen (Art. 288 Abs. 3 AEUV). Zu diesem Zweck bestimmen die Richtlinien jeweils für ihren Anwendungsbereich Umsetzungsfristen. Ob es hierzu eines Gesetzes bedarf, richtet sich danach, auf welcher Ebene die Regelungen stehen, die durch die Richtlinie erfasst werden (Grundsatz der Parallelität), doch ist, wie häufig im Umweltrecht, für individualschützende oder -belastende Richtlinien immer ein Gesetz zu fordern.[60] Die innerstaatliche Zuständigkeit für die Umsetzung richtet sich nach der föderalen Kompetenzverteilung zwischen Bund und Ländern. Wird eine Richtlinie innerhalb der gesetzten Frist nicht oder nicht zureichend umgesetzt, kommt deren unmittelbare Anwendung (sog. **Direktwirkung**) durch Behörden und Gerichte in Frage, sofern die betreffende Vorschrift hinreichend bestimmt und unbedingt ist und Privaten dadurch keine Rechtspflichten auferlegt werden. So haben hessische Verwaltungsgerichte im Hinblick auf Planungen zum Frankfurter Flughafen und im Frankfurter Westhafengebiet auf Akteneinsicht gerichteten Verpflichtungsklagen auf der Basis der Umweltinformationsrichtlinie stattgegeben.[61]

Im Grundgesetz wurde der Umweltschutz 1994 zum Staatsziel erhoben (Art. 20 a 30
GG), und auch die Grundrechte lassen entsprechende Akzente zu.[62] Die Pflicht von Bund und Ländern zum Schutz „der natürlichen Lebensgrundlagen" bezieht sich auf alle Gewalten. In der **Verteilung der Gesetzgebungskompetenzen zwischen Bund und Ländern** hat sich mit der Föderalismusreform einiges geändert. Normativer Ausgangspunkt ist Art. 70 GG, dem zufolge die Länder das Recht zur Gesetzgebung besitzen,

---

57 Art. 192 und 4 Abs. 2 lit e) AEUV; Rechtsakte mit umweltschützenden Elementen können aber auch auf andere Kompetenztitel gestützt sein wie vor allem die Zuständigkeiten für den Binnenmarkt (Art. 114 AEUV) und die Landwirtschaft (Art. 43 Abs. 2 AEUV).
58 *Jarass*, Der neue Grundsatz des Umweltschutzes im primären EU-Recht, ZUR 2011, 563 ff.
59 Gesamtdarstellungen bei *Meßerschmidt*, Europäisches Umweltrecht, 2011, *Epiney*, Umweltrecht in der Europäischen Union, 3. Aufl. 2013; und *Krämer/Winter*, Umweltrecht, in: Schulze/Zuleeg/Kadelbach (Hrsg.), Europarecht, 3. Aufl. 2015, § 26.
60 *Pernice*, Kriterien der normativen Umsetzung von Umweltrichtlinien der EG im Lichte der Rechtsprechung des EuGH, EuR 1994, 325 ff.
61 Für den Zeitraum vor Inkrafttreten des hessischen UIG (Fn 43) VGH Kassel, NuR 2006, 239(Flughafen); dazu auch BVerwG, ZUR 2008, 478; ferner VG Frankfurt/Main, NVwZ 2006, 1321; zum einstweiligen Rechtsschutz NVwZ 2007, 239, aufgehoben durch VGH Kassel, NVwZ 2007, 348 (alle Westhafen Frankfurt); zur Rspr. *Müggenborg/Duikers*, Die Direktwirkung von Richtlinien der EU im Immissionsschutzrecht, NVwZ 2007, 623, 629 f.
62 *Voßkuhle*, Umweltschutz und Grundgesetz, NVwZ 2013, 1 ff.

sofern das Grundgesetz nichts anderes bestimmt. Bis 2006 waren danach die meisten Teile des Umweltrechts bundesrechtlich geregelt. Zum einen besaß der Bund die Zuständigkeit für Materien der Rahmengesetzgebung, zu denen Naturschutz und Landschaftspflege, Jagdwesen, Bodenverteilung und Raumordnung sowie das Wasserhaushaltsrecht gehörten (Art. 75 Abs. 1 Nrn. 3 und 4 GG a.F.). Für die übrigen Teilgebiete hat der Bund konkurrierende Gesetzgebungszuständigkeiten genutzt, was angesichts der niedrig angesetzten Schwelle eines Bedürfnisses für eine bundeseinheitliche Regelung lange ohne nennenswerte Beschränkungen möglich war.[63]

31 Mit der Neuordnung der Gesetzgebungskompetenzen durch die **Föderalismusreform von 2006**[64] wurden die Rahmengesetzgebung abgeschafft und die durch sie regelbaren umweltrechtlichen Materien insbesondere des Naturschutzes und des Wasserhaushaltes den konkurrierenden Zuständigkeiten des Bundes zugeordnet (Art. 74 Abs. 1 Nrn. 28, 29 und 32 GG). Im Übrigen bleiben die meisten Bereiche des Rechts der Wirtschaft (Nr. 11) sowie Bodenrecht (Nr. 18), Abfallwirtschaft, Luftreinhaltung und Lärmbekämpfung (Nr. 24) nominell konkurrierende Zuständigkeiten des Bundes.[65] Nur für das Recht der Wirtschaft (Art. 74 Abs. 1 Nr. 11) muss der Bund nun noch das gesamtstaatliche Interesse an einer bundeseinheitlichen Regelung darlegen (Art. 72 Abs. 2 GG), für die anderen hier interessierenden Bereiche ist dies nicht mehr erforderlich.

32 Allerdings erhalten die Länder in einzelnen, in Art. 72 Abs. 3 GG aufgeführten Materien, zu denen Naturschutz und Landschaftspflege sowie der Wasserhaushalt gehören, ein **Abweichungsrecht** mit der Folge, dass später erlassenes Landesrecht insoweit dem Bundesrecht vorgeht (Art. 72 Abs. 3 S. 3 GG).[66] Hiervon sind aber wieder Kernbereiche des Umweltrechts ausgenommen; dazu zählen die allgemeinen Grundsätze des Naturschutzes, das Recht des Artenschutzes sowie die stoff- und anlagenbezogenen Teile des Wasserhaushaltsrechts. Soweit das Umweltrecht Verfahrensrecht ist, enthält auch Art. 84 Abs. 1 GG relevante Regelungen. Danach sind grundsätzlich die Länder für Organisation und Verwaltungsverfahren zuständig, auch soweit sie Bundesgesetze ausführen. Bundesgesetze können derartige Regelungen enthalten, doch besitzen die Länder ähnlich wie nach Art. 72 Abs. 3 GG ein Abweichungsrecht. Mit Zustimmung des Bundesrates darf der Bund aber eine verfahrensrechtliche Materie an sich ziehen, den Ländern also ihr Abweichungsrecht nehmen (Art. 84 Abs. 1 S. 5 und 6 GG). Die **Übergangsregelungen** lassen vor Inkrafttreten der Föderalismusreform auf Basis der konkurrierenden Kompetenzen des Bundes erlassenes Recht weiter in Kraft, solange ihm nicht durch ein Öffnungsgesetz des Bundestages (Art. 125a Abs. 2, 72 Abs. 4 GG)

---

63 In Betracht kamen vor allem Art. 74 Abs. 1 Nr. 1 (Strafrecht), 11 (Recht der Wirtschaft, bspw. Chemikalienrecht), 11a (Atomrecht), 18 (Bodenschutz), 20 (Tier- und Pflanzenschutz), 22 und 23 (Verkehrswegeplanung) und 24 (Abfallbeseitigung und Luftreinhaltung); 1994 wurde Art. 72 Abs. 2 GG geändert, was eine strengere Prüfung eines Erfordernisses bundeseinheitlicher Regelung mit sich brachte, s. BVerfGE 106, 32, 147; 110, 141; 111, 226.
64 I. Kr. seit 1.9.2006 (BGBl. 2006 I, 2034.).
65 Das Atomrecht fällt seit der Föderalismusreform 2006 in dessen ausschließliche Kompetenz (Art. 73 Abs. 1 Nr. 14 GG).
66 Allgemein *Degenhart*, Verfassungsrechtliche Rahmenbedingungen der Abweichungsgesetzgebung, DÖV 2010, 422 ff; im Umweltrecht *Schulze-Fielitz*, Umweltschutz im Föderalismus, NVwZ 2007, 249 ff.

oder durch ein auf Initiative der Länder erwirktes Urteil des BVerfG (Art. 93 Abs. 2 GG) die Erforderlichkeit abgesprochen wird. Auch ehemalige Rahmengesetze wie das BNatSchG und das WHG gelten als Bundesrecht fort. Das gilt auch für die Befugnisse und Verpflichtungen der Länder, die auf diesen Gesetzen beruhen. Das auch hier bestehende Abweichungsrecht der Länder stand bis zum 31. Dezember 2009 unter dem Vorbehalt, dass nicht der Bund zuvor von seinem Gesetzgebungsrecht Gebrauch gemacht hat (Art. 125 b Abs. 1 GG). Im Verfahrensrecht galt dies bis zum 31. Dezember 2008 (Art. 125 b Abs. 2 GG). Damit hätte der Bund die Gelegenheit gehabt, bis zu diesem Zeitpunkt sein Vorhaben eines **Umweltgesetzbuches** – womöglich in mehreren Schritten – zu verwirklichen und den abweichungsfesten Bestand des Art. 72 Abs. 3 S. 1 Nr. 2 und 5 GG zu konkretisieren.[67] Nachdem diese Fristen verstrichen sind, ist die Verwirklichung dieses Projekts jedoch sehr unwahrscheinlich geworden.[68] Überreste sind in der Umweltschutzreform von 2009 zu besichtigen, die vor allem zu Novellen des Bundesnaturschutz- und des Wasserhaushaltsgesetzes geführt hat.[69]

Mit dieser komplizierten Regelung werden verschiedene **Ziele** verfolgt.[70] Zum einen soll den Ländern mit ihrem Abweichungsrecht mehr gesetzgeberischer Spielraum zugesprochen werden als bisher. Zum anderen soll der Bund aber aus eigener Kraft dafür sorgen können, dass umweltrechtliche Richtlinien der Europäischen Union (Rn 29) innerhalb der gesetzten Umsetzungsfrist transformiert werden können; zuvor hatte die Zuständigkeitskonkurrenz zwischen Bund und Ländern und der aus ihr resultierende zweistufige Umsetzungsprozess gelegentlich zu teils erheblichen zeitlichen Verzögerungen geführt. Den Ländern bleibt nun nach Transformation durch den Bund immer noch die Möglichkeit, im Rahmen der Vorgaben eigene Akzente zu setzen. Gleichzeitig bleiben dem Bund zentrale Materien der europäischen Rechtsetzung zwecks Umsetzung zugewiesen; einige sind dem Abweichungsrecht entzogen (Art. 72 Abs. 3 GG), auf andere, verfahrensbezogene Richtlinien erstreckt sich das „besondere Bedürfnis nach bundeseinheitlicher Regelung" von Verwaltungsverfahren (Art. 84 Abs. 1 S. 5 GG). Naturschutz und Wasserhaushalt sind so zu Faktoren in einem wie immer verstandenen Standortwettbewerb der Länder geworden.[71] 33

Für das **hessische Landesumweltrecht** ergibt sich aus alldem, dass es im Wesentlichen nach wie vor aus Bereichen des Naturschutz-, Abfall- und Wasserrechts besteht, aber auch insoweit Vorgaben des Europarechts und des Bundesrechts beachten muss. Hinzu treten Bestimmungen über Zuständigkeiten und Verfahren, die auf die dominante 34

---

67 Vgl. *Scheidler*, Auswirkungen der Föderalismusreform auf das Umweltrecht, UPR 2006, 423, 428 f.
68 *Erbguth/Schubert*, Zum Scheitern des Umweltgesetzbuches – Ursachen und Folgen für das nationale Umweltrecht, UTR 104 (2010), 7 ff.
69 *Gellermann*, Naturschutzrecht nach der Novelle des Bundesnaturschutzgesetzes, NVwZ 2010, 73 ff; *Seeliger/Wrede*, Zum neuen Wasserhaushaltsgesetz, NuR 2009, 679 ff; *Kotulla*, Das novellierte Wasserhaushaltsgesetz, NVwZ 2010, 79 ff.
70 Würdigung bei *Oeter*, in: Starck (Hrsg.), Föderalismusreform, 2007, S. 9, 25 ff.
71 Die Bewertung fiel, nicht zuletzt vor dem Hintergrund des Europarechts, überwiegend skeptisch aus, s. Rat der Sachverständigen für Umweltfragen, Umweltschutz in der Föderalismusreform, 2006; *Ekhardt/Weyland*, Föderalismusreform und europäisches Verwaltungsrecht, NVwZ 2006, 737 ff; *Epiney*, Föderalismusreform und Europäisches Umweltrecht – Bemerkungen zur Kompetenzverteilung Bund-Länder vor dem Hintergrund der Herausforderungen des europäischen Gemeinschaftsrechts, NuR 2006, 403 ff; *Fischer-Hüftle*, Zur Gesetzgebungskompetenz auf dem Gebiet „Naturschutz und Landschaftspflege" nach der Föderalismusreform, NuR 2007, 78 ff; s. aber auch *Frenz*, Föderalismusreform im Umweltschutz, NVwZ 2006, 742 ff.

Stellung verweisen, die die Länder beim Vollzug des Umweltrechts einnehmen (Art. 83 ff GG).

35 Auf **kommunaler Ebene** schließlich bestehen untergesetzliche Regelungen, die die Landkreise und Gemeinden aufgrund spezieller Ermächtigung und kraft ihres Selbstverwaltungsrechts erlassen, so die Satzungen über Grünanlagen, Erhaltungssatzungen für bestimmte Gebiete oder Baumschutzsatzungen.[72]

5. Vollzug und Behördenorganisation

36 Wie auch sonst steht im Umweltrecht dem bestimmenden Einfluss des Bundes in der Gesetzgebung eine starke Stellung der Länder im Vollzug gegenüber. Die Art. 83 ff GG weisen die Ausführung der Bundesgesetze den Ländern zu, sofern das Grundgesetz nichts anderes bestimmt; entsprechendes gilt für die Ausführung des Rechts der EU, für das nach der jeweiligen Parallelzuständigkeit im Bund-/Länderverhältnis zu fragen ist.[73] Mit **Vollzug** ist die Ausführung der Gesetze durch die Verwaltung gemeint, die zu diesem Zweck je nach gesetzlicher Grundlage einen Entscheidungsspielraum besitzen kann oder auch nicht. Er beschränkt sich nicht auf außenwirksames Handeln wie Verwaltungsakte oder verwaltungsrechtliche Verträge, sondern kann auch mittels organisationsrechtlicher oder interner Rechtsakte sowie schlichten Verwaltungshandelns erfolgen. Von **Vollzugsdefizit** spricht man also, wenn es an dieser Ausführung fehlt, etwa wenn die Behörden Grenzwertüberschreitungen nicht nachgehen oder wilde Mülldeponien dulden. Keine Ausführung im Sinne der Art. 83 ff GG sind gubernative Rechtsakte, insbesondere Rechtsverordnungen, nicht weil sie keine Handlungen der Verwaltung wären, sondern weil sie verfassungsrechtlich eigenen Maßstäben unterliegen (Art. 80 GG, Art. 107 HV). Sie gehören gleichwohl zu den Handlungsinstrumenten der Exekutive und spielen für das Umweltrecht im Bund-/Länderverhältnis eine wichtige Rolle. Insbesondere wird die Behördenzuständigkeit häufig durch Verordnung festgelegt. Die erforderlichen Ermächtigungen finden sich im Bundes- wie im Landesrecht.[74]

37 Im Regelfall vollzieht das Land Hessen, wie generell die Länder, die Umweltgesetze des Bundes als **eigene Angelegenheit** (Art. 83 GG). Es handelt sich also um eine genuine Staatsaufgabe, so dass die Länder für die Einrichtung der Behörden und das Verwaltungsverfahren (Art. 84 Abs. 1 GG), die Personalauswahl und die Finanzierung zuständig sind, in der Regel ohne dabei Weisungen des Bundes zu unterliegen. Das Grundgesetz errichtet insoweit lediglich eine **Rechtsaufsicht** (Art. 84 Abs. 3 GG). Der Bund kann aber mit Zustimmung des Bundestages Verwaltungsvorschriften erlassen

---

[72] Z.B. Satzung über die Benutzung der Grünanlagen der Stadt Frankfurt am Main (Grünanlagensatzung), ABl. Stadt Frankfurt 2010, 976; zum Streit um die alte Baumschutzsatzung der Stadt Frankfurt v. 2004 VGH Kassel, Az. 4 N 1571/06 v. 18.12.2006; aktuell gültige Fassung der Satzung zum Schutz der Grünbestände im baurechtlichen Innenbereich der Stadt Frankfurt am Main in ABl. Stadt Frankfurt 2010, 142; s. auch *Dreßler/Rabbe*, Kommunales Baumschutzrecht, 3. Aufl. 2001.

[73] *Heitsch*, Die Ausführung der Bundesgesetze durch die Länder, 2001; *Becker*, Art. 83 ff GG nach der Föderalismusreform, ZUR 2010, 528 ff; zum Unionsrecht *Suerbaum*, Die Kompetenzverteilung beim Verwaltungsvollzug des Europäischen Gemeinschaftsrechts in Deutschland, 1998.

[74] S. bspw. VO über Zuständigkeiten nach dem Bundes-Immissionsschutzgesetz, dem Gesetz über die Umweltverträglichkeitsprüfung, dem Treibhausgas-Emissionshandelsgesetz, dem Gesetz zur Ausführung des Protokolls über Schadstofffreisetzungs- und -verbringungsregister und dem Benzinbleigesetz, GVBl. 2014, 331.

(Art. 84 Abs. 2 GG), was in der Praxis häufig geschieht; ein Beispiel bieten § 48 BImSchG und die auf dessen Grundlage erlassenen technischen Anleitungen (TA Lärm, TA Luft).[75] Sofern der Bund von dieser Befugnis keinen Gebrauch macht, bleiben die Länder zuständig. Neben rechtlich festgelegten Mitteln der Vollzugssteuerung bestehen informelle Kooperationsformen in Gestalt von Arbeitskreisen der Länder, in denen diese ihre Praxis koordinieren und an denen Vertreter des Bundes teilnehmen.

Seltener ist der Vollzug von Umweltrecht im Wege der **Auftragsverwaltung**, in der die Länder mit der Rechts- und Fachaufsicht auch einem Recht des Bundes zur Erteilung von Einzelweisungen unterliegen; auch die Personalhoheit der Länder kann hier eingeschränkt sein (Art. 85 Abs. 2 S. 2 und 3, Abs. 3 und 4 GG). Sie ist nur in den durch das Grundgesetz genannten Fällen zulässig (bspw. Art. 87 c, 87 d Abs. 2, 90 Abs. 2 GG) und durch ein Gesetz anzuordnen, das, wie sich nicht immer ausdrücklich aus dem Grundgesetz ergibt, der Zustimmung des Bundesrates bedarf.[76] Anwendungsfälle sind bestimmte übergeordnete Verkehrsplanungen (§§ 20 Abs. 1 S. 2 BFStrG, 31 Abs. 2 LuftVG) und – politisch gelegentlich konfliktreich – das Atomrecht (§ 24 AtG). Der Bund richtet in diesen Fällen seine Weisungen an die obersten Landesbehörden (Ministerien).[77] Diese Weisungen können allgemeiner Art oder sog. Einzelweisungen sein. Da dieses **Weisungsverhältnis** als verwaltungsinterne Angelegenheit betrachtet wird, kann das Land die Befolgung der Weisung nicht mit der Begründung verweigern, dass diese rechtswidrig sei oder gar Grundrechte verletze. Das BVerfG drückt dies so aus, dass Wahrnehmungs- und Sachkompetenz auseinanderfallen; zwar liegen beide im Prinzip bei den Ländern, doch kann der Bund einen Vorbehalt der Sachkompetenz beanspruchen.[78] Auf der anderen Seite ergibt sich aus dem Grundsatz der Bundestreue, dass der Bund seine Weisungen nach Art. 85 Abs. 3 GG vorher ankündigen, das Land anhören und seine Stellungnahme berücksichtigen muss.[79] Das verfassungsprozessrechtlich vorgesehene Verfahren zur Überprüfung der Zulässigkeit von Aufsichtsmaßnahmen ist der Bund/Länder-Streit (Art. 93 Abs. 1 Nr. 3 GG).

An der Spitze der **Behördenorganisation** (allgemein o. § 3) stehen auf oberster Ebene die Landesregierung, in Umweltangelegenheiten vor allem das Hessische **Ministerium für Umwelt, Klimaschutz, Landwirtschaft und Verbraucherschutz**.[80] Es ist, soweit hier von Interesse, zuständig für die Umweltplanung, Abfallwirtschaft, den Klima- und Immissions- sowie Gewässer- und Bodenschutz, ferner für kerntechnische Anlagen und Strahlenschutz, Forsten und Naturschutz, Gentechnik und Chemikaliensicherheit. Tendenziell in gewisser Spannung hierzu steht die gleichzeitig bestehende Zuständig-

---

75 GMBl. 1998, 503 bzw GMBl. 2002, 511.
76 Erst-recht-Schluss aus Art. 84 Abs. 1 GG, s. BVerfGE 26, 338, 385.
77 S. zum Fernstraßenrecht BVerfGE 102, 167 m. Anm. *Hermes* JZ 2001, 91 und BVerwG NVwZ 1998, 500, jew. Herabstufung einer Fernstraße; zum Atomrecht BVerfGE 81, 310 (Kalkar); 84, 25 (Schacht Konrad); 104, 249 (Biblis).
78 BVerfGE 81, 310, 333; 104, 249, 264; zum Ganzen Maunz/Dürig-*F. Kirchhof*, Art. 85 Rn 62 ff; dies ändert nichts daran, dass die Länder Klagegegner sind und im Prozess unterliegen, wenn die Weisung rechtswidrig war, s. VGH Kassel, ESVGH 63, 204 und BVerwG, DVBl. 2014, 303 (weisungsgemäße Betriebsstillegung des AKW Biblis durch die Landesregierung ohne Anhörung des Kraftwerksbetreibers nach § 28 HVwVfG).
79 BVerfGE 81, 310, 337.
80 Beschluss über die Zuständigkeit der einzelnen Ministerinnen und Minister nach Art. 104 Abs. 2 der Verfassung des Landes Hessen vom 18.3. 2014, GVBl. 82.

keit für die Landwirtschaft, auch wenn eine nachhaltige, ökologische Agrarwirtschaft sicher zentrale Aufgabe einer solchen Behörde ist. Gewisse umweltrechtliche Kompetenzen besitzt auch das Hessische **Ministerium für Wirtschaft, Energie, Verkehr und Landesentwicklung**, das u.a. für Landesplanung, Regionalentwicklung und Koordinierung der Fachplanungen, das Bauwesen sowie für Verkehr und Straßenbau verantwortlich ist. Einerseits sind also Umweltkompetenzen auf verschiedene Ministerien verteilt, andererseits sind diese jeweils für umweltnutzende und umweltschützende Belange gleichermaßen zuständig.

40 Dem Umweltministerium ist das **Landesamt für Umwelt und Geologie** nachgeordnet, das am 1. Januar 2000 aus der 1971 gegründeten Landesanstalt für Umwelt und dem Landesamt für Bodenforschung hervorgegangen ist.[81] Es soll die Landesregierung und die ihr unterstehenden Behörden fachlich beraten, indem es Veränderungen der Umweltmedien Wasser, Boden und Luft in Hessen untersucht, bewertet und dokumentiert (s. § 67 HWG, § 22 HAKrWG).

41 Auf der Mittelstufe sind als Behörden der Landesumweltverwaltung im Wesentlichen die **Regierungspräsidien** zuständig. Ihnen sind Aufgaben des Naturschutzes, des Gewässer-, Boden- sowie Immissions- und Strahlenschutzes, ferner der Forstwirtschaft, der Bergaufsicht und der Abfallwirtschaft zugewiesen. Im Außenverhältnis bilden die Grundlage dieser Kompetenzen außer den jeweiligen Fachgesetzen (vgl. §§ 1 Abs. 2 HAGBNatSchG, 64 Abs. 2 HWG) die erwähnten Zuständigkeitsverordnungen, die auf Grundlage der Fachgesetze erlassen worden sind.[82] Auf der unteren Verwaltungsebene schließlich obliegt der Vollzug des Umweltrechts den **Landkreisen** und kreisfreien Städten oder den **Gemeinden**; im Wesentlichen handelt es sich dabei um übertragene Aufgaben.[83]

II. Besonderes Umweltrecht

42 Im Folgenden werden einige Bereiche des Umweltrechts herausgehoben, in denen die Länder und damit Hessen noch die umfangreichsten gesetzgeberischen Zuständigkeiten oder gubernativen Gestaltungsspielräume besitzen, auch wenn selbst insoweit nur noch sehr eingeschränkt von einem eigenständigen hessischen Umweltrecht gesprochen werden kann. Dies sind zunächst das Naturschutz- und Wasserrecht, für die der Bund früher lediglich eine Rahmenkompetenz besaß und die Länder nun Abweichungsrechte ausüben können, ferner das Abfallrecht und – wegen der Verantwortlichkeit der Länder für die Luftreinhaltepläne[84] – der Immissionsschutz. Zudem wird ein Blick auf das Bodenschutzrecht geworfen. Ausgeklammert bleibt dagegen das Bau-

---

[81] GVBl. 2000 I, 18.
[82] S. bspw. § 1 der VO über immissionsrechtliche Zuständigkeiten (Fn 74), VO über die Zuständigkeiten auf dem Gebiet des Atom-, Strahlenschutz- und Strahlenschutzvorsorgerechts (GVBl. 2004 I, 371; i.d.F. v. GVBl. 2014, 269), die Zuständigkeit der Wasserbehörden (GVBl. 2011 I, 198, i.d.F. v. 2016, GVBl. 45) und über Zuständigkeiten im Bereich des Chemikalienrechts (GVBl. 2016, 66).
[83] So die naturschutzrechtliche (§ 1 Abs. 3 HAGBNatSchG) und die wasserrechtliche Zuständigkeit der Landkreise (§ 64 Abs. 3 HWG) sowie die abfallrechtliche Zuständigkeit der Gemeinden (§ 20 Abs. 4 S. 1 HAKrWG), sämtliche Aufgaben zur Erfüllung nach Weisung.
[84] S. dazu unten Rn 95.

recht einschließlich seiner planungsrechtlichen Elemente, das in § 6 dieses Buches behandelt wird.

1. Naturschutz

a) Vorgaben

Für das hessische Naturschutzrecht enthalten das Recht der EU, insbesondere die Vogelschutzrichtlinie[85] und die sog. FFH-Richtlinie,[86] sowie das Bundesnaturschutzgesetz bestimmende Vorgaben. Die **Vogelschutzrichtlinie** verpflichtet die Mitgliedstaaten der Europäischen Union, für im Einzelnen aufgeführte wildlebende Vogelarten Schutzgebiete festzulegen, Überwinterungsräume und Nistplätze zu erhalten und diese zu schützen. Die **FFH-Richtlinie** führt diese Konzeption fort. Sie soll dem fortschreitenden Verlust von Biotopen und dem Artensterben entgegenwirken. Die Mitgliedstaaten sind u.a. verpflichtet, Gebiete zu benennen, die den in der Richtlinie aufgestellten Kriterien für Lebensräume und Habitate bestimmter Arten genügen. Als besonders schutzwürdig gekennzeichnete Biotope und Arten sind prioritär zu behandeln. Zu ihnen gehören auch die Vogelschutzgebiete, die nach der Vogelschutzrichtlinie ausgewiesen sind oder werden. Ziel ist die Schaffung eines Verbundnetzes von Schutzgebieten, genannt „Natura 2000".[87]

43

Das **Bundesnaturschutzgesetz** wurde im Jahre 2009 grundlegend novelliert und trat 2010 neu in Kraft.[88] Anders als sein Vorgänger von 2002 enthält es nicht mehr bloß Rahmenvorschriften, die überwiegend die Behörden der Länder banden und erst durch das ergänzende Landesrecht vollziehbar wurden; vielmehr hat es den Ausfüllungsspielraum der Länder erheblich reduziert. Diese besitzen aber ein Abweichungsrecht, von dem auch Hessen Gebrauch gemacht hat.[89] Sichtbare Folge ist die Ersetzung des Hessischen Naturschutzgesetzes (HENatG) durch das Hessische Ausführungsgesetz zum Bundesnaturschutzgesetz (HAGBNatSchG). Damit hat eine wechselvolle Geschichte verschiedener Generationen des **Hessischen Naturschutzrechts** ihr vorläufiges Ende gefunden. Nachdem das Land Hessen Bundesvorgaben immer wieder mit eigenen Elementen ausgefüllt und zeitweise im Sinne einer Vorreiterrolle für einen strengen Naturschutz genutzt hatte,[90] tat es sich in letzter Zeit eher mit Akzentsetzungen zugunsten wirtschaftspolitischer Interessen hervor.

44

---

85 RL 2009/147/EG v. 30.11.2009 über die Erhaltung der wildlebenden Vogelarten (ABl. 2010 L 20/7, i.d.F. ABl. 2013 L 158/193).
86 Flora – Fauna – Habitat RL 92/43/EWG zur Erhaltung der natürlichen Lebensräume sowie der wildlebenden Tiere und Pflanzen v. 21.5.1992 (ABl. L 206/7, i.d.F. ABl. 2013, L 158/193); s. *Freytag/Iven*, Gemeinschaftsrechtliche Vorgaben für den nationalen Habitatschutz – die Richtlinie 92/43/EWG des Rates vom 21. Mai 1992 zur Erhaltung der natürlichen Lebensräume sowie der wildlebenden Tiere und Pflanzen, NuR 1995, 109ff; *Louis*, 20 Jahre FFH-Richtlinie, NuR 2012, 385ff.
87 Eingehend *Gellermann*, Natura 2000: europäisches Habitatschutzrecht und seine Durchführung in der Bundesrepublik Deutschland, 2. Aufl. 2001.
88 BGBl. 2009 I, 2542 mit Änderungen, vgl. BGBl. 2013 I, 95.
89 Zu den Abweichungsrechten der Länder *Köck/Wolf*, Grenzen der Abweichungsgesetzgebung im Naturschutz – Sind Eingriffsregelungen und Landschaftsplanung allgemeine Grundsätze des Naturschutzes?, NVwZ 2008, 353ff; *Franzius*, Die Zukunft der naturschutzrechtlichen Eingriffsregelung, ZUR 2010, 346 (350ff); *Schütte/Kattau*, Die Neuordnung des Naturschutzrechts in den Bundesländern, ZUR 2010, 353ff.
90 Vgl. *Blume*, Landschaftsplanung und Eingriffsregelung nach dem Hessischen Naturschutzgesetz 1994, NuR 1995, 397ff; *Rehbinder*, in: Meyer/Stolleis (Hrsg.), 447f.

45 Die Naturschutzgesetze sind zwar die wichtigsten, aber nicht die einzigen Gesetze, die für den Schutz von Natur und Landschaft von Bedeutung sind. Die Frage kann relevant werden, wenn es um die Klagerechte von Naturschutzverbänden geht (u. Rn 67). **Weitere naturschützende Regelungen** gibt es im Bundeswaldgesetz (§ 1 BWaldG) und im hessischen Waldgesetz (§§ 3, 4, 7, 8, 13 HWaldG), ferner im Wasserrecht (§§ 24 Abs. 2, 26 HWG) und im Bauplanungsrecht (v.a. §§ 1a, 35 BauGB). Auch das Immissionsschutzrecht dient teilweise Belangen des Naturschutzes.[91]

46 **Ziele und Grundsätze** des Naturschutzes und der Landschaftspflege stellt § 1 BNatSchG auf. Danach sind Natur und Landschaft „auf Grund ihres eigenen Wertes und als Grundlage für Leben und Gesundheit des Menschen auch in Verantwortung für die künftigen Generationen" zu schützen, zu pflegen, zu entwickeln und nötigenfalls wiederherzustellen. Dies soll so geschehen, dass die Leistungs- und Funktionsfähigkeit des Naturhaushaltes, die Regenerationsfähigkeit und nachhaltige Nutzungsfähigkeit der Naturgüter, Tier- und Pflanzenwelt einschließlich ihrer Lebensräume sowie die Vielfalt, Eigenheit und Schönheit von Natur und Landschaft gesichert sind. Betonung verdient die Dauerhaftigkeit (**Nachhaltigkeit**), die im HAGBNatSchG nicht ausdrücklich aufgenommen wird; der Begriff verweist auf die Regenerationsfähigkeit der Ökosysteme. Diese Ziele werden durch einen Katalog von Grundsätzen des Naturschutzes und der Landschaftspflege in § 1 Abs. 2 bis 6 BNatSchG weiter konkretisiert. Die Grundsätze sind Auslegungsmaßstäbe bei der Anwendung des Naturschutzrechts und formen Naturschutzbelange für die Zwecke des Fachplanungsrechts und der Bauleitplanung näher aus. Sie stehen damit anderen öffentlichen und privaten Belangen gegenüber, ohne einen Vorrang beanspruchen zu können. Der Ausgleich dieser Belange untereinander und gegenüber sonstigen Belangen bleibt vielmehr der konkreten Abwägung vorbehalten.

47 Eine Verstärkung, wie sie diese Grundsätze zwischenzeitlich durch einen beschränkten Abwägungsvorrang im Wege quantitativer Vorrangregelungen in § 1 Abs. 1 HENatG 1996[92] erfahren hatten, wäre nach den bundesrechtlichen Vorgaben wohl nicht mehr möglich (vgl. § 2 Abs. 3 BNatSchG). Auch dort, wo das Landesrecht vom Bundesrecht abweichen darf, setzt das HAGBNatSchG gegenüber dem BNatSchG kaum eigenständige Impulse. Soweit dies geschieht, gehen sie meist zu Lasten des Naturschutzes, wie anhand des gegenüber § 3 Abs. 3 BNatSchG deutlich strenger formulierten Vorrangs des Vertragsnaturschutzes gegenüber dem Ordnungsrecht (§ 3 HAGBNatSchG),[93] der Entscheidung zugunsten der Primärintegration in der Landschaftsplanung (§ 6 HAGBNatSchG, Rn 50f.), der Genehmigungsfiktion für bestimmte Eingriffe in Natur und Landschaft (§ 3 Abs. 2 HAGBNatSchG, Rn 53), einer Art Subsidiarität des Biotopschutzes im Rahmen des Programms Natura 2000 (§ 14 Abs. 3 HAGBNatSchG, Rn 60) sowie bei der zusehends abgeschwächten Stellung der Naturschutzbehörden und Naturschutzverbände (Rn 58, 63f, 66) deutlich wird.

---

91 BVerwG, NuR 2006, 709.
92 GVBl. 1996 I, 145.
93 Allgemein *Proelß/Blanke-Kießling*, Der Verwaltungsvertrag als Handlungsform der Naturschutzverwaltung, NVwZ 2010, 985 ff; zu den Grenzen des Vertragsnaturschutzes in der Agrarumweltpolitik *Rehbinder*, Naturschutzrechtliche Probleme der Cross Compliance in FFH-Gebieten, ZUR 2008, 178 ff.

b) Landschaftsplanung

Unter Landschaftsplanung ist die **Fachplanung des Natur- und Landschaftsschutzes** zu verstehen. Das Bundesrecht überlässt es den Ländern, ob sie die Landschaftsplanung von vornherein in die Gesamtplanung integrieren (Primärintegration) oder als eigenständige, mit anderen Planungen zunächst nicht integrierte Planungsform betreiben wollen (Sekundärintegration) (§ 10 Abs. 2 S. 1 BNatSchG).[94] Dem Bundesrecht liegt dabei, entsprechend der Gliederung der allgemeinen räumlichen Planung, das nicht zwingend vorgegebene Leitbild einer Landschaftsplanung auf drei Stufen zugrunde. Es sieht für den Bereich des ganzen Landes Landschaftsprogramme oder auf regionaler Ebene flächendeckend Landschaftsrahmenpläne vor (§ 10 BNatSchG), die örtlichen Erfordernisse sind auf deren Grundlage in Landschaftsplänen darzustellen (§ 11 Abs. 1 BNatSchG). Sie sollen ein in sich geschlossenes Planungswerk ergeben. Die Länder müssen in jedem Falle sicherstellen, dass die Landschaftsplanung in Planungen und Verwaltungsverfahren Berücksichtigung findet (§ 9 Abs. 5 BNatSchG). Das Bundesnaturschutzgesetz stellt auch inhaltliche Mindestanforderungen auf, die sie in ihren gesetzlichen Regelungen berücksichtigen müssen (§ 9 Abs. 3 BNatSchG). Danach sind der vorhandene und der zu erwartende Zustand von Natur und Landschaft einschließlich der sich ergebenden Konflikte zusammenhängend zu erfassen und zu bewerten. Die Planung muss ferner Angaben über Erfordernisse und Maßnahmen zur Vermeidung, Minderung oder Beseitigung von Beeinträchtigungen, Schutz und Pflege, über geschützte Flächen, Biotope und Arten sowie über den medialen Umweltschutz enthalten. Ferner wird klargestellt, dass die Landschaftsplanung ein Mittel ist, die Erfordernisse der FFH-Richtlinie umzusetzen.

Da die Landschaftsplanung eigenständig ist, findet in ihr auch noch keine Gesamtabwägung gegen andere Belange statt. Sie muss die Ziele und Grundsätze der allgemeinen Raumordnung beachten (§§ 10 Abs. 1 S. 2, 11 Abs. 1 S. 2 BNatSchG). Sachlich bezieht sie sich sowohl auf die Zuständigkeitsbereiche der Naturschutzbehörden als auch auf andere Materien wie etwa die Verkehrswegeplanung. So soll Fachplanungen die Möglichkeit eröffnet werden, Problemlösungen des Naturschutzes und evtl. nötige Ausgleichsmaßnahmen einzubeziehen.[95] Sie ist darüber hinaus ein wichtiges Instrument, um die Umweltverträglichkeit von Projekten in Planungen und Verwaltungsverfahren zu beurteilen (§ 9 Abs. 5 S. 2 BNatSchG). Damit ist nicht nur die Umweltverträglichkeit im Sinne des UVP-Gesetzes, sondern auch die Folgenabschätzung von Eingriffen in Natur und Landschaft (§ 17 Abs. 10 BNatSchG) und die Verträglichkeit mit den Erhaltungszielen eines nach europäischem Recht ausgewiesenen Gebietes (§ 34 BNatSchG) gemeint.

Die bundesrechtlichen Regelungen werden durch die Länder in unterschiedlicher Weise ausgefüllt. In **Hessen** besteht ein **zweistufiges Konzept** der Landschaftsplanung, das ein Landschaftsprogramm und örtliche Landschaftspläne kennt. Das von der Landesregierung zu beschließende **Landschaftsprogramm** soll, als Teil des neuen Landesent-

---

94 *Schmidt/Kahl/Gärditz*, § 10 Rn 37.
95 Vgl. schon *Stich*, Das neue Bundesnaturschutzgesetz – Bedeutsame Änderungen und Ergänzungen des Bundesnaturschutzrechts, UPR 2002, 161, 164.

wicklungsplans (§ 6 Abs. 1 HAGBNatSchG), die seinerzeit als vorbildlich bewerteten Landschaftsrahmenpläne ersetzen.[96] Soweit dies nicht der Fall ist, gelten die nach altem Recht aufgestellten Pläne als fachliche Leitlinien fort. Das Landschaftsprogramm ist den bundesrechtlichen Vorgaben entsprechend bei Aufstellung der Raumordnungspläne „zu berücksichtigen" (§ 10 Abs. 3 BNatSchG). Die Aufstellung des Landschaftsprogramms ist Aufgabe der obersten Landesplanungsbehörde, die auch den Landesentwicklungsplan erstellt (§§ 4, 12 HLPG), d.h. des Ministeriums für Wirtschaft, Energie, Verkehr und Landesentwicklung.[97] Damit ist der Gesetzgeber zu der auch früher schon für die Landschaftsrahmenpläne in Hessen üblichen Primärintegration zurückgekehrt. Landesentwicklungspläne werden als Verordnung erlassen (§ 4 Abs. 5 HLPG).

51 Auf örtlicher Ebene sind, soweit dies im Hinblick auf eingetretene oder zu erwartende Veränderungen erforderlich ist (§ 11 Abs. 2 BNatSchG), die **Landschaftspläne** als **Bestandteil der Flächennutzungspläne** flächendeckend darzustellen (§ 6 Abs. 2 S. 1 HAGBNatSchG). Damit wurde in Hessen auch auf kommunaler Ebene das dort seit jeher praktizierte Modell der Sekundärintegration[98] aufgegeben, dem zufolge die Träger der Bauleitplanung selbständige Landschaftspläne aufzustellen hatten, die dann in die Bauleitpläne aufzunehmen waren (§§ 3 Abs. 1, 4 Abs. 2 HENatG 1996). Das Bundesrecht lässt dies zu (§ 11 Abs. 3 BNatSchG). In der Verbindung aus Primärintegration und dem Entfallen der Landschaftsrahmenpläne liegt eine merkliche Reduzierung der planerischen Vorgaben, wenn die im Gegenstromprinzip zu berücksichtigenden Landschaftspläne in Dichte, Aktualität und Abwägungspräferenz ihrer Darstellungen zu heterogen sind. Auch insoweit macht sich die allenthalben zu beobachtende Zurückdrängung des Natur- und Landschaftsschutzes gegenüber anderen Belangen bemerkbar. Was die **Fehlerfolgen** von defizitären **Bebauungsplänen** betrifft, so gilt gegenüber den allgemeinen Lehren zum Entwicklungs- (§ 8 Abs. 2 BauGB) und zum Abwägungsgebot (§ 1 Abs. 7 BauGB) nichts Abweichendes (dazu § 6 Rn 52 f). Zu beachten ist dabei, dass der Bebauungsplan auch unabhängig von § 6 HAGBNatSchG Belange des Naturschutzes und der Landesplanung berücksichtigen muss (§§ 1 Abs. 6 Nr. 7, 1 a BauGB).

c) Eingriffe in Natur und Landschaft

52 Eine der zentralen Regelungen des Naturschutzrechts sind die Bestimmungen über **Eingriffe** in Natur und Landschaft. Das Bundesrecht definiert sie als „Veränderungen der Gestalt oder Nutzung von Grundflächen […], die die Leistungs- und Funktionsfähigkeit des Naturhaushalts oder das Landschaftsbild erheblich beeinträchtigen können"; auch der mit der belebten Bodenschicht in Verbindung stehende Grundwasserspiegel ist in die Regelung einbezogen (§ 14 Abs. 1 BNatSchG).[99] Das hessische Landesrecht hatte diese Maßnahmen früher durch Regelbeispiele konkretisiert, zu denen

---

96 Zum alten Recht *Rehbinder*, in: Meyer/Stolleis (Hrsg.), S. 450; aktuell gilt die 2. VO über die Änderung des Landesentwicklungsplans Hessen 2000, GVBl. 2013, 479.
97 Zur Geschäftsverteilung zwischen den Ministerien o. Rn 39.
98 Fn 94.
99 S. *Hendler/Brockhoff*, Die Eingriffsregelung des neuen Bundesnaturschutzgesetzes, NVwZ 2010, 733 ff; *Scheidler*, Die naturschutzrechtliche Eingriffsregelung im BNatSchG 2010, UPR 2010, 134 ff.

u.a. bauliche Anlagen im Außenbereich, Ver- und Entsorgungsleitungen, das Entwässern von Flächen, das dauerhafte Absenken des Grundwasserpegels und das Ablagern von Abfällen außerhalb zugelassener Plätze gehörten.[100] Man wird sagen können, dass diese Fälle nach wie vor als Eingriffe anzusehen sind.

Der Eingriff bedarf in vielen Fällen schon nach einschlägigen Fachgesetzen (HBO, WHG usw.) einer behördlichen **Zulassung** oder Anzeige; zuständig sind dann die jeweiligen Fachbehörden (§ 17 Abs. 1 BNatSchG). Sofern dies nicht der Fall ist, entscheiden die Naturschutzbehörden. In diesem Fall ist die Genehmigung als gebundene Erlaubnis gestaltet. Sie ist also zu erteilen, wenn die Voraussetzungen des § 15 BNatSchG vorliegen (§ 17 Abs. 3 S. 3 BNatSchG). Entscheidet die Naturschutzbehörde über einen Antrag nach § 17 Abs. 3 BNatSchG nicht innerhalb einer Frist von drei Monaten, so gilt die Genehmigung als erteilt (§ 3 Abs. 2 HAGBNatSchG). Die für die Genehmigung zuständige Behörde hat ihre Entscheidung im Benehmen mit der jeweils auf gleicher Stufe stehenden Naturschutzbehörde zu treffen, wenn keine weitergehende Beteiligung vorgeschrieben ist (§ 7 Abs. 3 HAGBNatSchG). Unter „Benehmen" ist eine beratende, im Gegensatz zum „Einvernehmen" (wie etwa nach § 36 BauGB) nicht bindende Mitwirkung zu verstehen.[101] Für Eingriffe in Gebiete, die dem Biotopschutz „Natura 2000" unterstehen, ist davon abweichend das Benehmen mit der oberen Naturschutzbehörde erforderlich, wenn die Behörde eines Kreises oder einer Gemeinde die Entscheidung zu treffen hat und diese „eine erhebliche Beeinträchtigung" des Gebietes „in seinen für die Erhaltungsziele oder den Schutzzweck maßgeblichen Bestandteilen" für möglich hält (§ 16 Abs. 2 HAGBNatSchG). 53

Private und öffentliche Planungsträger sind gleichermaßen verpflichtet, **vermeidbare Beeinträchtigungen** von Natur und Landschaft zu unterlassen (§ 15 Abs. 1 BNatSchG). Unvermeidbare Eingriffe muss der Verursacher vorrangig ausgleichen oder in sonstiger Weise kompensieren (Verursacherprinzip, § 15 Abs. 2 BNatSchG). Mit „Ausgleich" ist die physisch-reale Wiederherstellung an Ort und Stelle im funktionalen Zusammenhang gemeint. Eine vollständige Wiederherstellung wird selten möglich sein, ist aber auch nicht verlangt; es genügt eine weitestgehende Annäherung an den vorherigen Zustand. Kompensation „in sonstiger Weise" ist eine Maßnahme, die für das beeinträchtigte Element des Naturhaushalts oder der Landschaft einen dem Ausgleich gleichwertigen Ersatz schafft; diese sog. Ersatzmaßnahme kann auch an anderer Stelle erfolgen, solange ein räumlicher Zusammenhang gewahrt bleibt.[102] Ist der Eingriff **unvermeidbar** und kann er nicht ausgeglichen werden, muss er unterbleiben, wenn in der Abwägung die Belange des Naturschutzes den anderen Belangen vorgehen. Auch Eingriffe in gesetzlich geschützte Biotope können ausnahmsweise zugelassen werden, wenn die Beeinträchtigung ausgeglichen werden kann (§ 30 Abs. 3 54

---

100 § 12 HENatG 2006.
101 *Pünder*, in: Ehlers/Pünder (Hrsg.), Allg. VerwR, 15. Aufl. 2015, § 14 Rn 54.
102 Vgl. BVerwGE 85, 348, 360; *Thum*, Abschied vom „funktionellen Zusammenhang" zwischen Eingriffen in Natur und Landschaft und ihrer Kompensation im Rahmen der Bauleitplanung?, ZUR 2005, 63 ff m.w.N.; die Ausgleichsmaßnahme darf nicht ihrerseits ein Eingriff sein, BVerwG DVBl. 2009, 440 (Mühlenberger Loch). S. auch § 2 der hessischen Verordnung über die Durchführung von Kompensationsmaßnahmen, Ökokonten, deren Handelbarkeit und die Festsetzung von Ausgleichsabgaben (Kompensationsverordnung) v. 1.9.2005 (GVBl. I, 624 i.d.F. GVBl. 2015, 339).

BNatSchG); Ersatz in sonstiger Weise (§ 15 Abs. 2 S. 3, Abs. 6 BNatSchG) ist dann kein Genehmigungsgrund. Näheres zur Zulassung von Eingriffen und ihrer Kompensation kann durch Rechtsverordnung geregelt werden (§§ 15 Abs. 7 BNatSchG, 34 S. 1 Nr. 2 HAGBNatSchG). Nicht zugelassene Eingriffe „soll" die zuständige Behörde untersagen (§ 17 Abs. 8 BNatSchG); die früher bestehende ermessenslose Untersagungspflicht der Naturschutzbehörde ist damit entfallen (§ 19 Abs. 1 HENatG 2006). Dies bedeutet, dass die Behörde zwar noch immer in der Regel zur Untersagung verpflichtet ist, in atypischen Fällen hiervon aber absehen kann.[103]

55 Sofern Eingriffe dennoch zuzulassen sind und nicht oder nicht vollständig kompensiert werden können, hat der Verursacher physisch-reale Ersatzmaßnahmen an anderer Stelle zu treffen und/oder Geldausgleich zu leisten. Die Möglichkeit der **Ausgleichsabgabe** wird durch § 15 Abs. 6 BNatSchG eröffnet und in § 9 HAGBNatSchG konkretisiert. Sie ist vor Beginn des Eingriffs zu zahlen, kann aber durch Sicherheitsleistung ersetzt werden (§ 15 Abs. 6 S. 5 BNatSchG); die Zahlung kann somit zur Bedingung einer Genehmigung gemacht werden. Die Höhe bemisst sich nach den durchschnittlichen Aufwendungen für Ersatzmaßnahmen, die zur Kompensation des konkreten Eingriffs anfallen würden. Die Mittel aus der Ausgleichsabgabe sind zweckgebunden für die Finanzierung von Ersatzmaßnahmen zu verwenden.

56 Die Eingriffsregelungen werden zugunsten der **land- und forstwirtschaftlichen Bodennutzung** erheblich eingeschränkt. Denn sie gilt nicht als Eingriff, „soweit dabei die Ziele und Grundsätze des Naturschutzes und der Landschaftspflege berücksichtigt werden" (§ 14 Abs. 2 BNatSchG). In dieser Hinsicht werden aber Anforderungen an die gute fachliche Praxis gestellt, die sich u.a. auf die Verhinderung von Erosionen sowie die Vermeidung des Schadstoffeintrags und der Beeinträchtigung von Lebensräumen und Biotopen richten (§§ 14 Abs. 2 S. 2, 5 Abs. 2 BNatSchG).

57 Im **Bauplanungsrecht** sind die Eingriffsregelungen nicht erst bei Beurteilung des einzelnen Vorhabens, sondern bereits auf Ebene des Bauleitplans heranzuziehen (§§ 18 BNatSchG, 1 a Abs. 3 BauGB). In diesem Zusammenhang gewinnen auch entsprechende Darstellungen der Landschaftsplanung Bedeutung (§ 1 Abs. 6 Nr. 7 lit. g BauGB). Der vorgesehene Ausgleich erfolgt durch entsprechende Ausweisungen im Flächennutzungs- und im Bebauungsplan oder durch städtebaulichen Vertrag (§ 1 a Abs. 3 S. 2 und 3 BauGB). Bei der Genehmigungsentscheidung im Geltungsbereich von Bebauungsplänen (§ 30 BauGB), aber auch während der Planaufstellung (§ 33 BauGB) und im Innenbereich (§ 34 BauGB) ist die Eingriffsregelung also nicht anzuwenden (Exklusivität des Bauplanungsrechts, § 18 Abs. 2 BNatSchG). Etwas anderes gilt nur für die Gebiete des europäischen Biotopschutzes (§ 1 a Abs. 4 BauGB). Eine gewisse Abschwächung des Naturschutzes für die Bauleitplanung zeigt sich auch darin, dass das Bauplanungsrecht eine zwingende Unterscheidung zwischen Ausgleich und Ersatzmaßnahme, wie sie § 15 Abs. 2 BNatSchG zugrunde liegt, in überplanten

---

103 Zu Soll-Vorschriften *Maurer/Waldhoff*, AllgVwR, § 7 Rn 11.

Gebieten nicht trifft (§§ 9 Abs. 1 a, 135 a bis c, 200 a BauGB).[104] Eingriff und Ausgleich können räumlich und zeitlich auseinanderfallen. Zudem können nach dem Modell des Ökopunktekontos Ausgleichsmaßnahmen bereits vor dem Eingriff angespart werden (§ 10 HAGBNatSchG).[105]

Wollte man die **Anwendung** dieses Systems in der Praxis beurteilen, müsste man zunächst erheben, wie oft dem gesetzestechnischen Regelvorrang der Vermeidung von Eingriffen Rechnung getragen wird. In der Rechtsprechung finden sich nur selten Kriterien dafür, wann ein Eingriff zu unterbleiben hat.[106] Der Eindruck herrscht vor, dass die Eingriffsregelung eher der Abmilderung als hinnehmbar bewerteter Maßnahmen dient und sich so weniger bei der Entscheidung über das „Ob" als bei der Gestaltung des „Wie" eines Eingriffs auswirkt.[107] Die relativ schwache verfahrensrechtliche Stellung der Naturschutzbehörden dürfte dazu beigetragen haben. Allerdings gibt es in der Rechtsprechung auch Anzeichen dafür, dass der Naturschutz nicht nur als Optimierungsgebot, sondern als zwingender Planungsleitsatz heranzuziehen sei,[108] was insbesondere dort überzeugt, wo die gesetzlichen Vorschriften eine planerische Abwägung unter Berücksichtigung des Natur- und Landschaftsschutzes vorsehen. Bei Implementation der Ausgleichs- und Ersatzmaßnahmen bestehen allgemein – nicht nur in Hessen – Vollzugsdefizite, weil Kontrolle und Durchsetzung der festgesetzten Maßnahmen bisher oft unzureichend waren. 58

d) Schutz von Flächen, Arten und Biotopen

Eines der wichtigsten Instrumente des Naturschutzrechts ist der **Flächenschutz**, also die Ausweisung von Gebieten als geschützte Teile von Natur und Landschaft (**Schutzgebiete**), wozu Naturschutzgebiete, Nationalparks, Biosphärenreservate, Landschaftsschutzgebiete, Naturparks und geschützte Landschaftsbestandteile gehören (§§ 20 ff BNatSchG). Die **Ausweisung** selbst ist den Ländern überlassen (§ 22 Abs. 2 BNatSchG). Sie erfolgt durch Rechtsverordnung, für die je nach Größenordnung der Schutzgebiete die Landesregierung (Nationalparke und Nationale Naturmonumente), das Regierungspräsidium (Naturschutz- und Landschaftsschutzgebiete) und die Kreisausschüsse bzw Magistrate (kleinere Naturschutzgebiete, geschützte Landschaftsbestandteile) zuständig sind (§§ 12 Abs. 2 i.V.m. § 1 HAGBNatSchG). Die zuständigen Behörden stellen Pflegepläne zur Bestandssicherung auf. Bereits vor Erlass der Schutzverordnung können die in Aussicht genommenen Flächen bis zu zwei mal zwei Jahre vorübergehend sichergestellt werden, um nachteiligen Veränderungen vorzubeugen (§§ 22 Abs. 3 BNatSchG, 12 Abs. 5 HAGBNatSchG). 59

---

104 Zum Baurecht allgemein *Rieger*, Die Bedeutung naturschutzrechtlicher Vorschriften bei der Errichtung baulicher Anlagen – ein Überblick, UPR 2012, 1 ff; *Beier*, Artenschutz in der Bauleitplanung, UPR 2017, 207 ff.
105 Zur Bewertung *Britz*, „Ökokonto" im Naturschutzrecht – Ein Instrument im Dienste der Belange von Naturschutz und Investition?, UPR 1999, 205 ff; *Heilshorn/Schütze*, Die Bevorratung von Kompensationsmaßnahmen in „Ökokonten", VBlBW 2012, 13 ff.
106 *Gassner*, Zur Auslegung des Untersagungsgebotes nach § 15 Abs. 5 BNatSchG, NuR 2011, 685 ff; vgl. auch *Lau*, Die naturschutzrechtliche Eingriffsregelung, NuR 2011, 681 ff und 762 ff.
107 Bewertung z.B. bei *Fischer-Hüftle*, 35 Jahre Eingriffsregelung – eine Bilanz, NuR 2011, 753 ff; *Ekhart/Hennig*, Chancen und Grenzen naturschutzrechtlicher Eingriffsregelungen und Kompensationen, NuR 2013, 694.
108 BVerwG, NuR 1993, 125; NVwZ 1996, 896.

60 Der Schutz wildlebender Tiere und Pflanzen (**Artenschutz**) erfolgt zum einen durch den Flächenschutz, soweit er auch **Biotopschutz** ist. Daneben besteht zum anderen ein allgemeiner, schutzgebietsunabhängiger Biotopschutz **kraft Gesetzes**. Er bezieht sich auf im Einzelnen aufgeführte Arten von Biotopen wie Gewässer und Uferzonen, Moore, Binnendünen, Auenwälder usw. (§ 30 BNatSchG). Die Länder können den Katalog erweitern (§ 30 Abs. 2 S. 2 BNatSchG); so hat Hessen zusätzlich Alleen und Streuobstbestände einbezogen (§ 13 HAGBNatSchG). Der gesetzliche Biotopschutz hat unmittelbare Auswirkungen auch auf durch Bebauungsplan bereits erfasste Gebiete.[109] Davon abgesehen hat sich das hessische Landesrecht zuletzt in erster Linie auf die **Umsetzung der europäischen Vogel- und Habitatschutzrichtlinien** verlegt (§§ 14 ff HAGBNatSchG), die das Bundesrecht der Kompetenzverteilung entsprechend den Ländern überlassen hat (§§ 31 ff BNatSchG); der Bund ist insofern nur zu beteiligen und für die Meldung an die Europäische Kommission zuständig (§§ 32 Abs. 1, 34 Abs. 5 BNatSchG). Der entstehende Biotopverbund muss mindestens 10 % der Landesfläche umfassen (§ 20 Abs. 1 BNatSchG), eine quantitative Vorgabe, der Hessen entsprochen hat. Weitere Natura 2000-Gebiete dürfen nur noch ausgewiesen werden, wenn anderer Schutz nicht „mit vertretbarem Aufwand" möglich ist (§ 14 Abs. 3 HAGBNatSchG). Die Ausweisung erfolgt auch insoweit durch Verordnung (§ 14 Abs. 2 S. HAGBNatSchG). Für diese Gebiete gelten ein Verschlechterungsverbot (§ 33 Abs. 1 BNatSchG), die Pflicht zu einer Verträglichkeitsprüfung für Pläne und Projekte (§§ 34, 36 BNatSchG),[110] gesteigerte Anforderungen an die Erhaltungs- und Pflegemaßnahmen sowie Überwachungspflichten der zuständigen Behörden (§ 15 Abs. 3 HAGBNatSchG). Weitere, gegenüber der naturschutzrechtlichen Gebietsdarstellung oft vernachlässigte Instrumente des Artenschutzes sind das **Raum- und Fachplanungsrecht** einschließlich der Landschaftsplanung und die **Eingriffsregelung**.[111] Darüber hinaus bestehen **allgemeine Verhaltenspflichten**, wie vor allem das Verbot des Entnehmens wild wachsender Pflanzen und der Störung wildlebender Tiere (§§ 39 BNatSchG, 17 HAGBNatSchG). Ausnahmen und Befreiungen im Einzelfall sind möglich (§ 39 Abs. 4, 45 Abs. 7, 67 BNatSchG).[112] Die Sonderstellung der Bauleitplanung im Naturschutzrecht führt insoweit nicht dazu, dass Bebauungspläne automatisch von den artenschutzrechtlichen Verboten freigestellt wären (vgl. aber § 36 BNatSchG); vielmehr sind auch für sie Befreiungen erforderlich.[113]

61 Problematisch ist der Fall, dass ein Gebiet aufgrund naturwissenschaftlicher Kriterien nach den Bestimmungen der europäischen Vogelschutz- oder FFH-Richtlinie eigentlich

---

109 VGH Kassel, NuR 2004, 393 und 397; dazu *Fischer*, Biotop- und Artenschutz in der Bauleitplanung, NuR 2007, 307 ff.
110 Zur Überwindung von FFH-Belangen bei der straßenrechtlichen Planfeststellung BVerwG DVBl. 2008, 1199; BVerwG ZUR 2010, 478 (Autobahn Kassel-Herleshausen) m. Anm. *Frenz* ZUR 2011, 170; bei der Planung nach dem LuftVG VGH Kassel, ZUR 2009, 93 (Flugplatz Kassel-Calden); NuR 2009, 255 (Flughafen Rhein-Main); s. auch *Hennig/Krappel*, Natura 2000-Recht in gestuften Planungs- und Zulassungsverfahren, UPR 2013, 133 ff; zur präventiven Zulassungssperre durch das negative Ergebnis einer FFH-Vorprüfung VGH Kassel, ZUR 2017, 368.
111 *Dietrich*, Der Biotopverbund – mögliche Instrumente der Ausweisung und Sicherung, UPR 2004, 168 ff; *Jarass*, Die Zulässigkeit von Projekten nach FFH-Recht, NuR 2007, 371 ff.
112 Vgl. VGH Kassel, ZUR 2005 (Flugplatz Egelsbach).
113 VGH Kassel, NuR 2004, 393.

unter Schutz gestellt werden müsste, eine solche Ausweisung aber noch nicht erfolgt ist. Für die Vogelschutzrichtlinie hat der EuGH in derartigen Fällen eine Art objektiver Direktwirkung angenommen (sog. **faktisches Vogelschutzgebiet**),[114] diese Rechtsprechung aber nicht auf die FFH-Richtlinie übertragen. Gleichwohl sind die Mitgliedstaaten auch in deren Anwendungsbereich zu geeigneten Schutzmaßnahmen verpflichtet.[115] Das BVerwG hat diese Rechtsprechung aufgenommen und lässt für **potenzielle FFH-Gebiete** eine aus dem allgemeinen Loyalitätsgebot des heutigen Art. 4 Abs. 3 EUV abgeleitete Stillhalteverpflichtung eintreten, die eine Zerstörung oder wesentliche, künftige Ausweisungen ausschließende Beeinträchtigung verbietet.[116] Je nach Wahrscheinlichkeit der Aufnahme in die Gemeinschaftsliste kann der vorwirkende Schutz auch weiter reichen, bis hin zu einer gemeldeten Gebieten gleichwertigen Schutzwirkung.[117] Ist in einem potenziellen FFH-Gebiet ein Projekt genehmigt und das Gebiet erst nach dieser Genehmigung gelistet worden, kann sich die allgemeine Schutzpflicht zu der Pflicht zur nachträglichen Durchführung einer Verträglichkeitsprüfung nach den Vorgaben für gelistete FFH-Gebiete konkretisieren. Voraussetzung hierfür ist, dass eine Gefahr oder Wahrscheinlichkeit von Verschlechterungen der natürlichen Lebensräume und Habitate sowie Störungen der geschützten Arten durch das Projekt nicht auszuschließen ist.[118]

Das **Betreten** der Natur im Außenbereich ist nach Maßgabe des Bundes- und Landesrechts und in Konkretisierung der grundrechtlichen Freiheitsvermutung grundsätzlich erlaubt (§§ 59 BNatSchG, 27 HAGBNatSchG). Gleiches gilt für das Wandern, Radfahren und Reiten in den Wäldern (§§ 14 BWaldG, 15 HWaldG). Städte und Gemeinden können die Benutzung durch Satzungen regeln, um Konflikte zwischen den Interessen von Erholungsuchenden, Grundeigentümern oder Pächtern und Naturschutz auszugleichen (§ 27 Abs. 2 HAGBNatSchG).[119]

62

e) Zuständigkeit, Verfahren, Rechtsschutz

Im Wesentlichen liegt die Verfahrenshoheit für die Zulassung naturschutzrelevanter Vorhaben bei den spezialgesetzlich zuständigen **Fachbehörden**. Die bis 2009 verlangte frühe Beteiligung der Naturschutzbehörden (§ 2 Abs. 2 S. 2 und 3 HENatG 2006) ist entfallen.

63

Eigene Entscheidungsbefugnisse kommen den **Naturschutzbehörden** (§ 1 HAGBNatSchG) noch für die Zulassung nach den Fachgesetzen nicht genehmigungsbedürfti-

64

---

114 EuGH, Slg. 1993, I-4221 (Santoña); Slg. 1998, I-3064 (Kommission/Niederlande); BVerwG, NVwZ 1998, 961, 966; NuR 2004, 524.
115 EuGH, Slg. 2005, I-167 (Dragaggi); Slg. 2005, I-3043 (Kommission/Niederlande); dazu *Schütz*, Die Umsetzung der FFH-Richtlinie – Neues aus Europa, UPR 2005, 137; *Gellermann*, Habitatschutz in der Perspektive des EuGH, NuR 2005, 433 ff; klarstellend EuGH, Slg. 2006, I-8445 – Bund Naturschutz Bayern; zur Pflicht zur Durchführung einer standortbezogenen UVP nach § 3c UVPG v. VGH Kassel, UPR 2017 145.
116 Zu typischen Konfliktlagen *Frenz*, Habitatschutz vs. Fischerei und Landwirtschaft, UPR 2014, 88 ff.
117 BVerwG, UPR 2000, 230; UPR 2001, 144; DVBl. 2002, 1486; NuR 2004, 520; vgl. auch VGH Kassel, NuR 2006, 42, 45 (Frankfurter Flughafen).
118 EuGH, Rs. C-399/14; BVerwG, UPR 2016, 533; *Beier*, FFH-Verträglichkeitsprüfung „reloaded". Bemerkungen zum Urteil des EuGH vom 14.01.2016 (C-399/14), NVwZ 2016, 575, einschließlich einer Darstellung der Folgen der Entscheidung für die verschiedenen Fallgruppen potenzieller FFH-Gebieten.
119 Zu Beschränkungen des Reitens im Walde BVerfGE 80, 137; BayVGH, NuR 1999, 503; zum Recht auf freien Zugang zu Strandflächen und –wegen BVerwG Urt. v. 13.09.2017, Az. 10 C 7.16.

ger Eingriffe (§ 17 Abs. 3 BNatSchG, 7 ff HAGBNatSchG), die Untersagung und Beseitigung nicht zugelassener Eingriffe (§ 17 Abs. 8 BNatSchG), die einstweilige Sicherstellung zu schützender Flächen (§ 22 Abs. 3 BNatSchG, 12 Abs. 5 HAGBNatSchG), besondere Schutzmaßnahmen für bedrohte Arten (§ 17 HAGBNatSchG), Befreiungen von den gesetzlichen Verboten (§ 67 BNatSchG) und die Überwachung von Verboten des Artenschutzes (§ 17 HAGBNatSchG) zu (s. den Katalog in § 2 HAGBNatSchG). Insoweit können sie außenwirksame Entscheidungen in Gestalt von Verwaltungsakten treffen. Darüber hinaus obliegt ihnen der Erlass von Verordnungen über Schutzgebiete (§ 14 Abs. 2 HAGBNatSchG). Wenn das Gesetz nichts anderes bestimmt, sind die Kreisausschüsse bzw Magistrate als untere Naturschutzbehörden sowie in Nationalparks die jeweiligen Nationalparkämter zuständig (§§ 2 Abs. 1, 1 Abs. 3 HAGBNatSchG). Für insbesondere im Zusammenhang mit der Schutzgebietsausweisung mögliche Enteignungen (§ 21 HAGBNatSchG) gilt das Hessische Enteignungsgesetz; Enteignungsbehörde ist danach das Regierungspräsidium (§ 11 HEG).

65 Daraus ergibt sich für den **Rechtsschutz** Folgendes: Sofern die Naturschutzbehörde nur zu beteiligen ist, sind Klagen gegen den Träger der zuständigen bzw handelnden Behörde zu richten (§ 78 Abs. 1 Nr. 1 VwGO). Für die Anfechtungs- oder Verpflichtungsklagen im Hinblick auf Maßnahmen der Naturschutzbehörden ist Klagegegner das Land Hessen, soweit das Ministerium oder das Regierungspräsidium zuständig ist. Dagegen sind der Landkreis oder die Gemeinde Klagegegner, sofern deren Kreisausschüsse bzw Magistrate als untere Naturschutzbehörden tätig werden; dies ist Folge der Zuweisung des Naturschutzes als Aufgabe zur Erfüllung nach Weisung (§§ 1 Abs. 3 S. 1 HAGBNatSchG, 4 HKO, 4 HGO).[120] Die Kommunen unterliegen dabei einer an gewisse Anforderungen gebundenen Fachaufsicht (§ 1 Abs. 4 HAGBNatSchG). Für den Rechtsschutz gegenüber Aufsichtsmaßnahmen gilt nichts anderes als generell für Aufsichtsmaßnahmen im übertragenen Wirkungskreis (s. § 3 Rn 38 ff).[121] Über die Gültigkeit von Verordnungen kann im Wege der abstrakten oder inzidenten Normenkontrolle entschieden werden. Dazu gehören der Landesentwicklungsplan (§ 4 Abs. 5 HLPG)[122] und Schutzgebietsausweisungen (§ 15 HAGVwGO). Gleiches dürfte auch für FFH-Gebiete gelten, und zwar selbst dann, wenn diese bereits gemeldet und von der Kommission in die Liste des Netzes Natura 2000 aufgenommen worden sind.[123] Klagen privater Grundstückseigentümer und von Gemeinden hat die europäische Gerichtsbarkeit (zuständig ist das Europäische Gericht, Art. 256 Abs. 1 AEUV i.V.m. Art. 51 EuGH-Satzung) bisher mangels Unmittelbarkeit bzw individueller Betroffenheit (Art. 263 Abs. 4 AEUV) als unzulässig abgewiesen.[124] Für eigentumsrechtliche Entschädigungen gelten die allgemeinen Grundsätze.[125]

---

120 Vgl. *Schoch/Schneider/Bier*, VwGO, 33. Lfg. 2017, § 78, Rn 34.
121 Zum Streit über die Rechtsnatur von Fachaufsichtsmaßnahmen *Seewald*, in: Steiner (Hrsg.), Kap. I Rn 367 m.w.N.
122 Vgl. VGH Kassel 11 C 2691/07.N v. 5. 2. 2010 und 3 C 833/13.N v. 13. 2. 2014 (beide Flughafen Frankfurt).
123 BVerwG, NuR 2006, 572.
124 Übersicht zur Rspr. bei *Palme*, Neue Rechtsprechung von EuGH und EuG zum Natur- und Artenschutzrecht, NuR 2007, 243, 247 ff.
125 S. den Übungsfall bei *Hendler/Duiker*, Eigentum und Naturschutz, Jura 2005, 409 ff; vgl. auch VGH Kassel, NuR 2005, 406 (Basaltsteinbruch).

Eine besondere Rolle spielt im Naturschutzrecht seit jeher die **Mitwirkung von Verbänden**, was für Besonderheiten im Verfahrensablauf und im Verwaltungsprozess sorgt. § 22 HAGBNatSchG bestimmt, dass bei der obersten und bei den unteren (nicht bei den oberen) Naturschutzbehörden **Naturschutzbeiräte** gebildet werden. Ihnen kommt eine beratende Funktion bei der Vorbereitung von Rechtsverordnungen, relevanten Planungen und im Zuständigkeitsbereich der unteren Naturschutzbehörden liegenden Vorgängen zu. Mindestens die Hälfte der Mitglieder wird auf Vorschlag der anerkannten Naturschutzvereinigungen (§ 63 BNatSchG, § 3 Umwelt-RechtsbehelfsG) berufen.[126] Der früher einmal vorgesehene Devolutiveffekt einer begründeten Gegenvorstellung des Beirats, d.h. die Pflicht zur Einholung einer Weisung der übergeordneten Behörde (§ 34 Abs. 3 S. 2 HENatG 1996), ist nicht mehr Teil des geltenden Rechts. 66

Die naturschutzrechtliche **Verbandsklage** ist bundeseinheitlich durch das Umwelt-Rechtsbehelfsgesetz und durch § 64 BNatSchG geregelt.[127] Durch sie kann eine anerkannte Vereinigung gegen Befreiungen und Planfeststellungsbeschlüsse gerichtlich vorgehen, ohne in eigenen Rechten verletzt zu sein. Voraussetzung ist, dass die Vereinigung eine Verletzung des Naturschutzrechts geltend macht, in ihrem satzungsgemäßen Aufgabenbereich berührt ist, nach Bundes- oder Landesrecht zur Mitwirkung berechtigt war und sich entweder in der Sache geäußert oder rechtswidrig keine Gelegenheit zur Stellungnahme erhalten hat.[128] Die Verbandsklage hat sich als Rechtsbehelf bewährt, da sie zu einer verbesserten Vorbereitung von Verwaltungsentscheidungen geführt hat; die befürchtete Klageflut hat sie nicht bewirkt.[129] Anerkannte Naturschutzvereinigungen haben auch während eines noch laufenden Verwaltungsverfahrens die Möglichkeit, ihre Mitwirkungsrechte an Vorhaben nach §§ 63 Abs. 1 Nr. 1-4 oder 63 Abs. 2 Nr. 1-8 BNatSchG im Wege der allgemeinen Leistungsklage (Partizipationserzwingungsklage) und nötigenfalls durch Antrag auf Erlass einer Sicherungsanordnung im Wege des einstweiligen Rechtsschutzes gemäß § 123 Abs. 1 VwGO durchzusetzen. 67

---

126 Zu den Anforderungen im Rahmen der Umweltverträglichkeitsprüfung EuGH, Rs. C-115/09 (BUND/Bezirksregierung Arnsberg), Slg. 2011, I-3673; s. auch die hessische Verordnung über die Naturschutzbeiräte v. 1.12.1981 (GVBl. I, 437 i.d.F. GVBl. 2012, 677).
127 Zum Umwelt-Rechtsbehelfsgesetz Rn 105.
128 Zu einem Fall der Verträglichkeitsprüfung für ein Projekt in einem FFH-Gebiet VG Wiesbaden, NuR 2006, 669; im Rahmen der Fernstraßenplanung BVerwG ZUR 2010, 478 (Autobahn Kassel-Herleshausen); zur Klagebefugnis VGH Kassel, ZUR 2013, 693 (Salzeinleitung in die Werra); zu den Anforderungen der EuGH-Rspr. *Siegel*, Ausweitung und Eingrenzung der Klagerechte im Umweltrecht, NJW 2014, 973 ff.
129 Zur Diskussion *Epiney*, Gemeinschaftsrecht und Verbandsklage, NVwZ 1999, 485, 486; krit. zum heutigen § 64 BNatSchG *Schlacke*, Rechtsschutz durch Verbandsklage – Zum Fortentwicklungsbedarf des umweltbezogenen Rechtsschutzsystems, NuR 2004, 629 ff.

§ 7 Umweltrecht

2. Gewässerschutz
a) Vorgaben

68 Wie das Naturschutzrecht wird auch das Wasserrecht in erheblichem Umfang durch **Richtlinien der EU** vorgeprägt.[130] Die Wasserrahmenrichtlinie[131] (WRRL) von 2000 hat bis zum Jahre 2013 schrittweise einen Großteil des bisher geltenden, teils auf bestimmte Nutzungen zugeschnittenen[132] europäischen Gewässerschutzrechts ersetzt, aber auch einige, insbesondere stoffbezogene Richtlinien in Kraft gelassen.[133] Die WRRL bringt eine Gewässerverwaltung nach Flussgebietseinheiten mit sich und setzt auf planerische Instrumente in Gestalt von Bewirtschaftungsplänen und Maßnahmenprogrammen. Das Ziel der Richtlinie, einen guten Zustand der europäischen Gewässer zu erreichen, wird durch ein Verschlechterungsverbot und ein Verbesserungsgebot angestrebt.[134] Auf Bundesebene bestand bis zum 1. März 2010 das **Wasserhaushaltsgesetz** (WHG) als Rahmengesetz. Nachdem die Föderalismusreform die Rechtsform des Rahmengesetzes abgeschafft hatte und das WHG übergangsweise in Kraft geblieben war (Art. 125b Abs. 1 S. 1 GG), hat der Bund von seiner neuen konkurrierenden Gesetzgebungsbefugnis (Art. 74 Abs. 1 Nr. 32, 72 Abs. 3 Nr. 5 GG) Gebrauch gemacht und das WHG als Vollregelung (mit Abweichungsrecht der Länder, Art. 72 Abs. 3 Nr. 5 GG) erlassen.[135] Es hat die Vorgaben der WRRL weitgehend in sich aufgenommen. Das Abweichungsrecht der Länder bezieht sich nicht auf die stoff- und anlagenbezogenen Bestandteile des WHG (Art. 72 Abs. 3 Nr. 5 GG), d.h. die Regelungen über das Einleiten von Abwasser (§§ 57-59 WHG), Abwasseranlagen (§ 60 WHG) sowie Anlagen zum Umgang mit wassergefährdenden Stoffen (§§ 62-63 WHG). Neben dem WHG haben für das Wasserrecht das **Abwasserabgabengesetz** (AbwAG) und für das Wasserstraßenrecht das **Bundeswasserstraßengesetz** Bedeutung.

69 Die Vorgaben des WHG werden in Hessen durch das **Hessische Wassergesetz** (HWG) und diverse Verordnungen[136] umgesetzt, die in Teilen gleichfalls mit Blick auf die

---

130 Von Bedeutung z.B. RL 91/271/EWG über die Behandlung von kommunalem Abwasser (ABl. 1991 L 135/40 i.d.F. ABl. 2103 L 353/8); RL 2006/118/EG zum Schutz des Grundwassers vor Verschmutzung und Verschlechterung (**GrundwasserschutzRL**) (ABl. 2006 L 372/19, i.d.F. ABl. 2014 L 185/52).
131 Richtlinie 2000/60/EG des Europäischen Parlaments und des Rates vom 23. Oktober 2000 zur Schaffung eines Ordnungsrahmens für Maßnahmen der Gemeinschaft im Bereich der Wasserpolitik (ABl. 2000, L 327/1, i.d.F. ABl. 2014, L 311/32).
132 Einige davon wurden in Hessen durch VO umgesetzt, s. BadegewässerV (GVBl. 2008 I, 796, i.d.F. GVBl. 2013, 651); FischgewässerV (GVBl. 1997 I, 87, i.d.F. GVBl. 1998 I, 209).
133 RL 2000/60/EG zur Schaffung eines Ordnungsrahmens für Maßnahmen der Gemeinschaft im Bereich der Wasserpolitik v. 23.10.2000 (ABl. L 327/1, i.d.F. ABl. 2014 L 311/32); zur Umsetzung *Breuer*, Pflicht und Kür bei der Umsetzung der Wasserrahmenrichtlinie, ZfW 2005, 1 ff; zu Akzentverschiebungen *Gawel*, Zur Ökonomisierung rechtlicher Technikanforderungen: das Beispiel des Wasserrechts, DÖV 2012, 298 ff.
134 EuGH, Rs. C-461/13; dazu *Faßbender*, Das Verschlechterungsverbot im Wasserrecht – aktuelle Rechtsentwicklungen, ZUR 2016, 195 ff.
135 Zwischenbilanz bei *Reinhardt*, Neuere Tendenzen im Wasserrecht, NVwZ 2014, 484 ff.
136 Z.B. AbwassereigenkontrollV v. 23.7.2010 (GVBl. I 2010, 257, i.d.F. GVBl. 2015, 392); VO über Anlagen zum Umgang mit wassergefährdenden Stoffen und über Fachbetriebe v. 16.9.1993 (GVBl. I, 409, i.d.F. GVBl. 2013, 663); KomAbwV v. 25.10.1996 (GVBl. I, 470 i.d.F. GVBl. 2016, 194); VO über Qualitätsziele für bestimmte gefährliche Stoffe und zur Verringerung der Gewässerverschmutzung durch Programme (QualitätszielV) v. 26.7.2001 (GVBl. I, 334), fortgeschrieben durch Programm 1.11.2007 (StAnz Nr. 49, 2497).

WRRL geändert bzw erlassen wurden. Der Konkretisierung des AbwAG dient das Hessische Ausführungsgesetz zum Abwasserabgabengesetz (HAbwAG).[137]

b) Gewässernutzung

Der sachliche Anwendungsbereich des WHG bestimmt sich nach dessen § 2. Der Begriff des **Wasserhaushaltes** wird weder im WHG noch im HWG definiert. Nach dem BVerfG bezieht sich der Regelungsgegenstand des Wasserhaushaltsrechts auf menschliche Einwirkungen auf das Oberflächen- und Grundwasser.[138] Vom Anwendungsbereich des WHG ausgenommen werden können nach § 2 Abs. 2 WHG Straßenseitengräben als Bestandteil von Straßen, Be- und Entwässerungsgräben sowie Heilquellen oder zu anderen nicht wasserwirtschaftlichen Zwecken genutzte untergeordnete Wasserflächen, wenn sie mit einem Gewässer nicht oder nur künstlich verbunden sind – allesamt **Gewässer von wasserwirtschaftlich untergeordneter Bedeutung**. Das HWG nimmt demgemäß zusätzlich Fischgewässer von seinem Anwendungsbereich aus (§ 1 Abs. 2 Nr. 3 HWG). 70

In § 6 WHG sind die allgemeinen **Grundsätze der Gewässerbewirtschaftung** festgelegt. Eine geordnete Gewässerbewirtschaftung ist wegen vielfältiger und teils miteinander konkurrierender Nutzungsinteressen lebensnotwendig.[139] §§ 1 und 6 WHG machen es daher zur Aufgabe, Gewässer als Bestandteil des Naturhaushalts und als Lebensraum für Tiere und Pflanzen zu sichern. Die **Art und Weise der Bewirtschaftung** wird in § 6 WHG festgelegt, wonach Gewässer so zu bewirtschaften sind, dass vermeidbare Beeinträchtigungen ihrer ökologischen Funktionen und der direkt von ihnen abhängigen Landökosysteme und Feuchtgebiete möglichst zu unterbleiben haben und insgesamt eine **nachhaltige Entwicklung** gewährleistet wird. Dies verlangt eine integrierte Bewirtschaftung im Hinblick auf den gesamten Wasserkreislauf.[140] Die **Bewirtschaftungshoheit** liegt grundsätzlich bei den Ländern. § 39 WHG stellt dementsprechend eine öffentlich-rechtliche Verpflichtung der Unterhaltung oberirdischer Gewässer auf; hierzu zählt auch die Renaturierung, durch die zugleich ein Beitrag zum Naturschutz und zum Hochwasserschutz geleistet werden soll.[141] 71

Im Gegensatz zu § 6 WHG, dessen Adressat vornehmlich die Behörden sind,[142] richtet sich die **allgemeine Sorgfaltspflicht** aus § 5 WHG an jedermann. Vor allem sollen Verunreinigungen des Wassers vermieden und dieses sparsam verwendet werden. Damit sollen die Leistungsfähigkeit des Wasserhaushalts erhalten und eine Erhöhung oder Beschleunigung des Wasserabflusses vermieden werden. Letzteres ist insbesondere für den Hochwasserschutz bedeutsam.[143] § 5 Abs. 2 WHG umfasst nicht nur Benutzun- 72

---

137 V. 9.6.2016 (GVBl. 2016, 70).
138 BVerfGE 15, 1, 14.
139 BVerfGE 93, 319, 339.
140 *Kotulla*, Das Wasserhaushaltsgesetz und dessen 7. Änderungsgesetz, NVwZ 2002, 1409, 1410.
141 Die Grundlagen bieten der Bewirtschaftungsplan und das daraus entwickelte Maßnahmeprogramm Hessen 2015-2021 nach § 54 HWG, Wiesbaden (HMUELV) 2015; zu einem Bsp. „Erbe der Mühlen belastet den Wallufbach", FAZ v. 25. 3. 2014, S. 40; zu den Plänen noch u. Rn 78.
142 *Hoppe/Beckmann/Kauch*, § 18 Rn 23.
143 Dazu *Sparwasser/Engel/Voßkuhle*, § 8 Rn 87.

gen i.S.d. § 9 WHG, sondern alle Maßnahmen, mit denen Einwirkungen auf ein Gewässer verbunden sein können.

73 Gemäß dem – als Optimierungsgebot verstandenen[144] – **Grundsatz der ortsnahen öffentlichen Versorgung** ist der Wasserbedarf der öffentlichen Wasserversorgung vorrangig aus ortsnahen Wasservorkommen zu decken (§ 50 Abs. 2 WHG). § 30 Abs. 2 HWG sieht in diesem Zusammenhang vor, dass die Verpflichtung zur Wasserversorgung unter in Abs. 3 näher festgelegten Voraussetzungen auch an private Dritte übertragen werden kann.

74 Besondere Regelungen gelten bzgl. des **Eigentums** an Gewässern. Gewässer in ihrer Eigenschaft als Wasserwege sind öffentliche Sachen, d.h. sie stehen grundsätzlich im privatrechtlichen Eigentum des Staates und unterfallen öffentlich-rechtlichen Sonderregelungen.[145] Das Nähere bestimmt das Landesrecht. Nach § 3 Abs. 1 HWG steht das Bett der Gewässer erster Ordnung (Anlage 1 zum HWG) im Eigentum des Landes, sofern nicht der Bund Eigentümer ist (Art. 89 Abs. 1 GG). Das Bett eines natürlich fließenden Gewässers zweiter Ordnung (§ 2 Nr. 2, Anlage 2 zum HWG) und dritter Ordnung steht im Eigentum der Gemeinde, in der es liegt (§ 3 Abs. 2 HWG). Für das Eigentum Privater stellt das Wasserrecht Inhalts- und Schrankenbestimmungen (Art. 14 Abs. 1 S. 2 GG) auf.[146] So berechtigt das Grundeigentum nicht zu einer Gewässerbenutzung, die nach dem WHG oder den Landesgesetzen einer behördlichen Zulassung bedarf (§ 4 Abs. 3 Nr. 1 WHG). Daher besteht auch – anders als bei der Genehmigung im Bau- und Immissionsschutzrecht – kein Rechtsanspruch auf Erteilung einer Erlaubnis oder Bewilligung. Den Eigentümern von Gewässern werden zudem durch §§ 91 ff WHG, 60 HWG Duldungspflichten auferlegt.

75 Die Benutzungsordnung richtet sich nach den §§ 6 ff WHG.[147] Alle Benutzungen des Oberflächen- oder Grundwassers i.S.d. § 9 WHG unterliegen dem **Erlaubnis- und Bewilligungserfordernis** des § 8 WHG. Ausnahmen bestehen u.a. für die Benutzung aufgrund alter Rechte und alter Befugnisse (§§ 20 ff WHG), den wasserrechtlichen Gemeingebrauch (§ 25 WHG i.V.m. § 19 HWG),[148] den Eigentümer- und Anliegergebrauch unter den Voraussetzungen des § 26 WHG, die Fischerei (§ 25 S. 3 Nr. 2 WHG i.V.m. § 20 HWG) und die erlaubnisfreie Benutzung von Grundwasser nach § 46 Abs. 1 WHG (z.B. für private Haushalte). Allerdings besteht nach § 29 Abs. 2 HWG für die erlaubnisfreie Benutzung i.S.d. § 46 Abs. 1 Nr. 1 WHG eine Anzeigepflicht. Ist keine der Ausnahmen einschlägig, bedarf es einer **Erlaubnis** oder einer **Bewilligung** (§§ 8, 10 WHG).[149] Der Unterschied besteht darin, dass die Bewilligung den stärkeren Schutz gegenüber Behörden und der Nachbarschaft genießt und nur unter erschwerten Voraussetzungen widerrufen werden kann (§ 18 Abs. 2 WHG). In Hessen kann

---

144 So *Schmidt/Kahl/Gärditz*, § 8 Rn 22.
145 *Papier*, in: Erichsen/Ehlers (Hrsg.), AllgVwR, §§ 38, 39.
146 BVerfGE 58, 300, 328 f, 335 ff; 93, 319, 339; BVerwGE 78, 40, 45.
147 Bsp.: VGH Kassel, GewArch 2012, 461 (Erdwärme); *Frenz*, Fracking und Umweltverträglichkeitsprüfung, UPR 2012, 125, 126.
148 Zu den darunter fallenden Nutzungen *Sinn*, Das Rechtsinstitut des Gemeingebrauchs im Wasserhaushaltsrecht, 2013.
149 Zur Abgrenzung von Erlaubnis und Bewilligung und zur rechtssystematischen Einordnung ausführlich *Sparwasser/Engel/Voßkuhle*, § 8 Rn 126 ff.

gemäß § 9 Abs. 1 HWG auch eine Zwischenform, die sog. **gehobene Erlaubnis** erteilt werden, insbesondere wenn die Benutzung von Gewässern den Zwecken der öffentlichen Wasserversorgung oder der öffentlichen Abwasserbeseitigung dienen soll. Die Erteilung einer Erlaubnis oder Bewilligung steht im Ermessen der Behörde (§ 12 Abs. 2 WHG). Die Erlaubnis und die Bewilligung sind nach § 12 Abs. 1 WHG **zu versagen,** soweit von der beabsichtigten Benutzung **schädliche, auch durch Nebenbestimmungen nicht vermeidbare Gewässerveränderungen**[150] zu erwarten sind oder sonst öffentlich-rechtliche Vorschriften nicht erfüllt werden. Darunter fallen insbesondere eine Gefährdung der öffentlichen Wasserversorgung,[151] die Beeinträchtigung von Vogelschutz- und FFH-Gebieten oder vorrangige private Rechte.

Herausgehobene Bedeutung hat der **Grundwasserschutz**, für den ein besonderes Bewirtschaftungs- und Vorsorgesystem besteht. Es umfasst neben dem allgemeinen Schutz durch Verbot mit Erlaubnisvorbehalt für Nutzungen (§§ 9 Abs. 1 Nr. 4 und 5 WHG, 28 f HWG) Zulassungserfordernisse für **Anlagen,** von denen Gefährdungen des Grundwassers ausgehen können,[152] eigene Bewirtschaftungsregeln (§§ 46 ff WHG), die Ausweisung von Wasserschutzgebieten (§§ 51 f WHG, 33 HWG) sowie Anforderungen an die Nachhaltigkeit der Nutzung und den Schutz der Grundwasserneubildung (§ 28 HWG). In unmittelbarem Zusammenhang hierzu stehen die Vorschriften über die Trinkwasserversorgung (§§ 30 f HWG), die als Teil der Daseinsvorsorge eine pflichtige Selbstverwaltungsangelegenheit der Gemeinden ist. Parallel zum Altlastenrecht (u. Rn 98 ff) besteht eine Sanierungspflichtigkeit des Verursachers und des Zustandsstörers (§ 57 f HWG) für Gewässerverunreinigungen, insbesondere durch Anlagen. 76

Unabhängig von den Qualitätsanforderungen an die Wasserbewirtschaftung bedarf aus Gründen der Vorsorge das **Einleiten von Abwasser** (sog. Direkteinleitung) nach §§ 57 ff WHG, 37 HWG einer Erlaubnis. Es muss dem Stand der Technik genügen, der durch die Verordnung über Anforderungen an das Einleiten von Abwasser in Gewässer[153] konkretisiert wird. In diesen Zusammenhang gehört die befristete und mit Auflagen versehene, erneuerte Erlaubnis für die umstrittene Einleitung von Abwässern des Kali- und Salzabbaus in Nordhessen vom Dezember 2016, die auf § 57 Abs. 1 iVm §§ 8 Abs. 1, 9 Abs. 1 Nr. 4, 12 WHG beruht.[154] Die Einleitung von Abwässern in öffentliche Abwasseranlagen (sog. Indirekteinleitung) regeln § 38 HWG und die auf § 38 Abs. 3 HWG beruhende IndirekteinleiterV[155]. Die Abwasserbeseitigungspflicht 77

---

150 Zur früheren Formel („Beeinträchtigung des Wohls der Allgemeinheit") BVerwGE 81, 347.
151 Zu anderen Versagungsgründen s. BVerwG, DVBl. 1988, 489 f (Schutz vor Strahlung durch radioaktive Abwässer).
152 Für Anlagen zum Umgang mit wassergefährdenden Stoffen gelten die §§ 62 f WHG, 41 HWG, die AnlagenV v. 31.3.2010 (BGBl. I, 377) und die hessische VO über Anlagen zum Umgang mit wassergefährdenden Stoffen und über Fachbetriebe v. 16.9.1993 (GVBl. I, 409, i.d.F. GVBl. 2013, 663); dazu VGH Kassel, NJOZ 2007, 1529 ff.
153 BGBl. 2004 I, 1108, 2625 i.d.F. BGBl. 2013 I, 973.
154 Regierungspräsidium Kassel, Az. 31.1/Hef-79 f/001 (zur Zuständigkeit u. Rn 80); s. dazu „Größter Salzproduzent der Welt. K+S darf weiter Salzabwasser in den Boden pressen", FAZ.net, http://www.faz.net/aktuell/wirtschaft/unternehmen/groesster-salzproduzent-der-welt-k-s-darf-weiter-salzabwasser-in-den-boden-pressen-14589112.html (Abruf 21.12.17).
155 Verordnung über das Einleiten oder Einbringen von Grundwasser und Abwasser in öffentliche Abwasseranlagen vom 28.6.2012, GVBl. I, 172 (die Verordnung tritt mit Ablauf des 31.12.2017 außer Kraft).

obliegt in der Regel den Gemeinden (§ 37 Abs. 1 S. 1 HWG) als pflichtige Selbstverwaltungsaufgabe. Um eine indirekte Einleitung zu verhindern, ist das angefallene Abwasser den Beseitigungspflichtigen zu überlassen, § 37 Abs. 3 HWG. Abwasseranlagen unterliegen besonderen Bestimmungen.[156]

c) Wasserwirtschaftliche Planung und Wasserschutzgebiete

78 Zur Erreichung der vielfältigen **Bewirtschaftungsziele** (§§ 27 ff, 47 WHG) für Oberflächengewässer und das Grundwasser nimmt das WHG im Rahmen der **wasserwirtschaftlichen Planung**[157] die beiden Planungsinstrumente der WRRL (Rn 68) auf, die wasserrechtlichen **Bewirtschaftungspläne** und **Maßnahmenprogramme**. Bewirtschaftungspläne (§ 83 WHG) stellen die oberste und gröbste Planungsstufe dar und sind für jede Flussgebietseinheit aufzustellen, um eine einheitliche Betrachtungsweise vom Oberlauf bis zum Unterlauf zu gewährleisten.[158] Ihr Inhalt ist gesetzlich vorgeschrieben (§ 83 Abs. 2 WHG). Die Aufstellungspflicht obliegt den Ländern (vgl. § 54 HWG). Die **Maßnahmenprogramme** (§ 82 WHG) sind selbständige Planungsinstrumente und vollziehen und konkretisieren die abstrakteren Vorgaben der Bewirtschaftungspläne. In den §§ 83, 84 WHG werden die Fristen zur Aufstellung, Umsetzung, Überprüfung und Aktualisierung der Maßnahmen- und Bewirtschaftungspläne festgelegt. Diese waren bis zum 1. März 2010 erstmals aufzustellen, bis zum 22. Dezember 2012 umzusetzen und sind bis zum 22. Dezember 2015 erstmals und anschließend alle sechs Jahre zu überprüfen und soweit erforderlich zu aktualisieren.[159]

79 **Wasserschutzgebiete** können nach §§ 51 Abs. 1 WHG und 33 HWG festgesetzt werden, soweit es das Wohl der Allgemeinheit erfordert, um Gewässer im Interesse der derzeit bestehenden oder künftigen öffentlichen Wasserversorgung vor nachteiligen Einwirkungen zu schützen, das Grundwasser anzureichern oder das schädliche Abfließen von Niederschlagswasser sowie das Abschwemmen und den Eintrag von Bodenbestandteilen, Dünge- oder Pflanzenbehandlungsmitteln in Gewässer zu verhüten. Auch außerhalb eines Wasserschutzgebietes können gemäß § 52 Abs. 3 WHG Handlungen und Maßnahmen untersagt werden, wenn sonst der mit der Festsetzung des Schutzgebietes verfolgte Zweck gefährdet wäre. Allerdings muss dies in der landesrechtlichen Verordnung, die das Wasserschutzgebiet festsetzt, vorgeschrieben sein. Die notwendige landesrechtliche Ausgestaltung der **Entschädigungspflicht** nach § 52 Abs. 5 WHG findet sich in § 34 HWG; diese Entschädigung ist in Geld zu leisten (§ 99 WHG). Darüber hinaus verlangt § 52 Abs. 4 WHG eine Entschädigung für unzumutbare Eigentumsbeschränkungen, wenn diese nicht vermieden werden können und ein anderer Ausgleich nicht möglich ist. In beiden Fällen handelt es sich um ausgleichspflichtige Inhalts- und Schrankenbestimmungen des Eigentums (Art. 14 Abs. 1 S. 2 GG).[160]

---

156 §§ 60 WHG, 39 ff HWG; zu neuen Herausforderungen *Laskowski.*, Flexibilisierung der kommunalen Abwasserentsorgung in Zeiten des klimatischen und demografischen Wandels, ZUR 2012, 597 ff.
157 Ausführlich *Sparwasser/Engel/Voßkuhle*, § 8 Rn 220 ff.
158 *Erbguth/Schlacke*, § 11 Rn 32; s.a. *Kotulla*, Das Wasserhaushaltsgesetz und dessen 7. Änderungsgesetz, NVwZ 2002, 1409, 1417.
159 S. Fn 136 und 141.
160 Zu den Anforderungen BVerfGE 100, 226.

II. Besonderes Umweltrecht

d) Zuständigkeiten

Die **Zuständigkeit** für die Gewässeraufsicht richtet sich nach § 64 HWG. § 63 Abs. 2 HWG enthält – vom allgemeinen Polizei- und Ordnungsrecht aus gesehen – eine Spezialermächtigung zur Gefahrenabwehr. Zuständig ist grundsätzlich die untere Wasserbehörde (§ 65 Abs. 1 HWG), d.h. der Kreisausschuss und der Magistrat der kreisfreien Städte (§ 64 Abs. 3 HWG). Durch die Verordnung über die Zuständigkeit der Wasserbehörden[161] wurde davon abweichend die Zuständigkeit u.a. für Gewässerausbauten, Abwasseranlagen, bestimmte Nutzungen des Grundwassers, den präventiven Hochwasserschutz und Anlagen zum Umgang mit wassergefährdenden Stoffen auf die oberen Wasserbehörden, d.h. die Regierungspräsidien, übertragen. 80

3. Abfallentsorgung

a) Vorgaben

Seit den 1990er-Jahren wurde das Abfallrecht, teilweise durch europarechtliche Vorgaben, zunehmend zu einem **Stoffstrom- und Ressourcenschonungsrecht** entwickelt. In diesem Rahmen wurden von den Ländern eine erhebliche Infrastruktur und Kapazitäten zur Abfallverwertung aufgebaut. Insbesondere die Substitution von Primärrohstoffen hat zu einer deutlichen Umweltentlastung beigetragen.[162] 81

Auf **völker- und europarechtlicher Ebene**[163] sind von Bedeutung insbesondere das Basler Übereinkommen über die Kontrolle der grenzüberschreitenden Verbringung gefährlicher Abfälle und ihrer Entsorgung,[164] die EU-Abfallrahmenrichtlinie (AbfRRL),[165] die EU-Abfallverbringungsverordnung[166] und die EU-Verpackungsrichtlinie.[167] Aufgrund der unionsrechtlichen Prägung des deutschen Abfallrechts wird dieses auch durch die Rechtsprechung des EuGH maßgeblich beeinflusst.[168] 82

Der Bund hat mit dem Gesetz zur Förderung der Kreislaufwirtschaft und Sicherung der umweltverträglichen Beseitigung von Abfällen von 2012 (**KrWG**) von seiner konkurrierenden Zuständigkeit (Art. 74 Abs. 1 Nr. 24 GG) Gebrauch gemacht.[169] Zweck des KrWG ist die Förderung der Kreislaufwirtschaft zur Schonung der natürlichen Ressourcen und der Schutz von Mensch und Umwelt bei der Erzeugung und Bewirtschaftung von Abfällen (§ 1 KrWG). Es wird durch eine Reihe von untergesetzlichen Normen auf technischer Ebene konkretisiert und ergänzt.[170] Mit diesen Bestimmun- 83

---

161 WasserZustVO v. 2.5.2011, GVBl. I, 198, i.d.F. GVBl. 2016, 45.
162 Rat der Sachverständigen für Umweltfragen, Umweltgutachten 2004, BT-Drs. 15/3600, Rn 676 ff, S. 341 ff.
163 Überblick bei *Koch/Dieckmann/Reese*, § 6 Rn 16 ff.
164 V. 22.3.1989 (BGBl. 1994 II, 2703, i.d.F. BGBl. 2005 II, 1122), umgesetzt durch Gesetz zur Ausführung der Verordnung (EG) 1013/2006 und des Basler Übereinkommens v. 19.7.2007 (BGBl. I, 1462, i.d.F. BGBl. 2013 I, 3154) (**Abfallverbringungsgesetz**).
165 RL 2008/98/EG v. 19.11.2008 (ABl. L 312/3, i.d.F. ABl. 2015 L 184/13).
166 VO 1013/2006 v. 14.6.2006 (ABl. L 190/1, i.d.F. ABl. 2012 L 46/30).
167 RL 94/62/EG (ABl. 1994 L 365/10, i.d.F. ABl. 2015 L 115/11).
168 Dazu *Petersen*, Neue Strukturen im Abfallrecht – Folgerungen aus der EuGH-Judikatur, NVwZ 2004, 34 ff; *Sobotta*, EuGH: Neue Verfahren im Umweltrecht, ZUR 2006, 161 ff.
169 Es ersetzt das Kreislaufwirtschafts- und Abfallgesetz von 1994; *Petersen/Doumet/Stöhr*, Das neue Kreislaufwirtschaftsgesetz, NVwZ 2012, 521 ff.
170 Insbesondere die VerpackV (BGBl. 1991 I, 1234, i.d.F. BGBl. 1998 I, 2379); die DeponieV (BGBl. 2009 I, 900); die AltfahrzeugV (BGBl. 2002 I, 2199); AltölV (BGBl. 2002 I, 1368) und das BatterieG (BGBl. 2009 I, 1582); sämtlich i.d.F. des KrWG, BGBl. 2012 I, 212.

gen hat der Bund die europarechtlichen Vorgaben für die Abfallentsorgung sehr weitgehend aufgenommen, geht teils aber auch über sie hinaus. Spielräume der Länder sind weitgehend auf planerische Elemente beschränkt, die sie etwa bei der Aufstellung der Abfallwirtschaftspläne (§ 30 KrWG) und – zumindest dem Gesetz nach – den Abfallvermeidungsprogrammen zur Geltung bringen können (§ 33 KrWG). Das **Hessische Ausführungsgesetz zum Kreislaufwirtschaftsgesetz (HAKrWG)** vom 6. März 2013[171] richtet sich demgemäß vor allem auf Planung, Ordnungsrecht und Vollzug.

b) Abfallbegriff, Grundsätze, Grundpflichten

84   Der Anwendungsbereich des HAKrWG ergibt sich aus dem bundesrechtlichen **Abfallbegriff** (§ 3 KrWG), der in Anlehnung an die AbfRRL weit gefasst ist. Abfälle sind danach alle Stoffe oder Gegenstände, deren sich ihr Besitzer entledigt, entledigen will (**subjektiver Abfallbegriff**) oder entledigen muss (**objektiver Abfallbegriff**). Die einzelnen Entledigungstatbestände werden in § 3 Abs. 2-4 KrWG weiter aufgeschlüsselt.[172] Umfasst werden Abfälle zur Verwertung und Abfälle zur Beseitigung, d.h. solche, die nicht verwertet werden. Nicht alle Abfälle unterfallen dem Abfallregime des KrWG. Es findet nach § 2 Abs. 2 KrWG insbesondere **keine Anwendung** für die nach dem Lebensmittel- und Tierseuchenrecht zu beseitigenden Stoffe, für radioaktive Stoffe im Sinne des Atom- und Strahlenschutzrechts, für Abfälle aus dem Bergbau, für nicht in Behälter gefasste gasförmige Stoffe, für Gewässereinleitungen und für Kampfmittel. In diesen Fällen gelten Spezialgesetze wie das BBergG, das BImSchG und das WHG. Das umstrittene kontaminierte Bodenmaterial, das der Rspr. zufolge Abfall ist,[173] wird im Einklang mit der AbfRRL vom Anwendungsbereich des KrWG ebenfalls ausgenommen (§ 2 Abs. 2 Nr. 10 KrWG); insoweit gilt das Bodenschutzrecht (Rn 98 ff).

85   Das KrWG stellt Grundsätze der Kreislaufwirtschaft (§§ 6 ff KrWG) und Grundpflichten der Erzeuger und Besitzer von Abfällen (§§ 7 Abs. 2 und 15 KrWG) auf. Der fünfstufigen abfallwirtschaftlichen **Zielhierarchie** (§ 6 KrWG) zufolge sind Abfälle in absteigender Priorität zu **vermeiden**,[174] zur Wiederverwendung **vorzubereiten**, zu **recyceln** sowie stofflich oder energetisch zu **verwerten**. Abfälle, die nicht verwertet werden, sind zu **beseitigen** (§ 15 KrWG). Was unter diesen Begriffen jeweils zu verstehen ist, wird in § 3 Abs. 20 bis 26 KrWG erläutert.

86   Damit ist zugleich eine Pflichtenhierarchie aufgestellt. Aus dem **Vermeidungsvorrang** des § 6 Abs. 1 Nr. 1 KrWG allein lassen sich aber noch keine konkreten Rechtspflichten ableiten.[175] Diese ergeben sich erst aus besonderen Tatbeständen wie der Vermeidungspflicht aus § 5 Abs. 1 S. 1 Nr. 3 BImSchG (i.V.m. § 13 KrWG) oder der **Produktverantwortung** von Erzeugern (§ 23 KrWG), die durch Rechtsverordnungen wie der

---

171   GVBl. 2013, 80, i.d.F. GVBl. 2015, 636.
172   Zum Begriff der Entledigung selbst § 3 Abs. 2 KrWG; die Differenzierung zwischen Abfall und Nebenprodukt ist durch § 4 KrWG im Einklang mit der Rspr. (EuGH, Slg. 2002, I-3533 – Palin Granit; Slg. 2003, I-8725 – Avesta Polarit Chrome) präzisiert worden; zum Ende der Abfalleigenschaft danach § 5 KrWG und dazu *Frenz*, Grenzen des Abfallbegriffs nach dem neuen Kreislaufwirtschaftsgesetz, NVwZ 2012, 1590, 1592 f.
173   EuGH, Slg. 2004, I-7632 – van de Walle.
174   Ausführlich *Diederichsen*, Das Vermeidungsgebot im Abfallrecht, 1998.
175   So schon *Rehbinder* in: Meyer/Stollers (Hrsg.), S. 465; *Sparwasser/Engel/Voßkuhle*, § 11 Rn 171.

VerpackungsV und der AltfahrzeugV konkretisiert werden.[176] Die Erzeuger oder Besitzer haben ihre Abfälle nach Maßgabe der §§ 7 bis 9 KrWG stofflich oder energetisch zu verwerten. Gemäß § 7 Abs. 2 S. 3 KrWG entfällt der Vorrang der Verwertung jedoch, wenn die Beseitigung die umweltverträglichere Lösung darstellt.

Nach der Aufhebung des § 8 Abs. 3 KrWG im Jahr 2017, der **stoffliche** und **energetische Verwertung** als gleichrangig behandelt hatte, ist nun die stoffliche gegenüber der energetischen Verwertung grundsätzlich vorrangig. Ausnahmen sind nur in den Grenzen des § 6 Abs. 2 KrWG möglich.[177] Die Unterscheidung zwischen Abfällen zur Verwertung und solchen zur Beseitigung ist wichtig, da die freiwillige Verwertung oft kostengünstiger ist und für die Beseitigung strengere Rechtsfolgen gelten. Solche sind insbesondere für die Überlassungspflichten, eine mögliche Überlassung an Private und die – zu Zwecken der Beseitigung eingeschränkte (§ 2 Abs. 1 AbfVerbrG) – Abfallverbringung ins Ausland normiert. Dementsprechend **umstritten** ist diese Frage.[178] 87

Inwieweit die Länder und Kommunen zur eigenen Prioritätensetzung bei der Förderung der Abfallvermeidung und den Anforderungen an die Beseitigung befugt sind, war vor dem Hintergrund der Gesetzgebungszuständigkeit des Bundes seit jeher strittig. Die Rechtsprechung scheint eine solche Befugnis eher abzulehnen.[179] Sie hat jedenfalls die Befugnis der Länder zur Erhebung von Verpackungssteuern oder zu einem Verbot der gewerblichen Abgabe von Einwegerzeugnissen an den Endverbraucher mit dem Ziel der Förderung der Abfallvermeidung verworfen.[180] Auch die im neuen § 6 KrWG weiter ausdifferenzierte Pflichtenhierarchie passt in dieses Bild. 88

c) Organisation der Abfallentsorgung

Als Ausdruck des Verursacherprinzips fordert § 7 Abs. 2 KrWG, dass der Erzeuger oder Besitzer von Abfällen diese auch verwerten muss (**Grundsatz der Eigenentsorgung**). Gleiches gilt für die Beseitigung (§ 15 Abs. 1 KrWG). Dieser Grundsatz wird aber durch § 17 Abs. 1 KrWG durchbrochen, da Erzeuger oder Besitzer von **Abfällen aus privaten Haushaltungen** verpflichtet sind, diese den öffentlich-rechtlichen Entsorgungsträgern zu überlassen, soweit sie zu einer Verwertung nicht in der Lage sind oder diese nicht beabsichtigen (**Überlassungspflicht**).[181] **Ausnahmen** der Überlassungspflicht bestehen jedoch für Abfälle, die einer Rücknahme- oder Rückgabepflicht aufgrund einer Rechtsverordnung nach § 16 KrWG unterliegen (z.B. nach der VerpackV), 89

---

176 *Berg/Hösch*, Die Produktverantwortung nach § 22 KrW-/AbfG, UTR, 1997, 83 ff; *v. Lersner*, Die abfallrechtliche Produktverantwortung, ZUR 2000, 105 ff; *Führ*, Anforderungen an ein umweltorientiertes Produktrecht, ZUR 2001, 297 ff.
177 *Giesberts/Reinhardt*, Beck OK Umweltrecht, Edition 44, Stand 01.08.2017, § 8 KrWG, Rn 12 f.
178 Zur Abgrenzung EuGH, Slg. 2002, I-1961 (Abfall Service AG); Slg. 2003, I-1553 (Kommission/Luxemburg); BVerwG, NVwZ 2005, 954; VGH Mannheim, NVwZ 1999, 1243; VGH München, ZUR 2001, 340; OVG Münster, NVwZ 1998, 1207; *Dolde/Vetter*, Verwertung und Beseitigung bei der Verbringung von Abfällen zur Verbrennung zwischen EU-Mitgliedstaaten, UPR 2002, 288 ff; *Reese*, Die Urteile des EuGH zur Abgrenzung von energetischer Verwertung und thermischer Behandlung zur Beseitigung, ZUR 2003, 217 ff; auch nach der – teils klarstellenden – Neuregelung in § 3 Abs. 20 bis 26 KrWG sind Abgrenzungsprobleme bestehen geblieben, s. *Koch/Dieckmann/Reese*, § 6 Rn 70 ff.
179 BVerfGE 98, 83; BVerwGE 104, 331; *Schmidt/Kahl/Gärditz*, § 11 Rn 46.
180 BVerfGE 98, 106; BVerwGE 90, 359; VGH Mannheim, NVwZ-RR 1997, 679; VGH München, NVwZ 1992, 1004, 1005 ff.
181 BVerwG, NVwZ 2006, 589, 591; *Hurst*, Reichweite der Überlassungspflichten für Abfälle zur Verwertung aus privaten Haushaltungen, AbfallR 2005, 146 ff.

die in Wahrnehmung der Produktverantwortung freiwillig zurückgenommen oder in einer gemeinnützigen oder gewerblichen Sammlung einer ordnungsgemäßen und schadlosen Verwertung zugeführt werden (§ 17 Abs. 2 KrWG).[182]

90 Sobald die Überlassungspflicht für den Abfallerzeuger eintritt, ist ihm die **Eigenentsorgung nicht** mehr **gestattet**. Die öffentlich-rechtlichen Entsorgungsträger haben dann die in ihrem Gebiet angefallenen und überlassenen Abfälle zu verwerten oder zu beseitigen. Öffentlich-rechtliche Entsorgungsträger i.d.S. sind in Hessen die kreisangehörigen Gemeinden, die kreisfreien Städte und die Landkreise (§ 1 Abs. 1 HAKrWG), die diese Aufgaben als pflichtige Selbstverwaltungsangelegenheit erledigen.[183] **Einsammlungspflichtig** sind die kreisangehörigen Gemeinden und die kreisfreien Städte, **entsorgungspflichtig** dagegen die Landkreise und kreisfreien Städte (§ 1 Abs. 2 und 3 HAKrWG). Nach § 22 KrWG besteht die Möglichkeit, (private) Dritte mit der Entsorgung zu beauftragen. Die Entsorgungsträger haben zur Aufgabenerfüllung die notwendigen Sammelsysteme, Einrichtungen und Anlagen zu schaffen oder bereitzuhalten (§ 1 Abs. 5 HAKrWG). Gemäß § 1 Abs. 6 HAKrWG regeln sie durch **Satzung** den Anschluss der Grundstücke an die Sammelsysteme, Einrichtungen und Anlagen zur Abfallentsorgung und deren Benutzung sowie die Modalitäten der Abfallüberlassung. Dabei besteht eine generelle Pflicht zur Getrenntsammlung für Papier, Metall, Kunststoffe und Glas (§ 14 KrWG); für die recyclingfähigen Stoffe soll ab dem 1. Januar 2020 eine Quote von 65 % gelten (§ 14 Abs. 2 KrWG). Das Modell der universellen Überlassungspflicht ist politisch strittig, weil die private Entsorgungswirtschaft Zugang zu den sich bietenden Verdienstmöglichkeiten bei verwertbaren Abfällen fordert. Das KrWG hat es indessen im Prinzip bestätigt, der gewerblichen Sammlung (§ 3 Abs. 18 KrWG) aber neue Konturen gegeben (§ 17 KrWG). Sie unterliegt einer Anzeigepflicht mit Prüfvorbehalt und behördlicher Kontrolle (§ 18 KrWG). Entsorgungsfachbetriebe sind zu zertifizieren; ihnen gegenüber bestehen unmittelbar kraft Bundesrechts Eingriffsbefugnisse der zuständigen Behörden (§ 56 Abs. 8 KrWG).

91 **Gefährliche Abfälle** i.S.d. § 3 Abs. 6 i.V.m. den nach § 48 S. 2 KrWG erlassenen Verordnungen werden getrennt entsorgt (Vermischungsverbot, § 9 Abs. 2 KrWG) und unterliegen einer besonderen Nachweispflicht (§ 50 KrWG). Bis zum 30. Juni 2014 waren sie in Hessen noch einem **zentralen Träger der Abfallentsorgung** zu überlassen.[184] Diese sog. Andienungspflicht, die im Sinne des sog. **Territorialprinzips** den Vorrang der Beseitigung innerhalb des Landes festlegt, in dem der Abfall anfällt,[185] entfiel auch bisher schon für Abfälle, die in hierfür zugelassenen betriebseigenen Anlagen des Erzeugers beseitigt werden. Sie wird nun gänzlich durch ein privatwirtschaftliches Modell ersetzt, das eine Beauftragung von Unternehmen auch im Ausland zulässt. Für

---

182 Dazu *Queitsch*, Gemeinnützige und gewerbliche Abfallsammlungen nach § 13 Abs. 3 KrW-/AbfG, UPR 2005, 88 ff.
183 Vgl. BVerfGE 79, 127, 156 f.
184 Das Nähere regelte eine auf § 11 des hessischen Ausführungsgesetzes zum KrW-/AbfG gestützte VO zur Bestimmung des Zentralen Trägers nach § 11 HAKrWG (TrägerbestimmungsVO) v. 12.6.1997 (GVBl. I, 196); dieser Träger war bisher die Hessische Industriemüll GmbH (HIM); s. ferner S. VO über die Andienung und Zuweisung besonders überwachungsbedürftiger Abfälle (Andienungs- und ZuweisungsVO) v. 4.12.1998 (GVBl. I, 554).
185 BVerwG, NVwZ 2004, 739, 741; vgl. auch *Schmidt/Kahl/Gärditz*, § 11, Rn 82.

Kleinmengen gefährlicher Abfälle aus Haushaltungen, Gewerbe- und Dienstleistungsbetrieben besteht indessen nach wie vor die Entsorgungspflicht der Städte und Kreise (§§ 1 IV HAKrWG).[186]

d) Abfallwirtschaftsplanung

Entsprechend den komplexen Anforderungen und der überörtlichen Bedeutung einer geordneten Abfallentsorgung sieht § 30 KrWG die Erstellung von **Abfallwirtschaftsplänen** durch die Länder vor. In den Abfallwirtschaftsplänen sind die Ziele der Abfallvermeidung und -verwertung sowie die erforderlichen Abfallbeseitigungsanlagen darzustellen und die zugelassenen Abfallbeseitigungsanlagen und geeignete Flächen für Deponien und andere Anlagen auszuweisen (§ 30 Abs. 1 S. 2 und 3 KrWG). Bei der Darstellung des Bedarfs sind zukünftige, innerhalb eines Zeitraumes von mindestens zehn Jahren zu erwartende Entwicklungen zu berücksichtigen (§ 30 Abs. 2 KrWG). Der Landesabfallwirtschaftsplan wird durch das zuständige Ministerium (derzeit die Umweltministerin) im Benehmen mit der obersten Landesplanungsbehörde (z.Z. dem Wirtschaftsminister) aufgestellt (§ 9 Abs. 1 HAKrWG). Die Öffentlichkeit und Naturschutzvereinigungen sind zu beteiligen (§§ 32 KrWG, 9 Abs. 2 HAKrWG). Die Abfallwirtschaftspläne sind zunächst nur für nachgeordnete Behörden verbindlich, können aber nach § 30 Abs. 4 KrWG für die Entsorgungspflichtigen für **verbindlich erklärt** werden. Erst dann entfalten die Abfallwirtschaftspläne Außenwirkung. Dies geschieht durch Rechtsverordnung (§ 9 Abs. 3 HAKrWG).[187] Bedeutung hat dies etwa für die Planfeststellung und Genehmigung von Abfallbeseitigungsanlagen (§§ 35, 36 Abs. 1 Nr. 5 KrWG).[188]

92

Zur Planung tragen die Abfallwirtschaftskonzepte und Abfallbilanzen bei, die die Entsorgungspflichtigen über die Verwertung und die Beseitigung der in ihrem Gebiet anfallenden und ihnen zu überlassenden Abfälle zu erstellen und der Abfallbehörde vorzulegen haben (§§ 21 KrWG, 8 HAKrWG). Die Abfallbilanzen werden dann durch das Hessische Landesamt für Umwelt und Geologie ausgewertet (§ 22 Abs. 1 Nr. 1 HAKrWG).

93

e) Zuständigkeiten

Die abfallrechtlichen Kompetenzen liegen im Wesentlichen bei den Regierungspräsidien (§ 19 HAKrWG). Sie beziehen sich etwa auf die Zulassung des Betriebs von Abfallentsorgungsanlagen (§ 35 KrWG)[189] und auf die Überwachung der Einhaltung der abfallrechtlichen Vorschriften (§§ 47 KrWG, § 15 Abs. 1 HAKrWG), für die § 15 Abs. 2 HAKrWG die nötige ordnungsrechtliche Ermächtigungsgrundlage bietet. Für die abfallrechtliche Überwachung von Anlagerungen außerhalb von Deponien oder zulas-

94

---

186 Konkretisierung bislang in der auf Basis des HAKrWG erlassenen KleinmengenV, GVBl. 1990 I, 422.
187 Noch auf altes Recht gestützt ist die VO über die Allgemeinverbindlichkeit des Abfallwirtschaftsplanes Hessen v. 30.8.2010 (GVBl. I, 322), die bis 31.12.2015 galt. Der derzeit gültige Abfallwirtschaftsplan Hessen v. 24.4.2015 (https://umwelt.hessen.de/sites/default/files/media/hmuelv/awp_hessen_2015_stand_24_04_2015.pdf) ist danach, soweit ersichtlich, nicht für verbindlich erklärt worden.
188 *Erbguth/Schlacke*, § 12 Rn 43; zur vorgeschriebenen Plan-UVP (§ 35 Abs. 2 KrWG) *Versmann*, Strategische Umweltprüfung für Abfallwirtschaftspläne, ZUR 2006, 233 ff.
189 *Beckmann/Hagmann*, Stilllegung, Rekultivierung und Nachsorge von Deponien – Abfallrechtliche und bodenschutzrechtliche Anforderungen, ZUR 2005, 9 ff.

sungspflichtigen Anlagen sind die Gemeinden zuständig (§ 20 Abs. 1 HAKrWG). Es handelt sich um eine Pflichtaufgabe zur Erfüllung nach Weisung (§ 20 Abs. 4 HAKrWG).

4. Immissionsschutz

95 Das Immissionsschutzrecht ist bundesrechtlich umfassend geregelt. Die Länder besitzen aber Zuständigkeiten beim verhaltensbezogenen Immissionsschutz, bei Ergänzungen des Bundesrechts im Hinblick auf nicht genehmigungsbedürftige Anlagen und bei Maßnahmen in Belastungsgebieten.[190] Ein eigenes Landesimmissionsschutzgesetz gibt es für Hessen – wie für die meisten anderen Bundesländer – nicht. Auch für den **Lärmschutz** fehlt es an einer eigenständigen Regelung, seit die dem verhaltens- und teils anlagenbezogenen Immissionsschutz dienende hessische Lärmschutzverordnung zum 1.1.2005 aufgehoben wurde.[191] Die zulässigen Lärmimmissionen richten sich damit zurzeit in erster Linie nach Bundesrecht, das sich – wie die auf § 48 BImSchG gestützte TA Lärm – auf Anlagen oder, wie einige Arbeitsschutzbestimmungen, auf Geräte bezieht. Der Schutz der Allgemeinheit vor Umgebungslärm ist schwach ausgestaltet. Präventiven Schutz sollen die Planungsgesetze bieten. Den Ländern ist die Lärmminderungsplanung nach den §§ 47 a ff BImSchG übertragen, die in Hessen den Regierungspräsidien obliegt (§ 1 Abs. 1 ImSchGZuVO).[192] In konkreten Belastungssituationen ist das Nachbarrecht (§ 906 BGB) der Maßstab. „Erhebliche Belästigungen" i.S.d. § 3 Abs. 1 BImSchG und der TA Lärm sind zugleich „wesentliche Beeinträchtigungen" i.S.d. § 906 BGB, doch kann die Grenze des Zumutbaren auch darunter liegen.[193] Die Eingriffsschwelle für die Gefahrenabwehr- und Polizeibehörden nach dem HSOG dürfte danach zu bemessen sein, doch sind gerichtliche Klagen auf ein Einschreiten selten erfolgreich.[194] Was den Schutz vor Verkehrslärm betrifft, stellt § 45 StVO für den Straßenverkehr Ermächtigungen auf, die für örtliche Maßnahmen der Verkehrsberuhigung genutzt werden können.[195]

96 Im Hinblick auf den Schutz vor Schadstoffen in der Luft ist den Ländern für **Belastungsgebiete** aufgrund ihrer Vollzugskompetenz für die in der Öffentlichkeit sog. Fein-

---

190 *Huber/Wollenschläger*, Immissionsschutz nach der Föderalismusreform I: Zur veränderten Kompetenzverteilung zwischen Bund und Ländern im Bereich des Lärmschutzes, NVwZ 2009, 1513 ff.
191 GVBl. 2004 I, 326; die für die Dauer der letzten Fußball-WM in Hessen erlassene sog. Lärmschutz-VO (auf Grundlage des § 23 Abs. 2 S. 1 BImSchG, GVBl. 2010 I, 163) zielte auf eine vorübergehende Lockerung des Lärmschutzes ab.
192 Die §§ 47 a ff BImSchG setzen ihrerseits RL 2002/49/EG v. 25.6.2002 über die Bewertung und Bekämpfung von Umgebungslärm (ABl. L 189/12, i.d.F. ABl. 2015 L 168/1) um, s. allgemein *Scheidler*, Die Neuregelungen im Bundes-Immissionsschutzgesetz zur Lärmminderungsplanung, UPR 2005, 334 ff; *Cancik*, Stand und Entwicklung der Lärmminderungsplanung in Deutschland, WiVerw 2012, 210 ff.
193 BGHZ 122, 76, 78; NJW 2003, 3699.
194 VGH Kassel, 8 A 2421/11 v. 10.4.2014 (kein Anspruch auf Einschreiten gegen „After-Work-Parties" auf öffentlichen Plätzen); zu einem auf Lärmschutz gerichteten Folgenbeseitigungsanspruch gegen eine Gemeinde VG Gießen, NuR 2007, 223 (Bürgerhaus).
195 *Schulze-Fielitz*, Der Straßenverkehrslärm und das Umweltrecht, ZUR 2002, 190 ff; zur Abwägung in der Fachplanung BVerwG, NuR 2005, 652; zu nachträglichen Maßnahmen in der Straßenplanung BVerwG, UPR 2007, 233; zu Fluglärm BVerwG, UPR 2007, 63 sowie *Giemulla*, Das neue Fluglärmgesetz, DVBl. 2008, 669 ff.

staubrichtlinie der EU[196] eine besondere Verantwortung zugewachsen, die für die einzelnen genannten Schadstoffe (Schwefeldioxid, Stickstoffoxide, Partikel, Blei u.a.) zu verschiedenen Stichtagen zu implementieren war. Danach dürfen die aufgestellten Grenzwerte an keiner Stelle der Europäischen Union über einen längeren Zeitraum hinweg überschritten werden. Auf Bundesebene ist die Umsetzung durch die §§ 47, 48a, 40 BImSchG und die 39. BImSchV erfolgt, die Toleranzwerte für die betreffenden Stoffe aufstellen. Um die relevanten Daten zu erheben, mussten Messstationen errichtet werden. Zur Verbesserung der Luftqualität ist die Erstellung von **Luftreinhalteplänen** und **Aktionsplänen** vorgeschrieben. Beide werden vom hessischen Umweltministerium erstellt (§ 2 Nr. 2 ImSchGZuVO).[197] Luftreinhaltepläne müssen bei Überschreitung der Grenzwerte aufgestellt werden und Maßnahmen zur dauerhaften Verminderung von Luftverunreinigungen festlegen (§ 47 Abs. 1 BImSchG), wozu die sog. Umweltzonen gehören.[198] Ziel der Luftreinhalteplanung ist es, den verantwortlichen Behörden Handlungsoptionen zur Einhaltung der Grenzwerte aufzuzeigen. Hierfür muss im Luftreinhalteplan auch festgehalten werden, in welchem Umfang die vorgeschlagenen Maßnahmen geeignet erscheinen, die Schadstoffbelastung zu reduzieren.[199] Der Begriff des Aktionsplans ist im Gesetz inzwischen durch den des „Plan[s] für kurzfristig zu ergreifende Maßnahmen" ersetzt worden (§ 47 Abs. 2 BImSchG); zu ihnen gehören Kontrollen und Fahrverbote. Dieser Plan kann auch Teil eines Luftreinhalteplanes sein (§ 47 Abs. 2 S. 4 BImSchG). Wurde der Straßenverkehr als eine der Hauptquellen von Schadstoffen wie Stickoxiden identifiziert, ist die Unterlassung der Aufnahme verkehrsbeschränkender Maßnahmen in den Plan rechtswidrig.[200] Insbesondere durch die Enthüllungen im Rahmen des sog. „Dieselskandals", welche zeigten, dass einige große Autohersteller durch eine Fahrzeugsoftware den Ausstoß schädlicher Stoffe (insbesondere Stickstoffdioxid) manipuliert haben, ist die Belastung von Städten durch den Straßenverkehr in den Fokus der Öffentlichkeit gerückt.[201] Zur Reduktion dieser Belastung werden deshalb unter anderem die Einführung einer City-Maut[202] sowie Fahrverbote für Dieselfahrzeuge in Städten[203] diskutiert. Soweit zeitliche oder fahrzeugspezifische Verkehrsbeschränkungen vorgesehen sind, bedarf es hierzu wegen der Grundrechtsrelevanz einer Verordnung, die von der für die betroffene Straßenkategorie zuständigen Straßenverkehrsbehörde (§ 6 ImSchGZuVO) erlassen

---

196 Richtlinie 1999/30/EG über Grenzwerte für Schwefeldioxid, Stickstoffdioxid und Stickoxide, Partikel und Blei in der Luft v. 22.4.1999 (ABl. L 163/41), inzwischen ersetzt durch die Luftqualitätsrahmen-RL 2008/50/EG v. 21. 5. 2008 (ABl. L 152/1, i.d.F. ABl. 2015 L 226/4).
197 Für die Luftreinhaltepläne ist das Land in die fünf Gebiete Südhessen, Rhein/Main, Lahn-Dill, Mittel- und Nordhessen sowie Kassel eingeteilt worden; s. etwa den Luftreinhalteplan Rhein/Main vom Mai 2005, in seinen Teilplänen fortgeschrieben 2011/12; zu den Anforderungen *Assmann/Knierim/Friedrich*, Die Luftreinhalteplanung nach dem Bundes-Immissionsschutzgesetz, NuR 2004, 695 ff.
198 *Schröer/Kullick*, Erfolgsmodell Umweltzonen, NZBau 2012, 635 ff.
199 VG Wiesbaden, ZUR 2016, 51 ff.
200 VG Wiesbaden, ZUR 2016, 245; mit Beschluss vom 11.05.2016 änderte der hessische VGH den Beschluss des VG Wiesbaden aus anderen Gründen ab: VGH Kassel, ZUR 2016, 432.
201 Zum sogenannten Dieselskandal und seinen Folgen für die Zulassung bestimmter Fahrzeugtypen: *Klinger*, Dieselgate öffentlich-rechtlich. EG-Typengenehmigung, Übereinstimmungsbescheinigung und Konsequenzen für deutsche PKW-Halter, ZUR 2017, 131 ff.
202 *Klinger*, Landesrechtliche Kompetenzen für eine City-Maut zur Verminderung der Luftbelastung, ZUR 2016, 591 ff.
203 *Faßbender*, Der Dieselskandal und der Gesundheitsschutz. Zugleich ein Beitrag zur Zulässigkeit von Fahrverboten für Dieselfahrzeuge, NJW 2017, 1995 ff.

wird. Um eine Differenzierung von Fahrzeugen nach Schädlichkeit zu ermöglichen, hat die Bundesregierung eine Verordnung erlassen, auf deren Grundlage Schadstoffplaketten vergeben werden.[204]

97 Probleme des **Rechtsschutzes** ergeben sich im Immissionsschutzrecht insbesondere im Genehmigungsverfahren regelmäßig bei der Klageberechtigung betroffener Dritter und bei der Bestimmung der relevanten Schädlichkeitsschwelle.[205] Im Zusammenhang mit der Luftreinhalteplanung stellt sich die Frage nach einer Erweiterung des üblichen Rechtsschutzarsenals. Besteht entgegen den europa- und bundesrechtlichen Verpflichtungen kein Aktionsplan, so haben einige Verwaltungsgerichte bei entsprechender Überschreitung der Grenzwerte ein faktisches Aktionsplangebiet anerkannt mit der Folge, dass die Aufstellung eines Aktionsplanes auch gerichtlich erstritten werden könne.[206] Richtige Klageart wäre dann – je nach Auffassung – die allgemeine Leistungsklage oder die Feststellungsklage. Das BVerwG ist dem nicht gefolgt, hat aber dem EuGH gem. Art. 267 AEUV die Frage vorgelegt, ob der zugrundeliegenden Richtlinie ein entsprechender Individualanspruch auf Aufstellung eines Aktionsplans zu entnehmen sei. Dieser hat ein solches Recht zwar anerkannt, belässt aber den Mitgliedstaaten ein Ermessen, auf welche Weise sie dieses Recht verwirklichen; davon unberührt bleiben bei entsprechender Ermessensreduzierung Ansprüche auf Durchführung planunabhängiger, etwa verkehrslenkender Maßnahmen.[207] Die Klage ist nach dem Rechtsträgerprinzip gegen das Land Hessen zu richten, da das hessische Umweltministerium nach § 2 Nr. 2 ImSchGZuVO die für die Luftreinhalteplanung zuständige Behörde ist. In der Vergangenheit haben anerkannte Umweltverbände immer wieder erfolgreich gegen Luftreinhaltepläne geklagt, weil diese nicht geeignet waren, die Einhaltung der Schadstoffgrenzwerte zu gewährleisten.[208]

5. Bodenschutz

98 Der Bodenschutz war lange ein vernachlässigter Aspekt des Umweltrechts.[209] Sein Ziel ist die nachhaltige Sicherung und Wiederherstellung der Funktionen des Bodens. Die vorgesehenen Maßnahmen richten sich auf die Abwehr schädlicher Einwirkungen wie Immissionen und Versiegelung sowie die Sanierung kontaminierter Böden. Einen wesentlichen Bestandteil des Bodenschutzes bildet daher die Erfassung, Untersuchung und Bewertung altlastenverdächtiger Flächen und die Beseitigung von **Altlasten**, d.h. vor allem stillgelegter Abfallbeseitigungsanlagen und Industriestandorte, von denen Gefährdungen für nachfolgende Nutzer und Belastungen des Grundwassers ausgehen.

---

204 35. BImSchV zur Kennzeichnung der Kraftfahrzeuge mit geringerem Beitrag zur Schadstoffbelastung (BGBl. 2006 I, 2218, i.d.F. v. 5.12.2007 (BGBl. I, 2793).
205 Übungsfall bei *Koch/Dietrich*, „Schwebstaub", JA 2006, 360 ff; s. a. *Marten*, Volle Kraft voraus – Gesetz zur Reduzierung und Beschleunigung von immissionsschutzrechtlichen Genehmigungsvorhaben, DVBl. 2009, 213 ff.
206 VG Stuttgart, NVwZ 2005, 971; VGH München, NVwZ 2007, 233; aus der Lit. statt vieler *Couzinet*, Die Schutznormtheorie in Zeiten des Feinstaubs, DVBl. 2008, 754 ff; *Streppel*, Subjektive Rechte im Luftqualitätsrecht, ZUR 2008, 23 ff.
207 BVerwG, NVwZ 2007, 695; EuGH, Rs. C-237/07, Janecek/Freistaat Bayern, Slg. 2008, I-6221 m. Anm. *Faßbender*, EuR 2009, 400 ff; s. nunmehr BVerwGE 147, 312.
208 VG Wiesbaden, ZUR 2016, 51 ff (zum Luftreinhalteplan Limburg); ZUR 2015, 626 ff (zum Luftreinhalteplan Offenbach); ZUR 2012, 113 ff (zum Luftreinhalteplan Wiesbaden).
209 Rat von Sachverständigen für Umweltfragen, Altlasten, Sondergutachten, 1989.

Nachdem das hessische Bodenschutzrecht lange Modellcharakter hatte, wurden die **99** Vorläufer des heute gültigen Hessischen Altlasten- und Bodenschutzgesetzes von 2007 weitgehend durch das auf der Grundlage des Art. 74 Abs. 1 Nr. 18 GG erlassene **Bundesbodenschutzgesetz** von 1998 verdrängt.[210] Für das **Landesrecht** bleibt hier nicht mehr viel Spielraum. Von der Ermächtigung des § 21 Abs. 2 BBodSchG an die Länder, über altlastenverdächtige Flächen und Altlasten hinaus auch andere Verdachtsflächen einzubeziehen, hat Hessen keinen Gebrauch gemacht. Die hier vor allem gemeinten noch betriebenen Standorte von Industrieanlagen unterliegen damit dem Bundes-Immissionsschutzgesetz und dem Gewässerschutzrecht. Rechtsprechung zum alten hessischen Recht bleibt aber von Bedeutung, da viele Regelungen denen des Bundesrechts sehr ähnlich sind. Insofern muss hier auf die allgemeinen Darstellungen des Umweltrechts verwiesen werden.[211]

Verfahrensrechtlich hängt das Vorliegen einer Altlast nicht von einem feststellenden **100** Verwaltungsakt ab (vgl. § 11 Abs. 5 und 6 HAltBodSchG).[212] Die zuständige Behörde kann bei hinreichendem **Altlastenverdacht** von dem Verantwortlichen Untersuchungen und die Vorlage eines Sanierungsplans verlangen (§ 13 BBodSchG). Dem geht eine entsprechende Verdachtsuntersuchung (§ 9 BBodSchG) voraus, an der der Verantwortliche mitzuwirken hat (§§ 4 f HAltBodSchG).[213] Bestätigt sich der Altlastenverdacht nicht, hat der Betroffene einen Kostenerstattungsanspruch (§ 24 Abs. 1 S. 2 BBodSchG). Als ordnungsrechtlich **Verantwortliche** bestimmt das Bundesrecht den Verursacher, dessen Gesamtrechtsnachfolger, den Grundstückseigentümer und den Inhaber der tatsächlichen Gewalt über ein Grundstück (§ 4 Abs. 3 BBodSchG). Eine Störerauswahl ist dadurch, abgesehen vom Verhältnismäßigkeitsgebot des § 10 Abs. 1 S. 4 BBodSchG, noch nicht vorgegeben. Gleiches gilt für die Kostenpflichtigkeit. Hierzu enthalten die §§ 24 BBodSchG, 13 HAltBodSchG nähere Bestimmungen, die wegen der strengen Zustandsstörerhaftung im Hinblick auf Art. 14 GG verfassungsrechtlich problematisch sind (§ 24 Abs. 2 S. 2 BBodSchG).[214] Kann ein privater Verantwortlicher nicht oder nicht rechtzeitig in Anspruch genommen werden, wird die Sanierung durch einen mittels öffentlich-rechtlichen Auftrags zu bestimmenden Träger der Altlastensanierung durchgeführt (§ 12 HAltBodSchG). Dies ist kraft einer Verordnung die Hessische Industriemüll-GmbH.[215] Das Land hat gegen den Verantwortlichen einen gesetzlichen Anspruch auf Kostenerstattung (§ 13 HAltBodSchG).

---

210 Europäisches Recht gibt es, abgesehen von der Klärschlamm-RL 86/278/EWG(ABl. 1986 L 181/6, i.d.F. ABl. 2009 L 87/109), nicht; zu Vorarbeiten zu einer europäischen Bodenschutzrahmenrichtlinie *Heuser*, Überlegungen zur Gestaltung des EU-Bodenschutzrechts, ZUR 2007, 63 ff, 113 ff.
211 Vgl. *Koch/Sanden*, § 8 Rn 20 ff; Rechtsprechungsübersichten bei *Finger*, Neues von den Altlasten, NVwZ 2011, 1288 ff; *Schlabach/Heck*, Bodenschutz- und Altlastenrecht, VBlBW 2013, 401 ff.
212 Zur abweichenden, aber durch Bundesrecht verdrängten früheren Rechtslage in Hessen BVerwG, UPR 2006, 443.
213 Für die Vorlage eines Untersuchungskonzepts bietet das Gesetz dagegen keine Grundlage, s. VGH Kassel, UPR 2005, 392.
214 Vgl. BVerfGE 102, 1; *Tollmann*, Die Opferfälle: Eine unendliche Geschichte – Zum Rechtsgrund und zur Reichweite der Zustandsstörerverantwortlichkeit im Bodenschutzrecht, DVBl. 2008, 616 ff; *Schäling*, Grenzen der Haftung des Inhabers der tatsächlichen Gewalt für schädliche Bodenveränderungen und Altlasten nach dem Bundes-Bodenschutzgesetz, NuR 2009, 693 ff.
215 AltlastV v. 30.10.1989, GVBl. 1989 I, 436.

101 Für die Altlastensanierung und die mit ihr zusammenhängenden Maßnahmen ist das Regierungspräsidium **zuständige Behörde** (§§ 16 Abs. 1, 15 HAltBodSchG), sofern nicht durch Verordnung etwas anders bestimmt ist.[216]

III. Klausurhinweise

102 Im Umweltrecht ist eine Vielzahl unterschiedlichster Fallkonstellationen mit verwaltungs-, verfassungs- und europarechtlichen Besonderheiten denkbar.[217] Die meisten Fälle spielen sich naturgemäß im Verwaltungsrecht ab. Ein Beispiel für einen **verfassungsrechtlichen** Bezug bietet die Ausweisung eines Landschaftsschutzgebietes nach § 12 HAGBNatSchG (dazu Rn 59), gegen die ein Eigentümer betroffener Grundstücke gerichtlich vorgehen will. Da es sich bei der Ausweisung um eine Rechtsverordnung handelt (§ 12 HAGBNatSchG), würde im Rahmen einer Normenkontrolle durch den VGH (§ 47 Abs. 1 Nr. 2 VwGO, § 15 HAGVwGO) eine Prüfung vor allem anhand des Art. 14 GG nötig werden (zum Rechtsschutz im Naturschutzrecht i.Ü. Rn 65). Das Eigentumsgrundrecht kann auch im Zentrum der Untersuchung stehen, wenn die Beurteilung der Verhältnismäßigkeit einer Sanierungsanordnung nach § 10 Abs. 1 S. 1 i.V.m. § 4 Abs. 3 BBodSchG in Rede steht.[218] Das **Europarecht** kommt in umweltrechtlichen Fallgestaltungen der Praxis vor allem in Betracht, wenn es um die Auslegung umweltrechtlicher Richtlinien geht, deren Begrifflichkeiten das Bundes- und Landesrecht in beträchtlichem Umfang vorprägen; dann kann eine Vorlage an den EuGH zu prüfen sein (Art. 267 AEUV).

103 Typische **verwaltungsrechtliche Fälle** des Umweltrechts ergeben sich in Verpflichtungslagen aus dem Streit zwischen Antragsteller und zuständiger Behörde um die **Erteilung einer Genehmigung** z.B. nach §§ 4, 6 BImSchG oder nach § 35 KrWG.[219] Abwehrkonstellationen folgen im Wesentlichen **polizei- und ordnungsrechtlichen** Grundmustern, auf die dann zurückzugreifen ist, etwa wenn es im Bodenschutzrecht um die Ermittlung des richtigen Störers geht. Für die prozessualen Aspekte solcher Ansprüche ist, wie nicht weiter erläutert werden muss, die Kenntnis der gängigen verwaltungsrechtlichen Klagearten erforderlich.

104 Gerade die Einbeziehung Dritter löst verwaltungsprozessuale Besonderheiten aus, welche in der Klausur im umweltrechtlichen Gewand geprüft werden können. Derartige **mehrpolige Rechtsverhältnisse**, z.B. zwischen dem Antragsteller einer Anlagengenehmigung, der zuständigen Behörde und einem Dritten, kommen in der Prüfungspraxis nicht selten vor.[220] Ähnlich den Konstellationen im Baurecht, kann eine Behörde auch durch die Erteilung einer Genehmigung aufgrund umweltrechtlicher Vorschriften in die subjektiv-öffentlichen Rechte eines Dritten eingreifen. Beispielsweise kann durch die Genehmigung einer Anlage nach dem BImSchG eine Beeinträchtigung der Gesund-

---

216 BodschZustVO v. 3.1.2008, GVBl. I, 7, 19, i.d.F. GVBl. 2016, 195.
217 S. *Kotulla*, Umweltrecht – Grundstrukturen und Fälle, 6. Aufl. 2014; *Mascher*, Einführung in das Umweltrecht, VR 2016, 369 ff.
218 Übungsfall bei *Zilkens*, JuS 2003, 688 ff.
219 Zum Zusammenspiel von Baurecht und Immissionsschutzrecht bei der Genehmigung von Anlagen: *Hilbert*, Das Verhältnis von Immissionsschutzrecht und Baurecht, JuS 2014, 983 ff.
220 Übungsfall zu einer solchen Konstellation: *Kerkmann*, JA 2014, 600 ff.

heit der in der Nähe lebenden Personen drohen. Ein Eingriff kann jedoch auch darin liegen, dass die Behörde das Einschreiten gegen einen Störer ablehnt. Im Rahmen der Klagebefugnis ist dann zum einen der **drittschützende Charakter** der Norm zu ermitteln, auf die sich der Kläger beruft, zum anderen muss dieser zum Kreis der durch die Norm begünstigten Personen gehören. Der subjektiv-rechtliche Charakter der betreffenden Norm ist in den einzelnen umweltrechtlichen Normen durch Auslegung zu ermitteln. Sie müssen nicht nur im Interesse der Allgemeinheit bestehen, sondern gerade auch dazu bestimmt sein, Individualrechte zu schützen (Schutznormtheorie). Als derartige drittschützende Normen sind z.B. § 5 Nr. 1 BImSchG und § 14 Abs. 3 WHG anerkannt. Zum Kreis der durch solche Normen begünstigten Personen können bspw. Nachbarn einer zu genehmigenden Anlage gehören.[221] In der Praxis spielt der **vorläufige Rechtsschutz** nach § 80 Abs. 5 oder § 123 VwGO eine wichtige Rolle.

Mit der Schaffung des Umweltrechtsbehelfs-Gesetzes wurde neben anerkannten Naturschutzverbänden auch anderen anerkannten Umweltvereinigungen die Möglichkeit gegeben im Wege der – dem deutschen Verwaltungsrecht eher fremden – **Verbandsklage** gegen die Zulassung von Anlagen vorzugehen. Das Gesetz setzt die europäische Öffentlichkeitsbeteiligungsrichtlinie[222] um, welche wiederum auf der Århus-Konvention beruht. Damit wurde die zuvor auf das Naturschutzrecht beschränkte Verbandsklage auf andere Umweltvereinigungen ausgeweitet. In der Klausur ergeben sich bei einer Verbandsklage nach dem Umweltrechtsbehelfsgesetz Besonderheiten im Rahmen der Klagebefugnis, der Klagefrist sowie bei den Voraussetzungen der Begründetheit der Anfechtungsklage.[223]

105

---

221 Zur Klagebefugnis im Umweltrecht auch *Erbguth/Schlacke*, § 6 Rn 12 ff; *Schmidt/Kahl/Gärditz*, § 5 Rn 18 ff.
222 RL 2003/35/EG, ABl. 2003 L 156/17, i.d.F. ABl. 2016, L 344/1; zur wiederholten Korrektur des Gesetzes nach der Feststellung mangelhafter Umsetzung durch den EuGH *Schlacke*, Die Novelle des UmwRG 2017, NVwZ 2017, 905 ff.
223 Einen guten Überblick über die Besonderheiten und Unterschiede im Vergleich zur Individualklage gibt: *Keller*, Drittanfechtungen im Umweltrecht durch Umweltvereinigungen und Individualkläger. Ein Zwischenstand nach den Änderungen des Umwelt-Rechtsbehelfsgesetzes, NVwZ 2017, 1080.

Stichwortverzeichnis

Die Angaben verweisen auf die Paragrafen des Buches (**fette Zahlen**) sowie die Randnummern innerhalb der einzelnen Paragrafen (magere Zahlen).
Beispiel: § 9 Rn. 10 = **9** 10

Abfallentsorgung **7** 80 ff.
– Abfallbegriff **7** 83
– Abfallwirtschaftsplanung **7** 91 f.
– Entsorgungsorganisation **7** 88 ff.
– gefährliche Abfälle **7** 90
– Grundsätze **7** 84
– Pflichten **7** 85
– Verwertung **7** 86
– Zuständigkeiten **7** 93
Abgeordnete **2** 63, 87
Abstandsfläche **6** 68 f., 161
– Abweichungen **6** 69
Abwägungsentscheidung **6** 27
Abwägungsgebot **6** 34, 170
Abwehranspruch
– öffentlich-rechtlicher **6** 155
– zivilrechtlicher **6** 155
Abweichungen **6** 103, 118, 123
Adressat **6** 145
Akteneinsichtsausschuss **4** 52
Allgemeines Verwaltungsrecht und Landesrecht **3** 1
Allgemeinverfügung, polizeiliche **5** 205
Altlasten **7** 97 ff.
Amtshaftung **5** 260
Amtspflichtverletzung **5** 260
Angelegenheiten der örtlichen Gemeinschaft **4** 7, 13 ff., 25, 27, 114, 157
Angeordnete **2** 87
Annextätigkeit **4** 130
Anscheinsgefahr **5** 68
Anschlusszwang **4** 126
Anstalt des öffentlichen Rechts **3** 41, **4** 131
Anweisung **4** 146 f., 149 f., 170

Anzeigepflichten **4** 77, 120, 123, **6** 117
Anzeige- und Anmeldepflichten **7** 16, 53, 74
Äquivalenzprinzip **4** 139
Artenschutz **7** 59 f.
Aufenthaltsüberwachung **5** 175
Aufenthalts- und Niederlassungsfreiheit **2** 38
Aufenthaltsverbot **5** 166 ff.
Aufgabensicherung **4** 135
Aufgaben und Befugnisse (polizeiliche) **5** 25 ff.
Aufgabenverteilungsprinzip **4** 27
Auflage **6** 124 f.
Aufopferungsanspruch **5** 254, 259
Aufsichtsmittel **4** 147 f., 151
Aufsicht und Weisung
– bei Erfüllung staatlicher Aufgaben **3** 36 f.
– Dienstaufsicht **3** 35, 45
– Fachaufsicht **3** 33, 36 ff., 45, **4** 154
– innerhalb der unmittelbaren Landesverwaltung **3** 31
– Rechtsaufsicht **3** 32, 45, **4** 7, 23 f., 145 ff.
– Sanktion bei Nichtbeachtung **3** 34
– Schutzfunktion **4** 144
– Selbstvornahme **3** 33, 36
– VA-Qualität von Weisungen **3** 38
Auftragsangelegenheiten **3** 11, **4** 52, 109, 112 f., 145, 154, 158, 160 ff., 188
Aufwandsentschädigung **4** 44, 69
Aufwandsteuer **4** 32
Ausfertigung **4** 116

381

Ausführung, unmittelbare 5 109 f.
- Anwendungsbereich 5 250 ff.
Ausführung der Bundesgesetze 5 9
Ausgaben 4 22, 134, 170
Ausgangssperre 5 197
Auskunftspflicht 5 150, 153
Ausländerbeirat 4 100
Ausschuss der Regionen 4 41
Ausschüsse 4 65 ff., 75, 103, 147 f.
- Aufgaben 4 65
- Besetzung 4 66
Außenbereich 6 55 ff., 136
- privilegierte Vorhaben 6 55 f.

Ballungsraum 4 183
Bauantrag 6 107 f., 115, 141
- Ablehnung 6 151 f.
Bauaufsicht
- Eingriffsbefugnisse 6 84
- Fachaufsicht 6 83
- Rechtsaufsicht 6 83
Bauaufsichtsbehörde 6 80 ff.
- Örtliche Zuständigkeit 6 82
- Sachliche Zuständigkeit 6 82
Bauausführung 6 74 f.
Baueinstellung 6 140 f., 153, 167 f.
Baufreigabe 6 126 f.
Baufreiheit 6 14
Baugenehmigung 6 85 ff.
- Erteilung 6 113 ff., 122, 151
- Feststellungswirkung 6 120
- Form 6 113
- Legalisierungswirkung 6 126, 130 f.
- Nebenbestimmung 6 119, 124 f.
- Teilbaugenehmigung 6 135
- Vereinfachtes Verfahren 6 102 ff., 115
- Verfahren 6 107 ff., 151
- Verfahrensbeschleunigung 6 111
- Wirksamkeit 6 113, 127, 131
Baulast 6 70 f.

Bauleitplan 6 23, 41
- Anpassungspflicht 6 51
- Verfahren 6 46 ff.
- Zuständigkeit 6 45 f.
Bauleitplanung 6 21 ff., 33, 37, 41, 45 ff., 59
- Fehlerfolgen 6 52
Bauliche Anlagen 6 61 ff.
- Begriff 6 86
Bauordnungsrecht
- formelles 6 3 f.
- materielles 6 2 ff.
Bauplanungsrecht 6 1 ff., 6, 15, 22 ff.
- Planungsinstrumente 6 40 ff.
Baurecht
- Rechtsverordnungen 6 15
- Satzungen 6 15
- Verhältnis zu Fachgesetzen 6 16 ff.
- Verwaltungsvorschriften 6 15
Bauvoranfrage 6 132 ff.
Bauvorbescheid 6 132 ff., 166
Bauvorlagen 6 96, 107, 132, 141
Bauvorschriften, örtliche 6 73
Beachtenspflicht 6 28 f.
Beanstandung 4 62, 96 f., 117, 147 ff.
Beauftragter 4 151
Bebauungsplan 6 24, 41 ff.
- Ausfertigung 6 50
- Inkrafttreten 6 50
Bebauungsplan, qualifizierter 6 42
Befragung, polizeiliche 5 150 ff.
Behördenbegriff 3 51
Behördenleitervorbehalt 5 192
Behördenorganisation 7 39 f.
Beigeordnete 4 82 ff.
- Abberufung hauptamtlicher B. 4 84
- ehrenamtliche Beigeordnete 4 83
- hauptamtliche Beigeordnete 4 83
Beiträge 4 141
Bekanntmachung 6 47
Benutzungszwang 4 126

Stichwortverzeichnis

Berichtspflichten der Landesregierung 5 191
Berufung 2 80
Beseitigung 6 105
– Anordnung 6 143, 147 ff.
Bestandsschutz 6 130, 143, 149 f.
– aktiver 6 149
– Grenzen der Genehmigungswirkung 6 131
– passiver 6 149
– überwirkender 6 149
Bestimmtheitsgebot 2 22, 5 11
Beteiligungsgesellschaften 4 132 f.
– Vertretung der Gemeinde 4 133
– Weisungsbefugnisse 4 133
Betriebsbeauftragter für Umweltschutz 7 16
Bodenschutz 7 97 ff.
– Altlasten 7 97 ff.
– Verantwortlicher 7 99
– Zuständigkeit 7 100
Body-Cam 5 191
Brandschutz 6 67 f., 74 f.
Bundesamt für Verfassungsschutz 5 9
Bundesgrundrechte 2 26 f.
– Anwendungsvorrang 2 37 ff.
Bundeskriminalamt 5 9
Bundesland Hessen 1 1
Bundesnachrichtendienst 5 9
Bundespolizeibehörden 5 9
Bundesrecht 2 15 ff.
– Anwendbarkeit 2 92
– Anwendungsvorrang 2 16, 89
Bundesstaatlichkeit 2 51, 5 4, 8 f.
Bundesstaatsprinzip 2 10, 5 8 f.
Bürger 4 44
Bürgerbegehren 4 104
– Rechtsschutz 4 105, 193
– Zulässigkeit 4 104
Bürgerbeteiligung 4 98 ff.

Bürgerentscheid 4 103
– Negativkatalog 4 103
– Wirkung 4 104
Bürgermeister 4 70, 88, 93 ff., 112
– Abwahl 4 93
– Gemeindevorstand 4 94
– Kontrollfunktion 4 96 f.
– Verwaltungsleitung 4 95
– Wahl 4 82, 93
Bürgernähe 4 40
Bürgerversammlung 4 101
Bußgeld 6 137

CDU 1 32 ff.
Chip-Pflicht für Hunde 5 213 f.
Conditio sine qua non-Formel 5 91
Constitutions-Ergänzungsakte 1 21

Datenerhebung und -verarbeitung 5 189 ff.
– Änderungen 5 12
Demokratieprinzip 3 3
Denkmalschutz 6 56, 104
Dereliktion 5 103
Deutscher Bund 1 14
Devolutiveffekt 3 16
Dinglichkeit der Polizeiverfügung 5 129 ff.
Doppelfunktionale Maßnahme 5 20
Doppelte Buchführung 4 134
Doppelverantwortlichkeit 5 148
Drittschutz 6 157 ff.
Dualistisches Aufgabenmodell 4 109
Duldungspflichten 7 15
Duldungsverfügung 5 200
Durchsuchung 5 180 f.

Effektivität der Gefahrenabwehr 5 148
Ehrenamtliche Tätigkeit 4 44
Ehrenbeamte 4 80
Eigenbetrieb 4 120, 131

383

Eigengesellschaft 4 132
- Vertretung der Gemeinde 4 133
- Weisungsbefugnisse 4 133

Eigentumsgarantie 6 14, 150, 163

Eigenverantwortlichkeit der Gemeinden 4 16 ff., 110
- Einschränkungen 4 26, 28 f., 110

Eigenvornahme, staatliche 7 26

Eilfallkompetenz 5 227

Eingriffs- und Lenkungsverwaltung 7 14

Einkommensteuer 4 32

Einnahmen der Gemeinden 4 32, 137 ff.

Einrichtungen 5 46

Einstweilige Anordnung 2 75

Einwohner 4 43

Elektronische Fußfessel 5 175

EMRK 5 7, 247

Enteignender Eingriff 5 254

Enteignungsgleicher Eingriff 5 259

Entföderalisierung 5 4, 9

Entpolizeilichung 5 217

Entzug von gemeindlichen Aufgaben 4 26 ff.

Erkennungsdienstliche Maßnahmen 5 161 ff.

Erlaubnisvorbehalt 6 85, 128
- umweltrechtlicher 7 17

Ermächtigungsgrundlage 5 26, 278 ff.

Ermessen 5 7, 16, 131 ff., 239, 274, 287, 6 27, 106, 121, 123, 127, 138, 140, 142, 146 ff., 150 f., 167
- Auswahlermessen 5 133, 239
- Bauvorbescheid 6 134 f.
- Entschließungsermessen 5 132, 239

Ermessensausfall 5 135

Ermessensfehler 5 134 ff.

Ermessensfehlgebrauch 5 137

Ermessensgrenzen 5 134

Ermessensreduzierung auf Null 5 142 ff.

Ermessensüberschreitung 5 136

Ersatzvornahme 4 150, 5 243

Ersatzzwanghaft 5 245

Erstbefassung 5 228

Erziehungsrecht 2 33

Europäische Charta der kommunalen Selbstverwaltung 4 40

Europäische Menschenrechtskonvention 5 7

Europäische Polizeibehörde (EUROPOL) 5 6 f.

Ex ante-Sicht (Gefahr) 5 60

Fachaufsicht 4 154

Fachplanungsprivileg 6 17

Fachplanungsrecht 6 21, 57 ff.

Fachplanungsvorbehalt 6 17

Fahrkostenerstattung 4 69

Finaler Todesschuss 5 247

Finanzausgleich 4 33, 169

Finanzausstattung, angemessene 4 33, 168

Finanzautonomie 4 168

Finanzhoheit 4 22, 170

Flächennutzungsplan 6 21, 24, 173
- Wirksamkeit 6 50

Föderalismus 2 97, 5 4

Föderalismusreform 3 4, 10, 50, 4 38, 7 30 ff.

Folgenbeseitigungsanspruch 5 188

Fragerecht der Gemeindevertreter 4 52

Fraktionen
- Fraktionsausschluss 4 64
- Fraktionszwang 4 64
- Gemeindevertretung 4 63 f.
- Mindestgröße 4 63

Frankfurt am Main 1 20, 23

Frankfurter Wachensturm 1 22

Stichwortverzeichnis

Freiheitsbeschränkung 5 152
Freiheitsentziehung 5 152, 176 ff.
Freiwilliger Polizeidienst 5 13, 166
Freiwillige Selbstverwaltungsaufgaben 4 110
Freizügigkeit 2 33
Fußfessel, elektron. 5 175
Gebietsänderungen 4 11
Gebietserhaltungsanspruch 6 158
Gebietshoheit 4 19
Gebietskörperschaft 4 2
Gebühren 4 138 ff.
– Äquivalenzprinzip 4 139
– Kostendeckungsprinzip 4 140
– Wahrscheinlichkeitsmaßstab 4 139
Geeignetes Grundstück
– Baurecht 6 67
Gefahr 5 54 ff.
– abstrakte 5 63, 211
– erhebliche 5 80
– für Leib, Leben oder Freiheit 5 81
– gegenwärtige 5 79
– im Einzelfall 5 63
– im Verzug 5 82
– konkrete 5 63
Gefährdung, unmittelbare 5 79
Gefährdungsveranlasser 5 95 ff.
Gefahrenabwehr
– Baurecht 6 2, 15, 60, 64, 67 f., 74, 145
Gefahrenabwehr (Begriff) 5 15
Gefahrenabwehrbehörden 5 1
Gefahrenabwehrrecht 5 2
Gefahrenabwehrverordnung 5 39, 63, 203 ff.
– Ermächtigungsgrundlagen 5 207
– formelle Anforderungen 5 208 ff.
– Hunde 5 213 f.
– materielle Anforderungen 5 211 f.
– Rechtsschutz 5 216
– Verkündung 5 210

Gefahrenverdacht 5 71
Gefahrenvorfeld, Informationserhebung im 5 114, 160, 189
Gefahrerforschungseingriff 5 73
Gefahrqualifikationen 5 78 ff.
Gegenstromprinzip 6 26
Gemeindehaushalt 4 134 ff.
Gemeinden
– als Grundlage des demokratischen Staates 4 6
– Aufgaben 4 109 ff.
– Aufgabenübertragung durch Bund 4 38
– Gebietskörperschaften 4 2, 10
– Gemeindehoheiten 4 18 ff.
– Grundrechtsfähigkeit 4 36, 190
– individuelles Existenzrecht 4 11
– Zugehörigkeit zu den Ländern 4 37 f.
Gemeindevertreter 4 68 ff.
– Freies Mandat 4 69
– Inkompatibilität 4 70
– Sicherung der Mandatsausübung 4 69
Gemeindevertretung 4 45 ff.
– Allzuständigkeit 4 51
– Auflösung 4 151
– Ausschließliche Zuständigkeit 4 51
– Beschlussfähigkeit 4 60 f.
– Einberufung 4 54, 117
– Entscheidungen 4 50 ff., 58 ff.
– Fehlerhafte Beschlüsse 4 62
– Geschäftsordnung 4 57
– Parlamentsähnlichkeit 4 50
– Sitzungsordnung 4 56
– Tagesordnung 4 55
– Überwachung der Verwaltung 4 52
– Verfahren 4 57 ff.
– Wahlberechtigung 4 44, 46
– Wahlverfahren 4 46 ff.
– Zahl der Sitze 4 46
Gemeindeverwaltungsverband 4 180

385

Gemeindevorstand 4 82 ff.
- Geschäftsverteilung 4 94
- Informationspflicht 4 52
- Verwaltungsbehörde 4 85 ff.
- Zusammensetzung 4 82 ff.
- Zuständigkeiten 4 85 ff.

Gemeindliches Genehmigungsverlangen 6 100

Gemeinsame kommunale Anstalt 4 181

Gemeinschaftsteuern 4 169

Genehmigung
- Baurecht 6 85 ff., 7 57
- Immissionsschutzrecht 7 96
- Kommunalaufsicht 4 152
- naturschutzrechtliche 7 53, 55
- Wasserrecht 7 74

Genehmigungsbedürftigkeit 6 86, 138

Genehmigungsfreistellung 6 87 ff.

Genehmigungspflicht 4 147, 152

Generalanwalt beim Europäischen Gerichtshof
- Rechte und Pflichten 2 95

Generalklausel, bauordnungsrechtliche 6 144

Generalklausel, polizeiliche 5 30, 193 ff.

Gesamtplanung, räumliche
- Planungsinstrumente 6 21 ff., 24

Geschäftsfähigkeit 5 89

Gesetzesvorbehalt 5 10 f., 26, 277 ff.

Gesetzgebung 2 70

Gesetzgebungskompetenz
- Bauordnungsrecht 6 9
- Bodenrecht 6 6 f.
- Raumordnung 6 8

Gesetz über den Staatsgerichtshof 2 72 ff.

Gesundheit 5 45

Gewahrsam 5 176 ff.

Gewalt, tatsächliche (Begriff) 5 101

Gewaltenteilung 2 57

Gewaltschutzgesetz 5 174

Gewässerschutz 7 67 ff.
- Beseitigungspflicht 7 76
- Eigentum an Gewässern 7 73
- Erlaubnis- und Bewilligungserfordernis 7 74
- Gewässerbewirtschaftung 7 70
- Grundwasser 7 75
- Wasserhaushalt 7 69
- wasserwirtschaftliche Planung 7 77
- Zuständigkeiten 7 79

Gewerbesteuer 4 32

Gewerbesteuerumlage 4 32

Glasverbot 5 206

Großhessen 1 2

Großveranstaltungen 5 275

Grundfreiheiten 5 7

Grundrechte 2 18 ff., 4 36, 190, 5 10 f., 39, 141 f.
- Abgrenzung zu Staatszielen 2 20
- Fortgeltung 2 17
- inhaltsgleiche 2 50
- Inhaltsgleichheit 2 28, 44 f.
- Verhältnis von Landesgrundrechten zu Bundesgrundrechten 2 34 ff.
- Wesensgehaltsgarantie 2 21

Grundrechtsbindung 2 24, 44, 5 10

Grundrechtsklage 2 74, 76, 4 31, 189
- Antragsbefugnis 2 79
- Beschwerdegegner 2 82
- Frist 2 81
- Rechtswegerschöpfung 2 80
- Subsidiarität 2 78, 80
- Zulässigkeit 2 77

Grundrechtsschutz 2 29 ff.
- Mindeststandard 2 30

Grundrechtsverwirkung 2 14

Grundsteuer 4 32

Grundverwaltungsakt 5 234
- fiktiver 5 249

Handlungsformen, polizeiliche 5 198 ff.

Hauptsatzung 4 115
Haushaltsplan der Gemeinde 4 134
Haushaltssatzung 4 134
Haushaltssicherungskonzept 4 134
Hebesätze 4 32
Herrschaftswille 5 102
Hessen-Darmstadt 1 9, 12, 16, 24
Hessen-Kassel 1 9, 11, 17
Hessen Mobil 5 223
Hessen-Nassau 1 19, 23
Hessischer Datenschutzbeauftragter 3 28
Hessischer Rundfunk 3 44 f.
Hessisches Verwaltungsverfahrensgesetz
– Anwendungsbereich 3 49 ff.
– Ausnahmen vom Anwendungsbereich 3 55
– Subsidiaritätsklausel 3 54
Hessische Verfassung
– Demokratie 2 7
– Grundrechtsteil 2 6, 18
– Vollverfassung 2 5
Hierarchie 3 4
Hilfspolizei 5 13, 224
Hochschulzugang 2 35
Hoheitsträger (Polizeipflichtigkeit) 5 115 ff.
– formelle Polizeipflichtigkeit 5 117
– materielle Polizeipflichtigkeit 5 116
– Vollstreckung 5 238
Homogenitätsklausel 2 11
– Konflikt 2 13
Hundeführerschein 5 213 f.
Hundeverordnung 5 213 f.

Identitätsfeststellung 5 154 ff.
Illegalität
– formelle 6 85, 141 ff.
– materielle 6 76, 85, 140 ff., 142 ff.
Immissionsschutz 7 94 ff.
– Feinstaub 7 95

– Lärmminderungsplanung 7 94
– Lärmschutz 7 94
– Luftreinhaltepläne 7 95
– Rechtsschutz 7 96
Infektionsschutz 5 3, 124
Informationsbeschaffung, polizeiliche 5 72, 114, 149, 164, 191 f.
Ingewahrsamnahme 5 176 ff.
Interessenwiderstreit 4 71 ff.
Interkommunale Zusammenarbeit 4 171 ff.
Inter omnes 6 171
Inter partes 6 171

Jugendlichenbeteiligung 4 98
juristische Personen
– Grundrechtsfähigkeit 2 23
Justizverwaltungsakte 5 16

Kamerale Buchführung 4 134
Kammern 3 43
Kassenkredite 4 136
Kausalitätsbegriff 5 91
Kennzeichenerfassung 5 192
Kinderbeteiligung 4 98
Klagebefugnis der Gemeinden 4 30 f., 187 ff.
Kollektive Güter 5 48
Kommissionen 4 85
Kommunale Arbeitsgemeinschaft 4 172
Kommunale Gemeinschaftsarbeit 4 171 ff.
Kommunale Grundrechtsklage 2 83
Kommunale Spitzenverbände 4 185
Kommunale Verfassungsbeschwerde 4 30 f., 189
Kommunalverfassung 4 45
Kommunalverfassungsstreit 4 106 ff., 194
– Beteiligungsfähigkeit 4 107, 194
– Klagearten 4 108, 194

Stichwortverzeichnis

- Klagebefugnis 4 107 f., 194
- Organrechte 4 10, 194
- Prozessfähigkeit 4 107, 194

Kompensationsmodell 7 25

Kompetenz 2 89

Konnexitätsprinzip 4 34

Kontaktverbot 5 166, 174

Konzentrationswirkung 6 19 f., 128

Konzentrationswirkung, begrenzte 6 20

Kooperationshoheit 4 171

Körperschaft des öffentlichen Rechts 3 41

Kostendeckungsprinzip 4 140

Kosten der Gefahrenabwehr 5 269 ff.

Kostenersatzanspruch 5 270 ff.

Kostenträgerschaft 5 269

KPD 1 32 ff.

Kredite 4 136, 152

Kreisausschuss 4 159

Kreisfreie Städte 4 4

Kreistag 4 158

Kreisumlage 4 170

Kumulieren 4 48

Landesanwaltschaft
- Antragsrecht im Normenkontrollverfahren 2 96
- Funktion 2 93 f., 96
- Unabhängigkeit 2 93
- Wahl 2 94

Landesbetriebe 3 30

Landesentwicklungsplan 6 24, 30 ff.

Landesfachgerichte
- Prüfungskompetenz 2 90

Landesgrundrechte 2 26 f.
- Geltung 2 36, 39 ff., 52
- Nichtigkeit 2 16, 37

Landeshoheit 1 8

Landesoberbehörden 3 19

Landesrechnungshof 3 28

Landesrecht 2 15

Landesregierung
- Aufgaben 2 66
- Beschluss nach Art. 104 II 1 HV 3 5, 21
- Regierungs- und Verwaltungsfunktion 3 25

Landesverfassung 1 34, 42, 5 10 f.
- Bundesrechtlicher Rahmen 2 8 ff.

Landesverfassungsbeschwerde
- Einschränkungen 2 45

Landesverfassungsgerichte 2 47, 49
- Eigenständiges Prüfungsrecht 2 48
- Prüfungskompetenz 2 41 ff., 90
- Vorlagepflicht 2 46 ff.

Landesversammlung 1 33, 36 f.

Landesverwaltung
- Sonstige Einrichtungen 3 29

Landeswohlfahrtsverband 4 182

Landgrafen (Hessen) 1 7

Landkreise 4 4, 156 ff.
- Auftragsangelegenheiten 4 162
- Ausgleichsaufgaben 4 166
- Ergänzungsaufgaben 4 165
- Gebietskörperschaften 4 2, 156
- Gemeindeverbände 4 156
- Institutionelle Rechtssubjektsgarantie 4 157
- Institutionelle Selbstverwaltungsgarantie 4 157
- Kompetenz-Kompetenz 4 167
- Kreisfinanzen 4 168 ff.
- Organe 4 158 f.
- Selbstverwaltungsaufgaben 4 162
- Selbstverwaltungsrecht 4 157
- Übergemeindliche Aufgaben 4 163
- Übernahmekompetenz 4 167
- Weisungsaufgaben 4 162

Landrat 4 159 ff.
- als Behörde der Landesverwaltung 4 160 f.

Landschaftsplanung 7 48 ff.
Landtag 2 63 ff.
Lasten- und Finanzausgleich 4 33, 169
Laufende Verwaltung 4 85 f., 159
Legalitätsprinzip 5 16
Machtübernahme der Nationalsozialisten 1 27
Magistrat 4 45
Markterkundungsverfahren 4 128
Maßnahmen, polizeiliche 5 198
Mehrheitswahl 4 47, 93
Militärregierung, amerikanische 1 1, 28, 34, 40
Minister 2 68
Ministerien 3 20 ff.
– interne Gliederung 3 23
– Ministerbüro 3 22
– Ressortprinzip 3 5, 21
– Staatssekretär 3 22
Ministerpräsident 2 66 f., 3 27
Misstrauensvotum 2 69
Mittelauswahl 5 133
Mittelbare Landesverwaltung 3 40 ff.
Mittelstufe der Landesverwaltung
– Mittelstufengesetz 3 8
– Regierungspräsidium 3 15
– Sonderbehörden 3 18
Mitwirkungsverbot 4 71 ff.
Monistisches Aufgabensystem 4 109, 112

Nachbar 6 112 f., 152, 154 ff., 164 ff.
– Einverständnis 6 70
Nachhaltige Raumentwicklung 6 26
Nassau (Herzogtum) 1 13, 15
Natura 2000 7 43, 53
Naturschutz 7 43 ff.
– Ausgleichsabgaben 7 55
– Ausgleichs- und Ersatzmaßnahmen 7 54 f., 57 f.
– Eingriffe 7 52 ff.

– Grundsätze 7 46 f.
– Rechtsschutz 7 65
– Verfahren 7 63
– Ziele 7 46
– Zuständigkeit 7 63 f.
Naturschutzverbände
– Beteiligung 7 44, 66
– Klagerecht 7 45, 67
Neutralitätsgebot 4 87
Normenkontrolle 3 72, 6 34, 44, 169, 174
– Abstrakt 2 74, 85
– Konkret 2 74
– Prüfungskompetenz 2 84 f.
– verwaltungsgerichtliche 5 216
Normkollision 2 15, 37
Notstand, polizeilicher 5 111 ff.
Nutzungsänderung 6 86, 102, 136
Nutzungsuntersagung 6 76, 141 f., 147 ff., 153, 167

Obdachloseneinweisung 5 113
Oberste Landesbehörden 3 20, 27 f.
Observation 5 191
Öffentliche Bekanntmachung 4 116
Öffentliche Einrichtungen 4 119 ff., 191
– Begriff 4 119
– Benutzungsanspruch 4 43, 121
– Benutzungsverhältnis 4 120
– Bereitstellungsaufgabe 4 43, 110, 119
– Errichtung 4 51
– Kapazitätsgrenzen 4 124
– Organisationsform 4 120
– Politische Parteien 4 122
– Rechtsschutz 4 191
– Sondernutzung 4 119
– Tageseinrichtung für Kinder 4 125
– Volksfeste 4 123
– Widmung 4 119
– Zulassung 4 121
– Zwei-Stufen-Theorie 4 121

Öffentlichkeit 4 58 f.
- Ausschluss 4 59
- Medienöffentlichkeit 4 58

Öffentlich-rechtliche Vereinbarung 4 171 ff.

Opportunitätsprinzip 5 16

Opposition 2 55, 64 ff.

Ordnung, öffentliche 5 49 ff.

Ordnungsbehörden, allgemeine 5 203

Ordnungspolizeibeamte 5 226

Ordnungswidrigkeiten 4 81, 115, 5 35, 215

Organisation der Gefahrenabwehr 5 219 ff.

Organisationsautonomie 3 3 f.

Organisationshoheit 4 22

Organleihe 3 12, 4 160

Ortsbeirat 4 99

Ortsbezirke 4 99

Ortsvorsteher 4 99

Panaschieren 4 48

Parlament 2 55

Parlamentsrecht 2 63

Partizipation der Bürger 4 35

Person (Begriff) 5 90
- berechtigte 5 103

Personalhoheit 4 22

Personalien 5 154

Personenwahl 4 46, 48

Pflichtaufgaben 4 110

Planerhaltung 6 53

Planfeststellung 6 19, 23, 58 ff., 7 18
- Beschluss 6 58 f.
- Verfahren 6 58

Planung 7 11
- Abfallwirtschaftsplanung 7 91 f.
- Bauplanungsrecht 7 57, 60
- Landschaftsplanung 7 48 f.
- Lärmminderungsplanung 7 94

- Luftreinhaltepläne und Aktionspläne 7 95
- Umweltplanung 7 12 f.
- wasserwirtschaftliche Planung 7 77

Planungshoheit 3 9, 4 21, 188, 6 11 f., 51, 172

Platzverweisung 5 166 ff., 197, 206

Polizeibegriff 5 1
- formeller 5 1
- materieller 5 1

Polizeibehörden 5 225

Polizeidienststellen 5 225

Polizeihelfer 5 13, 258

Polizeikosten 5 269 ff.

Polizeipflicht 5 84, 111, 115 ff.

Polizei- und Ordnungsrecht (Begriff) 5 1 f.
- allgemeines (Begriff) 5 3
- besonderes (Begriff) 5 3

Präventive Aufsicht 4 147

Präventive Tätigkeit 5 15 ff.

pre-recording 5 191

Preußen 1 14 ff.

Privatrecht 5 40

Privatrechtliche Organisationsformen 3 46 ff.

Putativgefahr 5 78

Putschversuche, separatistische 1 26

Rasterfahndung 5 192

Raum der Freiheit, der Sicherheit und des Rechts 5 6

Raumordnungsplan 6 25 ff.

Realakt 5 198 ff.

Realsteuern 4 32

Rechenschaftsberichte 4 85

Recht auf Arbeit 2 20

Rechtsaufsicht 4 146 ff.
- Anspruch auf Einschreiten 4 147
- Aufsichtsbehörden 4 146
- Opportunitätsprinzip 4 147

Stichwortverzeichnis

- Rechtsschutz 4 153
Rechtsformen des Polizeihandelns 5 198 ff.
Rechtsnachfolge
- Baurecht 6 71, 126, 145
- Polizeipflichtigkeit 5 119 ff.
Rechtsschutz 6 151 ff.
- Anfechtungsklage 6 153, 164, 175
- Normenkontrolle 6 169, 174
- Verpflichtungsklage 6 122, 125, 151, 167, 173, 176
- vorläufiger 6 152 f., 165, 168
Rechtsschutz der Gemeinden 4 30 f., 113, 153, 170, 186 ff.
Rechtsverordnung
- Freistellung von Baugenehmigungspflicht 6 90
Regiebetrieb 4 131
Regierungspräsidium 3 8, 15 ff., 61, 6 36, 38 f., 49, 173
Regionalplan 6 24, 35 ff.
Regionalplanung 6 33, 35 ff.
Regionalverband FrankfurtRheinMain 4 183
Regionalversammlung 6 35 f., 38 f.
Repressive Aufsicht 4 147
Repressive Tätigkeit 5 15 ff.
Rettungsschuss 5 247
Rettungsschuss, finaler 5 12
Revision 2 80
- Prüfungsmaßstab 2 90
Richtervorbehalt 5 192
Richtlinien der EU 7 29
- Abfallrahmenrichtlinie 7 81
- Feinstaubrichtlinie 7 95
- FFH-Richtlinie 7 43, 60 f.
- Vogelschutzrichtlinie 7 43, 60 f.
- Wasserrahmenrichtlinie 7 67
Rückgriffsanspruch 5 268
Rücksichtnahmegebot 6 159 f., 162

Sachbescheidungsinteresse 6 106
Sachlichkeitsgebot 4 87
Satzung 4 114 ff., 6 43 f., 76 ff., 172, 175
- Entwicklungssatzung 6 54
- Ergänzungssatzung 6 54
- Fehlerfolgen 4 117 f.
- Gestaltungssatzung 6 43, 73
- Heilung 4 117 f.
- Klarstellungssatzung 6 54
- Nichtigkeit 6 52
- Rechtsschutz 3 72, 4 192
- Rückwirkung 4 118
- Stellplätze, Abstellplätze für Fahrräder 6 76 ff.
Satzungshoheit 4 20
Schaden 5 55
Schadensausgleich 5 253 ff.
Schallschutz 6 74 f.
Scheingefahr 5 75
Schengener Grenzkodex 5 6
Schleierfahndung 5 192
Schutzbereich 2 33
Schutzgebiete
- FFH-Gebiete 7 61, 65, 74
- Naturschutzgebiete 7 43, 59
- Vogelschutzgebiete 7 61, 74
- Wasserschutzgebiete 7 75, 78
Schutznormtheorie 5 144, 6 157, 161 f.
Schutz privater Rechte 5 40 f., 145
Schutzvorschrift 4 154
Schwarzbau 6 136, 140, 143, 147 f.
Schwerpunkttheorie 5 20
Sekundärebene 5 263 ff.
Selbstauflösungsrecht 2 65
Selbstbestimmungsrecht 5 45
Selbstgefährdung 5 43
Selbstverwaltungsaufgaben 4 109 ff., 162

Selbstverwaltungsgarantie der Gemeinden 4 6 ff., 6 11, 36, 51, 172 ff.
- Aufgabenentzug 4 27
- Ausgestaltung 3 9
- Erweiterung durch Hessische Verfassung 4 8, 15, 34
- Finanzielle Eigenverantwortung 4 32 ff.
- Institutionelle Rechtssubjektsgarantie 4 10 f.
- Institutionelle Selbstverwaltungsgarantie 4 12 ff.
- Kernbereich 4 25
- Mindestgarantie 4 8
- Rahmen der Gesetze 4 23 f.
- Randbereich 4 26
- Subjektives Selbstverwaltungsrecht 4 29 ff.
- Wesensgehalt 4 25

Selbstverwaltungsgarantie der Landkreise 4 157

Separationsmodell 6 18 f.

Seveso-III-Richtlinie 6 97

Sicherheit, öffentliche 5 34 ff.

Sicherheitsrecht 5 4

Sicherstellung 5 183 ff.

Sonderaufsicht 4 155

Sonderopfer 5 254

Sonderordnungsbehörden 5 219 f., 223

Sonderstatus 4 4

Sozialnormen 5 50

Sparsamkeit und Wirtschaftlichkeit 4 135

SPD 1 26 ff.

Sperrgebietsverordnung 5 97

Sportveranstaltungen 5 275

Staatsaufsicht 4 23 f.
- negative 4 149
- positive 4 149

Staatsbewusstsein 1 4

Staatsfunktionen 1 29

Staatsgerichtshof 2 42, 72
- Prüfungsmaßstab 2 43 f., 88, 92
- Zusammensetzung 2 73
- Zuständigkeit 2 74

Staatskanzlei 3 27

Staatstrojaner 5 12, 191

Staatsverträge 2 67

Staatsziele 2 19 f., 5 132

Stadt 4 4

Stadtpolizei 5 226

Stadtverordnetenversammlung 4 45

Standardbefugnisse 5 30, 149 ff.

Standardmaßnahmen 5 30, 149 ff.

Stellplatzpflicht
- Ablösung 6 78 f.

Steuern 4 32, 142, 169
- Erträge 4 32, 169
- Normsetzungskompetenz 4 32, 169

Stiftung des öffentlichen Rechts 3 41

Stiftungen des öffentlichen Rechts 3 44

Störer 5 83

Störerauswahl 5 133, 146 ff.

Störung 5 57

Straftatenbekämpfung, vorbeugende 5 21 ff., 25

Straftatenverhütung 5 22

Strafverfolgungsvorsorge 5 17, 23 f.

Subsidiarität 4 40, 127, 5 194

Subventionen 7 21

Technische Baubestimmung 6 65

Terroristische Straftat 5 175

Todesstrafe 2 37

Treupflicht 4 80

Umsatzsteuer 4 32

Umweltabgaben 7 22

Umwelthaftung 7 23

Umweltinformationen 7 20

Stichwortverzeichnis

Umweltrecht 7 1, 4
– europäisches 7 29
– Gesetzgebungskompetenzen 7 30 ff.
– Instrumente 7 10 ff.
– Prinzipien 7 6 ff.
– Rechtsquellen 7 27 ff.
– Umweltbegriff 7 2
Umweltschutz (Begriff) 7 3
Umweltverträglichkeitsprüfung 7 19
Umweltvölkerrecht 7 28
Unionsbürger 4 44, 68
Unionsrecht 5 6
Unitarisierung 5 4, 9
Universalität des gemeindlichen Wirkungskreises 4 25
Universitäten 3 42
Unmittelbare Landesverwaltung 3 13, 31
Unterlassungspflichten 7 15
Unterrichtsentgeltfreiheit 2 33
Unterstufe der Landesverwaltung 3 6, 14
Untersuchung 5 180 f.
Untersuchungsausschuss 2 64 f.
Unverletzlichkeit der Rechtsordnung 5 35 ff.
Unwirksamkeit von Beschlüssen 4 62
Veranstaltungen 5 46
Verantwortlichkeit 5 83 ff.
Verbot des Einzelfallgesetzes 2 21
Verbrauchsteuern 4 32
Verbringungsgewahrsam 5 177
Verdienstausfall 4 44, 69
Verfassungsänderungen 2 3 f.
Verfassungsausschuss 1 36 f., 39
Verfassungsentwurf 1 36
Verfassungsgebung
– Kompetenz 2 9
Verfassungsgerichtsbarkeit 2 72

Verfassungsgerichtsverbund 2 53
Verfassungskommission 1 36
Verfassungskompromiss 1 38 f.
Verfassungskonflikt 1 18
Verfassungsrevision 1 43
Verfassungsstreitigkeit 2 87
Verfassungsstreitigkeiten 2 74
– Antragsteller 2 86
Verhaltensverantwortlichkeit 5 87 ff., 125 ff.
Verhältnismäßigkeit 4 147, 5 9, 131 ff., 6 142, 147
Verhältniswahl 4 47 ff., 66
Verpflichtungserklärungen 4 88 ff.
– Gesamtvertretung 4 88 f., 92
– Schriftformerfordernis 4 88 ff., 92
– Treu und Glauben 4 91 f.
– Unwirksamkeit 4 89 f.
Verpflichtungsermächtigungen 4 134
Versammlungsrecht 5 3, 8, 281
Verschulden 5 89
Verschwiegenheitspflicht 4 81
Vertretung der Gemeinde 4 87 ff.
Vertretungsverbot 4 79
Verunstaltung 6 72 f., 161
Verursachung 5 91 ff.
– rechtswidrige 5 92
– sozialinadäquate 5 93
– unmittelbare 5 94
Verwaltungsakt, polizeilicher 5 199 ff.
Verwaltungsbehörden (Polizeirecht) 5 9, 222
Verwaltungsgemeinschaft 4 180
Verwaltungshoheit 4 19
Verwaltungsorganisation 3 2
Verwaltungsprozessrecht 3 71 ff.
Verwaltungsverfahren 3 49 ff., 53
Verwaltungsvollstreckung 3 64 ff.
– nach dem HSOG 5 232 ff.

- nach dem HVwVG und anderen Regelungen 3 65
- Rechtsschutz 3 70, 73
- Rechtsweg 3 67
- Vollstreckungsbehörde 3 67
- Vollstreckungsvoraussetzungen 3 66
- von Geldforderungen 3 68
- von Verpflichtungen zu einer Handlung, Duldung oder Unterlassung 3 69

Verwaltungszustellung 3 56

Videoüberwachung 5 192

Völkerrecht 2 58 f.

Volksentscheid 1 41, 2 70
- Zulassungsquorum 2 71

Volksgesetzgebung 2 56, 70

Volksstaat Hessen 1 25 f.

Vollstreckungsverfahren 3 64 ff., 5 232 ff.
- abgekürztes 5 234, 248 ff.
- gestrecktes 5 234, 236 ff.
- normales 5 234, 236 ff.
- ohne vorausgehenden Verwaltungsakt 5 234, 248 ff.
- Verfahrensschritte 5 239 ff.

Vollzug 7 36 ff.
- Auftragsverwaltung 7 38
- Baurecht 6 80
- Vollzugsdefizit 7 36, 58

Vorbehalt des Gesetzes 4 19, 22, 43, 114

Vorfeldmaßnahmen 5 17, 22 ff., 72, 114, 160
- Datenschutz 5 189 ff.

Vorführung 5 164 f.

Vorladung 5 164 f.

Vorrang des Gesetzes 4 114

Vorsitzender der Gemeindevertretung 4 53 ff.
- Hausrecht 4 56
- Ordnungsmittel 4 56
- Prüfungsrecht 4 55

- Sitzungsordnung 4 56
- Verhandlungsleitung 4 56

Wahlen auf kommunaler Ebene 4 44, 46 ff., 53, 62, 66, 82 f., 93, 99 f., 158 f., 175, 182

Wahlprüfungsverfahren 2 62, 4 49

Wahlrecht
- Passives Wahlrecht 2 59
- Verhältniswahl 2 60
- Wahlgleichheit 2 60
- Wahlgrundsätze 2 12
- Wahlkreiseinteilung 2 60
- Wahlperiode 2 61
- Wahltermin 2 61

Wahrscheinlichkeitsgrad (Gefahr) 5 61

Wärmeschutz 6 74 f.

Weisungen
- allgemeine Weisungen 3 7, 4 111
- Durchsetzung fachaufsichtlicher Weisungen 4 154
- Rechtsschutz 4 113, 188
- Weisungen im Einzelfall 4 112

Weisungsaufgaben 3 11, 4 109, 111 ff.

Widerspruch 4 96 f.

Widerspruchsbehörde 3 16

Widerspruchsverfahren 3 16, 39, 57 ff.
- Besonderheiten nach §§ 7 ff. AGVwGO 3 63
- Devolutiveffekt 3 16, 62
- Funktion 3 57 f.
- nächsthöhere Behörde 3 62
- Wegfall nach § 16 a HessAGVwGO 3 60 f.

Widerstandsrecht 2 19

Wirtschaftliche Betätigung 4 127 ff.
- Annextätigkeit 4 130
- Bestandsschutz 4 127
- Konkurrentenschutz 4 127
- Leistungsfähigkeit 4 127
- nichtwirtschaftliche Betätigung 4 129
- öffentlicher Zweck 4 127

Stichwortverzeichnis

- Rechtsform 4 131 f.
- Subsidiaritätsklausel 4 127

Wohnung (Betreten und Durchsuchung) 5 182

Wohnungsverweisung 5 166 ff.

Zertifikate 7 24

Zitiergebot 2 21, 5 11 f.

Zuständigkeiten (Polizeirecht) 5 28, 227 ff.

Zustandsverantwortlichkeit 5 98 ff.

Zuweisungsverordnung 5 227

Zwang
- polizeilicher 5 232 ff.
- unmittelbarer 5 246

Zwangsgeld 5 244

Zwangsmittel 5 243 ff.
- Androhung 5 240
- Festsetzung 5 241

Zweckveranlasser 5 95 ff., 275

Zweckverband 4 173 ff.
- Aufgaben 4 173 f.
- Verbandsversammlung 4 175
- Verbandsvorstand 4 175

Zweckverband Raum Kassel 4 184

Zweitwohnungsteuer 4 142

Für den Erfolg im Öffentlichen Recht!

Landesrecht Hessen
Textsammlung
Herausgegeben von Prof. em. Dr. Friedrich von Zezschwitz
28. Auflage 2018, 1.046 S., brosch., 25,90 €
ISBN 978-3-8487-5184-6
nomos-shop.de/39471

Die Textsammlung enthält eine systematische Auswahl der für das Land Hessen wichtigen Rechtsvorschriften und berücksichtigt die für die Studierenden an den Universitäten und Fachhochschulen sowie für die Rechtsreferendare maßgeblichen Vorschriften des Landesrechts. Darüber hinaus enthält sie Gesetze und Verordnungen für Richter, Verwaltungsbeamte, Rechtsanwälte und Verbandsjuristen, denen erfahrungsgemäß in der täglichen Praxis erhebliche Bedeutung zukommt.

Die Sammlung ist in Hessen zu den juristischen Staatsexamina zugelassen.

Polizei- und Ordnungsrecht Hessen
Von RegDir Lothar Mühl, RegDir Rainer Leggereit und Ltd. RegDir Winfried Hausmann
5. Auflage 2018, 245 S., brosch., 26,– €
ISBN 978-3-8487-3791-8
nomos-shop.de/29064

Die Polizeiliche Generalklausel, Standardmaßnahmen und das Vollstreckungsrecht zählen zu den klassischen Themen in der öffentlich-rechtlichen Examensklausur. Das Kompendium „Polizei- und Ordnungsrecht Hessen" bietet mit seiner profunden Darstellung dieser Problemfelder aus hessischer Sicht die Grundlage für eine gezielte Examensvorbereitung.

»Das Buch ist sowohl für Studierende, Universitäten und der Fachhochschule für Verwaltung und Polizei als auch für Praktiker in Verwaltungs- und Polizeibehörden eine nützliche Hilfe.«
Ministerialrat Dirk Fredrich, Staatsanzeiger für das Land Hessen 35/04, zur Vorauflage

---

Bestellen Sie jetzt telefonisch unter 07221/2104-37.
Portofreie Buch-Bestellungen unter www.nomos-shop.de
Alle Preise inkl. Mehrwertsteuer